전자증권제도 해설

한국예탁결제원

ELECTRONIC
SECURITIES SYSTEM

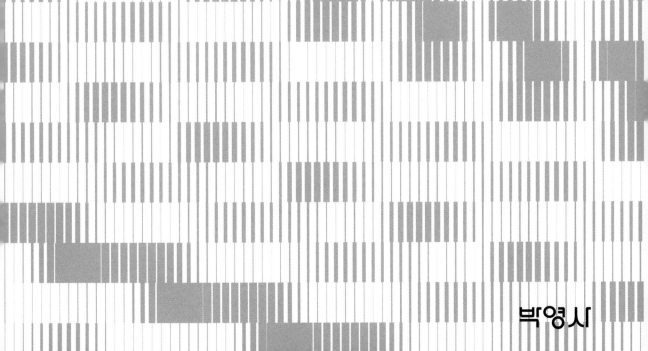

박영사

금융의 디지털 전환(Digital Transformation)이 그 속도를 더하고 있는 세상에서 자본시장에서의 증권 권리 유통제도의 수준은 그 나라 자본시장의 수준과 역량을 보여주는 척도라고 해도 과언이 아닐 것입니다. 그리고 그 한가운데 "증권 권리의 유통을 원활하게 하여 자본시장의 건전성과 효율성을 높여 국민경제를 발전시키는 데에 이바지함"을 목적으로 하는 전자증권제도가 놓여 있습니다. 『전자증권제도 해설』 발간을 통해 전자증권제도의 주요내용 및 발전 방향에 대하여 독자 여러분과 함께 고민할 수 있는 기회를 갖게 되어 매우 기쁘게 생각합니다.

그간 증권 권리 유통제도의 변화와 관련하여 증기기관의 사례를 빌어 잠시 이야기하고자 합니다. 인간과 가축, 강(수력)과 바람(풍력)이 산업 생산의 거의 유일한 에너지원이던 시절, 제임스 와트(James Watt, 1736~1819년)에 의해 그 효율성을 높인 고정식 증기기관이라는 기술적 진보는 경제·산업·공간에 엄청난 변화를 가져왔습니다. 특히, 생산(방적 등)과 이동(철도 등)을 만난 증기기관이 갖고 온 세상은 그 전엔 상상조차 하기 어려운 광경이었습니다.

증권 권리 또한 그 유통의 시작은 물리적 공간의 이동이었습니다. 주로 종이 권면(券面)에 권리를 담아 그 소지로 권리를 추정받았고 그 양도로 권리를 유통했습니다. 그러한 실물 증권의 유통에 따른 한계(유통 불편, 분실·멸실·도난·위변조 등)를 극복하고자 도입된 증권예탁제도는 증기기관이 생산과 이동을 만나 파괴적 혁신을 갖고 온 것처럼 증권거래제도와 만나 전에 없던 자본시장 세상을 만들 수 있었습니다. 그러나 실물 증권 기반으로 설계된 증권예탁제도는 진정한 자본시장의 산업혁명을 갖고 오기에는 부족한 부분이 있었던 것 또한 사실입니다.

그런 측면에서 물리적 수단으로서의 권리매개수단과 작별한 전자증권제도는 '증권(證券)'을 그 권리의 본질에 한걸음 더 다가가 '증권(證權)'으로 진화시킨 제도일 것입니다. 권리 '외관(外觀)'보다 권리 '실질(實質)'에 초점을 맞춘 전자증권제도는 자본시장의 완성된 증기기관으로 증권의 생산과 이동에 중추적 역할을 수행할 것입니다.

전자증권법 제정(2016년 3월 22일)을 통해 전자증권제도가 시행(2019년 9월 16일)된 지 약 5년의 시간이 흘렀습니다. 이번 『전자증권제도 해설』은 개별 법 조문뿐만 아니라, 제도가 실질적으로 어떻게 운영되고 있는지에 대한 설명을 제공합니다. 본서가 독자 여러분에게 제도에 대한 이해와 통찰을 제공할 수 있는 작은 도구가 되기를 희망합니다.

2024년은 한국예탁결제원이 설립된 지 50주년이 되는 해입니다. 이러한 뜻 깊은 해에 전자증권제도에 대한 설명과 미래방향을 함께 고민할 수 있는 기회를 갖게 되어서 대단히 기쁘게 생각하고 있습니다. 모쪼록 본 책자가 전자증권제도를 넘어 한국 자본시장 발전에 기여하는 데 도움이 되기를 희망합니다. 한국예탁결제원은 앞으로도 한국 자본시장의 발전을 위해 시장 참가자 모두와 함께 노력해 나갈 것입니다.

감사합니다.

한국예탁결제원 사장 이순호

증권거래는 매매체결과 청산 그리고 결제라는 자본시장인프라를 기반으로 이루어진다. 전통적으로 증권이나 증서라는 실물에 기반하여 거래가 이루어지다가 예탁제도를 이용하는 부동화단계를 거쳐서 전자등록에 기반한 전자증권제도를 통하여 무권화로 발전하고 있다. 매매체결이나 청산은 물론이고 결제는 다양한 법적 사고의 결합체이다. 단순한 매매에서 상계에 기반한 청산이라는 위험관리구조를 통과하여 임치와 공유지분, 전자등록으로 구현되는 결제과정을 거침으로써 증권거래는 매도인과 매수인의 거래목적을 달성할 수 있게 해 준다.

문제는 이러한 자본시장인프라는 실무적으로는 무척 중요하지만 학계나 이론가들에게는 크게 주목받지 못하는 영역으로 남아 있다는 사실이다. 우리나라는 물론 외국에서도 공통적으로 확인되는 현상으로 생각된다. 그만큼 기술적이고 전문적인 내용이라는 측면도 있지만 수요자가 전문기관인 결제기관에 한정된다는 잘못된 인식이 주된 원인이라고 생각된다. 증권매매의 당사자인 매도인과 매수인은 각각 대금과 증권을 확보함으로써 그 거래목적을 달성할 수 있게 되지만 그 중간에는 다양한 법적 장치들이 쉼없이 작동하고 있다. 이러한 중간적인 법적 장치로는 특히 증권결제가 지급결제와 함께 가장 중요한 역할을 담당하고 있다.

어떤 의미에서 증서나 증권이라는 구체적인 실체가 존재하거나 그 존재를 최소한 가정하는 실물증권제도와 예탁증권제도에 대해서는 그나마 이해하기 쉬운 면이 분명히 존재한다. 그러나 전자증권은 이러한 개념들을 전자등록을 통하여 상당 부분 추상화하고 있어 일반적인 자본시장참여자들이 쉽게 이해하기 어려울 것으로 생각된다. 이에 따라 자본시장에서의 실무를 담당하는 실무가들이나 법률전문가들도 이러한 거래구조와 법적 문제를 파악하기 위해서는 특별한 노력이 필요하게 된다.

또한 전자증권제도는 새로운 기술발전을 적극적으로 수용할 수 있어야 한다. 현재 진행되고 있는 분산원장기술의 전자증권제도에의 수용을 위한 노력은 단순히 토큰증권이라는 새로운 방식의 증권발행실무를 도입하는 데 그치는 것이 아니라 전자증권제도의 확장성과 상호운용성을 확보하기 위한 시도라고 평가할 수 있다.

이번에 한국예탁결제원에서 발간하는 전자증권 해설은 현재는 물론 미래의 전자증권제도를 쉽게 이해할 수 있는 법적 분석과 설명에 대한 갈증과 수요를 충족시키는 소중한 역할을 담당해 줄 것으로 기대된다. 이 책은 전자증권법에 대한 단순한 실무참고자료에 그치는 것이 아니라 전자증권법 고유의 법률문제에 대한 전문적인 분석과 함께 새로운 기술발전의 수용이라는 과제에 대한 대응까지도 함께 기술하고 있다. 따라서 금융당국이나 자본시장의 실무가들은 물론 학문적으로 이 문제에 접근하려는 연구자들에게도 손쉽게 접근할 수 있는 출발점을 제공해 줄 수 있을 것으로 확신한다.

매일매일의 실무를 처리하면서도 중요한 연구성과를 모아준 한국예탁결제원과 집필담당자들께 경의를 표한다.

서울대학교 법학전문대학원 교수 정순섭

이 책의 내용은 집필진의 의견으로서 한국예탁결제원의 공식적인 견해를 나타내는 것은 아님을 밝힙니다.

아울러, 한국예탁결제원은 본서에 기재된 모든 내용에 대하여 어떠한 법적 책임도 지지 않으며, 본서의 내용은 관련 법규의 제·개정 또는 구체적인 개별 사실관계 등에 따라 달리 판단될 수 있음을 알려드립니다.

또한, 정부, 감독기관 및 법원 등의 해석, 판단 또는 결정 역시 본서의 내용에 일체 기속 되지 않음을 안내드리오니 이용에 참고하시기 바랍니다.

이 책에서 「주식·사채 등의 전자등록에 관한 법률」은 전자증권법 또는 법으로 줄여 사용합니다. 또한, 해당 법 시행령은 시행령 또는 영으로 표기합니다.

한편, 「자본시장과 금융투자업에 관한 법률」은 자본시장법으로, 한국예탁결제원은 예탁결제원으로 줄여 사용합니다.

제1편 도입 배경

제2편 제도 개관

제 3 편   법령 해설

제4편 전자증권제도 발전을 위한 제언

부록 발행회사를 위한 제도 전환 절차

부 록 주식·사채 등의 전자등록에 관한 법률 및 하위법령   289

제 1 편

도입 배경

도입 배경 및 추진 경과

1 전자증권제도의 등장

자본시장에서 주식·사채(社債) 등의 권리를 거래하기 위해 그 권리가 표시된 주권(株券)·사채권(社債券) 등의 증권(證券)을 거래자 간에 직접 교부하는 대신, 그 증권을 예탁하여 계좌 간 대체로 그 증권이 거래될 수 있도록 도입[1](1974.12.21.)한 증권예탁제도는 증권의 원활한 유통을 실현하는 기반이 되어 왔다. 그러나 증권예탁제도는 증권이 실물 형태로 발행되는 것을 전제로 설계됨에 따라 그 증권의 발행·유통에 대한 법적 근거가 명확하지 아니한 경우[2]에는 증권예탁제도로 수용이 곤란하거나 그 증권 거래의 법적 안정성을 저해할 수 있었고, 실물 증권의 제조·보관 등에 따른 비용과 분실·위조 등의 위험이 있을 뿐만 아니라, 예탁되지 아니한 실물 증권 등이 거래됨에 따라 탈세·자금세탁 등 음성적 거래가 발생하는 등의 문제가 제기되어 왔다.

이에, 증권예탁제도의 문제점 해소를 넘어 글로벌 스탠다드에 걸맞은 증권유통제도의 새로운 혁신을 위해 그간 많은 논의와 우여곡절을 거친 끝에 전자증권법이 법률 제14096호(2016.3.22.)로 제정·공포[3]되었으며 2019년 9월 16일부터 시행되어 지금에 이르고 있다. 이는

---

1) 舊 증권거래법 [법률 제2684호, 1974.12.21., 일부개정] 제127조의2(대체결제업무의 허가) ① 재무부장관이 대체결제종목으로 지정한 유가증권을 대통령령이 정하는 바에 의하여 재무부장관의 허가를 받아 대체결제업무를 영위하는 회사(이하 "對替決濟會社"라 한다)에 집중적으로 예탁하여 구좌를 설정한 자 상호간에 있어서는 유가증권의 수수에 갈음하여 전표로서 구좌간에 대체하여 결제할 수 있다.
2) 舊 증권거래법에서는 그 적용 대상을 제한적 열거방식으로 규율하였고, 자본시장법 시행(2009.2.4.)으로 증권 개념에 대한 포괄주의가 도입되었다.
3) 전자증권제도 도입으로 실물증권 발행·유통에 따른 사회적 비용의 절감이 가능함. 구체적으로 보면, 발행회사는 실물증권 발행비용 절감 및 증권발행 절차를 단축 가능하고, 증권회사는 실물증권 보관·관리비용 절감 및

집중예탁제도가 도입(1987.11.28.)된 지 한 세대(약 30년)만에 종이(paper) 증권(證券) 기반의 증권 발행·유통 생태계를 전자적 전자등록 방식으로 전환시킨 패러다임의 전환의 순간이기도 하다. IT기술이 발달함에 따라 선진국에서는 일찍이 증권의 발행, 유통 및 권리 행사를 모두 전자화하려는 제도적 노력을 계속해왔고, 이는 자본시장의 효율성을 높이는 데 크게 기여한 것으로 평가받고 있다. 우리나라도 다소 뒤늦은 감이 있긴 하지만 정부에서 전자증권제도 도입의 필요성을 공식적으로 논의[4]한 지 10여년 만에 전자증권법을 제정함으로써, 마침내 본격적인 전자증권시대가 개막하게 되었다.[5]

2 전자증권제도의 도입 환경

(1) 국제 기준과의 정합성 필요

세계 각국의 금융시장 발전 및 국경 간 증권거래의 증가로 인하여 상호 영향력과 의존성이 증대됨에 따라, 증권의 발행, 유통 및 권리 행사를 어떠한 방식으로 하고 어떤 방향으로 발전시켜야 하는지는 더 이상 어느 한 나라의 문제가 아닌, 전 세계가 공통적으로 고민하고 대응해야 하는 사안이 되었다. 즉 자국의 법 체계와 금융감독 가이드라인 외에도, 다양한 국가의 법률, 규제 차이를 고려하여 새로운 기준을 마련하고, 그 통일된 기준으로 증권 업무를 수행하는 것이 중요한 문제로 대두된 것이다.

해당 이슈의 해결 과정에서 중요한 한 축을 담당하는 것이 바로 자본시장 인프라(capital market infrastructure)의 정비이다. 그동안 증권예탁제도가 그 역할을 수행하였으나, 보다 신속·

업무 효율화가 가능하며, 투자자는 실물증권 위조·분실 위험 차단 및 권리 행사가 간편해짐에 따라 비용을 절약할 수 있음[자본시장연구원 자료에 따르면, 연간 1,125억원 또는 870억원(5년간 5,626억원 또는 4,352억원)의 사회적 비용이 절감되고, 월평균 약 31만 시간의 업무처리시간이 절감될 것으로 추정(2009.3월, 2014.12월)](증권 등의 전자등록에 관한 법률안 심사보고서 중, 2016.3월, 정무위원회).

4) 금융위원회는 2008년부터 전자증권법 제정을 추진하였으나, 제도의 전면 도입에 따른 사회적 혼란과 참가자 부담을 최소화하기 위하여 제도 도입이 비교적 용이한 전자단기사채에 대해 법률(『전자단기사채등의 발행 및 유통에 관한 법률』) 제정을 우선 추진하기로 하였고, 2013년부터 시행된 전자단기사채가 시장에서 안정적으로 정착되는 것을 확인함에 따라 주식, 사채 등에 대한 전면적인 전자증권제도 도입에 나서게 되었다.

5) 권리 매개 수단을 기초로 설계된 '증권(證券)'의 시대에서 이제 권리의 본질에 한걸음 더 나아 간 '증권(證權)'의 시대를 전자증권제도가 열게 된 것이며, 이제는 기존의 '증권예탁제도'와 새롭게 제도권 진입을 노크하고 있는 '토큰증권제도'와 함께 증권 유통 플랫폼에 있어 본격적인 경쟁 시대가 시작된 것으로 보인다.

정확하고 경제적인 자본시장 인프라가 구축될 필요성이 제기된 것이다. 이에, ISSA, IOSCO, G－30와 같은 국제기구는 이와 같은 자본시장 인프라로서 증권의 무권화, 즉 전자증권제도의 도입을 권고해 왔다.

▼ 국제기구의 전자증권제도 관련 권고내용

기구명	권고형식	권고내용
BIS/ IOSCO	증권결제시스템 권고안(2001)	• 증권은 가능한 한 부동화 또는 무권화되어야 하고, 증권예탁기구의 계좌대체방식으로 이전되어야 함
ISSA	ISSA 권고안(2002)	• 증권의 부동화 또는 무권화는 최대한 달성되어야 함
G－30	국제 증권청산 결제시스템 : 실행계획(2003)	• 증권 실물증서를 제거하고 자료수집ㆍ전달방식을 자동화하여야 함 • 시장참가자는 발행ㆍ이전ㆍ보유 등에 이용되는 증권을 무권화하여야 함
BIS/ IOSCO	금융시장인프라에 관한 원칙(2011)	• 증권예탁기구는 장부상 기재에 의한 증권 이전을 위해 부동화 또는 무권화된 형식으로 증권을 보유해야 함

이에 따라 우리나라도 이미 OECD 가입국 대부분이 전면적 또는 부분적으로 시행하고 있는 전자증권제도 도입을 검토하게 되었고, 관련 법제의 정비 및 시스템 개발을 진행하게 된 것이다.

(2) IT기술의 발전 및 금융과의 융합 현상 가속화

앞서 언급한 바와 같이 IT기술의 발전은 다양한 경제 분야에 영향을 미쳐왔고 금융 부문 역시 예외가 아니었다. 그런데, 금융과 IT의 융합은 IT가 단순히 금융을 보다 효율적으로 처리할 수 있도록 하는 수단을 넘어 금융 그 자체[6]가 되게 하였다. 즉 업무 환경의 IT화를 기반으로 하여 증권의 발행, 유통 및 권리 행사의 전 영역을 IT기술을 통해 구현할 수 있게 된 것이다.

또한, IT기술의 발전은 전산적, 전자적 업무를 수행하는 기반인 IT시스템의 안정성과 신뢰성을 제고하는 데에도 크게 기여하였다. 즉 증권 업무를 수행하는 IT시스템의 정확성을 높이고, 해당 시스템에 대한 해킹 방지 기능, 방화벽(firewall) 설치 등을 통하여 보안성과 안정성 역시 한층 강화하게 된 것이다. 이를 통해 컴퓨터 등의 장치에 대한 정확성과 무결성을 확

---

6) 로이드 블랭크페인 골드만삭스 회장은 2015년 "골드만삭스는 IT회사"라고 선언하였다.

보하고, 나아가 네트워크상의 안전성 문제, 컴퓨터 단말장치에 대한 접근통제 체계도 개선되어 실물증권이 존재하지 않는 전자증권제도의 도입을 촉진하게 되는 배경으로 작용하였다.

(3) 실물증권에 대한 투자자의 수요 감소

작가 유발 하라리는 그의 저서 사피엔스에서 전 세계의 화폐 총량은 약 60조 달러이지만, 눈에 보이는 실물 화폐는 그 10%인 6조 달러도 되지 않고 나머지 90% 이상의 액수는 컴퓨터 서버에만 존재한다고 서술한 바 있다.[7] 나아가 대부분의 상거래는 하나의 컴퓨터 파일에 들어 있는 전자 데이터를 다른 파일로 옮기는 방식으로 이루어지며, 실물을 실제로 주고받지도 않는다고 하였다.

이러한 현상은 증권에 있어도 마찬가지이다. 증권예탁제도의 등장으로 인해 사람들은 눈에 보이는 종이로 만들어진 실물증권을 굳이 소지하거나 보관하지 않아도 소유자로서 권리 증빙 및 타인으로의 권리 이전을 계좌부상 기재를 통해 원활하게 수행할 수 있게 되었다. 또한, 배당금이나 이자 등의 과실 수령 역시 증권회사 서비스를 통해 자동 처리되어 실물증권에 대한 투자자의 수요가 대폭 감소하게 되었다.

오히려 실물증권을 소유하게 되는 경우 발생하는 보관 비용 및 도난·분실 등의 위험을 고려하면, 굳이 번거롭게 실물증권을 소유하기보다는 전산적으로 관리되는 것을 더욱 선호하게 된 것이다.

(4) 증권예탁제도의 지속 발전

전자증권제도의 도입에 결정적인 역할을 한 것은 고도로 발전한 증권예탁제도라고 할 수 있다. 주식회사 제도의 발전에 따른 주식·채권 발행량의 폭발적인 증가 및 자본시장 발달에 의한 유통량의 증가로 인해, 기하급수적으로 폭증한 실물증권 관련 사무의 효과적이고 효율적인 처리를 위하여 증권의 부동화 및 무권화를 포함한 증권예탁제도가 등장하였고, IT기술과 관련 법규의 발달로 인하여 실물증권을 전제로 하였던 증권예탁제도는 사실상 실물증권의 발행 없이도 운영이 가능한 수준이 되었다.

이러한 증권예탁제도의 발전은 전자증권제도가 도입되는 데 결정적인 기여를 하였다. 눈

---

7) 유발 하라리. (2015). 사피엔스. 김영사.

에 보이지 않는 전자적 방식에 의한 증권 사무의 처리 방법 및 절차에 대하여 증권예탁제도를 통해 미리 대부분의 경험을 할 수 있었기 때문이다. 이에, 아래에서는 증권예탁제도가 전자증권제도로 발전해온 과정을 살펴본다.

3 전자증권제도로의 발전 과정

(1) 증권의 부동화(不動化)

증권은 무형의 권리를 증명하고 이전하는 데 있어 효율적인 수단으로 도입되었다. 지분권, 채권, 그 밖의 다양한 권리를 종이라는 매체와 접목하여 증권이 등장하게 되었고, 사유재산제도 및 자본주의의 발전에 따라 점차 그 활용도가 기하급수적으로 증가하게 되었다.

그런데 그 활용도가 증가하면서 새로운 문제가 등장하였다. 종이라는 실물을 기반으로 증권을 발행하고 유통하는 과정에서 다양한 형태의 경제적, 사회적 비용과 비효율이 발생하게 된 것이다. 실물증권을 보관하는 비용, 그리고 매매 등의 사유로 이전하는 데 소요되는 시간과 비용 역시 증가하게 되었고 실물증권의 도난·분실 위험까지 대두되었다. 즉 기업의 자본조달과 투자자의 투자수단인 주식, 채권 등을 작은 규모로 거래할 때에는 해당 증권을 직접 상대방에게 이전하고 결제할 수 있지만, 대규모로 거래할 때에는 현실적으로 인도하여 결제하는 것은 상당히 어려운 문제가 된 것이다.

이러한 문제를 해결하기 위하여 등장한 것이 증권의 부동화(不動化, immobilization)다. 증권은 실물 발행하되, 그 발행한 증권을 일정한 보관기관에 보관하고 장부상의 이동으로 처리함으로써 유통과 관련한 제반 비용을 최소화하는 것이다. 이 경우 증권예탁기구가 증권을 보관하고 해당 증권을 장부상 기재를 통해 관리하며, 매매 등의 이전이 있는 경우 실물증권의 이동 없이 장부상의 기재로 이를 처리한다. 이처럼 증권예탁기구를 중심으로 증권이 유통되는 생태계를 증권예탁제도라고 한다.

증권예탁제도에서는 전국적 규모의 단일한 증권예탁기구가 등장하게 되고, 해당 증권예탁기구가 증권예탁제도 참가자로부터 증권을 집중예탁받아 모든 증권의 이전을 계좌부상 계좌대체 방식으로 처리하여 실물증권의 이동이 없거나 최소화된다. 또한, 증권 산업 전체적인 측면에서도 증권관리를 위한 금고시설과 전산설비 등의 중복 투자를 방지할 수 있어 불필요한 사회간접비용을 제거할 수 있다.

(2) 증권의 무권화(無券化)

증권의 부동화를 통해서 한때 증권사무위기(paper crisis)[8]라고까지 불렸던 실물증권과 관련된 문제들은 상당 부분 해소될 수 있었지만, 여전히 실물증권의 발행 및 보관으로 인한 비용과 비효율은 존재하였다. 국가마다 증권 관련 법제에 따라 차이는 있지만, 기본적으로 실물증권 발행을 전제로 수립된 증권법제에서는 실물증권을 발행하는 과정에서 소요되는 물리적 시간 및 발행비용, 그리고 발행된 증권을 증권예탁기구에 예탁하고 보관하는 데 발생하는 경제적, 시간적 비용의 문제는 여전히 남아 있었기 때문이다.

그래서 등장하게 된 개념이 증권의 무권화(無券化, dematerialization)다. 증권의 무권화란 이미 실물로 발행된 증권을 권리자의 신청에 따라 소각하고 차후 권리자의 신청이 있으면 재발행할 수 있도록 하여 실물의 보관 등에 발생하는 비용을 감소시키거나, 증권 발행의 결과는 얻도록 하되 증권 발행단계에서부터 아예 실물증권을 발행하지 않는 제도적 장치를 말한다.

증권예탁제도에서 이러한 증권의 무권화는 일괄예탁제도의 형태로 나타나게 되었다. 일괄예탁제도란 발행회사가 예탁자 또는 그 투자자의 신청에 따라 증권예탁기구 명의로 증권을 발행하여 예탁하는 제도이다. 이 경우 실물증권을 전부 발행하여 예탁하는 것이 아니라, 발행회사가 필요로 하는 최소한의 물량만을 발행하거나 아예 발행하지 않고 그 대신 해당 수량만큼을 장부에 기재하는 방식으로 갈음하는 것이다.

실물증권의 유통과 관련된 문제를 해소하기 위해 등장한 것이 증권의 부동화였다면, 실물증권의 발행 및 보관에 관련된 문제를 해소하기 위해 등장한 것이 증권의 무권화라고 할 수 있다. 그래서 증권의 무권화 단계에 이르면 실물증권의 발행과 유통에 관한 경제적, 사회적 비용을 절감하고 관련 사무를 보다 효율화할 수 있게 된다.

(3) 증권의 전자화

증권의 무권화 단계에 이르면 사실상 실물로 증권을 발행하는 경우는 드물다. 그리고 증권의 발행 및 유통에 관련된 사무는 장부, 특히 전산상 장부로 관리되므로 사실상의 전자적인 발행과 유통이 이루어진다고 할 수 있다.

그러나 증권의 무권화 단계에 이르렀다고 해도 실물증권 관련 사무와 비효율이 완전히

---

8) 주식·채권으로 대표되는 유가증권의 발행·유통량 폭증으로 인하여 증권 관련 사무량이 급증함으로써 관련 업무가 지체되거나 심한 경우 결제 등이 이루어지지 않는 실패가 발생하는 현상을 의미한다.

제거되는 것은 아니다. 무권화제도의 유형에 대해서 후술하는 바와 같이 주권불소지제도, 채권등록제도 또는 일괄예탁제도에서는 실물 발행의 가능성이 여전히 존재한다. 그리고 실물증권의 발행을 전제로 하여 규정된 상법, 자본시장법 또는 관계 법률의 적용을 받으므로 발행 관련 일정, 절차, 방법 등이 모두 실물증권의 발행을 기준으로 진행된다.

　　이러한 부분까지도 개선하고자 등장한 것이 증권의 전자화(電子化, digitalization)다. 증권의 전자화에 이르러서 진정한 무권화가 이루어지므로 실물증권의 발행이 가능한 기존의 무권화제도를 '불완전' 무권화제도라 하고, 증권이 전자화된 전자증권제도를 '완전' 무권화제도로 그 개념을 규정하는 경우도 있다.

　　증권의 전자화 단계에서는 더 이상 실물증권이 발행되지 않으며, 전자적 장부에 전자등록되어 전자적 방식으로 발행, 유통 및 권리 행사가 이루어진다. 또한, 전자적 방식에 의한 발행, 유통 등을 전제로 하는 법제의 적용을 받으므로 증권 사무의 절차 및 방법 역시 보다 간소화·효율화된다. 따라서, 이미 무권화 단계에서 상당한 수준으로 구현되었던 증권 발행·유통 시스템의 통합이 증권의 전자화 단계에 이르러 완전히 구현되었다고도 할 수 있다. 실물증권 발행 가능성 없이 순수하게 전자적으로 발행되어 유통 및 제반 권리 행사에 이르기까지 하나의 시스템에서 온전하게 구현될 수 있기 때문이다.

　　이러한 증권의 전자화는 앞서 언급한 바와 같이 IT기술의 발전에 힘입은 바가 크다. '전자'라는 단어에서도 알 수 있는 것처럼 전자적 입력 장치, 전자적 데이터 보관 장치 및 전자적 업무처리 시스템이 유기적으로 연계된 상황에서 전자등록이 가능하게 되고 보다 발전하게 된 것이기 때문이다. 즉 기존의 실물증권에 기반한 제도에서 권면(종이)이 수행했던 매개체의 역할을 '전자적 데이터와 해당 데이터가 구현·관리되는 시스템'이 대신하게 된 것이다.[9]

---

9) 최근 분산원장기술을 기반으로 한 디지털 자산의 등장으로 인하여 더욱 촉발된 점이 있기는 하나, 증권의 전자화는 기존에 권면(종이)에 화체(化體, embodiment)되었던 권리가 이제는 전자적 데이터에 화체되어 발행, 유통된다고도 볼 수 있을 것이다. 다만, 유체물인 종이와는 달리 무체물인 데이터에 대한 각국의 사법상 지위는 상이하므로 전자적으로 구현·관리되는 증권에 대한 권리의 사법상 지위에 대해서는 추후 심도 있는 연구가 필요한 상황이다.

▼ 증권의 발행 · 유통제도 발전 과정

01 발전단계	실물유통	부동화 (Immobilization)	무권화 (Dematerialization)	전자증권 (Electronic Securities)
		증권사무위기 (paper crisis)	IT 발달	
02 발전시기	~1970년대 이전	1970~1980년대	1990년대 이후	무권화 시기 이후
03 발행시스템	실물증권 발행		• 실물증권 발행 • 등록발행 • 불소지 및 대권발행	전자적 방식의 발행
04 유통시스템	실물증권 인도	• 집중예탁 • 계좌대체	• 집중예탁 • 계좌대체	**발행과 유통 시스템의 통합**

4 전자증권제도와 무권화(無券化) 관련 제도와의 비교

(1) 개 요

전술한 바와 같이, 전자적 방식으로 증권을 발행, 유통하는 전자증권제도 이전에도 실물 없이 증권을 발행 또는 유통 가능한 제도는 존재하였다. 주권불소지제도, 채권등록제도, 일괄 예탁제도가 바로 그 예이다. 일반 국민은 물론이고 증권 관련 산업 종사자 역시 증권의 실물 을 보거나 다룬 적이 거의 없었던 것은 바로 이러한 제도들이 존재하였기 때문이다.

비록 이들 제도가 실물증권의 존재를 전제로 하여 그 실물증권 취급의 필요성을 감소시 키기 위한 노력의 산물이었기 때문에 '실물증권'의 존재에 대한 고민이 없었다는 근본적인 한 계는 있으나, 이러한 제도들로 인하여 증권 관련 사무가 상당히 합리화 · 효율화되었다는 의의 가 존재한다.

(2) 전자증권제도와 주권불소지제도

주권불소지제도는 주주로 하여금 주권(株券)의 도난, 분실 등에 대비하여야 하는 수고 및 주권 관리에 따른 불편을 덜어주기 위하여 상법에 마련된 제도로서, 상법상 주식회사가 발행 하는 지분증권인 주식에 대하여 적용된다(상법 제358조의2). 주주가 발행회사에 대하여 실물주권을 소지하지 않겠다는 뜻을 신고하고, 해당 신고를 접수한 발행회사는 주주명부에 실물 주권을 발행하지 않는다는 뜻을 기재한다. 이 경우 주권불소지를 신고하는 주주가 해당 주권을 소지하고 있는 경우라면 발행회사에 이를 제출하여야 한다.

주권불소지제도는 후술하는 일괄예탁제도와 결합하여 보편적으로 실물주권의 발행 없이 주식 사무가 수행될 수 있도록 하는 데 기여한 바 있다. 즉 실물주권이 예탁결제원에 예탁되면 해당 실물주권에 대하여 주주로서의 권리를 예탁결제원이 행사하고 그 행사 과정에서 주권불소지제도를 이용하여 예탁된 실물주권의 수량을 감소시키기 때문이다.[10] 다만, 주권불소지된 경우에도 주주의 요청이 있는 경우 해당 실물주권의 재발행 가능성이 여전히 존재한다[11]는 점에서 전자증권제도와 차이가 있다.

(3) 전자증권제도와 채권등록제도

채권등록제도는 실물채권(債券)을 발행하지 않는 대신, 채권등록기관이 관리하는 장부인 채권등록부에 채권에 대한 권리 내역을 등록하여 발행하고 이에 따라 채권자로서 권리를 인정받는 제도이다. 채권등록제도는 채권등록부에 등록함으로 실물채권의 발행을 갈음하며, 채권을 교부하지 않고 채권등록부에 이전등록을 함으로써 권리 이전을 인정하고 있다는 점에서 전자증권제도와 유사한 기본 이념을 갖고 있다고 볼 수 있다. 이러한 채권등록제도는 국채법과 舊 공사채 등록법에 근거하여 운영되었다.[12]

그러나 주권불소지제도와 마찬가지로 채권등록제도는 채권이라는 증권에 한정하여 적용되는 제도이고, 기본적으로 실물채권의 존재를 전제로 하고 있으며, 증권예탁제도와 결합되지 않으면 채권의 시장매매에 따른 유통 업무를 처리할 수 없는 불완전한 제도라는 점에서 전자

---

10) 자본시장법 제314조(예탁증권등의 권리 행사 등) ② 예탁결제원은 예탁증권등에 대하여 자기명의로 명의개서를 청구할 수 있다.
  ③ 예탁결제원은 제2항에 따라 자기명의로 명의개서된 주권에 대하여는 예탁자의 신청이 없는 경우에도 「상법」 제358조의2에 규정된 사항(=주식 발행회사에 대한 주권불소지 신청)과 주주명부의 기재 및 주권에 관하여 주주로서의 권리를 행사할 수 있다.
11) 상법 제358조의2(주권의 불소지) ④ 제1항 내지 제3항의 규정에 불구하고 주주는 언제든지 회사에 대하여 주권의 발행 또는 반환을 청구할 수 있다.
12) 국채법의 적용대상인 국고채권 및 舊 공사채 등록법의 적용대상인 회사채, 지방채, 특수채 등은 채권등록제도에 의하여 실물로 증권을 발행하지 않고 채권등록부에 등록함으로써 발행을 갈음한다. 한편 舊 공사채 등록법은 전자증권법의 시행(2019.9.16.)과 동시에 폐지되었으나 해당 시행일 이전에 등록된 공사채에 대해서는 잔존 공사채의 만기 도과로 인한 소멸 시까지 적용된다.

증권제도와는 구분된다.[13] 즉 채권등록제도를 통해 채권이 발행되었더라도 해당 채권을 증권예탁제도에 따라 예탁하지 않으면 유통 업무를 수행할 수 없는 것이다. 실제로 전자증권제도 시행 전에 국채법 또는 舊 공사채 등록법에 따라 등록발행된 채권은 예탁결제원에 예탁되었다. 또한, 채권등록부에 등록발행된 채권이라 할지라도 해당 채권자가 실물채권 발행을 청구하는 경우에는 실물채권의 발행 가능성이 상존하는 제도이기도 하였다.[14]

(4) 전자증권제도와 일괄예탁제도

일괄예탁제도는 증권의 인수 또는 청약 과정에서 해당 인수자 또는 청약자의 신청에 따라 증권 발행회사가 예탁결제원의 명의로 그 증권을 발행하는 제도를 말한다(자본시장법 제309조제5항[15]). 앞서 언급되었던 주권불소지제도가 이미 발행된 주권을 사후적으로 불발행 처리하는 것이라면, 일괄예탁제도는 아예 발행단계에서부터 주권을 발행하지 않고 예탁자계좌부라 하는 장부에 기재함으로써 발행에 갈음하는 차이가 있다. 또한, 채권등록제도가 채권등록부에 등록함으로써 발행에 갈음하였다면, 해당 채권등록부에 등록된 채권을 다시 예탁자계좌부에 기재하여 유통 및 권리 행사에 대한 업무를 실물증권 없이 처리할 수 있도록 하는 것이 일괄예탁제도라고 할 수 있다.

---

13) 채권등록제도를 이용하는 경우로서 장내·외 시장을 통한 매매를 염두에 두는 경우에는 증권예탁제도를 이용하여야 하므로 실무적으로 발행을 위한 채권등록을 한 후 다시 유통을 위한 채권예탁까지 수행한다. 즉 2단계의 업무 수행이 필요한 셈이며 전자증권제도에서는 발행과 유통이 통합되어 있다는 점에서 차이가 있다.

14) 舊 공사채 등록법 제4조(공사채의 등록 및 말소) ⑤ 공사채를 등록한 자는 언제든지 등록기관에 등록말소를 청구할 수 있다.
舊 공사채 등록법 제5조(공사채의 등록과 채권) ③ 채권자는 공사채 등록이 말소된 경우에는 대통령령으로 정하는 바에 따라 채권의 발행을 청구할 수 있다.

15) 자본시장법 제309조(예탁결제원에의 예탁 등) ⑤ 예탁자 또는 그 투자자가 증권등을 인수 또는 청약하거나, 그 밖의 사유로 새로 증권등의 발행을 청구하는 경우에 그 증권등의 발행인은 예탁자 또는 그 투자자의 신청에 의하여 이들을 갈음하여 예탁결제원을 명의인으로 하여 그 증권등을 발행할 수 있다.

▼ 우리나라의 무권화 관련 제도 비교

구 분	제도 주요 내용	제도 간 차이점	
		실물증권 발행 여부	법적 근거
전자증권 제도	전자적인 법적 장부의 기재에 의하여 증권의 발행 및 유통 가능	실물증권 완전배제	전자증권법
주권불소지 제도	주주명부의 기재에 의해 실물증권을 폐기(기명증권에 해당)	실물증권 발행전제	상법
채권등록 제도	등록부 기재에 의해 채권의 발행 가능	실물증권 발행전제	국채법, 舊 공사채 등록법
일괄예탁 제도	실물증권의 발행 대신 예탁결제원 단일 명의로 발행하고, 발행과 동시에 예탁	실물증권 발행전제	자본시장법

제2장

증권예탁제도와 전자증권제도의 차이

1 개 요

　전자증권제도는 증권을 전자적 방식으로 발행, 유통 및 그에 관한 권리를 행사하도록 하는 제도로, 실물증권을 발행하지 않는 제도임은 이미 앞서 언급한 바와 같다. 그런데 이 전자증권제도는 갑자기 등장한 것이 아니라 증권 사무를 둘러싼 업무 변화, IT기술의 발전 등을 반영하여 증권의 부동화 및 무권화가 단계적으로 발전하는 과정에서 대두된 것이라고 보는 것이 타당하다.

　즉 기존의 증권예탁제도를 보완·발전시켜 도입된 전자증권제도는, 증권예탁제도와 많은 유사점이 있는 동시에 차이점도 갖고 있다. 따라서, 전자증권제도와 증권예탁제도와의 비교를 통해 상호 공통점과 차이점을 살펴보는 것은 전자증권제도에 대한 이해를 돕는 데 효과적일 것으로 보인다.

2 목적 및 근거 법률

　증권예탁제도는 앞서 언급한 바와 같이 실물증권의 부동화 및 집중예탁을 통해 증권사무를 합리화·효율화함으로써 증권의 대량 유통 및 권리 행사 처리를 도모하기 위해 도입되었다. 이에 비하여 전자증권제도는 증권예탁제도를 보완, 발전시킨 제도로 유통 이전 단계인 발행단계부터 실물증권의 발행이 불필요하며, 발행과 유통을 하나의 플랫폼인 전자증권시스템에서 처리할 수 있어 완전한 무권화를 실현한 제도이다. 즉 전자증권제도는 전자적 방식에 의해 증권의 발행, 유통 및 권리 행사가 가능한 원스톱(one-stop) 서비스를 실현하는 제도로, 발행과 유통을 하나로 통합하였다고 볼 수 있다.

한편, 증권예탁제도 및 전자증권제도는 일반적인 민·상법상 법리 또는 제도와는 다른 측면을 갖는 관계로 해당 제도를 규율하는 법률에 기반하여 운영된다. 먼저 증권예탁제도는 자본시장법, 전자증권제도는 전자증권법에 각각 근거를 두고 있다. 자본시장법이 금융투자업, 금융투자업자 및 금융투자상품에 관하여 규율하는 동시에 해당 금융투자업에 관계된 제반 업무 및 관계기관을 총괄하여 규율하는 법률인 데 반하여, 전자증권법은 전자증권의 발행·유통·권리 행사 및 전자증권제도를 구성하는 제도 참가자에 관하여 규율하는 특별법이라는 차이점도 있다.

3 적용대상 및 존재 형태

(1) 적용대상

기본적으로 증권예탁제도의 적용대상은 자본시장법상 증권등으로 규정된 것을 말한다(자본시장법 제294조제1항). 이 대상에는 채무증권, 지분증권, 수익증권, 투자계약증권, 파생결합증권 및 증권예탁증권까지의 자본시장법상 증권이 해당되며, 이외에 자본시장법 시행령에서 예탁대상이라고 규율한 원화표시 양도성 예금증서[1](동 시행령 제310조제1호), 금융투자업규정에서 규정한 어음과 금지금(동 규정 제8-2조) 및 예탁결제원의 업무규정에서 별도로 추가 규정한 기업어음증권과 창고증권이 포함된다.

다만, 앞서 규정된 증권등 중에서도 증권예탁기구인 예탁결제원의 업무규정(증권등예탁업무규정)에 따라 예탁이 적합한지 여부에 대한 적격성 요건인 예탁지정요건[2]을 구비하여야

---

1) 외화표시 양도성 예금증서는 지급청구권이 표시된 것으로 자본시장법상 증권(채무증권, 동법 제4조제3항)에 포함된다.
2) 예탁결제원 증권등예탁업무규정 제7조(예탁대상증권등의 지정요건) ① 지분증권(외국주권을 제외한다)이 예탁대상증권등으로 지정되기 위하여는 다음 각 호의 요건을 충족하여야 한다.
   1. 정관(이와 유사한 조합계약 등을 포함한다)상 양도의 제한이 없을 것. 다만, 그양도의 제한에 기한이 있는 등 해당 증권의 예탁 및 계좌대체 등의 업무수행에 지장이 없다고 인정하는 경우에는 그러하지 아니하다.
   2. 해당 증권의 발행인이 명의개서대행회사를 선임하였을 것
   3. 통일규격증권(신주인수권증서의 경우 예탁결제원이 제작·교부한 용지를 이용한 증권을 포함한다)을 사용할 것
   4. 해당 증권의 발행인이 법 제9조제15항제4호에 따른 주권비상장법인일 것
   ② 채무증권이 예탁대상증권등으로 지정되기 위하여는 다음 각 호의 요건을 충족하여야 한다.
   1. 예탁결제원이 본원 또는 지원이 속한 어음교환소를 통하여 원리금 또는 상환금지급청구를 할 수 있을 것

만 해당 증권의 발행인, 관련 금융회사 및 투자자의 증권예탁제도 이용이 가능하다.

이 경우 예탁지정요건은 증권등마다 세부적인 차이는 있지만, 크게 다음의 3가지를 기준으로 하여 판단된다. 첫째는 대체가능성(fungibility)으로 예탁자가 보유한 증권등은 예탁을 통해 증권예탁기구에 혼장임치(混藏任置)되고, 예탁자는 예탁된 증권등에 대해 공유권을 가지므로 그 증권등은 다른 증권등으로 대체가능한 증권등이어야 한다. 둘째는 유통가능성인데 증권의 양도에 제한이 없어야 하고, 계좌 간 대체의 방식으로 그 유통이 이루어질 수 있어야 한다. 셋째는 예탁적격성으로서 증권등이 정형성을 띠고 있으며, 증권예탁기구가 권리관리 등의 관련 업무처리를 하기에 장애가 없어야 한다.

이에 비하여 전자증권제도는 실질적으로 증권예탁제도 적용대상의 대부분을 제도의 적용대상으로 수용하고 있지만, 전자증권제도의 특성 및 전자등록 가능 여부 등을 종합적으로 고려하여 최종적으로 전자증권법상 적용대상을 정하고 있다. 이 경우 그 고려사항 또는 기준은 증권예탁제도의 그것과 크게 다르지는 않다. 즉 전자증권제도에서도 전자등록에 적합한 요건으로서 대체가능성, 유통가능성, 전자등록 적격성 등이 유사하게 요구되는 것이다. 이와 관련하여서는 신규 전자등록을 하는 경우의 심사기준에 관한 전자증권법 시행령 및 예탁결제원의 전자등록업무규정(「주식·사채 등의 전자등록업무규정」)에 상세히 규정되어 있다(영 제21조 및 전자등록업무규정 제20조제2항).[3]

---

2. 예탁결제원이 원리금 또는 상환금 지급 개시일로부터 2영업일전까지 원리금을 확정할 수 있을 것
3. 예탁결제원이 원리금 또는 상환금 확정 및 지급청구 등의 업무를 처리하는 데 지장이 없을 것
4. 한국조폐공사가 제조한 용지를 사용할 것
③ 외국주권이 예탁대상증권등으로 지정되기 위하여는 다음 각 호의 요건을 충족하여야 한다.
 1. 제1항제1호 내지 제4호
 2. 주권의 발행방법 및 실질주주의 권리 행사 방법이 국내 법규 및 예탁결제원의 관련 규정에 배치되지 아니할 것
 3. 그 밖에 투자자의 권리보호를 위하여 예탁결제원이 필요하다고 인정하는 사항
④ 삭제 <2019.8.28.>
⑤ 제1항 내지 제3항 이외의 증권등이 예탁대상증권등으로 지정되기 위한 요건은 증권등예탁업무규정세칙으로 정한다.
 3) 전자증권법 시행령 제21조(신규 전자등록의 거부사유) ① 법 제25조제6항제1호다목에서 "대통령령으로 정하는 경우"란 다음 각 호의 어느 하나에 해당하는 경우를 말한다.
 1. 법 제38조제1항에 따른 전자등록기관을 통한 권리 행사가 곤란한 경우
 2. 다음 각 목의 구분에 따른 주식등에 대하여 해당 각 목의 정관·계약·약관 등에서 양도가 금지되거나 제한되는 것으로 정하고 있는 경우
  가. 「상법」 제356조의2, 제420조의4, 제478조제3항 또는 제516조의7에 따라 전자등록하는 주식등: 해당 주식등 발행인의 정관
  나. 그 밖의 주식등: 해당 주식등의 발행과 관련된 계약·약관 또는 이에 준하는 것으로서 주식등의 발행

한편, 제도 적용대상을 규율하는 방식에 있어서도 양 제도 간 차이가 있는데 증권예탁제도의 적용대상에 대한 규율 방식은 자본시장법의 기본적인 입법 취지에 따라 포괄주의에 기반하는 반면, 전자증권제도의 적용대상은 전자등록 가능 여부 및 적합 여부 등을 감안하여 한정적으로 열거하는 방식을 취하고 있다.

예를 들면, 증권예탁제도의 적용대상 중의 하나인 지분증권은 자본시장법에서 "주권, 신주인수권이 표시된 것, 법률에 의하여 직접 설립된 법인이 발행한 출자증권, 「상법」에 따른 합자회사·유한책임회사·유한회사·합자조합·익명조합의 출자지분, 그 밖에 이와 유사한 것으로서 출자지분 또는 출자지분을 취득할 권리가 표시된 것"으로 규정되어 있다(자본시장법 제4조).

이에 반해 전자증권제도에서 이에 대응되는 개념은 전자증권법상 "주식, 신주인수권증서 또는 신주인수권증권에 표시되어야 할 권리"이며, 자본시장법상 지분증권의 일부를 규정하고 있다(법 제2조제1호가목·바목).

이러한 한정적 열거주의에 기반한 전자증권제도의 적용대상은 전자증권법상 "주식등4)"

근거가 되는 것
3. 그 밖에 주식등의 대체가능성이나 유통가능성, 권리 행사 방법 등을 고려할 때 주식등의 신규 전자등록이 적절하지 않은 경우로서 금융위원회가 정하여 고시하는 경우
② 법 제25조제6항제6호에서 "대통령령으로 정하는 경우"란 다음 각 호의 어느 하나에 해당하는 경우를 말한다.
1. 주식의 신규 전자등록을 신청하는 발행인이 명의개서대행회사(「자본시장과 금융투자업에 관한 법률」 제365조제1항에 따라 등록한 자를 말한다. 이하 같다)를 선임하지 않은 경우
2. 그 밖에 주식등의 발행 및 전자등록 시에 발행인이 권리자 보호에 필요한 사항이나 절차를 이행하지 않는 경우 등 권리자 보호 및 거래질서 유지를 위해 필요한 경우로서 금융위원회가 정하여 고시하는 경우

예탁결제원 전자등록업무규정 제20조(주식등의 전자등록을 위한 사전심사) ② 예탁결제원은 제1항의 사전심사신 청서를 접수한 경우 다음 각 호의 요건을 심사하여 그 승인 여부를 1개월 이내에 결정하고 그 결과와 이유를 지체 없이 해당 발행인에게 통지하여야 한다. 이 경우 사전심사신청서에 흠결이 있을 때에는 보완을 요구할 수 있다.
1. 법 제25조제6항제1호 각 목의 어느 하나에 해당하지 아니할 것
2. 예탁결제원이 배당금, 원리금 또는 상환금의 확정 및 지급청구 등의 업무를 처리하는데 지장이 없는 등 세칙으로 정하는 요건을 충족할 것
3. 「자본시장과 금융투자업에 관한 법률」에 따른 파생결합증권 또는 외국법인등(같은 법 제9조제16항에 따른 외국법인등을 말한다)이 국내에서 발행하는 증권에 관한 권리의 경우 그 발행 및 권리 행사 방법이 국내 법규 및 예탁결제원 업무규정에 배치되지 아니할 것
4. 주식등의 신규 전자등록 근거가 전자증권법 시행령 제19조제2항제1호가목 또는 나목에 따른 서류에 기재되어 있을 것
4) 한편, '주식등'이라는 용어는 전자증권법과 자본시장법에 공통적으로 등장하는 용어로서 구분이 필요한데, 전자증권법상 '주식등'은 주식, 사채, 투자신탁의 수익권, 그 밖에 전자등록의 대상이 되는 권리를 총괄하여 지칭하는 용어(법 제2조제1호)이며, 자본시장법상 '주식등'은 공개매수 또는 대량보유보고의무 등과 관련하여 주식, 그 밖에 해당 주식과 관련있는 전환사채권 등으로서 공개매수의 적용대상을 총괄하여 지칭하는 용어(자본

으로 규정된 대상이며 주식, 사채, 국채, 지방채 등 총 15개 유형의 권리가 이에 포함된다(법 제2조제1호).[5] 다만, 전자증권법은 위임 규정을 통해 하위법규인 시행령 및 전자등록업규정(금융위원회 고시)에서 새로 등장하는 증권권리 유형으로서 전자등록의 대상이 될 수 있는 것을 보다 간이한 절차와 방법을 통해 추가할 수 있도록 하였다.

(2) 존재 형태

증권예탁제도에서 예탁대상증권등은 기본적으로 실물증권을 전제로 하며 예탁될 수 있는 대상이라고 할 수 있는데, 일괄예탁제도와 같은 무권화제도와 결합하여 예탁자계좌부 또는 투자자계좌부라는 증권예탁제도에서의 장부에 기재하여 실물증권을 발행하지 않는 형태로 관리·취급할 수 있다. 특히 IT기술의 발전에 따라 증권예탁제도에서도 제반 장부를 전산상으로 관리하게 됨으로써 실질적으로는 전자증권제도의 운영 형태와 크게 다르지 않은 모습을 이미 갖추게 되었다. 그러나 앞서 언급한 바와 같이 증권예탁제도는 발행인 또는 증권 소유자의 요

시장법 제133조, 제147조 등)이므로 사용되는 상황에 따라 구분하여 파악할 필요가 있다.
5) 전자증권법 제2조(정의) 1. "주식등"이란 다음 각 목의 어느 하나에 해당하는 것을 말한다.
   가. 주식
   나. 사채(「신탁법」에 따른 신탁사채 및 「자본시장과 금융투자업에 관한 법률」에 따른 조건부자본증권을 포함한다)
   다. 국채
   라. 지방채
   마. 법률에 따라 직접 설립된 법인이 발행하는 채무증권에 표시되어야 할 권리
   바. 신주인수권증서 또는 신주인수권증권에 표시되어야 할 권리
   사. 「신탁법」에 따른 수익자가 취득하는 수익권(受益權)
   아. 「자본시장과 금융투자업에 관한 법률」에 따른 투자신탁의 수익권
   자. 「이중상환청구권부 채권 발행에 관한 법률」에 따른 이중상환청구권부 채권
   차. 「한국주택금융공사법」에 따른 주택저당증권 또는 학자금대출증권에 표시되어야 할 권리
   카. 「자산유동화에 관한 법률」에 따른 유동화증권에 표시될 수 있거나 표시되어야 할 권리
   타. 「자본시장과 금융투자업에 관한 법률」에 따른 파생결합증권에 표시될 수 있거나 표시되어야 할 권리로서 대통령령으로 정하는 권리
   파. 「자본시장과 금융투자업에 관한 법률」에 따른 증권예탁증권에 표시될 수 있거나 표시되어야 할 권리로서 대통령령으로 정하는 권리
   하. 외국법인등(「자본시장과 금융투자업에 관한 법률」 제9조제16항에 따른 외국법인등을 말한다. 이하 같다)이 국내에서 발행하는 증권(證券) 또는 증서(證書)에 표시될 수 있거나 표시되어야 할 권리로서 가목부터 타목까지의 어느 하나에 해당하는 권리
   거. 가목부터 하목까지의 규정에 따른 권리와 비슷한 권리로서 그 권리의 발생·변경·소멸이 전자등록계좌부에 전자등록되는 데에 적합한 것으로서 대통령령으로 정하는 권리

청이 있으면 실물증권이 발행될 가능성이 상존한다는 점에서 전자증권제도와 차이가 있다.

반면, 전자증권제도에서는 증권에 표시될 수 있거나 표시되어야 할 권리라는 눈에 보이지 않는 대상이 전산상 장부에 전자등록되어 존재하게 된다. 본래는 실물증권에 표시되어 나타나야 할 권리이지만, IT기술에 의해 전자적 데이터로 구현되어 전산 업무처리 장치 내에 존재하는 것이다. 통상 사법상의 유가증권과 비교하여 보면 종이라는 권면과 그 권면에 표시(기재)되어 있는 권리의 결합체가 유가증권인 데 반해, 전자증권제도의 적용대상인 권리는 디지털 코드 또는 데이터라는 존재와 결합된 상태로 존재한다고 볼 수 있다.

4 운영기관

우리나라에서 증권예탁제도의 운영기관은 예탁결제원(증권예탁기구)과 예탁자로 구성된다. 예탁결제원은 자본시장법에 따라 설립[6]된 법인(주식회사[7])으로 증권예탁제도를 다른 예탁자들과 함께 운영하고 있으며, 예탁자 또는 투자자로부터 직·간접적으로 증권을 집중예탁받아 혼장임치(混藏任置)하여 관리하고 예탁된 증권등에 대한 권리를 관리하는 역할을 수행한다.[8]

한편, 예탁자[9]는 투자자(고객)를 상대로 영업을 수행하거나 자기자본으로 투자를 영위하는 금융투자업자 또는 이에 준하는 자로서 예탁결제원에 계좌를 개설한 자를 말한다. 대개의 경우 예탁자는 증권회사 또는 은행과 같은 금융회사인데, 증권회사 등 금융투자업자인 예탁자는 자본시장법에 따라 본인 및 투자자 소유의 증권을 예탁하여야 하는 의무를 준수하여야 한다(자본시장법 제61조·제75조[10]). 다만, 금융투자업자 이외에도 자본시장에서 증권을 대량으로

---

6) 자본시장법 제294조(설립) ① 증권등(증권, 그 밖에 시행령으로 정하는 것을 말한다. 이하 이 장에서 같다)의 집중예탁과 계좌 간 대체, 매매거래에 따른 결제업무 및 유통의 원활을 위하여 한국예탁결제원을 설립한다.
   ② 예탁결제원은 법인으로 한다.

7) 예탁결제원은 한국증권대체결제(주)로 최초 설립(1974.12.6.)되었다. 한국증권대체결제(주)는 시장성 경쟁 업무를 수행하는 상법상 주식회사로, 대체결제업무를 영위하고자 하는 법인은 재무부장관의 허가를 받도록 규정한 舊 증권거래법에 따라 업(業) 허가를 취득하여 관련 업무를 수행하였다.

8) 외국의 경우에는 독일의 Clearstream Banking Frankfurt, 프랑스의 Euroclear France, 영국의 Euroclear UK & International, 미국의 DTCC(Depository Trust & Clearing Corporation), 일본의 JASDEC(Japan Securities Depository Center) 등이 우리나라 예탁결제원과 같은 역할을 수행하고 있다.

9) 자본시장법 제309조(예탁결제원에의 예탁 등) ① 예탁결제원에 증권등을 예탁하고자 하는 자는 예탁결제원에 계좌를 개설하여야 한다.
   ② 제1항에 따라 계좌를 개설한 자(이하 "예탁자"라 한다)는 자기가 소유하고 있는 증권등과 투자자로부터 예탁받은 증권등을 투자자의 동의를 얻어 예탁결제원에 예탁할 수 있다.

보유 또는 관리하여야 하는 은행 또는 보험회사 등도 예탁자의 자격이 있고, 전문투자자로서 기금의 관리·운용을 하는 법인 등도 이에 해당할 수 있다.

이에 비해 전자증권제도의 운영기관은 전자등록기관과 계좌관리기관[11]으로 구성된다. 전자등록기관은 증권예탁제도에서 증권예탁기구에 대응되는 기관으로서 전자증권법상 전자등록업허가를 취득한 자를 말하며, 계좌관리기관은 증권예탁제도에서의 예탁자에 대응되는 자로서 고객의 계좌를 관리하는 동시에 전자등록기관에 계좌를 개설한 자를 말한다. 이 경우 계좌관리기관 역시 본인 소유 및 고객 소유의 증권에 대한 권리를 전자등록하여 관리하게 된다.[12]

참고로 전자증권법상 전자등록업무는 자격 요건을 갖춘 자라면 누구든지 그 업무를 영위할 수 있도록 설계[13]되어 있어, 비록 현재로서는 예탁결제원만이 이를 영위[14]하고 있으나, 언제든지 제2의 전자등록기관이 출현할 수 있는 상황이며, 토큰증권 유통 생태계가 전자증권법상 증권 유통 제도의 일부로 편입[15]될 경우 전자등록기관에 대한 재정의도 새로 필요할지 모른다.

---

10) 자본시장법 제61조(소유증권의 예탁) ① 금융투자업자(겸영금융투자업자를 제외한다. 이하 이 조에서 같다)는 그 고유재산을 운용함에 따라 소유하게 되는 증권(시행령으로 정하는 것을 포함한다)을 예탁결제원에 지체 없이 예탁하여야 한다. (단서 생략)
   자본시장법 제75조(투자자 예탁증권의 예탁) ① 투자매매업자 또는 투자중개업자는 금융투자상품의 매매, 그 밖의 거래에 따라 보관하게 되는 투자자 소유의 증권(시행령으로 정하는 것을 포함한다)을 예탁결제원에 지체 없이 예탁하여야 한다. (단서 생략)
11) 전자증권법 제2조(정의) 6. "전자등록기관"이란 주식등의 전자등록에 관한 제도의 운영을 위하여 제5조제1항에 따라 허가를 받은 자를 말한다.
   7. "계좌관리기관"이란 제19조 각 호의 어느 하나에 해당하는 자로서 제22조제1항에 따른 고객계좌를 관리하는 자를 말한다.
12) 전자증권법 제22조(고객계좌 및 고객관리계좌의 개설 등) ① 전자등록주식등의 권리자가 되려는 자는 계좌관리기관에 고객계좌를 개설하여야 한다.
   전자증권법 제23조(계좌관리기관등 자기계좌의 개설 등) ① 제22조제1항에도 불구하고 계좌관리기관, 법률에 따라 설립된 기금, 그 밖에 전자등록기관에 주식등을 전자등록할 필요가 있는 자로서 시행령으로 정하는 자(이하 "계좌관리기관등"이라 한다)가 전자등록주식등의 권리자가 되려는 경우에는 전자등록기관에 계좌관리기관등 자기계좌를 개설할 수 있다.
13) 복수의 전자등록기관이 존재하는 경우로서 발행인이 전자등록기관을 변경하고자 하는 경우에 발행인, 계좌관리기관, 전자등록기관 등 관련 참가자의 변경에 필요한 방법·절차 규정(전자등록업규정 제6-2조).
14) 전자증권법 부칙 제8조(한국예탁결제원 등에 대한 경과조치) ① 이 법 공포 후 6개월이 경과한 날 당시 예탁결제원은 제5조제1항에 따라 전자등록기관의 허가를 받은 것으로 본다.
15) 증권의 디지털화를 위한 인프라 제도에 해당하는 전자증권법에서 주식등의 전자등록 및 관리에 분산원장 기술을 이용할 수 있도록 하여 법적 뒷받침 하에 안정적인 토큰증권 거래가 가능하도록 하고, 현행 법 체계에 마련된 총량관리 및 권리자 보호 제도를 적용받을 수 있도록 하는 한편, 일정 요건을 갖춘 발행인이 금융위원회에 등록하여 분산원장 기술을 이용한 전자등록 업무를 할 수 있도록 하는 전자증권법 개정안이 제21대 국회에 제출(2023.7.28.)되었으나 임기만료로 폐기되었고, 제22대 국회에서 재발의(2024.10.25., 김재성 의원 대표발의)되었다.

5 계좌부 및 계좌부에의 기재 효력 등

증권예탁제도와 전자증권제도는 각 제도의 적용대상을 계좌부라고 하는 장부를 통하여 관리하고 법적 효력을 부여한다는 점에서 공통점이 있다.[16] 다만, 제도 적용대상의 존재 형태가 다르므로 계좌부에의 기재 또는 전자등록에 따른 효력에 대해서는 차이점도 존재한다.

먼저, 증권예탁제도에서 계좌부는 증권예탁기구인 예탁결제원이 작성·관리하는 예탁자계좌부와 증권회사·은행 등에 해당하는 예탁자가 작성·관리하는 투자자계좌부로 구분되며, 각 계좌부에 권리자로 기재되는 경우 해당 증권등을 점유하는 것으로 간주한다. 즉 계좌부에 기재된 자를 해당 증권등의 적법한 소지인으로 추정(자격수여적 효력[17])하는 것이다.

또한, 증권예탁제도의 가장 중요한 목적 중의 하나가 유통이므로 계좌부에 양도를 위한 계좌 간 대체의 기재를 하거나, 질권 설정을 목적으로 질권 설정의 뜻 및 질권자를 기재하는 경우에는 증권등의 교부가 있었던 것으로 간주(교부의 효력[18])한다. 이에 따라 증권등의 매매 거래 등에 따른 양도 시 계좌부상 대체기재한 경우에는 해당 증권등의 실물을 직접 교부한 것으로 보아 권리가 이전하는 권리변동의 효력이 발생하는 것이다. 마지막으로 예탁자계좌부 또는 투자자계좌부에 신탁재산인 뜻을 기재하면 제3자에게 대항(신탁의 대항력[19])할 수 있다.

이것은 실물증권이 예탁되어 있거나 아예 발행되지 않은 상태에서 해당 예탁증권에 대한 권리와 수량이 기재되어 있는 계좌부에 대한 법적 효력을 특별히 인정하는 것으로, 계좌부상 기재에 대하여 물권 취득·변동의 효력을 부여한 것이다.

반면 전자증권제도에서는 실물증권이 존재하지 않으므로, 전자증권법상 계좌부인 전자등

---

16) 결과적으로는 증권예탁제도 및 전자증권제도 모두 계좌부가 존재하고 그 계좌부에 증권등이 기재 또는 주식등이 전자등록된 경우에 각각 일정한 효력을 부여한다는 점에서 공통점이 있기는 하지만, 그 중간 과정은 양자 간 큰 차이가 있다. 증권예탁제도는 예탁되어 있는 실물증권의 존재를 전제로 하고 있으므로 민법상 실물증권이 갖는 법률상 지위 및 해당 실물증권의 권리 변동에 따른 효력을 계좌부상 기재 및 변경에 적용하는 구조라면, 전자증권제도는 무체물로서 사법상 법적 지위가 아직 규명되지 않은 전자증권에 대해서 그 권리가 계좌부에 전자등록되면 그 전자등록된 상태에 대한 효력을 부여하고 있다는 점에서 차이를 보이고 있다. 전자증권 그 자체의 법적 지위에 대해서는 각국마다 상이한 입법 태도를 보이고 있는 상황이다.

17) 자본시장법 제311조(계좌부 기재의 효력) ① 투자자계좌부와 예탁자계좌부에 기재된 자는 각각 그 증권등을 점유하는 것으로 본다.

18) 자본시장법 제311조(계좌부 기재의 효력) ② 투자자계좌부 또는 예탁자계좌부에 증권등의 양도를 목적으로 계좌 간 대체의 기재를 하거나 질권설정을 목적으로 질물(質物)인 뜻과 질권자를 기재한 경우에는 증권등의 교부가 있었던 것으로 본다.

19) 자본시장법 제311조(계좌부 기재의 효력) ③ 예탁증권등의 신탁은 예탁자계좌부 또는 투자자계좌부에 신탁재산인 뜻을 기재함으로써 제삼자에게 대항할 수 있다.

록계좌부상의 제반 전자등록에 대하여 직접적인 법률상 효력을 부여하고 있다. 즉 증권예탁제도는 실물증권을 전제로 하는 제도였으므로, 민법상 유체물에 해당하는 실물증권에 관한 점유를 매개로 하는 법적 효력을 부여하는 논리적 구조를 취하였다. 반면, 전자증권제도에서 전자증권에 대한 사법적 지위가 아직 별도로 규정되지 않은 상황에서는 전자증권이라는 대상을 통한 효과가 아니라 그 대상이 전자등록된 전자등록계좌부상의 변동에 의하여 관련 법률 효과를 직접적으로 부여하는 것으로 볼 수 있다.

▼ 전자증권법상 전자증권 관련 법률행위의 요건 및 효력

구분	조 문	내 용
권리 추정	전자증권법 제24조	• 요건 : 전자증권과 관련하여 특정인이 전자등록계좌부에 전자등록될 것
	전자증권법 제35조제1항	• 효력 : 그 특정인이 해당 전자증권에 대해 권리를 적법하게 보유한 것으로 추정
양도	전자증권법 제30조	• 요건 : 전자증권의 양도인이 양수인에게 전자증권법 제30조(계좌간 대체의 전자등록)에 따른 전자등록을 할 것
	전자증권법 제35조제2항	• 효력 : 양수인에 대한 전자증권 양도의 효력 발생
입질	전자증권법 제31조	• 요건 : 질권설정자(질권설정자의 동의가 있는 경우 질권자)가 질물이 되는 전자증권에 대하여 전자증권법 제31조(질권 설정 및 말소의 전자등록)에 따른 질권 설정의 전자등록을 한 경우
	전자증권법 제35조제3항	• 효력 : 해당 전자증권을 질권의 목적으로 하는 입질의 효력 발생
신탁	전자증권법 제32조	• 요건 : 위탁자(신탁재산의 대상이 되는 전자증권이 이미 수탁자에게 있는 경우에는 수탁자)가 전자증권법 제32조(신탁재산이라는 사실의 표시 및 말소의 전자등록)에 따른 신탁재산 사실 표시의 전자등록을 한 경우
	전자증권법 제35조제4항	• 효력 : 해당 신탁재산 사실 표시의 전자등록이 된 전자증권에 제3자에 대한 대항력 발생

따라서 전자등록계좌부에 전자등록된 자에게 적법한 권리가 있음을 추정(권리추정력 부여[20])하고, 계좌간 대체의 전자등록이 이루어진 경우에는 양도의 효력을, 질권 설정의 전자등록이 된 경우에는 입질(入質)의 효력을, 신탁재산 사실 표시의 전자등록이 된 경우에는 제3자

---

20) 전자증권법 제35조(전자등록의 효력) ① 전자등록계좌부에 전자등록된 자는 해당 전자등록주식등에 대하여 전자등록된 권리를 적법하게 가지는 것으로 추정한다.

에 대한 대항력을 각각 인정한다.[21]

한편, 전자증권제도의 계좌부 체계 및 특성은 증권예탁제도에서의 계좌부 체계와 유사한 듯 보이면서도 근본적으로는 차이가 있다. 자본시장법상 예탁자계좌부 및 투자자계좌부는 모두 해당 계좌부에의 기재에 법적 효력이 발생하는 장부이지만, 전자증권법에서는 계좌부 기재의 법적 효력이 인정되는 전자등록계좌부와 그 외 총수량·총금액의 관리 목적으로 작성·관리하는 관리계좌부로 나뉜다.

이 경우 전자등록계좌부는 다시 전자등록기관이 작성·관리하는 계좌관리기관등 자기계좌부와 계좌관리기관이 작성·관리하는 고객계좌부로 나뉘며,[22] 관리계좌부 역시 발행인별 전자증권의 발행 총수량·총금액을 관리하기 위한 목적으로 전자등록기관이 작성하는 발행인관리계좌부와, 고객이 계좌관리기관에 맡긴 전자증권의 총수량·총금액을 관리하기 위한 목적으로 전자등록기관이 작성하는 고객관리계좌부로 구분된다.[23] 따라서 권리추정력, 양도·입질·

---

21) 전자증권법 제35조(전자등록의 효력) ② 전자등록주식등을 양도하는 경우에는 제30조에 따른 계좌간 대체의 전자등록을 하여야 그 효력이 발생한다.
   ③ 전자등록주식등을 질권의 목적으로 하는 경우에는 제31조에 따른 질권 설정의 전자등록을 하여야 입질의 효력이 발생한다. 이 경우 「상법」 제340조제1항에 따른 주식의 등록질(登錄質)의 경우 질권자의 성명을 주권에 기재하는 것에 대해서는 그 성명을 전자등록계좌부에 전자등록하는 것으로 갈음한다.
   ④ 전자등록주식등의 신탁은 제32조에 따라 해당 전자등록주식등이 신탁재산이라는 사실을 전자등록함으로써 제3자에게 대항할 수 있다.
22) 전자증권법 제2조(정의) 이 법에서 사용하는 용어의 뜻은 다음과 같다.
   3. "전자등록계좌부"란 주식등에 관한 권리의 발생·변경·소멸에 대한 정보를 전자적 방식으로 편성한 장부로서 다음 각 목의 장부를 말한다.
      가. 제22조제2항에 따라 작성되는 고객계좌부(이하 "고객계좌부"라 한다)
      나. 제23조제2항에 따라 작성되는 계좌관리기관등 자기계좌부(自己計座簿)(이하 "계좌관리기관등 자기계좌부"라 한다)
23) 전자증권법 제21조(발행인관리계좌의 개설 등) ① 다음 각 호의 어느 하나에 해당하는 자는 전자등록기관에 발행인관리계좌를 개설하여야 한다.
   1. 주식등을 전자등록의 방법으로 새로 발행하려는 자
   2. 이미 주권(株券), 그 밖에 대통령령으로 정하는 증권 또는 증서(이하 "주권등"이라 한다)가 발행된 주식등의 권리자에게 전자등록의 방법으로 주식등을 보유하게 하거나 취득하게 하려는 자
   3. 그 밖에 제1호 및 제2호에 준하는 자로서 대통령령으로 정하는 자
   ② 제1항에 따라 발행인관리계좌가 개설된 경우 전자등록기관은 다음 각 호의 사항을 기록하여 발행인(제1항 각 호의 어느 하나에 해당하는 자로서 같은 항에 따라 발행인관리계좌를 개설한 자를 말한다. 이하 같다) 별로 발행인관리계좌부를 작성하여야 한다.
   1. 발행인의 명칭 및 사업자등록번호, 그 밖에 발행인을 식별할 수 있는 정보로서 대통령령으로 정하는 정보
   2. 전자등록주식등의 종류, 종목 및 종목별 수량 또는 금액
   3. 그 밖에 발행인관리계좌부에 기록할 필요가 있는 사항으로서 대통령령으로 정하는 사항
   전자증권법 제22조(고객계좌 및 고객관리계좌의 개설 등) ③ 계좌관리기관은 제2항의 고객계좌부에 전자등록된 전자등록주식등의 총수량 또는 총금액을 관리하기 위하여 전자등록기관에 고객관리계좌를 개설하여야 한다.

신탁 설정 등의 법적 효력이 인정되는 것은 전자등록계좌부이고, 고객관리계좌부 및 발행인 관리계좌부에서는 그러한 효력이 적용되지 않는다.

　다음으로, 증권 발행 이후인 유통 단계에서부터 증권 소유권 이전 관련 업무가 연계되어 있는 증권예탁제도와는 달리, 증권 발행단계부터 관여하고 있는 전자증권제도에서는 증권 발행과 관련한 사무 수행을 하기 위하여 필요한 계좌부인 발행인관리계좌부가 존재한다. 발행인 관리계좌부는 증권 발행인이 발행인관리계좌를 개설하는 경우 작성·관리하는 계좌부로서 증권 발행 총수량·총금액을 관리한다.

▼ 증권예탁제도와 전자증권제도의 계좌부 비교

자본시장법상 증권예탁제도				전자증권법상 전자증권제도		
계좌부 구분		성 격	권리 추정력	계좌부 구분	성 격	권리 추정력
–		–	–	발행인관리계좌부	발행 총수량 · 총금액 관리	×
예탁자 계좌부	자기분	예탁자 자기소유분	○	계좌관리기관등 자기계좌부	계좌관리기관 자기소유분	○
	투자자분	예탁자의 고객소유분 관리	○	고객관리계좌부	계좌관리기관의 고객소유분 관리	×
투자자계좌부		고객소유분	○	고객계좌부	고객소유분	○

6　기명식 소유자명부의 작성 및 운영

　기본적으로 증권은 기명식과 무기명식으로 나뉘는데, 대표적인 기명식 증권은 주식이며 대표적인 무기명식 증권은 채권이라고 할 수 있다.[24] 이 경우 기명식 증권, 특히 주식의 경우

---

④ 제3항에 따라 고객관리계좌가 개설된 경우 전자등록기관은 다음 각 호의 사항을 기록하여 계좌관리기관별로 고객관리계좌부를 작성하여야 한다.
　1. 계좌관리기관의 명칭 및 주소
　2. 전자등록주식등의 종류, 종목 및 종목별 수량 또는 금액
　3. 그 밖에 고객관리계좌부에 등록할 필요가 있는 사항으로서 대통령령으로 정하는 사항
24) 우리나라는 지난 2014년 상법 개정에 따라 주식은 기명식만 존재한다. 채권은 기명식과 무기명식이 모두 발행

에는 의결권 행사 또는 배당금 지급 등의 권리 행사를 위해 일정 시점을 기준으로 하여 소유자를 확정하는 절차가 필요하게 된다.

　주식을 예로 들면 발행회사의 주주명부를 통해 일정 시점의 주주 현황을 파악할 수 있고, 이론상으로는 주주(소유자) 변동이 있을 때마다 주주명부에의 명의개서를 통하여 그 변동을 반영할 수도 있다. 그러나 국내만 보더라도 주식 투자인구가 1천만 명을 돌파한 상황[25]에서, 현대 자본시장에서 적게는 수만 명부터 많게는 수백만 명의 주식 소유 현황 및 변동 상황을 실시간으로 발행회사의 주주명부에 반영한다는 것은 사실상 불가능하다. 따라서, 현실적으로는 일정한 기준 시점을 정하고 그 시점에 주식을 소유한 자를 파악하여 주주명부를 작성함으로써 권리자가 될 자를 정하는 것이 타당할 것이다.

　이렇게 특정 시점을 기준으로 하여 소유자의 내역을 확정하는 절차는 일찍이 상법에 관련 근거가 존재하였으나,[26] 대량의 증권 유통을 위한 증권예탁제도의 발전에 따라 동 제도에 기반한 기명식 소유자명부 작성의 제도적 근거가 마련되었다.[27][28]

　증권예탁제도에서는 주식 발행회사가 주주총회 개최로 인해 의결권을 행사할 자를 정하기 위한 목적 또는 배당금을 지급하기 위한 목적 등으로 인하여 일정한 기준일을 정해 예탁결제원으로 통보하면, 예탁결제원은 다시 예탁자(증권회사 또는 은행 등)에게 요청하여 그 예탁자가 관리하는 주식 소유자의 명세를 통보받은 후, 예탁결제원이 직접 관리하는 주식 소유자의 명세와 합하여 해당 주식을 소유한 자의 내역(실질주주명세)을 작성한 다음 최초에 요청한

　가능하나 실무적으로는 대부분 무기명식으로 발행하고 있다. 이는 주식의 경우 의결권에 기반한 기업지배구조와 밀접한 연관이 있는 증권인 반면, 채권은 자금조달수단으로서의 성격이 보다 강조된 측면과 더불어 기명식 채권과 관련한 상법상 규정이 발행회사로 하여금 상당한 불편을 초래하였기 때문으로 판단된다.

25) 예탁결제원에 따르면 2023년말 기준 국내 주식투자인구는 1,400만 명 이상이다.

26) 상법 제354조(주주명부의 폐쇄, 기준일) ① 회사는 의결권을 행사하거나 배당을 받을 자 기타 주주 또는 질권자로서 권리를 행사할 자를 정하기 위하여 일정한 기간을 정하여 주주명부의 기재변경을 정지하거나 일정한 날에 주주명부에 기재된 주주 또는 질권자를 그 권리를 행사할 주주 또는 질권자로 볼 수 있다.

27) 자본시장법 제315조(실질주주의 권리 행사 등) ③ 예탁증권등 중 주권의 발행인은 「상법」 제354조에 따라 일정한 기간 또는 일정한 날을 정한 경우에는 예탁결제원에 이를 지체 없이 통지하여야 하며, 예탁결제원은 그 일정한 기간의 첫날 또는 그 일정한 날(이하 이 조에서 "주주명부폐쇄기준일"이라 한다)의 실질주주에 관하여 다음 각 호의 사항을 지체 없이 그 주권의 발행인 또는 명의개서를 대리하는 회사에 통지하여야 한다.
　1. 성명 및 주소
　2. 제1항에 따른 주식의 종류 및 수

28) 다만, 자본시장법상 증권예탁제도에서 본문과 같은 절차·방법에 의한 기명식 소유자명부 작성의 대상 증권은 주식, 특히 비상장주식에 한정된다. 전자증권제도 도입(2019.9.) 전에는 상장·비상장주식뿐 아니라 투자신탁의 수익증권도 그 적용대상이었으나 상장주식 및 투자신탁의 수익증권은 의무 전자등록 대상이 되어 전자증권제도로 수용되었다.

주식 발행회사에 그 내역을 통보한다. 이 경우 예탁결제원 또는 예탁자에 예탁하지 아니하고 실물주권을 소지한 주주가 있을 수 있으므로, 발행회사는 그러한 주주의 내역을 별도로 파악하여 앞서 예탁결제원으로부터 수령한 내역과 합하여 최종적인 주주명부를 작성하게 된다.

정리하면, 증권예탁제도에서 평소에는 예탁결제원이 작성·관리하는 예탁자계좌부 및 예탁자가 작성·관리하는 투자자계좌부 상에 주식 소유자의 내역이 증감·변동하다가, 해당 주식 발행회사의 기준일 설정에 따라 특정일을 기준으로 한 예탁자계좌부·투자자계좌부상의 주식 소유자 내역을 파악하여 발행회사가 자체적으로 파악하고 있는 실물주권 소유자의 내역과 합함으로써 주주명부를 작성하게 되는 것이다.

전자증권제도에서도 앞서 설명한 절차와 방법은 기본적으로 동일하게 적용된다.[29] 주식

---

29) 전자증권법 제37조(소유자명세) ① 전자등록주식등으로서 기명식(記名式) 주식등의 발행인은 「상법」 제354조제1항(다른 법률에서 준용하는 경우를 포함한다)에 따라 일정한 날을 정한 경우에는 전자등록기관에 그 일정한 날을 기준으로 해당 주식등의 소유자의 성명 및 주소, 소유자가 가진 주식등의 종류·종목·수량 등을 기록한 명세(이하 "소유자명세"라 한다)의 작성을 요청하여야 한다. 다만, 「자본시장과 금융투자업에 관한 법률」에 따라 투자신탁재산을 운용하는 집합투자업자가 집합투자기구의 결산에 따라 발생하는 분배금을 배분하기 위한 경우, 그 밖에 권리자의 이익을 해칠 우려가 적은 경우로서 대통령령으로 정하는 경우에는 그러하지 아니하다.
　② 전자등록주식등으로서 기명식 주식등의 발행인은 다음 각 호의 어느 하나에 해당하는 경우에는 전자등록기관에 소유자명세의 작성을 요청할 수 있다.
　1. 발행인이 법령 또는 법원의 결정 등에 따라 해당 전자등록주식등의 소유자를 파악하여야 하는 경우
　2. 발행인이 대통령령으로 정하는 주기별로 해당 전자등록주식등의 소유자를 파악하려는 경우
　3. 「자본시장과 금융투자업에 관한 법률」 제134조에 따라 공개매수신고서가 제출된 전자등록주식등의 발행인(그 전자등록주식등과 관련된 증권예탁증권에 표시된 권리, 그 밖에 대통령령으로 정하는 주식등의 경우에는 대통령령으로 정하는 자를 말한다. 이하 이 항에서 같다)이 그 주식등의 소유상황을 파악하기 위하여 일정한 날을 정하여 전자등록기관에 주주에 관한 사항의 통보를 요청하는 경우
　4. 그 밖에 발행인이 해당 전자등록주식등의 소유자를 파악할 필요가 있는 경우로서 대통령령으로 정하는 경우
　③ 전자등록주식등으로서 무기명식(無記名式) 주식등의 발행인은 「자본시장과 금융투자업에 관한 법률」 제165조의11에 따른 조건부자본증권이 주식으로 전환되는 경우, 그 밖에 해당 주식등이 다른 주식등으로 전환되는 경우로서 대통령령으로 정하는 경우에 소유자명세의 작성이 필요하면 전자등록기관에 소유자명세의 작성을 요청할 수 있다.
　④ 전자등록기관은 제1항부터 제3항까지의 규정에 따른 요청을 받은 경우에는 소유자명세를 작성하여 그 주식등의 발행인에게 지체 없이 통지하여야 한다. 이 경우 전자등록기관은 계좌관리기관에 소유자명세의 작성에 필요한 사항의 통보를 요청할 수 있으며, 그 요청을 받은 계좌관리기관은 그 사항을 지체 없이 전자등록기관에 통보하여야 한다.
　⑤ 전자등록기관은 전자등록주식등으로서 기명식 주식등의 질권자의 신청에 따라 발행인에게 질권 내용을 통보하는 경우에는 제4항에 따른 소유자명세에 해당 내용을 포함하여야 한다. 이 경우 계좌관리기관에 전자등록된 기명식 주식등의 질권자는 해당 계좌관리기관을 통하여 신청하여야 한다.
　⑥ 발행인은 제4항 전단에 따른 통지를 받은 경우 통지받은 사항과 통지 연월일을 기재하여 주주명부등을 작성·비치하여야 한다. 다만, 해당 주식등이 무기명식인 경우에는 그러하지 아니하다.
　⑦ 전자등록기관은 다음 각 호의 어느 하나에 해당하는 사유로 제33조제2항 또는 제3항에 따른 말소의 전자등

발행회사가 기준일을 설정하여 해당 기준일에 자신이 발행한 주식 소유자의 내역 제공을 전자등록기관에 요청하면, 전자등록기관은 다시 계좌관리기관(증권회사 또는 은행 등)에 요청하여 그 계좌관리기관이 관리하는 주식 소유자의 명세를 통보받고, 전자등록기관이 직접 관리하는 주식 소유자의 명세와 합하여 해당 주식을 소유한 자의 내역(소유자명세)을 작성한 다음 최초 요청한 주식 발행회사에 그 내역을 통보한다.

다만, 전자증권제도에서는 실물주권이 존재하지 않으므로 전자등록기관이 계좌관리기관에서 통보받은 주식 소유자 내역과 자신이 관리하는 내역을 합하여 해당 주식 발행회사에 통보하면 그것으로 일련의 절차는 완료된다.

대표적인 기명식 증권인 주식의 사례를 통하여 살펴본 증권예탁제도 및 전자증권제도에서의 주주명부 작성 과정을 도해로 비교하면 아래와 같다.

▼ 주주명부 작성 관련 제도간 비교

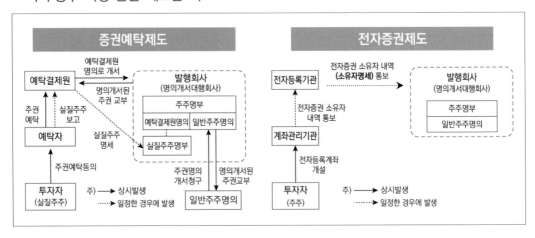

한편, 주식의 사례를 통해 설명한 기명식 소유자명부 작성에 관한 업무절차는 주주명부 작성과 관련한 절차·방법을 준용하고 있는 기명식 투자신탁의 수익증권 소유자에 대한 수익자명부 작성에도 그대로 적용된다.[30]

록이 된 주식등에 대하여 그 말소의 전자등록이 된 날을 기준으로 전자등록계좌부에 전자등록되었던 권리자의 성명, 주소 및 권리 내용 등을 기록한 명세를 작성하여 해당 주식등의 발행인에게 지체 없이 통지하여야 한다.
  1. 제33조제1항제2호에 따른 사유
  2. 제33조제3항제2호에 따른 사유
  3. 그 밖에 전자등록기관이 주식등에 관한 권리를 관리하기 곤란하다고 인정되는 경우로서 대통령령으로 정하는 사유
  ⑧ 제7항에 따른 명세의 작성 등에 관하여는 제4항 후단 및 제6항을 준용한다.

7 투자자 보호 제도

증권예탁제도와 전자증권제도 모두 원칙적으로는 증권의 실제 수량과 계좌부상 관리 수량이 일치하여야 한다. 그러나 발행 이후 업무처리 과정에서 실물의 훼손, 도난이나 분실 또는 시스템상 오류 등으로 인하여 양자 간 수량이 불일치하는 경우가 발생할 수 있다. 그런데 수량이 불일치한다는 것은 실제 수량보다 많거나 적다는 것을 의미하는데, 해당 증권을 소유한 투자자의 재산권과도 직결되는 문제여서 결국 투자자 보호의 문제로 귀결된다.

먼저 증권예탁제도는 실물증권의 존재를 전제로 하므로, 기본적으로는 실물증권이 도난·분실 등의 사유로 계좌부상 수량보다 적어지는 '부족분'의 발생을 염두에 두고 수량 불일치가 발생한 경우의 대응 절차·방법을 마련하고 있다.[31)32)]

한편, 전자증권제도에서는 증권에 대한 권리가 전자적 데이터의 형태로 존재하고 있으므로 '부족분' 대신 '초과분'의 개념을 사용하여 발행 수량과의 차이에 대한 보전의무를 규율하고 있으며, 초과분이 발생한 경우에는 전자등록기관과 계좌관리기관이 연대하여 해당 초과분을 해소할 수 있도록 하고 있다.

전자등록기관과 계좌관리기관이 연대하여 초과분을 해소함으로써 투자자의 보호를 위한 조치를 취한다는 점에서는 전자증권제도와 증권예탁제도 간 유사한 측면이 있지만, 전자증권제도는 단순히 연대보전책임이라는 원칙만을 정하고 있는 증권예탁제도와는 달리 투자자 보호를

---

30) 자본시장법 제189조(투자신탁의 수익권 등) ④ 수익증권은 무액면 기명식으로 한다.
⑤ 투자신탁을 설정한 집합투자업자는 제3항에 따른 수익증권을 발행하는 경우에는 다음 각 호의 사항이 「주식·사채 등의 전자등록에 관한 법률」에 따라 전자등록 또는 기록되도록 하여야 한다. (후단 생략)
⑨ 「상법」 제337조, 제339조, 제340조 및 「주식·사채 등의 전자등록에 관한 법률」 제35조제3항 후단은 수익권 및 수익증권에 관하여 준용하며, 「상법」 제353조 및 제354조는 수익자명부에 관하여 준용한다.

31) 자본시장법 제313조(보전의무) ① 예탁증권등이 부족하게 된 경우에는 예탁결제원 및 제310조제1항에 규정된 예탁자가 시행령으로 정하는 방법 및 절차에 따라 이를 보전하여야 한다. 이 경우 예탁결제원 및 예탁자는 그 부족에 대한 책임이 있는 자에 대하여 구상권(求償權)을 행사할 수 있다.
자본시장법 시행령 제315조(예탁증권등 부족에 대한 보전) ② 법 제313조제1항에 따라 예탁결제원 및 예탁자는 연대하여 예탁증권등의 부족분을 보전하여야 한다.

32) 한편 증권예탁제도에서의 '부족분'에 관하여서는 전자증권제도에서의 '초과분'과 논리적으로 같은 개념으로 보고 있다. 즉 증권예탁제도에서 고의, 과실, 해킹, 전산의 오작동 등의 사유로 실제보다 더 많은 수량의 증권이 계좌부에 기재되고 이 증권이 선의의 자에게 취득된 경우, 그 선의취득자는 취득 시점에 실제로 혼장임치되어 있는 동 종목을 비례적으로 취득하게 되는 반면, 동 종목을 소유하는 다른 예탁자 및 투자자 전부의 공유지분은 비례적으로 감소하게 되어 그 감소분에 대한 연대보전의무가 생기는 것이므로 결국 계좌부상 초과분의 기재가 예탁된 유가증권 부족분으로 이어진다는 것이다[한국증권법학회. (2015). 자본시장법 주석서Ⅱ(제2판). 박영사. 605].

위한 세부 절차와 방법, 책임이행 주체의 순서 등에 대해서 상세히 규정하고 있는 점이 특징이다. 전자증권법에서는 초과분 발생 여부의 판단 기준(법 제42조), 같은 법 시행령에서는 초과분 해소의 구체적인 절차와 방법(영 제35조), 전자등록업허가 등에 관한 규정에서는 초과분 해소를 위한 재원의 적립 및 충당에 관한 사항(동 규정 제8조~제10조)을 각각 규정하고 있다.

이상의 내용을 표로 정리하면 다음과 같다.

▼ 증권예탁제도 및 전자증권제도 주요사항 비교

구 분	증권예탁제도	전자증권제도
근거 법률	• 자본시장법	• 전자증권법
적용 대상	• 자본시장법상 증권, 양도성 예금 　증서 및 금지금 등	• 자본시장법상 증권(기업어음증권 제외), 양도성 　예금증서 등에 표시되는 권리 ※ 상장증권, 투자신탁의 수익증권 등에 표시되는 　권리는 제도 의무 적용대상
권리 형태	• 실물증권 또는 예탁증권 ※ 예탁증권은 언제든 실물 반환 요청 　가능	• 전자등록된 권리 ※ 실물증권 발행 금지
운영 기관	• 예탁결제원, 예탁자 ※ 예탁자의 경우 투자자계좌를 관리 　하는 자	• 전자등록기관, 계좌관리기관
계좌부	• 예탁자계좌부, 투자자계좌부	• 계좌관리기관등 자기계좌부, 고객계좌부 ※ 그 밖에 발행인관리계좌부, 고객관리계좌부 운영
기재 효력	• 점유 간주 • 계좌 간 대체 기재 시 교부 간주	• 적법 권리보유 추정 • 계좌간 대체 전자등록 시 양도 효력 발생
기명식권 리자명부	• 실질주주 · 실질수익자제도 존재 • 실질주주 · 실질수익자명부 작성	• 실질주주 · 실질수익자제도 부존재 • 주주 · 수익자명부 작성으로 단일화
투자자 보호	• 예탁증권의 부족분 발생 시 예탁 　결제원 및 모든 예탁자의 연대보전 　책임	• 초과 전자등록 발생 시, 해당 초과분 발생 초래 　기관에 말소 의무 • 관련 기관의 해소의무 미이행 시 전자등록기관, 　모든 계좌관리기관 순서로 책임 이행

제도 개관

전자증권제도의 개념

1 전자증권제도의 개요

　전자증권제도(electronic securities system)란 증권의 실물을 발행하지 않고 증권의 발행, 유통, 권리 행사 등 증권과 관련된 모든 사무를 전자적인 방법으로 처리하는 제도를 의미한다. 증권에 내재되어 있고 그 증권에 의하여 행사할 수 있는 권리를 전자적 장부에 전자등록하고, 그 전자적 장부에 전자등록된 자로 하여금 소유권 또는 담보권 등을 행사할 수 있게 하며, 해당 장부를 기반으로 하여 증권과 관련한 제반 사무를 처리하는 것이다.

　기본적으로 실물증권은 해당 증권에 표창된 권리에 관한 소유자가 자신이 적법한 권리자라는 것을 손쉽게 증명하고, 타인에게 해당 권리를 손쉽게 양도할 수 있도록 하는 역할을 수행하였다. 예를 들어 주식의 경우 상법은 실물주권을 점유한 자를 적법한 소지인으로 추정하며, 그 주권을 상대방에게 교부함으로써 양도의 효력이 발생한다고 규정하고 있다.[1] 종이라는 매개체를 이용하여 소유자 증명 및 권리의 양도를 간편하게 한 것이다. 이러한 점은 증권을 담보물로 삼아 거래를 하고자 하더라도 크게 다르지 않다.[2]

　그런데 전자증권제도에서는 권리와 증권 간의 유체적 표창관계를 단절하고 권리 자체를 전자등록계좌부라 하는 전자적 장부에 전자등록함으로써 발행하고, 전자등록계좌부상에서 해당 권리를 이전하거나 담보 설정함으로써 양도, 담보, 그 밖에 제반 권리 행사 관련 업무를 수행한다.

　전술하였듯이, 이러한 전자증권제도는 갑작스럽게 새로이 등장한 제도라기보다는 기존의

---

[1] 상법 제336조(주식의 양도방법) ① 주식의 양도에 있어서는 주권을 교부하여야 한다.
　② 주권의 점유자는 이를 적법한 소지인으로 추정한다.
[2] 상법 제338조(주식의 입질) ① 주식을 질권의 목적으로 하는 때에는 주권을 질권자에게 교부하여야 한다.

유가증권제도 및 유가증권에 기반한 증권예탁제도가 보완되고 발전하면서 등장한 것이다. 즉 전자증권제도는 증권예탁제도를 기초로 하여 도입되고 있고, 또한 증권예탁제도가 마련한 권리의 무권화라는 아이디어에서부터 출발하고 있음을 고려할 때, 전자증권제도는 증권예탁제도가 필연적으로 나아가야 할 종착역이라고 할 수 있을 것이다.[3]

2 전자증권제도의 특징

(1) 권리와 실물의 분리

전통적으로 증권(證券)이라는 용어를 사용할 때는 눈에 보이지 않는 권리를 유형의 실물인 종이에 기재하여 발행한 것을 의미한다. 증권이라는 용어[4]에 이미 종이(券)라는 의미가 포함된 것을 보면, 실물(종이)과 무형의 권리의 결합체가 증권인 동시에 사실상 동일체로 간주되어 왔던 것이 사실이다.

그런데 전자증권제도에서는 증권이 전자적 방식으로 발행·유통되므로 실물을 필요로 하지 않게 된다. IT기술의 발전과 더불어 무형의 권리를 전자적 데이터와 정보통신망을 통하여 생성, 확인, 관리할 수 있게 되면서 종이라는 실물에 의존하지 않고서도 실물증권을 통해 달성하고자 했던 목적들, 가령 소유자 증명 또는 권리의 이전 등이 가능하게 된 것이다.

이렇게 권리를 전자적 방식으로 나타내는 경우, 전자적 장부에 해당 권리를 전자등록하는 방식을 취하게 된다.[5] 우리나라의 전자증권법에서는 해당 전자적 장부를 전자등록계좌부[6]라

---

3) 정찬형. (2017). 전자증권제도 도입에 따른 관련 제도의 정비·개선. 한국예탁결제원(편저), 예탁결제, 제100호. 12·28.

4) 다만, 증권으로 번역되는 영어 단어인 Securities는 종이를 전제로 한 개념은 아니다. 영국의 「무증서증권규정 (The Uncertificated Securities Regulations)」 및 「미국의 통일상법전(UCC; Uniform Commercial Code)」 등에서는 증권을 증서증권(certificated securities)과 무증서증권(uncertificated securities)으로 구분하고 있다. 이러한 관점에서 본다면 종이라는 실물이 Securities의 필수 요소라기보다는 Securities가 표현되는 하나의 방식으로 판단된다.

5) "전자적 방식"에 관하여 보다 세부적으로 살펴보면 ⅰ) 전자어음과 같이 실물증권에 기재되는 사항을 이미지 파일과 같은 형식을 이용하는 전자적 (문서)방식이 있을 수 있고, ⅱ) 본서에서 의도하는 전자증권과 같이 법적 장부에 증권의 보유자 및 보유수량 등 권리내용을 전자적인 방식으로 기재하여 권리를 표창하는 방식이 있을 수 있다.

6) 상법상 유가증권의 전자적 방식에 의한 발행 근거를 규정하기 위해 지난 2011년 개정되어 등장한 관련 규정 (상법 제65조제2항, 제356조의2제1항, 제420조의4, 제478조제3항, 제516조의7)에서는 "전자등록부"라는 용어

고 칭하고 있다.

여기서 한 가지 흥미로운 점은 특정 권리에 대하여 간편한 소유자 증명 및 손쉬운 권리 인도를 위해 실물(종이)과의 결합을 택하여 증권이 탄생하였으나, 그 발행·유통량의 급증으로 인해 오히려 실물이 유통에 장애가 되는 상황을 맞이하게 되었고, 결국에는 IT기술 발전에 힘입어 그 실물과 결별하고 더욱 간이하고 편리하게 증권 관련 발행 및 유통 제도인 전자증권제도가 태동하게 되었다는 것이다.

(2) 전자적 장부에 의한 권리 증명 및 행사

실물(종이)로 발행된 증권의 경우에는 해당 증권을 소지하고 있는 자를 적법한 소유자로 추정[7]하고, 그 증권을 타인에게 교부하거나 이에 준하는 방법으로 이전하게 되면 그 이전에도 물권 변동의 효력이 부여된다. 즉 어떠한 증권에 대한 소유권을 주장하고자 하는 자가 있다면 해당 증권 실물을 물리적으로 소지하고 있으면 되고, 매매 등의 사유로 타인에게 증권의 소유권을 이전하고자 하는 경우 해당 증권의 실물을 이전하면 된다.

그런데, 전자증권제도에서는 실물증권에 기재되던 권리를 전자적 장부인 전자등록계좌부에 전자등록하게 된다. 이 경우 "전자증권"이라고 칭하기는 하지만 디지털 방식으로 구현된 권리의 사법상 분류 또는 지위에 대해서는 아직 법적으로 정립된 바는 없으며, 대신 별도의 법률인 전자증권법에서 "전자등록계좌부에 전자등록된 권리"의 법적 효과를 규정하는 방식을 취하였다.

따라서, 앞서 살펴본 바와 같이 전자등록계좌부에 증권의 소유자로 전자등록된 자는 해당 증권의 적법한 소유자로 추정되고, 전자등록계좌부상의 계좌간 대체의 전자등록이라는 방법에 의하여 해당 증권의 권리가 이전되며, 전자등록계좌부라는 전자적 장부에 의해 소유자 증명 및 권리 행사를 수행하게 되는 것이다.

를 사용하고 있으나, 이는 전자증권법 제정(2016.3월) 이전에 규정된 용어이며 전자증권법상 "전자등록계좌부"와 동일한 개념이라고 봐야 할 것이다.
7) 민법 제200조(권리의 적법의 추정) 점유자가 점유물에 대하여 행사하는 권리는 적법하게 보유한 것으로 추정한다.

(3) 실물증권의 불발행

전자적 방식에 의하여 증권의 발행, 유통, 권리 행사 등이 이루어지는 전자증권제도에서는 실물증권이 발행되지 않는다. 여기서 실물증권이 발행되지 않는다는 것은 전자적 방식으로 발행되기 때문에 그러하다는 것뿐 아니라, 전자등록계좌부에 전자등록된 권리에 대해서는 전자증권법상 실물증권을 발행할 수도 없고 설사 발행한다고 하더라도 법적 효력이 없기 때문이기도 하다. 또한, 이미 실물증권의 상태로 존재하였으나 전자증권으로 전환하게 되면 해당 실물증권의 효력 역시 상실하게 된다.[8] 즉 실물증권의 발행을 금지함으로써 이와 관련된 법률 관계를 명확히 하고, 전자등록된 주식에 관한 거래의 안정성을 도모하고자 하는 취지인 것이다.

다만, 우리나라에서는 전자증권제도를 이용하고 있더라도 의무 전자등록 대상이 아닌 경우에는 발행회사의 선택에 의해 실물증권의 형태로 전환될 수 있다. 대표적으로 비상장주식의 경우에는 발행회사의 선택에 따라 정관을 변경함으로써 전자증권으로 발행하였던 주식을 전자등록계좌부에서 말소한 후에 실물주권의 형태로 발행할 수 있다.[9]

---

8) 전자증권법 제36조(전자등록주식등에 대한 증권·증서의 효력 등) ① 발행인은 전자등록주식등에 대해서는 증권 또는 증서를 발행해서는 아니 된다.
   ② 제1항을 위반하여 발행된 증권 또는 증서는 효력이 없다.
   ③ 이미 주권등이 발행된 주식등이 제25조부터 제27조까지의 규정에 따라 신규 전자등록된 경우 그 전자등록주식등에 대한 주권등은 기준일부터 그 효력을 잃는다. (단서 생략)
9) 전자증권법 제33조(권리의 소멸 등에 따른 변경·말소의 전자등록) ① 다음 각 호의 어느 하나에 해당하는 사유로 제25조부터 제27조까지의 규정에 따른 신규 전자등록을 변경하거나 말소하려는 자는 해당 전자등록주식등이 전자등록된 전자등록기관 또는 계좌관리기관에 신규 전자등록의 변경·말소의 전자등록을 신청하여야 한다.
   2. 발행인인 회사의 정관 변경 등으로 인한 전자등록주식등의 주권등으로의 전환

제 2 장

전자증권제도의 이론적 기초

1 개 관

전자증권제도라는 용어에서 생각할 수 있는 것은, 동 제도는 '전자증권'에 관한 제도라는 것이고 '전자증권'이라는 대상이 핵심적인 개념이라는 것이다. 그런데 정작 '전자증권' 자체가 기본적으로 어떤 성질과 법적 지위이며, 우리나라의 현행 법 체계에서 그 성질과 법적 지위가 어떻게 정립되어야 하는지에 대해서는 향후에 더 많은 논의가 필요하다고 생각된다.[1]

사실 지금은 전자증권이라는 용어가 국내외에서 보편적으로 사용되고 있지만, 최근까지만 해도 실물증권을 발행하지 아니하고 해당 증권에 표창될 수 있는 권리를 발행 또는 유통하는 매개체에 대한 용어는 장부기재증권(book-entry securities), 등록증권(registered securities), 무증서증권(uncertificated securities) 등으로 다양하게 사용되어 왔다. 다만, 전자증권이라는 용어가 권리의 발생·이전, 그 밖에 관련 권리 행사가 IT기술에 기반한 전자적 장치를 통하여 처리된다는 점에 중점을 두었다면, 장부기재증권 또는 등록증권은 장부상 기재 또는 전자등록을 통하여 증권이 발행된다는 점에, 무증서증권은 무권화(dematerialization)에 각각 중점을 둔 표현이라고 볼 수 있다.

따라서, 전자증권의 개념과 법적 성질을 검토하기 위해서는 우선 전통적으로 오랜 기간

---

1) 이러한 이유로 우리나라에서 과거 전자증권제도의 도입 및 전자증권법의 입법이 논의될 때 '전자증권'이라는 용어의 적절성에 대한 이견 그리고 법적 지위의 불확실성 등의 이유로 '전자증권' 용어 대신 전자등록계좌부에 전자등록된 증권이라는 뜻으로 '전자등록증권' 및 '전자등록제도'를 사용하자는 견해도 제시되었었다. 그러나 이후 전자증권제도라는 용어가 보편화되고 전자증권제도의 근거 법률인 「주식·사채 등의 전자등록에 관한 법률」의 약칭으로 정부가 '전자증권법'을 공식 사용하게 되면서 현재는 전자증권제도 및 전자증권법이 보편적으로 사용되는 상황이다.

사용되었던 실물증권 기반의 유가증권과 더불어 부동화·무권화의 발전과정에 있는 예탁증권의 개념과 법적 성질을 검토할 필요가 있다. 그 다음으로 전자증권의 개념과 그 법적 성질을 살펴보고, 마지막으로 해외의 전자증권제도 도입 사례를 살펴보기로 한다.

2 유가증권의 개념 및 법적 성질

(1) 유가증권의 정의 및 기능

유가증권(有價證券)은 법률 분야뿐만 아니라 일상생활에서도 자주 사용되는 용어로서 일반인에게도 친숙한 용어이다. 그런데 유가증권이라는 용어는 문언 그대로 풀이하면 '가치가 있는 증권'인데, 법률에서 별도로 정의되어 있지는 아니하고[2] 강학상으로 통상 '재산적 가치가 있는 사권(私權), 즉 재산권이 표창된 증권으로서, 그 권리의 발생, 이전, 소멸의 전부 또는 일부를 행사하기 위해서 증권의 소지가 필요한 것'으로 정의된다.

이와 관련해 유가증권 위조죄에 관한 사항을 규정한 형법 제214조의 위반 여부가 문제가 된 사안에서, 법원은 "형법 제214조(유가증권의 위조 등)의 유가증권이란 증권상에 표시된 재산상의 권리의 행사와 처분에 그 증권의 점유를 필요로 하는 것을 총칭하는 것으로서 그 명칭에 불구하고 재산권이 증권에 화체된다는 것과 그 권리의 행사와 처분에 증권의 점유를 필요로 한다는 2가지 요소를 갖추면 족하고, 반드시 유통성을 가질 필요도 없다(대법원 1995.3.14. 선고 95도20 판결)"라고 판결함으로써 유가증권성에 대한 판단 과정에서 강학상 개념을 상당 부분 사용하고 있음을 보여주고 있다.

---

2) 유가증권에 대한 정의 규정은 존재하지 않지만 상법, 형법, 상속세 및 증여세법 등의 법률을 비롯하여 정부유가증권취급규칙 등의 행정규칙에 이르기까지 제반 법규에서 유가증권이라는 용어가 빈번하게 사용되고 있다.

상법 제65조(유가증권과 준용규정) ① 금전의 지급청구권, 물건 또는 유가증권의 인도청구권이나 사원의 지위를 표시하는 유가증권에 대하여는 다른 법률에 특별한 규정이 없으면 「민법」 제508조부터 제525조까지의 규정을 적용하는 외에 「어음법」 제12조제1항 및 제2항을 준용한다.
② 제1항의 유가증권으로서 그 권리의 발생·변경·소멸을 전자등록하는 데에 적합한 유가증권은 제356조의2 제1항의 전자등록기관의 전자등록부에 등록하여 발행할 수 있다. 이 경우 제356조의2제2항부터 제4항까지의 규정을 준용한다.
형법 제214조(유가증권의 위조 등) ① 행사할 목적으로 대한민국 또는 외국의 공채증서 기타 유가증권을 위조 또는 변조한 자는 10년 이하의 징역에 처한다.
② 행사할 목적으로 유가증권의 권리의무에 관한 기재를 위조 또는 변조한 자도 전항의 형과 같다.

그런데 유가증권의 정의에서 주목할 점은 유가증권의 정의가 종이라는 실물을 전제로 하고 있다는 점이다. 종이에 재산권을 표시하게 된 것은 관념적으로 존재하는 재산권이라는 존재를 가시적인 수단을 통하여 표현할 필요가 있기 때문이었다. 그래야 재산권의 정당한 권리자가 타인에게 자신의 권리를 대외적으로 증명하거나 대항할 수 있고, 필요에 따라 자신의 권리를 타인에게 이전할 수도 있기 때문이다.

즉 종이라는 수단이 어떠한 재산권이 존재한다는 증명과 더불어, 그 재산권을 타인에게로 이전하는 경우 가장 손쉽게 활용될 수 있었기 때문이라고 보는 것이 재산권이라는 권리가 왜 종이와 결합하여 유가증권의 정의를 구성하게 되었는지를 이해하는 하나의 단초가 된다. 다시 말하면, 권리의 발생, 이전 및 소멸을 가장 잘 뒷받침하는 수단이 종이라는 점에서 권리와 증권의 결합이 필요하게 되었다고 볼 수 있다.

한편, 이렇게 유가증권을 통하여 권리를 종이에 화체(化體)[3]하는 목적은 앞서 유가증권의 정의에서 언급된 바와 같이, 권리를 증권에 화체하지 않고 처분하는 경우에 수반되는 많은 위험과 불안을 제거하여 권리의 유통성을 제고하는 데 있다. 그 권리의 유통성과 관련하여 일반적으로 유가증권은 다음의 3가지 기능을 수행한다고 평가되고 있다.[4]

첫째로는 자본거래적 기능으로, 자본시장에서 발행인이 주식, 사채 등을 대량으로 발행하여 자본조달을 쉽게 하고 위험을 분산시켜서 기업 활동을 원활하게 하는 한편, 투자자 입장에서는 그 유가증권의 간편한 양도성 덕분에 신속하고 활발한 거래를 가능하게 하여 자본의 거래를 용이하게 해 준다.

둘째로는 지급거래적 기능과 신용거래적 기능이다. 지급거래적 기능은 본래 현금이 수행하던 기능을 대신하는 경우로서 수표가 대표적이다. 신용거래적 기능은 어음과 같이 채무의 존속기간을 늘리거나 신용담보의 역할을 수행하는 것이다.

셋째로는 상품유통적 기능으로, 화물상환증, 선하증권, 창고증권 등을 들 수 있다. 이러한 증권의 양도는 물건의 인도와 같이 물권적 효력을 갖는다.

그런데, 앞서 살펴본 바와 같이 유가증권은 그 기능이 다양해지고 활용도가 증가함에 따라 실물로 발행, 유통되기보다는 부동화, 무권화에 의하여 실물이 줄어들거나 아예 발행되지 않는 방향으로 발전되어 왔다. 특히, 자본거래적 기능을 수행하는 주식, 사채와 같은 유가증권

---

3) 화체(化體, embodiment)의 사전적 의미는 본래 '물체로 변화하다' 또는 '사상, 이론 등이 몸에 배다'라는 뜻이지만 유가증권과 관련하여서는 관념적인 개념인 권리(재산권)가 눈에 보이는 실물(종이)에 표현되었다는 의미로 사용된다.
4) 정동윤. (2014). 주석상법, 한국사법행정학회. 431-432.

은 그러한 추세가 강화되고 있으며 신용거래적 기능을 담당하는 어음 역시 관련 법제[5]의 정비에 의해 전자어음이 이용되고 있다. 나아가 상품유통적 기능을 수행하는 창고증권도 증권예탁제도의 대상이 된 상황이다.

(2) 유가증권의 특성

1) 개 요

전자증권에 대한 본격적인 논의를 시작하기 전에 확인해 볼 필요가 있는 사항이 바로 유가증권의 특성이다. 기본적으로 유가증권은 앞서 살펴본 바와 같이 소유권의 증명 및 권리 이전의 용이성을 위해 권리를 종이(권면)에 화체하는 방식을 채택하였다. 이 때문에 논리적으로 유가증권은 해당 유가증권에 화체된 권리의 증명 및 이전이 원활하게 되도록 하는 특성을 갖게 된다.

2) 요식증권성(要式證券性)

요식증권성이란 유가증권이 일정한 규정이나 방식에 따라야 하는 성질을 말한다. 유가증권은 자본거래적 기능을 수행하든 그 밖에 다른 유형의 기능을 수행하든 대량의 빈번한 거래의 대상이 되는 것이 통상적인 모습이므로, 대개 법률에 따라 그 발행방식[6]이 법정화되어 있으며 권면에의 기재사항[7] 역시 정하여져 있는 경우가 대부분이다. 즉 상당한 수준의 통일성을 구비하도록 함으로써 원활한 유통에 기여하는 것이다.

---

5) 「전자어음의 발행 및 유통에 관한 법률」(약칭; 전자어음법)
6) 예시 : 상법 제355조(주권발행의 시기) ① 회사는 성립후 또는 신주의 납입기일후 지체없이 주권을 발행하여야 한다.
   ② 주권은 회사의 성립후 또는 신주의 납입기일후가 아니면 발행하지 못한다.
   ③ 전항의 규정에 위반하여 발행한 주권은 무효로 한다. 그러나 발행한 자에 대한 손해배상의 청구에 영향을 미치지 아니한다.
7) 예시 : 상법 제356조(주권의 기재사항) 주권에는 다음의 사항과 번호를 기재하고 대표이사가 기명날인 또는 서명하여야 한다.
   1. 회사의 상호
   2. 회사의 성립연월일
   3. 회사가 발행할 주식의 총수
   4. 액면주식을 발행하는 경우 1주의 금액
   5. 회사의 성립후 발행된 주식에 관하여는 그 발행 연월일
   6. 종류주식이 있는 경우에는 그 주식의 종류와 내용
   6의2. 주식의 양도에 관하여 이사회의 승인을 얻도록 정한 때에는 그 규정

특히 권면의 기재사항이 법정화되어 있는 경우에는, 그 법정 기재사항이 아닌 기재사항이 권면에 존재하는 경우 해당 유가증권의 유효성 자체가 문제되는 경우도 발생하게 된다. 물론 어음이나 수표가 아닌 다른 유형의 유가증권은 법정 기재사항이 아닌 기재사항이 존재하는 경우라도 해당 유가증권이 무효화되는 경우는 매우 드물지만, 어음이나 수표의 경우에는 아예 해당 어음 또는 수표 자체를 아예 무효가 되게 하는 경우도 발생한다.[8]

3) 제시(提示)증권성 및 상환(償還)증권성

제시증권성이란 유가증권의 권리자가 자신의 권리를 행사하기 위해서는 권리 행사의 상대방에게 자신이 소지한 유가증권을 제시하여야 한다는 것을 말한다. 앞서 유가증권을 '권리의 발생, 이전, 소멸의 전부 또는 일부를 행사하기 위하여 증권의 소지가 필요한 것'이라 정의하였는데 바로 유가증권의 제시성이 그 정의에도 포함되어 있다고 할 수 있다. 즉 유가증권의 권리자가 자신이 적법한 권리자임을 증명하기 위해서는 해당 유가증권을 상대방에게 제시하는 단순한 방법에 의해 가능하다는 것이다.

일반적으로 어음, 수표, 그 밖의 지시식·무기명식 유가증권은 대부분 이러한 속성을 갖는데, 주권과 같은 기명식 유가증권은 그 증권 소지자의 명의가 주주명부 등에 소유자로서 기재되어 있는 경우라면 해당 소유자명부에 의하여 권리자임이 증명되기 때문에 권리의 증명을 위해 권리 행사 시마다 자신 소유의 유가증권을 상대방에게 제시하여야 할 필요까지는 없다.

한편, 상환증권성은 유가증권을 채무자에게 인도함과 동시에 해당 유가증권에 대한 채무 변제가 이루어지는 성질을 말한다. 즉 유가증권의 권리자는 채무자에게 유가증권을 제공하여야만 상환을 받을 수 있다는 것이다. 나아가 채무자의 입장에서도 적법한 유가증권의 제시에 따라 채무를 이행하면 이중변제의 위험에서 벗어날 수 있게 된다. 어음, 수표, 화물상환증, 선하증권, 창고증권 등은 이러한 상환성을 갖고 있다.

4) 문언(文言)증권성

문언증권성이란 유가증권상 권리의 내용은 증권에 기재된 문언에 의해서만 효력이 발생하고, 임의의 문언 변경이나 증권 이외의 증명방법으로는 인정되지 않는다는 것을 말한다. 즉 유가증권에 화체된 권리의 내용은 그 유가증권에 기재함으로써만 결정된다는 것이다. 한편 문언성은 오직 유가증권에 기재된 내용을 신뢰하고 취득한 자를 보호하는 효과도 갖게 되므로

---

8) 이를 "유해적 기재사항"이라고 하며 어음·수표에 이를 기재하면 어음·수표 자체를 무효로 만드는 기재사항을 말한다. 예를 들어, 법이 정하지 않는 만기의 기재, 분할지급의 문언 등이 이에 해당한다.

선의취득자를 보호하고 유통성을 제고하는 결과를 가져온다.

5) 면책(免責)증권성

면책증권성은 채무자가 고의 또는 중대한 과실이 없는 한 증권의 소지인이 무권리자라 할지라도 그 소지인에게 유가증권상의 채무변제를 인정하는 것을 말한다. 이는 권리의 외관을 신뢰하여 선의로 채무를 이행한 채무자를 보호함으로써 권리 소재의 실질을 파악하기 위해 소요되는 금전적·비금전적 비용 부담을 경감하는 데 기여한다.

6) 그 밖의 특성

유가증권 속성의 대부분은 결국 유통성을 제고하는 효과를 가져온다. 앞에서 언급한 유가증권의 속성 외에 유가증권의 유통성을 제고하는 특성으로는 자격수여적 효력과 선의취득자의 보호를 들 수 있다. 즉 유가증권을 소지하고 있는 자는 해당 유가증권에 대한 적법한 소지자로 추정하는 것이다.[9] 이에 따라 유가증권을 소지하고 있는 자를 신뢰하고 해당 유가증권을 매수한 자 역시 보호를 받게 된다.[10]

(3) 권리와 권면(券面)의 분리

유가증권은 기본적으로 종이(권면)와 권리가 결합되어 있지만, 화폐와는 달리 그 종이(권면) 자체가 가치를 가지는 것은 아니다.[11] 예컨대, 유가증권의 경우 그 실물이 멸실되더라도 이에 표창된 권리는 그대로 존치되나, 화폐의 경우 그 실물이 멸실되면 해당 화폐에 내재된 교환가치도 소멸하게 된다.

화폐의 경우 원래의 소지자가 그 점유를 상실하게 되면 그자는 화폐의 소유권을 잃게 되고 화폐가 나타내는 금액에 대한 소유권을 회복하는 것은 불가능에 가깝다. 그래서 만일 A라는 사람이 자기 소유의 화폐를 분실하고 B라는 사람이 법률상 원인 없이 해당 화폐를 습득하

---

9) 예시 : 상법 제336조(주식의 양도방법) ② 주권의 점유자는 이를 적법한 소지인으로 추정한다.

10) 예시 : 상법 제359조(주권의 선의취득) 수표법 제21조의 규정은 주권에 관하여 이를 준용한다.
수표법 제21조(수표의 선의취득) 어떤 사유로든 수표의 점유를 잃은 자가 있는 경우에 그 수표의 소지인은 그 수표가 소지인출급식일 때 또는 배서로 양도할 수 있는 수표의 소지인이 제19조에 따라 그 권리를 증명할 때에는 그 수표를 반환할 의무가 없다. 그러나 소지인이 악의 또는 중대한 과실로 인하여 수표를 취득한 경우에는 그러하지 아니하다.

11) 정경영. (2019). 유가증권 전자화의 법리 연구. 동방문화사. 13–14.

게 되면 A는 B에 대해서 해당 화폐의 반환청구를 하는 것이 아니라 부당이득반환만을 청구[12]할 수 있을 뿐이다.

이에 반해, 유가증권의 경우 점유를 상실하더라도 소유권을 바로 상실하는 것은 아니며, 법률상 원인 없이 자신의 유가증권을 점유하고 있는 자에게 소유권에 근거하여 유가증권의 반환을 청구[13]할 수 있다. 그리고 유가증권을 분실하더라도 증권이 표창하는 권리를 완전히 잃는 것은 아니고, 해당 분실자가 공시최고 절차를 거쳐 법원에서 제권판결을 받은 경우에는 해당 유가증권은 무효가 되고 유가증권 분실자(제권판결 취득자)는 유가증권을 재발행받을 수 있다.[14]

3 예탁증권의 개념 및 법적 성질

(1) 예탁증권의 정의 및 기능

예탁증권에 대한 법적 정의는 없으나, 일반적으로는 증권예탁제도의 운영기관인 예탁결제원에 예탁된 증권이라고 정의할 수 있다. 먼저 증권예탁제도에 대하여 규율하고 있는 자본시장법은 예탁결제원이 수행하는 집중예탁, 계좌 간 대체, 매매거래에 따른 결제업무 및 유통의 대상으로 증권등[15]을 규정하고 있다.

---

12) 민법 제741조(부당이득의 내용) 법률상 원인없이 타인의 재산 또는 노무로 인한 이익을 얻고 이로 인하여 타인에게 손해를 가한 자는 그 이익을 반환하여야 한다.
13) 민법 제213조(소유물반환청구권) 소유자는 그 소유에 속한 물건을 점유한 자에 대하여 반환을 청구할 수 있다. 그러나 점유자가 그 물건을 점유할 권리가 있는 때에는 반환을 거부할 수 있다.
14) 상법 제360조(주권의 제권판결, 재발행) ① 주권은 공시최고의 절차에 의하여 이를 무효로 할 수 있다.
　② 주권을 상실한 자는 제권판결을 얻지 아니하면 회사에 대하여 주권의 재발행을 청구하지 못한다.
15) 자본시장법 제294조(설립) ① 증권등(증권, 그 밖에 대통령령으로 정하는 것을 말한다. 이하 이 장에서 같다)의 집중예탁과 계좌 간 대체, 매매거래에 따른 결제업무 및 유통의 원활을 위하여 한국예탁결제원을 설립한다.
　자본시장법 시행령 제310조(예탁대상증권등) 법 제294조제1항에서 "대통령령으로 정하는 것"이란 다음 각 호의 어느 하나에 해당하는 것을 말한다.
　1. 원화로 표시된 양도성 예금증서
　2. 그 밖에 금융위원회가 정하여 고시하는 것
　금융투자업규정 제8-2조(예탁대상증권 등의 범위) 영 제310조제2호에서 "금융위원회가 정하여 고시하는 것"이란 다음 각 호의 어느 하나에 해당하는 것을 말한다.
　1. 제4-15조제1항 각 호의 어느 하나에 해당하는 것
　2. 한국거래소가 개설한 금 현물시장(조세특례제한법 제126조의7에 따른 금 현물시장을 말한다)에서 거래되

이 경우 자본시장법상 '증권등'은 기본적으로 예탁결제원에 예탁될 수 있는 객체를 의미하는데, 앞서 증권예탁제도와 전자증권제도를 비교하면서 언급된 바와 같이 해당 증권등 중에서도 예탁결제원의 업무규정에 따른 예탁적격성을 충족하여야 최종적으로 예탁될 수 있다. 자본시장법은 이렇게 예탁적격성을 충족하여 예탁결제원에 예탁될 수 있는 증권등을 '예탁대상증권등'으로 규정[16]하고 있는데, 최종적으로는 이러한 예탁대상증권등 가운데 예탁결제원에 예탁된 증권을 예탁증권이라 할 수 있다.[17]

이러한 예탁증권은 자본시장의 발달 및 성장에 따라 그 사무 수행이 어려워진 유가증권을 증권예탁제도에서 증권예탁기구를 통한 집중예탁방식으로 처리하기 위하여 등장한 개념으로, 후술하는 바와 같이 실물증권의 발행이나 이동이 없어도 실제 유가증권을 대상으로 사무를 처리한 데에 따른 법적 효과를 가질 수 있도록 하고 있다.

(2) 예탁증권의 성격 및 관련 법률관계

예탁증권은 예탁결제원에 예탁된 유가증권이므로 기본적으로는 유가증권의 법적 성질을 갖고 있다. 그리고 예탁증권의 소유자가 원하는 경우에는 예탁되어 있는 유가증권 중 해당 소유자의 지분만큼을 실물증권으로 반환하게 된다.[18] 즉 예탁증권은 예탁 이전의 유가증권 형태로 변환이 가능한 특성을 갖고 있다고 볼 수 있다.

그런데 특정 유가증권의 특정 수량을 특정인이 보유하거나 이전하는 경우와는 달리 예탁증권은 동종의 증권이 함께 보관·관리되므로, 예탁증권에 대한 법률관계의 경우 일반적인 유가증권과는 다소 다른 법률적 접근을 하고 있다. 즉 예탁증권은 종류·종목별로 혼합 보관되

는 금지금

16) 자본시장법 제308조(예탁대상증권등) ② 예탁결제원에 예탁할 수 있는 증권등(이하 "예탁대상증권등"이라 한다)은 예탁결제원이 지정한다.

17) 이와 유사한 표현으로 민사집행규칙은 집행의 대상이 예탁증권인 경우 동 규칙에서 "예탁유가증권"이라는 용어를 사용하고 있다.
민사집행규칙 제176조(예탁유가증권집행의 개시) 「자본시장과 금융투자업에 관한 법률」 제309조제2항의 규정에 따라 한국예탁결제원(다음부터 "예탁결제원"이라 한다)에 예탁된 유가증권(같은 법 제310조제4항의 규정에 따라 예탁결제원에 예탁된 것으로 보는 경우를 포함한다. 다음부터 "예탁유가증권"이라 한다)에 대한 강제집행(다음부터 "예탁유가증권집행"이라 한다)은 예탁유가증권에 관한 공유지분(다음부터 "예탁유가증권지분"이라 한다)에 대한 법원의 압류명령에 따라 개시한다.

18) 자본시장법 제312조(권리 추정 등) ② 예탁자의 투자자나 그 질권자는 예탁자에 대하여, 예탁자는 예탁결제원에 대하여 언제든지 공유지분에 해당하는 예탁증권등의 반환을 청구할 수 있다. 이 경우 질권의 목적으로 되어 있는 예탁증권등에 대하여는 질권자의 동의가 있어야 한다.

고 해당 예탁증권의 소유자는 혼합 보관된 예탁증권에 대하여 보유 수량만큼 공유지분(共有持分)을 갖는 것으로 추정하고 있는 것이다.[19] 이것은 혼장임치(混藏任置) 되어 있는 예탁증권에 대한 공유지분권을 인정하여 물권적 보호를 함으로써, 예탁증권에 대한 소유 관계를 입법적으로 해결한 부분이라고 할 수 있다.

다만, 공유지분이라고는 하지만 민법 제262조(물건의 공유) 또는 상법 제333조(주식의 공유)와는 다른 독특한 형태의 공유로서 당사자 사이에 주관적인 연대가 없고, 지분의 처분 시 다른 공유자의 동의[민법 제264조(공유물의 처분, 변경)]가 필요 없는 공유로서 일반적인 민·상법상 공유와는 다른 공유라고 보아야 할 것이다.

(3) 계좌부 기재에 의한 법적 효력

앞서 언급한 바와 같이 증권예탁제도는 실물증권을 실제로 취급하는 대신 해당 증권을 일정한 장소에 보관하고 그만큼을 장부에 기재하여 권리의 존재 및 이전 등에 관한 업무를 수행할 수 있도록 하는 제도이다. 나아가 상법상 주권불소지제도, 국채법 및 舊 공사채 등록법상 채권등록제도와 같은 무권화제도와 결합하여 기본적으로 실물증권의 발행 없이 장부상 증감 기재에 의하여 해당 업무를 수행하기도 한다.

따라서 유가증권의 성격을 갖는 예탁증권이라 할지라도 실물증권이 아예 존재하지 않거나 실물증권이 존재하더라도 그 이동이 없는 예탁증권에 대해서는 그 권리의 발생, 변경, 소멸이 있는 경우 이를 어떻게 처리할 것이며 어떠한 법적 효력을 부여할 것인지가 문제되는데, 이에 대해서는 증권예탁제도와 전자증권제도의 비교에서 본 바와 같이 예탁자계좌부 및 투자자계좌부라 하는 장부상 기재 및 변경에 의해 해당 사안을 처리하고 있다.

그래서 예탁자계좌부 또는 투자자계좌부에 예탁증권의 소유자로 기재된 자에 대해서는 해당 증권을 점유한 것으로 보고, 계좌 간 대체의 기재 또는 질권 설정을 위한 기재를 하는 경우 해당 증권을 교부한 것으로 본다. 즉 예탁증권에 관하여 소유자로 계좌부에 기재된 것을 유가증권의 물리적 소지에 해당하는 것으로 보고, 계좌 간 대체의 기재 또는 질권 설정을 위한 기재가 된 것을 유가증권의 물리적 인도에 해당하는 것으로 본 것이다.[20] 이러한 계좌

---

19) 자본시장법 제312조(권리 추정 등) ① 예탁자의 투자자와 예탁자는 각각 투자자계좌부와 예탁자계좌부에 기재된 증권등의 종류·종목 및 수량에 따라 예탁증권등에 대한 공유지분을 가지는 것으로 추정한다.
20) 민법 제188조(동산물권양도의 효력, 간이인도) ① 동산에 관한 물권의 양도는 그 동산을 인도하여야 효력이 생긴다.
　　민법 제192조(점유권의 취득과 소멸) ① 물건을 사실상 지배하는 자는 점유권이 있다.

부상 기재의 효력에 대한 자본시장법의 제반 규정은 사법상의 유가증권에 대한 효력을 예탁 증권에도 인정하기 위하여 입법적으로 규정한 것이라고 볼 수 있다.

4 전자증권의 개념 및 법적 성질

(1) 전자증권의 개념

실무적으로 통용되고 있으며 정부의 공식적인 표현으로도 사용되고 있는 '전자증권'이라는 용어는, 엄밀하게 보면 전자증권법을 비롯한 관련 법률에서 용어 정의된 개념은 아니다.[21] 다만, 전자증권제도 운영의 근거 법률인 전자증권법에서 전자증권에 해당하는 개념인 전자등록주식등을 '전자등록계좌부에 전자등록된 주식등'으로 규정하고 있을 뿐이다(법 제2조제4호). 여기서 주식등이란, 주식, 사채 등과 같이 증권 또는 증서에 표시될 수 있거나 표시되어야 할 권리를 의미하며, 이 주식등이라는 권리가 종이라는 실물에 표시되면서 발행이 되었다면 통상적인 의미의 유가증권이 되었을 것이다.

그렇다면 전자증권은 비록 법률상 정의 또는 개념은 아니지만 앞서 본 유가증권을 정의하였을 때와 마찬가지로 '권리가 전자등록계좌부에 전자등록되어 표시되고, 그 권리 전부 또는 일부의 발생·소멸·이전을 위하여 전자등록이 요구되는 것'이라고 할 수 있다.

즉 전자증권은 전자적 방식으로 발행된 증권으로서 그 존재 형태가 디지털 코드로 존재하는 것이라고 볼 수 있고, 이것을 유가증권과 비교하면 주식, 사채 등의 권리가 종이라는 매체와 결합하는 경우에는 유가증권이 되는 것이고, 해당 권리가 디지털 코드와 결합하는 경우에는 전자증권이 되는 것이라고 할 수 있다. 다시 말하자면, 권리가 있다는 존재 증명 및 대항력의 확보와 더불어 그 권리를 타인에게 이전하거나 담보의 대상으로 삼는 데 있어서 그 매체를 종이로 한 것이 유가증권이라면, 자본시장의 성장, IT기술의 발전에 따라 등장한 디지털 코드를 매체로 한 것이 전자증권이라고 할 수 있는 것이다.[22]

민법 제330조(설정계약의 요물성) 질권의 설정은 질권자에게 목적물을 인도함으로써 그 효력이 생긴다.

21) 실물증권과는 달리 물리적 실체가 없고 전자적 데이터의 형태로 존재하는 상황에서 '전자증권'이라는 표현보다는 '전자등록된 유가증권상의 권리'가 보다 정확한 표현이라는 견해도 존재한다[김병연. (2018). 주식·사채 등의 전자등록제도의 도입에 관하여. 한국증권법학회(편저), 증권법연구, 제19권 제3호][김병연. (2018). 자본시장 발전을 위한 인프라 개선의 법적 과제. 전남대 법학연구소, 한국증권법학회].

22) ISSA(International Securities Services Association, 국제유가증권관리자협회)에서 사용하는 정의에 따르면, 디

(2) 전자증권은 전자'증권'인가

앞서 전자증권의 개념에서 살펴본 바와 같이, 실물증권에서 전자증권으로 변화하게 된 것은 증권을 발행하기 위해 종이라는 매체를 이용하다가 디지털 코드라는 매체를 이용하였기 때문이다. 그런데 전자증권의 법적 성질이 무엇인가에 대해서는 간단하게 표현하기 어렵다. 눈에 보이지 않는 전자적 데이터의 형태로 존재하는 전자증권이 우리나라의 법 체계상 무엇이라고 보아야 하는지에 대하여 다양한 견해와 논점이 존재한다.

따라서, 전자증권의 법적 성질은 무엇인지, 기존의 사법상 유가증권에 부여했던 법적 지위를 전자증권에도 유사하게 부여할 수 있을 것인지, 전자증권과 관련한 행위에 대해서 법적 효력을 부여할 것인지 등을 검토하는 것은 중요한 의의가 있다.

이후의 논의에서는 실물증권의 발행에 갈음하여 등장한 전자증권의 법적 지위 및 효력을 검토하는 데 긴밀하게 관련이 있는 주요한 연구 결과들을 살펴보고, 현재 각국이 입법적으로 이를 어떻게 규정 및 해결하고 있는지를 알아보고자 한다.

(3) 전자증권의 법적 성질 관련 선행연구 · 이론[23]

1) 독일 Optiz의 가치권 이론[24]

실물증권을 발행하거나 취급하지 않고도 유가증권의 발행 및 유통 업무를 수행하는 이론적 근거를 마련하고자 했던 최초의 시도는 독일 Optiz의 가치권 이론에 의해서였다. 가치권 이론에 따르면 권리가 종이 권면에 의해 표창되지 않더라도, 즉 실물증권으로 발행되어 존재하지 않더라도 해당 실물증권에 의해 표창되었을 권리인 가치권에 물권적 지위를 부여할 수 있다는 것이다.

이 이론은 증권예탁제도에서 혼장임치에 의해 보관·관리되는 실물증권의 현출(現出) 또는 이동 없이도 계좌부상 기재만으로 그 권리가 증명되고 타인에게 이전되는 것에 대한 근거

지털 자산(digital asset)은 "발행, 소멸, 소유권 및 소유권 이전에 대한 개념이 명확하게 정의된 것으로서 사용권이 부여된 이진법(0,1) 형태의 자산으로 특정 거래 상대방 간에 또는 사용권 가치에 기반하거나 제한된 공급원칙에 기반하여 그 화폐적 가치가 결정되는 자산"으로 정의하고 있고, 증권이 이러한 디지털 자산의 형태로 발행된 것을 디지털 자산 증권(digital assets securities)이라고 정의하고 있다[ISSA. (2019). Crypto Assets: Moving from theory to practice. 55-56].

23) 전자증권제도는 증권예탁제도를 계승하여 발전한 제도로 두 제도의 이론적 기초는 불가분의 관계에 있다고 볼 수 있으므로 본 목차에서는 전자증권제도 뿐만 아니라 증권예탁제도를 정립한 선행연구·이론도 함께 소개한다.
24) 임중호. (1996). 독일증권예탁결제제도. 법문사. 323-331.

를 제시하였다는 점에서 그 의의가 있다고 할 수 있다. 실제로 현재 영미권 국가의 증권 관련 법률에서 'Securities'란 증서에 기반한 증권과 증서에 기반하지 않고 무형의 권리로 존재하는 증권으로 구분하며 양자간 법률적 효력에 차이를 두지 않고 있으므로, Optiz의 가치권 이론과 유사성을 보이고 있다.

다만, 증권예탁제도 발전과정에 있어서의 기여에도 불구하고 가치권 이론은 실물과 분리된 '권리' 자체에 물권의 지위·효력을 부여할 수 없다는 점과 더불어, 실물증권이 혼장임치되어 관리된다는 것을 전제로 하는 증권예탁제도를 위한 이론이므로 실물증권이 발행되지 않고 개별 소유자 명의로 전자등록되는 전자증권제도를 설명하기에는 적합하지 않은 점으로 인하여 전자증권의 법적 성질을 규명하는 데는 한계가 있다는 평가가 존재한다.[25]

2) 프랑스 Ripert의 장부증권 이론[26]

앞서 가치권 이론이 증권예탁제도에서 혼장임치된 유가증권에 대한 개별 소유자의 권리 그 자체에 실물증권과 같은 물권적 효력을 어떻게 인정할 수 있는가에 대한 이론적 기초를 제공했다면, Ripert가 제시한 장부증권 이론은 이보다 한발 더 나아가 증권예탁기구의 장부를 통해 그 권리가 표창되고 유통된다는 점을 설명하는 근거를 제공하였다.

구체적으로는, 증권예탁기구의 장부 기재로 인하여 권리가 표창되고 해당 장부에서 계좌 간 대체됨으로써 권리의 이전(유통)이 발생하는 것으로 논리를 구성하였다. 이 경우 증권예탁기구의 장부에 기재된 권리자의 지분권에 장부증권이라는 명칭을 부여하였다. 즉 권리의 표창 수단을 장부(계좌부) 그 자체라고 본 것이다. 실제로 이러한 논리 구성은 우리나라를 비롯한 많은 국가에 영향을 미쳤으며, 현재 우리나라의 자본시장법은 증권예탁기구인 예탁결제원의 계좌부상 기재 및 계좌대체에 물권적 효력을 부여하고 있다.[27]

---

25) 강희만. (1992). 대체결제의 법적 구조와 법개정 방향. 한국증권대체결제주식회사(편저), 증권예탁, 제2호, 42.
   정찬형. (2017). 전자증권제도 도입에 따른 관련 제도의 정비·개선. 한국예탁결제원(편저), 예탁결제, 제100호. 12·28.
26) 임중호. (1998). 증권대체거래에 있어서의 유가증권의 무권화 현상과 그 법적 문제. 한국비교사법학회(편저), 비교사법, 제5권 제1호, 410-411.
   정찬형. (2017). 전자증권제도 도입에 따른 관련 제도의 정비·개선. 한국예탁결제원(편저), 예탁결제, 제100호. 12·28.
27) 자본시장법 제311조(계좌부 기재의 효력) ① 투자자계좌부와 예탁자계좌부에 기재된 자는 각각 그 증권등을 점유하는 것으로 본다.
   ② 투자자계좌부 또는 예탁자계좌부에 증권등의 양도를 목적으로 계좌 간 대체의 기재를 하거나 질권설정을 목적으로 질물(質物)인 뜻과 질권자를 기재한 경우에는 증권등의 교부가 있었던 것으로 본다.

다만, 이 이론 역시 앞서 언급된 가치권 이론과 마찬가지로 실물증권을 전제로 한 증권예탁제도의 이론적 배경을 제공하기 위하여 도입된 것이어서 전자증권제도의 이론적 근거로 삼기에는 다소 부적절하다.

3) 독일 Lütticke의 전자적 권리표창 이론[28]

독일 Lütticke의 전자적 권리표창 이론은 증권예탁제도의 이론적 근거를 제공하였던 가치권 이론이나 장부증권 이론과는 달리 전자적 매체를 통한 권리의 표창이 가능하다는 점을 내세우고 있다. 즉 전자적 정보처리기술의 발달에 따라 권면(종이)에 의하여 표창되던 권리가 전자적 매체를 통해서도 표창이 가능하다는 것이다.

사실 증권예탁제도가 고도화되고 동 제도가 불완전 또는 완전 무권화제도와 결합하면서, 실물증권의 처리 또는 종이 장부에 의한 해당 증권의 관리는 거의 사라지고 사실상 전산시스템으로 모든 업무 처리를 진행하고 있는 것이 현실이다. 이러한 추세는 전자증권제도 도입으로 인하여 더욱 가속화되어 간다는 점에서 IT기술 발전에 따라 변모한 증권예탁제도의 현황 및 전자증권제도의 장래 모습을 설명하는 데 적합한 이론이라고 평가할 수 있다.

다만, 전자적 매체라는 것은 전산시스템 및 이를 기반으로 운영되는 전산 장부라는 인식에 터잡아 논리를 전개하고 있어, 전자증권의 개념 및 그 전자증권이 유가증권성을 갖는지에 대해서는 깊게 규명하지 않은 미비점이 있다. 여전히 가치권 이론과 마찬가지로 물리적 실체가 존재하지 않는 전자적 데이터가 어떠한 물권적 지위·효력을 가질 수 있는지에 대한 논리가 명확하지 않다는 것이다.

4) 일본 Paperless 유가증권 이론[29]

일본은 지난 2004년에 「사채·주식 등의 대체에 관한 법률[30]」(일본의 전자증권법)을 제정·공포한 후 4년여의 준비기간을 거쳐 지난 2009년부터 전자증권제도를 전면 시행하였다. 이러한 준비과정에서 일본 역시 권면이라는 물리적 실체 없이 전자적 방식에 의하여 권리가 표창되는 전자증권제도에 관한 이론적 연구를 지속하였다.

그 과정에서 나온 Paperless 유가증권 이론은 전자증권의 유가증권성을 인정한다는 전제

---

28) 주정돈. (2016). 증권예탁제도와 전자등록제도에 관한 비교법적 검토. 한국예탁결제원(편저), 예탁결제, 제99호. 32.
29) 森田宏樹. (2006). 有價證券のペーパーレス化の基礎理論. 日本銀行金融研究所(Discussion Paper Series No.2006-J-23). 15-34.
30) 社債,株式等の振替に関する法律

하에 그 근거 논리를 다시 유체동산설, 무체동산설 및 점유설로 세분화하였다. 먼저, 유체동산설은 기술의 진보에 의하여 권면(종이)이 전자 기록으로, 그 매체가 변동한 것일 뿐이라는 주장이다. 둘째로, 무체동산설은 전자 기록으로 그 매체가 변동한 것은 맞으나 물리적 실체는 없는 것이므로 그 유가증권성은 인정하되 그 화체된 대상은 무체동산이라고 하여야 한다는 주장이다. 마지막으로 점유설은 전자등록계좌부상 전자등록의 효력이 실물 점유의 효력에 해당한다는 주장이다.

이러한 Paperless 유가증권 이론은 전자증권의 유가증권성을 정면으로 인정하려는 시도를 했다는 측면에서 그 의의가 있으나, 일본의 전자증권제도 도입 초기에 집중된 연구로서 그 이후에 별도의 후속 연구 또는 심화 연구가 이루어지거나 입법으로 연계되지 않은 점은 한계라고 보인다.

(4) 전자증권의 법적 성질 관련 주요 국가의 입법례

1) 독일[31]

독일은 전자증권제도의 전신이라고 할 수 있는 증권예탁제도에 관해 전 세계적으로 매우 오래된 역사와 제도를 갖춘 나라이다. 1937년에 「유가증권의 예탁 및 취득에 관한 법률(약칭 예탁법, Depotgesetz)」을 제정하면서 고객 소유 증권이 혼장임치되어 있는 경우의 소유권(공유권) 등에 대한 법적 효력[32]을 명확히 하였고,[33] 1972년에는 예탁법 개정을 통해 포괄증권제도[34]를 도입하면서 증권의 발행·유통 및 권리 행사의 전 단계에 증권예탁제도를 전면적으로 실시할 수 있는 법적 근거를 마련하였다.

이와 더불어 예탁증권의 유가증권성과 물권적 지위에 대한 연구를 지속하였으며 2019년 9월에 '연방정부의 블록체인 전략(Blockchain–Strategie der Bundesregierung)'을 수립하였고,

---

31) 최지웅. (2022). 디지털 자산과 증권결제제도-독일과 미국의 입법례를 중심으로. 서울대학교 금융법센터(편저), BFL, 제115호. 81-89.

32) 해당 법률에서는 예탁법 제정 이전에 법적 근거 없이 불명확한 상태로 실무 처리되었던 위탁매입, 은행 파산 시 증권보유자의 권리, 혼장임치, 예탁수량에 대한 공유권 등에 관한 사항을 명시적으로 규율하였다.

33) 한국예탁결제원. (2018). 증권예탁결제제도(개정증보 제4판). 박영사. 4-5.

34) 포괄증권(global certificate)이란 실물증권의 발행을 축소하기 위하여 예탁증권의 총량을 증권예탁기구의 명의로 된 1매의 실물증권으로 발행하는 제도를 말한다. 동 제도는 독일, 미국 등의 국가가 전자증권제도가 도입되지 않은 상황에서 실물증권 발행량을 최대로 축소하고 발행과 유통을 통합하여 단일한 시스템으로 처리하는 효과를 거두기 위해 이용하는 제도이다. 우리나라도 전자증권제도 도입 이전에는 주식워런트증권(ELW), 주식연계증권(ELS) 등 파생결합증권의 발행·유통 시에 실무적으로 활용되었다.

그 전략의 일환으로 2020년 12월에 암호유가증권을 포함하는 전자증권제도의 도입을 골자로 하는 「전자유가증권도입에 관한 법률(Gesetz über elektronische Wertpapiere,[35] 이하 "전자유가증권법")」 제정안을 마련하여 연방의회에 제출하였다. 동 법률안은 2021년 5월 연방의회의 결의를 거쳐, 같은 해 6월부터 시행(2021.6.10.)되었다.

전자유가증권법은 그 입법이유서에서 법의 제정 목적을 "전자유가증권(Elektronische Wertpapiere)을 독일의 금융제도에 도입하는 것"이라고 밝혔으며, 전자적 방식의 유가증권 발행의 근거를 법률에 규정하고 법적 지위 역시 명확하게 하였다. 즉 동법에 따른 전자유가증권은 여전히 유가증권의 성격을 갖고 있고 단지 그 발행방식이 권면(券面)에서 전자적 방식으로 바뀌었다는 점을 규정하고 있으며, 실물로 발행된 유가증권과 동일한 법적 효력을 갖는다는 점도 규정하고 있다.[36] 즉 실물 기반의 유가증권과 전자유가증권은 권리를 표창하는 방식이 다를 뿐이고 유가증권에 적용되던 법리는 전자유가증권에도 동일하게 적용된다는 것이다.

이 경우 해당 법리에는 민법도 포함되는데, 동 법률에서는 실물 유가증권 보유자와 동등한 수준의 보호를 전자유가증권의 보유자에게도 적용하기 위해서 전자유가증권을 민법상 물건으로 의제하는 조문도 규정함으로써 전자유가증권의 법적 지위를 명확히 하였다.[37]

2) 스위스[38]

스위스는 채권법에 실물증권이 아닌 형태의 증권에 대한 법적 근거를 구비하고 있었다. 채권법(Obligationenrecht)은 제5장에서 유가증권(Wertpapiere)의 정의, 발행·유통의 방식 및 법률상 효력 등의 유가증권에 관한 제반 사항을 규정하고 있는데, 동법 제973c조에서는 실물 유가증권(Wertpapier)을 발행하는 대신 발행인의 선택에 따라 실물이 존재하지 않는 것으로서 "단순 가치권(einfache Wertrechte)[39]"을 발행할 수 있는 근거가 마련되어 있었다.

---

35) Wertpapiere는 독일어로 유가증권이라는 뜻이며, 이에 따라 Elektronische Wertpapiere는 전자유가증권이 된다. 우리나라에서 사용하는 전자증권이라는 용어와 차이가 있으나 독일의 해당 법률 문언에 충실하게 본서에서는 전자유가증권이라는 용어를 사용하였다.

36) 독일 전자유가증권법 제2조(전자증권) ① 유가증권은 전자증권으로도 발행할 수 있다. 전자증권은 발행인이 증서를 교부하는 대신에 전자증권등록부(제4조제1항)에 등록함으로써 발행한다.
② 이 법에서 달리 정하지 않는 한, 전자증권은 증서로 발행된 유가증권과 동일한 법적 효력을 갖는다.

37) 독일 전자유가증권법 제2조(전자증권) ③ 전자증권은 민법 제90조의 의미에서의 물건으로 본다.

38) 최지웅. (2024). 토큰 증권과 증권결제제도 — 분산원장 관련 전자증권법 개정안을 중심으로. 서울대학교 금융법센터(편저), BFL, 제125호. 48−49.

39) 스위스 채권법에 따른 단순 가치권은 영국 무증서증권규정 및 미국 통일상법전에 따른 무증서증권(uncertificated securities)에 대응되는 것으로, 실물증권 발행인의 선택에 따라 같은 내용의 유가증권을 장부상 기재에 의해 운영하는 것을 의미한다.

한편, 스위스는 예탁기구의 증권계좌에 예치한 증권을 등록증권(Bucheffekten)이라 하고 (등록증권법 제3조제1항), 그 등록증권이 될 수 있는 4가지 종류의 증권으로 ⅰ) 집중예탁되는 유가증권(Sammelverwahrte Wertpapiere), ⅱ) 포괄증권(Globalurkunde), ⅲ) 단순 가치권 및 ⅳ) 등록부 가치권을 열거하고 있으며(동법 제6조제1항제a호~제d호), 이렇게 예치된 증권에 대해 동일한 법률적 효력을 부여하고 있다.

결국, ⅰ) 채권법에 따른 단순 가치권 및 (분산원장 기반 발행 증권인) 등록부 가치권은 유가증권의 또 다른 발행 형태이고, ⅱ) 독일, 스위스 등의 독일어권에서는 증권에 대해 법제상 실물 유가증권(Wertpapier)과 가치권(Wertrechte)으로 구분하고 있으며, ⅲ) 독일 증권예탁제도의 이론적 기반이 된 Optiz의 가치권 이론이 바로 실물 유가증권(Wertpapier)을 집중예탁하면 장부상 기재에 의해 나타나는 가치권(Wertrechte)에 관한 것이라는 점, ⅳ) 마지막으로 스위스의 예탁기구(Verwahrungsstelle)를 통해 예치되면 예치 전의 증권 구분에 상관없이 동일한 등록증권으로 변하여 동일한 법적 효력을 갖게 된다는 점을 종합하여 보면, 스위스의 등록부 가치권 및 (그 등록부 가치권이 예치되어 나타나는) 등록증권 역시 유가증권과 같은 대상성을 갖는다고 보인다.

3) 미국 및 UNIDROIT[40]

가. 전통적 증권권리

미국의 경우 투자자는 예탁증권에 대하여 물권적 권리를 취득하는 것이 아니라, 자신의 증권계좌를 관리하고 있는 중개기관에 대해서만 신탁적 권리를 취득한다. 즉 간접보유방식을 수용한 1994년 통일상법전(Uniform Commercial Code)에 따라 증권의 법적 소유권은 최상위 중개기관인 증권예탁기구에 속하고, 투자자는 새로운 법적 권리, 즉 자신의 중개기관에 대한 권리와 중개기관이 보유하는 증권에 대한 비례적인 권리(pro rata property interset)의 집합인 '증권권리(security entitlement)'를 보유한다.[41] 이때 권리의 이전은 양도인의 계좌관리기관에 대한 권리의 소멸과 양수인의 계좌관리기관에 대한 권리의 발생 형태로 동일성을 유지하지 못한 채 이루어진다. 이러한 법적 구성의 토대가 되는 것은 신탁법리로서, 가입자가 보유하고 있는 권리가 신탁재산으로서 계좌관리기관에 이전되고 가입자는 이에 대신하여 신탁재산으로

---

40) 최지웅. (2024). 토큰 증권과 증권결제제도－분산원장 관련 전자증권법 개정안을 중심으로. 서울대학교 금융법센터(편저), BFL, 제125호. 48－49.
41) 박철영. (2010). 제네바증권협약의 제정과 국내 증권법의 과제. 한국증권법학회(편저), 증권법연구, 제11권 제1호. 305－354.

부터 급부를 수령할 권리(일종의 수익권)를 보유하게 된다.[42]

나. 디지털 자산

UNIDROIT(국제사법통일기구, International Institute for the Unification of Private Law)[43]는 분산원장기술의 등장 및 관련 디지털 자산의 확산으로 인하여 디지털 자산에 관한 회원국 간 공통의 기준 및 법제 정비에 기여할 수 있도록 사법적 측면에서 디지털 자산에 관한 국제 기준을 마련하는 프로젝트를 2020년부터 2022년에 걸쳐 3년간 수행하기로 2019년 연차총회에서 결정하였다. 이후, 각계 전문가의 참여 하에 프로젝트를 진행하여 해당 기준을 마련하였고, 2023년 5월에 "UNIDROIT Principles on Digital Assets and Private Law(이하 "UNIDROIT Principles")"를 정식으로 승인하였다.

UNIDROIT Principles는 디지털 자산의 사법상 지위 및 디지털 자산과 관련한 법률 행위의 효력에 대해 회원국 각국이 채택 가능한 기준을 제시하고 있으며, 토큰증권 및 전자증권을 포함하는 제반 디지털 자산을 대상으로 하고 있다. UNIDROIT는 동 원칙에서 디지털 자산은 지배 가능한 전자기록으로 규정하였고 재산권의 대상이 될 수 있다고 규정하였다.[44] 결론적으로는 UNIDROIT Principles는 디지털 자산을 각국의 사법체계에서 재산권의 대상으로 수용하도록 권고하고 있고, 재산권이라는 전제 하에 각국의 특성에 맞는 법제를 구성하도록 권고하고 있다.

미국 역시 UNIDROIT와 비슷한 시기인 2019년에 디지털 자산을 위한 자본시장 인프라 구축이 필요하다는 인식 하에 통일상법전(Uniform Commercial Code)의 개정을 시작하였고, 2022년 7월에 해당 개정안이 최종 승인되었다.[45] 통일상법전은 2022년의 개정 이전부터 이미 증권(security)에 대하여는 "증권소유자에 대한 발행인의 의무 또는 발행인의 재산이나 사업에

---

42) 김대권. (2013). 전자등록 주식의 법률관계에 관한 연구. [석사학위, 서울대학교 법학과]. S−Space.

43) UNIDROIT(1926년 설립)는 국제사법통일기구 또는 사법통일을 위한 국제기구로 번역되는데, 회원국 사법 분야의 공통기준을 마련하여 국제적 정합성을 제고하고 실체법과의 조화를 목표로 하여 제반 프로젝트를 수행해오고 있다.

44) 「UNIDROIT Principles」 Principle 2 (Definitions) (2) 'Digital asset' means an electronic record which is capable of being subject to control
Principle 3 (General principle) (1) A digital asset can be the subject of proprietary rights.

45) 통일상법전은 기본적으로 모델법(Model Code)의 성격이어서 바로 법적 효력을 가지는 것은 아니고 미국 각 주에서 주법(State Law)에 해당 내용을 수용하여 법률로 규정되어야 한다. 다만, 미국 각 주는 통일상법전의 내용을 그대로 또는 주마다의 실정을 감안하여 약간의 수정을 거친 후 자신들의 주법에 반영하고 있으므로 실제로는 시차의 문제일뿐 미국의 통일된 사법의 기준 역할을 하고 있다고 할 수 있다.

대한 지분(UCC §8 – 102⑮)"이라고 정의하여 그 실물 발행 여부를 불문하고 재산권(권리)으로 규정하고 있었다.

그런데 개정 통일상법전에서 분산원장기술을 대표로 하는 신기술에 기반하여 발행된 디지털 자산을 "통제가능전자기록(controllable electronic record)"으로 정의하면서 통제가능전자기록이 법적·경제적 가치를 가지는 대상이 될 수 있음을 밝혔다. 이는 통제가능전자기록 중 증권계좌에 기재·관리되는 것은 금융자산으로 분류될 수 있으며, 통일상법전「제8편 투자증권」의 적용을 받을 수 있다는 것이다.

결국 UNIDROIT Principles와 미국 개정 통일상법전은 모두 분산원장 기술을 기반으로 하는 새로운 유형의 디지털 자산을 수용하기 위한 취지로 제·개정이 되었고, 기존에 존재하던 무형의 재산적 가치가 있는 디지털 자산 역시 포함하는 개념이며, 이러한 디지털 자산이 재산권의 대상이 됨을 명시하고 있다고 할 수 있다.

(5) 전자증권의 법적 성질 관련 향후 방향

자본시장과 IT기술의 발전에 따라 증권을 둘러싼 제반 환경이 변화하여 등장한 전자증권에 대한 법적 지위·효력 그리고 유가증권성에 대한 논의는 독일, 스위스 등 전자증권제도에 준하는 제도를 오래전부터 운영해오던 나라들뿐 아니라, 디지털 자산에 대한 선도적 연구를 진행하고 있는 국제사법통일기구(UNIDROIT) 및 미국 등에서 시작되어 점점 보완·발전해 가는 상황이다.

나아가, 권면이라고 하는 물리적 실체를 전제로 하는 유가증권과 달리 전자적 데이터의 형태로 존재하는 상황에서는 전자증권에 바로 유가증권성을 인정하기 어렵다는 기존의 인식을 극복하고, 전자증권의 유가증권성을 바로 인정(독일)하거나, 사실상 유가증권에 준하는 법적 취급(스위스)을 하는 등의 혁신적인 입법도 계속 진행되고 있다.

우리나라에서도 유가증권에 대한 논의로부터 시작하여 예탁증권 및 전자증권의 법적 성격에 대해 다양한 논의가 이어져 왔으며, 이에 대한 입법 및 법원 판결도 일부는 정립되어 있는 상태이다.[46] 다만, 전자증권제도의 지속적인 개선·발전과 더불어 전자증권의 법적 지위

---

46) ⅰ) 권리를 화체한 유가증권은 유체물로서 물건에 해당[이상원. (2010). 주석 민법 총칙(제4판 제2권), 한국사법행정학회. 255].

ⅱ) 증권의 물권성과 관련하여, 증권은 권리를 화체한 "증서"로서 유가증권은 하나의 유체물로서 물건에 해당하여 물권이 성립될 수 있지만, 유가증권(증서)에 화체된 "권리" 그 자체는 민법상 물건에 해당하지 아니하여 물권이 성립될 수 없으며, 그 권리 내용에 따른 채권으로서 성격을 가질 것으로 보임[한국법제연구원. (2021).

및 유가증권성에 대한 논의와 연구는 지속되어야 하며, 필요하다면 입법적으로 해당 이슈를 정비할 필요가 있다고 본다. 이는 민·상법은 물론이거니와 민사집행법, 공탁법 및 형법 등에서 유가증권에 대하여 규율한 사항이 전자증권에 대하여도 동일하게 적용되도록 하는 것이 합리적이기 때문이다.

동일한 권리가 실물인 유가증권으로 발행되었을 때는 적용되었던 사항이 전자등록 방식으로 발행되어 전자적 데이터로 존재하는 경우에는 적용되지 않는다는 것은 지극히 형식 논리의 결과이며 불합리한 결과를 초래할 가능성이 있다. 따라서 추후 입법을 통하여 전자증권제도를 규율하고 있는 전자증권법 및 전자증권제도와 연관이 있는 제반 법률에서 전자증권의 지위·효력 및 세부 적용 사항을 명문으로 규정하는 것이 바람직하다고 보인다.

가상자산 관련 입법 정비 및 제도적 수용방향 연구용역. 144–150].

iii) 예탁제도 하에서는 실물증권이 존재하고 있으며, 증권 양도 시 실물증권의 양도가 필요한 바 예탁제도 도입 시 "예탁증권에 대한 공유지분권"을 인정하여 예탁증권에 대한 소유권 관계를 입법적으로 해결[한국예탁결제원. (2018). 증권예탁결제제도(개정증보 제4판). 박영사. 72]. 다만, 예탁증권의 공유관계와 관련해 다른 예탁자나 공유자와 상관없이 독자적으로 관련 권리를 행사할 수 있는 부분에 비추어 볼 때 민법상 공유와 구분되는 특수한 형태로 보고 있다는 점에서 물권인 공유권이지만 민법상 "공유권"과 완전히 일치한다고 보고 있지는 아니함[한국예탁결제원. (2018). 증권예탁결제제도(개정증보 제4판). 박영사. 75].

iv) 전자증권의 경우 실물증권의 발행 자체를 전제로 하지 아니하고 해당 권리를 전자적 방법으로 전자등록계좌부에 장부기재를 하는 방식으로 발행·유통함에 따라 전자증권 제도는 권리와 증권 간의 유체적 표창관계를 단절한 제도로 보고 있음[한국예탁결제원. (2018). 증권예탁결제제도(개정증보 제4판). 박영사. 782]. 한편, 전자증권법은 투자자의 발행인에 대한 개별적, 직접권 권리를 인정하는데(법 제35조), 주목할 점은 전자증권법이 투자자의 권리를 주식등에 대한 "소유권"으로 구성하고 있다는 점이다(법 제2조제5호). (중략) 주권이 발행되지 않는 전자증권 방식 하에서 주주가 전자등록된 주식에 대하여 (주권에 대한 소유권에 대응하는) 소유권을 갖도록 함이 타당한지는 논란이 있을 수 있는 부분이다[노혁준. (2017). 전자증권법의 상법상 쟁점에 관한 연구. 한국사법학회(편저), 비교사법, 제24권 제4호, 1651].

v) 형법상으로도 유가증권은 재물로 취급된다(대법원 1998. 11. 24. 선고 98도2967 판결). 주권은 유가증권으로서 재물에 해당되므로 횡령죄의 객체가 될 수 있으나, 자본의 구성단위 또는 주주권을 의미하는 주식은 재물이 아니므로 횡령죄의 객체가 될 수 없다(대법원 2005. 2. 18. 선고 2002도2822 판결). 상법상 주식은 자본구성의 단위 또는 주주의 지위(주주권)를 의미하고, 주주권을 표창하는 유가증권인 주권과는 구분된다. 주권은 유가증권으로서 재물에 해당되므로 횡령죄의 객체가 될 수 있으나, 자본의 구성단위 또는 주주권을 의미하는 주식은 재물이 아니므로 횡령죄의 객체가 될 수 없다. 따라서 예탁결제원에 예탁되어 계좌 간 대체 기재의 방식에 의하여 양도되는 주권은 유가증권으로서 재물에 해당되므로 횡령죄의 객체가 될 수 있으나, 주권이 발행되지 않은 상태에서 주권불소지 제도, 일괄예탁 제도 등에 근거하여 예탁결제원에 예탁된 것으로 취급되어 계좌 간 대체 기재의 방식에 의하여 양도되는 주식은 재물이 아니므로 횡령죄의 객체가 될 수 없다(대법원 2023. 6. 1. 선고 2020도2884 판결).

제3장

전자증권제도의 운영 체계

---

1 개 관

전자증권제도는 기존 증권예탁제도가 보완·발전된 제도로써, 그 도입 및 운영 구조는 상호 유사한 측면도 있으나 국가별로 수정되거나 고유하게 설계된 사항도 있다. 이는 각국의 법률 체계 및 금융시장 운영 상황이 다르므로 각국의 특성을 반영하여 전자증권제도를 도입하였기 때문이다.

본 장에서는 각국이 도입한 전자증권제도와 더불어, 지난 2019년 9월 16일에 전자증권제도의 근거 법률인 전자증권법을 시행한 우리나라의 사례를 살펴보고 그 공통점과 차이점을 검토하고자 한다.

---

2 전자증권제도의 운영 근거 및 운영 구조

(1) 전자증권제도 근거 법제 마련 방식

기존의 금융제도 및 법제와는 다른 구조와 효력을 가진 전자증권제도 도입을 위해 각국은 별도의 법률을 제정하거나 기존 법률을 개정하여 추진하는 양상을 보인다. 이 경우 그 추진 방식은 크게 3가지로 나눌 수 있다.

1) 증권 발행 근거 법률의 개별 정비

첫째로 증권 발행의 근거법률마다 전자적 방식의 증권 발행에 관한 개별 규정을 두어 전자증권제도를 도입하는 방식이다. 우리나라를 예로 든다면 국채는 국채법, 특수채는 특수법인의 설립 근거법률(예: 한국산업은행법, 한국토지주택공사법 등), 회사채는 상법, 자산유동화증권은 자산유동화법 등에 각각 전자적 방식에 의한 증권 발행의 근거를 규정하는 것이다.

이러한 방식을 취하는 경우에는 특정 증권에 전자증권제도가 적용됨을 가장 명확히 할 수 있고, 각 증권의 특성에 맞춰서 규정할 수 있다는 장점이 있는 반면, 관련 법률은 개별적으로 정비하여야 하는 비효율이 발생하고 혹여 법률 개정이 누락되는 경우에는 해당 증권에 대해서는 전자적 방식의 발행이 불가능해질 수 있는 단점이 존재한다.

2) 자본시장을 규율하는 기존의 특별법에 관련 규정 마련

기본적으로 전자증권제도는 증권의 발행, 유통 및 권리 행사를 실물증권 없이 가능하게 하는 제도로, 증권이 자본거래적 기능을 수행하고자 하는 경우에 특히 그 관련성이 높아진다. 따라서 자본시장·금융시장을 규율하는 자본시장법 또는 이에 준하는 금융법의 개정을 통하여 전자증권제도의 도입과 관련한 사항을 준비할 수 있다.

이 경우 앞선 '증권 발행 근거 법률의 개별 정비' 방식에 비해 더욱 단순하면서도 필요최소한의 범위에서 법률정비를 할 수 있다는 장점이 있다. 다만, 자본시장법 또는 그에 준하는 금융법은 자본시장에서 투자성을 가진 증권을 대상으로 하며 그 입법 취지가 해당 증권과 관련한 금융규제를 하고자 하는 것이어서, 재산권이 표창된 유가증권의 발행·유통에 관한 사항을 규율하고자 하는 방향과는 다소 차이가 있을 수도 있으므로 이러한 점까지 종합적으로 고려·판단하여 정비 여부를 결정할 필요가 있다.

이러한 입법 방식을 채택한 나라는 프랑스, 중국 및 덴마크가 있으며 프랑스가 「화폐금융법」을, 중국이 「증권법」을, 덴마크가 「증권거래법」을 각각 개정하여 전자증권제도의 법적 기반을 마련하였다.

3) 전자증권제도의 근거가 되는 별도의 법률 제정

전자증권제도가 가지는 고유한 특성을 감안하여 특별법 형식으로 별도의 법률을 제정하는 방식을 취하는 국가도 있다. 이 경우 전자증권제도에 관한 제반 사항을 단일 법률에 따라 체계적으로 규정함으로써 입법적 완성도를 가장 높일 수 있는 장점이 있다. 다만, 제정의 방식을 취함에 따라 그 정비 수준 및 범위가 상당할 수 있고, 해당 특별법의 제정에 따라 영향을 받는 기존 법률의 부수적 정비사항도 함께 고려해야 할 필요가 있다.

특별법 제정 방식을 채택한 나라는 우리나라, 영국, 일본 등이 있으며, 우리나라가 「주식·사채 등의 전자등록에 관한 법률」을, 영국이 「무증서증권규정」을, 일본이 「사채·주식 등의 대체에 관한 법률」을 각각 별도로 제정하였다.

(2) 전자증권제도의 적용 범위

1) 적용대상 증권

전자증권제도는 기존에 실물을 전제로 발행되던 증권을 실물 발행 없이 전자적 방식에 의하여 발행하는 제도이므로, 기본적으로는 기존에 실물에 기반하여 발행되던 증권을 그 적용대상으로 하되, 증권의 속성을 고려하여 전자적 방식에 의한 발행이 가능한 증권의 범위를 정하고 있다.

전자적 방식에 의한 발행이 가능한 증권의 범위는 각 국가별로 기존 법률의 규율 상황을 종합적으로 고려하여 결정된다고 볼 수 있다. 대개 전자증권제도를 단계적으로 도입하는 나라에서 볼 수 있는 유형에서는 법제 준비상황 및 시장 성숙도를 종합적으로 감안하여 결정한다.

예를 들어 일본의 경우 단기사채(2002년)만을 대상으로 전자증권제도를 도입하였다가 사채·국채(2003년), 주식(2009년)으로 그 범위를 확대하였고, 영국은 주식과 사채(1997년)에 처음으로 전자증권제도를 도입하였다가 국채(2000년), 단기금융상품(2003년)으로 그 범위를 확대한 바 있다. 또한 독일도 무기명채권과 집합투자증권(2021년)을 대상으로 전자증권제도를 도입하였다가 추후 주식(2023년)을 그 적용대상으로 포함하였다.

▼ 주요국 전자증권제도 근거법규 등

국 가	근거법규	대상 증권	등록기관	도입경과
영 국	Uncertificated Securities Regulation(1995년)	모든 증권(선택)	Euroclear UK & International	주식·사채(1997년) 국채(2000년) 단기금융상품(2003년)
프랑스	Monetary and Financial Code(1981년)	모든 증권(의무)	Euroclear France	의무등록(1984년~1988년) 미등록 무효(1988년) 및 전자증권 전환(1989년)

일 본	사채 · 주식 등의 대체에 관한 법률(2009년)	상장증권(의무)	JASDEC, 일본은행(국채)	단기사채(2002년) 사채 · 국채(2003년) 주식(2009년)
스웨덴	The Financial Instrument Account Act(1998년)	상장증권(의무)	Euroclear Sweden	주식(1989년) 단기금융상품(1993년) 모든 증권(1998년)
중 국	증권법(1998년)	상장증권(의무)	CSDC	전면도입 - 임시조례(1993년) - 법률제정(1998년)
미 국	Code of Federal Regulation(1968년)	국채(의무)	FRB(국채)	연방정부채(1971년) 재무부단기채(1979년)
독 일	전자유가증권법 (2021년)	주식, 무기명채권, 집합투자증권(선택)	Clearstream Banking Frankfurt	무기명채권 · 집합투자증권 (2021년) 주식(2023년)
한 국	전자증권법(2019년)	상장증권, 집합투자증권 등 (의무), 비상장증권(선택)	예탁결제원	단기사채(2013년) 모든증권(2019년)

2) 적용대상 발행회사

전자증권제도를 도입하는 경우 전자적 방식으로 발행해야 하는 회사의 범위를 결정하는 것도 하나의 고려사항이다. 모든 발행회사로 하여금 전자증권제도를 이용하여 증권을 발행하도록 의무화하게 되면 동 제도의 시행 효과가 극대화될 수 있는 장점이 있다.

그러나 전자적 방식에 의한 증권 발행을 통하여 원활한 유통 및 권리 행사를 도모하고 사회적 · 경제적 비용을 절감하고자 하는 제도의 취지를 감안할 때, 그러한 니즈가 부족한 발행회사에까지 전자증권제도의 이용을 의무화하는 것이 필요한지는 추가적인 고려가 필요하다. 왜냐하면 소규모 주식회사가 소량으로 발행하는 증권까지 전자증권제도를 이용하여야 할 실익은 크지 않을 수 있기 때문이다.[1] 즉 해당 회사가 전자증권제도에 참가함으로써 여러 가지 규정, 지침의 준수의무가 부과되고 전자등록기관이나 감독당국 역시 감독의 범위가 불필요하

---

1) 주권 비상장법인의 경우 주주 수가 다양하며, 비상장사채 중 사모사채는 운영자금의 조달을 위해 소수의 사채권자만을 대상으로 발행하는 경우도 다수 발생하므로 전자증권제도를 발행회사의 니즈에 따라 선택하도록 하는 것이 타당할 수 있다.

게 확대되는 현상이 발생할 수도 있기 때문이다.

　전자증권제도를 도입한 국가들은 이러한 점을 종합적으로 고려하여 대부분 상장증권의 경우에는 의무적으로 전자증권제도를 이용하도록 하는 반면, 비상장증권에 대해서는 해당 발행회사의 선택에 맡기는 경향을 보이고 있다. 이는 대규모 발행 및 유통이 이루어지는 상장증권과는 달리, 비상장증권은 해당 발행회사의 발행 규모가 매우 다양하고 상장증권만큼의 유통 수준이 필요하지 않은 경우도 존재한다는 점을 고려한 것이다.

　그래서 모든 증권의 발행회사가 전자증권제도를 의무적으로 이용하도록 설계한 프랑스를 제외한 한국, 영국, 일본, 스웨덴, 중국 등 대부분 국가는 상장증권을 발행하는 회사를 중심으로 의무 적용대상의 범위를 설정하고, 그 밖의 발행회사의 경우에는 해당 회사의 선택에 따라 제도 참가를 결정하고 있다.

(3) 권리의 전자등록 방식

1) 개 요

　전자증권제도에서는 실물증권을 발행하지 않는 대신 해당 증권에 표시되는 권리를 전자적 장부인 전자등록계좌부에 전자등록하는 방식으로 발행하며, 발행된 이후에는 전자등록계좌부상 증감 기재에 의하여 유통 및 권리 행사에 대한 업무를 수행한다. 그런데 이 전자증권의 소유자가 자신의 권리를 전자등록하는 방식에는 크게 2가지 방식이 존재한다. 첫 번째는 해당 소유자가 전자등록기관에 자신의 권리를 직접 전자등록하는 것이고, 두 번째는 그 소유자가 계좌관리기관에 자신의 권리를 전자등록하고 해당 전자등록된 권리의 수량(금액) 관리만 전자등록기관이 총괄적으로 수행하는 방식이다. 아래에서는 각 방식에 대해서 설명하도록 한다.

2) 직접등록방식

　직접등록방식은 계좌구조가 단층구조(1-tier)로, 전자증권의 소유자가 전자등록기관에 자신명의의 전자등록계좌를 개설하고 전자등록기관이 작성·관리하는 전자등록계좌부를 통하여 전자증권을 보유하는 방식이다. 이 방식의 경우에는 전자등록기관이 모든 전자증권의 소유자를 상대로 전자증권의 발행, 유통 및 권리 행사에 이르는 업무를 단일하게 수행한다. 국가별 적용사례를 보면 덴마크, 스웨덴, 중국 등에서 이 방식을 채택하여 사용하고 있다.

　직접등록방식에서는 전자등록계좌부상 투자자의 권리보유 내역이 실시간으로 관리된다.

따라서 발행회사, 감독기관 등에 의한 투자자 파악이 용이하고, 투자자가 전자등록기관에 직접 전자등록되어 투자자 권리의 보호를 강화할 수 있다. 반면, 이 방식은 시스템 구축 및 운영에 과다한 비용이 소요되고, 대용량 데이터 처리로 시스템 운영상 안정성 확보가 곤란하다. 또한, 증권회사 등 금융중개회사의 업무처리 부담과 운영비용이 증가하는 단점이 있다.

▼ 직접등록방식 운영 체계

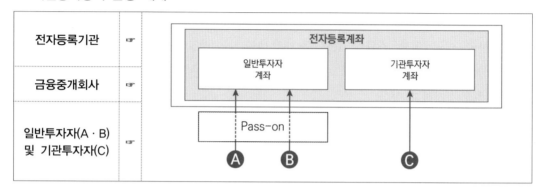

3) 간접등록방식

간접등록방식은 계좌구조가 복층구조(2-tier) 또는 다층구조(multi-tier)로, 전자증권의 소유자가 계좌관리기관에 자신 명의의 전자등록계좌를 개설하고 계좌관리기관이 작성·관리하는 전자등록계좌부를 통하여 전자증권을 보유하는 방식이다. 이 경우 해당 계좌관리기관은 다시 전자등록기관 또는 다른 계좌관리기관에 계좌를 개설하여 자신의 고객(전자증권 소유자)의 전자증권을 관리하며, 전자등록기관과 함께 계좌 개설 및 전자등록계좌부의 작성·관리를 포함한 전자등록업무를 수행한다. 이러한 방식은 증권예탁제도를 운영하는 대부분의 나라(한국, 프랑스, 일본 등)가 사용하고 있는 방식이다.

간접등록방식은 기존 복층(다층) 증권예탁제도의 계좌구조와 유사하므로 제도 전환이 수월하고 시스템 구축 및 운영이 용이하며 운영비용이 상대적으로 저렴하다는 장점이 있다. 반면, 이 방식은 투자자 내역을 실시간으로 파악하기 곤란하고, 계좌관리기관을 불신하는 투자자의 니즈를 충족하기 어렵다는 복층(다층) 증권예탁제도의 단점을 그대로 갖고 있다.

▼ 간접등록방식 운영 체계

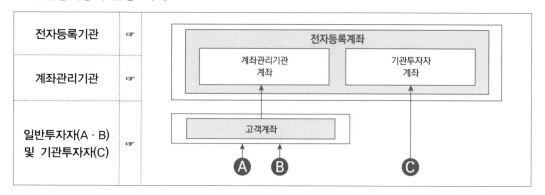

4) 전자등록 방식별 장·단점 비교

직접등록방식(단층구조)은 발행인이나 감독당국 및 투자자의 업무편의성 측면에서는 유리하다. 반면, 시스템 운영상의 안정성, 시스템 구축 및 운영비용, 국제정합성 등의 측면에서는 간접등록방식(복층 또는 다층구조)이 우수하다. 직접등록방식과 간접등록방식의 장단점을 구체적으로 살펴보면 다음과 같다.

▼ 직접 및 간접등록방식 비교

	기준	세부 기준	직접등록방식	간접등록방식
1	안정성	▪ 시스템 운영상의 안정성	▪ 복잡해진 업무 프로세스로 인하여 시스템 운영위험 증대	▪ 업무 프로세스가 증권예탁제도(복층 또는 다층)와 유사하여 위험증가 요인은 적음
			▪ 전자등록기관이 전자등록계좌를 직접 관리하므로 위험요인의 사전 통제는 가능	▪ 다수의 계좌관리기관이 전자등록계좌를 관리함에 따라 위험요인의 사전적 통제가 어려움
2	효율성	▪ 초기 투자비용	▪ 높음	▪ 낮음
		▪ 운영비용	▪ 높음	▪ 낮음
3	국제 정합성	▪ 해외투자자의 시장참여 용이성	▪ 해외투자자가 전자등록기관에 직접 참가해야 하므로 국제거래 관행에 부합하지 않음	▪ 해외투자자가 보관기관(custodian)을 통해 제도 참가하므로 국제거래 관행에 부합
4	편의성	▪ 발행회사 및 감독당국의 소유자 파악 용이성	▪ 전자등록기관이 모든 전자증권 소유자의 전자등록계좌를 관리하므로 소유자 파악이 신속·간이함	▪ 전자증권 소유자 파악을 위해서는 (해당 소유자 내역을 갖고 있는) 각 계좌관리기관으로부터 소유자 명세를 취합·정리하는 작업 필요

■ 금융회사의 업무 편의성	■ 업무 프로세스가 추가되고 각종 업무 처리시 전자등록 기관의 정보를 요청하여 사용하는 점 존재	■ 업무 프로세스 측면에서 별도의 추가 또는 불편 요소의 증대 요인이 적음

(4) 권리의 명의자 처리 방식

1) 개 요

발행회사와 증권 소유자가 직접 관계를 형성하는 경우로 금융중개회사(계좌관리기관)가 개입되지 않는 상황에서 소유자명부는 해당 증권 소유자의 명의로 기재된다. 그런데 현대 자본시장에서 대부분의 증권 소유자는 금융중개회사를 통하여 증권을 소유[2]하게 되므로, 발행회사의 명부 및 전자등록기관의 전자등록계좌부에 최종적으로 누구의 명의로 기재하여 관리해야 하는지에 대한 의사결정이 필요하게 된다.

즉 금융중개회사가 개입되지 않았던 경우와 같이 증권 소유자의 명의로 전자등록계좌를 개설하고 해당 전자등록계좌부에 그 소유자의 명의로 전자등록할 것인지, 아니면 금융중개회사의 명의로 전자등록계좌를 개설하고 그 기관의 명의로 전자등록계좌부에 전자등록할 것인지의 문제이다.[3]

2) 직접보유방식(자기명의등록)

직접보유방식은 등록명의인(nominee)을 이용하지 않고 전자증권의 소유자가 전자등록계좌를 개설하고, 자신의 명의로 직접 전자등록하는 방식을 말한다. 이 방식의 경우에는 전자등록기관과 계좌관리기관이 각각 전자등록계좌부를 관리하게 되며, 전자증권의 소유자는 해당 전자증권에 대한 물권적 권리를 직접 보유하게 된다. 이 방식은 한국, 일본, 프랑스 등 대륙법

---

2) 이렇게 금융중개회사를 통하여 증권 소유자가 보유하는 증권을 간접보유증권(intermediated securities)이라 하며 이 간접보유증권에 관한 사항은 증권예탁제도에서도 존재한다.

3) 현대 자본시장의 경우에는 증권회사 또는 은행 등의 금융중개회사(financial intermediary)를 통하여 투자자가 증권을 보유하는 간접보유증권(intermediated securities) 체계를 보이는 것이 일반적이다. 이 경우 투자자가 금융중개회사를 통하여 소유하는 증권에 대해 어떠한 권리를 가지는가에 대해서는 크게 2가지 방식으로 나뉜다. 첫 번째 유형은 금융중개회사가 중간에 개입되어 있음에도 불구하고 투자자가 자신 소유의 증권에 대해 직접적인 소유자로 표시되는 동시에 소유권을 행사하는 자의 자격을 가진다고 보는 Look through approach 고, 두 번째 유형은 투자자는 금융중개회사에 대하여 채권적 권리를 가지고 대신 금융중개회사가 발행회사에 대해 해당 증권의 소유자로 표시되는 Non-look through approach를 취하는 방식이다.

계 국가에서 일반적으로 채택하고 있는 방식이다.

직접보유방식은 전자증권의 소유자가 자신의 권리를 직접 보유한다는 전통적인 법리를 따르고 있다. 직접보유방식에서는 대리인 문제(agency problem)가 발생하지 않고, 전자증권의 소유자로 하여금 발행인에 대한 직접적인 대항력을 확보할 수 있게 하여 해당 소유자의 권리 보호를 강화할 수 있다. 또한, 전자등록기관과 계좌관리기관의 전자등록계좌에 전자등록의 법률상 효과를 동일하게 부여하기 때문에 일원적인 규율이 가능하다.

다만, 증권회사 등 금융회사(계좌관리기관)의 전자등록계좌부에 전자등록의 효과를 부여하고 해당 전자등록계좌부를 전자등록기관이 직접 관리하지는 않으므로 복수의 계좌관리기관이 작성·관리하는 전자등록계좌부에 대한 통일적 관리를 위한 비용 부담이 크고, 신뢰성 및 안정성에 대한 우려가 발생할 수 있다.

3) 간접보유방식(nominee 명의등록)

간접보유방식은 투자자가 등록명의인(nominee)을 통하여 전자등록기관의 전자등록계좌부에 전자등록되는 방식을 말한다. 전자등록기관만 법적 장부인 전자등록계좌부를 관리하고 계좌관리기관은 법적 장부를 관리하지 않는 것이다. 증권에 대한 법적 권리는 전자등록된 명의인인 금융중개회사에 귀속하고, 전자증권의 소유자는 해당 증권에 대한 권리를 간접보유(신탁의 법리)하게 된다. 이 방식은 영국, 미국 등 영미법계 국가에서 주로 채택하고 있다.

이 방식은 전자등록기관만이 전자등록업무를 수행하기 때문에 전자등록계좌부의 단일하고 통일적인 관리를 통하여 제도의 안전성 및 신뢰성을 강화할 수 있다. 또한, 권리관계를 각 단계별로 구성하여 다단계로 이루어진 국제증권보유체계에 적합하다. 반면, 증권 발행회사의 소유자명부에 전자증권의 실제 소유자가 등재되지 않아 해당 소유자 입장에서는 발행회사에 대한 대항력을 확보하기 곤란하기 때문에 실제 소유자의 권리 보호에 미흡할 수 있다.

4) 보유방식별 장·단점 비교

직접보유방식과 간접보유방식을 비교하면 발행회사의 실제 소유자 파악의 용이성 등의 측면에서는 직접보유방식이 우월하고, 일반 투자자의 익명성 보호 측면에서는 간접보유방식이 뛰어나다. 각 보유방식의 장단점을 구체적으로 살펴보면 다음과 같다.

기 준		세부 기준	직접보유방식	간접보유방식
1	안정성	▪ 투자자의 권리 보호	▪ 실제 소유자가 법적 소유자로 파악되므로 권리가 안정적으로 확보됨	▪ 대외적으로 등록명의인(nominee)이 소유자로 파악되기 때문에 실제 소유자의 권리 침해 개연성이 존재
2	익명성	▪ 투자자 정보의 보호 수준	▪ 투자자가 실제 소유자로 파악될 수 있으므로 정보의 보호 수준이 간접보유방식에 비해 불리	▪ 등록명의인(nominee)이 소유자로 인정되므로 실제 소유자는 쉽게 노출되지 않음
3	편의성	▪ 발행인의 실질 소유자 파악 용이성	▪ 발행회사는 전자증권제도에서 허여되는 한 실제 소유자를 쉽게 파악할 수 있음	▪ 등록명의인(nominee)이 소유자로 등재되어 있어 실제 소유자를 파악하기 곤란

3 전자증권제도 운영기관

(1) 전자등록기관

전자증권제도는 앞서 언급한 바와 같이 증권예탁제도가 보완·발전하면서 등장한 제도이다. 즉 증권예탁제도에서 실물증권의 부동화와 불완전 무권화를 이루어 냈다면 전자증권제도에서는 전자적 방식에 의한 증권 발행으로 완전무권화를 달성하게 된 것이다.

이러한 연혁적 이유로 인해 전자증권제도에서는 실물증권을 기반으로 하던 증권예탁제도의 운영기관인 기존의 증권예탁기구가 통상 전자등록기관의 역할을 담당한다. 전자증권제도에 있어서의 전자등록기관은 증권의 발행, 유통, 권리 행사의 사무를 수행하고 권리 관계의 기초가 되는 전자등록계좌부를 작성·관리하는 기관으로서, 전자증권제도의 중심 운영기관 역할을 수행한다.

따라서 전자증권의 공정한 관리와 이용자의 편의 등을 위해서는 이를 관리하는 전자등록기관의 공정성, 안정성 및 중립성 확보가 매우 중요하다. 그리고 이러한 전자등록기관을 엄격히 관리·감독하기 위한 합리적인 법률 및 규제체계도 필요하게 된다. 이러한 전자등록기관의 기능 및 역할의 중요성을 반영하여 국제연구단체에서는 전자등록기관의 소유·지배구조를 합리적·효율적으로 설정할 것을 권고하고 있다.

🏛 국제연구단체의 전자등록기관 소유·지배구조 관련 주요 권고내용

① ISSA(International Securities Services Association, 1988, 2000년)
 - 정부기관이 아닌 한 예탁/전자등록기관은 이용자에 의해 소유 및 통제되어야 한다.
 - 예탁/전자등록기관에 있어서 ⅰ) 지배구조는 투명하고 모든 이해관계자들을 공평하게 대우하여야 하고, ⅱ) 시스템의 이용은 차별 없이 개방되어야 하며, ⅲ) 어떠한 단일기관 또는 단일 이용자 그룹도 과반수의 통제권을 가져서는 아니 된다.

② G-30(Group of Thirty, 1989년) / G30-ISSA(1995년)
 - 각국은 가능한 한 광범위한 참가자(직접 혹은 간접)가 참가하는 효율적이고 충분하게 정리된 예탁/전자등록기관을 구성·운영하여야 한다.

③ ESF(European Securities Forum, 2000년)
 - 예탁/전자등록기관은 어떠한 개별기관도 지나친 영향력을 갖지 말아야 하고, 증권산업의 이용자들에 의하여 소유되고 감독되어야 한다.

④ BIS(CPSS)-IOSCO(2001년)
 - 예탁/전자등록기관과 중앙집중거래상대방(CCP)의 지배구조 장치는 공익요건을 충족하고, 소유자와 이용자의 목표를 촉진하도록 설계되어야 한다.

특히, 전자등록기관은 사실상 자본시장에 참가하고 있는 모든 투자자의 재산을 관리하는 기관이기 때문에 고도의 중립성이 요구된다. 이에 따라 전자등록기관에 대해서는 동일인 주식 소유한도 등을 설정하여 '기관의 안정성을 보호'하고 '지배주주의 전횡을 방지'할 필요가 있다. 이를 반영하여 전자증권제도를 도입한 많은 나라들이 전자등록기관의 중립성 보호 등을 위해 주식소유한도를 설정[4]하고 있다.

---

4) 장기적으로 매매는 통합거래소, 청산은 별도 청산기구, 결제·예탁은 증권예탁원, 전산은 증권전산이 담당하도록 개편. 이와 함께 4대 기능을 담당하는 각 기관의 소유구조를 이용자 중심으로 개편(증권·선물시장 선진화를 위한 향후 추진계획(안), Ⅲ. 증권·선물시장 선진화를 위한 추진방향, 2003.8.20., 재정경제부).

📊 주요국 전자등록기관의 주식소유한도 설정내용

> ① (미국) 증권거래법은 DTCC의 자회사(DTC 등) 이용 실적에 따라 DTCC의 주식이 이용자에게
>   배분되도록 규정하고, 관련 내용을 SEC가 심사하도록 하고 있다(제17A조(b)(3)(C)).
> ② (일본) JASDEC의 법인격을 재단법인에서 주식회사로 전환(2002년)하면서 5% 초과분에 대한
>   동일인 출자를 제한하여 특정주주에의 주식 집중을 방지하고 있다.
>   - 명시적 규정은 없으나, '증권보관대체기구의 주식회사화 워킹그룹'의 권고에 따라 일반회사는
>   5%, 도쿄증권거래소와 증권업협회는 1/3 이상의 주식소유를 제한하고 있다.
> ③ (기타) 그 밖에 동일인 주식소유한도 설정에 대해 영국, 프랑스, 벨기에, 아일랜드 및 네덜란드는
>   정관으로 5%, 홍콩 및 싱가폴은 증권선물법으로 5%, 노르웨이는 증권등록법으로 10%를 설정하고
>   있다.

(2) 계좌관리기관

전자증권제도에서 계좌관리기관은 투자자의 증권계좌를 관리하는 자로, 전자등록기관과 투자자를 매개하는 역할을 담당한다. 이러한 계좌관리기관의 역할은 전자증권제도의 직접등록방식을 채택하고 있는지 간접등록방식을 채택하고 있는지에 따라 조금씩 상이하다.

직접등록방식의 경우 계좌관리기관은 전자등록기관에 개별 투자자의 전자등록계좌와 보유증권의 변동내역을 일 단위로 통지하게 된다. 또한, 고객의 신청에 의한 고객의 증권계좌 또는 자신의 증권계좌를 전자등록기관에 개설하고, 고객 또는 자신의 보유증권을 전자등록기관에 전자등록하게 된다. 반면, 간접등록방식의 경우 전자등록기관은 계좌관리기관이 관리하는 총량만 관리하고, 개별 투자자의 전자등록계좌와 고객계좌부는 계좌관리기관이 직접 관리하는 다층구조(multi-tier structure)를 가지게 된다.

한편, 계좌관리기관은 투자자 재산을 관리하므로 투자자 보호를 위해 충분한 재무건전성, 전산설비 구축 및 업무능력 등을 구비할 필요가 있다. 이러한 계좌관리기관의 역할 및 기능은 통상 기존의 증권예탁제도에서 예탁자에 해당하는 은행, 증권회사 등 금융회사가 수행하게 된다.

4 전자증권제도의 운영 절차 및 효력

(1) 전자증권의 발행

일반적으로 전자증권제도에서는 발행회사가 전자증권을 발행하기 위해 우선 전자등록기관에 증권의 발행내역을 통지하여야 한다. 그리고 이러한 발행내역의 통지를 받은 전자등록기관은 납입처로부터 인수대금의 납입 여부 등을 확인한 후 전자적 방법에 의해 전자등록계좌부에 발행내역을 전자등록하게 된다. 이 경우 전자등록계좌부에 전자등록된 증권의 전자등록 내용은 관련법에 따라 증권의 소유와 기타 권리관계를 나타내게 된다.

전자증권제도에서 전자등록은 전자증권의 권리관계를 표시하는 기본적인 행위로, 권리에 관한 내역과 증권에 대한 권리자의 내역을 전자등록계좌부상에 기재하는 행위이다. 그 외에도 전자등록계좌부에의 전자등록은 소유, 담보 등 모든 권리관계의 기초가 되며, 전자등록계좌부의 전자등록에 대하여는 권리추정력이 부여된다.

이러한 전자등록의 유형은 증권의 발행과 관련된 발행등록, 발행된 증권의 이전과 관련한 계좌간 대체의 전자등록, 증권을 담보의 목적물로 제공하는 담보 전자등록, 기타 증권을 법원에 공탁하거나 계약과 관련된 보증금으로 대납하기 위한 전자등록 등이 있다. 전자등록은 권리가 전자등록계좌부상에 표시되는 기능을 하고 있기 때문에 공시성이 보장된다.

(2) 전자증권의 양도

전자증권의 양도는 실물증권의 이동 없이 전자등록계좌부를 통한 계좌간 대체의 전자등록을 통해 이루어진다. 그런데 전자등록계좌부상 양도를 위한 계좌간 대체의 전자등록의 신청 방법은 전자증권 보유자의 보유형태에 따라 차이가 있다. 우선, 전자증권의 보유자가 계좌관리기관을 경유하여 증권을 보유하고 있는 경우에는 해당 계좌관리기관을 통해 전자등록기관에 계좌간 대체의 전자등록 청구를 하여야 한다. 반면, 계좌관리기관을 경유하지 않고 전자증권 보유자 자신이 직접 전자등록기관을 이용하는 경우에는 전자등록기관에 직접 계좌간 대체의 전자등록 청구를 하여야 한다.

이러한 계좌간 대체의 전자등록 청구를 받은 전자등록기관은 양도인의 계좌에서 양수인의 계좌로 양도대상 증권을 전자등록계좌부상 대체등록하여 계좌간 대체의 전자등록을 완료하게 된다. 그런데 이러한 계좌간 대체의 전자등록 청구를 받은 계좌관리기관이 양도인과 양수인의 계좌를 모두 자신이 관리하는 경우가 있다. 이 경우에는 양도인의 계좌에서 증권을 감소 전자등록하고 양수인의 계좌에 동 수량만큼을 증가 전자등록하여 계좌간 대체의 전자등록을 완료하게 된다.

한편, 양수인의 계좌를 다른 계좌관리기관이 관리하고 있는 경우에는 다음과 같은 절차에 의하게 된다. 우선, ⅰ) 양도인의 계좌관리기관은 양도인의 계좌에서 계좌간 대체의 전자등록 청구된 증권 수량을 고객계좌부상에서 감소 전자등록한다. 그리고 전자등록기관에 양수인의 내역과 그의 계좌관리기관 내역이 기재된 계좌간 대체의 전자등록 청구를 하게 된다. ⅱ) 양도인의 계좌관리기관으로부터 계좌간 대체의 전자등록 청구를 받은 전자등록기관은 양도인의 계좌관리기관 고객관리계좌에서 양수인의 계좌관리기관 고객관리계좌로 증권을 계좌간 대체 기록한다. 그리고 양수인의 계좌에 계좌간 대체의 전자등록 청구된 증권을 증가 전자등록할 것을 양수인의 계좌관리기관에 통보한다. ⅲ) 전자등록기관으로부터 계좌간 대체의 전자등록을 통보받은 양수인의 계좌관리기관은 양수인의 계좌에 계좌간 대체의 전자등록 청구된 증권을 고객계좌부상 증가 전자등록하여 계좌간 대체의 전자등록을 완료하게 된다.[5]

(3) 전자증권의 담보 설정 및 관리

전자증권제도에서 질권을 설정하는 방식은 크게 질권자계좌에서 담보를 관리하는 방식과 질권설정자계좌에서 담보를 관리하는 방식으로 구분할 수 있다. 전자는 담보증권을 질권설정자(채무자)의 전자등록계좌에서 질권자(채권자)의 전자등록계좌로 계좌간 대체하여 질권을 설정하는 방식이다. 이 방식은 일본·영국·독일 등에서 채택하고 있다.

---

5) 우리나라 전자증권제도의 사례를 보면 전자증권의 양도와 관련하여 전자증권법은 자본시장법과는 달리 증권인수도 과정에서 발생하는 계좌간 대체의 절차와 방법에 대해 동법 시행령에 유형별로 상세히 규정하여 증권 인도가 어떠한 기관과 절차를 거치게 되는지 그리고 기존 예탁자계좌(투자자분)에 해당하는 고객관리계좌의 역할 또는 의의를 나타내고 있다. 계좌간 대체의 전자등록의 방법·절차에 관하여서는 전자증권법 제30조제3항의 위임을 받은 동법 시행령 제25조제4항제1호부터 제5호까지에서 증권 인수도의 상황별로 상세히 규정하고 있다.

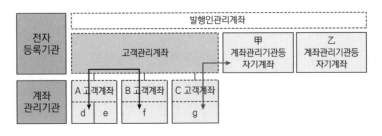

이 경우 질권 설정의 목적물이 주식인 경우 권리를 행사할 주주를 정하는 상황이 문제가 되는데, 일본은 질권자(채권자)가 해당 주식을 보관·관리하는 대체기관 또는 하위기관에 대하여 그 주식의 실제 소유자는 질권설정자(채무자)라는 것을 통보함으로써 주주명부상 표시는 질권설정자(채무자)로 표기되도록 하는 제도를 일본의 전자증권법인 「사채·주식 등의 대체에 관한 법률」에 두고 있다.[6]

반면, 후자인 질권설정자 계좌에서 담보를 관리하는 방식은 담보증권을 질권설정자(채무자)의 전자등록계좌에서 질권을 설정하는 방식이다. 이 방식은 우리나라에서도 기존의 증권예탁제도가 이용하고 있는 방식으로, 벨기에·스웨덴·프랑스 등이 채택하고 있다.

일본 등에서 운영하는 질권자계좌에서 담보를 관리하는 방식은 점유 이전에 의해 질권을 설정하기 때문에 전통적인 증권법리에 충실할 수 있다. 그러나 이 방식은 비록 진정한 주주의 내역을 반영할 수 있도록 하는 제도적 장치를 두고 있지만, 주주명세의 통지 등을 비롯해 전자등록기관 및 계좌관리기관이 질권설정자의 내역을 관리하는 데 따른 부담이 클 수 있다.

반면, 질권설정자 계좌에서 담보를 관리하는 방식은 전자등록기관 및 계좌관리기관의 부담이 작다. 그러나 이 방식은 질권표시방식의 질권설정 시스템에 대하여 질권자의 불안이 존재할 수 있다.

법 이론적 관점에서 살펴볼 때, 실물증권에 대한 배타적인 지배권한(질권) 확보를 위한 공시방법은 점유 이전 방식이 제일 명료하다고 할 수 있다. 그러나 전자증권제도에서는 법적

구분	근거	증권 인수도 상황	증권 인수도 순서
유형1	■ 전자증권법 시행령 제25조제4항제1호	■ (전자등록기관 內) 甲 계좌관리기관등 자기계좌 → 乙 계좌관리기관등 자기계좌	1. 甲 계좌관리기관등 자기계좌(−) 2. 乙 계좌관리기관등 자기계좌(+)
유형2	■ 전자증권법 시행령 제25조제4항제2호	■ (동일 계좌관리기관 內) A 계좌관리기관의 d 고객계좌 고객계좌 → A 계좌관리기관의 e 고객계좌	1. A 계좌관리기관의 d 고객계좌(−) 2. A 계좌관리기관의 e 고객계좌(+)
유형3	■ 전자증권법 시행령 제25조제4항제3호	■ (전자등록기관 內) 甲 계좌관리기관등 자기계좌 → (계좌관리기관 內) C 계좌관리기관의 g 고객계좌	1. 甲 계좌관리기관등 자기계좌(−) 2. 전자등록기관 C 고객관리계좌(+) 3. C 계좌관리기관의 g 고객계좌(+)
유형4	■ 전자증권법 시행령 제25조제4항제4호	■ (계좌관리기관 內) C 계좌관리기관의 g 고객계좌 → (전자등록기관 內) 甲 계좌관리기관등 자기계좌	1. C 계좌관리기관의 g 고객계좌(−) 2. 전자등록기관 C 고객관리계좌(−) 3. 甲 계좌관리기관등 자기계좌(+)
유형5	■ 전자증권법 시행령 제25조제4항제5호	■ (계좌관리기관 內) A 계좌관리기관의 d 고객계좌 → (다른 계좌관리기관 內) B 계좌관리기관의 f 고객계좌	1. A 계좌관리기관의 d 고객계좌(−) 2. 전자등록기관 A 고객관리계좌(−) 3. 전자등록기관 B 고객관리계좌(+) 4. B 계좌관리기관의 f 고객계좌(+)

6) 일본 「사채·주식 등의 대체에 관한 법률」 제151조(총주주통지)제2항제1호 및 동법 시행규칙 제21조(특별주주의 신청).

장부상의 기재로도 투자자의 권리공시를 충분히 할 수 있다. 따라서 점유 이전 방식에 의한 공시가 반드시 필요하지는 않을 수 있으며, 해당 국가의 법제 및 금융 실무 등을 고려하여 정할 수 있다고 본다.

한편, 약식질은 담보물의 점유 이전으로 질권이 성립하고, 증권에 대한 과실(배당금, 원리금 등)은 일반적으로 질권설정자에게 귀속하게 된다. 이에 비하여 등록질은 담보물의 점유 이전 및 주주명부 등 관련 법적 명부의 기재가 이루어지고, 질권자에게 증권 과실(배당금, 원리금 등)에 대한 우선변제권이 있다. 그런데 증권예탁제도의 특성상 예탁증권에 대하여는 약식질 형태로 질권을 설정하는 것이 일반적이다. 즉 예탁증권에 대한 질권설정은 약식질로서 관련 법적 명부에 질권자의 성명 등이 기재되지 않는다.

전자증권제도에서도 약식질의 형태로 질권이 설정되는 경우가 일반적이다. 다만, 우리나라는 은행 등 금융회사에 의한 등록질 수요를 고려하여 전자증권제도에서 등록질이 구현되도록 입법하여 개선한 바 있다.[7] 즉 전자등록계좌부에 약식질권자로 기재된 자가 자신이 약식질권자로 전자등록되어 있는 기관(전자등록기관 또는 계좌관리기관)에 신청하면 향후 주주명부 작성을 위한 소유자명세 작성 및 통보 시에 해당 질권자를 표기함으로써 주주명부에 등록질권자로 기재될 수 있도록 한 것이다.

(4) 전자증권의 권리 행사

전자증권제도에서의 권리 행사도 증권예탁제도의 틀에서 크게 벗어나지 않는다. 오히려 실물증권의 존재로 인한 비효율이 발생했던 제반 업무가 모두 사라지는 대신, 전산 네트워크를 통해 많은 업무가 처리되어 간결하고 신속해진다.

전자증권제도에서의 권리 행사 방법은 크게 집단적 권리 행사와 개별적 권리 행사로 구분할 수 있다. 집단적 권리 행사의 경우 (기명증권 기준) 발행인은 권리자를 정하기 위하여 기준일을 설정하고, 기준일 현재 주주명부 등에 기재된 자를 권리자로 확정하게 된다. 이 경우 소유자명부는 기준일 설정 시에 전자등록기관이 계좌관리기관으로부터 권리자 내역을 통보받아 확정하게 된다.

권리 행사 방식은 권리 유형에 따라 달라지게 된다. 주주총회, 수익자총회 등에서의 의결

---

7) 전자증권법 제37조(소유자명세) ⑤ 전자등록기관은 전자등록주식등으로서 기명식 주식등의 질권자의 신청에 따라 발행인에게 질권 내용을 통보하는 경우에는 제4항에 따른 소유자명세에 해당 내용을 포함하여야 한다. 이 경우 계좌관리기관에 전자등록된 기명식 주식등의 질권자는 해당 계좌관리기관을 통하여 신청하여야 한다.

권은 주주명부, 수익자명부 등에 등재된 자가 직접 권리를 행사한다. 반면, 배당, 무상증자 등 권리 행사 여부를 권리자가 선택할 필요가 없는 집단적 권리 행사의 경우에는 전자등록기관이 일괄적으로 행사한다. 그 외에도 유상증자·주식매수청구권 등 권리 행사 여부를 권리자가 선택하여야 하는 권리의 경우에는 각 권리자의 권리 행사 신청을 전자등록기관이 집계하여 일괄적으로 행사하게 된다.

한편, 개별적 권리 행사의 경우에 있어서 소수주주권 등 기명증권에 대한 개별적인 권리 행사는 권리자의 개별적인 신청에 의하여 본인이 직접 행사하는 것이 원칙이다. 이 경우 구체적인 행사 절차는 나라별로 상이하다. 일반적으로 ⅰ) 투자자가 발행회사에 대하여 소수주주권 등을 행사하기 위해 자신이 계좌를 개설한 계좌관리기관에게 발행회사에 대한 통지를 요청하고, ⅱ) 전자등록기관은 각 계좌관리기관으로부터 해당 권리 행사 청구내역을 집계하여 그 내역을 발행회사에 일괄 통지하게 된다. 그리고 투자자는 이러한 통지에 근거하여 발행회사에 권리를 직접 행사하는 방법을 취할 수 있다.

이와 관련하여 전자증권제도를 채택하고 있는 주요국의 사례를 살펴보면 다음과 같다. 먼저 영국의 경우에는 원리금 상환 및 배당금 지급 등은 발행인이 전자등록기관(Euroclear UK & International)을 통해 지급한다. 반면, 의결권 행사는 주주인 증권회사(등록명의인, nominee)가 실질주주의 지시에 따라 행사하거나 주주인 증권회사로부터 위임장을 받아 실질주주가 직접 행사하게 된다.

프랑스의 경우에는 전자등록기관(Euroclear France)이 배당금 및 원리금 등을 일괄 수령 (순수기명식증권 제외)하여 금융중개회사를 통해 투자자에게 배분한다. 그러나 무기명식주식의 의결권은 기준일 시점에 전자등록기관이 작성하여 발행회사에 통보하는 주주명세에 기록된 자에게 부여하고 있다.

이와 유사하게 일본의 경우에도 배당금, 원리금 등의 경우에는 일반적으로 발행회사가 전자등록기관을 경유하지 않고 계좌관리기관을 통해 투자자에게 지급하고 있다. 반면, 소수주주권 등 주주의 개별적인 권리 행사를 위해 전자등록기관이 주주내역을 발행회사에 통지하는 방식을 채택하고 있다.

(5) 기(旣) 발행 실물증권의 전자증권으로의 전환

전자증권제도를 도입하는 경우에는 제도를 도입하기 이전에 이미 발행된 실물증권을 어떠한 방식 및 절차에 의하여 전자증권으로 전환할 것인지 여부가 매우 중요하다.[8] 이러한 전자증권으로의 이행 절차는 대상 증권이 증권예탁기구에 예탁되어 있는지 여부에 따라 크게 달라진다. 우선, 증권예탁제도에 이미 예탁되어 있는 증권에 대하여는 증권예탁기구가 관리하는 예탁자계좌부와 금융중개회사가 관리하는 투자자계좌부가 각각 권리자 내역을 반영하고 있다. 따라서 이 경우에는 별도 절차 없이 이를 전자등록계좌부로 간주하여 간편하게 전자증권으로 전환할 수 있게 된다.

반면, 증권예탁제도에서 예탁되지 않고 소위 장롱증권으로 남아 있는 실물증권은 전자증권제도 시행 이후에는 무효가 된다. 따라서 전자증권으로의 전환 이전에 명의개서 등의 권리보전 조치를 하여야 증권보유자의 권리를 보호받을 수 있다. 이처럼 증권을 실물로 보유하고 있는 투자자들도 전자증권제도 시행 이전에 명의개서 등 권리보전 조치를 하는 경우에는 아무런 문제가 발생하지 않는다.

그러나 증권의 실물보유자가 명의개서 등 권리보전 조치를 취하지 아니한 상태에서 전자증권제도가 시행되는 경우에는 해당 증권보유자의 권리 보전 방법 등이 이슈사항이 된다. 이 경우 해당 증권보유자가 전자증권에 대한 권리를 행사하기 위해서는 관련법령이 규정하는 바에 따라 자신이 진정한 권리자라는 것을 제시하는 등의 절차에 따라 전자등록계좌부에 권리자로 기재하여 줄 것을 청구하여야 한다.

한편, 旣 발행증권의 전자증권으로의 전환과 관련한 주요국의 사례를 살펴보면 다음과 같다. 먼저 영국은 「무증서증권규정」 제33조에 실물증권의 전자증권으로의 전환 절차를 상세하게 규정하고 있다. 이 규정에 따르면 발행인의 무권화 통지에 따라 전자증권제도 운영기관은 전자증권등록부에 관련 시스템회원의 명의를 해당 참가증권의 권리자로 기재하도록 하고 있다. 발행인은 무권화 통지 시 해당 참가증권에 대한 권리를 증명하는 발행인의 소유자명부상 기재를 삭제하게 된다. 그러나 권리자는 소유자명부에의 기재가 삭제되더라도 증권에 대한 권리를 계속 보유하게 되고, 해당 증권이 주식인 경우, 주주의 지위를 유지하는 것으로 간주한다.

스웨덴의 경우에는 개별 권리자의 전환 청구에 의하여 전환을 하게 된다. 「금융상품계좌법」 제4장제6조에서 제15조까지에서는 증권 종류별로 전환을 청구하는 자가 갖추어야 할 요건을 규정하고 있다. 요컨대, 전자증권으로의 전환 시에는 통상 실물증권을 제출하고 해당 증

---

8) 보다 구체적으로 사례를 살펴보면, 이미 발행된 실물증권을 전자증권으로 전환하는 경우는 크게 2가지로 나뉜다. 첫 번째는 전자증권제도를 적용하지 않던 국가에서 처음으로 전자증권제도를 적용하는 과정에서 실물증권 또는 예탁증권이 전자증권으로 전환되는 경우다. 두 번째는 전자증권제도를 선택적으로 이용할 수 있는, 즉 의무적으로 전자증권제도를 이용하지 않아도 되는 증권으로 전자증권제도 시행 이후에 해당 발행회사의 선택에 따라 전자증권제도를 이용하게 되는 경우이다.

권을 적법하게 취득했음을 입증하는 자의 명의로 등록하게 된다. 그리고 전자증권으로 전환된 증권에 대해서는 실물 발행 및 유통을 금지하고 있다. 이에 따라 旣 등록된 증권에 대해서 실물증권이 발행되었다 하더라도 법적 효력이 없다. 그 밖에도 외국에서 발행된 증권을 전자증권으로 전환하고자 하는 경우에는 해당 증권이 실물로 유통되지 않음을 증명하거나 지정된 보관기관에 전량 보호예수하여야 한다.

일본의 경우에는 발행인이 주주명부상의 권리자로부터 대체계좌를 통보받아 그 내역을 전자등록기관에 통지하여 등록하도록 하고 있다. 이 경우 대체계좌를 통보하지 않은 자의 주식은 주주명부상 등재된 자의 명의로 특별계좌를 개설하여 등록하게 된다.

(6) 전자증권제도에서의 투자자 보호

국가마다 구체적인 제도운영 현황은 다르지만, 증권예탁제도에서는 통상 공유지분에 따른 비례적인 책임제도 또는 고객이 있는 예탁자와 증권예탁기구가 연대보전책임을 지는 투자자 보호 제도를 운영하고 있다.

이에 비해 전자증권제도에서는 기본적으로 개별 소유자의 전자증권이 다른 소유자와 분리하여 별개로 전자등록 및 기록되며, 예탁자가 보관·관리하는 예탁증권이 다시 증권예탁기구에 재예탁되는 구조와 달리 전자등록기관 및 계좌관리기관 각자가 작성·관리하는 전자등록계좌부에 기반하여 전자증권에 관한 투자자 보호를 하게 된다. 따라서 증권예탁제도와 전자증권제도에서 투자자 보호와 관련한 절차와 방법은 다른 모습을 보일 수 있다.

다만, 사고 또는 장애가 발생한 경우 해당 전자등록기관 또는 계좌관리기관에만 한정하여 관련 대응을 한다면 근본적인 문제 해결이 어렵거나 투자자 보호에 미흡한 결과를 초래할 수도 있다. 촘촘히 연계되어 있는 현대 금융시장의 특성상, 시스템 전이 가능성이 매우 높은 상황에서는 최대한 신속하고 전방위적인 대처가 필요할 수 있기 때문이다.

따라서 전자증권제도를 운영하는 각국의 법제 및 금융시장 현실을 감안한 투자자 보호 제도가 구축될 필요가 있다. 이에 대해 우리나라의 경우 기본적으로는 투자자 보호의 문제를 초래한 기관에서 1차적으로 대응을 하도록 하되 전자등록기관을 포함한 다른 계좌관리기관과의 합동 대응을 통해 신속한 문제 해결을 도모하는 형태를 취하고 있다.

예를 들어, 어떠한 사유로 전자등록계좌부에 초과분이 발생하여 전자증권 소유자에 재산적 침해가 발생한 경우에는 ⅰ) 귀책사유가 있는 기관(계좌관리기관 또는 전자등록기관)이 조속히 대응을 하고, ⅱ) 귀책사유 있는 기관에 의해 초과분이 완전히 해소되지 않은 경우에는 전자등록기관이 해당 문제를 해소하기 위해 별도로 적립한 재원으로 해소하며, iii) 그 이후에도 해소해야 할 부분이 있는 경우에는 모든 계좌관리기관이 전자증권법규에서 정하는 방식에 따라 분담하여 해소하는 방식으로 진행하게 된다.[9]

---

9) 전자증권법 제35조(초과분에 대한 해소 방법 등) ③ 계좌관리기관 또는 전자등록기관은 법 제42조제1항 또는 제2항에 따른 초과분에 대한 권리를 법 제35조제5항에 따라 적법하게 취득한 자(이하 "초과분 선의취득자"라 한다)가 있는 경우에는 지체 없이 그 초과분 선의취득자가 선의취득한 초과분 수량 또는 금액에 상당하는 초과분 전자등록주식등(이하 "초과 전자등록 종목"이라 한다)을 말소하는 전자등록을 해야 한다. 이 경우 초과 전자등록 종목을 보유하고 있지 않은 계좌관리기관 또는 전자등록기관은 초과 전자등록 종목을 취득하여 말소하는 전자등록을 해야 한다.

④ 계좌관리기관 또는 전자등록기관이 제3항에 따른 초과분 해소 의무의 전부 또는 일부를 이행하지 않은 경우에는 다음 각 호의 순서와 방법으로 초과분을 해소해야 한다.

1. 전자등록기관이 전자등록의 안전성 확보를 위해 적립한 재원(금융위원회 및 법무부장관이 공동으로 정하여 고시하는 방법에 따라 제3조제3항제4호의 사업계획 내용에 반영하여 적립한 재원을 말한다)을 사용하여 해소할 것

2. 제1호에 따른 초과분 해소 방법으로 초과분이 모두 해소되지 않은 경우에는 그 초과분 발생일의 최종 시장가격 및 전자등록주식등의 규모를 고려하여 금융위원회 및 법무부장관이 공동으로 정하여 고시하는 방법으로 정한 모든 계좌관리기관의 분담금액을 사용하여 해소할 것. 이 경우 부담능력이 없는 계좌관리기관의 분담금액은 전자등록기관이 부담한다.

제 4 장

주요국의 전자증권제도

1 개 관

실물증권의 위험과 금융시스템의 비효율성을 개선하기 위한 방편의 하나로 덴마크(1983 년)를 시작으로 프랑스(1984년), 스웨덴(1989년) 등이 전자증권제도를 도입하였다. 1990년대 들어서는 증권시장의 효율성 제고 및 경쟁력 강화를 위하여 스페인(1992년), 영국(1996년), 이 탈리아(2002년) 등으로 전자증권제도가 확대되어 유럽에서는 보편적 제도로 정착되었다.

아시아에서도 금융시장 경쟁력 강화를 위하여 전자증권제도가 도입되기 시작하였다. 중 국은 1993년 증권시장 개설과 더불어 상장주식, 회사채 등에 대하여 전자증권제도를 도입하 였다. 일본도 낙후된 증권결제시스템의 정비를 위하여 2001년부터 2009년까지 단계별로 전자 증권제도를 도입하여 시행하고 있다.

우리나라도 2011년 4월 개정상법에서 주식 등의 전자등록 근거 조문을 도입하였고, 2013 년 1월 전자증권제도의 시범적 제도(pilot system)라고 할 수 있는 전자단기사채제도가 도입되 어 2019년 9월에 법령 폐지 및 전자증권제도로 흡수되기까지 약 6년 8개월가량 운영되었다. 그리고 2016년 3월 제정된 전자증권법에 근거하여 이후 약 3년 6개월 동안 전자증권제도 시 행을 위해 필요한 제반 법규 정비 및 IT시스템 구축 등을 거쳐 2019년 9월 16일 전자증권제 도가 전면 시행되었다.

이하에서는 전자증권제도를 시행하고 있는 나라를 간접등록(복층 또는 다층)구조, 직접등 록(단층)구조 채택국가로 구분하여 살펴보기로 한다.

2 간접등록(복층 또는 다층)구조 채택국가

(1) 프랑스

1) 프랑스 전자증권제도 개요

프랑스는 1949년 증권예탁기구인 SICOVAM[1]을 설립하여 증권예탁제도를 도입하였다. 그리고 전자증권제도의 도입 이전에 이미 대부분의 증권(주권 약 95%, 채권 약 80%)이 증권예탁기구에 집중예탁되어 부동화가 실현되어 있었다. 프랑스는 1980년 9월 증권시장 근대화 계획의 일환으로 모리즈 페루즈위원회[2]가 제출한 증권관리제도의 개혁방안을 토대로 정부 주도의 전자증권제도를 본격적으로 추진하기 시작하였다.

프랑스는 1981년부터 1983년까지 「화폐금융법」 개정을 통해 법률정비를 완료하였으며,[3] 1984년 11월 3일에는 대상 증권을 강제적으로 전자등록시켜 전자증권제도를 시행하였다. 그러나 전자증권제도의 본격적인 시행은 유통 중인 무기명식증권의 처리를 위해 1988년 5월까지 유예되었다.

전자증권제도의 적용대상 증권은 그 종류를 불문하고 프랑스 국내에서 발행되고 프랑스 법의 적용을 받는 모든 증권이다. 전자증권제도 적용대상 증권을 발행한 회사는 의무적으로 전자증권시스템에 참가하여야 하며, 투자자는 등록의 방법으로만 증권을 보유할 수 있다.

전자등록기관인 Euroclear France의 전자증권시스템에 참가할 수 있는 자는 발행회사와 계좌관리기관으로 제한된다. 따라서 일반투자자는 증권의 종류에 따라 발행회사나 계좌관리기관에 등록하여야 한다. 발행회사와 계좌관리기관은 등록된 증권(고객분)의 총량을 전자등록기관에 재등록하여야 한다. 이를 위해 전자등록기관은 등록계좌 외에 발행회사별로 증권발행계좌를 운영하고 있다.

증권명부(소유자명부)는 발행회사가 직접 또는 등록대행기관에 위임하여 작성하는데, 전

---

1) SICOVAM은 2001년 1월 Euroclear Bank와의 합병으로 Euroclear France로 상호를 변경하였다.
2) 프랑스 정부가 증권시장 근대화 계획의 일환으로 1979년 7월에 공탁은행장인 Maurice Perouse에게 프랑스 증권시장의 선진화에 관한 연구용역을 의뢰하였다. 이를 위해 위원회가 설치되어 1980년 9월에 전자증권제도 도입안이 포함된 용역보고서가 재경부에 제출되었다(大武泰南. (1990). DEMATERIALISATIONにおける株式の讓渡および株主權の行使: フランスの株式登録管理制度. 攝南法學, 第4號別册, 摂南大学法学部. 40−41).
3) 1981년 12월 30일 「화폐금융법」 제94조−Ⅱ의 신설로 전자증권제도를 도입하였으며, 1983년 1월 3일에는 회사법상 기명식증권의 양도방법에 관한 규정을 개정하여 증권의 교부 및 명의개서에 의한 양도방법을 폐지하고 계좌대체로 통일하였다.

자등록기관으로부터 관리기명식증권의 소유자내역을 통보받아 순수기명식증권의 소유자 내역과 취합하여 작성하게 된다.[4] 권리 행사는 직접행사가 원칙이다. 그러나 배당금 및 이자 등은 전자등록기관이 발행회사의 지급은행으로부터 수령하여 계좌관리기관을 통하여 증권소유자에게 지급한다.

2) 프랑스 전자증권제도의 구성

가. 입법체계

프랑스 전자증권제도 관련 법령은 ⅰ) 1982년 「화폐금융법」 제94조-Ⅱ, ⅱ) 증권제도에 관한 「1983년 5월 2일 시행령(Decret du 2 mai 1983)」, ⅲ) 제규정의 적용에 대한 「1983년 8월 8일 통달(circulaire du 8 aout 1983)」 등으로 이루어져 있다. 전자증권제도에서는 대상 증권의 명의 이전을 장부상 계좌대체로 하기 때문에 증권실물을 전제로 한 회사법상 규정이 필요 없게 되었다. 이에 따라 회사법 제265조의 무기명식증권을 양도하기 위해서는 증권을 교부해야 하며, 기명식증권 인도는 회사가 작성하는 주주명부의 명의개서에 의해야 한다는 조항이 삭제되었다. 그 밖에도 실물증권을 전제로 한 다수 조항들의 개정이 이루어졌다.

나. 적용대상 증권

전자증권제도의 적용대상 증권은 「화폐금융법」 제94-Ⅱ조와 「1983년 5월 2일 시행령」에서 정하고 있다. 「화폐금융법」 제94-Ⅱ조에서는 프랑스 국내에서 발행되고, 프랑스법의 적용을 받는 증권은 그 증권의 형태를 불문하고 해당 증권의 발행법인이나 공인중개인에 의해 보유되고 있는 계좌에 등록해야 한다고 규정하고 있다. 다만, 이 규정은 「화폐금융법」의 효력 발생 이전에 발행되고 번호 추첨에 의해 상환되는 장기국채나 PTT(우편전신전화공사)채는 적용되지 않는다. 실물증권이 없게 되어 계좌만으로 처리되면 기번호에 의한 추첨 상환에 지장이 생길 수 있기 때문이다.

해외에서 유통되고 있는 프랑스 증권은 프랑스 국내에서 유통되고 있는 증권과 달리 특별한 절차가 필요하기 때문에 전자증권제도를 적용하지 않는다. 증권형식에는 무기명식과 기명식이 있는데, 전자증권제도에서도 그 틀은 유지가 되었다. 그러나 법률이나 회사 정관에 의

---

4) 발행회사에 등록하는 경우를 순수기명식(nominatif pur)증권이라고 하고, 계좌관리기관에 등록하는 경우에는 관리기명식(nominatif administré)증권이라고 한다. 순수기명식증권은 종전에 주주가 계좌관리기관을 거치지 아니하고 발행회사에 대하여 직접관계를 유지하였던 것을 그대로 반영한 것이며, 관리기명식증권은 종전의 명의개서대리인제도를 전자증권제도에 그대로 반영한 것이다.

해 기명식으로 제한할 수는 있다. 이 외의 증권은 무기명식증권과 기명식증권의 상호 전환이 가능하게 되어 있다.

다. Euroclear France의 역할

프랑스는 증권예탁제도가 정착되어 있었고, 증권의 집중보관·계좌대체·관리 업무는 Euroclear France가 이미 처리하고 있었다. 그러나 증권예탁제도의 이용은 선택사항이었다. 그 결과 상장증권의 4분의 3은 Euroclear France에 예탁되어 있었으나, 나머지 4분의 1은 증권의 소유자가 직접 실물로 보유하고 있었다.

그러나 전자증권제도의 본격 시행으로 모든 상장증권이 Euroclear France에 등록되었다. 그 결과 Euroclear France 업무는 대폭 증가되어 책임도 가중되게 되었다. 이 점을 고려하여 Euroclear France는 1985년 6월 종래의 정관을 변경하여 조직 정비를 단행하였다. 아울러, 기존의 자본금 225만 프랑을 858만 4,800프랑으로 증액하였으며, Euroclear France의 운영도 이에 상응하도록 강화하였다.

3) 프랑스 전자증권제도의 운영[5]

가. 계좌 등록

전자증권의 발행법인이나 자연인이 증권의 보유자가 되기 위해서는 기명식·무기명식증권에 상관 없이 증권계좌를 개설해야 한다. 주식이 기명식인 경우는 발행회사가 관리하는 계좌에, 무기명식인 경우는 일정한 자격을 가진 계좌관리기관이 관리하는 계좌에 기재된다. 기명식주식에 대해서 발행회사는 이 사실을 법정 공고지에 사전 공고하여야 한다. 다만, 이 경우에는 계좌관리를 자신이 직접 하지 않고 계좌관리기관에 위임할 수 있다.

발행회사가 기명식증권에 대하여 증권계좌를 직접 관리하는 것을 순수기명식(nominatif pur)계좌라고 한다. 이에 비하여 계좌관리기관에 위임하여 관리하는 증권계좌를 관리기명식 (nominatif administre)계좌라 한다. 그런데 발행회사가 계좌관리기관에 계좌관리를 위임한 경우에도 발행회사의 계좌관리 업무가 사라지는 것은 아니다. 발행회사는 계좌관리기관으로부터의 통지에 의해 관리기명식계좌의 사본을 관리하여야 하기 때문이다. 순수기명식과 관리기명식은 그 성질상 명확한 구분이 필요하며, 그 정확성을 유지할 필요가 있다. 이에 순수기명식계좌와 관리기명식계좌의 관리에 대한 검사 및 감독 권한이 Euroclear France에 부여되어 있다.

---

5) 大武泰南. (1991). DEMATERIALISATIONにおける 株式の讓渡および株主權の行使(二). 攝南法學, 第六號別册. 2.

나. 증권의 양도

주식의 양도가 행해지는 경우 주식이전의 지시는 주식의 소유자 또는 그의 대리인이 서명한 서면으로 해야 한다. 그러나 대량 거래를 전제로 하는 증권거래소 거래나 전문업자 간에 이루어지는 증권거래에 대해서는 이를 적용하지 않는다. 또한, 계좌관리기관은 계좌소유자에게 연 1회 잔고증명을 통지할 의무가 있으며, 계좌소유자가 청구할 때에는 청구자의 부담으로 수시로 잔고증명을 발급해야 한다.

증권계좌는 종목별 관리와 일기장(日記帳) 기재에 의한 관리로 이중 관리한다. 기명식주식 중 순수기명식의 경우 계좌 등록은 발행회사가 하며, 양도는 발행회사가 관리하는 증권계좌상 대체거래에 의해 처리된다. 그러나 발행회사가 계좌 관리를 계좌관리기관에 위임한 관리기명식의 경우에는 계좌관리기관이 관리하는 증권계좌 간 대체에 의해 계좌등록이 일어나게 된다. 이 경우 기명식주식의 소유자가 계좌등록이나 주식이전 등의 지시를 하는 상대방은 발행회사가 아니고 계좌관리기관이 된다.

그 외에도 기명식주식을 순수기명식계좌에서 관리하고 있는 주주가 증권거래소 매매거래를 통해 양도하고자 하는 경우가 있다. 이 경우에는 발행회사가 관리하는 순수기명식의 증권계좌상에서 대체가 이루어질 수 없기 때문에 순수기명식계좌에서 관리기명식계좌로 이관해야 한다. 증권거래소 거래의 결제는 Euroclear France에 계좌를 갖고 있는 계좌관리기관 등의 계좌대체에 의해 처리되기 때문이다.

▼ 프랑스의 증권계좌 등록구조

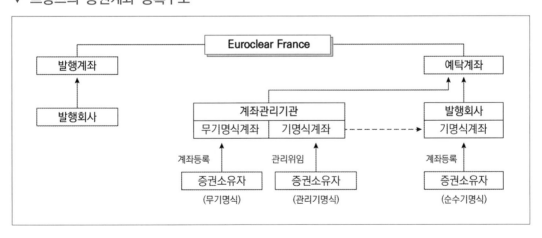

다. 주주권의 행사

기명식주식은 주주의 이름을 발행회사가 비치하는 주주명부에 등록하고, 회사는 그 주주명부의 기재에 기초하여 각종 주주권을 처리하는 방식이다. 이에 비하여 무기명식주식은 회사가 주주의 이름을 파악할 수 없기 때문에 회사와 주주 간의 주주권 처리는 법정 공고지에 공고하여 처리된다.

기명식주주는 회사의 경영에 관심이 많은 주주이다. 이를 반영하여 2년 이전부터 계속하여 회사의 주주명부에 등록되어 있는 기명식주식에 대해서는 다른 주식보다 2배의 의결권을 부여할 수 있도록 하였다(회사법 제175조). 또한, 무기명식주식에 대해서는 주주의 주식 양도 방법의 간편화와 법정 공고지에 의한 공고를 기초로 주주권을 행사해야 하는 번잡함을 회피할 필요가 있었다. 이에 주주 자신이 주식을 보유하지 않고 계좌관리기관을 통해 Euroclear France에 예탁하고, 주주권의 행사도 Euroclear France를 통해 처리할 수 있도록 하였다.

무기명식주식의 경우에는 대다수의 주주가 이미 Euroclear France가 운영하는 업무절차 및 방식을 이용하고 있었다. 이에 따라 기존 증권예탁제도와 비교하여 전자증권제도에서도 실질적으로는 큰 변화가 없다. 다만, 무기명식주식의 장점 중 하나인 주주의 익명성이 상실되게 되었다. 그러나 Euroclear France와 계좌관리기관이 주주 정보를 보호하고 있기 때문에 문제가 되지는 않는다.

(2) 일본

1) 일본 대체제도 개요

일본은 2000년 3월에 'CP 무권화에 관한 보고서'를 기초로 2001년 6월에 「단기사채 등의 대체에 관한 법률」을 제정하여 단기사채(전자CP)의 대체제도를 도입하였다.[6] 이러한 단기사채는 상법상의 사채에 해당한다. 그러나 상법의 사채발행에 관련된 규정 중에서 기동적인 발행에 어울리지 않는 사채원부나 사채관리회사의 설치 등에 관한 규정의 적용은 제외하도록 되어 있다.

2002년 6월에는 단기사채 등의 대체에 관한 법률을 전면 개정하여 그 법률명을 「사채 등의 대체에 관한 법률」로 개정하고, 단기사채 외에 사채·국채·지방채·투자신탁 등에 대하여도 전자증권제도(이하 "대체제도"라고 한다)를 도입하였다. 2004년 6월에는 기존의 사채 등의

---

6) 무권화된 단기사채는 ⅰ) 당일 발행 익일 만기의 Overnight물로부터 1년 미만까지의 기간이 가능하고, ⅱ) 발행 단위는 1억엔 이상이어야 하며, ⅲ) 공모의 경우에는 유통단위로 1억엔 이상 또는 100만 엔 단위로 분할이 가능하나, ⅳ) 공모의 경우에는 발행총액의 일괄양도 내지 적격 기관투자자 한정, 또는 분할제한 등의 발행제한이 있다[犬飼重仁/勝藤史郎/鈴木裕彦/吉田 聰. (2004). 電子コマーシャルペーパーのすべて, 東洋経済新報社. 8].

대체에 관한 법률을 전면 개정하여, 「사채·주식 등의 대체에 관한 법률」(이하 "대체법"이라 한다)로 변경하고 대체제도 적용대상도 주식으로 확대하였다.

대체제도 적용대상 증권은 사채그룹과 주식그룹으로 구분된다. 그러나 ⅰ) 약속어음과 같이 권리발생에 실물증권의 존재를 필요로 하는 증권, ⅱ) Covered Warrant나 증권예탁증권 (DR)과 같이 증권의 발행근거 규정이 없는 증권, ⅲ) 특별법에 의해 설립된 법인이 발행하는 출자증권과 같이 선의취득이 인정되지 않는 증권, ⅳ) 권리의무관계의 불명확, 준거법의 문제 등 법률관계가 복잡한 외국주식 등에 대하여는 대체제도 적용을 하지 않도록 하였다.

주주명부의 작성과 관련하여 대체기관은 기준일 등 일정한 날과 발행회사의 요청이 있는 경우에 발행회사에 총주주내역을 통지하고, 발행회사는 이를 토대로 주주명부를 작성하게 된다. 대체계좌에 등록된 자가 발행회사에 대하여 직접 권리를 가지기 때문에 주주는 모든 권리를 직접 행사하게 된다. 의결권의 경우 기명주식은 주주명부의 기재에 의하여, 무기명증권은 대체기관이 발행한 증명서의 공탁에 의하여 행사하게 된다. 그리고 개별주주권의 행사는 대체기관이 발행회사에 대하여 개별 주주내역을 통보하고, 해당 주주는 주주명부에의 기재 없이 소수주주권 등 개별주주권을 행사하게 된다.

2) 일본 대체제도의 도입연혁

가. 2000년 금융심의회 보고 및 2001년 법제심의회 중간시안

대체제도 도입의 계기가 된 것은 2000년 6월에 공표된 금융심의회의 '증권결제시스템의 개혁에 관한 워킹그룹' 보고서인 '21세기를 향한 증권결제시스템 개혁에 대해서'이다. 이 보고서는 증권유통단계에서의 무권화가 필요하다는 제안을 하였으며, 이를 계기로 각종 증권에 대해서 종이증권의 폐지가 진행되게 되었다. 그리고 이러한 금융심의회의 보고를 받아들여 상법 개정의 내용을 심의하는 법제심의회가 2001년 4월 18일에 공표한 「상법 등의 일부를 개정하는 법률안 요강 중간시안」에도 주권불발행제도의 도입이 제언되었다. 그러나 대체제도의 시행을 위해서는 의결권의 취급이나 주식분할·합병·주식교환 등에 대한 대응 등 복잡한 문제가 있었다. 이에 법제심의회에 있어서의 심의는 그 후에도 2003년까지 계속 진행되었다.[7]

나. 2001년 전자CP(단기사채)법의 제정 : CP의 전자화

다른 증권에 앞서 전자화가 실현된 것은 CP(Commercial Paper)인데, 당시 CP는 약속어음

---

7) 橫山淳. (2006). 株券電子化のしくみと對應策, 日本實業出版社. 32.

으로 규정되어 있어서 다양한 문제점이 지적되어 왔다. 이에 2000년의 금융심의회 보고 이전부터 법무성 민사국과 대장성 금융기획국이 공동으로 설치한 'CP의 무권화(paperless)에 관한 연구회'의 검토가 진행되었다. 이러한 과정을 거쳐 2001년 6월에는 CP의 전자화를 실현하는 것을 내용으로 한 「단기사채 등의 대체에 관한 법률」이 제정되었고, 2002년 4월부터 CP의 전자화가 우선 실현되었다.

다. 2002년 증권결제시스템 개혁법 : 채권 등의 전자화

전자CP법의 제정 이후 채권 등에 대해서도 전자화를 가능하게 하는 법 개정이 이루어졌다. 2002년 6월에 성립한 「증권결제제도 등의 개혁에 의한 증권시장의 정비를 위한 관계법률의 정비 등에 관한 법률」(이하 "증권결제시스템개혁법"이라 한다)이 그것이다. 증권결제시스템 개혁법은 전년도에 성립한 전자CP법을 전면 개정하여 전자화의 대상을 CP 이외에 사채 · 국채 등의 순수한 금전채권으로 확대하였다. 또한, 단층구조인 대체제도를 다층구조로 변경하였으며, 그 법률명도 「사채 등의 대체에 관한 법률」로 개정하였다.

라. 2004년 회사법 개정 : 주권불발행제도 도입

2004년 상법개정 이전의 舊 상법에서는 주권발행을 원칙으로 하고 있었다. 그러나 新 회사법은 이러한 기존의 원칙과 예외를 역전시켜 주권을 발행하기 위해서는 정관에 규정을 두도록 하였다(회사법 제214조). 이처럼 2004년 개정상법에서 주권불발행제도를 도입한 사유는 주식거래의 결제합리화와 신속화 등 결제제도의 개혁을 추진하기 위한 것이었다. 또한, 발행회사의 입장에서도 주식발행 · 유통 · 관리 등에 있어서의 비용과 위험을 절감할 수 있게 되었다. 특히, 비상장회사는 주식의 유통이 빈번하지 않은 상황에서 주권을 발행할 필요성이 크지 않았다.[8]

마. 2004년 주식등 결제합리화법 : 주식 등의 전자화

법무성과 금융청은 2003년 9월 법제심의회 총회에서 결정된 「주권불발행제도의 도입에 관한 요강」에 의거, 2004년 3월 5일 「주식등의 거래에 관한 결제의 합리화를 도모하기 위한 사채등의 대체에 관한 법률등의 일부를 개정하는 법률안」(이하 "주식등 결제합리화법"이라 한다)을 2004년 정기국회에 제출하였다. 그리고 이 법안은 같은 해 4월 14일에 중의원을 통과하

---

8) 三菱UFJ信託銀行証券代行部. (2008). 株券電子化と移行のポイント. 商事法務. 5.

고 같은 해 6월 2일에 참의원에서 가결되어 법률로 제정되어, 같은 달 9일에 법률 제88호로 공표되었다. 이처럼 주식 등의 전자화는 증권결제제도 개혁의 최종단계에 이루어졌다. 이는 주식이 자익권(自益權)과 공익권(共益權)으로 된 권리의 집합체로서, 소수주주권 등의 각종 권리의 행사방법 등의 문제에 대하여 관계자 간에 신중하게 이해관계를 조정할 필요가 있었기 때문이었다.[9]

3) 일본 대체제도의 주요 특징

가. 잔고관리에 의한 대체제도 및 완전한 무권화 구현

일본의 대체제도는 원활한 결제업무 수행을 위하여 동일 종목의 증권에 대한 기번호관리[10]를 하지 않는다. 대신에 각 투자자별로 계좌부를 작성하고 계좌부에 각 종목별로 구분된 란에 기록된 증권의 잔고수량으로 권리를 표시하는 잔고관리에 의한 대체제도를 채택하고 있다. 그 외에 일본의 대체제도는 발행회사와 투자자(가입자), 계좌를 관리하는 금융회사(계좌관리기관)의 비용절감 등을 위하여 완전한 무권화를 실현하고 있다. 그 결과 발행회사는 처음부터 실물증권을 발행하지 않게 되며, 투자자도 원칙적으로 실물 발행을 청구할 수 없도록 하고 있다.

나. 권리의 직접보유방식

전면무권화된 증권에 대한 권리를 보유하는 방식으로는 자기명의(직접보유)보유방식과 등록명의인(간접보유, nominee)보유방식이 있다. 이러한 보유방식의 차이는 다층형증권보유시스템을 통하여 간접보유하는 증권에 대한 투자자의 권리를 투자자 자신이 거래하는 금융중개회사를 뛰어넘어 발행회사에 이르게 할 것인지, 아니면 단순히 투자자가 거래하는 금융중개회사에 대하여만 행사하도록 할 것인지 여부에서 비롯된다. 일본의 대체제도는 투자자가 보유하는 권리를 확실하게 확보하도록 하고 있다. 이를 위해 투자자 자신이 계좌를 개설한 금융회사(계좌관리기관)의 대체계좌부에 기록된 수량의 권리, 즉 발행회사에 대한 권리를 직접보유하는 구조를 취하고 있다.

---

9) 石川 裕 外. (2008). 株券電子化: その實務と移行のすべて. 金融財政事情研究會. 9.

10) 기번호관리란 일본의 기존 사채 등 등록법(우리나라의 舊 공사채 등록법)에서 채용한 방식으로서 부동산등기와 마찬가지로 각 유가증권의 기번호별로 등록부를 작성하고 그 권리자를 표시하는 것을 말한다.

다. 다단계의 계층구조

실물증권을 기반으로 하던 기존의 증권보관대체제도(우리나라의 증권예탁제도에 해당)에서는 증권보관대체기구(증권예탁기구)가 참가자(예탁자)의 계좌를 관리하고 참가자가 고객(투자자)의 계좌를 관리하는 복층(2-tier)구조를 채택하고 있었다. 그러나 대체제도에서는 계좌관리기관이 다른 계좌관리기관의 계좌를 개설할 수 있는 다단계의 계층(multi-tier)구조를 취하고 있다. 이처럼 다단계의 계층구조를 취한 이유는 증권회사 등 금융회사가 사업을 탄력적으로 전개하고 국제적인 제휴가 가능하도록 하기 위한 고려에서 비롯된 것이다.[11]

라. 발행회사 비치 장부의 일원화

기존의 증권보관대체제도에서는 증권보관대체제도의 이용 여부를 투자자의 선택에 맡기고 있었다. 그 결과 증권보관대체기구에 예탁하지 않은 증권은 예탁한 증권과는 다른 절차에 따라 명의개서를 하였다. 그리고 발행회사는 주주명부와 실질주주명부라는 2개의 장부를 비치하여 관리하고 있었다. 그러나 대체제도 시행 이후에는 증권회사 등의 계좌관리기관이 고객(가입자)을 위하여 개설한 계좌에 상장증권에 대한 종목명과 보유 수량 정보가 전자적으로 기록되고, 그 기록만이 증권에 관한 권리의 귀속을 나타내게 되었다. 그리고 해당 계좌에서 증권을 인출하여 대체제도의 외부에서 보유할 수는 없게 되었다. 이처럼 대체제도의 시행으로 기존의 실질주주명부는 폐지되었고 발행회사가 비치하는 장부는 주주명부로 일원화되었다.

4) 일본 대체제도의 운영구조

가. 제도의 구성기관

① 대체기관(JASDEC[12])

대체기관이란 대체제도에서 계좌개설, 계좌간 대체, 발행회사에의 통지 등을 총괄하는 대체제도의 핵심기관을 말한다. 대체기관은 기존의 증권보관대체기구인 JASDEC이 주무 대신[13]의 지정을 받아 관련 업무를 수행하고 있다. 이러한 대체기관에 계좌를 개설할 수 있는 자는 증권거래소 등 일부의 예외를 제외하고는 계좌관리기관이 되는 금융회사로 제한된다. 그리고 계좌관리기관이 대체기관에 개설한 계좌는 계좌관리기관 자신의 보유증권과 고객의 보유증권

---

11) 高橋康文·長崎幸太郎·馬渡直史. (2003). (逐條解說)社債等振替法, 金融財政事情研究會. 22.

12) Japan Securities Depository Center, Inc. (JASDEC).

13) 株式会社証券保管振替機構は、「社債、株式等の振替に関する法律」(振替法)に基づく「振替機関」として内閣総理大臣·法務大臣から指定を受け : https://www.jasdec.com/about/business/

이 혼동되지 않도록 하고, 고객자산의 안전한 관리를 위하여 자기계좌와 고객계좌로 구분하도록 하고 있다.

② 계좌관리기관(금융회사)

계좌관리기관이란 대체기관에 계좌를 개설한 자로서 통상 고객이 계좌를 개설한 금융회사를 의미한다. 이러한 계좌관리기관은 다시 직접계좌관리기관과 간접계좌관리기관으로 구별된다. 여기서 직접계좌관리기관이란 증권회사나 신탁은행 등 대체기관에 직접 자신의 계좌를 개설한 금융회사를 말한다. 그리고 간접계좌관리기관이란 대체기관에 자신의 계좌를 개설하지 않은 금융회사로, 직접계좌관리기관의 고객으로 참가하는 기관을 말한다.

③ 발행인

사채·주식 등을 발행하는 자를 발행인이라 한다. 발행인은 통상 회사가 되나 국가, 지방공공단체, 투자법인 등이 될 수도 있다. 대체제도를 이용하고자 하는 발행인은 대체기관에 사채 등의 취급에 대하여 동의의 의사표시를 해야 한다(대체법 제13조제1항). 이러한 의사표시는 대체제도에 따라 사채 등에 대한 권리가 행사될 경우 발행인으로서 의무를 이행할 것이라는 약속을 증명하는 표시이다. 발행인의 동의는 의무주체로서 의무이행을 담보하기 위해 반드시 필요한 형식요건이 된다.

④ 가입자(투자자)

가입자란 증권을 대체하기 위해 계좌관리기관에 계좌를 개설한 자로, 개인, 법인 등의 투자자(주주)를 가리킨다. 가입자는 특정 계좌관리기관에 계좌를 개설하게 되는데, 해당 계좌관리기관을 직근(直近)계좌관리기관이라 하며, 이 계좌를 통하여 증권 등을 거래하게 된다.

나. 운영체계

① 계좌관리구조(다층구조)

대체제도는 대체기관이나 계좌관리기관(이하 "대체기관등"이라 한다)이 대체계좌부를 비치하고 가입자의 계좌를 관리할 수 있는 계좌관리구조를 채택하고 있다. 즉 가입자는 대체기관등에 계좌를 개설할 수 있고, 계좌관리기관은 가입자로서 다른 계좌관리기관에 계좌를 개설하여 대체제도에 참가할 수 있다. 이처럼 대체제도의 계좌관리구조가 이론적으로는 끊임없는 무한대의 계층을 형성할 수 있다.[14]

---

14) 일본의 계좌관리구조는 복층(2-tier) 계좌구조(좌측)를 갖고 있는 우리나라와는 달리 셋 이상의 층이 형성될 수 있는 다층(multi-tier) 계좌구조(우측)를 갖고 있다.

② 계좌의 종류

현행 대체제도는 그 목적에 따라 3가지 종류의 계좌를 인정하고 있다. 첫째, 가입자의 신청에 따라 대체사채등(우리나라 전자증권법상 전자등록주식등에 해당)의 대체를 행하기 위해 개설한 계좌인 대체계좌가 있다. 둘째, 소유자 또는 그 질권자(이하 "소유자등"이라 한다)의 권리를 보전하기 위하여 발행인이 대체기관등에 개설을 신청하는 계좌인 특별계좌가 있다. 셋째, 초과기록에 따른 소각의무와 관련하여 대체기관이 해당 증권을 취득하기 위하여 운영하는 계좌인 기관계좌가 있다.

③ 대체계좌부

대체사채등에 대한 권리의 귀속은 대체계좌부의 기록에 의해 결정되기 때문에 대체계좌부(우리나라 전자증권법상 전자등록계좌부에 해당)는 대체제도에서 가장 중요한 법적 장부가 된다. 대체계좌부에는 보유하는 대체사채등의 종목별 수량이나 금액의 증감뿐만 아니라 해당 수량·금액 중 질권, 신탁, 처분제한 등에 관한 사항을 기록하여야 한다. 대체법에 따르면 대체기관 등은 대체를 위한 계좌를 기록·관리할 대체계좌부를 비치할 의무가 있다. 대체계좌부는 가입자별로 구분 관리하되, 가입자 중 계좌관리기관인 자의 계좌는 자기계좌와 고객계좌로 구분 관리해야 한다. 대체계좌부의 기록에 관한 구체적인 사항은 대체기관이 업무규정으로 정하도록 하고 있다.

다. 적용대상 증권 및 적용방식
① 적용대상 증권

대체제도의 적용대상은 증권에 표시되어야 할 권리가 그 대상이 된다. 대체법이 대상으로 하는 권리는 기본적으로 「금융상품거래법」의 증권에 표창되어야 하는 권리를 의미한다. 그러

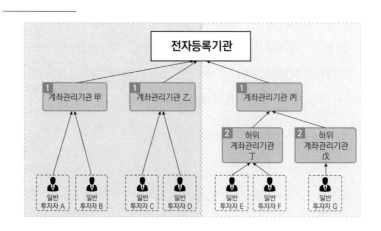

나 ⅰ) 권리의 발생 자체에 권면의 존재를 필요로 하는 어음의 경우(단기사채는 제외), ⅱ) 증권의 발행근거 규정이 없는 Covered Warrant와 증권예탁증권(DR) 등은 대체제도의 대상이 되지 않는다.

② 적용방식

발행증권에 대한 대체제도의 적용 여부는 기본적으로 발행인이 선택할 수 있다. 따라서 대체기관은 발행인의 사전 취급 동의를 얻은 증권에 대해서만 대체증권으로 취급할 수 있다(임의적 적용방식). 발행인의 동의가 필요한 이유는 대체제도의 적용을 받으면 발행인에게 통상의 증권 등과는 다른 법률관계가 발생하게 되므로 발행인의 의사와 관계 없이 대체제도를 일률적으로 적용하는 것은 적절하지 않다고 판단하였기 때문이다. 그럼에도 불구하고 증권보관대체제도와 대체제도의 이원적 운영에 따른 비효율을 막고자 상장주식에 대해서는 대체제도의 적용이 강제된다(강제적 적용방식, 동경증권거래소 상장규정 제205조제11호 등). 즉 주식을 상장하려는 발행회사는 대체제도 취급에 대하여 동의하여야 한다.

라. 주주의 권리

① 계좌기록에 의거 권리귀속결정

대체법 제128조제1항은 "정관에 주권을 발행한다는 뜻의 정함이 없는 회사의 주식(양도제한 주식을 제외) 중에서 대체기관이 취급하는 것에 대한 권리의 귀속은 대체계좌부의 기재 또는 기록에 의해 정해지는 것으로 한다"라고 규정하고 있다. 이처럼 대체제도 이후에는 상장회사 주주의 권리가 누구에게 귀속하는가는 새로운 대체제도에 기초하여 증권회사 등에 개설된 계좌의 잔고기록에 의해 정해지게 된다.

② 계좌에 권리추정효력 부여

투자자는 그 계좌에 기록된 주식에 대한 권리를 적법하게 가지는 것으로 추정된다(대체법 제143조). 따라서 특별한 반증이 없는 한 계좌에 잔고의 기록이 있는 주주는 그 주식에 대한 정당한 권리의 보유자로 보게 된다. 반면, 계좌에 잔고가 있는 투자자에 대하여 그자의 권리를 부정하려고 하는 자는 해당 투자자가 무권리자인 것을 입증하지 않으면 안 된다. 그 외에 악의 또는 중대한 과실이 있는 경우를 제외하고는 대체의 신청에 의해 계좌에 증액의 기록을 받은 가입자는 그 신청에 기초하여 증액된 주식에 대한 권리를 취득(선의취득)하게 된다(대체법 제144조). 이처럼 대체제도에서는 계좌의 잔고기록에 일정한 공신력이 인정된다.

③ 주주권리의 증명

대체제도 시행 이후에는 증권회사 등에 개설된 계좌에의 잔고기록이 주주로서의 권리를 가지고 있다는 것의 증명이 된다. 대체제도에서는 이러한 계좌의 잔고를 증명하기 위한 절차를 마련하고 있다.[15] 발행회사 이외의 거래처나 금융회사 등에 대하여 자신이 보유하고 있는 주식을 증명하고자 하는 경우에는 계좌의 잔고 등에 관한 증명서의 제도가 있다. 따라서 투자자는 계좌를 개설한 증권회사 등에 증명서의 교부를 청구할 수 있다(대체법 제299조).

마. 주주관리사무
① 총주주통지 및 명의개서

상장회사 또는 그 주주명부 관리인이 관리하는 주주명부는 증권회사 등에 개설된 계좌와 달리 주식의 양도 등을 할 때마다 순차적으로 기록할 수가 없다. 이에 따라 주주명부의 명의개서는 대체기관이 계좌의 기록을 근거로 일정 시점에 모든 주주의 성명과 보유주식 수 등을 통지(총주주통지)한 것을 기초로 발행회사가 주주명부를 갱신하는 절차를 통하여 이루어지게 된다(대체법 제152조). 이처럼 대체제도에서는 주주가 개별적으로 명의개서 신청 절차를 밟을 수는 없다. 그리고 주주명부는 이른바 대체기관의 데이터베이스상의 기록을 그대로 전기(轉記)만 하는 것이 되기 때문에 대체제도에서 주주명부의 중요성은 낮아진다.

② 발행회사의 주주정보 청구

발행회사로서는 주주 전원의 정보까지는 필요하지 않고 특정주주의 주식 보유상황만을 알 수 있으면 충분한 경우도 있다. 이러한 경우에 활용되는 것이 계좌의 정보제공 청구이다. 증권회사 등에 대한 증명서의 교부 청구는 주주뿐만 아니라 상속인, 질권설정자 및 담보권설정자, 발행회사 등 계좌에 일정한 이해관계가 있는 자도 정당한 이유가 있는 경우 인정되는 권리이다(대체법 제299조). 이처럼 대체제도에서는 이해관계자 중에 발행회사도 포함된다. 따라서 발행회사도 정당한 이유가 있는 한 소정의 비용을 부담하고, 자사주식의 보유상황에 대한 정보를 청구할 수 있다(대체법 제277조 후단 및 대체법 시행령 제84조).

③ 주주명부 및 명의개서의 존속 여부

대체제도에서는 투자자가 증권회사 등에 개설한 계좌에의 잔고기록이 주주로서 권리를 보유하고 있다는 증거가 되나 주주명부는 여전히 존재한다. 이처럼 대체제도에서는 주주명부의 중요성이 작아지기는 하나 명의개서 절차는 여전히 존속하게 된다. 다만, 전술하였듯 대체

---

15) 예컨대, 발행회사에 대하여 소수주주권을 행사하고자 하는 경우 주주는 계좌를 개설한 증권회사 등을 통하여 자신이 보유하는 주식의 잔고 등을 발행회사에 통지하게 되는데, 이를 개별주주통지라고 한다. 발행회사는 이러한 개별주주통지에 의거 소수주주권을 행사하려는 자가 해당 권리를 행사하기 위해 필요한 주식 수를 가지고 있는가를 확인하게 된다. 그리고 주주는 이러한 개별주주통지 후 2주 이내에 발행회사에 대하여 소수주주권을 행사할 수 있다.

제도에서는 주주명부의 명의개서가 대체기관으로부터의 총주주통지에 기초하여 일제히 이루어진다. 따라서 주주가 개별적으로 명의개서 신청 절차를 거칠 필요가 없다.

이처럼 명의개서가 총주주통지의 시점에 이루어진다는 것은 배당이나 의결권의 기준일 등에 주주명부의 명의개서가 이루어진다는 것을 의미한다. 그러나 주주가 소수주주권을 행사하고자 할 때에 이루어지는 개별주주통지 시나 회사가 지정한 주주의 주식보유 상황의 정보제공 청구에 의하여 대체기관이 증명서를 발급하는 경우에는 명의개서가 이루어지지 않는다.

바. 담보주식관리
① 일반적 질권설정 방법
대체제도에서는 채무자(주주)가 채권자(질권자)에게 교부할 주권이 존재하지 않는다. 이에 따라 대체제도 이후에는 주주권리의 귀속이 계좌관리기관 등에 개설된 계좌의 잔고로 결정되는 것을 전제로 질권설정도 계좌대체에 의해 처리하고 있다. 이를 위해 질권자가 계좌관리기관 등에 개설한 계좌에는 질권자 자신이 보유하는 주식을 관리하는 '보유란'과 구분되는 '질권란'이 있다. '질권란'이란 질권자가 질권설정자로부터 받은 주식을 질권자 본인이 보유하는 주식과 구별하여 관리하기 위한 '란'을 말한다.

이처럼 대체제도 이후의 대체제도에서는 질권설정된 주식이 주주(질권설정자)의 계좌가 아닌 채권자(질권자)의 계좌(질권란)에서 관리된다. 즉 질권설정자(주주)의 계좌로부터 질권자 계좌의 질권란으로 주식을 대체하여 해당 주식에 질권을 설정하고 있다.

그러나 배당 등의 권리자를 발행회사에 통지하는 총주주통지에서는 원칙적으로 계좌의 명의인인 질권자가 아닌 본래 주주(질권설정자)의 성명을 통지하게 되어 있고(대체법 제151조 제2항제2호), 배당 등은 총주주통지의 내용에 기초하여 지급하게 된다. 따라서 배당 등을 수령할 수 있는 것은 계좌의 명의인인 질권자가 아닌 본래 주주(질권설정자)가 된다.

그런데 질권자가 질권란의 계좌를 개설한 계좌관리기관 등에 대하여 자신의 성명 등을 통지하도록 신청하는 경우가 있다. 이 경우에는 본래의 주주에 추가하여 질권자의 성명 등도 총주주통지 시 통지하여야 한다(대체법 제151조제3항). 그리고 이 경우에는 배당 등을 수령하는 것은 본래 주주(질권설정자)가 아닌 계좌의 명의인인 질권자가 된다.
② 양도담보
대체제도 이후에도 담보의 대상이 되는 주식을 채권자에게 양도하는 형태로 행해지는 주식의 양도담보도 가능하다. 대체제도 이후의 양도담보는 계좌대체로 처리하게 된다. 그러나 양도담보는 외형적으로 양도의 형식을 취하기 때문에 채권자(담보권자)의 질권란이 아닌 보유란에 대체를 하게 된다.

이처럼 양도담보의 경우 주식은 채권자(담보권자)의 보유란에서 관리된다. 따라서 발행회사에 대한 총주주통지에서는 원칙적으로 계좌의 명의인인 담보권자의 성명 등이 통지된다. 그리고 배당 등은 채무자(본래의 주주)가 아닌 채권자(담보권자)가 수령하게 된다.

채권자(담보권자)가 계좌를 개설한 계좌관리기관 등에 대하여 특별주주의 신고를 하여 채무자(본래의 주주)의 성명 등을 통지하도록 신청하는 것도 가능하다. 이 경우에는 채권자(담보권자)가 아닌 채무자(본래의 주주)가 배당 등을 수령하게 된다.

사. 전자증권으로의 이행
① 주주의 이행절차
ⅰ) 증권보관대체기구에 이미 주권을 예탁하고 있는 주주

주권의 전자화 시 기존의 증권보관대체제도에 기반한 계좌정보가 그대로 새로운 대체제도에 기초한 계좌정보에 전기(轉記)되었다. 그리고 이러한 정보에 기초하여 발행회사에 실질주주의 성명 등이 통지되고, 주주명부의 명의개서가 이루어져 대체제도의 이행절차가 완료되었다. 이처럼 일본의 JASEDC에 증권을 이미 예탁하고 있던 주주들은 특별한 절차나 대응 없이도 그대로 新 제도로 이행하였다.

ⅱ) 증권보관대체기구에 주권을 예탁하고 있지 않은 주주

대체제도 시행 시 기존에 유통되고 있는 실물주권은 모두 무효가 된다. 그러나 명의개서 등의 필요절차를 완료한 주주는 권리를 온전히 행사할 수 있다. 한편, 제도 시행 시까지 증권보관대체기구에 예탁하지 않은 이른바 장롱주로 실물주권을 가지고 있는 주주라고 하더라도 주주명부의 내용에 따라서 발행회사가 권리보전을 위한 절차를 지원한다. 따라서 사전에 주주명부에 명의개서를 완료한 상태라면 권리를 상실하는 경우는 없다.

대체제도 시행 시까지 증권보관대체기구에 주권을 예탁하지 않고 실물주권을 보유하고 있는 경우에는 다음 절차를 거쳐 대체제도로 전환된다. 발행회사는 ⅰ) 주주명부의 정보에 기초하여 최후까지 주권을 실제로 보유한 주주를 구분하고, ⅱ) 이러한 주주의 권리를 보전하기 위한 특별계좌(발행회사설정계좌)를 신탁은행 등에 개설한 후, ⅲ) 해당 특별계좌에 각 주주가 보유하는 주식 수 등의 정보를 기록한다. 이처럼 증권보관대체기구에 주권을 예탁하지 않고 최후까지 주권을 자기 손에 가지고 있는 주주라고 하더라도 그 권리는 신탁은행 등에 개설된 특별계좌에 의해 보호된다.

그러나 특별계좌에 의한 주주의 권리보전 절차를 진행하는 발행회사가 자사의 주주를 확

인하는 수단으로는 주주명부에 의존하는 방법밖에 없다. 따라서 특별계좌를 통한 권리보전이 이루어지기 위해서는 주주명부에 명의개서가 완료되어 있어야 한다. 그 결과 주식은 취득하여도 주주명부에 명의개서를 완료하지 않은 이른바 명의개서 실기주주에 대하여는 발행회사가 권리보전 절차를 행할 수가 없게 된다.

iii) 특별계좌에 관리되는 주식의 취급

특별계좌는 주주의 권리를 지키기 위하여 발행회사의 책임과 부담으로 개설한 일종의 임시 계좌에 해당한다. 따라서 특별계좌를 통한 주식관리는 행하여지나 특별계좌를 통한 계좌간 대체에는 큰 제약이 따른다. 즉 주주명부에 명의개서만 완료해 두면 주주의 권리를 잃지는 않으나 계좌간 대체절차를 필요로 하는 매각·양도·질권설정 등을 행하기 위해서는 증권회사 등에 계좌를 개설하여야 한다.

특별계좌로부터 다른 계좌로의 대체가 인정되는 경우는 원칙적으로 특별계좌의 명의인과 동일 명의인의 대체계좌에 대체를 행하는 경우와 발행회사의 계좌에 대체를 행하는 경우로 제한된다. 전자의 경우는 주주가 자기 자신의 명의로 증권회사 등에 개설한 별도계좌에 이관하는 경우에 해당한다. 후자의 경우는 발행회사에 단원미만주(單元未滿株)의 매수청구 등을 행하는 경우에 해당한다. 이와 마찬가지로 다른 계좌로부터 특별계좌로의 대체도 발행회사가 대체를 행하는 경우로 한정된다.

② 발행회사의 조치사항

ⅰ) 대체제도 이용에 대한 동의

발행회사는 대체기관인 JASDEC에 대하여 대체제도 도입일의 1개월 전까지 새로운 대체제도를 이용한다는 뜻의 동의를 하여야 한다. 이러한 동의절차는 舊 제도로부터 新 제도로의 이행을 원활하게 하기 위한 것이다.

ⅱ) 특별계좌에 관한 공고

발행회사는 대체제도 시행일의 1개월 전까지 각 회사가 정한 공고방법에 따라 특별계좌에 관한 공고를 하여야 한다. 우선, 발행회사는 주권을 예탁하지 않은 주주 등에 대하여 증권보관대체기구에 특별계좌의 개설·기록을 하기 위해 필요한 통지를 한다는 뜻을 공고하게 된다. 이와 함께 발행회사는 주주가 자신의 권리가 보전되어 있는 금융회사를 확인할 수 있도록 특별계좌를 개설하는 금융회사의 명칭·주소를 공고하여야 한다.

ⅲ) 정관의 변경의제

주권을 발행한다는 정관의 규정을 두고 있는 발행회사는 대체제도의 시행일을 효력발생일로 하여 동 규정을 폐지하는 정관의 변경을 결의한 것으로 간주된다(주식등 결제합리화법 부칙 제6조제1항). 그 결과 발행회사는 정관변경을 위한 주주총회를 별도로 개최할 필요가 없다.

iv) 주주명부의 변경

대체제도 시행 이후에는 모든 주주의 데이터가 대체기관의 데이터베이스에서 일괄 관리된다. 따라서 과거와 같이 증권보관대체기구에 예탁되어 있는 주권에 대하여 주주명부와 별개로 실질주주명부를 작성하여 관리할 필요가 없게 되었다.

v) 특별계좌의 개설 및 등록

주주명부를 변경한 이후 발행회사는 증권보관대체기구에 예탁하지 않은 주주의 권리를 보전하기 위해 특별계좌를 개설하여 관리하게 된다.

(3) 독일[16]

1) 독일 전자증권제도 개요

독일은 지난 2021년에 전자증권제도를 도입한 나라로, OECD 가입국 중에서는 가장 최근에 동 제도를 도입한 국가이다. 전자증권제도 도입의 기반이 되었던 증권예탁제도를 전 세계적으로 가장 먼저 완비하였고 발전시켰다고 평가할 수 있는 독일이 최근까지도 전자증권제도 도입을 고려하지 않았던 이유 중의 하나는 바로 독일의 증권예탁제도가 상당히 고도화되어 있었기 때문이었다.

이러한 상황에서 독일이 전자증권제도 도입 및 이에 따른 법률 제정을 고려하게 된 배경에는 블록체인 기술의 등장이 큰 역할을 하였다고 볼 수 있다. 독일 연방의회에 제출된 전자유가증권법 입법이유서에 해당 법률의 제정 필요성으로 블록체인 기술과 같은 혁신금융 기술의 이용에 대한 요구가 증가하고 있고, 독일이 이러한 시대적 흐름에 적극 대응하여 금융 중심지로서의 지위를 잃지 않도록 하여야 한다는 점을 명시하고 있는 것에서 그 입법 배경을 추론할 수 있다.[17]

이에 따라 독일은 2018년 3월에 "전자유가증권 및 암호토큰의 규제를 위한 핵심과제 (Eckpunkte für die regulatorische Behandlung von elektronischen Wertpapieren und Krypto-Token)"를 정부 정책과제로 수립하고, 독일이 최고의 디지털 금융 중심지로 성장할 수 있도록 하는 블록체인 전략 수립을 주요 목표로 설정하였다. 이후 독일 정부는 2019년 9월에 "연방정부의 블록

---

16) 최지웅. (2022). 디지털 자산과 증권결제제도 – 독일과 미국의 입법례를 중심으로. 서울대학교 금융법센터(편 저), BFL, 제115호. 81-89.

17) Regierungsentwurf, BT-Druck. 19/26925, S. 1.

체인 전략(Blockchain-Strategie der Bundesregierung)"을 수립하였고, 그 전략의 일환으로 2020년 12월에 암호유가증권을 포함하는 전자증권제도의 도입을 골자로 하는「전자유가증권도입에 관한 법률(Gesetz über elektronische Wertpapiere)」제정안을 마련하여 연방의회에 제출하였다. 동 법률안은 2021년 5월 연방의회의 결의를 거쳐, 같은 해 6월부터 시행(2021.6.10.)되었다.

2) 독일 전자증권제도의 특징

가. 전자적 방식의 유가증권 발행 도입

독일 전자증권제도의 가장 큰 특징은 전자적 방식으로 발행되는 유가증권, 즉 전자유가증권(Elektronische Wertpapiere)을 독일의 금융제도에 도입한 것이다. 이러한 도입의 결정은 독일이 유가증권이라는 실물에 기반한 개념을 오랫동안 금융 제도에 적용해왔다는 점을 감안하면, 매우 획기적인 결정이라고 할 수 있다. 물론 과거에도 Lütticke의 전자적 권리표창 이론[18]과 같이 유가증권상의 권리가 전자적 방식에 의해서도 표창이 가능하다는 주장이 존재한 적은 있었으나, 이렇게 전자적 방식의 유가증권 발행이 국가 정책 및 법률에 정식으로 반영이 된 것은 처음이기 때문이다.

이러한 특징은 전자유가증권법의 개별 조문에도 반영되었는데, 전자유가증권은 여전히 유가증권의 성격을 갖고 있고 단지 그 발행방식이 권면(券面)에서 전자적 방식으로 바뀌었다는 점을 규정하고 있으며, 실물로 발행된 유가증권과 동일한 법적 효력을 갖는다는 점도 규정하고 있다.[19] 즉 실물 기반의 유가증권과 전자유가증권은 권리를 표창하는 방식이 다를 뿐이고, 유가증권에 적용되던 법리는 전자유가증권에도 동일하게 적용된다는 것이다. 이 경우 해당 법리에는 민법도 포함되는데, 동 법률에서는 실물 유가증권 보유자와 동등한 수준의 보호를 전자유가증권의 보유자에게도 적용하기 위해서 전자유가증권을 민법상 물건으로 의제하는 조문도 규정하고 있다.[20]

---

18) Lütticke의 전자적 권리표창 이론은 독일 증권예탁제도의 이론적 기반을 제공하였던 Optiz의 가치권 이론과는 달리 전자적 매체를 통한 권리의 표창이 가능하다는 점을 주요 골자로 하고 있다. 즉 IT 기술의 발전 및 업무처리의 고도화를 통해 전산시스템과 전산장부를 기반으로 하여 유가증권의 전자적 발행·유통 등이 가능하며 이 경우 권면의 역할을 전산장부가 대신하게 된다는 것이다.
19) 독일 전자유가증권법 제2조(전자유가증권) ① 유가증권은 전자유가증권으로도 발행할 수 있다. 전자유가증권은 발행인이 증서를 교부하는 대신에 전자유가증권등록부(제4조제1항)에 등록함으로써 발행한다.
   ② 이 법에서 달리 정하지 않는 한, 전자유가증권은 증서로 발행된 유가증권과 동일한 법적 효력을 갖는다.
20) 독일 전자유가증권법 제2조(전자유가증권) ③ 전자유가증권은 민법 제90조의 의미에서의 물건으로 본다.

나. 선택적 전자유가증권화

전자유가증권법은 전자유가증권 발행이 가능하도록 하였으나, 전자유가증권의 발행을 강제하지 아니하고 발행인에게 그 선택권을 부여하고 있다. 따라서 유가증권의 발행인은 해당 발행을 기존의 방식 즉 예탁증권의 형태로 발행할 수도 있고, 동법에 따라 전자유가증권의 형태로 발행할 수도 있다.[21]

다. 적용대상 증권

2021년 시행 당시 독일 전자증권제도의 적용대상은 무기명채권과 투자법상 집합투자재산의 지분증권이었다.[22][23] 독일 정부는 그 이유로 해당 증권이 독일 금융시장에서 가장 수요가 많은 자금조달 수단이라는 점을 제시하였다.[24] 나아가 블록체인 기술을 이용하여 발행되는 토큰은 해당 투자자에게 경영 참여권(의결권 등)을 부여하지 않고 이익참여권 부여를 목적으로 주로 발행되며, 이익참가권의 대표적인 사례가 무기명채권이라고 서술하면서 블록체인 기술에 기반한 전자유가증권의 발행가능성도 함께 고려하였음을 덧붙였다.

이후 EU에서 제시한 제2차 주주권 지침(The Shareholder Rights Directive II)[25]의 독일 주식법 반영[26]이 마무리된 후인 2023년 전자유가증권법 개정을 통하여 무기명채권과 더불어

---

21) 이러한 점은 영국이 「무증서증권규정(Uncertificated Securities Regulations)」의 제정을 통해 전자증권제도를 시행하였으나 전자증권제도를 이용할지 여부는 발행인의 선택에 맡긴 것과 유사한 점이 있다.

22) 독일의 증권예탁제도에서 예탁대상 유가증권은 국채, 연방 기관채, 공동채, 사채, 글로벌 채권, 주식, 워런트 등인데 이 중에서도 증권예탁제도에서 가장 활발하게 이용되는 대표적인 유가증권은 무기명 채권과 집합투자재산의 지분증권이다[한국예탁결제원. (2018). 증권예탁결제제도(개정증보 제4판). 박영사. 171]. 독일이 전자유가증권법의 적용대상으로 무기명 채권과 집합투자재산의 지분증권을 규정한 것은 기존의 증권예탁제도에서 해당 증권이 갖는 대표성과 활용도를 감안한 것으로 보인다.

23) 우리나라 전자증권법의 적용대상이 기업어음증권 등 실물 발행이 강제되는 일부 증권을 제외한 주식, 채권, 수익증권, 파생결합증권, 증권예탁증권 등 사실상 대부분의 자본시장법상 증권인 점을 감안할 때 독일 전자유가증권법의 現 적용 범위는 어느 정도 제한적이라고 보인다. 다만, 과거 일본 및 우리나라가 본격적인 전자증권제도의 시행에 앞서 '단기사채(short-term bond)'를 대상으로 한 전자단기사채제도를 시범 운영을 한 것을 감안할 때 이에 해당하는 것이라고 파악된다.

24) Regierungsentwurf, 앞의 책, S.41.

25) 제2차 주주권 지침의 원제목은 다음과 같다.
Directive (EU) 2017/828 of the European Parliament and of the Council of 17 May 2017 amending Directive 2007/36/EC as regards the encouragement of long-term shareholder engagement

26) EU의 입법형식은 크게 규정(Regulations), 지침(Directives), 결정(Decisions), 권고(Recommendations), 의견(Opinions)으로 구분된다. 이 중에서 법적 구속력이 있는 규정과 지침을 보면, 규정은 가장 강력한 형태로서 입법 즉시 모든 회원국에 직접 적용되며 그 자체로써 법적 구속력을 가지는 반면, 지침은 규정과 같이 법적 구속력은 있으나 각 회원국에 적용되는 구체적인 방식과 형태는 각국마다의 입법을 통해 별도로 정한다는 점에서 차이가 있다.

대표적인 자금조달수단이자 유가증권인 주식도 전자증권제도의 대상으로 포함하였다.[27]

라. 기존 기술과 블록체인 기술 간의 중립성

전자유가증권법은 그 제정 배경이 블록체인 기술의 등장 및 활용에 있음을 명시하고 있으나, 입법이유서는 해당 법률 내에서 기존 기술에 대한 블록체인 기술의 우위를 두고 있지 아니함을 밝히고 있고, 법률 전반에 걸쳐서도 기존 기술을 기반으로 발행되는 전자유가증권과 블록체인 기반으로 발행된 전자유가증권을 상호 병렬적으로 규정하고 있다.[28]

마. 투자자 보호 및 시장건전성을 위한 암호유가증권의 관리 · 감독

전자유가증권법은 암호자산에 대한 실체와 안전성의 규명이 좀 더 필요하다는 전제 하에 전자유가증권의 성질을 가진 암호자산, 즉 암호유가증권과 암호유가증권을 제외한 그 밖의 암호자산 간에 엄격한 구별이 필요함을 입법이유서에서 밝히고 있다. 즉 독일 민사법에서 정하는 상당한 수준의 감독 기준을 충족해야만 암호유가증권으로 인정받을 수 있다는 것이다.

또한 투자자 보호, 시장 건전성 및 투명성을 보장하기 위해 암호유가증권등록부 관리기관은 연방금융감독청의 감독을 받도록 함으로써 혁신과 안정을 조화시키고자 하는 의도를 반영하였다.[29]

3) 독일 전자증권제도의 주요 내용

가. 전자유가증권

독일 전자증권제도의 적용대상이자 핵심 개념인 전자유가증권은 중앙등록부에 등록된 전자유가증권인 중앙등록부유가증권과 암호유가증권등록부에 등록된 전자유가증권인 암호유가증권으로 구분된다.[30] 독일 전자증권제도에서 전자유가증권을 중앙등록부유가증권과 암호유

---

27) 독일 전자유가증권법 제1조(범위) 이 법은 다음에 적용된다.
　① 무기명채권
　② 기명주식
　③ 중앙등록부에 등록된 무기명주식
28) 독일 전자유가증권법 제1장제2절(중앙등록부)은 기존 기술에 기반한 전자유가증권의 발행 및 관련 사항에 대해서, 제1장제3절(암호유가증권등록부)은 블록체인 기술에 기반한 전자유가증권의 발행 및 관련 사항에 대해 각각 규정하고 있으며 일정한 요건을 구비한 경우 양자간의 전환도 가능함을 규정하고 있다(동법 제1장제1절제22조).
29) Regierungsentwurf, 앞의 책, S. 1-2.
30) 독일 전자유가증권법은 전자유가증권의 등록부를 중앙등록부(Zentrale Register)와 암호유가증권등록부(Kryp-towertpapierregister)로 구분하고 있고, 이에 따라 전자유가증권을 해당 등록부에 따라 중앙등록부에 등록된 전

가증권으로 구분한 것은 법리적 측면과 기술적 측면을 동시에 고려한 것으로 파악된다.[31]

먼저 법리적 측면을 보면, 중앙등록부유가증권은 기존 민법 및 예탁법상의 혼장임치와 유사한 혼장등록이 적용될 수 있는 전자유가증권인 반면, 암호유가증권은 등록 및 양도 등에 관하여 별도의 법률 규정을 두게 된 전자유가증권이다. 혼장임치[32]는 독일 예탁법(Depotgesetz)의 제·개정을 통해 발전하게 된 증권예탁제도상의 법리인데, 민법상 물건으로 보는 동시에 기존 유가증권에 적용되는 법리를 전자유가증권에도 적용하고자 하는 전자유가증권법의 취지에 따라 해당 개념을 전자증권제도에서도 그대로 적용하고자 한 것이다.

다음으로 기술적 측면을 보면 중앙등록부유가증권은 독일의 현 금융인프라시스템을 기반으로 하여 전자적으로 발행되는 전자유가증권이다. 즉 증권예탁기구, 보관기관 등 기존 증권예탁제도를 구성·운영하는 기관들에 의해 중앙집중적 시스템을 기반으로 발행·유통되는 전자유가증권이다. 반면, 암호유가증권은 분산원장 기술을 기반으로 하여 전자적으로 발행되는 전자유가증권이다.[33] 이 경우 분산원장 기술은 기존의 중앙집중적 시스템과는 다른 탈중앙화된 등록방식을 구현할 수 있는 기술로 파악되나, 전자유가증권법은 입법이유서에서 블록체인 기술을 분산원장 기술의 하나로 예시하고 있을 뿐 특정 분산원장 기술을 명시하고 있지는 않다.

나아가 동법은 블록체인 기술과 같은 분산원장 기술에 의해서도 유가증권 발행이 가능하

자유가증권인 중앙등록부유가증권(Zentralregisterwertpapier)과 암호유가증권(Kryptowertpapier)으로 각각 구분하고 있다. 전자유가증권법상 관련 조문은 다음과 같다.

독일 전자유가증권법 제4조(정의) ① 전자유가증권등록부란

　1. 제12조에 따른 중앙등록부와

　2. 제16조에 따른 암호유가증권등록부를 말한다.

　② 중앙등록부유가증권이란 중앙등록부에 등록된 전자유가증권이다.

　③ 암호유가증권이란 암호유가증권등록부에 등록된 전자유가증권이다.

31) 전자유가증권법상 중앙등록부유가증권은 우리나라 전자증권법상 전자증권(법상 정식 용어는 전자등록주식 등)에 해당하고, 암호유가증권은 2024년 기준으로 명시적인 법적 용어는 존재하지 않으나 토큰증권(security token)에 해당한다고 볼 수 있다.

32) 혼장임치(混藏任置)란 유가증권을 포함하는 대체물의 임치에 있어서 수치인이 임치된 물건을 동종·동질의 다른 임치물과 혼합하여 보관하고, 반환할 때에는 임치된 것과 동종·동량을 반환하는 된다는 특약 형태의 임치를 말한다. 임치인은 혼장임치된 임치물에 대하여 각각 그들이 임치한 수량에 따라 공유지분을 가지며, 필요시 각 임치인은 그들의 지분에 해당하는 수량에 대하여 반환을 청구할 수 있다. 동 개념은 독일의 증권예탁제도를 발전시키는 데 큰 기여를 하였으며 우리나라 역시 증권예탁제도의 도입·발전 과정에 있어 해당 법리를 적용하였다.

33) 전자유가증권법의 입법이유서에서는 암호자산시장규정(MiCAR)과의 관계를 명시적으로 언급한 바는 없다. 다만, 유럽 각국이 블록체인 기술 기반 금융상품을 규율하는 규정을 이미 적용하고 있는 상황이 동법의 제정 배경이라고 밝힌 것을 보면 암호자산시장규정의 등장 및 그 내용이 동법과도 밀접한 관계가 있을 것이라고 보인다.

도록 하기 위함이 전자유가증권법의 도입 배경이라고 밝히고는 있지만, 기존의 중앙집중적인 금융인프라시스템을 기반으로 하는 기술과 분산원장 기술 간의 우열은 없으며 전자유가증권을 발행하고자 하는 발행인이 어떤 기술을 이용하여 발행할 것인지는 해당 발행인의 선택에 맡기고 있다.[34] 다만, 발행인은 동일한 전자유가증권을 기존 중앙집중적 기술과 분산원장 기술을 이용하여 동시에 발행할 수는 없으므로, 어느 하나의 기술을 지정하여 발행하여야 한다.[35]

나. 전자유가증권등록부

독일 전자증권제도상 전자유가증권등록부[36]는 전자유가증권의 종류에 따라 2가지로 나뉜다. 하나는 중앙등록부유가증권이 등록되는 중앙등록부고, 다른 하나는 암호유가증권이 등록되는 암호유가증권등록부다.

먼저 중앙등록부는 전술한 바와 같이 발행인이 기존의 중앙집중적인 금융인프라 시스템을 이용하여 전자유가증권을 발행하고자 하는 경우 그 발행, 유통 및 제반 권리관리가 이루어지는 등록부로, 이 중앙등록부의 관리기관은 기존 증권예탁제도의 참가자인 증권예탁기구(Zentralverwahrer) 및 보관기관(Verwahrer)이다.[37] 이는 유가증권의 실물 발행 가능성에서 차이가 있을 뿐, 사실상 기존 증권예탁제도 참가자, 제도 운영방식 등과 유사한 형태를 취하고

---

34) Regierungsentwurf, 앞의 책, S. 1.

35) Regierungsentwurf, 앞의 책, S. 38.

36) 전자유가증권법상 전자유가증권등록부는 우리나라 전자증권법상 전자등록계좌부에 해당한다. 독일 전자유가증권법의 독특한 법리인 혼장등록(개별등록)에 대한 기재 그리고 소유자 대신 보유자를 기재하는 것을 제외하고는 대체적으로 전자증권의 소유자 정보 및 해당 소유 내역을 중심으로 우리나라 전자증권법상 전자등록계좌부와 유사한 구성을 보이고 있다.

구 분	한국 전자증권법	독일 전자유가증권법
근거 조문	법 §22②, §23②	독일 전자유가증권법 §13① · ②, §17① · ②
계좌부 명칭	전자등록계좌부	전자유가증권등록부
권리(보유)자	권리자의 성명(명칭) 및 주소	보유자 관련 사항
발행인	발행인의 명칭	발행인 관련 사항
세부 소유 내역	전자등록주식등의 종류, 종목 및 종목별 수량(금액)	권리의 주요 내용(증권식별번호 포함), 발행규모, 액면금액
권리 관계	질권설정 시 그 사실	제3자의 권리
	신탁재산인 경우 그 사실	제3자의 권리
	처분제한된 경우 그 사실	처분제한
기 타	수량(금액) 증감변동시 그 사유	혼장등록 또는 개별등록 표시

37) 전자유가증권법상 증권예탁기구는 우리나라 전자증권법상 전자등록기관에, 보관기관은 계좌관리기관에 각각 해당한다.

있다고 할 수 있다. 독일 정부는 중앙등록부유가증권이 발행되는 경우에 증권예탁기구가 그 중앙등록부 관리기관이 되면 기존의 증권결제시스템과 연계하여 업무를 수행할 수 있을 것이라고 밝히고 있다.[38]

다음으로 암호유가증권등록부는 분산원장 기술을 이용하여 전자유가증권을 발행하고자 하는 경우에 사용되는 등록부인데, 해당 관리기관은 암호유가증권의 발행인이 지정한 기관이다.[39] 따라서 암호유가증권등록부 관리기관은 중앙등록부 관리기관인 증권예탁기구나 보관기관에 한정하지 않고 다른 기관이 될 수도 있다. 나아가 발행인이 암호유가증권등록부 관리기관을 별도로 지정하지 않는 경우에는 그 발행인이 해당 관리기관이 된다.

이 경우 암호유가증권등록부의 관리시스템의 요건으로 ⅰ) 해당 시스템 운영자 사이에 통제권이 분산되어 있고,[40] ⅱ) 데이터가 시간 순서대로 기록되며, ⅲ) 무단 삭제 및 사후적 변경으로부터 보호가 가능하여야 함이 규정되어 있다.[41]

암호유가증권등록부 및 해당 등록부를 구성하는 개별 데이터의 조작을 방지하고, 시간 순서에 따라 데이터의 모든 변경사항을 추적할 수 있도록 하는 것이다.[42] 다만, 이러한 요건은 특정한 기관이나 국가로부터의 허가가 필요 없이 참가자에게 모두 공개된 분산원장 구조만이 충족할 수 있는 것은 아니고 '주요 참가자에게 권한이 제한된' 폐쇄적 분산원장 기술에 의해서도 충족할 수 있다.[43][44]

이러한 전자유가증권법상 전자유가증권등록부의 구조를 도해로 표현하면 다음과 같다. 중앙등록부는 전자등록기관을 중심으로 하는 중앙집중형 구조를 기반으로 하는 반면, 암호유

---

38) Regierungsentwurf, 앞의 책, S. 38.
39) 독일 전자유가증권법 제16조(암호유가증권등록부) ② 등록부관리기관은 발행인이 보유자에 대하여 등록부관리기관으로 지정한 기관이다. 그러한 지정이 이루어지지 않으면 발행인이 등록부관리기관으로 간주된다. 발행조건 또는 주식의 경우 주식발행회사의 정관에서 달리 정하지 않는 한, 보유자나 권리자의 동의 없이 발행인은 등록부관리기관을 변경할 수 있다.
40) 독일 전자유가증권법 제4조(정의) ⑪ 기록시스템은 각 기록시스템을 운영하는 자 사이에서 사전에 정해진 기준에 따라 통제권이 분산된 결합체이다.
41) 독일 전자유가증권법 제16조(암호유가증권등록부) ① 암호유가증권등록부는 데이터가 시간순으로 기록되고 무단 삭제 및 사후적 변경으로부터 보호되는 방식으로 저장되는 위조 방지 기록 시스템에 의해 관리되어야 한다.
42) 비록 독일 정부는 분산원장 기술이라 할 때 특정 기술을 염두에 둔 것은 아니라고 하고 있으나, 암호유가증권등록부 관리시스템의 요건으로 규정된 사항을 보면 참가자간 동등한 권리·의무·정보 보유, 기록 및 검증 참여 권리 보장 및 기록변경의 어려움 등과 같이 일반적으로 블록체인 기술의 특징으로 언급되는 사항과 매우 흡사한 것을 발견할 수 있다.
43) Regierungsentwurf, 앞의 책, S. 65.
44) 블록체인 기술에 적용하여 보면 전자유가증권법상 암호유가증권등록부 관리시스템은 공개형 블록체인(public blockchain) 구조와 폐쇄형 블록체인(private blockchain) 구조가 모두 가능한 것으로 볼 수 있다.

가증권등록부는 분산원장 기술에 의해 구현된 분산형 구조를 기반으로 한다. 이 경우 앞서 언급한 바와 같이 암호유가증권등록부는 해당 등록부 체계에의 참가 가부 및 권한 분배 수준에 따라 개방형 구조와 폐쇄형 구조로 다시 나눌 수 있다.[45]

▼ 독일 전자증권제도상 각 등록부의 구조

등록부	중앙등록부	암호유가증권등록부	
구 조	중앙집중형 구조	분산형 구조(개방형)	분산형 구조(폐쇄형)
구조도[46]			

각 구조별 연계 및 운영방식은 추후 보다 구체화될 것으로 보이지만, 지금까지 연구된 분산원장 기술의 적용례를 보면 개방형 구조에서 각 참가자는 참가자간 연계된 네트워크를 통해 최신 내용으로 현행화된 암호유가증권등록부 전체의 내용을 파악할 수 있고, 각 참가자 간 합의된 알고리즘에 의해 데이터 성립 여부 및 그 유효성 검토를 수행할 것으로 보인다. 이에 반해 폐쇄형 구조에서는 중앙관리자가 존재하고 그 중앙관리자의 허가가 있어야 암호유가증권등록부에의 참가가 가능하며 해당 등록부의 기재 또는 변경에 참여할 수 있을 것으로 보인다.

한편, 전자유가증권등록부의 종류를 불문하고 해당 등록부의 관리기관은 상당한 수준의 엄격한 의무를 부담하게 된다. 즉 전자유가증권등록부 관리기관은 해당 등록부의 데이터에 대한 신뢰성, 무결성 및 진실성이 보장되도록 관리해야 하고, 전자유가증권의 발행·유통이 원활할 수 있도록 하여야 하며, 언제나 전자유가증권의 법적 상황이 완전하고 정확하게 관련 등록부에 반영될 수 있도록 하여야 하고, 데이터 손실이나 무단 변동을 막는 필수 조치를 취해야 한다.[47] 특히 암호유가증권의 발행·유통이 기존의 금융 인프라 시스템을 규율하는 법률에 따

---

45) H Natarajan, S Krause and H Gradstein. (2017). Distributed ledger technology (DLT) and blockchain. BIS. World Bank Group, FinTech Note. no. 1.

46) BIS. (2018). Centralised ledger and permissioned/permissionless decentralised ledgers. BIS, BIS Annual Report. 96.

른 적격시스템으로 인정받기 위해서는 암호유가증권등록부 관리기관이 해당 법률의 요건을 충족할 수 있어야 한다.[48]

다. 전자유가증권의 소유 및 양도

독일 전자유가증권법은 전자적 형태로 존재하는 전자유가증권의 특성을 감안하여 전자유가증권의 소유 및 양도에 대한 별도의 사항을 규정하고 있다.

먼저, 소유에 관한 사항을 보면 보유자(Inhaber)와 권리자(Eigentümer)를 구분하여 규정하고 있다. 전자유가증권등록부에 보유자로 등록되어 있으면 그자를 보유자로 보고,[49] 전자유가증권법상 별도의 규정이 없는 한 그 보유자를 권리자로 본다(동법 제1장제1절제27조[50]). 이렇게 전자유가증권에 대해서 보유자와 권리자의 개념을 구분하는 것은 ⅰ) 민법상 점유·소유 개념과 ⅱ) 간접보유증권(intermediated securities)[51]의 특성을 종합적으로 감안한 것으로 보인다.

물리적 실체가 있는 유가증권과는 달리, 전자유가증권등록부에 등록된 전자유가증권에는 점유라는 개념을 바로 적용하기가 어려우므로, 전자유가증권등록부에 전자유가증권에 관하여 등록된 자를 우선 전자유가증권의 점유자로 의제하는 것이다.

---

47) 독일 전자유가증권법 제7조(등록부관리와 손해배상) ① 등록부관리기관은 전자유가증권등록부상의 데이터에 대한 신뢰성, 무결성 및 진실성이 보장되도록 관리하여야 한다.

② 등록부관리기관은 전자유가증권등록부가 언제나 현재의 법적 상황을 적절하게 반영하고, 등록 및 이전등록이 완전하고 정확하게 이루어지도록 보장하여야 한다. 등록부관리기관은 제1문을 준수하지 않은 등록부관리로 인하여 손해가 발생한 경우, 과실이 없는 경우를 제외하고는 해당 권리자에게 그 손해를 배상할 책임이 있다.

③ 등록부관리기관은 전자유가증권이 등록된 全 기간 동안 데이터 손실이나 데이터의 무단 변동을 막는 데 필요한 기술적, 조직적 조치를 취하여야 한다. 만약 등록부관리기관이 제1문에 따른 조치를 취하지 않으면, 등록부관리기관은 데이터 손실이나 데이터의 무단 변동으로 인하여 발생한 권리자의 손해에 대해 책임이 있다. 등록부관리기관은 발행인이 각각 발행한 전자유가증권의 총량이 등록과 이전등록을 통해 변하지 않도록 관리하여야 한다.

④ 등록부관리는 예탁법(Depotgesetz)상 예탁(Verwahrung)을 의미하지 않는다.

48) Regierungsentwurf, 앞의 책, S. 53.

49) 독일 전자유가증권법 제3조(보유자와 권리자) ① 전자유가증권 보유자는 전자유가증권등록부에 전자유가증권의 보유자로 혹은 전자유가증권 발행총수에 대한 일정 지분의 보유자로 등록된 자이다.

② 본 법에서 권리자란 유가증권의 권리를 소유한 자이다.

50) 독일 전자유가증권법 제27조(보유자의 소유권 추정) 본 법이 달리 정하지 않는 한, 전자유가증권 보유자는 등록된 기간 동안 해당 전자유가증권의 권리자로 추정된다.

51) 간접보유증권은 증권 소유자가 증권예탁기구 또는 금융회사에 증권 계좌를 개설하고 그 증권 계좌를 통하여 본인 소유의 증권을 간접 보유하는 증권을 말한다. 금융회사를 통한 증권 매매와 보유가 보편적인 현대 증권시장의 특성상 대부분의 나라에서 이러한 간접보유증권 시스템이 보편적으로 운영되고 있다.

그런데, 독일을 포함한 대부분의 나라에서 증권의 보유는 간접보유방식에 의하여 이루어지고 있다. 이 경우 증권예탁기구 또는 금융회사는 전자유가증권을 직접 보유(점유)하고 있으나, 자신이 해당 전자유가증권의 권리자가 되는 것이 아니라 진정한 권리자를 위해 보유(점유)하는 것이 되고 그 소유자는 해당 권리자가 된다.[52] 즉 진정한 전자유가증권 권리자(소유자)가 증권예탁기구 또는 금융회사를 매개로 하여, 그들이 관리하는 전자유가증권등록부를 통해 자신 소유의 전자유가증권을 간접 보유하게 되는 것이다.

다음으로 양도에 관한 사항을 보면, 혼장등록된 전자유가증권의 경우에는 혼장임치와 관련된 기존 민법 및 예탁법상 양도의 법리와 같이 계좌대체 방식에 의해 양도가 이루어진다. 즉 증권예탁기구 및 보관기관에 혼장등록된 전자유가증권은 기존 증권예탁제도와 마찬가지로 증권결제시스템을 통해 매매결제 및 인도가 이루어진다.

반면, 개별등록된 전자유가증권의 경우에는 증권결제시스템이 아니라 개별적으로 양도인과 양수인 간의 합의에 따라 이전의 등록을 함으로써 이루어진다(전자유가증권법 제1장제1절제25조[53]). 즉 민법상 물권의 권리변동 법리를 개별등록된 전자유가증권의 양도에도 동일하게 적용하고 있다.[54]

---

52) 독일 전자유가증권법 제9조(혼장등록에 대한 특별규정) ② 증권예탁기구 또는 보관기관은 자신이 권리자가 되는 것이 아니라 권리자를 위해 혼장재고를 신탁적으로 관리하여야 한다. 증권예탁기구 또는 보관기관은 권리자를 위한 혼장등록분과 자기지분을 함께 관리할 수 있다.

53) 독일 전자유가증권법 제25조(소유권 이전) ① 전자유가증권의 소유권을 이전하려면 전자유가증권을 매수자에게 이전하도록 하는 권리자의 지시 및 소유권 이전에 대한 양측의 동의가 있어야 한다. 권리자는 전자유가증권이 매수자에게 이전될 때까지는 그 소유권을 상실하지 않는다.
② 제1항에 따라 전자유가증권의 소유권을 이전하는 경우 해당 전자유가증권으로부터 발생하는 권리(증권권리)도 이전된다. 이 경우 주식회사법(Aktiengesetzes) 제67조제2항제1문은 영향을 받지 않는다.
③ 전자주식을 발행한 주식회사의 정관에서 회사의 동의를 받아 소유권 이전을 하도록 정한 경우 등록부관리기관은 회사의 동의가 있은 후에 해당 전자주식 소유권의 이전을 처리할 수 있다. 배서에 의한 기명식 전자주식의 양도는 불가능하다.

54) 전자유가증권법은 발행 시 등록의 형태로 혼장등록과 개별등록을 규정하고 있는데 기존 증권예탁제도상의 법리와 동일한 혼장등록이 중앙등록부유가증권에 적용되어야 함을 전제로 하고 있지는 않으며, 증권예탁기구 및 보관기관의 명의가 아닌 실제 권리자의 명의로 등록되는 개별등록이 암호유가증권에 적용되어야 함도 전제로 하고 있지는 않다. 따라서 중앙등록부유가증권이 개별 합의에 따른 인도에 의해 양도가 될 수도 있고, 암호유가증권이 기존 증권결제시스템에 의해 양도가 될 수 있는 가능성도 존재한다.

3 직접등록(단층)구조 채택국가

(1) 덴마크

1) 덴마크 전자증권제도 개요

덴마크에서는 1977년에 주택성이 구성한 금융회사대표자위원회에서 전자증권제도의 도입과 이를 위한 전자등록기관의 설립을 포함한 제안서를 발표하였다. 이를 토대로 전자증권제도 추진실무팀을 설치·운영(1978~1980년)하였다. 그리고 1980년 5월에는 전자등록기관인 VP(Vaerdipapircentralen)센터의 설립법인 동시에 전자증권제도의 기본법인 「증권센터법(Securities Centre Act)」을 제정하였다.

이 법을 근거로 1983년에는 채권실물을 완전 폐기하고 채권에 대해 전자증권제도를 세계 최초로 도입하였다. 그 이후 1988년에는 기타 상장증권에도 전자증권제도를 확대 시행하였다. 그리고 1995년 12월에는 「증권거래법(Securities Trading Act)」을 제정하여 등록대상 증권에 대한 제한규정을 폐지하여 비상장증권에 대하여도 임의적 무권화를 허용하였다.

전자등록 대상 증권은 양도성 있는 증권으로서 전자등록기관에서 등록을 승인한 모든 증권이다. 이에 해당하는 증권에는 상장증권·채권·투신상품·신주인수권 등이 포함된다. 그리고 비상장증권에 대하여는 전자등록기관이 적격판정을 내린 종목만이 적용대상 증권에 해당한다.

전자등록은 계좌관리자를 통하여 실시하되 전자등록시스템에는 원칙적으로 소유자 명의로 등록하는 제한적 직접등록방식을 채택하고 있다. 법적 증권소유자명부는 전자등록기관이 보유·관리한다. 다만, 기명주식에 대하여는 발행인이 전자등록시스템과는 별도로 소유자명부를 직접 관리하거나 명의개서대리인에게 위임하여 관리할 수 있다.

전자증권의 소유자는 자신의 명의로 등록된 경우에는 발행회사에 대하여 직접 권리를 행사할 수 있다. 그러나 계좌관리기관의 명의로 등록되는 경우에는 계좌관리기관이 증권에 관한 권리를 행사하게 된다. 그러나 의결권은 어떠한 경우에도 주주가 직접 행사한다.

2) 덴마크 전자증권제도의 구성

가. 입법체계

덴마크의 전자증권제도는 1980년 5월 「증권센터법」을 근거로 하고 있다. 이 법은 이후

1995년 12월 20일 제정된 「증권거래법」으로 대체되었다. 1996년 1월 1일부터 시행된 증권거래법은 i) 전자증권으로 발행할 수 있는 증권의 종류, ii) 청산·결제 업무를 할 수 있는 기관의 성격 및 업무내용, iii) 증권의 등록 및 계좌대체, iv) 등록의 법적 효력, v) 계좌명세서, vi) 민원 및 보상 등으로 구성되어 있다. 그리고 이 법에 근거하여 산업부장관이 등록 업무 절차 및 전자증권으로의 전환에 관한 세부규칙을 마련하였다. 그 밖에 증권거래법 및 세부업무규칙에서 정하지 않은 사항에 대해서는 VP센터와 각 회원기관 간 실무적인 업무사항을 규정하는 계약을 통해 해결하고 있다.

나. 적용대상 증권

덴마크의 모든 상장증권은 전자증권제도의 적격유가증권(適格有價證券)에 해당한다. 증권거래법에서는 증권거래소가 거래소 운영에 관한 규정을 제정할 수 있다고 정하고 있다. 이 규정에 따라 증권거래소는 증권거래소상장규정지침에 의거 모든 상장주식, 채권 및 단위형 투자신탁증권은 전자증권 형태로 발행하도록 규정하고 있다. 만일 실물형태로 발행된 증권이 상장되는 경우에는 상장과 동시에 VP센터에 등록되고, 그 실물은 폐기하도록 되어 있다. 전자증권제도 시행 이후 VP센터는 더 이상 실물증권의 예탁·보관 업무는 수행하지 않고 있다.

다. VP센터의 역할

VP센터는 1980년 설립된 이래 1983년 실물채권을 완전히 폐지하고, 전자계좌등록시스템(computer account registration system)을 통해 투자자계좌를 직접 관리하고 있다. 1988년에는 주식·단위형 투자신탁증서·전환사채의 실물을 완전히 폐지·등록하였으며, 1989년 이후에는 주가지수선물·옵션거래의 결제를 수용하고 있다. VP센터는 국내·외 모든 증권의 소유권에 대한 전자집중관리기관의 역할을 수행한다. 이러한 기능의 중요성을 감안하여 「증권센터법」에서는 VP센터를 법적 독점성을 지닌 비영리법인으로 출발시켰다. 그러나 증권거래법에서 전자증권의 등록에 의한 발행 및 청산·결제 업무 수행의 법적 독점성을 폐지함에 따라 VP센터도 2001년 1월부터 영리목적의 주식회사로 그 법인격이 전환되었다.

이처럼 전자등록업무의 법적 독점성이 폐지됨에 따라 수개의 전자등록기관의 출현가능성이 제기되었다. 그리고 이에 대한 대응 방안으로 한 종목의 전자증권은 반드시 하나의 청산결제기구에서만 발행하도록 하고 있다. 현재 VP센터는 법적인 독점성은 없지만 여전히 덴마크에서 전자증권의 발행 및 청산·결제 업무를 수행하고 있는 유일한 전자등록기관이다.

전자증권 등록발행 업무 수행을 위한 VP센터 참가회원은 모든 금융회사를 포함한 발행회사까지 확대되었으며, VP센터는 참가회원의 고객에 관한 계좌부까지 총괄하고 있다. 증권 거래법에서는 구체적으로 그 참가회원을 덴마크 전자은행 · 재무부 · 덴마크 저당신용은행 · 은 행 · 저축은행 · 저축조합 · 기관투자자 · 기타 채권발행기관이 발행한 증권이 관련된 경우의 해 당 기관 등으로 열거하고 있다. 그 밖에 공적 규제를 받는 외국의 증권예탁기구는 덴마크 금 융감독원의 허가를 받아 VP센터의 참가자가 될 수 있다.

라. 계좌등록

등록된 증권에 관련한 제권리는 VP센터에 등록하게 되는데, VP센터에의 등록은 증권의 권리에 대한 대항요건이다. VP센터에의 등록은 VP센터의 회원만이 가능하며, 일반투자자는 VP센터 회원을 통해 간접적으로 등록할 수 있다. VP센터는 회원기관의 고객원장을 통합하여 관리한다. 각 회원은 자기 · 고객 중 특별고객을 위해 다수의 VP계좌를 보유할 수 있으며, 이 들 특별고객의 등록분은 고객분 중에서 구분하여 표시하게 된다.

증권의 소유자는 실제 자기 명의로 VP계좌에 등록하거나 제3자 명의로 등록이 가능하다. 제3자 명의의 등록은 등록명의인 선임에 의해 이루어지며, 증권의 실제소유자 명의는 계좌보 유자로서 등록된 명의인인 제3자만이 알 수 있다. 이들 명의의 증권지분은 해당 고객의 법적 권리를 보호하기 위해 해당 회원기관의 자기 소유지분과 구분하여 별도로 VP계좌에 등록된 다. 외국인 투자자는 덴마크 거래은행을 통해 자신의 명의나 거래 은행 명의로 등록한다. 각 회원은 온라인 단말기를 통해 VP계좌에 직접 등록사항을 입력하게 된다. 이에 따라 VP센터의 등록증권 권리 및 정보에 관한 사항은 각 회원기관이 책임지게 된다.

등록과 관련한 제반 법적 효력은 회원에게 통지한 시점부터 발생한다. 그러나 등록증권의 제권리에 관한 계약사항이 일단 VP센터에 등록되면, 선의의 양수인은 보호된다. VP센터는 등 록증권 소유자에게 정기적으로 또는 청구에 따라 수시로 등록증권 소유내역인 계좌명세서 (statement of account)를 통지하여야 한다. 등록증권에 대하여 제한적 권리를 갖는 자도 같은 권리를 가지게 된다. 또한, 등록에 수반되는 모든 장애 요인(any hindrances)에 관해서는 적법 한 권리자에게 통지하여야 하며, 가능한 한 모든 수정 및 취소사항을 등록부상 적법한 권리자 에게 통지하여야 한다.

VP센터 회원은 증권거래에 따른 계좌명세서를 VP센터를 대신해 작성할 수 있으며 이를 자기 고객에게 통지할 수 있다. 그 밖에도 회원은 단말기를 통해 수시로 이에 대한 조회 · 출 력이 가능하다. 각 VP센터 계좌는 증권에 관한 소유권과 VP센터에 등록된 증권의 이자, 배당 금 등을 송금할 수 있는 은행 계좌번호에 관한 정보를 포함하고 있다. 그 외에도 계좌보유자의 권리 행사를 보장하기 위한 정보도 VP계좌에 등록되어 있다.

3) 덴마크 전자증권제도의 운영

증권의 발행 방법은 발행회사가 VP센터를 통해 직접 발행하는 방식과, 발행회사와 인수기관 간의 발행위임계약에 의해 인수기관이 VP센터를 통해 간접 발행하는 방식 2가지가 있다.

발행회사가 VP센터를 통해 직접 발행하는 경우에는 VP계좌를 사전에 보유하거나 발행 전에 VP센터에 계좌를 개설하여야 한다. 이 경우 발행회사는 VP센터의 전자계좌등록 시스템 내의 자기계좌에 발행 증권내역을 단말기를 통해 직접 입력하게 된다. 입력내용에는 발행 총량·발행 조건·기타 각종 정보가 포함된다. VP센터는 증권을 매출하거나 거래할 때마다 등록 증권의 소유권을 해당 VP 회원 간의 계좌대체에 의해 이전하게 된다. 직접 발행방식의 구조를 살펴보면 다음과 같다.

▼ 직접 발행방식 구조

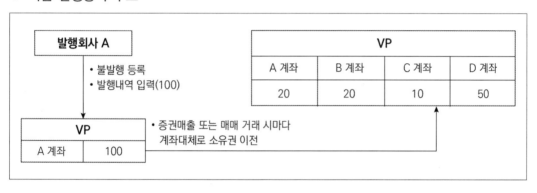

인수기관이 VP센터를 통해 간접 발행하는 경우, 발행회사가 VP센터의 회원이 아닌 경우에는 VP센터 회원인 인수기관과 발행대행계약을 체결하여야 한다. 이 경우 인수기관은 해당 발행인을 대신하여 VP 전자계좌등록시스템의 자기계좌를 통해 증권을 발행하게 된다. 간접 발행방식은 VP센터에 계좌로 등록되는 자가 발행회사가 아니고 인수기관이라는 특징이 있다. VP센터는 증권을 매출하거나 거래할 때마다 등록채권의 소유권을 VP센터의 회원인 인수기관의 계좌에 계좌대체에 의한 방법으로 등록소유권을 이전하게 된다. 간접 발행방식의 구조를 살펴보면 다음과 같다.

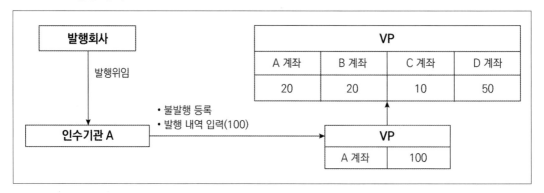

증권보유수량은 투자자의 VP계좌에 액면금액으로 등록되며, 각 증권은 균등한 단위의 액면으로 분할된다. 각 단위의 크기는 발행회사별·증권 종목별로 정해진다. 증권발행·등록의 효력은 발행회사나 발행회사의 위임을 받은 회원이 VP센터에 개설한 자기계좌에 발행 총량을 입력하는 시점에 발생한다.

(2) 중국

1) 중국 전자증권제도 개요

중국 증권시장에서의 증권의 무권화는 매우 신속하고 효율적으로 이루어졌다. 상장주식의 경우 실물증권이 증권 중개기관 또는 위탁은행에 위탁되는 역사적인 과도기를 거치지 않은 채 그 시작부터 거의 무권화방식으로 운영되어 온 것이다. 요컨대, 중국은 상장주식에 대하여 실물 발행 없이 전자등록기관의 전자적 증권등록부상의 기재만으로 주식을 발행하고, 권리를 인정하는 전자증권제도를 자본시장 개방 초기부터 실행하여 왔다.

이를 위해 상하이 증권거래소와 심천 증권거래소는 산하에 각각의 증권등록결제기구인 상하이 전자증권등록결제회사와 심천 증권결제회사를 설립하고, 이 기관들을 통하여 증권의 등록·위탁·결제서비스를 제공하였다. 2001년 3월에는 상하이 증권등록결제회사와 심천 증권등록결제회사를 통합하여 중국 증권등록결제회사(CSDC, 이하 "증권등록결제기구"라 한다)를 설립하였으며, 상하이와 심천 증권거래소에 지점을 설립하여 전국적으로 통일된 증권등록결제 시스템을 수립하였다.

증권의 무권화 발행 및 결제와 관련해서는 우선 중국법상 증권의 종류를 살펴볼 필요가 있다. 증권은 그 형식에 따라 실물증권과 전자증권으로 분류된다. 실물형태의 증권은 일정 양식에 따라 국가 증권관리부서에서 지정한 인쇄기관에서 인쇄한 실물형태 또는 특정매체 형식을 갖추고 있는 증권을 가리킨다. 전자증권은 실물형태를 띠지 않고 있으며, 장부기록방식으로 증권소지자, 증권종류, 수량을 장부에 기재하여 증권권리자의 증권권리를 반영하게 된다.

중국에서 실물증권과 전자증권은 「주식발행 및 거래관리임시조례」(1993년 4월 22일 시행)에서 법적으로 분류되고 있다. 같은 조례 제53조에서는 "주식은 기명방식을 취하며 발행인은 장부기재식으로 주식을 발행할 수도 있고 실물주권을 발행할 수도 있다. 장부기재식 명부는 증권감독관리위원회에서 지정한 기관에 예탁하여야 하며, 실물주권을 집중예탁하는 경우에도 반드시 증권감독관리위원회가 지정하는 기관에 예탁하여야 한다"라고 규정하고 있다. 또한, 현행 「증권법」은 증권의 형태에 대하여 "증권거래 당사자들이 매매하는 증권은 지면형식 또는 국무원 증권감독관리기관에서 규정하는 기타 형식을 취할 수 있다"라고 규정하고 있다. 요컨대, 증권의 실물화, 무권화 분류에 대한 명문규정은 두고 있지 아니하면서도 사실상 이러한 분류방식을 묵인하고 있는 것이다.

한편, 실물형태의 주식에 대하여 중국 회사법 제129조는 주권에 회사명칭, 회사 등기설립일자, 주권의 종류, 액면가 및 주식 수, 주권번호를 기재할 것을 요구하고 있다. 아울러, 주권에는 사장의 서명 및 회사 법인인감이 날인되어야 하며, 발기인이 인수한 주권에 대해서는 '발기인 주권'임을 표기할 것을 요구하고 있다.

반면, 중국 상장회사의 경우에는 모든 상장주식에 대하여 전자주권방식을 취하는 전자증권을 발행하고 있으며, 비상장회사에서도 전자증권을 발행하는 사례가 있다. 「증권법」 규정에 의하면, 상장회사의 모든 주식은 반드시 위탁하여야 한다. 즉 모든 상장주식은 반드시 국가에서 지정한 증권등록결제기구에 전자등록하여야 하며, 지분 양도 이후 및 배당금 지급 시 자금결제 및 주식 명의이전을 지체 없이 처리하여야 한다.

2) 중국 전자증권제도의 구성

가. 증권등록결제기구

증권등록결제기구는 증권거래를 위한 집중적인 등록, 예탁 및 결제서비스를 제공하는 비영리법인으로서 상하이, 심천 두 증권거래소에서 상장되는 증권에 대한 예탁, 청산·결제 및 등록 서비스를 제공하고 있다. 예탁 서비스 제공 시에는 증권예탁기구의 역할을 하고, 청산·결제 서비스 제공 시에는 청산결제기구의 역할을 하며, 등록 서비스 제공 시에는 전자등록기관의 역할을 수행하고 있는 것이다.

증권등록결제기구의 증권등록 서비스 대상은 증권거래소에 상장되는 모든 증권이다. 현재 증권거래소에 상장되는 증권은 전부 무권화 발행방식을 취하고 있다. 발행된 모든 증권은 증권등록결제기구의 전산시스템을 통하여 투자자의 증권계좌에 기입된다. 그리고 그 이후의 증권거래 또는 양도에 대하여 증권등록결제기구는 증권계좌 등록정보에 대한 변경등록 서비스를 제공하고 있다. 이 외에도 증권등록결제기구는 발행인에게 정기적으로 또는 발행인의 신청에 따라 증권보유자명부를 제공하게 된다.

증권예탁 시 증권등록결제기구는 증권회사와 고객 사이의 위탁관계를 보호하며, 증권회사 자기증권 및 고객의 증권을 예탁받는 기능을 수행하고 있다. 또한, 증권등록결제기구는 증권보유자명부 등록업무를 수행한다. 증권보유자명부 등록이란 지분, 채권을 등록하는 것으로서 증권보유자의 이름·명칭을 등록하고, 이를 발행인, 투자자 및 기타 관련자에게 제공하는 것을 말한다. 증권보유자명부 등록은 증권거래에서의 결제·양수도·이전등록의 결과에 따라 진행되는데, 이러한 등록은 투자자의 권리를 확정해주고 증권보유자명부를 형성하게 된다. 증권등록결제기구에서 작성한 명부는 권리증명의 효력이 있다. 그 결과 증권등록부가 발행인이 작성한 주주명부 또는 채권보유자명부와 상이할 경우에는 증권등록결제기구가 작성한 증권등록부를 기준으로 한다.

나. 전자등록 대상 증권

중국 「증권법」상 증권은 주식, 회사채 및 국무원이 법에 따라 인정하는 기타 증권으로 되어 있다. 그 중 상장증권에 대해서는 전자증권제도를 시행하고 있다. 전자등록이 적용되는 대상 증권은 주식, 권리증서, 펀드, 회사채와 기업채 등이 망라된다. 여기에는 국내에서 상장하는 외자주(이하 "B주"라 한다)[55]도 포함된다.

다. 증권보유제도

중국은 증권의 직접보유를 주된 방식으로 하되, 직접보유와 간접보유를 병용하는 증권보유제도를 두고 있다. 국내 전용 주식(이하 "A주"라 한다) 시장에 대해서는 직접등록제도를 실행하면서, 증권 실제투자자의 내역을 전자등록기관에 등록하고 있다. 그런데 1995년 12월 25일자로 시행된 B주에 관한 국무원 규정에 의하여, 국외 투자자는 국외 대리인의 명의로 증권

---

55) 주식 액면가가 위안화로 되어 있으며 외환으로 매입 및 거래하도록 되어 있는 주식으로, 국외 투자자들이 중국 내 주식회사에 투자하기 위해 마련된 것이다. B주는 상하이 증권거래소와 심천 증권거래소에서 상장 및 유통되는 것으로, 과거에는 외자유치를 목적으로 외국법인 및 외국인에 한해서만 거래를 허용하였다. 그러나 2001년 2월 19일을 기준으로 은행에 외국환계좌를 보유한 내국인도 B주에 투자할 수 있도록 하였으며, 2001년 6월 1일자로 모든 내국인이 B주에 투자할 수 있도록 규제를 완화하였다.

등록결제기구에 증권계좌를 개설하도록 하였다. 그리고 투자자의 위임을 받아 B주를 매입한 중개인은 증권등록부상 주식의 등록명의인이 되었다.

2001년 이전까지 B주 시장 투자자들은 국외 투자자로 제한되어 있었다. 그러나 2001년 2월 중국 내 투자자에 대해서도 B주 매입을 허가하면서 국내 투자자들도 대리인을 통하여 증권을 간접적으로 보유할 수 있게 되었다. 그 결과 사실상 중국 A주는 직접보유방식을, B주는 여전히 간접보유방식을 취하는 양상을 나타내게 되었다. 그리고 이는 증권등록제도의 이원적 운영을 야기하여 실무적 문제점들이 발생하게 되었다.[56)]

이처럼 법률과 실무의 충돌에 직면하자 중국은 2005년 「증권법」 개정부터 법률규정과 실무와의 전반적인 조화를 시도하였으며, 점차 국제적인 증권 간접보유제도와 일치시키려는 노력을 기울였다. 예컨대, 「증권법」 제166조는 "증권회사에 위임하여 증권거래를 하는 투자자는 반드시 증권계좌의 개설을 신청하여야 한다. 증권등록결제기구는 규정에 따라 투자자 본인 명의로 투자자를 위한 증권계좌를 개설하여야 한다. 증권계좌 개설 신청 시 투자자는 중국인 또는 중국법인임을 증명하여야 한다. 단, 국가에서 별도의 규정을 둔 경우는 예외이다"라고 규정하였다. 즉 "국가에서 별도의 규정을 둔 경우는 예외이다"라는 규정을 두어 증권의 간접보유제도에 대한 여지를 남겨 두고 있다.

이처럼 「증권법」은 단지 증권의 간접보유제도에 대한 여지를 남겨두었다. 그런데 2006년 4월 17일자로 시행한 「증권등록결제관리방법」 제18조는 여기서 한발 더 나아가 "증권은 증권보유자 본인의 증권계좌에 기록되어야 한다. 단, 법률, 행정법규, 증권감독관리위원회의 규정에 따라 명의보유자 증권계좌에 기록하여야 하는 경우는 그 규정에 따른다. 증권등록결제기구는 명의보유자에게 실제 증권권리보유자와 관련된 서류의 제출을 요구할 수 있다"라고 규정하였다. 이를 통하여 중국의 증권 간접보유에 대한 근거법령이 마련되었다.

요컨대 중국은 증권 직접보유제도의 틀에서 간접보유제도에 관한 근거법령을 마련하게 되었다. 그 결과 중국 증권보유제도는 직접등록제도와 간접등록제도 각자의 장점을 살릴 수 있게 되었으나 동시에 2가지 제도적 위험도 함께 부담하게 되었다.

라. 등록계좌관리

증권계좌는 상하이 증권계좌와 심천 증권계좌로 분류된다. 상하이 증권계좌는 상하이 증

---

56) 간접보유모델을 취하고 있는 B주 시장, 나아가 적격 외국기관투자자(QFII) 투자에 있어서 증권 실제투자자의 권리를 확정할 수 없는 제도적 문제점이 발생하였다. 이러한 제도적 한계로 B주 시장의 투자자는 증권에 대한 권리를 행사할 수 없었다.

권거래소에 상장거래되는 증권 및 증권등록결제기구가 인정하는 기타 증권을 기록한다. 심천 증권계좌는 심천 증권거래소에서 상장거래되는 증권 및 증권등록결제기구가 인정하는 기타 증권을 기록한다. 상하이 증권계좌와 심천 증권계좌는 증권계좌의 용도에 따라 ⅰ) 위안화 일반주식계좌(A주 계좌), ⅱ) 위안화 특종주식계좌(B주 계좌), ⅲ) 증권투자펀드계좌, ⅳ) 기타 계좌 등으로 분류된다. 그리고 소지인을 기준으로 A주 계좌와 증권투자펀드계좌는 개인 증권 계좌와 기관 증권계좌로, B주 증권계좌는 국내 투자자 증권계좌와 외국 투자자 증권계좌로 분류된다.

투자자는 본인 명의로 증권계좌 개설 신청을 하여야 한다. 그러나 법률, 행정법규 및 증권감독관리위원회 규정에 부합되는 경우에는 등록명의인 명의로 증권계좌 개설을 신청할 수 있다. 증권등록결제기구는 등록명의인 명의로 된 증권권리보유자 관련 서류의 제공을 요청할 수 있다.

3) 중국 전자증권제도의 운영

가. 증권의 신규등록

중국은 상장증권에 대한 전자증권제도를 시행하고 있다. 이에 따라 旣 발행된 증권이 증권거래소에 상장되기 이전에, 발행인은 증권등록결제기구가 규정한 기한 내에 증권보유자명부 및 관련 서류들을 제출하여 증권의 신규등록 신청을 하여야 한다. 증권등록결제기구는 이를 근거로 증권보유자명부의 신규등록 업무를 처리하게 된다.

증권등록결제기구는 발행인이 제출한 증권등록 신청서류를 심사한 후 신고된 증권등록 기록을 근거로 증권보유자명부의 신규등록 절차를 진행하게 된다. 발행인이 제공한 신청서류에 착오가 있어 신규등록이 이루어지지 아니한 경우, 이로 인한 모든 법적 책임은 발행인이 부담한다. 발행인이 증권 신규등록 결과에 대한 수정을 요구할 경우, 증권등록결제기구는 효력이 발생된 사법판결 또는 증권등록결제기구가 인가하는 기타 증명서류에 근거하여 수정 절차를 거쳐야 한다.

나. 증권의 이전등록

증권의 이전등록은 증권위탁과 직접적으로 관계되는 업무로써 증권등록결제기구가 증권거래가 이루어진 후 증권보유자의 명의를 변경하는 행위를 가리킨다. 증권이 증권거래소에서 상장되어 거래된 경우 증권등록결제기구는 증권거래의 결제결과에 따라 증권보유자명부의 이전등록을 하여야 한다.

증권거래소를 통하여 집중거래된 증권에 대하여 증권등록결제기구가 증권거래 양수도 결과에 따라 집중거래 이전등록 절차를 진행한다. 그 외에도 ⅰ) 지분양도에 대한 협의, ⅱ) 사법압류, ⅲ) 행정집행, ⅳ) 승계, 기부, 법에 따라 처분이 가능한 재산분할, ⅴ) 법인의 합병, 분할 또는 해산, 파산, 영업취소 등 원인으로 법인격을 상실한 경우, ⅵ) 상장회사의 인수, ⅶ) 상장회사의 주식 환매, ⅷ) 관련 법률, 행정법규, 증권감독관리위원회 및 증권등록결제기구 업무규칙에서 정한 기타 사항 등의 사유로 증권의 이전이 발생될 경우에도 이전등록이 가능하다.

다. 증권의 퇴출등록

주식이 상장폐지된 경우 발행인 또는 그 대리인은 지체 없이 증권등록결제기구를 방문하여 증권거래소시장에서의 퇴출등록 절차를 밟아야 한다. 증권등록결제기구는 발행인 또는 그 대리인과 증권등록 수량, 주식보유자 명부 리스트 등 증권등록과 관련 서류를 발행인 또는 그 대리인에게 교부하게 된다.

발행인 또는 그 대리인이 규정에 따라 증권거래소시장 퇴출등록 처리를 하지 않는 경우가 있다. 이 경우에는 증권등록결제기구가 증권등록 수량과 자료를 해당 발행인 또는 대리기관에 송달하고, 공증기관의 공증을 거침으로써 퇴출등록 절차가 완료된다. 발행인의 증권거래소시장 퇴출등록 절차 완료 이후, 증권등록결제기구는 증권감독관리위원회가 지정한 간행물에 발행인에 대한 증권거래소시장의 등록 서비스 종료공고를 내야 한다.

4 기타 국가

(1) 영국

영국은 런던증권거래소 주도하에 추진되었던 TAURUS(Transfer and Automated Regis-tration of Uncertified Stock) 시스템의 도입이 1993년에 중단되었다.[57] 이에, 1993년 8월부터 영란은행의 주도로 전자증권제도인 CREST 프로젝트 구축작업이 개시되었다. 1994년 10월에는 전자등록기관인 CRESTCo[58]의 법적 설립이 완료되었으며, 1995년 12월에는 「무증서증권

---

57) TAURUS 계획은 13년에 걸쳐 2억 파운드를 투입하여 추진하였으나 시행도 하지 못한 채 폐기되었다[증권예탁원. (1998). 영국증권예탁결제제도. 61].

58) CRESTCo는 1995년 제정된 무증서증권규정에 의거 설립된 주식회사인 동시에 금융서비스 및 시장법에 의한

규정(Uncertificated Securities Regulations)」이 제정되었다.

전자증권의 결제를 처리하는 CREST 시스템에 의한 전자등록 대상 증권은 영국의 회사법에 의하여 발행되는 증권으로, 발행회사가 선택하고 CRESTCo가 승인하는 모든 증권이다. CREST 시스템의 가장 큰 특징은 발행회사에게 CREST 시스템 참가 여부에 대한 선택권을 부여하는 임의 참가방식을 채택한다는 점과,[59] 발행회사가 CREST 시스템에 참가한 경우에도 투자자는 실물증권의 발행 청구와 보유가 가능하다는 점이다.

한편, 무증서증권의 양도는 반드시 CREST 시스템을 통하여 이루어져야 하며, 등록기관이 관리하는 증권명부에 등록된 때에 그 효력이 발생한다. 이에 따라 등록기관(registrar)[60]은 CRESTCo의 지시에 따라 증권명부에 무증서증권의 양도를 등록하였는지 여부를 CRESTCo에 통지하여야 한다. 그러나 등록기관이 등록지시를 받았다 하더라도 즉시 양도를 변경 등록하는 것은 기술적으로 불가능하여 양수인의 보호에 문제가 있었다. 이 문제를 해결하기 위해 「무증서증권규정」은 증권명부 등록 전의 양수인에게 소위 형평권(equitable interest)을 인정하여 등록 전에 양도인이 파산한 경우에도 양수인을 보호하였다.[61] 그러나 이 해결방법은 근본적인 문제를 해소하는 데 한계가 있었다.[62] 이에 2001년에는 CRESTCo의 전자증권등록부 기재에 전자증권 소유권 이전의 법적 효력을 부여하는 이른바 '법적 소유권의 전자적 이전(ETT, Electronic Transfer of Title) 제도'를 도입하였다.

등록기관이 작성하는 증권명부는 무증서증권에 대한 법적 장부로서 전자등록기관인 CRESTCo가 작성·관리하는 전자증권등록부와 발행회사 또는 지정된 등록기관이 작성 및 관리하는 실물증권등록부를 기초로 작성하게 된다. CREST 시스템에 등록된 증권에 대한 권리 행사는 증권명부에 기재된 CREST 시스템 회원이 소유자로서 권리를 행사하는 간접행사방식을 채택하고 있다. 이후 CRESTCo는 Euroclear UK & International로 사명이 변경되어 현재에 이르고 있다.

공인결제기구로서 증권의 등록 및 계좌관리, 예탁, 청산 및 결제업무 등 업무를 수행하고 있다.

59) 상장법인의 경우에는 CREST 시스템에 의무적으로 참가하여야 한다.

60) 등록기관은 실물증권에 대한 명의개서(등록)업무를 수행하는 자로서 CRESTCo로부터 전자증권의 권리 이전내역을 통지받아 실물증권부분과 취합하여 증권명부를 작성하고, 발행회사의 대리인으로서 각종 권리 행사업무를 수행한다.

61) HM Treasury. (1994). CREST the Legal Issue, revised, 1994.4, ANNEX B. 1−5.

62) CREST 시스템상 결제가 이루어진 후 법적 권리 이전(등록기관에의 등록)에 일정 시간(2시간)이 소요되는 문제가 있었다.

(2) 미국

미국은 1960년대 말 증권거래 규모의 급격한 증가에 따른 실물증권의 문제를 해결하기 위하여 부분적으로 전자증권제도를 도입하였다. 연방정부채에 대하여는 1968년 연방국채계좌 등록시스템 도입계획에 의하여 증권의 발행·보유·양도를 실물증권이 아닌 계좌등록방식으로 처리하는 계좌등록시스템을 1971년에 도입하였다. 1979년에는 재무부단기채권(TB)에 대하여 계좌등록에 의한 발행을 강제하였고, 1986년부터는 다른 연방정부증권으로 실물증서 불발행을 확대 시행하였다.[63]

한편, 회사가 발행하는 증권에 대하여는 1978년 「모범사업회사법(MBCA)」이 이사회결의 만으로 무증서주식을 발행할 수 있도록 하였다. 그러나 대부분의 주(州)회사법이 여전히 실물 증권의 발행을 강제하고 있어 주식과 사채, 기타 회사 발행증권의 대부분은 실물증권으로 발행되었다.

이후 DRS(Direct Registration System)[64]의 도입으로 무증서형태의 증권 직접보유방식이 활성화되었다. DRS를 통한 증권보유는 증권의 직접보유방식을 의미한다. 따라서 DRS 방식을 통한 증권보유자는 발행회사에 대하여 증권에 대한 완전한 소유권을 확보하게 된다. 그러나 DRS 형태로 증권을 보유하고 있는 투자자는 증권보유방식을 간접보유방식으로 전환하지 아니하는 한 시장거래를 할 수 없다. 미국은 이러한 DRS의 확대 시행을 통하여 완전한 부동화를 실현하고, 주식의 75% 무권화를 목표로 하였다. 그 외에 뮤추얼펀드 주식은 1985년부터 실물이 불발행되고 있으며, 양도성 예금증서(CD)나 기업어음증권(CP) 등 단기금융상품에 대하여는 1990년부터 실물 불발행제도를 도입하고 있다.

(3) 스웨덴

스웨덴은 증권예탁제도의 정착으로 주권 발행 필요성이 감소하기 시작하였다. 이에 1982년에는 포괄증권제도를 도입하고 명의개서대리인에 의한 등록 시 주권 불발행을 인정하는 것을 골자로 하는 제한적 전자증권제도를 시행하였다. 그러나 진정한 전자증권제도는 1989년에 회사법에서 전자증권에 관한 특별법인 「주식계좌법(Share Account Act)」에 전자증권제도에 관

---

63) Marcia Stigum. (1988). After the Trade: Dealer and Clearing Bank Operations in Money Market and Government Securities, Dow Jones-Irwin. 100.

64) 미국 회사법상의 불발행제도로서 투자자가 주주명부에 직접 등록하여 증권을 자기명의로 직접 보유할 수 있는 시스템을 말한다.

한 사항을 위임하면서 도입되었다. 그 이후 1989년 11월에 전자증권제도의 기본법인 주식계좌법이 제정되어 1990년에 모든 주식이 무권화되었고, 1993년에는 채권과 단기금융상품까지 무권화가 완성되었다. 그리고 1998년에는 주식계좌법을 「금융상품의 계좌에 관한 법(The Financial Instrument Account Act)」으로 대체하여 전자증권제도의 적용대상을 모든 금융상품으로 확대하였다.

스웨덴의 전자증권제도는 증권투자자가 자신이 소유하는 증권을 거래금융회사인 계좌관리자를 통하여 자기명의로 전자등록기관의 계좌에 등록하는 직접등록제를 채택하고 있다. 전자등록기관은 전자증권제도의 운영자인 동시에 발행회사와의 계약에 의하여 그 증권사무를 대행하는 기능도 수행한다. 전자증권제도의 대상 증권은 유통성이 있는 스웨덴의 모든 증권이며 외국증권도 포함된다. 그러나 전자증권제도의 이용은 선택사항이기 때문에 발행인은 정관의 규정에 의하여 제도 이용 여부를 선택할 수 있다.

전자등록기관이 관리하는 주된 장부는 증권등록부[65]인데 이 장부는 개별증권계좌[66]로 구성된다. 전자등록기관은 계좌관리자가 등록한 지분 총량 외에 계좌관리자가 관리하는 증권소유자들의 개별지분계좌까지 관리한다. 발행인은 법적으로 구비하여야 할 증권소유자명부를 별도로 관리하지 아니하고 전자등록기관에 그 관리를 위임한다. 따라서 전자등록기관의 발행인별 증권등록부가 그대로 법적 증권소유자명부 역할도 하게 된다.

---

65) 증권등록부는 전자등록기관에 참가한 발행인별로 관리되는 장부로, 증권소유자별로 부여되는 증권계좌를 발행인별로 종합한 것이다.

66) 증권계좌는 증권보유자의 등록방식에 따라 보유자계좌와 등록명의인계좌로 구분된다. 보유자계좌(owner account)는 증권보유자 자신의 명의로 증권을 전자등록시스템에 등록할 경우의 계좌를 말하고 등록명의인계좌(nominee account)는 증권보유자가 증권을 등록명의인 명의로 전자등록시스템에 등록할 경우의 계좌를 말한다.

제 5 장

전자증권제도의 장점

1 시장의 투명성 제고

전자증권제도에서는 증권의 발행, 유통 및 권리 행사가 전자등록기관 및 계좌관리기관의 전자등록계좌부에서 이루어진다. 즉 주식등의 소유권 이전이 전자등록계좌부상에서 완결성 있게 처리되는 것이다. 그러므로 전자증권의 소유자가 세금 탈루 또는 자금세탁 등의 목적을 갖고 음성적인 거래를 한다는 것이 사실상 불가능[1]하다.

이에 반해 실물증권은 기록 없이 그 보유 및 거래가 발생 가능하므로 특정인이 실물로 증권을 보유하는 경우 제3자가 특정인의 증권 보유여부를 파악하기가 매우 어려우며 그 증권을 매매, 상속 등의 사유로 이전하는 경우라도 그 이전을 파악하기가 어렵다.

결국, 전자증권제도에서는 증권의 보유 및 거래가 투명하게 관리되고 세금 역시 세법 등의 기준에 따라 공정하게 부과 및 징수될 수 있기 때문에, 전자증권제도는 시장의 투명성을 높이는 데 큰 역할을 한다고 할 수 있다. 또한, 증권의 발행 및 유통 정보가 전자등록기관을 통하여 집중 관리되므로 전자등록기관은 해당 정보를 기관투자자, 발행인 또는 정책당국 등의 수요자에게 적시에 제공할 수 있게 된다. 이를 통해 정보 비대칭으로 인한 시장의 비효율성 역시 제거할 수 있다.

---

1) 전자증권제도는 기업 지배구조·증권 거래정보에 대한 투명성을 제고, 전자등록된 주식의 경우, 매매·증여 등 거래정보가 전산관리되어 명의신탁, 음성거래 등을 통한 탈세 등 방지가 가능하다(전자증권제도 및 법령 주요 내용 중, 2019.9. 법무부·금융위원회).

2 사회적 비용 절감 및 효율성 제고

전자증권제도 도입으로 실물증권을 발행하지 아니함에 따라 제도 참가자 및 이해관계자가 부담할 수 있는 다양한 사회적 비용을 절감할 수 있게 되었다.

(1) 발행회사

먼저 발행회사는 전자등록 방식의 증권 발행을 통해 발행절차와 권리 행사 기간을 단축하고 이에 따른 업무 효율화를 달성할 수 있다. 실물 대신 전자적 방식으로 주식등을 발행하므로 발행에 소요되는 시간이 대폭 단축되고, 발행된 증권을 보관·관리하는 비용 및 도난, 분실, 위조 등으로 인하여 발생하는 비용까지 절감이 가능해진다. 실물증권을 발행하는 경우에는 그 실물증권의 용지 확보, 인쇄 절차 진행 및 권리자 배부에 이르는 제반 과정에서 발생하는 물리적·시간적 비용이 상당하다. 또한, 발행, 유통 및 권리 행사 과정에서의 도난·분실 및 위조 증권에 의한 범죄피해도 심심치 않게 발생하게 된다.

한편, 발행회사 입장에서는 실물증권 소유자 파악에 걸리는 시간이 절감되어 일정한 권리를 행사할 소유자 확정에 소요되는 시간도 절감할 수 있게 된다. 예를 들어 주식의 경우 주주명부를 작성하기 위해서는 일반 증권회사 등을 통하여 주식을 소유하는 주주와 실물주권을 소유하고 있는 주주를 모두 파악하여 합하는 절차를 거쳐야 했지만, 전자증권제도에서는 전자증권으로 그 소유방식이 단일하게 변경되기 때문에 주주 현황 파악이 훨씬 간편하고 빨라지게 된다.

(2) 투자자

전자증권제도 도입으로 인한 투자자 측면의 기대 효과는 발행회사 측면의 기대 효과와 일면 유사한 점이 있다. 투자자 입장에서도 실물 형태로 증권을 소유하는 경우에 발생하는 보관, 관리, 도난, 분실 등에 의한 비용을 절감할 수 있기 때문이다. 나아가 전자적 형태로 관리되므로 권리가 상실되거나 누락될 위험에서도 벗어날 수 있게 된다.

또한, 발행회사 측면에서 실물증권에 비하여 전자증권 소유자 파악이 빨라지는 것은 투자자 측면에서 권리 행사의 소요 시간과 절차가 단축된다는 것을 의미하므로 투자자 입장에서도 긍정적 효과라고 할 수 있다. 한편, 기존에는 주식 소유자의 경우에 한하여 문서(실질주주

증명서) 형태로 소유자 지위를 증명하는 제도가 존재하였으나, 전자증권제도에서는 (주식뿐만 아니라) 모든 종류의 증권 소유자가 문서(소유자증명서) 또는 전산(소유 내용의 통지) 형태로 소유자로서의 자신의 지위를 증명할 수 있게 되어 권리 행사를 보다 간이하고 광범위하게 지원할 수 있게 되었다.

(3) 금융투자업자

소규모 주식회사의 주식 발행이나 운영자금 조달을 위한 소액 사모사채의 발행과 같은 예외적 상황을 제외하고는 자본시장에서 발행되는 증권은 대개의 경우 투자와 연계되어 있고 해당 증권의 발행회사와 증권 투자자를 연계하는 업무를 수행하는 금융투자업자 역시 관여된다.

전자증권제도의 도입은 이 금융투자업자에게도 비용 절감과 업무 효율화 효과를 가져다 준다. 투자자(고객) 소유 증권의 수령, 보관, 이동에 수반되는 업무를 조정함으로써 관련 인력, 조직을 효율적으로 운영할 수 있으며 비용 또한 절감할 수 있다. 나아가 전자적 방식에 의한 증권 발행, 유통, 권리 행사에 의해 후선 업무(back-office) 수행의 효율성과 전문성을 제고하고 이에 따라 핵심업무인 투자은행 업무, 자산관리업무 및 상품개발 등에 보다 더 역량을 집중할 수 있는 부수 효과도 기대할 수 있다.

(4) 금융투자업관계기관 및 정부

금융시장에서 금융투자업자와 더불어 증권 사무 수행의 중요한 축을 담당하고 있는 것이 금융투자업관계기관이다. 예탁결제원, 한국거래소 및 한국금융투자협회 등이 그에 해당되며, 증권 발행, 예탁, 상장, 시장감시 및 모범규준 정립과 같은 업무를 수행함으로써 금융시장의 핵심역할을 수행하고 있다. 따라서 전자증권제도의 도입으로 인하여 금융투자업관계기관도 금융투자업자 및 투자자가 기대할 수 있는 비용 절감 및 업무 효율화 효과를 거둘 수 있게 된다. 즉 증권사무 절차 간소화에 따른 업무편의 증대 및 비용 절감과 같은 일반적인 기대효과와 더불어, 상장심사 기간 및 전자적 방식에 의한 발행 기간의 단축 효과를 기대할 수 있는 것이다.

나아가 금융시장을 감독하는 정부의 입장에서도 증권정보 수집·제공 절차의 간소화를 통해 정보의 활용 가능성을 제고할 수 있고, 이로 인하여 시장 감시·감독에 더욱 정확성을 기할 수 있게 된다. 과세당국 또한 명확한 과세기준을 확보하고 관련 정보를 수집하여 보다 정확한 의사결정을 할 수 있는 기회가 증대된다고 할 수 있다.

3 기업 지배구조 관리 등 경영활동 지원

기업은 일반적으로 필요 자금을 조달하는 수단으로 증권을 발행한다. 따라서 더욱 신속하게 발행 사무를 처리하고, 보다 다양하고 많은 투자자들에게 도달할 수 있는지 여부는 자금조달 목적으로 증권을 발행하는 기업에게 매우 중요한 요소가 된다. 이미 여러 차례 앞서 언급한 바와 같이 전자증권제도는 기존 실물증권 발행의 경우보다 신속하고 정확하게 관련 사무를 처리할 수 있게 되어 기업의 원활한 자금조달에도 기여할 수 있다.

나아가, 기업은 주주총회 등을 통한 주주의 권리 행사에 따라 기업지배구조에 큰 영향을 받게 되는데, 전자증권제도는 기업이 주주의 현황 및 분포 등을 파악하고 이에 기반한 의사결정을 내리는 경우에도 크게 기여할 수 있다. 일반 경영 및 주요 의사결정에의 주주 참여 움직임이 강화되고 있는 상황에서, 기업들은 주주의 성향 및 반응을 적시에 파악할 강한 유인을 지니기 때문이다. 결국, 전자증권제도는 기업이 증권 보유자를 적기에 파악할 수 있는 수단을 제공하여 주주 중시 경영을 펼치는 데에도 일조한다고 볼 수 있다.

▼ 제도 참가자 및 이해관계자별 전자증권제도 이용의 장점

투자자
- 실물증권의 소멸·분실 위험 원천제거
- 증권발행일정 단축으로 투자 자금의 회수기간 단축
- 실기주식·실기채권 불발생

금융투자회사
- 실물증권 예탁·반환 및 보호예수업무 소멸
- 발행일정 단축으로 증권의 유동성 증대
- 증권관리사무의 효율성 제고

(수탁)은행
- 증권담보대출 업무의 전자화 (등록질 이용 가능)
- 실물공탁의 전자공탁 전환으로 업무효율 제고
- 증권관리사무의 효율성 제고

발행회사
- 발행일정 단축으로 신속한 자금조달 가능
- 증권전자화로 발행비용 절감
- 주주명부 작성사유 확대로 주주내역 파악 용이

정책당국
- 발행정보의 신속·정확한 파악 가능
- 발행정보 공시 투명성 제고
- 증권보유 및 양도의 전자화로 지분 및 세금 정보 파악 용이

제 3 편

법령 해설

참고 │ 전자증권법규 체계도

구 분	명 칭	비 고
법 률	주식 · 사채 등의 전자등록에 관한 법률	약칭 : 전자증권법
시행령	주식 · 사채 등의 전자등록에 관한 법률 시행령	약칭 : 전자증권법 시행령
행정규칙	전자등록업규정	금융위원회 고시
	전자등록업허가 등에 관한 규정	금융위원회 · 법무부 장관 공동고시
[참고] 예탁결제원 (전자등록기관) 업무규정	주식 · 사채 등의 전자등록업무규정	제정근거 : 전자증권법 제15조
	주식 · 사채 등의 전자등록업무규정 시행세칙	-

◆ 본문 10장, 법 75개조, 시행령 49개조 및 부칙, 별표 등

구 분	주요 내용	
	법	시행령
제1장 총칙	▪ (§1) 목적 ▪ (§2) 정의 ▪ (§3) 다른 법률과의 관계	▪ (§1) 목적 ▪ (§2) 주식등의 범위

제2장 제도 운영기관	〈제1절〉 전자등록기관
	▪ (§4) 무허가 전자등록영업행위 금지
	▪ (§5) 전자등록업의 허가
	▪ (§6) 허가의 신청 및 심사
	
	▪ (§7) 예비허가
	
	▪ (§8) 허가요건의 유지
	▪ (§9) 업무의 추가 및 허가의 변경
	▪ (§10) 유사명칭 사용 금지
	▪ (§11) 영업양도 등의 승인
	▪ (§12) 전자등록업 폐지 등
	▪ (§13) 임원 등
	
	▪ (§14) 전자등록기관의 업무
	▪ (§15) 전자등록업무규정
	▪ (§16) 정관 변경의 승인
	▪ (§17) 전자등록업무규정 개정·폐지의
	  승인
	▪ (§18) 전자등록업무규정 외의 업무규정의
	  보고
	
	〈제2절〉 계좌관리기관
	▪ (§19) 계좌관리기관
	▪ (§20) 계좌관리기관의 업무
		▪ (§3) 전자등록업허가의 요건 등
		▪ (§4) 전자등록업허가의 방법 및 절차
		▪ (§5) 허가심사기간에 넣지 않는 기간
		▪ (§6) 예비허가의 방법 및 절차 등
		▪ (§7) 예비허가 심사기간에 넣지 않는
		  기간
		
		▪ (§8) 전자등록업 폐지 등의 승인
		▪ (§9) 대표이사 해임 요구 사유
		▪ (§10) 특별한 이해관계
		
		▪ (§11) 계좌관리기관

구 분	주요 내용	
	법	시행령
제3장 계좌의 개설 등	■ (§21) 발행인관리계좌의 개설 등 ■ (§22) 고객계좌 및 고객관리계좌의 　　　개설 등 ■ (§23) 계좌관리기관등 자기계좌의 　　　개설 등	■ (§12) 발행인관리계좌의 개설 등 ■ (§13) 발행인관리계좌부에 우선하는 장부 ■ (§14) 고객계좌부의 전자등록사항 ■ (§15) 고객관리계좌부의 기록사항 ■ (§16) 계좌관리기관등 자기계좌 개설자의 　　　범위 ■ (§17) 계좌관리기관등 자기계좌부의 전자 　　　등록사항
제4장 전자등록	■ (§24) 전자등록의 신청 등 ■ (§25) 주식등의 신규 전자등록 ■ (§26) 새로 발행되는 주식등의 신규 　　　전자등록에 따른 조치 ■ (§27) 이미 주권등이 발행된 주식등의 　　　신규 전자등록에 따른 조치 등 ■ (§28) 이미 주권이 발행된 주식의 입질 　　　(入質) 등에 관한 특례 ■ (§29) 특별계좌의 개설 및 관리 ■ (§30) 계좌간 대체의 전자등록 ■ (§31) 질권 설정 및 말소의 전자등록 ■ (§32) 신탁재산이라는 사실의 표시 및 　　　말소의 전자등록 ■ (§33) 권리의 소멸 등에 따른 변경· 　　　말소의 전자등록 ■ (§34) 합병 등에 관한 특례 ■ (§35) 전자등록의 효력 ■ (§36) 전자등록주식등에 대한 증권· 　　　증서의 효력 등	■ (§18) 주식등의 신규 전자등록 ■ (§19) 전자등록 신청의 방법 및 절차 등 ■ (§20) 검토기간에 넣지 않는 기간 ■ (§21) 신규 전자등록의 거부사유 ■ (§22) 전자등록에 따른 공고와 통지 ■ (§23) 신규 전자등록 추가 신청의 방법 　　　및 절차 등 ■ (§24) 특별계좌의 개설 및 관리 ■ (§25) 계좌간 대체의 전자등록 신청 　　　방법 등 ■ (§26) 질권 설정 및 말소의 전자등록 　　　신청 방법 등 ■ (§27) 신탁재산이라는 사실의 표시 및 　　　말소의 전자등록 신청 방법 등 ■ (§28) 신청에 의한 변경·말소의 전자 　　　등록 ■ (§29) 직권에 의한 변경·말소의 전자 　　　등록

구 분	주요 내용	
	법	시행령
제5장 전자등록 주식등에 대한 권리행사	■ (§37) 소유자명세 ■ (§38) 전자등록기관을 통한 권리 행사 ■ (§39) 소유자증명서 ■ (§40) 소유 내용의 통지 ■ (§41) 권리 내용의 열람 등	■ (§30) 소유자명세 작성의 예외 ■ (§31) 소유자명세 작성의 주기 및 사유 ■ (§32) 전자등록기관을 통한 권리 행사 ■ (§33) 소유자증명서의 발행 방법 등 ■ (§34) 소유 내용의 통지 방법 등
제6장 전자 등록의 안전성 확보	■ (§42) 초과분에 대한 해소 의무 등 ■ (§43) 초과분에 대한 권리 행사의 제한 ■ (§44) 전자등록 정보 등의 보안 ■ (§45) 직무 관련 정보의 이용 금지 ■ (§46) 계좌관리기관의 자료제출 등 ■ (§47) 계좌간 대체의 전자등록 제한 ■ (§48) 전자등록 정보 등의 보존 ■ (§49) 긴급사태 시의 처분 ■ (§50) 준용규정	■ (§35) 초과분에 대한 해소 방법 등 ■ (§36) 초과분에 대한 권리 행사 제한 ■ (§37) 전자등록기관의 보고사항 ■ (§38) 계좌간 대체의 전자등록 제한 ■ (§39) 전자등록 정보 등의 보존
제7장 검사 및 감독	■ (§51) 보고 및 검사 ■ (§52) 법무부장관의 검사 요청 등 ■ (§53) 전자등록기관에 대한 조치 ■ (§54) 청문 ■ (§55) 조치 등의 기록 및 공시 등 ■ (§56) 이의신청 ■ (§57) 업무이전명령 ■ (§58) 계좌관리기관에 대한 검사 및 조치	■ (§40) 전자등록기관에 대한 조치 ■ (§41) 전자등록정보 등의 이전 ■ (§42) 검사 대상에서 제외되는 계좌 관리기관
제8장 단기사채 등에 대한 특례	■ (§59) 발행 절차 및 발행 한도에 관한 특례 ■ (§60) 사채원부 작성에 관한 특례 ■ (§61) 사채권자집회에 관한 특례	
제9장 보칙	■ (§62) 발행 내용의 공개 ■ (§63) 전자등록증명서 ■ (§64) 종류주식 전환에 관한 특례 ■ (§65) 주식의 병합에 관한 특례 ■ (§66) 주주명부 등에 관한 특례	■ (§43) 발행 내용의 공개 ■ (§44) 전자등록증명서

구 분	주요 내용	
	법	시행령
	▪ (§67) 외국 전자등록기관 등에 관한 특례 ▪ (§68) 민사집행 등 ▪ (§69) 권한의 위탁 ▪ (§70) 고유식별정보의 처리 ▪ (§71) 전자등록기관의 변경 ▪ (§72) 한국은행에 관한 특례	 ▪ (§45) 권한의 위탁 ▪ (§46) 고유식별정보의 처리 ▪ (§47) 전자등록기관의 변경 ▪ (§48) 법무부장관과의 사전 협의
제10장 벌칙	▪ (§73) 벌칙 ▪ (§74) 양벌규정 ▪ (§75) 과태료	 ▪ (§49) 과태료의 부과기준
부 칙	▪ (§1) 시행일 ▪ (§2) 다른 법률의 폐지 ▪ (§3) 전자등록주식등으로의 전환에 관한 특례 ▪ (§4) 신청에 의한 전자등록주식등으로의 전환에 관한 특례 ▪ (§5) 일반적 경과조치 ▪ (§6) 등록된 공사채에 관한 경과조치 ▪ (§7) 전자단기사채등에 관한 경과조치 ▪ (§8) 한국예탁결제원 등에 대한 경과조치 ▪ (§9) 행정처분에 관한 경과조치 ▪ (§10) 다른 법률의 개정 ▪ (§11) 다른 법령과의 관계	▪ (§1) 시행일 ▪ (§2) 주식·사채 등의 전자등록에 관한 법률의 시행에 관한 규정 ▪ (§3) 다른 법령의 폐지 ▪ (§4) 전자등록주식등으로의 전환에 관한 특례 ▪ (§5) 신청에 의한 전자등록주식등으로의 전환에 관한 특례 ▪ (§6) 신규 발행 주식등의 전자등록 신청에 관한 특례 ▪ (§7) 일반적 경과조치 ▪ (§8) 한국예탁결제원에 관한 경과조치 ▪ (§9) 다른 법령의 개정 ▪ (§10) 다른 법령과의 관계
별표 1	▪ 전자등록기관 및 그 임직원에 대한 조치 사유	▪ 허가업무 단위 및 최저자기자본
별표 2	▪ 계좌관리기관 및 그 임직원에 대한 조치 사유	▪ 대주주의 요건
별표 3	–	▪ 과태료의 부과기준

제 1 장

총칙(법 제1조~제3조)

　제1장에서는 전자증권법의 입법 목적, 그 적용대상이 되는 증권의 권리인 '주식등'의 범위 및 전자등록과 관련한 용어의 정의 등을 규정하고 있다.

1 입법 목적(법 제1조)

　전자증권법은 주식, 사채 등 자본시장에서 발행 및 유통되는 증권에 대한 전자등록 제도를 마련하여 그 권리의 유통을 원활하게 하고 발행인·권리자, 그 밖의 이해관계인의 권익을 보호함으로써 자본시장의 건전성 및 효율성을 제고하고 국민경제를 발전시키는 데 이바지하기 위한 목적으로 입법되었다(법 제1조).

　종전의 증권예탁제도에서 발행·유통되었던 실물증권은 변칙거래를 통한 음성적인 거래에 이용될 수 있었으나, 전자증권제도에서는 증권의 발행, 유통 및 권리 행사 등 일련의 프로세스가 전자적으로 기록 및 관리됨에 따라, 보다 건전하고 투명한 금융거래 환경이 조성될 수 있었다. 아울러, 투자자들이 실물증권을 보유함에 따라 일어날 수 있는 도난·분실·멸실과 위·변조 등의 위험에서 벗어날 수 있게 되어 투자자 보호를 강화하고 사회적 비용을 절감하는 측면도 있다.

　특히, 전자등록을 통하여 발행회사의 실물증권 발행 및 관리, 증권예탁기구의 실물증권 보관 등의 제반 비용이 원천적으로 발생하지 않을 뿐만 아니라, 증권의 발행 및 관리를 위한 각종 사무처리의 효율성을 제고할 수 있게 되어 자금 조달을 위한 기업의 각종 직·간접 비용을 절감하고, 나아가 자본시장 경쟁력을 제고하는 효과까지 가져오게 되었다.

2 적용대상(법 제2조제1호)

전자증권법은 전자증권제도의 적용대상이 되는 '주식등'의 범위에 대하여 열거주의 방식을 채택하고 있다. 즉 상법 등 개별 근거법에 따라 발행되는 증권에 표시될 수 있거나 표시되어야 할 권리로서 전자등록에 적합한 권리의 경우 적용대상으로 포함될 수 있도록 규정하고 있는 것이다(법 제2조제1호). 이는 전자등록의 대상이 되는 권리를 법령에서 명시적으로 열거하여 법적 안정성과 제도 이용자의 예측 가능성을 제고하기 위함이다. 또한, 주식등의 종류로 열거되지는 않았으나 전자등록에는 적합한 권리를 수용하여 입법 공백을 방지하기 위하여 포괄적 위임조문도 마련하였다(법 제2조제1호거목).

주식등에 해당하는 것으로는 주식, 사채, 국채, 지방채, 파생결합증권, 증권예탁증권, 외국법인 등이 국내에서 발행하는 증권 또는 증서 등에 표시되어야 할 권리 등 자본시장에서 발행 및 유통되는 대부분의 증권이 포함된다.

2015년 6월 25일에 공고되었던 정부의 입법예고(안)에서는 전자증권제도 적용대상을 자본시장법상 '증권'으로 규정한 바 있으나, 법제처의 심사 과정을 거치는 과정에서 전자등록 대상은 증권(證券)이나 증서(證書)가 아닌 '권리'임을 명확히 하고 그 권리의 종류를 구체적으로 열거하도록 하였다. 또한, 향후 새로운 종류의 금융상품 출현 등에 대비하여 금융위원회가 유통 및 대체 가능성 등을 고려해 적용대상을 추가로 고시할 수 있도록 시행령으로 위임 근거를 마련함으로써, 열거주의의 한계를 최소화하고 제도운영에 탄력성을 부여하였다.

시행령에서는 법에서 위임한 전자등록 적용대상을 추가로 정하고 있다(영 제2조). 먼저, 자본시장법상 파생결합증권에 표시될 수 있거나 표시되어야 할 권리 중 전자등록이 가능한 권리는 기존에 증권예탁제도를 이용하고 있던 주식워런트증권(ELW) 및 기타자산워런트증권(DLW)에 관한 권리로 규정[1]하고, 이와 유사한 신종증권 등의 출현에 대비하여 전자등록 적용대상을 금융위원회 고시로 정할 수 있도록 위임하는 규정을 마련하였다.

또한, 시행령은 같은 조에서 국내에서 발행되는 증권예탁증권을 적용대상으로 정하고 있다. 국내에서의 증권예탁증권 발행 업무는 자본시장법 제298조제2항에 따라 전자등록기관만이 영위 가능하므로 국내 발행 증권예탁증권을 주식등에 포함한 것이다. 반면, 해외에서 발행되는 증권예탁증권은 해당 증권이 발행되는 외국 법률에 따라 발행되므로, 전자증권제도의 적용대상이 되는 주식등에 해당하지 않는다.

---

1) ELB·DLB, ELS·DLS는 사채(법 제2조제1호나목), ELT, DLT의 경우 수익권(법 제2조제1호사목)에 해당한다.

이 외에 시행령에서는 자본시장법상 증권에는 해당하지 않더라도 종전 증권예탁제도 적용증권 등 전자등록에 적합한 유가증권을 전자증권제도의 적용대상으로 정하고 있다. 과거 증권예탁제도를 이용하여 유통되었던 원화 표시 양도성 예금증서(CD)가 그 대표적인 사례에 해당한다. 그 밖에도 「은행법」 및 「금융지주회사법」상 조건부자본증권 등이 시행령으로 정하는 주식등의 범위에 포함된다.

그 밖에 시행령은 신종증권의 출현 등에 대비하여 권리의 유통 및 대체 가능성 등 일정 요건을 충족하는 경우 적시에 전자증권제도로 수용할 수 있도록 금융위원회 고시 위임근거를 마련해두었다.[2]

다만, 증권예탁제도에서 예탁 대상증권에 해당하였던 기업어음증권(CP)은 전자등록 적용 대상에서 제외되었다. 이는 기업어음증권이 증권의 작성에 의하여 그 증권에 표창되는 권리가 발생하는 설권증권(設權證券)이므로, 실물 권면의 존재가 필수적이기 때문이다. 또한, 금 현물 시장에서 거래되는 금지금[3] 또한 현물(現物)이라는 성질상 전자등록에 부적합하므로 전자등록 적용대상에서 제외되었다. 이에 따라 전자증권제도 도입 이후에도 기업어음증권, 금지금 등에 대해서는 증권예탁제도 활용이 불가피하다.

▼ 전자증권법상 전자증권제도 적용대상 증권

자본시장법상 증권							다른 법상 유가증권
CP	채무증권	지분증권	수익증권	파생결합증권	증권예탁증권	투자계약증권	CD 등

---

2) 2024년 1월 18일 전자등록업규정 제1−3조 신설을 골자로 하는 금융위원회 고시를 통해 공동사업에 금전등을 투자하고 주로 타인이 수행한 공동사업의 결과에 따른 손익을 귀속받는 계약상의 권리를 표시하는 자본시장법상 '투자계약증권' 또한 전자등록 적용대상에 편입되었다.
3) 금지금이란 금괴(덩어리)·골드바 등 원재료 상태로서 순도가 1만분의 9999 이상인 금을 의미한다(예탁결제원 「금지금보관및결제등에관한규정」 제2조제1호).

▼ 전자증권법상 주식등의 자본시장법상 분류

전자증권법상 주식등	자본시장법상 분류
사 채	
국 채	
지방채	
특수채	채무증권
이중상환청구권부 채권	
채무증권에 표시되어야 할 권리	

전자증권법상 주식등	자본시장법상 분류
주 식	
신주인수권증서 또는 신주인수권증권에 표시되어야 할 권리	지분증권
자산유동화법에 따른 유동화증권에 표시될 수 있거나 표시되어야 할 권리	

전자증권법상 주식등	자본시장법상 분류
신탁법상 (발행)신탁의 수익권	
투자신탁의 수익권	수익증권
주택저당증권 또는 학자금대출증권에 표시되어야 할 권리	

전자증권법상 주식등	자본시장법상 분류
증권예탁증권에 표시될 수 있거나 표시되어야 할 권리	증권예탁증권

전자증권법상 주식등	자본시장법상 분류
파생결합증권에 표시될 수 있거나 표시되어야 할 권리	파생결합증권

전자증권법상 주식등	자본시장법상 분류
외국법인등이 국내에서 발행하는 증권 또는 증서에 표시될 수 있거나 표시되어야 할 권리	지분증권, 채무증권, 수익증권, 파생결합증권 등

전자증권법상 주식등	자본시장법상 분류
그 외 전자등록에 적합한 것으로서 시행령으로 정하는 권리	지분증권, 채무증권, 수익증권, 파생결합증권 등

3 전자등록 관련 용어의 정의(법 제2조제2호~제7호)

전자증권법 제2조제2호부터 제7호까지 규정에서는 주식등의 권리 발생·변경 및 소멸의 기초가 되는 '전자등록'과 관련된 용어들을 정의하고 있다.

전자등록이란 주식등의 종류, 종목, 금액, 권리자 및 권리 내용 등을 전자등록계좌부에 전자적 방식으로 기재하는 것이다(법 제2조제2호). 이는 용어상으로 유사해 보이는 전자문서 방식과는 구별되는 개념이다. 증권에 관한 전자문서 방식은 유가증권 실물과 유사한 외형을 전산화면으로 구현하여 전산 네트워크를 통해 유통시키는 방식으로, 「전자어음의 발행 및 유통에 관한 법률」에 따른 전자어음 등을 그 대표적인 예로 들 수 있다.

또한, 전자등록의 경우 실물증권의 발행을 원천적으로 금지하는 전자적 방식이라는 점에서, 舊 공사채 등록법 등에 따라 공사채등록부에 등록하여 발행 및 유통을 할 수 있으나 언제든 등록 말소 및 실물 반환 청구가 가능한 공사채등록제도와도 구분된다. 이처럼 유사한 개념과의 차별되는 전자등록의 개념을 명확히 규정함으로써 법적 안정성을 제고할 수 있게 되었다.

전자등록계좌부란 주식등에 관한 권리의 발생, 변경 또는 소멸에 대한 내용을 기재하는 장부로, 계좌관리기관이 작성하는 고객계좌부 및 전자등록기관이 작성하는 계좌관리기관등 자기계좌부로 구분된다(법 제2조제3호). 이에 따라 전자등록주식등은 권리자의 권리 관련 정보가 전자등록계좌부에 전자등록된 주식등을 의미한다(법 제2조제4호).

전자증권법은 '권리자'를 전자등록주식등의 소유자, 질권자 또는 그 밖에 시행령으로 정하는 이해관계자로 정의하고 있다(법 제2조제5호). 그리고 2024년 현재 시행령에서 규정하는 이해관계자는 없다. 권리자는 전자등록계좌부에 전자등록되어 전자등록의 효력에 따른 법적 지위, 즉 법 제35조에 따른 권리추정력, 주식등에 대한 소유권·질권의 취득, 신탁의 대항력 등의 권리를 가지는 자로, 권리자에 포함되는 자는 이와 같은 성질의 권리를 갖는 자로 한정될 것이므로 현재로서는 소유자 또는 질권자 이외에 정할 수 있는 이해관계자가 없는 것으로 보인다.

전자증권제도의 운영기관으로는 전자등록기관과 계좌관리기관이 있다. 먼저, 전자등록기관이란 금융위원회와 법무부장관으로부터 전자등록업허가를 받은 자로서 주식등의 전자등록에 관한 제도 전반을 운영하는 자를 의미한다(법 제2조제6호). 전자등록기관은 계좌관리기관등 자기계좌, 발행인관리계좌 및 고객관리계좌의 개설·폐지·관리 등 업무와 더불어, 계좌관리기관등 자기계좌부에의 전자등록 및 발행인관리계좌·고객관리계좌에의 기록 업무를 수행한다(법 제14조).

계좌관리기관이란 투자매매·중개업자 등 금융투자업자, 은행, 보험회사 등 주로 금융회사 또는 그에 준하는 자로서 고객계좌를 관리하는 자를 말한다(법 제2조제7호). 계좌관리기관은 투자자, 즉 고객이 주식등에 대한 권리자가 될 수 있도록 고객계좌의 개설 등 업무를 수행하고, 고객계좌부상 전자등록과 제반 관리업무를 수행한다(법 제20조).

4 다른 법률의 적용 기준 마련(법 제3조)

전자등록주식등에 관하여 다른 법률에서 특별하게 따로 정하는 규정이 있는 경우 이외에는 원칙적으로 전자증권법을 적용한다. 이를 통하여 전자증권제도의 적용대상이 되는 개별 권리의 발행 근거법(상법 등)과 전자증권법 사이의 적용 관계에 대한 기준을 명확히 정립함으로써, 전자증권법이 증권의 무권화(無券化)에 관한 기본이 되는 법제임을 명확히 하였다(법 제3조).

제 2 장

제도운영기관(법 제4조~제20조)

전자증권법은 제2장에서 전자증권제도의 운영기관으로서 전자증권제도의 핵심적인 운영을 수행하는 전자등록기관과 주식등을 보유하고 있는 고객(투자자)의 관리를 담당하는 계좌관리기관을 규정하고 있다. 전자등록기관과 관련하여서는 전자등록업허가, 허가요건, 허가 신청및 심사, 전자등록업무 및 전자등록업무규정 등에 관한 사항을 규정하고 있으며, 계좌관리기관과 관련하여서는 계좌관리기관이 될 수 있는 자, 계좌관리기관의 업무 등을 규정하고 있다.

제 1 절 │ 전자등록기관(법 제4조~제18조)

1 전자등록업허가(법 제4조)

전자증권법은 금융위원회 및 법무부장관으로부터 전자등록업허가(변경허가를 포함한다)를받지 않고서는 전자등록업을 하지 못하도록 규정한다(법 제4조). 여기에서 전자등록업이라 함은 정관으로 정하는 바에 따라 주식등의 전자등록에 관한 업무, 발행인관리계좌·고객관리계좌 및 계좌관리기관등 자기계좌의 개설·폐지 및 관리에 관한 업무, 발행인관리계좌부, 고객관리계좌부 및 계좌관리기관등 자기계좌부의 작성 및 관리에 관한 업무 또는 외국 전자등록기관과의 약정에 따라 설정한 계좌를 통하여 주식등의 전자등록에 관한 업무를 수행하는 것을말한다. 허가를 받아야만 업무를 수행할 수 있도록 한 것은 자본시장법에서 정하는 거래소 허가의 경우와 유사하며, 해외 다수 국가에서도 전자등록기관을 허가제로 운영하고 있다. 전자등록업허가제는 경쟁에 따른 경영 효율성·서비스 경쟁력 제고를 위하여 채택된 것이다. 하나의 전자등록기관이 독점적으로 업무를 수행하는 경우 이용자 선택권이 제한되고 이에 따른 서비스 품질 저하 등 부작용이 발생할 우려가 있기 때문이다.

한편, 부칙을 통하여 예탁결제원은 전자등록업허가를 받은 것으로 간주[1])되어 2019년 6월부터 그 업을 수행하고 있으며, 현재까지 추가로 전자등록업허가를 받은 기관은 없어 우리나라에서는 예탁결제원이 유일한 전자등록기관이다.

2 전자등록업허가 요건(법 제5조)

전자등록업은 주식등의 범위를 구성요소로 하여 정하는 업무 단위(전자등록업 허가업무단위)의 전부 또는 일부에 대해 허가될 수 있으며, 이를 위해서는 법에서 정하는 모든 요건을 구비하여야 한다(법 제5조).

전자증권법에서는 전자증권제도의 안정적 운영 및 권리자 보호를 위하여, 적격한 자본·운영·보안 등의 능력이 있는 자에 한하여 전자등록업을 허가할 수 있도록 전자등록업의 허가요건을 구체적으로 정하고 있다. 전자등록업허가를 받으려는 자는 ⅰ) 상법상 주식회사일 것, ⅱ) 100억원 이상의 자기자본을 갖출 것, ⅲ) 사업계획이 타당하고 건전할 것, ⅳ) 권리자의 보호가 가능하고 전자등록업 수행에 충분한 인력, 전산설비, 물적설비를 갖출 것, ⅴ) 정관 및 전자등록업무규정이 법령에 적합하고 전자등록업 수행에 충분할 것, ⅵ) 임원이 금융회사의 지배구조에 관한 법률에 적합할 것, ⅶ) 대주주가 충분한 출자능력, 건전한 재무상태 및 사회적 신용을 갖출 것, ⅷ) 법령이 정하는 사회적 신용을 갖출 것 및 ⅸ) 이해상충방지체계를 갖출 것을 요구하고 있다.

---

1) 전자증권법 부칙 <법률 제14096호, 2016. 3. 22.> 제8조(한국예탁결제원 등에 대한 경과조치) ① 이 법 공포 후 6개월이 경과한 날 당시 예탁결제원은 제5조제1항에 따라 전자등록기관의 허가를 받은 것으로 본다. (법문은 전자등록기관의 허가를 받은 것으로 되어 있으나 전자등록업허가를 받은 것으로 보는 것이 합리적 해석이라 판단)

▼ 전자등록업허가 주요요건(법 제5조제2항)

허가요건	내 용
조 직	■ (조직형태) 자기자본 100억원 이상의 주식회사 ■ (내부규정) 정관 및 전자등록업무규정이 법령에 적합하고 전자등록업을 수행하기에 충분 ■ (임원) 「금융회사의 지배구조에 관한 법률」 제5조에 적합 ■ (대주주) 충분한 출자능력, 건전한 재무상태 및 사회적 신용 보유 ■ (허가 신청자의 사회적 신용) 시행령으로 규정
사업계획	■ 전자등록업을 수행하기에 타당하고 건전
인력 · 전산 · 물적설비	■ 권리자 보호가 가능하고 전자등록업을 수행하기에 충분

한편, 시행령에서는 법에서 위임한 개별 허가요건에 대한 구체적인 사항을 정하고 있는데 (영 제3조), 이는 기본적으로 금융투자업자, 청산회사, 거래소 등 증권 관련 유관기관에 대한 유사 입법례를 참조한 것이다.

시행령에서 정하는 전자등록업의 허가업무 단위는 자본시장법상 금융투자상품의 분류, 상장 여부 등 전자등록 대상 권리의 특성을 기준으로 하여 구분하고 있으며, 각 허가업무 단위별로 유사한 특성을 가진 권리를 취급하도록 규정하고 있다. 이에 따른 전자등록업 허가업무 단위를 간단하게 정리하면 아래와 같다.

▼ 전자등록업 허가업무 단위(영 제3조제1항 및 별표1)

허가업무 단위	취급대상 범위	
	자본시장법상 분류	전자증권법상 분류
1	모든 증권	모든 주식등
1-1	지분증권	주식, 신주인수권증서 · 신주인수권증권
	증권예탁증권	증권예탁증권
1-1-1	지분증권(상장)	상장주식, 상장 신주인수권증서 · 신주인수권증권
	증권예탁증권	증권예탁증권
1-1-2	지분증권(비상장)	비상장주식, 비상장 신주인수권증서, 신주인수권증권
1-2	채무증권	사채, 국채, 지방채, 특수채, 이중상환청구권부 채권, 유동화사채, 양도성 예금증서, 기타 증권
	파생결합증권	파생결합증권
1-3	수익증권	신탁법상 수익권, 투자신탁의 수익권, 주택저당증권, 학자금대출 증권, 유동화증권(사채 제외)

또한, 예탁자산 가치 및 거래량을 감안하여 예탁결제원이 예탁 중이던 증권등의 종류별 위험액을 기초로 최저자기자본을 설정하였다. 이는 실질적인 경쟁 환경 조성을 도모하기 위하여 전자등록업의 진입장벽을 합리적인 수준으로 완화한 것으로 볼 수 있다. 허가업무 단위별 최저자기자본은 아래와 같다.

▼ 전자등록업 허가업무 단위별 최저자기자본(영 제3조제2항 및 별표1)

허가업무 단위	주식등의 범위	최저자기자본
1	모든 증권	2,000억원
1-1	지분증권, 증권예탁증권	800억원
1-1-1	지분증권(상장), 증권예탁증권	600억원
1-1-2	지분증권(비상장)	200억원
1-2	채무증권, 파생결합증권	1,000억원
1-3	수익증권	200억원

사업계획, 인력 및 물적 설비와 관련하여서는 금융투자업자, 청산회사, 거래소 등 자본시장법상 유사 입법례를 참조하되, 전자등록기관의 특성을 일부 반영하여 세부적인 판단기준을 제시하고 있다(영 제3조제3항·제4항). 이를 표로 간략히 나타내면 다음과 같다.

▼ 유사 입법례 및 전자등록기관의 사업계획 요건

※ 금융투자업자, 청산회사 및 거래소의 경우 "영"은 자본시장법 시행령을 의미

금융투자업자 (영 §16④)	청산회사(CCP) (영 §318의3②)	거래소 (영 §354의3④)	전자등록기관 (영 §3③)
▪ 수지전망의 타당 및 실현가능성	▪ CCP업의 안정적인 영위 가능성	▪ 공정한 가격 형성 및 거래의 안정성·효율성	▪ 전자등록업의 안정적인 영위 가능성
▪ 위험관리와 금융사고 예방 등을 위한 적절한 내부통제장치	▪ 위험관리와 금융사고 예방 등을 위한 적절한 내부통제장치	▪ 위험관리와 금융사고 예방 등을 위한 적절한 내부통제장치	▪ 위험관리와 금융사고 예방 등을 위한 적절한 내부통제장치
▪ 투자자 보호에 적절한 업무방법	▪ 투자자 보호에 적절한 업무방법	▪ 투자자 보호에 적절한 업무방법	▪ 권리자 보호에 적절한 업무방법
▪ 법령 및 건전한 금융거래질서준수	▪ 법령 및 건전한 금융거래질서준수	▪ 법령 및 건전한 금융거래질서준수	▪ 법령 및 건전한 거래질서 준수

▼ 유사 입법례 및 전자등록기관의 인력 · 물적 설비요건

※ 금융투자업자, 청산회사 및 거래소의 경우 "영"은 자본시장법 시행령을 의미

금융투자업자 (영 §16⑤)	청산회사(CCP) (영 §318의3③)	거래소 (영 §354의3⑤)	전자등록기관 (영 §3④)
▪ 경영하려는 금융투자업에 관한 전문성과 건전성을 갖춘 주요직무 종사자	▪ 경영하려는 CCP업에 관한 전문성과 건전성을 갖춘 인력	▪ 영위하려는 거래소 업무에 관한 전문성 및 건전성을 갖춘 인력	▪ 영위하려는 전자등록업에 관한 전문성 및 건전성을 갖춘 인력
▪ 업무를 수행하기 위한 전산요원 등	▪ 업무를 수행하기 위한 전산요원 등	▪ 업무를 수행하기 위한 전산요원 등	▪ 업무를 수행하기 위한 전산요원 등
▪ 경영하려는 금융투자업 수행에 필요한 전산설비와 통신수단	▪ 경영하려는 CCP업 수행에 필요한 전산설비와 통신수단	▪ 영위하려는 거래소업무 수행에 필요한 전산설비와 통신수단	▪ 영위하려는 전자등록업 수행에 필요한 전산설비와 통신수단
▪ 사무실 등 충분한 업무 공간과 사무장비	▪ 사무실 등 충분한 업무 공간과 사무장비	▪ 사무실 등 충분한 업무 공간과 사무장비	▪ 사무실 등 충분한 업무 공간과 사무장비
▪ 전산설비 등의 물적 설비를 안전하게 보호할 수 있는 보안설비	▪ 전산설비 등의 물적 설비를 안전하게 보호할 수 있는 보안설비	▪ 전산설비 등의 물적 설비를 안전하게 보호할 수 있는 보안설비	▪ 전산설비 등의 물적 설비를 안전하게 보호할 수 있는 보안설비
▪ 정전 · 화재 등의 사고 발생 시 업무의 연속성 유지를 위한 보완설비	▪ 정전 · 화재 등의 사고 발생 시 업무의 연속성 유지를 위한 보완설비	▪ 정전 · 화재 등의 사고 발생 시 업무의 연속성 유지를 위한 보완설비	▪ 정전 · 화재 등의 사고 발생 시 업무의 연속성 유지를 위한 보완설비

* [　　　] : 인력 요건   [　　　] : 물적 설비 요건

대주주 요건 또한 자본시장법 시행령 별표2의 금융투자업자 인가 요건을 참조하여 마련하였으며, 대주주의 경영건전성, 재무건전성, 지배구조 등을 요건으로 정하고 있다(영 제3조제5항 및 별표2).

▼ (참고) 금융투자업자 대주주 요건(자본시장법 시행령 별표2)

구 분	요 건
1. 대주주가 「금융위원회의 설치 등에 관한 법률」 제38조에 따른 검사대상기관(경영참여형 사모집합투자기구는 제외하며, 이하 '금융기관'이라 한다)인 경우	가. 최근 사업연도말 현재 대차대조표상 자산총액에서 부채총액을 뺀 금액(이하 '자기자본'이라 한다)이 출자하려는 금액의 3배 이상으로서 금융위원회가 정하여 고시하는 기준을 충족할 것 나. 그 금융기관에 적용되는 재무건전성에 관한 기준으로서 금융위원회가 정하여 고시하는 기준을 충족할 것 다. 그 금융기관이 「독점규제 및 공정거래에 관한 법률」에 따른 상호출자제한기업집단등(이하 '상호출자제한기업집단등'이라 한다)에 속하거나 같은 법에 따른 기업집단으로서 금융위원회가 정하여 고시하는 주채무계열(이하 '주채무계열'이라 한다)에 속하는 회사인 경우에는 그 상호출자제한기업집단등 또는 주채무계열의 부채비율(최근 사업연도말 현재 대차대조표상 부채총액을 자기자본으로 나눈 비율을 말하며, 이 경우 금융기관은 부채비율 산정대상에서 제외한다. 이하 같다)이 100분의 300 이하로서 금융위원회가 정하여 고시하는 기준을 충족할 것 라. 출자금은 금융위원회가 정하여 고시하는 바에 따라 차입하여 조성된 자금이 아닐 것 마. 다음의 요건을 충족할 것. 다만, 그 위반 등의 정도가 경미하다고 인정되는 경우는 제외한다. 1) 최근 5년간 자본시장법, 이 영, 금융관련법령(제27조제1항에 따른 금융관련법령을 말한다. 이하 같다), 「독점규제 및 공정거래에 관한 법률」 및 「조세범처벌법」을 위반하여 벌금형 이상에 상당하는 형사처벌을 받은 사실이 없을 것. 다만, 자본시장법 제448조, 그 밖에 해당 법률의 양벌 규정에 따라 처벌을 받은 경우는 제외한다. 2) 최근 5년간 채무불이행 등으로 건전한 신용질서를 해친 사실이 없을 것 3) 「금융산업의 구조개선에 관한 법률」에 따라 부실금융기관으로 지정되었거나 자본시장법 또는 금융관련법령에 따라 영업의 허가·인가·등록 등이 취소된 금융기관의 대주주 또는 그 특수관계인(부실금융기관으로 지정되거나 영업의 허가 등이 취소될 당시 「독점규제 및 공정거래에 관한 법률 시행령」 제3조의2제1항제2호가목에 따른 독립경영자에 해당하거나 같은 목에 따라 공정거래위원회로부터 동일인관련자의 범위에서 분리되었다고 인정을 받은 자는 제외한다)이 아닐 것. 다만, 법원의 판결에 따라 부실책임이 없다고 인정된 자 또는 부실에 따른 경제적 책임을 부담하는 등 금융위원회가 정하여 고시하는 기준에 해당하는 자는 제외한다. 4) 그 밖에 금융위원회가 정하여 고시하는 건전한 금융거래질서를 해친 사실이 없을 것
2. 대주주가 제1호 외의 내국법인(경영참여형 사모집합투자기구와	가. 최근 사업연도말 현재 자기자본이 출자하려는 금액의 3배 이상으로서 금융위원회가 정하여 고시하는 기준을 충족할 것 나. 최근 사업연도말 현재 부채비율이 100분의 300 이하로서 금융위원회가

구 분	요 건
투자목적회사는 제외한 다. 이하 같다)인 경우	정하여 고시하는 기준을 충족할 것 다. 그 법인이 상호출자제한기업집단등에 속하거나 주채무계열에 속하는 회사인 경우에는 그 상호출자제한기업집단등 또는 주채무계열의 부채비율이 100분의 300 이하로서 금융위원회가 정하여 고시하는 기준을 충족할 것 라. 제1호라목 및 마목의 요건을 충족할 것
3. 대주주가 내국인으로서 개인인 경우	가. 「금융회사의 지배구조에 관한 법률」 제5조제1항 각 호의 어느 하나에 해당하지 않을 것 나. 제1호라목 및 마목의 요건을 충족할 것
4. 대주주가 외국 법령에 따라 설립된 외국 법인(이하 '외국법인'이라 한다)인 경우	가. 인가신청일 현재 외국에서 인가 받으려는 금융투자업에 상당하는 영업을 하고 있을 것 나. 최근 사업연도말 현재 자기자본이 출자하려는 금액의 3배 이상으로서 금융위원회가 정하여 고시하는 기준을 충족할 것 다. 국제적으로 인정받는 신용평가기관으로부터 투자적격 이상의 신용평가등급을 받거나, 본국의 감독기관이 정하는 재무건전성에 관한 기준을 충족하고 있는 사실이 확인될 것 라. 최근 3년간 금융업에 상당하는 영업과 관련하여 본국의 감독기관으로부터 법인경고 이상에 상당하는 행정처분을 받거나 벌금형 이상에 상당하는 형사처벌을 받은 사실이 없을 것 마. 제1호마목의 요건을 충족할 것
5. 대주주가 경영참여형 사모집합투자기구 또는 투자목적회사인 경우	경영참여형 사모집합투자기구의 업무집행사원과 그 출자지분이 100분의 30 이상인 유한책임사원(경영참여형 사모집합투자기구에 대하여 사실상의 영향력을 행사하고 있지 아니하다는 사실이 정관, 투자계약서, 확약서 등에 의하여 확인된 경우는 제외한다) 및 경영참여형 사모집합투자기구를 사실상 지배하고 있는 유한책임사원이 다음 각 목의 어느 하나에 해당하거나 투자목적회사의 주주나 사원인 경영참여형 사모집합투자기구의 업무집행사원과 그 출자지분이 100분의 30 이상인 주주나 사원(투자목적회사에 대하여 사실상의 영향력을 행사하고 있지 아니하다는 사실이 정관, 투자계약서, 확약서 등에 의하여 확인된 경우는 제외한다) 및 투자목적회사를 사실상 지배하고 있는 주주나 사원이 다음 각 목의 어느 하나에 해당하는 경우에는 각각 다음 각 목의 구분에 따른 요건을 충족할 것 가. 제1호의 금융기관인 경우: 제1호나목·다목 및 마목의 요건을 충족할 것 나. 제2호의 내국법인인 경우: 제1호마목 및 제2호나목·다목의 요건을 충족할 것 다. 제3호의 내국인으로서 개인인 경우: 제1호마목 및 제3호가목의 요건을 충족할 것 라. 제4호의 외국법인인 경우: 제1호마목, 제2호나목(외국 금융기관은 제외한다) 및 제4호다목·라목의 요건을 충족할 것

구 분	요 건

〈비고〉

1. 제16조제7항 각 호의 자가 제1호부터 제3호까지 또는 제5호(라목은 제외한다)에 해당하는 경우에는 제1호마목의 대주주의 요건만 적용하고, 제4호 또는 제5호라목에 해당하는 경우에는 제1호마목 및 제4호라목의 대주주의 요건만 적용한다. 다만, 최대주주인 법인이 경영참여형 사모집합투자기구이거나 투자목적회사인 경우에는 제5호에 따른 요건을 적용한다.

2. 자기자본을 산정함에 있어서 최근 사업연도말 이후 인가신청일까지의 자본금의 증감분을 포함하여 계산한다.

3. 제4호를 적용할 때 대주주인 외국 법인이 지주회사이어서 제4호 각 목의 전부 또는 일부를 그 지주회사에 적용하는 것이 곤란하거나 불합리한 경우에는 그 지주회사가 인가신청 시에 지정하는 회사(그 지주회사의 경영을 사실상 지배하고 있는 회사 또는 그 지주회사가 경영을 사실상 지배하고 있는 회사만 해당한다)가 제4호 각 목의 전부나 일부를 충족하는 때에는 그 지주회사가 그 요건을 충족한 것으로 본다.

사회적 신용 요건도 금융투자업자, 청산회사, 거래소 등 유사 입법례를 참조하여 규정하였으며, 과거 금융관련법령 위반 여부, 채무불이행 등 신용질서 훼손 여부, 제재 조치로부터 일정기간 경과 여부 등을 심사한다(영 제3조제6항).

▼ (참고) 금융투자업자 사회적 신용 요건(자본시장법 시행령 제16조제8항)

가. 최근 3년간 「금융회사의 지배구조에 관한 법률 시행령」 제5조에 따른 법령(이하 '금융관련법령'이라 한다), 「독점규제 및 공정거래에 관한 법률」 및 「조세범 처벌법」을 위반하여 벌금형 이상에 상당하는 형사처벌을 받은 사실이 없을 것. 다만, 자본시장법 제448조, 그 밖에 해당 법률의 양벌 규정에 따라 처벌을 받은 경우는 제외한다.

나. 최근 3년간 채무불이행 등으로 건전한 신용질서를 해친 사실이 없을 것

다. 최근 5년간 「금융산업의 구조개선에 관한 법률」에 따라 부실금융기관으로 지정되었거나 금융관련법령에 따라 영업의 허가·인가·등록 등이 취소된 자가 아닐 것

라. 금융관련법령이나 외국 금융관련법령(금융관련법령에 상당하는 외국 금융관련 법령을 말한다)에 따라 금융위원회, 외국 금융감독기관 등으로부터 지점, 그 밖의 영업소의 폐쇄 또는 그 업무의 전부나 일부의 정지 이상의 조치(이에 상당하는 행정처분을 포함한다. 이하 이 목에서 같다)를 받은 후 다음 구분에 따른 기간이 지났을 것
  1) 업무의 전부정지: 업무정지가 끝난 날부터 3년
  2) 업무의 일부정지: 업무정지가 끝난 날부터 2년
  3) 지점, 그 밖의 영업소의 폐쇄 또는 그 업무의 전부나 일부의 정지: 해당 조치를 받은 날부터 1년

이해상충 방지체계는 전자등록기관과 유사한 청산회사(CCP)와 거래소의 이해상충 방지체계를 참조하되, 양자와의 차이를 고려하여 전자등록기관과 계좌관리기관등 간, 전자등록기관의 영위업무 간 이해상충 가능성을 자체 내부통제기준을 통해 관리할 것을 정하고 있다(영 제3조제7항).

▼ 유사 입법례와 전자등록기관의 이해상충 방지체계

※ 금융투자업자, 청산회사 및 거래소의 경우 "영"은 자본시장법 시행령을 의미

구 분	이해상충관계	이해상충 방지체계 수립기준
금융투자업자 (영 §16⑨)	■ 금융투자업자 vs. 투자자 ■ 투자자 vs. 투자자	■ 이해상충이 발생할 가능성을 파악 · 평가 할 수 있는 내부통제기준 마련 ■ 정보교류 차단(회사 내부 간, 계열회사 간)을 위한 적절한 체계 마련
청산회사(CCP) (영 §318의3⑥)	■ CCP vs. 청산대상업자	■ 이해상충이 발생할 가능성을 파악 · 평가 ■ 내부통제기준으로 정하는 방법 및 절차에 따라 적절히 관리
거래소 (영 §354의3⑧)	■ 거래소 vs. 거래소회원 ■ 거래소업무 vs. 거래소업무	■ 이해상충이 발생할 가능성을 파악 · 평가 ■ 이해상충을 적절히 관리할 수 있는 내부통제 기준 마련 ■ 거래소 업무간 정보제공, 임원겸직 및 전산설비의 이용 등에 관하여 금융위원회의 기준과 방법에 따른 정보교류의 차단을 위한 체계를 갖출 것
전자등록기관 (영 §3⑦)	■ 전자등록 기관 vs. 계좌관리 기관등 ■ 전자등록 기관 업무 vs. 전자등록 기관 업무	■ 이해상충이 발생할 가능성을 파악 · 평가 ■ 내부통제기준으로 정하는 방법 및 절차에 따라 적절히 관리

　　그 밖에 시행령에서 규정한 허가요건에 관한 구체적인 사항은 필요시 금융위원회 및 법무부장관이 공동으로 정하여 고시하도록 정하고 있다.

참고 | 전자증권법령 하위규정 위임 방안

1. 전자증권제도 운영기관에 대한 감독체계

전자증권법은 전자등록업허가 등에 관하여는 금융위원회와 법무부장관의 공동허가를 규정하고, 그 이외의 사항에 대하여는 금융위원회가 승인 등의 행정행위를 하되 법무부장관과 협의하도록 규정하고 있다.

▼ 전자증권법상 전자등록기관 허가 및 감독 등에 대한 권한 배분

구 분	금융위원회	법무부장관	비 고	관련 조문(법)
전자등록업허가	○	○	공동허가	§5〜§7, §9
회사조직개편등 (영업양도, 폐지 등)	○	–	법무부장관협의	§11 · 12
대표이사 해임	○	–	법무부장관협의	§13
정관 변경	○	–	법무부장관협의	§16
규정 개정	○	–	법무부장관협의	§15 · 17
전자등록기관에 대한 보고 요청	○	○	각자 단독행사	§51 · 52
전자등록기관에 대한 조치 (허가 취소 등)	○	–	법무부장관협의	§53
업무이전명령	○	–	법무부장관협의	§57

2. 공동고시 및 관련 정부 부처간 협의제도 운용 현황

법령에서 복수의 행정기관이 공동으로 정하여 고시하도록 위임*하거나, 고시에 위임사항이 유사한 경우** 이를 공동으로 고시하도록 하고 있다. 공동고시는 동일한 내용을 복수의 행정기관이 각각 별도로 고시한다.

 * (예시) 전자등록업허가 등에 관한 규정(금융위원회 · 법무부)
** (예시) 개인정보보호 관리체계 인증 등에 관한 고시(개인정보보호법 및 정보통신망법에서 개별적으로 위임한 개인정보인증에 관해 공동고시, 개인정보보호위 · 과기정통부)
※ 자동차의 에너지소비효율, 온실가스배출량 및 연료소비율 시험방법 등에 관한 고시(산자부 · 국토부 · 환경부 공동고시)의 경우 혼합적 성격

3 전자등록업허가 신청 및 심사 등(법 제6조)

전자증권법 제6조에서는 전자등록업허가의 신청 및 심사에 관한 사항을 정하고 있다. 전자등록업허가를 받으려는 자는 전자등록의 대상이 되는 주식등의 범위를 구성요소로 하여 앞에서 설명한 업무단위의 전부 또는 일부를 선택하고, 허가신청서 및 첨부서류를 금융위원회 및 법무부장관에게 제출하여야 한다. 금융위원회 및 법무부장관은 허가신청서 접수 후 3개월 이내 허가 여부를 결정하고 그 결과와 이유를 지체 없이 신청인에게 통지하여야 한다. 허가신청서에 흠결이 있는 경우 보완을 요청할 수도 있다. 또한, 금융위원회 및 법무부장관은 전자등록업허가를 한 경우 허가의 내용, 조건 등을 관보 및 인터넷 홈페이지 등에 공고하여야 한다.

법은 허가심사기간에서 제외하는 기간, 허가신청서의 기재사항, 허가심사의 방법 및 절차를 시행령에서 규정하도록 위임하고 있다. 허가의 방법 및 절차, 허가심사기간에서 제외되는 기간 등에 관하여는 거래소, 청산회사, 금융투자업자 등에 대한 허가·인가 입법례를 참조하였다.

이와 관련하여, 시행령에서는 각 신청서의 기재사항 등을 정하고 있으며 신청서의 기재사항 및 첨부서류, 신청내용의 사실 여부에 대한 확인방법 등 주요 내용은 아래 표와 같다.

▼ 시행령상 전자등록업허가 방법 및 절차 주요내용(영 제4조)

구 분	세부내용
기재사항	▪ 상호, 본점과 지점 등의 소재지, 임원에 관한 사항, 허가 업무에 관한 사항, 사업계획 및 대주주에 관한 사항 등
첨부서류	▪ 정관, 설립이나 허가신청의 의사결정을 증명하는 서류, 본점과 지점 등의 위치와 명칭을 기재한 서류, 임원의 이력서와 경력 증명서 등
제출서류 및 허가신청 내용의 사실 확인 방법	▪ 행정정보의 공동이용을 통한 등기사항 증명서 확인 ▪ 감독관청의 전자등록업 신청 내용에 관한 사실확인 및 이해관계자의 의견수렴 ▪ 관계자들과의 면담등을 통한 실지조사 ▪ 인터넷 공고 및 공청회

허가심사기간을 계산함에 있어 허가요건 충족 여부 확인을 위하여 다른 기관 등으로부터 필요한 자료를 제공받는 데 걸리는 기간, 금융위원회 및 법무부장관이 허가신청서 흠결의 보완을 요구한 경우 허가신청서 보완기간, 허가신청자·대주주를 상대로 형사소송 또는 조사·검사 등의 절차가 진행되고 있고 심사에 중대한 영향을 미칠 수 있다고 인정되는 경우 그 절차가 끝날 때까지의 기간 등은 산입 기간에서 제외된다.

▼ 유사 입법례 및 전자등록기관의 인·허가 심사기간에서 제외되는 기간

※ 금융투자업자, 청산회사 및 거래소의 경우 "규칙"은 자본시장법 시행규칙을 의미

금융투자업자 (규칙 제2조)	청산회사(CCP) (규칙 제34조의2)	거래소 (규칙 제40조)	전자등록기관 (영 제5조)
▪ 인가 요건 충족여부를 확인하기 위하여 다른 기관 등으로부터 필요한 자료를 제공받는 데에 걸리는 기간	▪ 인가 요건 충족여부를 확인하기 위하여 다른 기관 등으로부터 필요한 자료를 제공받는 데에 걸리는 기간	▪ 허가요건 충족여부를 확인하기 위하여 다른 기관 등으로부터 필요한 자료를 제공받는 데에 걸리는 기간	▪ 허가요건 충족여부를 확인하기 위하여 다른 기관 등으로부터 필요한 자료를 제공받는 데에 걸리는 기간
▪ 인가신청서 흠결의 보완을 요구한 경우에는 그 보완기간	▪ 인가신청서 흠결의 보완을 요구한 경우에는 그 보완기간	▪ 허가신청서 흠결의 보완을 요구한 경우에는 그 보완기간	▪ 허가신청서 흠결의 보완을 요구한 경우에는 그 보완기간
▪ 인가신청자 또는 대주주를 상대로 감독기관의 조사·검사 또는 형사소송 절차 등이 진행중인 경우 해당 절차가 끝날 때까지의 기간	▪ 인가신청자 또는 대주주를 상대로 감독기관의 조사·검사 또는 형사소송 절차 등이 진행중인 경우 해당 절차가 끝날 때까지의 기간	▪ 허가신청자 또는 대주주를 상대로 감독기관의 조사·검사 또는 형사소송 절차 등이 진행중인 경우 해당 절차가 끝날 때까지의 기간	▪ 허가신청자 또는 대주주를 상대로 감독기관의 조사·검사 또는 형사소송 절차 등이 진행중인 경우 해당 절차가 끝날 때까지의 기간

4 전자등록업 예비허가 신청 및 심사(법 제7조)

전자등록업허가를 받으려는 자는 필요시 금융위원회 및 법무부장관에게 미리 예비허가를 신청할 수 있다. 예비허가를 받으려는 자는 예비허가신청서 및 첨부서류를 금융위원회 및 법무부장관에게 제출하며, 금융위원회 및 법무부장관은 신청서를 접수한 날로부터 2개월 이내에 예비허가 여부를 결정(조건부 포함)하여 문서로 통지하여야 한다(법 제7조).

법은 허가의 경우와 마찬가지로 예비허가의 방법 및 절차, 예비허가 심사기간에서 제외되는 기간을 시행령에서 규정하도록 위임하고 있다. 예비허가의 방법 및 절차는 (본)허가의 방법 및 절차에 관한 규정을 준용하거나 유사하게 규정하고 있다(영 제6조). 구체적으로 살펴보면, 예비허가신청서 기재사항, 제출서류 및 신청내용의 사실 확인방법은 (본)허가 규정을 준용하고 있으나, (본)허가와 달리 첨부서류에 본점과 지점 등의 위치와 명칭을 기재한 서류가 제외되며 예비허가 후에는 예비허가 사실의 인터넷 공고절차가 없다는 점에서 차이가 있다. 예비허가 심사기간에서 제외되는 기간은 (본)허가심사에서 제외되는 기간과 동일하다(영 제7조).

5 허가요건의 유지 등(법 제8조~제11조)

전자등록기관은 전자등록업허가 요건 중 사회적 신용 요건을 제외한 나머지 8가지 요건[2]을 전자등록업허가 취득 이후에도 항시 유지할 의무를 부담한다(법 제8조). 만약 이를 유지하지 못한 경우 금융위원회는 전자등록업허가 취소, 업무 정지, 기관경고, 임원 징계, 직원 징계 요구 등의 조치를 할 수 있다(법 제53조). 또한, 전자등록기관이 허가를 받은 전자등록업 허가 업무 단위 외에 전자등록업 허가업무 단위를 추가하려는 경우에는 금융위원회 및 법무부장관의 변경허가를 받아야 한다(법 제9조).

전자등록기관이 아닌 자는 '증권등록', '등록결제', 그 밖에 이와 유사한 명칭의 사용이 금지된다(법 제10조). 이는 자본시장법상 예탁결제원, 거래소 및 금융투자업자 등에 대하여 유사 명칭 사용을 금지하는 것과 동일하다.

전자등록기관이 합병, 분할, 분할합병 또는 주식의 포괄적 교환·이전 및 전자등록업의 영업양도(전부 또는 일부)를 하기 위해서는 금융위원회와 법무부장관 간의 사전협의를 거친 후 금융위원회의 승인이 필요하다(법 제11조). 다만, 전자등록기관이 수행하는 전자등록업 이외의 영업양도의 경우에는 금융위원회가 법무부장관과의 협의 없이 승인할 수 있다.

6 전자등록업 폐지(법 제12조)

전자등록업의 전부 또는 일부의 폐지, 전자등록기관 해산의 경우 금융위원회와 법무부장관 간 사전협의 및 금융위원회의 승인이 필요하다. 전자등록업 폐지 또는 해산 시 해당 전자등록기관을 통하여 발행 및 유통되던 주식등 권리자의 권리 침해가 발생할 수 있기 때문에 이러한 요건을 마련하였다.

금융위원회는 전자등록업 폐지 등의 승인 후, 그 내용을 관보 또는 홈페이지에 공시하여 권리자 및 관계자가 알 수 있도록 조치해야 한다(법 제12조제2항).

전자증권법은 전자등록업 폐지 등의 승인 관련 방법·절차, 그 밖의 승인업무 처리를 위하여 필요한 사항을 시행령으로 위임하였다. 전자등록업 폐지 등의 승인은 해당 전자등록기관의 경영 및 재무상태 등에 비추어 부득이한 경우로 한정하되, 전자등록업 폐지 등에 따른 이

---

2) 조직형태, 정관·내부규정, 임원, 대주주, 사업계획, 인력, 전산·물적설비, 이해상충방지체계.

해관계자의 손해 발생을 예방하기 위하여 권리자 보호와 거래질서 유지에 문제가 없으며 관련 법령의 위반이 없을 것을 요구하고 있다(영 제8조제3항). 전자증권법령은 전자등록업 폐지 등의 승인 관련 심사기준을 구체적이고 명확하게 규정함으로써, 행정기관에 제도 운영 방향을 제시함과 동시에 권리자 등의 예측 가능성을 확대하였다.

전자등록기관은 전자등록업 전부 또는 일부의 폐지나 해산 승인을 위해 상호, 본점 소재지, 승인신청 사유 및 내용 등을 기재한 승인신청서와 정관, 승인신청에 관한 서류(이사회나 주주총회 의사록, 계약서 등), 그 밖에 금융위원회가 정하여 고시하는 서류 등 첨부서류를 금융위원회에 제출해야 한다(영 제8조제1항·제2항). 금융위원회는 이러한 승인신청서 및 첨부서류를 접수한 날로부터 2개월 이내에 승인 여부를 결정하여 그 결과를 문서로 통지하여야 한다(영 제8조제4항).

승인신청서 흠결의 보완기간 및 승인요건에 관한 사실의 확인을 위하여 불가피하게 소요되는 기간 등은 심사기간에서 제외된다. 이는 전자등록업허가 시 심사기간에서 제외되는 기간 및 자본시장법상 금융위원회의 금융투자업 폐지 승인 등과 관련된 유사 입법례를 참조한 것이다.

7 임원 등(법 제13조)

전자등록기관의 임원은 「금융회사의 지배구조에 관한 법률」 제5조의 요건에 부합하는 자격을 갖춘 자여야 하며(미성년자, 파산선고 후 복권되지 아니한 자, 형사법상 실형을 선고받은 자 등에 해당하지 않을 것), 특히 상근임원의 경우에는 계좌관리기관의 임직원이 아닌 사람이어야 한다(법 제13조제1항·제2항).

전자등록기관의 대표이사는 주주총회에서 선임[3]한다. 금융위원회는 선임된 대표이사의 직무수행 부적합 사유가 있는 경우 법무부장관과 협의하여 선임일로부터 1개월 이내에 해임을 요구할 수 있다(법 제13조제3항·제4항). 이와 관련하여 시행령에서는 금융위원회가 전자등록기관 대표이사의 직무수행능력·전문성·경력 등을 종합적으로 고려하여 적격성 등을 검토한 결과, 그 직무를 수행함에 있어 부적합하다고 인정하는 경우를 대표이사 해임 요구 사유로 규정한다. 이는 자본시장법 시행령 제356조제2항에서 선임된 거래소 이사장에 대한 금융위원

---

3) 전자등록기관의 대표이사는 주주총회에서 선임(법 제13조제3항)하도록 하면서 증권예탁기구(예탁결제원)의 사장은 주주총회에서 선출하되, 금융위원회의 승인(자본시장법 제301조제2항)을 받도록 하고 있어 실질적으로 그 기능이 동일함에도 그 선임 절차를 다르게 규정하고 있다.

회의 해임 요구 사유로 적시하고 있는 직무수행 부적합 사유 등 관련 유사 입법례를 참조한 것이다.

전자등록기관의 상근 임직원은 계좌관리기관, 자본시장법상 금융투자업관계기관(그 상근 임직원이 소속된 예탁결제원은 제외한다)과 자금의 공여, 손익 분배, 그 밖의 시행령 위임사항 등 영업과 관련한 특별한 이해관계를 갖는 것이 금지된다(법 제13조제5항). 시행령으로 정하는 특별한 이해관계는 채무보증, 담보 제공, 정상적인 거래활동상 불필요한 행위로 간주되는 이해관계 등이 있다(영 제10조). 이는 예탁결제원 임직원이 금융투자업자 및 금융투자업관계기관과 가져서는 안 되는 특별한 이해관계를 규정하고 있는 자본시장법 제301조제5항 등 유사 입법례를 참조하였다.

8 전자등록기관의 업무(법 제14조)

법에서는 전자증권제도의 운영에 있어 공정성 및 안정성이 담보될 수 있도록 전자등록기관의 업무 범위를 구체적으로 명시하고 있다. 전자등록기관은 전자증권제도의 중심 운영기관으로서 정관으로 정하는 바에 따라 주식등의 전자등록에 관한 본연의 업무(고유 업무), 관련 업무(부수 업무) 및 기타 업무(겸영 업무)를 수행한다. 그 수행 업무의 세부 내용은 다음과 같다.

📊 **전자등록기관 수행 업무(법 제14조)**

1. **고유 업무**
   ⅰ) 주식등의 전자등록에 관한 업무
   ⅱ) 계좌* 개설, 폐지 및 관리에 관한 업무
      * 발행인관리계좌, 고객관리계좌 및 계좌관리기관등 자기계좌
   ⅲ) 계좌부 작성 및 관리에 관한 업무
   ⅳ) 외국 전자등록기관의 계좌 설정을 통한 주식등의 전자등록에 관한 업무
   ⅴ) 소유자명세의 작성에 관한 업무
   ⅵ) 전자등록주식등에 대한 권리 행사의 대행에 관한 업무
   ⅶ) 주식등의 전자등록 및 관리를 위한 정보통신망의 운영에 관한 업무
   ⅷ) 전자등록주식등의 발행 내용의 공개에 관한 업무
   ⅸ) 그 밖에 금융위원회로부터 승인을 받은 업무

9 전자등록업무규정 등(법 제15조~제18조)

법은 전자등록기관이 주식등의 전자등록 등 전자증권제도 운영을 위해 필요한 세부적인 업무 사항을 규정하는 전자등록업무규정을 제정하도록 그 근거를 두고 있다(법 제15조).

전자등록업무규정을 제정, 개정 또는 폐지하는 경우에는 금융위원회의 승인을 받아야 하며, 이 경우 미리 법무부장관과 협의하여야 한다(법 제15조·제17조). 또한, 전자등록기관이 정관을 변경하려는 경우에도 마찬가지로 법무부장관과의 사전 협의를 거쳐 금융위원회 승인을 받아야 한다(법 제16조). 이처럼 정책당국의 사전적 규제체계 마련을 통해 전자등록 업무 수행의 안정성을 확보할 수 있게 되었다.

이에 따라 전자등록기관으로 허가된 예탁결제원은 2019년 8월에 「주식·사채 등의 전자등록업무규정」(이하 "전자등록업무규정"이라 한다)을 제정하였으며, 해당 규정은 2019년 9월 16일부터 시행되었다. 동 업무규정에는 ⅰ) 주식등의 신규 전자등록 및 그 변경·말소의 전자등록에 관한 사항, ⅱ) 발행인관리계좌, 고객계좌, 고객관리계좌 및 계좌관리기관등 자기계좌의 개설 및 폐지에 관한 사항, ⅲ) 발행인관리계좌부, 고객계좌부, 고객관리계좌부 및 계좌관리기관등 자기계좌부의 작성 및 관리에 관한 사항, ⅳ) 전자등록주식등의 계좌간 대체, 질권의 설정·말소, 신탁재산이라는 사실의 표시·말소의 전자등록에 관한 사항, ⅴ) 소유자명세의 작성 및 전자등록주식등의 권리 행사에 관한 사항, ⅵ) 전자등록주식등의 금액 또는 수량 확인에 관한 사항, ⅶ) 주식등의 전자등록 및 관리를 위한 정보통신망의 운영에 관한 사항, ⅷ) 그 밖에 전자등록주식등의 관리를 위하여 필요한 사항을 정하고 있다.

한편, 법은 전자등록업 이외의 업무에 관한 전자등록기관 규정의 제정·개정·폐지에 대해서는 자본시장법 등 다른 법률에서 금융위원회의 승인을 요구하는 경우 이외에는 지체 없이 금융위원회에 보고하도록 하였다(법 제18조).

제 2 절 | 계좌관리기관(법 제19조 · 제20조)

계좌관리기관이란, 고객(투자자)이 보유한 주식등의 전자등록 및 권리관리 업무를 수행하는 기관으로서 고객을 위해 고객계좌를 개설 및 관리하는 기관을 말한다.

전자증권법에서는 고객계좌를 개설하고 주식등의 전자등록업무를 수행할 수 있는 계좌관리기관의 자격 범위를 명시적으로 열거하고 있으며, 법령에서 명시하지 않은 경우에는 계좌관리기관이 될 수 없다.

계좌관리기관이 될 수 있는 자의 범위는 기존 증권예탁제도에서 예탁자가 될 수 있는 자와 유사하게 고객을 갖는 투자매매 · 중개업자, 은행(농협은행, 한국산업은행, 중소기업은행을 포함한다), 보험회사, 신탁업자 등 금융회사일 것을 원칙으로 한다. 다만, 외국인의 국내 투자 지원 · 특별계좌 관리 등 정책적 필요에 따라 고객계좌를 관리할 필요가 있는 외국 전자등록기관과 명의개서대행회사(다만, 특별계좌를 개설 · 관리하는 경우에 한정한다) 뿐만 아니라 그 밖에 고객계좌 관리 필요가 있거나 업무 성격 등을 고려하여 시행령으로 정하는 자에 대해서도 계좌관리기관이 될 수 있도록 규정하였다(법 제19조).

계좌관리기관을 법에서 열거하고 있고, 열거된 대상기관에 대해서는 다른 법령에 의하여 금융회사 등으로서 일정한 자격요건을 구비하여 인 · 허가를 받도록 정하고 있으므로 계좌관리기관이 되기 위한 별도의 인 · 허가 등 절차는 요구되지 않는다.

법상 계좌관리기관의 범위 및 역할을 살펴보면 다음과 같다.

▼ 법상 계좌관리기관의 범위 및 역할(법 제19조)

계좌관리기관 범위(근거법)	주요 역할
투자매매·중개업자, 신탁업자(자본시장법)	증권회사, 집합투자재산의 보관·관리 등
보험회사(보험업법)	펀드판매, 퇴직연금자산 보관 등
은행 등(은행법)	펀드판매, 투자일임자산 및 변액보험자산 보관
외국 전자등록기관	외국인 국내 투자 지원
명의개서대행회사(자본시장법)	특별계좌 관리(국민은행, 하나은행, 예탁결제원)

또한, 시행령은 법에 명시되지 않은 금융회사 중 고객계좌를 관리할 필요성이 있거나 업무 성격 등을 고려하여, 주요 금융회사를 계좌관리기관이 될 수 있는 자로 규정하고 있다(영 제11조). 시행령상 계좌관리기관은 크게 ⅰ) 법령에 따른 업무를 하기 위해 고객계좌의 관리가 필요한 경우와 ⅱ) 법령에 근거하지 않더라도 업무의 성격상 필요한 경우로 구분된다. 법령에 따른 업무를 수행하는 계좌관리기관으로는 한국자산관리공사, 정리금융회사 등이 있으며, 업무의 성격상 필요한 경우에 해당하는 기관으로는 증권금융회사, 전자등록기관 등이 있다. 또한, 향후 고객계좌를 관리할 필요가 있는 자를 추가로 지정할 필요성 등을 고려하여 금융위원회 고시로 위임할 수 있도록 하였다. 해당 계좌관리기관을 자세히 설명하면 다음과 같다.

▼ 법령에 따른 업무를 수행하는 계좌관리기관(영 제11조제1항)

계좌관리기관	법령에 따른 업무
한국자산관리공사	■ 「금융회사부실자산 등의 효율적 처리 및 한국자산관리공사의 설립에 관한 법률」에 따른 국유재산관리 업무 등
정리금융회사	■ 「예금자보호법」에 따른 부실금융기관 정리업무에 관련한 투자매매·투자중개에 수반한 업무
조특법 시행령상 공익사업의 사업시행자	■ 「조세특례제한법 시행령」에 따라 토지수용자에게 지급할 보상채권을 관리하는 사업시행자
금융위원회가 고시하는 자	■ 다른 법령에 따른 업무를 하기 위하여 고객계좌를 관리할 필요가 있는 자

▼ 계좌관리가 필요한 업무를 수행하는 계좌관리기관(영 제11조제2항)

계좌관리기관	계좌관리가 필요한 업무
증권금융회사	■ 자본시장법에 따른 증권금융 업무 및 우리사주 수탁기관 업무
종합금융회사	■ 자본시장법에 따른 증권의 인수 · 매출 업무 등
여신전문금융회사	■ 「여신전문금융업법」에 따른 펀드판매
한국수출입은행	■ 「한국수출입은행법」에 따른 수출기업 지원업무와 관련한 투자매매에 수반한 업무
상호저축은행 및 그 중앙회	■ 각 중앙회의 경우, 설립 · 운영 근거법률에 따른 국채 · 지방채 인수 · 매출업무 영위 가능성 반영 ■ 각 단위조합 및 금고의 경우, 자본시장법상 겸영투자업 영위 가능성 (특히 펀드판매채널) 반영
농업협동조합 및 그 중앙회	
신용협동조합 및 그 중앙회	
수협은행, 수산업협동조합 및 그 중앙회	
새마을금고 및 그 중앙회	
체신관서	■ 자본시장법상 겸영금융투자업 영위 가능성(특히 펀드판매채널) 반영
전자등록기관	■ 특별계좌 관리 및 외국금융기관이 매매한 국내 증권의 보관 · 관리 (local custodian) 등의 업무
금융위원회가 고시하는 자	■ 그 밖에 계좌관리가 필요한 성격의 업무

계좌관리기관은 고객(투자자)이 소유한 주식등의 고객계좌부에의 전자등록, 고객계좌의 개폐(開廢) · 관리, 고객계좌부 작성 · 관리 및 이에 부수하는 전자등록주식등의 양도, 질권 · 신탁 설정, 배당금 · 원리금 지급 등의 업무를 수행할 수 있다. 또한, 계좌관리기관이 아닌 자는 전자등록기관에 고객관리계좌, 그 밖에 이와 비슷한 계좌를 개설하여 주식등의 전자등록에 관한 업무를 할 수 없다(법 제20조). 이는 자본시장법 제298조에서 예탁업무 영위 등의 금지를 규정한 것과 유사하다.

제3장

계좌의 개설 등(법 제21조~제23조)

1 발행인관리계좌의 개설 등(법 제21조)

발행인관리계좌란, 주식등을 전자등록의 방법으로 발행하려는 자(발행인) 또는 그에 준하는 자가 전자등록 발행 내역을 관리하기 위하여 전자등록기관에 개설하는 계좌이다. 기본적으로 증권예탁제도는 이미 발행되어있는 실물증권을 예탁하는 제도이므로, 발행인관리계좌라는 개념이 존재하지 않았다. 그러나 전자증권제도는 전자등록을 통하여 증권이 발행되는 제도이므로 그 발행 내역을 관리하기 위하여 발행인관리계좌의 도입이 필요하다. 따라서, 전자증권제도를 이용하고자 하는 발행인은 전자등록기관에 발행인관리계좌를 반드시 개설하여야 한다.

증권예탁제도 시행 중에 전자증권제도가 도입되었기 때문에, 발행인은 크게 주식등을 전자등록의 방법으로 새로 발행하려는 발행인과, 실물주권등이 이미 발행된 주식등, 즉 기(旣)발행 주식등을 전자등록주식등으로 전환하려는 발행인으로 구분할 수 있다.

전자증권제도는 증권예탁제도와 동일하게 전자등록기관과 계좌관리기관이 복층구조(2-tier)로 연결되기 때문에 발행인이 전자등록기관에 전자등록주식등의 전자등록을 신청하고, 해당 내역을 전자등록기관과 계좌관리기관이 각각 전자등록 또는 기록하게 된다. 전자등록기관은 발행인관리계좌가 개설되는 경우, 발행인별로 ⅰ) 해당 발행인에 관한 식별정보(발행인의 명칭, 사업자등록번호 및 그 밖에 시행령에 위임된 사항), ⅱ) 발행한 전자등록주식등의 내역 정보(전자등록주식등의 종류·종목 및 종목별 수량 또는 금액 등) 등을 기록하여 발행인관리계좌부를 작성한다. 이후 발행인관리계좌부에 변경 사항이 있는 경우, 전자등록기관이 발행인으로부터 그 내용을 통지받아 발행인관리계좌부에 기록하고, 전자등록기관 및 계좌관리기관은 전자등록의 변경 등의 조치를 하여야 한다(법 제21조).

발행인관리계좌는 발행 내역을 관리하기 위한 목적으로 개설하는 관리계좌이며, 전자등록계좌에 해당하지 않으므로 발행인관리계좌부에 기록된 사항에 대해서는 전자등록의 효력이 없다. 다시 말해 발행인관리계좌부는 전자등록계좌부와의 대사를 통해 초과분 발생 여부 등 전자등록 내용의 정확성 여부를 확인하는 수단으로 사용되는 관리 목적의 장부인 셈이다.

이와 유사한 맥락으로, 발행인관리계좌부에 기록된 전자등록주식등의 수량 또는 금액이 주주명부 등 권리자에 관한 법적 장부의 기재 내용과 다른 경우에는 해당 주주명부 등의 수량 또는 금액을 기준으로 한다. 법에서는 이러한 기준이 되는 장부를 주주명부, 「신탁법」 제79조 또는 자본시장법 제189조에 따른 수익자명부, 「국채법」·「국고금 관리법」 또는 「한국은행 통화안정증권법」에 따른 등록부, 그 밖에 주식등의 권리자에 관한 장부로서 시행령으로 정하는 장부로 규정하고 있다(법 제21조제3항). 시행령에서는 주주명부 외에도 공신력을 담보할 수 있는 법적 장부로서, 「상법」상 사채원부, 「신탁법」상 신탁사채원부 및 「지방재정법」상 지방채증권원부를 규정하고 있다(영 제13조). 발행인관리계좌부에 기록된 수량 또는 금액이 기준장부의 수량 또는 금액과 다를 경우, 이러한 기준장부를 기준으로 발행인관리계좌부의 수량 또는 금액을 재설정하게 되는 것이다.

참고로, 법령상 기준장부에 대해 별도로 정하는 바가 없는 주식등의 사례를 살펴보자면, 파생결합증권(ELW)은 별도의 법정 장부가 없고, 증권예탁증권(KDR)은 증권예탁증권 발행 관련 계약 및 관련 업무규정에 따라 소유자명부를 작성하고 있으나 법적 장부에 해당하지 않는다. 유동화전문회사 출자증권(무기명식 발행)은 사원명부를 두지 않고 있다.

전자증권법은 이미 발행한 주권등을 전자등록주식등으로 전환하려는 경우 전환 대상인 주권등의 범위와 더불어, 신규 전자등록 또는 旣 발행 주권등의 전자등록 전환을 하려는 자에 준하는 자로서 발행인관리계좌를 개설하여야 하는 자에 대해 시행령에 위임하고 있다(법 제21조제1항제2호·제3호). 전자등록 전환대상이 되는 주권등은 전자등록 의무적용[1] 대상이 아닌 것 중 주권과 같이 전자등록 전환이 가능하여야 한다.[2] 이에 따라 시행령에서는 정책적 필요성에 따른 ⅰ) 旣 발행 비상장채권[3]과 ⅱ) 신탁법상 기명식 수익증권·증서를 규정하고 있다(영 제12조제1항). 한편, 발행인관리계좌의 개설자로 국내에서 주권을 이미 발행하였거나 새로 발행하려고 하는 외국법인을 추가하였다(영 제12조제2항).

---

1) 상장증권, 집합투자증권, 조건부자본증권 및 파생결합증권 등.
2) 전자등록 전환 작업을 위한 기준 권리자 명부가 존재하는 것.
3) 제도 시행일 이전에 이미 발행된 비상장채권의 경우 전자증권법 부칙에 따른 전자등록 일괄전환 대상이 아니었으므로 제도 시행일 이후 해당 발행분에 대한 전자등록전환의 제도적 가능성을 열어준 데에 의의가 있다.

또한, 전자증권법에서는 발행인의 명칭, 사업자등록번호 등 법에서 정하는 사항 외에 전자등록기관이 발행인관리계좌부에 기록하여야 하는 사항을 시행령에서 정하도록 위임하고 있다(법 제21조제2항제3호). 이는 발행 내역 관리, 전자등록 내용의 정확성 확인, 감독기관의 감독 기능 강화, 발행인의 발행실적 보고서 작성·제출 편의 제고 등 발행인관리계좌부의 기능을 감안하여 사후관리를 위해 추가로 기록할 사항을 시행령에서 정하도록 한 것이다.

시행령상 추가 기록사항은 ⅰ) 발행인 식별정보의 경우 발행인의 법인등록번호 또는 고유번호,[4] 발행인의 본·지점 또는 영업소 소재지, 발행인의 설립연월일, 업종, 대표자의 성명 및 이에 준하는 정보 등이 있으며, ⅱ) 그 밖에 기록될 사항의 경우 전자등록의 사유, 발행일자·발행 방법(공모·사모 여부 등), 단기사채등의 발행 한도·미상환 발행 잔액 및 그 밖에 전자등록기관의 전자등록업무규정으로 정하는 사항 등이 있다(영 제12조제3항·제4항).

전자등록기관은 ⅰ) 발행인으로부터 발행인관리계좌의 폐지 신청이 있는 경우, ⅱ) 발행인이 법, 관계법규 및 전자등록업무규정 등을 위반하여 권리자에게 손해를 입히거나 입힐 우려가 있다고 판단되는 경우, ⅲ) 일정기간 동안 발행인관리계좌 이용실적이 없는 경우 등에는 발행인관리계좌를 폐지할 수 있다. 다만, 발행인관리계좌부에 잔량이 기재되어 있는 경우에는 그러하지 아니한다(전자등록업무규정 제9조).

한편, 전자등록업무규정에서 정하는 바에 따라 발행인은 발행인의 업무를 위탁받아 처리하는 자(이하 "발행대리인"이라 한다)를 주식등의 종류별로 지정할 수 있으며, 지정된 발행대리인은 그 위탁받은 업무의 범위 내에서 발행인으로 취급된다. 예를 들어 일반 주식의 발행인(주식회사)은 명의개서대행회사를, 투자회사 주식의 발행인(투자회사)은 집합투자업자를 각각 그 발행대리인으로 지정할 수 있다. 기타 주식등의 종류에 따른 발행인 및 발행대리인은 다음과 같다(전자등록업무규정 제10조).

---

4) 국가, 지방자치단체 및 비영리법인 등 부가가치세 납세의무가 없는 자에 대하여 부여하는 사업자등록번호에 준하는 납세번호를 가리킨다.

▼ 주식등별 발행인 및 발행대리인(전자등록업무규정 시행세칙 별표1)

주식등의 종류			발행인	발행대리인
주식	일반 주식		주식회사	명의개서대행회사
	투자회사의 주식		투자회사	집합투자업자
사채	일반 회사채		주식회사	투자매매 · 중개업자, 은행, 온라인소액투자중개업자
	파생결합사채 등	파생결합사채 (ELB · DLB)	주식회사	
		주식연계증권 등 (ELS · DLS) · 상장지수증권(ETN)	투자매매 · 중개업자	–
	조건부자본증권		주권상장법인(은행, 금융지주회사 및 보험회사를 제외한다)	투자매매 · 중개업자, 은행, 온라인소액투자중개업자
	신탁법상 신탁사채		신탁업자	
	자산유동화사채		유동화전문회사	투자매매 · 중개업자, 은행
국채	국고채 · 재정증권		기획재정부	한국은행
	통안채		한국은행	–
	지방채		지방자치단체	투자매매 · 중개업자, 은행, 온라인소액투자중개업자
	특수채		특별법상 설립법인	
	신주인수권증서		주식회사	명의개서대행회사
	신주인수권증권		주식회사	투자매매 · 중개업자, 은행, 온라인소액투자중개업자
수익권	신탁법상 수익권		신탁업자	–
	투자신탁의 수익권		집합투자업자/ 일반사모집합투자업자	–
	이중상환청구권부 채권		은행, 특수은행, 한국주택금융공사	투자매매 · 중개업자, 은행, 온라인소액투자중개업자
	주택저당증권(MBS), 학자금대출증권(SLBS)		한국주택금융공사	–
	자산유동화증권(사채 外)		유동화전문회사	투자매매 · 중개업자, 은행
	주식워런트증권(ELW)		투자매매 · 중개업자	–
	증권예탁증권(KDR)		외국법인	예탁결제원

외국법인등 국내발행 주식등	외국법인등	명의개서대행회사 등
양도성 예금증서	은행	투자매매 · 중개업자
은행법, 금융지주회사법 및 보험업법상 조건부자본증권	은행, 금융지주회사 및 보험회사	투자매매 · 중개업자, 은행, 온라인소액투자중개업자
투자계약증권	주식회사	투자매매 · 중개업자

2 고객계좌 및 고객관리계좌의 개설 등(법 제22조)

전자등록주식등의 권리자가 되려는 자는 계좌관리기관에 고객계좌를 개설하여야 한다(법 제22조제1항). 고객계좌란 전자등록주식등의 권리자, 즉 소유자 또는 질권자 등이 되려는 자가 계좌관리기관에 개설하는 전자등록계좌의 한 종류이다. 고객계좌의 개설자는 계좌관리기관등 자기계좌 개설자와 비교하였을 때 대부분 일반 고객(투자자)에 해당한다.

계좌관리기관은 고객계좌를 개설한 권리자별로 권리자의 성명 · 주소, 전자등록주식등의 종류, 종목, 수량 등의 사항을 포함하여 고객계좌부를 작성하여야 한다(법 제22조제2항). 구체적인 고객계좌부 전자등록사항은 아래와 같다.

📊 고객계좌부 전자등록사항(법 제22조제2항)

1. 권리자의 성명 또는 명칭 및 주소
2. 발행인의 명칭
3. 전자등록주식등의 종류, 종목 및 종목별 수량 또는 금액
4. 전자등록주식등에 질권이 설정된 경우에는 그 사실
5. 전자등록주식등이 신탁재산인 경우에는 그 사실
6. 전자등록주식등의 처분이 제한되는 경우에는 그에 관한 사항
7. 그 밖에 시행령에 위임된 사항

시행령에서 정하고 있는 고객계좌부의 전자등록사항으로는 전자등록된 전자등록주식등의 수량 또는 금액의 증감원인이 있다(영 제14조). 이는 전자등록주식등의 발행 · 유통에 따른 권리 · 의무관계의 변동을 안정적으로 관리 및 확인해야 하는 필요성을 감안한 것으로, 증권예탁 제도에서도 예탁증권등 수량의 증감원인을 투자자계좌부 기재사항의 하나로 규정하고 있다 (자본시장법 시행규칙 제30조).

계좌관리기관은 고객계좌부에 전자등록된 전자등록주식등의 관리를 위해 전자등록기관에 고객관리계좌를 개설하여야 한다(법 제22조제3항). 전자등록기관은 계좌관리기관의 명칭·주소, 전자등록된 주식등의 종류, 종목 및 종목별 수량 또는 금액 등을 기록하여 고객관리계좌부를 작성한다. 법에서는 그 밖의 고객관리계좌부 기록사항에 대해서는 시행령으로 위임하고 있는데, 시행령에서 정하고 있는 고객관리계좌부의 기록사항도 고객계좌부와 마찬가지로 전자등록주식등 수량 또는 금액의 증감원인이다(영 제15조). 고객관리계좌부는 앞서 설명한 발행인관리계좌부처럼 전자등록의 효력이 없는 관리 목적의 계좌부이며, 총수량 또는 총금액을 구성하는 권리자별 내용을 기록하지 않는다. 즉 전자등록기관은 고객관리계좌부를 통해 주식등의 권리자별 소유 현황을 파악할 수 없다. 다만, 고객관리계좌부는 전자등록계좌부와의 대사를 통해 초과분 발생 여부 등 전자등록된 내용의 정확성을 확인하는 수단으로 사용된다.

전자등록기관은 발행인관리계좌와 마찬가지로, 고객관리계좌부에 잔량이 기재되어 있는 경우를 제외하고, 계좌관리기관으로부터 고객관리계좌 폐지의 신청이 있거나 계좌관리기관이 될 수 있는 대상기관에 해당하지 않는 등의 경우에 고객관리계좌를 폐지할 수 있다(전자등록업무규정 제13조).

3 계좌관리기관등 자기계좌의 개설 등(법 제23조)

계좌관리기관등 자기계좌란 전자등록주식등의 권리자가 되려는 자가 전자등록기관에 직접 개설하는 전자등록계좌이다. 고객계좌는 전자등록주식등의 권리자가 되려는 자가 전자등록기관이 아니라 계좌관리기관에 개설하는 전자등록계좌라는 점에서 계좌관리기관등 자기계좌와 근본적인 차이가 있다.

전자등록기관에 계좌관리기관등 자기계좌를 개설할 수 있는 자는 ⅰ) 계좌관리기관, ⅱ) 법률에 따라 설립된 기금, ⅲ) 그 밖에 전자등록기관에 주식등을 전자등록할 필요가 있는 자로서 시행령에 위임된 자이다(법 제23조제1항).

시행령상 계좌관리기관등 자기계좌 개설자의 자격은 계좌 개설의 목적과 필요성 등을 고려하여 법률에 따라 기금을 관리·운용하는 법인(영 제16조제1호)과 함께 개인, 법인 및 그 밖의 단체로서 주식등의 보유 규모·목적 및 해당 주식등의 종류 등을 고려하여 금융위원회 고시에서 정하는 자(영 제16조제2호)로 규정하고 있다. 우선, 기존에 예탁결제원에 직접 계좌를 개설하고 있던 기금 관리·운용 법인은 계좌관리기관등 자기계좌 개설자에 포함된다. 그리고,

개인, 법인 또는 단체에 대해서도 ⅰ) 전자증권제도 하에서 기존 증권예탁제도에서의 실물증권 보유에 준하는 서비스를 제공하고, ⅱ) 전자등록기관과 계좌관리기관 간 선택의 다양성을 제공하기 위해 제한적으로 계좌관리기관등 자기계좌 개설을 허용하되, 그 세부 자격 요건은 금융위원회 고시에서 정하도록 하였다.

계좌관리기관등 자기계좌가 개설된 경우, 전자등록기관은 계좌관리기관등별로 계좌관리기관등의 성명 또는 명칭 및 주소, 전자등록주식등의 종류, 종목, 수량 등의 내용을 포함하여 계좌관리기관등 자기계좌부를 작성하여야 하는데, 계좌관리기관등 자기계좌부에 전자등록하여야 하는 구체적인 사항은 아래와 같다.

📊 계좌관리기관등 자기계좌부 전자등록사항(법 제23조제2항)

1. 계좌관리기관등의 성명 또는 명칭 및 주소
2. 발행인의 명칭
3. 전자등록주식등의 종류, 종목 및 종목별 수량 또는 금액
4. 전자등록주식등에 질권이 설정된 경우에는 그 사실
5. 전자등록주식등이 신탁재산인 경우에는 그 사실
6. 전자등록주식등의 처분이 제한되는 경우에는 그에 관한 사항
7. 그 밖에 시행령에 위임된 사항

시행령에서 정하는 계좌관리기관등 자기계좌부의 전자등록사항에는 전자등록주식등의 수량 또는 금액의 증감원인이 있다(영 제17조). 이는 고객계좌부의 시행령상 전자등록사항과 동일한 이유로 규정된 것이다.

아울러, 계좌관리기관등은 전자등록기관의 승인을 받아 해당 업무를 위탁받아 처리하는 자(이하 "계좌관리대리인"이라 한다)를 지정할 수 있으며, 지정된 계좌관리대리인은 그 위탁받은 업무의 범위 내에서 계좌관리기관등으로 본다(전자등록업무규정 제17조).

1. 일 본

우리나라의 계좌관리기관등 자기계좌에 해당하는 계좌의 개설은 JASDEC(대체기관)이 결정하고, 법상 자기계좌 개설에 관한 특별한 규제는 존재하지 않는다. JASDEC에 대한 계좌 개설은 해당 기관의 업무규정(「JASDEC 주식등의 대체업무에 관한 규정」)으로 정하고 있다(「사채·주식 등의 대체에 관한 법률」 제12조제1항).

JASDEC은 다음 기준에 적합하다고 인정되는 자로 법인에 한하여 계좌를 개설한다 (「JASDEC 주식등의 대체업무에 관한 규정」 제18조제3항) ： ⅰ) 계좌관리기관이거나 JASDEC이 특별히 인정하는 자(법인에 한함), ⅱ) 대체제도의 신용 및 원활한 운영에 저해될 우려가 없을 것, ⅲ) 이용하는 자금결제회사를 둘 것.

계좌개설자 자격을 법인에 한하도록 한 이유는 업무전산망의 연결과 원활한 대체제도 운영 및 자금결제 때문인 것으로 생각된다.

2. 영 국

법적으로 Euroclear UK & International(EUI, 전자등록기관)의 개인계좌(Personal Membership Account, PMA) 개설에 관한 규제는 없다. 개인계좌(PMA)란 개인투자자가 EUI에 자신의 명의로 직접 증권을 등록하기 위하여 개설하는 계좌이다. 개인투자자의 계좌 개설이유는 개인계좌(PMA)를 통한 증권보유에 대한 투자자의 높은 선호도와 낮은 관리비용 때문으로 보인다. 이를 통해 영국은 신탁계약에 따른 증권의 간접보유방식과 함께 개인계좌(PMA)를 통한 직접보유방식도 가능한 제도를 마련하였다.

3. 싱가포르

싱가포르는 CDP(증권예탁기구)[5]를 통한 직접등록방식을 채택하고 있다. 투자자가 CDP에 계좌를 개설하고(직접등록방식) 예탁증권은 CDP가 신탁관리하며, 주주명부상에는 CDP가 등록명의인(nominee)으로 등재된다.

---

5) 싱가포르 증권거래소(SGX)의 완전자회사로서, 예탁, 청산 및 결제 등 서비스를 제공한다.

CDP에 개인계좌를 개설하는 것은 증권 매매를 위한 필수 사항이다. 싱가포르 증권시장에 투자하기 위해서는 누구든지 CDP에 1개의 예탁계좌(CDP Account)를 개설해야 한다. CDP Account는 투자자가 CDP에 직접 신청·개설하는 Direct Account와 예탁자(depository agents)를 경유해 신청·개설하는 Sub-Account로 구분되며, 이는 투자자 선택사항에 해당한다.

복수의 증권회사에 다수의 증권 매매계좌를 개설할 수 있지만, 그 증권계좌는 CDP 계좌(CDP Account)와 연계되어야 한다. 증권 매매계좌를 개설한 어느 증권회사를 통해서도 연계된 CDP 계좌(CDP Account)상 증권에 대한 매매 주문이 가능하다.

제 4 장

전자등록(법 제24조~제36조)

앞서 살펴본 바와 같이, 전자증권법에 따른 전자등록이란 "주식등의 종류, 종목, 금액, 권리자 및 권리 내용 등 주식등에 관한 권리의 발생·변경·소멸에 관한 정보를 전자등록계좌부에 전자적 방식으로 기재하는 것"을 의미한다(법 제2조제2호).

전자등록의 구체적 방법은 전자등록의 정의에서 기술하고 있는 것과 같이, 전자등록계좌부에 전자적 방식으로 기재하고자 하는 사항이 주식등에 관한 권리의 '발생', '변경' 또는 '소멸' 중 어디에 해당하는지 여부에 따라 달라지게 된다. 이를 유형에 따라 구분하면 크게 5가지 정도로 구분해 볼 수 있다. 즉 ⅰ) 신규 전자등록(법 제25조), ⅱ) 이미 주권등이 발행된 주식등의 신규 전자등록(旣 발행 주식등의 전자등록 전환, 법 제27조), ⅲ) 계좌간 대체의 전자등록(법 제30조), ⅳ) 질권 설정·말소 및 신탁재산 표시·말소의 전자등록(법 제31조·제32조), ⅴ) 권리의 소멸 등에 따른 변경·말소의 전자등록(법 제33조)으로 구분 가능하다.

전자증권법에서는 전자등록의 방법 외에도 각각의 전자등록과 관련한 특별한 사항들도 규정하고 있는데, 특히 旣 발행 주식등의 전자등록 전환과 관련해서 주식의 입질(入質) 등에 관한 특례(법 제28조) 및 특별계좌(법 제29조)에 관한 규정을 두고 있다. 또한, 전자등록의 효력(법 제35조) 및 전자등록주식등에 대한 증권·증서의 효력(법 제36조)에 대해서도 규정하고 있다.

전자등록의 신청 등(법 제24조)

전자증권법에서는 주식등을 전자등록하는 경우 발행인이나 권리자의 신청, 또는 관공서의 촉탁에 따르도록 규정하고 있다(법 제24조). 즉 전자등록을 위해서는 기본적으로 전자등록을 하려는 자의 신청이 필요하다. 다만, 예외적으로 전자증권법에 규정이 있는 경우에 한해 전자증권제도를 운영하는 전자등록기관 또는 계좌관리기관이 직권으로 주식등을 전자등록할 수 있다.

주식등의 전자등록은 법에 다른 규정이 없으면 원칙적으로 발행인이나 권리자가 단독으로 신청한다. 한편, 관공서의 촉탁에 따른 전자등록에 대해서는 신청에 따른 전자등록에 관한 절차를 준용하도록 하였다.

주식등의 신규 전자등록(법 제25조 · 제26조)

(1) 신규 전자등록 절차 · 방법

발행인은 전자등록의 방법으로 주식등을 새로 발행하거나, 이미 주권등이 발행된 주식등을 권리자에게 보유 · 취득하게 하려는 경우 전자등록신청서를 작성하여 전자등록기관에 제출함으로써 주식등의 신규 전자등록을 신청할 수 있다(법 제25조제1항).[1]

다만, 상장증권,[2] 집합투자증권[3] 등 그 유통성이 널리 인정되거나, 권리자 보호 및 건전한 거래질서 유지를 위해 시행령에서 정하는 주식등의 경우에는 발행인이 신규 전자등록을 신청할 것을 의무화하였다(법 제25조제1항 단서). 즉 법은 증권시장에 상장된 주식등, 집합투자증권 등에 대해서는 실물증권 발행의 여지 없이 항상 신규 전자등록하도록 의무화한 것이다. 반면, 비상장 주식 등은 발행인이 증권예탁제도[4]와 전자증권제도 중 선택할 수 있도록 전

---

[1] 다만, 국채등에 대해서는 특례가 규정되어 있는데(법 제72조), 해당 특례에 따라 국채등의 발행 총량을 전자등록기관 명의로 한국은행이 관리하는 등록부에 먼저 등록한 후, 신규 전자등록 절차를 진행한다. 여기서 국채등이라 함은 「국채법」에 따른 국고채권, 「국고금 관리법」에 따른 재정증권 및 「한국은행 통화안정증권법」에 따른 통화안정증권을 의미한다(법 제72조제1항 각 호).
[2] 자본시장법 제8조의2제4항제1호에 따른 증권시장에 상장하는 주식등.
[3] 자본시장법에 따른 투자신탁의 수익권 또는 투자회사의 주식.
[4] 비상장주식 등을 실물 발행하는 경우 자본시장법 제308조에 따른 예탁대상증권등의 지정 요건을 갖춰 예탁을

자등록 의무화 대상에서 제외하였다.

　시행령에서 정하는 의무 전자등록 대상 주식등은 조건부자본증권, 투자매매업자가 발행하는 파생결합사채(ELB, DLB), 주택저당증권(MBS), 학자금대출증권(SLBS), 증권예탁증권(KDR), 주식워런트증권(ELW) 등이 있다(영 제18조제1항). 이는 ⅰ) 기존에도 실물증권 발행 없이 전자적 방식에 의하여 일괄 등록 또는 일괄 예탁 방식으로 발행되고 있었거나, ⅱ) 건전한 거래질서와 투자자 보호, 권리자의 원활한 권리 행사를 위해 전자등록이 필요한 주식등을 규정한 것이라고 볼 수 있다.

　전자증권법에서는 신규 전자등록에 필요한 방법 및 절차 등 기본적인 사항을 규정하되, 세부적인 내용은 시행령에 위임하고 있다.

　특히, 해당 주식등의 종목별로 최초로 전자등록을 신청하려는 경우(영 제18조제2항), 발행인은 전자등록기관에 신규 전자등록을 신청하기 전에 사전심사를 먼저 신청하여야 한다(법 제25조제2항). 즉 해당 주식등의 종목별로 최초 전자등록을 신청하는 경우에는 반드시 사전심사신청을 거치도록 법령으로 의무화하였다. 이러한 사전심사 제도는 주식등의 성질상 신규 전자등록에 제한사항이 있는지 여부를 신규 전자등록 신청에 앞서 심사하는 것으로, 전자등록기관은 ⅰ) 주식등의 양도 가능성, ⅱ) 대체 가능성, ⅲ) 그 밖에 시행령에서 위임한 사항 등을 기준으로 사전심사를 실시한다(전자등록업무규정 제20조제2항). 다만, 발행인이 최초 1회 사전심사가 완료된 종목을 추가로 발행하고자 하는 경우 사전심사를 다시 신청할 필요가 없다.

　시행령은 전자등록 신청의 방법 및 절차를 구체적으로 정하고 있다(영 제19조). 신청서의 기재사항 및 첨부서류는 전자단기사채의 발행등록 시 기재사항(舊 전자단기사채법 시행령 제8조) 및 증권의 모집 또는 매출의 신고 시 첨부서류(자본시장법 시행령 제125조) 등 관련 유사 입법례를 참조하였다. 이에 따라, 신규 전자등록 신청·검토사항 역시 기재사항 및 첨부서류로 나누어 규정하되, 사전심사신청서 및 전자등록신청서(이하 "전자등록신청서등"이라 한다)의 세부 사항에 대하여는 전자등록업무규정에서 상술하도록 하였다.

하는 것도 가능하다. 다만, 전자등록이 가능한 상황에서 실물증권 발행비용 등이 추가로 소요되는 증권예탁제도를 신규로 이용할 유인은 다소 작다.

📊 **전자등록신청서등의 기재사항(영 제19조제1항 각 호)**

1. 발행인의 명칭
2. 주식등의 종류, 종목 및 종목별 수량 또는 금액
3. 그 밖에 전자등록업무규정으로 위임한 사항

📊 **전자등록신청서등의 첨부서류(영 제19조제2항 각 호)**

1. 정관, 계약·약관 등
2. 법인인감증명서 및 법인 등기사항증명서
3. 그 밖에 전자등록업무규정으로 위임한 사항

전자등록기관은 전자등록신청서등을 접수한 시점으로부터 1개월 이내에 검토한 후 해당 발행인에게 그 결과와 이유를 지체 없이 통지해야 하고, 전자등록신청서등에 흠결이 있는 경우 신청인에게 보완을 요구할 수 있다(법 제25조제4항). 이 경우 검토 기간에는 ⅰ) 타 기관 등으로부터 필요한 자료를 수령할 때까지 소요되는 기간 및 ⅱ) 전자등록신청서등의 흠결을 보완하는 기간은 산입하지 아니한다. 이는 금융투자업의 인가 또는 등록 시 금융위원회의 신청서 검토기간에 산입하지 아니하는 기간의 범위[5] 등 유사 입법례를 참조한 것이다.

전자등록 여부를 결정할 때 법은 권리자 보호 및 건전한 거래 질서 유지를 위해 필요한 경우 전자등록기관이 신규 전자등록을 거부할 수 있도록 하였다(법 제25조제6항). 그 거부 사유를 열거하면 다음과 같다.

📊 **신규 전자등록 거부 사유(법 제25조제6항)**

1. 주식등의 성질상 전자등록이 부적절한 경우
   - (양도 불가·제한) 주식등이 성질상 또는 법령에 따라 양도될 수 없거나 그 양도가 제한되는 경우
   - (대체 불가) 같은 종류의 주식등의 권리자 간에 그 주식등의 권리 내용이 다르거나 그 밖에 해당 주식등의 대체 가능성이 없는 경우
   - 그 밖에 시행령에서 정한 경우
2. 특정 권리자가 신규 전자등록된 전자등록주식등을 보유·취득하는 것이 관계법령에 위반되는 경우

---

5) 자본시장법 시행규칙 제2조·제19조.

3. 旣 발행된 주식등에 대하여 「민사소송법」상 공시최고절차 중인 경우
4. 전자등록신청서등을 거짓으로 작성한 경우
5. 旣 제출된 전자등록신청서등에 대한 보완요구가 이행되지 않은 경우
6. 그 밖에 권리자 보호 및 건전한 거래질서 유지를 위해 시행령에서 정한 사유에 해당하는 경우

여기서 주식등의 성질상 신규 전자등록이 적절하지 아니한 경우로서 시행령에 위임된 기준
으로는, ⅰ) 전자등록기관을 통한 권리 행사가 곤란한 경우, ⅱ) 발행인의 정관[6] 및 계약·약관
등[7]에 의해 양도가 제한되는 경우, ⅲ) 그 밖에 금융위원회가 정하여 고시하는 경우가 있다(영
제21조제1항).

한편, 법 제25조제6항에 따라 그 밖에 권리자 보호 및 건전한 거래질서 유지를 위한 경우
로서 전자등록 거부 사유로 시행령에서 명시한 사항은 ⅰ) 주식의 신규 전자등록을 신청하는
발행인이 명의개서대행회사를 선임하지 아니한 경우,[8] ⅱ) 그 밖에 금융위원회가 정하여 고
시하는 경우이다(영 제21조제2항).

(2) 신규 전자등록 관련 조치

전자증권법은 새로 발행되는 주식등의 신규등록에 따른 조치사항을 규정하고 있다(법 제
26조). 신규 전자등록 시 신청 내용은 전자등록기관 및 계좌관리기관이 담당하는 계좌부에
각각 전자등록 또는 기록되어야 한다. 먼저, 전자등록기관은 새로 발행되는 주식등에 대한 신
규 전자등록의 신청을 받은 경우 그 신청 내용에 따라 발행인관리계좌부에 기록한 후, 전자
등록기관에 전자등록하여야 하는 사항은 계좌관리기관등 자기계좌부에 전자등록하고, 계좌관
리기관에 전자등록하여야 하는 사항은 고객관리계좌부에 기록한 후 해당 계좌관리기관에 통
지한다.

이후 계좌관리기관은 전자등록기관으로부터 통지받은 내용에 따른 전자등록사항을 고객
계좌부에 지체 없이 전자등록하여야 한다.

신규 전자등록 절차를 정리하면 다음과 같다.

---

6) 상법상 전자등록 발행의 근거를 두고 있는 주식, 사채, 신주인수권증서·증권.
7) 신탁계약, 예탁계약, 파생결합증권 발행약관 등에 각각 그 전자등록 발행의 근거를 두고 있는 투자신탁 수익증
   권, 증권예탁증권, 파생결합증권.
8) 증권예탁제도에서도 지분증권이 예탁대상증권으로 지정되기 위해서는 명의개서대행회사를 선임해야 했다.

📊 신규 전자등록 방법·절차 정리

1. 발행인은 전자등록기관에 사전심사 신청*
   * 해당 종목 최초 발행 시에만 해당. 추가 발행 시에는 사전심사 필요 없음
2. 전자등록기관은 사전심사 결과를 발행인에게 통지
3. 사전심사를 마친 발행인은 전자등록 신청
4. 전자등록기관은 신청내용에 따라 발행인관리계좌부에 기록
5. 전자등록기관 및 계좌관리기관은 권리자의 전자등록계좌부(계좌관리기관등 자기계좌부·고객계좌부)에 전자등록

    앞의 표에서 사전심사를 제외한 신규 전자등록 방법·절차를 3번 단계부터 보다 자세하게 설명하면 다음과 같다.

📊 사전심사 이후의 신규 전자등록 세부 방법·절차

1. 우선 발행인의 신청에 따라 전자등록기관이 신규 전자등록을 결정한다.
2. 이어서 전자등록기관은 발행인의 신청 내용을 발행인관리계좌부에 기록한다(총 발행 수량·금액 등).
3. 신청 내용 중 전자등록기관에 전자등록될 사항(계좌관리기관등의 소유분)은 계좌관리기관등 자기계좌부에 전자등록한다.
4. 신청 내용 중 계좌관리기관에 전자등록될 사항(일반투자자 소유분)은 고객관리계좌부에 기록하고 지체 없이 그 신청 내용과 관련된 각각의 권리자가 고객계좌를 개설한 계좌관리기관에 통지한다. 이 통지를 받은 계좌관리기관은 지체 없이 그 통지 내용에 따라 전자등록될 사항을 고객계좌부에 전자등록한다.

    앞에서 설명한 신규 전자등록 절차를 계좌 구조도와 함께 구체적인 수량을 들어 설명하면 다음과 같다.

📊 신규 전자등록 방법·절차(예시)

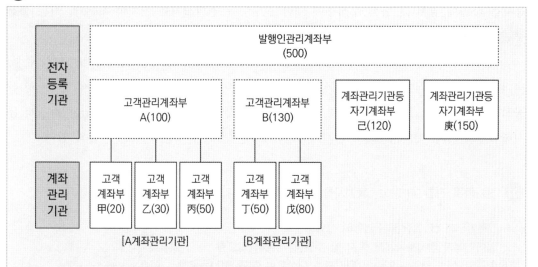

위의 그림에서 발행인이 주식 500주를 발행하면서 신규로 전자등록을 신청하려는 경우,

1. 먼저 발행인은 총 발행수량(500주)과 세부 권리자 내역(계좌관리기관 고객분 : A·B, 기관투자자 : 己·庚) 등을 전자등록기관에 제출한다.
2. 이에 따라 전자등록기관은 먼저 총 발행수량(500주)을 발행인관리계좌부에 기록한다.
3. 이어서 기관투자자 己·庚의 소유분은 각각의 계좌관리기관등 자기계좌부에 전자등록한다 (己 : 120주, 庚 : 150주).
4. 그리고 개인투자자 甲·乙·丙·丁·戊의 소유분에 대해서는, 각각의 투자자가 고객계좌를 개설한 계좌관리기관(甲·乙·丙 : A / 丁·戊 : B)의 고객관리계좌부에 총 수량을 기록하고 (A : 100주, B : 130주), 세부 권리자 내역을 각 계좌관리기관에 통지한다.
5. 이 통지를 받은 계좌관리기관 A, B는 통지내용에 따라 지체 없이 각각 甲·乙·丙과 丁·戊의 고객계좌부에 전자등록될 사항을 전자등록하며(甲 : 20주, 乙 : 30주, 丙 : 50주, 丁 : 50주, 戊 : 80주), 이로써 신규 전자등록 절차가 마무리된다.

3 旣 발행 주식등의 전자등록 전환(이미 주권등이 발행된 주식등의 신규 전자등록)(법 제27조~제29조)

(1) 旣 발행 주식등의 전자등록 전환 절차

한편, 법에서는 발행인이 주식등을 전자등록의 방법으로 새로 발행하는 것이 아니라, 이미 실물로 주권(株券)등이 발행된 주식등에 대해 신규 전자등록을 신청하는 경우에 대비하여 전자등록주식등으로의 전환절차를 마련하고 있다(법 제27조). 이에 따라 발행인은 신규 전자등록을 하기에 앞서 既 발행 주식등에 대한 전자등록 전환절차를 거쳐야 하는데, 이는 실물증권의 전자등록 전환 과정에서 권리자를 보호하기 위한 절차로 볼 수 있다.

전자등록주식등으로 전환하려는 주식등의 발행인은 신규 전자등록을 하려는 날(기준일)의 직전 영업일을 말일로 1개월 이상의 기간을 정하여 일정한 사항(권리자 숙지·준수사항)을 공고하고, 주주명부, 그 밖에 시행령으로 정하는 장부9)에 권리자로 기재되어 있는 자에게 통지하여야 한다(법 제27조제1항). 여기서 공고 및 통지하여야 하는 사항은 다음과 같다.

📊 전자등록 전환 시 공고·통지사항(법 제27조제1항 각 호)

1. 기준일부터 既 발행된 주권등이 실효됨
2. 발행인에게 전자등록계좌 통지 및 주권등 제출이 필요함
3. 기준일 직전 영업일 기준의 권리자를 대상으로 신규 전자등록함

시행령에서는 공고 및 통지의 방법을 구체적으로 정하고 있다(영 제22조제2항·제3항). 이는 상법에 따른 회사의 공고10) 및 통지11) 방법을 준용하되, 이를 전자등록주식등의 운영 실무에 맞도록 조정한 것으로 볼 수 있다. 먼저 ⅰ) 공고의 경우 발행인의 정관 등에서 정한 방법에 따른 공고 및 전자등록기관의 홈페이지에의 공고를 병행하도록 하였으며, ⅱ) 통지의 경우 서면으로 1회 이상 실시하도록 규정하고 있다.

---

9) 이미 실물주권등이 발행되어 전자등록전환을 하고자 하는 주식등에 관한 내역을 기재한 장부로, 국채등록부, 통화안정증권등록부, 사채원부, 신탁사채원부, 지방채증권원부 및 신탁법상 수익자명부 등이 있다(영 제22조제1항). 모두 법적 장부(주주명부, 수익자명부)가 있는 기명식 증권인데, 무기명식 증권의 경우는 후술할 특별계좌 개설에 필요한 법적 장부가 없어서 전자등록주식등으로의 전환이 곤란하다. 전자등록주식등으로의 전환이 필요한 경우는 주로 증권시장에 상장하는 경우가 될 것인데, 주식은 주권 발행 이후 상장 등으로 인해 이미 발행된 주식을 전자등록주식등으로 전환해야만 하는 경우가 자주 발생할 수 있다. 반면 채권은 기존에 대부분 무기명식으로 발행되고 있을 뿐 아니라 실무상 발행 시에 상장여부가 결정되며 유통 중에 상장되는 경우도 없어 전환 절차 마련의 필요성이 크지 않다. 이는 회사가 존속하는 한 효력이 유지되는 주식과 달리, 채권은 극소수의 영구채를 제외하면 모두 만기가 존재하기 때문인 것으로도 볼 수 있다.
10) 관보, 일간신문 또는 전자적 방법 중 정관으로 정하는 바에 따라 공고(상법 제289조제3항).
11) 주주총회일 2주 전에 서면 또는 전자문서로 통지(상법 제363조제1항).

📊 旣 발행된 주식등의 전자등록 전환 방법·절차 정리

1. 旣 발행 주식등을 전자등록하려는 발행인은 신규 전자등록을 하려는 날(기준일)[12]의 직전 영업일을 말일로 1개월 이상의 기간을 정하여 일정한 사항을 권리자에게 통지 및 공고
2. 발행인은 주주명부등을 기준으로 전자등록기관에 전자등록 신청
3. 전자등록기관 및 계좌관리기관은 발행인의 신청내용에 따라 전자등록계좌부에 각각 전자등록

아울러, 발행인은 공시최고절차가 계속 중인 사유로 인해 신규 전자등록이 거부된 후, 주식등에 대한 권리 주장이 가능하게 된 자[13]가 있는 경우 그 권리자를 위하여 신규 전자등록을 추가 신청할 필요가 있다. 이러한 발행인의 조치에 따른 해당 주식등의 전자등록 방법 및 절차에 대하여는 전술한 신규 전자등록 관련 절차를 준용하도록 하였다(법 제27조제3항).

추가 전자등록 신청의 방법은 기본적으로 旣 발행 주식등의 전자등록 전환 신청을 처음 할 때와 유사하나, 법정 사유의 해소 등을 비롯한 추가신청 사유의 기재가 부가적으로 필요하다(영 제23조). 이 경우 추가신청에 관한 세부 사항 및 절차는 전자등록업무규정에 위임하고 있다.

(2) 旣 발행 주식등 관련 입질의 특례(특례 등록질)

한편, 이미 주권이 발행된 주식을 전자등록하는 경우 해당 주식의 질권자로서 발행인의 주주명부에 기재되지 아니한 자(약식질권자)를 위하여, 질권설정자의 청구행위 등 협조 없이도[14] 등록질권자로 전환할 수 있는 방법 및 절차를 규정함으로써 질권자로서 권리를 보호받을 수 있게 하였다. 즉 전자등록 전환으로 인해 실물주권이 실효됨에 따라, 해당 주권을 점유하고 있던 약식질권자의 권리구제수단을 마련하여 담보권 보호 등 제도운영의 안정성을 제고할 수 있도록 한 것이다.

해당 주식의 질권자로서 발행인의 주주명부에 기재되지 아니한 자는 기준일 1개월 전부터 기준일 직전 영업일까지 발행인에게 질권 내용 및 필요시 질권설정자의 성명·주소를 주주명부에 기재해 줄 것, 즉 등록질의 설정을 요청할 수 있다(법 제28조제1항·제2항). 해당 주식

---

12) 회사의 합병 및 분할, 주식의 포괄적 교환·이전에 의해 전자등록주식등이 아닌 주식등의 소유자가 다른 회사의 전자등록주식등을 취득하는 경우에는 "기준일"은 "합병등의 효력이 발생하는 날"이 된다(법 제34조).
13) 민사소송법상 공시최고절차가 진행 중이어서 전자등록이 거부된 후 주권등에 대한 제권판결의 확정 등의 사유로 인해 권리자임이 증명된 자.
14) 반면, 상법상 등록질은 질권설정자의 청구에 의한다(상법 제340조제1항).

의 질권자임에도 발행인의 주주명부에 기재되지 아니한 자가 질권 내용을 주주명부에 기재할 것을 단독으로 신청할 수 있도록 허용한 것이다. 질권자는 질권설정자가 아직 주주명부에 기재되어 있지 않은 경우라면 주주명부상 주주를 질권설정자로 명의개서한 후 자신을 질권자로 하는 등록질을 설정할 수 있다.

또한, 법은 이러한 특례 등록질과 관련한 절차를 간소화하기 위한 특례를 두고 있다. 명의개서대행회사가 질권 내용의 기재 또는 질권설정자의 성명과 주소의 기재 업무를 함에 있어, 질권설정자에 대한 「금융실명거래 및 비밀보장에 관한 법률」(약칭 : 금융실명법) 제3조에 따른 실지명의 확인의무를 면제하였다(법 제28조제4항).

(3) 특별계좌의 개설 및 관리

1) 특별계좌의 개설

이미 주권이 발행된 주식을 전자증권으로 전환하는 경우, 전환일(기준일, 전자등록일) 직전 영업일까지 전자등록계좌 통지 및 주권 제출을 하지 않은 주주 또는 질권자를 위하여 발행인은 명의개서대행회사[15](또는 시행령에 위임된 기관)에 해당 주주 또는 질권자를 명의자로 하는 전자등록계좌(이하 "특별계좌"라 한다)를 개설하여야 한다(법 제29조제1항). 이러한 특별계좌는 주권등이 旣 발행된 주식등의 전자등록 전환절차를 미준수한 권리자의 권리 보호를 위해 특별히 인정되는 권리보전 성격의 계좌라고 할 수 있다.

명의개서대행회사 등이 발행인을 대신하여 특별계좌를 개설하는 경우에는 금융실명법 제3조에도 불구하고 특별계좌의 권리자에 대한 실지명의 확인을 생략할 수 있다(법 제29조제4항). 특별계좌는 계좌 명의인이 직접 개설하는 계좌가 아니므로 실명확인이 어렵다는 점을 고려한 것이다.

명의개서대행회사 외에 시행령으로 위임된 특별계좌 개설기관은 전자등록기관을 말한다(영 제24조). 특별계좌 관리자로서 전자등록기관이 규정된 것을 이해하기 위해서는 실기주 및 실기주 과실에 대해 살펴볼 필요가 있다.

---

15) 여기서의 명의개서대행회사등은 계좌관리기관이다. 앞에서도 살펴본 바와 같이 명의개서대행회사는 특별계좌를 관리하는 경우에 한해서 계좌관리기관이 될 수 있다(법 제19조제6호). 전술하였듯 이미 발행된 주식등이 실제로 전자등록주식등으로 전환되는 것은 주로 주식의 경우가 될 것으로 보이는데, 명의개서대행회사가 주주명부 작성 등 발행인의 주식사무를 대행하고 있기 때문에 명의개서대행회사를 특별계좌를 관리하는 자로 규정한 것으로 보인다.

실기주란, 예탁결제원 명의의 주권을 반환받은 실질주주가 해당 주권을 본인 명의로 명의개서하지 않아 예탁결제원 명의로 주주명부에 등재되어 있는 주식을 일컫는다. 실기주에 대한 실물주권을 소유한 자(이하 "실기주주"라 한다)는 특별계좌 개설 대상인 전자등록 전환절차 미준수 권리자에 해당하며, 해당 실기주에 대한 정보를 관리하던 명의개서대행회사가 특별계좌를 개설 및 관리할 필요가 있다.

다만, 해당 실기주에서 파생되는 실기주 과실, 예를 들어 실기주에 대해 발생한 배당, 무상증자 및 이와 관련하여 발생한 단주대금 등은 종전에도 실기주의 명의자인 예탁결제원이 수령 및 관리해오고 있었으며, 전자증권제도 시행 후에는 전자등록기관의 자격으로 실기주 과실을 수령 및 관리한다. 따라서, 명의개서대행회사와 더불어 특별계좌를 관리할 자로서, 기존 증권예탁제도 하에서 이미 발생[16]한 실기주 과실 관리업무를 수행하게 될 전자등록기관을 규정한 것이다.

2) 특별계좌의 관리

원칙적으로 특별계좌와 일반적인 전자등록계좌 사이 ⅰ) 계좌간 대체, ⅱ) 질권 설정·말소 및 ⅲ) 신탁재산의 표시·말소행위는 금지된다(법 제29조제2항 본문). 다만, 권리자가 전자등록 전환절차를 이행한 경우 또는 시행령에 위임된 예외사유에 한하여 전자등록이 허용된다(법 제29조제2항 단서).

먼저 주권등의 제출을 통해 해당 주식등의 적법한 소유자임을 입증한 권리자의 경우, 특별계좌의 명의자 여부를 불문하고 자신의 일반 전자등록계좌로 계좌간 대체의 전자등록을 신청할 수 있다. 또한, 해당 주식등의 질권자인 경우 본인 명의의 특별계좌에서 자신의 일반 전자등록계좌로의 이전(계좌간 대체) 신청이 가능하다. 참고로, 타인 명의 주권 소지자의 특별계좌 인출 절차를 도식화하여 나타내면 아래와 같다.

---

16) 실물증권이 존재하지 않는 전자증권제도에서는 실기주 및 실기주 과실이 더 이상 발생하지 않으므로 기존 발생분이 자연 감소할 때까지 관리한다.

▼ 타인 명의 주권 소지자의 특별계좌 인출 절차 흐름도

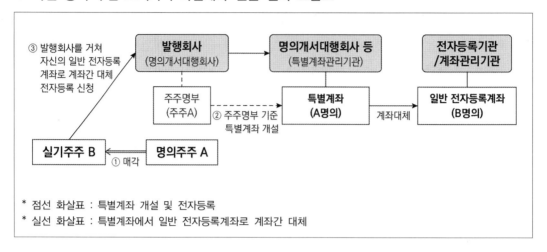

* 점선 화살표 : 특별계좌 개설 및 전자등록
* 실선 화살표 : 특별계좌에서 일반 전자등록계좌로 계좌간 대체

　　법은 법정 사유 외에 특별계좌와 일반 전자등록계좌 사이 계좌간 대체의 전자등록이 가능한 예외적 사유를 시행령에 위임하고 있다(법 제29조제2항제4호). 특별계좌는 권리를 임시로 보전하기 위한 목적의 계좌로 그 목적에 부합하지 않는 계좌간 대체, 질권 설정·변경 등의 처분행위는 원칙적으로 제한되나, 처분행위가 아닌 관리행위, 즉 발행인의 권리 행사 등에 따라 특별계좌에 주식등을 추가 전자등록하거나 이전하는 것은 가능한 것이다.

　　이와 관련해 시행령은 ⅰ) 특별계좌에서 일반 전자등록계좌로 계좌간 대체의 전자등록을 하는 경우와 ⅱ) 일반 전자등록계좌에서 특별계좌로 계좌간 대체의 전자등록을 하는 경우로 나누어 규정한다(영 제24조제2항·제3항).

📊 특별계좌에서 일반 전자등록계좌로 계좌간 대체의 전자등록을 허용하는 경우(영 제24조제2항)

1. 주식의 포괄적 교환·이전에 따라 특별계좌에 전자등록된 자회사 주식을 모회사 전자등록계좌로 계좌간 대체의 전자등록
2. 지배주주의 소수주주 보유 주식 강제매수제도(지배주주의 매도청구)에 따라 특별계좌에 전자등록된 소수주주의 주식(특별계좌 보관)을 지배주주의 전자등록계좌로 계좌간 대체의 전자등록
3. 실기주 과실의 매각대금을 관리할 목적으로 예탁결제원 명의의 특별계좌에서 매각 상대방의 계좌로 계좌간 대체의 전자등록
4. 그 밖에 금융위원회가 정하여 고시하는 경우

📊 일반 전자등록계좌에서 특별계좌로 계좌간 대체의 전자등록을 허용하는 경우(영 제24조제3항)

1. 합병·분할·분할합병에 따라 합병 후 존속회사의 자기주식(일반 전자등록계좌 보관)을 소멸회사 주주의 특별계좌로 계좌간 대체
2. 주식의 포괄적 교환에 따라 모회사 자기주식(일반 전자등록계좌 보관)을 자회사 주주의 특별계좌로 계좌간 대체
3. 상환주식에 대한 발행인의 상환권 행사로 발행인 소유의 전자등록주식등(일반 전자등록계좌 보관)을 해당 주주의 특별계좌로 계좌간 대체
4. 상법상 현물배당의 실시에 따라 발행인 소유의 전자등록주식등(일반 전자등록계좌 보관)을 해당 주주의 특별계좌로 계좌간 대체
5. 그 밖에 금융위원회가 정하여 고시하는 경우

요컨대, 특별계좌는 실물주권 등이 전자등록주식등으로 일괄 전환되는 과정에서 누락되는 대상이 발생하는 것을 막기 위해 불가피하게 개설되는 일종의 임시계좌이므로, 임시계좌의 성격에 맞게 특별계좌에 전자등록된 주식등은 원칙적으로 법률에서 정하는 일정 요건을 구비하여 정당한 권리자로 확인된 경우에 한하여 계좌간 대체, 질권설정 등 처분행위가 가능하며, 발행인을 제외하고는 일반 전자등록계좌에서 특별계좌로의 계좌간 대체는 불가하다.

4 계좌간 대체의 전자등록(법 제30조)

전자등록주식등의 양도 등을 위하여 계좌간 대체를 하려는 자는 그 주식등이 전자등록된 전자등록기관 또는 계좌관리기관에 계좌간 대체의 전자등록을 신청하여야 한다(법 제30조제1항). 그 신청 사유로는 ⅰ) 양도를 위하여 계좌간 대체를 하는 경우 또는 ⅱ) 그 밖의 법정 사유로 인해 자신의 전자등록계좌로 이전하는 경우가 있다. 법정 사유란 다음과 같다.

📊 전자등록계좌로의 계좌간 대체가 허용되는 법정 사유(법 제30조제1항 각 호)

1. 특별계좌에 보관되어 있는 전자등록주식등의 정당한 권리자가 해당 주권등을 제출하면서 일반 전자등록계좌로의 계좌간 대체의 전자등록을 요구한 경우
2. 상속·합병 등을 원인으로 전자등록주식등의 포괄승계를 받은 경우
3. 그 밖에 시행령에 위임한 사유가 발생한 경우

　　시행령에서 정한 법정 사유로는 ⅰ) 전자등록증명서 관련 피납부자 또는 피공탁자의 요청에 따른 경우, ⅱ) 법원의 판결·결정 등에 따른 경우 및 ⅲ) 그 밖에 금융위원회가 정하여 고시하는 경우가 있다. 이는 일반적인 소유권 이전 외에 공탁, 법원의 판결 등에 의한 경우를 추가로 고려한 것이다.

　　계좌간 대체의 전자등록 신청을 받은 전자등록기관 또는 계좌관리기관은 그 신청내역에 따라 지체 없이 전자등록계좌부에 계좌간 대체의 전자등록을 하여야 한다(법 제30조제2항).

　　시행령은 계좌간 대체의 전자등록과 관련한 세부 신청 방법 및 절차 등을 규정하고 있다 (영 제25조제2항~제4항). 해당 규정은 舊 전자단기사채법[17] 등 계좌간 대체의 전자등록 관련 신청방법 및 절차에 대한 유사 입법례를 참조하여 마련되었다. 이에 따라, 시행령은 ⅰ) 계좌간 대체의 전자등록 신청자, ⅱ) 포괄승계 관련 첨부서류, ⅲ) 기재사항 및 ⅳ) 전자등록계좌부상 전자등록 방법을 규정하고 있다. 구체적인 내용은 아래와 같다.

📊 계좌간 대체의 신청자, 첨부서류 및 기재사항(영 제25조제2항·제3항)

1. 계좌간 대체의 전자등록 신청자 : 양도인등(양도인등의 동의서 첨부하여 양수인등도 가능)
2. 포괄승계로 인한 계좌간 대체 신청 시 첨부서류 : 해당 사실을 증명하는 서류
3. 신청 시 기재사항 : ⅰ) 전자등록주식등의 종류, 종목 및 종목별 수량 또는 금액, ⅱ) 양도인등 및 양수인등의 성명 또는 명칭, 각각의 전자등록계좌, ⅲ) 그 밖에 전자등록업무규정에의 위임사항

---

17) 舊 전자단기사채법 제9조제1항·제2항 및 동법 시행령 제9조제1항~제3항

🛈 유형별 계좌간 대체 전자등록 방법(영 제25조제4항)

1. **계좌관리기관등 자기계좌간의 계좌간 대체 전자등록 신청인 경우**
   ⅰ) 전자등록기관은 양도인의 계좌관리기관등 자기계좌부에 감소의 전자등록
   ⅱ) 전자등록기관은 양수인의 계좌관리기관등 자기계좌부에 증가의 전자등록

2. **같은 계좌관리기관에 개설된 고객계좌간의 계좌간 대체 전자등록 신청인 경우**
   ⅰ) 계좌관리기관은 양도인의 고객계좌부에 감소의 전자등록
   ⅱ) 계좌관리기관은 양수인의 고객계좌부에 증가의 전자등록

3. **계좌관리기관등 자기계좌에서 고객계좌로의 계좌간 대체 전자등록 신청인 경우**
   ⅰ) 전자등록기관은 양도인의 계좌관리기관등 자기계좌부에 감소의 전자등록
   ⅱ) 전자등록기관은 양수인이 고객계좌를 개설한 계좌관리기관(이하 "양수계좌관리기관")의 고객
      관리계좌부에 증가 기록한 후, 그 사실을 양수계좌관리기관에 지체 없이 통지
   ⅲ) 양수계좌관리기관은 지체 없이 통지 내용에 따라 양수인의 고객계좌부에 증가의 전자등록

4. **고객계좌에서 계좌관리기관등 자기계좌로의 계좌간 대체 전자등록 신청인 경우**
   ⅰ) 양도인이 고객계좌를 개설한 계좌관리기관(이하 "양도계좌관리기관")은 양도인의 고객계좌부에
      감소의 전자등록한 후 그 사실을 전자등록기관에 지체 없이 통지
   ⅱ) 전자등록기관은 통지 내용에 따라 지체 없이 양도계좌관리기관의 고객관리계좌부에 감소 기록
   ⅲ) 전자등록기관은 양수인의 계좌관리기관등 자기계좌부에 증가의 전자등록

5. **서로 다른 계좌관리기관에 개설된 고객계좌 간의 계좌간 대체 전자등록 신청인 경우**
   ⅰ) 양도계좌관리기관은 양도인의 고객계좌부에 감소의 전자등록한 후, 그 사실을 전자등록기관에
      지체 없이 통지
   ⅱ) 전자등록기관은 지체 없이 통지 내용에 따라 양도계좌관리기관의 고객관리계좌부에 감소 기록
   ⅲ) 전자등록기관은 양수계좌관리기관의 고객관리계좌부에 증가 기록한 후 그 사실을 양수계좌
      관리기관에 지체 없이 통지
   ⅳ) 양수계좌관리기관은 지체 없이 통지 내용에 따라 양수인등의 고객계좌부에 증가의 전자등록

---

5 질권 설정·말소의 전자등록(법 제31조)

전자등록주식등을 담보로써 활용하기 위해 질권을 설정하거나 말소하려는 경우, 해당 주식등이 전자등록된 전자등록기관 또는 계좌관리기관에 질권 설정 또는 말소의 전자등록을 신청하여야 한다(법 제31조제1항).

전자등록 신청을 받은 전자등록기관 또는 계좌관리기관은 지체 없이 ⅰ) 해당 주식등이 질물(質物)이라는 사실 및 ⅱ) 질권자를 추가 기재하거나 말소하는 방법으로 질권설정자의 전자등록계좌부에 전자등록을 하여야 한다(법 제31조제2항).

법은 질권 설정 및 말소의 전자등록 신청 방법과 절차에 관하여 필요한 사항을 시행령에 위임하고 있는데, 그 세부적인 내용은 다음과 같다.[18]

📊 **질권 설정·말소의 전자등록 세부 사항(영 제26조)**

> 1. **질권 설정의 전자등록 신청자** : 질권설정자(질권설정자의 동의서 첨부 시 질권자도 가능)
> 2. **질권 말소의 전자등록 신청자** : 질권자(질권자의 동의서 첨부 시 질권설정자도 가능)
> 3. **신청 시 기재사항** : ⅰ) 전자등록주식등의 종류, 종목 및 종목별 수량 또는 금액, ⅱ) 질권설정자 및 질권자의 성명 또는 명칭, 각각의 전자등록계좌, ⅲ) 그 밖에 전자등록업무규정에의 위임사항

📊 **전자등록주식의 등록질 설정**

> 권리질권의 설정방법은 그 권리의 양도에 관한 방법에 의하는 것이 원칙이나(민법 제346조), 전자증권법에서는 양도 대신 질권설정자의 전자등록계좌부에 전자등록하는 방법으로 질권을 설정하도록 하였다. 이는 증권예탁제도와 결과적으로 동일한 형태의 질권설정 방식이다(자본시장법 제311조제2항).
>
> 그런데 실제 담보로 많이 활용되는 주식의 경우 전자증권제도와 증권예탁제도에서 모두 질권 설정 내역이 원칙적으로 주주명부에 기재되지 않아 약식질에 해당하는 문제가 발생한다. 등록질과 약식질은 특히 물상대위에 따른 우선변제권 행사와 관련하여 차이가 발생하므로, 은행 등 금융회사에서는 2가지 방식 모두 사용이 가능하다면 실무적으로 아무래도 등록질을 선호할 수밖에 없다.[19][20] 실물주권이 존재하는 증권예탁제도에서는 필요하면 실물주권을 반환받아 등록질을 설정하는 것이 가능하므로 이 문제의 해결이 가능하지만, 실물주권을 발행할 수 없는 전자등록주식의 경우에는 다른 문제 해결 방법이 필요하게 된다.
>
> 이와 관련하여 전자증권법은 「상법」 제340조제1항에 따른 주식의 등록질의 경우 질권자의 성명을 주권에 기재하는 것에 대해서는 그 성명을 전자등록계좌부에 전자등록하는 것으로 갈음할 수 있도록 하는 한편, 질권자의 신청이 있는 경우 발행인의 기준일 설정에 따른 소유자명세 통지 시에 질권 내용을 발행회사에 함께 통지하도록 하여, 전자등록주식에 대해서도 등록질을 설정할 수 있도록 하였다(법 제35조제3항·제37조제5항). 다만, 이는 발행인이 기준일을 설정한 경우에만 일괄적으로 주주명부에 질권 내용을 기재하는 방식으로 등록질이 설정되는 것이기 때문에, 질권 설정일 이후 최초로 설정되는 기준일까지는 약식질의 상태가 유지될 수밖에 없는 한계가 있다.

---

18) 舊 전자단기사채법 제10조제1항 및 동법 시행령 제10조제1항·제2항 등 유사 입법례를 참조하였다.

19) 상법 제340조(주식의 등록질) ① 주식을 질권(質權)의 목적으로 한 경우에 회사가 질권설정자의 청구에 따라 그 성명과 주소를 주주명부에 덧붙여 쓰고 그 성명을 주권(株券)에 적은 경우에는 질권자는 회사로부터 이익배당, 잔여재산의 분배 또는 제339조에 따른 금전의 지급을 받아 다른 채권자에 우선하여 자기채권의 변제에 충당할 수 있다.

20) 약식질과 등록질은 그 설정방법이나 대항요건 등에서 차이가 있으나, 담보권이 미치는 범위와 효력은 사실상 동일하다. 그러나 등록질은 이익배당충당권이 있고(상법 제340조), 물상대위에 따라 질권설정자에게 지급되는 금전 등에 대하여 우선변제권을 행사하기 위해 압류를 할 필요가 없다는 점에서 약식질보다 효력이 더 강하다.

참고로 전자증권법에서는 질권 설정·말소와 신탁재산 표시·말소가 이루어지는 계좌부가 전자등록계좌부이고 관리계좌부가 아님을 명확하게 규정하였는데, 이는 자본시장법상 증권예탁제도에서는 예탁자계좌부 투자자분에 질권 설정·말소와 신탁재산 표시·말소를 할 수 있는지에 대해 불분명했던 점을 명확하게 개선한 것이다.[21]

6 신탁재산 표시·말소의 전자등록 신청 방법 등(법 제32조)

전자등록주식등에 대해 신탁재산이라는 사실을 표시하거나 이를 말소하려는 자는 주식등이 전자등록된 전자등록기관 또는 계좌관리기관에 신탁재산이라는 사실의 표시 또는 말소의 전자등록을 신청하여야 한다(법 제32조제1항).

전자등록기관 또는 계좌관리기관은 신청내역에 따라 지체 없이 전자등록계좌부에 신탁재산이라는 사실을 표시하거나 말소하는 전자등록을 하여야 한다(법 제32조제2항).

질권 설정 또는 말소의 전자등록과 마찬가지로 신탁재산의 표시·말소의 전자등록 또한 구체적인 신청 방법 및 절차에 관하여 필요한 사항은 시행령에 위임하도록 정하고 있다(법 제32조제3항). 시행령에는 ⅰ) 신탁재산 표시·말소의 전자등록 신청자, ⅱ) 신청 시 기재사항이 규정되어 있다.[22]

신탁재산 표시·말소의 전자등록 세부 사항(영 제27조)

1. **신탁재산 표시의 전자등록 신청자** : 수탁자(위탁자의 전자등록계좌에서 수탁자의 전자등록계좌로의 계좌대체가 필요한 경우에는 위탁자)
2. **신탁재산 말소의 전자등록 신청자** : 수탁자
3. **신청 시 기재사항** : ⅰ) 전자등록주식등의 종류, 종목 및 종목별 수량 또는 금액, ⅱ) 수탁자의 성명 또는 명칭, ⅲ) 그 밖에 전자등록업무규정에의 위임사항

---

21) 최지웅. (2017). 전자증권제도 도입에 따른 주요 법적 과제. 고려대학교 법학연구원(편저), 고려법학, 제86호. 121.
22) 舊 전자단기사채법 제11조제1항 및 동법 시행령 제11조제1항 내지 제3항, 일본의 舊 「사채·주식 등의 대체에 관한 법률」 제33조 등 유사 입법례를 참조하였다.

7 권리의 소멸 등에 따른 변경·말소의 전자등록(법 제33조)

　　권리의 소멸 등에 따른 변경·말소의 전자등록이란 신규 전자등록에 대비되는 개념으로, 원리금 지급 등의 사유로 인해 해당 전자등록된 권리가 변경 또는 소멸되는 경우 그에 따라 변경 또는 전부·일부 말소의 전자등록을 하는 것을 말한다. 이는 전자등록주식등에 대한 권리가 변경되거나 소멸된 경우 그 전자등록 내용을 변경하거나 말소함으로써 실체관계에 부합하는 전자등록상태를 유지할 필요가 있기 때문이다. 이러한 변경·말소의 전자등록 사유는 크게 ⅰ) 발행인 또는 권리자에 의한 신청 사유와 ⅱ) 전자등록기관 또는 계좌관리기관에 의한 직권사유로 구분된다.

　　먼저, 발행인 또는 권리자에 의한 신청의 경우 권리의 변경 또는 소멸에 따라 주식등의 전자등록을 변경 또는 말소하려는 자는 주식등이 전자등록된 전자등록기관 또는 계좌관리기관에 변경 또는 말소의 전자등록을 신청하여야 하고, 전자등록기관 또는 계좌관리기관은 그 신청내역에 따라 전자등록계좌부에 변경 또는 말소 전자등록을 하여야 한다. 법에서 정하는 신청 사유는 다음과 같다.

📊 신청에 의한 변경·말소의 전자등록 사유(법 제33조제1항 각 호)

> 1. 원리금·상환금 지급 등으로 인한 전부 또는 일부의 권리 소멸
> 2. 발행회사의 정관변경으로 인한 전자증권제도 이탈(즉 전부의 권리소멸)
> 3. 발행회사의 합병·분할·분할합병으로 인한 소멸 또는 변경
> 4. 발행회사 전자등록주식의 병합·분할·소각 또는 액면·무액면주식 간 전환
> 5. 그 밖에 시행령으로 위임된 사항

　　법상 위임에 따라 시행령에서 정한 변경 또는 말소의 전자등록 신청 사유는 다음과 같다.

📊 신청에 의한 변경·말소의 전자등록 사유(영 제28조제1항 각 호)

> 1. 발행인의 해산·청산 또는 이에 준하는 법원의 판결·결정 등이 있는 경우
> 2. 소유자의 (사채 등 채무증권에 해당하는) 전자등록주식등에 대한 채무면제의 의사표시가 있는 경우
> 3. 자본시장법상 (신탁형, 회사형) 집합투자기구의 합병이 있는 경우
> 4. 그 밖에 금융위원회가 별도로 정하여 고시하는 경우

다음으로 전자등록기관 또는 계좌관리기관이 직권으로 변경·말소의 전자등록을 하는 경우 권리 행사, 발행인의 해산 등의 사유로 전자등록주식등에 대한 권리가 소멸된 경우에는 변경·말소의 전자등록 신청이 없더라도 전자등록기관 또는 계좌관리기관은 직권으로 변경·말소의 전자등록을 할 수 있다. 법에서 정하는 직권 사유는 다음과 같다.

📊 직권에 의한 변경·말소의 전자등록 사유(법 제33조제3항 각 호)

> 1. 전자등록기관을 통한 권리 행사로 인해 원리금·상환금 지급이 되어 전부 또는 일부의 권리가 소멸된 경우
> 2. 발행인이 상법 또는 그 밖의 법률에 의해 해산·청산된 경우
> 3. 그 밖에 시행령으로 위임된 사항

법상 위임에 따라 시행령에서 정한 직권 변경·말소의 전자등록 사유는 다음과 같다.

📊 직권에 의한 변경·말소의 전자등록 사유(영 제29조제1항 각 호)

> 1. (발행인의 해산·청산에 준하는) 법원의 판결·결정 등이 있는 경우
> 2. 전자등록기관(또는 계좌관리기관)이 전자등록계좌부상의 초과분을 해소하기 위한 경우
> 3. 그 밖에 금융위원회가 별도로 정하여 고시하는 경우

이처럼 법령에서 정하고 있는 직권사유는 권리 행사에 따른 권리 소멸, 발행인의 법인격 소멸과 관련된 해산·청산 등의 경우 및 전자등록기관이 직권으로 개입할 필요성이 있는 경우 등을 종합적으로 고려한 것이다.

법은 신청 또는 직권에 의한 변경·말소의 전자등록 절차 등 필요한 사항을 시행령에 위임하고 있다. 이에 따라 시행령은 ⅰ) 신청에 의한 변경·말소의 전자등록 신청 시 기재사항 및 ⅱ) 신청 또는 직권에 의한 변경·말소의 전자등록 방법·절차를 규정하고 있다.[23]

📊 신청에 의한 변경·말소의 전자등록 신청 시 기재사항(영 제28조제2항)

> 1. 전자등록주식등의 종류, 종목 및 종목별 수량 또는 금액
> 2. 권리자의 성명 또는 명칭
> 3. 그 밖에 전자등록업무규정에의 위임사항

---

23) 舊 전자단기사채법 제12조제1항, 동법 시행령 제12조제3항 및 제13조제1항·제2항 등 유사 입법례를 참조하였다.

📊 신청에 의한 변경·말소의 전자등록 방법·절차(영 제28조제3항)

1. **고객계좌부에 전자등록된 전자등록주식등 :**
   (계좌관리기관) 고객계좌부 전자등록 → (전자등록기관) 고객관리계좌부 기록
   → (전자등록기관) 발행인관리계좌부 기록

2. **계좌관리기관등 자기계좌부에 전자등록된 전자등록주식등 :**
   (전자등록기관) 계좌관리기관등 자기계좌부 전자등록 → (전자등록기관) 발행인관리계좌부 기록

📊 직권에 의한 변경·말소의 전자등록 방법·절차(영 제29조제2항)

1. **고객계좌부에 전자등록된 전자등록주식등 :**
   (전자등록기관) 고객관리계좌부 기록 → (전자등록기관) 발행인관리계좌부 기록
   → (계좌관리기관) 고객계좌부 전자등록

2. **계좌관리기관등 자기계좌부에 전자등록된 전자등록주식등 :**
   (전자등록기관) 계좌관리기관등 자기계좌부 전자등록 → (전자등록기관) 발행인관리계좌부 기록

8 합병등에 관한 특례(법 제34조)

전자증권법은 전자증권제도 이용회사와 未이용회사 간 합병 등 조직 재편에 따라 전자증권제도 未이용회사의 주주, 즉 전자등록되지 않은 주식등의 소유자가 전자등록주식등을 취득하게 되는 경우의 절차 및 투자자 보호 절차를 마련하고 있다(법 제34조). 회사 합병 등으로 전자등록되지 않은 실물주권등의 소유자가 전자등록주식등을 취득하게 되는 경우에는 旣 발행 주식등의 전자등록 전환절차를 준용하도록 하였다. 즉 기존 주주명부에 기재되지 않은 질권자와 주권 제출 및 전자등록계좌 통지를 하지 않은 권리자를 보호하기 위한 旣 주권 발행 주식의 입질(入質) 등에 관한 특례와 특별계좌 개설 절차를 준용한다.

합병등을 위해 신주(新株)를 발행하는 경우에는 새로 발행되는 주식등의 신규 전자등록 절차를 준용하고, 구주(舊株)를 제출하는 경우에는 이미 주권등이 발행된 주식등의 신규 전자등록 절차 등을 준용하게 된다.

예를 들어, 흡수합병 시 존속회사 및 소멸회사의 업무처리에 대해 개략적으로 살펴보면 다음과 같다. 먼저, 합병에 따라 전자등록주식등을 발행하는 존속회사가 원칙적으로 신규 전

자등록 신청부터 旣 발행 주식의 전자등록 전환에 이르는 제반 사무[24] 수행의 책임을 부담한다. 다만, 합병의 효력발생일 이전 소멸회사의 주주 파악 사무에 대해서는 소멸회사의 협조가 필수적으로 요구된다. 소멸회사는 해당 주주의 전자등록주식등 수령에 필요한 제반 업무, 예컨대 합병의 대가로 교부되는 전자등록주식등을 수령할 소멸회사의 주주 내역 파악 등을 위하여, 통지의 대상인 실물주권을 소지한 주주의 연락처 및 전자등록주식등을 수령할 주주 전체 명단의 제공 등의 업무를 수행해야 한다.

9 전자등록의 효력(법 제35조)

전자증권법은 전자등록계좌부 기재에 대해서는 '전자등록'이라는 표현을 사용하고, 관리계좌부 기재에 대해서는 '기록'이라는 표현을 사용하고 있다. 기록은 발행 내역 관리 등을 위한 것으로서 별도의 법적 효력이 부여되지 않지만, 전자등록은 주식등의 종류, 종목, 금액, 권리자 및 권리 내용 등 주식등에 관한 권리의 발생·변경·소멸에 관한 정보를 전자등록계좌부에 전자적 방식으로 기재하는 것으로서 별도의 법적 효력이 부여된다.

(1) 권리추정력

먼저, 전자등록계좌부에 전자등록된 자는 해당 전자등록주식등에 대한 권리를 적법하게 가지는 것으로 추정한다(법 제35조제1항).

즉 전자등록에 단순한 대항력이 아닌 추정력을 부여하고 있는데, 이는 전자증권제도의 안정적 운영을 위해 반드시 필요한 것이라고 할 수 있다. 만약 전자등록에 대항력만을 부여한다면 전자등록주식등의 양도의 효력이 발생하는 시점은 계좌간 대체의 전자등록이 있는 때가 아니라 당사자 간의 합의가 있는 때가 된다. 이 경우 해당 전자등록주식등에 대한 실질 권리자는 양수인이지만, 전자등록계좌부상 명의인은 양도인으로 남아 있는 기간이 발생하게 된다. 즉 권리의 외관과 실질이 불일치하는 결과가 발생하게 되는데, 이는 거래의 안정성에 심각한 위험을 가져오게 되므로 대항력이 아닌 추정력을 부여할 필요가 있는 것이다.

여기서 권리추정력이 있다는 것은 전자등록된 자에게 적법한 권리가 있다는 추정일 뿐이

---

24) ⅰ) 소멸회사 주주에 대한 공고·통지, ⅱ) 실물주권 회수 관리, ⅲ) 등록질 특별 관리 및 ⅳ) 특별계좌 개설·관리 등(법 제27조제1항·제2항, 제28조 및 제29조).

므로, 개별 법령에서 별도의 대항요건을 규정하고 있는 경우에는 해당 대항요건을 갖추는 것이 필요하다고 할 것이다.[25] 이와 관련해서 전자증권법에서는 전자등록주식등의 소유자가 소유자증명서 또는 소유 내용의 통지를 통해 발행인등에게 개별적으로 권리를 행사할 수 있는 방법을 마련하고 있다(법 제39조·제40조).

(2) 효력발생요건 및 대항요건

전자등록주식등을 양도하거나 입질(入質)하는 경우 전자등록계좌부에 전자등록하여야 효력이 발생한다(법 제35조제2항·제3항). 또한, 전자등록주식등을 신탁하는 경우, 신탁재산이라는 사실을 전자등록계좌부에 전자등록하여야 제3자에게 대항할 수 있다(법 제35조제4항).

증권예탁제도에서는 계좌부에 증권등의 양도를 목적으로 계좌 간 대체의 기재를 하거나 질권 설정을 목적으로 질물인 뜻과 질권자를 기재한 경우에는 증권등의 교부가 있었던 것으로 보고 있다(자본시장법 제311조제2항). 이는 증권예탁제도는 실물증권의 예탁을 전제로 한 제도이기 때문이며,[26] 실질적으로 계좌부 기재가 양도·입질의 효력발생 요건이 된다는 점에서는 전자증권제도와 결과적으로 동일하다. 한편, 신탁의 경우는 증권예탁제도에서도 계좌부 기재가 제3자에 대한 대항요건이 된다(자본시장법 제311조제3항).

(3) 선의취득

선의로 중대한 과실 없이 전자등록계좌부의 권리 내용을 신뢰하고 권리자로 전자등록된 자는 해당 전자등록주식등에 대한 권리를 적법하게 취득한다(법 제35조제5항).

위에서 살펴본 것처럼 전자등록에는 권리추정력, 즉 권리외관이 인정되므로 선의취득을 인정하는 것이 어쩌면 당연하다고 볼 수도 있다. 그러나 이는 종래 선의취득의 대상이 될 수 있는 것은 동산(물건)이며, 권리는 선의취득의 대상이 될 수 없다는 견해가 있다는 점에서 논란이 될 수도 있는 부분이었다.[27] 전자증권법은 명문으로 선의취득을 인정하여 이와 관련한 논란을 차단하였다.

---

25) 예를 들어, 상법에서는 주식의 이전 시 발행회사에 대한 대항요건으로 취득자의 성명과 주소를 주주명부에 기재할 것을 요구하고 있다(상법 제337조). 또한 기명사채의 이전과 관련해서는 취득자의 성명과 주소를 사채원부에 기재하고 그 성명을 채권에 기재하지 아니하면 회사, 기타의 제3자에게 대항하지 못한다고 규정하고 있다(상법 제479조).

26) 상법 제336조(주식의 양도방법) ① 주식의 양도에 있어서는 주권을 교부하여야 한다.

27) 지원림. (2015). 민법강의(제13판). 홍문사. 530–531.

10 전자등록주식등에 대한 증권·증서의 효력(법 제36조)

　　법은 전자등록주식등에 대해 증권·증서를 발행한 경우 그 효력에 대해서도 규정하고 있다(법 제36조). 발행인은 이미 전자등록된 주식등에 대하여 그 권리를 표창(表彰)하는 증권 또는 증서를 발행할 수 없다. 그럼에도 불구하고 증권 또는 증서를 발행하는 경우, 해당 증권 또는 증서는 효력이 없도록 함으로써 전자등록주식등의 완전한 무권화(無券化) 및 전자화(電子化)를 위한 법적 기반을 공고히 하였다.

　　또한, 이미 주권등이 발행된 주식등을 전자등록하는 경우 신규 전자등록을 하려는 날에 해당 증권 또는 증서는 모두 효력을 잃는다(失效). 다만, 주권등에 대하여 민사소송법에 따른 공시최고 등 해당 주권등을 실효시키려는 별도 절차가 진행 중이었던 경우에는 제권판결 확정 등 해당 사유가 해소된 이후에 실효 처리한다. 이와 같이 실물증권의 발행금지를 통해 이와 관련된 법률관계를 명확히 함과 동시에 자본시장에서의 거래 안전성을 도모할 수 있도록 하였다.

제5장

전자등록주식등에 대한 권리 행사
(법 제37조~제41조)

전자증권제도에서는 실물증권이 존재하지 않고, 권리자가 보유한 전자등록주식등의 내역은 원칙적으로 주식등의 전자등록 및 관리를 위한 정보통신망 내에 존재하는 본인 명의의 전자등록계좌부를 통해서만 확인이 가능하다. 한편, 권리자 본인이 아닌 발행인등은 평상시에는 전자등록주식등의 권리자가 누구인지를 알 수가 없다. 이에 따라 권리자가 발행인등을 상대로 전자등록주식등에 대한 권리를 행사하기 위해서는, 권리를 행사하려는 자가 진정한 권리자인지 여부를 발행인등이 확인할 수 있도록 하는 수단이 필요하게 된다.

전자증권법에서는 이와 관련하여 소유자명세(법 제37조), 소유자증명서(법 제39조) 및 소유 내용의 통지(법 제40조)를 규정하고 있다. 소유자명세는 주로 집단적 권리 행사와 관련해서 발행인이 기준일을 설정한 경우에 작성·통지된다. 따라서 전자등록주식등의 소유자가 소수주주권 등을 개별적으로 행사하고자 하는 경우를 위한 별도의 권리 행사 수단이 필요하게 되는데, 전자증권법은 이와 관련하여 소유자증명서 제도와 소유 내용의 통지 제도를 마련하고 있다.

한편, 전자등록기관을 통한 간접적인 권리 행사에 대해서도 규정하여 전자등록주식등에 대한 원활한 권리 행사 업무의 처리를 도모하였다(법 제38조).

---

1 소유자명세(법 제37조)

(1) 의 의

전자증권법에서는 기명식 전자등록주식등[1]에 대하여 배당, 의결권 행사 등 소유자의 집

---

1) 증권예탁제도에서 주권을 예탁한 실질주주의 명세를 파악하기 위해 작성되는 실질주주명세와 동일한 기능을

단적인 권리 행사를 위한 방법 및 절차를 마련하고 있는데, 그 권리 행사의 근간이 되는 것이 소유자명세 제도이다.

소유자명세란 전자등록주식등의 소유자에 관한 성명·주소 등의 정보와 해당 소유자가 보유한 전자등록주식등의 종류·종목·수량 또는 금액 등의 정보를 기록한 명세를 말한다(법 제37조제1항). 기명식 주식등의 발행인이 주주총회 개최, 배당금 지급, 유·무상증자 등을 비롯한 각종 권리 행사 업무를 원활하게 처리하기 위해서는 소유자명세의 작성이 필수적이다.

(2) 소유자명세 작성 사유

소유자명세는 원칙적으로 발행인의 작성 요청이 있는 경우에 작성하며, 발행인이 작성을 요청하여야 하는 당연(의무) 요청 사유와 발행인의 선택에 따라 요청할 수 있는 임의요청 사유로 구분된다. 다만, 예외적으로 법정 사유에 해당하는 경우에는 전자등록기관이 직권으로 작성할 수 있다. 이는 소유자명세의 작성 시 발생하는 전자등록기관과 계좌관리기관의 상당한 업무부담을 고려하여 법령에서 정한 사유가 있는 경우에 소유자명세 작성을 요청할 수 있도록 하되, 발행인의 편의 제고를 위하여 증권예탁제도 대비 작성 요청 사유를 대폭 확대한 것이다.

기명식 전자등록주식등의 발행인은 권리 행사 등을 위해 상법에 따라 일정한 날, 즉 기준일을 정한 경우 전자등록기관에 해당 전자등록주식등의 소유자에 관한 내역인 소유자명세를 작성할 것을 요청하여야 한다. 다만, 기명식 전자등록주식등이라 하더라도 투자신탁 수익증권의 권리자에게 분배금을 지급하는 경우[2] 등을 비롯해 권리자의 이익을 해할 가능성이 적은 경우에는 소유자명세를 작성하지 않도록 예외를 두었다(법 제37조제1항단서).[3]

기명식 전자등록주식등의 발행인은 기준일을 설정한 경우 외에도, 법령 또는 법원의 결정이 있거나 일정 주기별로 소유자를 파악하려는 경우 등 법령에서 정한 경우에는 전자등록기관에 소유자명세 작성을 요청할 수 있다. 또한, 무기명식 전자등록주식등의 발행인도 조건부 자본증권의 주식 전환을 비롯하여 해당 주식등이 다른 전자등록주식등으로 전환되는 경우로

하는데(자본시장법 제315조제3항), 전자증권법에서는 소유자명세의 작성대상을 주식뿐만 아니라 다른 증권등으로까지 확대하였다.

2) 투자신탁의 경우 약관에서 이익분배에 관한 사항을 미리 정하고 있어 별도의 투자자 결의가 요구되지 않는 등 권리자의 이익을 해할 우려가 적다.

3) 이 경우 전자등록주식등의 발행인은 상법 제354조(주주명부의 폐쇄, 기준일)제1항에도 불구하고 기준일에 전자등록계좌부에 전자등록된 전자등록주식등의 권리자를 그 권리를 행사할 자로 보도록 하고 있다(법 제66조).

서 소유자명세를 작성할 필요가 있는 경우에는 소유자명세의 작성을 요청할 수 있다. 이러한 소유자명세 작성의 임의 요청 사유는 공개매수신고서가 제출된 전자등록주식등의 소유상황을 파악하기 위한 경우, 회생절차 중 주주·지분권자의 목록을 작성하기 위한 경우 및 상장심사 시 주식 소유상황을 파악하기 위한 경우만을 실질주주명세 임의 요청 사유로 규정하고 있었던 증권예탁제도(자본시장법 제315조제5항, 동법 시행령 제318조제3항)에 비해 요청 사유가 크게 넓어진 것이다.

법에서 명시하고 있는 소유자명세 작성 사유를 표로 정리하면 다음과 같다.

▼ 법상 소유자명세 작성 사유(법 제37조제1항·제2항·제3항·제7항)

구 분			내 용
발행인 요청	당연 요청		■ **상법상 기준일**(상법 제345조제1항)을 설정하여 발행인이 전자등록주식등의 소유자에 대한 파악하여야 하는 경우 – 다만, 투자신탁재산을 운용하는 집합투자업자의 분배금 배분 목적의 경우 및 시행령으로 위임한 경우에는 제외
	임 의 요 청	기명 주식등	■ 다음의 어느 하나에 해당하는 경우로서 전자등록주식등의 **소유자를 파악**하여야 하는 경우 – **법령 또는 법원의 결정** – (시행령으로 위임한) 일정한 주기별로 파악하려는 경우 – 자본시장법상 공개매수신고서가 제출된 발행인이 **공개매수청구에 대비**하기 위한 경우 – 그 밖에 시행령에 위임한 사항
		무기명 주식등	■ 무기명식인 전자등록주식등으로서 자본시장법상 조건부자본증권이 주식으로 전환되는 경우 ■ 그 밖에 무기명식인 전자등록주식등이 다른 주식등으로 전환되는 경우로서 시행령에 위임한 사항
전자등록기관 직권			■ 정관 변경, 해산·청산 등으로 인해 말소의 전자등록이 된 경우 ■ 그 밖에 시행령에 위임한 사유로 인해 말소의 전자등록이 된 경우

(3) 소유자명세 작성 절차

발행인으로부터 소유자명세의 작성을 요청받은 전자등록기관은 각 계좌관리기관으로부터 소유자명세 작성에 필요한 사항을 통보받아 소유자명세 작성 후 지체 없이 발행인에게 통보하여야 한다. 이때 질권자의 질권 내역에 관한 통보 신청이 있는 경우에는 소유자명세에 해당 내역을 포함하여 통보한다.

소유자명세를 통보받은 기명식 전자등록주식등의 발행인은 해당 명세에 따라 주주명부, 수익자명부 등 전자등록주식등의 소유자에 대한 법적 장부를 작성하여 비치하여야 한다.

참고로, 전자등록주식등의 경우 소유자명세의 작성 및 통보에 따라 주주명부가 작성되고 집단적 명의개서가 이뤄지므로, 증권예탁제도와 같이 주주의 신청에 따른 개별적 명의개서는 찾아보기 어렵게 되었다.

▼ 소유자명세 작성 절차

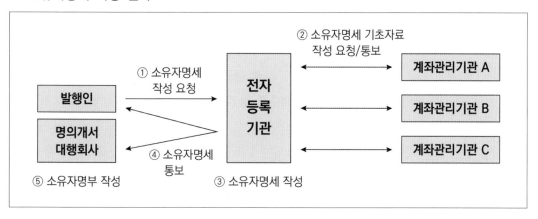

(4) 소유자명세 관련 시행령 위임사항

시행령에서는 소유자명세 작성과 관련하여 법에서 위임한 사항을 규정하고 있는데, 여기에는 크게 4가지 사항이 있다(영 제30조·제31조).

첫째, 배당을 위해 기준일이 설정되었음에도 소유자명세의 작성이 면제되는 예외 사유로 투자회사의 분배금 배분을 위한 경우를 규정하였다. 이는 투자회사의 경우 회사형 집합투자기구로서 그 실질 및 운영 방식이 일반적인 주식회사보다는 신탁형 집합투자기구인 투자신탁과 더 유사할 뿐 아니라, 투자회사의 정관에 대해 투자신탁의 신탁계약에 관한 규정이 준용됨에 따라 정관에서 이익분배에 관한 사항을 미리 정하고 있어 투자신탁과 마찬가지로 투자자 결의 등을 위한 소유자명세 작성 필요성이 낮다는 점을 반영한 것이다.

▼ 법인(기구)별 총회 및 배당 관련 운영현황

구 분	총회 개최사유	정기총회 개최여부	배당금의 결정방법
일반 주식회사	▪ 회사 주요경영사항 ▪ 합병 등 조직개편 ▪ 증권발행, 이익배당	○ (정기 주주총회)	주주총회 결의
투자신탁	▪ 투자신탁계약에서 정한 사유 ▪ 투자신탁의 합병 등	×	투자신탁 계약
투자회사	▪ 투자회사 정관에서 정한 사유	×	투자회사 정관*

* 투자회사의 정관에 대하여는 투자신탁의 신탁계약에 관한 규정을 준용

둘째, 소유자명세의 작성 시 발행인이 임의로 작성을 요청할 수 있는 작성 주기는 분기로 규정하였다. 분기별로 작성 주기를 확대하는 것과 관련해서는 자본시장법에 따른 주권상장법인의 분기 배당과 관련된 명부 작성 또는 대주주 등의 내역을 포함하는 분·반기보고서 등의 작성 의무[4]를 참고하였으며, 이와 함께 소유자명세 작성에 대한 발행인의 실질적인 수요와 소유자명세 작성과 관련한 비용 부담 간의 균형을 고려하였다.

셋째, 공개매수와 관련하여 소유자명세 작성을 신청할 수 있는 주식등의 범위에 교환사채 및 파생결합증권을 추가로 규정하되, 파생결합증권의 경우에는 그 권리 행사로 인하여 취득할 수 있는 기초자산이 공개매수 대상 주식 또는 그 주식을 수령할 수 있는 권리인 것으로 한정하였다. 또한, 해당 주식등을 발행한 자를 소유자명세 작성을 신청할 수 있는 발행인의 범위에 추가하였다.

이는 현행 자본시장법이 공개매수 적용대상에 주권상장법인 외의 자가 발행한 증권으로서 주권상장법인의 주식으로 교환, 인도를 청구할 수 있는 증권인 증권예탁증권, 교환사채 및 파생결합증권을 포함하고 있으므로, 이를 반영하여 규정한 것이다.

마지막으로, 법에서 정한 사항 외에 전자등록주식등의 소유자를 파악할 필요가 있어 소유자명세를 작성하여야 하는 사유를 추가로 규정하였다.

발행인이 임의로 전자등록주식등의 소유자를 파악할 필요가 있는 사유에 대해서는 자본시장법 및 상법상 주주명부 작성이 필요한 경우를 고려하여 ⅰ) 채무자회생법에 따른 관리인이 주주·지분권자 목록이 필요한 경우, ⅱ) 주식 발행인이 상장심사를 받기 위해 필요한 경우, ⅲ) 상법상 상환사채[5] 또는 은행법 또는 금융지주회사법상 조건부자본증권의 발행인이

---

4) 자본시장법 제159조(사업보고서 등의 제출)·제160조(반기·분기보고서의 제출).

주주명부가 필요한 경우를 규정하였다. 또한, ⅳ) 발행의 근거가 되는 정관·계약·약관 등에 소유자명세 작성의 필요사유가 기재되어 있는 경우 그 사유 발생 시 전자등록기관에 요청할 수 있도록 하였다.

한편, 안정적인 제도 운영 및 관련 이해관계자 보호를 위하여 전자등록기관이 직권으로 소유자명세를 작성할 수 있는 사유로는 ⅰ) 법원의 판결·결정 등에 따르거나, ⅱ) 초과분 해소를 위하여 말소의 전자등록이 이루어지는 경우를 규정하였다. 전자등록기관은 권리의 소멸 등에 따라 취급하지 않게 된 전자등록주식등에 대하여 말소의 전자등록이 된 날을 기준으로 소유자명세를 작성하여 발행인에게 지체 없이 통지하여야 한다.

상기한 시행령상 소유자명세 작성 요청 사유를 정리하면 다음과 같다.

📊 기명식 주식등 발행인의 임의요청 사유(영 제31조제4항)

1. 채무자회생법상의 관리인이 주주·지분권자의 명세를 필요로 하는 경우
2. 주식의 발행인이 상장심사를 받기 위해 필요한 경우
3. 발행인의 근거가 되는 정관·계약·약관 등에 旣 규정된 사유가 발생하여 이에 따라 소유자 명세가 필요한 경우
4. 그 밖에 금융위원회가 정하여 고시하는 경우

📊 무기명식 주식등 발행인의 임의요청 사유(영 제31조제5항)

1. 상법 시행령 제23조에 의한 상환사채 상환의 경우
2. 은행법 또는 금융지주회사법상 조건부자본증권이 주식으로 전환되는 경우
3. 그 밖에 금융위원회가 정하여 고시하는 경우

📊 전자등록기관의 직권 말소 사유(영 제31조제6항)

1. 법원의 판결·결정 등에 따라 말소의 전자등록이 이행되는 경우
2. 초과분 해소를 위하여 말소의 전자등록이 이행되는 경우
3. 그 밖에 전자등록기관의 전자등록업무규정으로 정하는 사유

---

5) 현행 상법상 회사가 그 상환여부를 결정하는 상환사채의 경우에는 그 상환의 대가인 주식등을 받게 될 자의 명세가 필요하다(상법 시행령 제23조).

2 전자등록기관을 통한 권리 행사(법 제38조)

전자등록주식등의 권리자는 직접 배당금이나 원리금 등의 수령, 전환권·신주인수권의 행사 등 전자등록주식등에 대한 권리를 행사할 수 있으나, 권리 행사의 편의성 및 효율성을 제고하기 위해 전자등록기관을 통해 전자등록주식등에 대한 권리 행사를 할 수 있도록 하였다. 이는 기존 증권예탁제도에서도 실무상 예탁결제원을 통한 권리 행사가 이루어지는 것과 같은 취지이다.[6]

전자등록기관을 통하여 권리를 행사하려는 권리자는 전자등록기관을 통하여 권리를 행사한다는 뜻과 행사하려는 권리의 내용을 밝혀 전자등록기관에 권리 행사를 신청하여야 한다. 이 경우 계좌관리기관등에 해당하지 않는 고객계좌부에 전자등록된 권리자, 즉 일반 고객은 계좌관리기관을 통하여 권리 행사를 신청하여야 한다. 또한, 발행인은 전자등록기관의 권리 행사를 위하여 필요한 사항을 전자등록기관에 통지하도록 하였다.

시행령에서는 법에서 위임받은 권리 행사를 위한 발행인의 통지사항으로 전자등록주식등의 종류 및 발행 회차, 해당 전자등록주식등의 권리 종류·내용·발생 사유·권리 행사 일정, 전자등록주식등의 발행조건이 변경된 경우에는 그 변경 내역, 그 밖에 전자등록기관의 전자등록업무규정으로 정하는 사유를 규정하였다(영 제32조제1항).

또한, 조건부자본증권[7]의 권리 행사와 관련하여 사전에 정한 주식 전환 사유 또는 채무재조정 사유가 발생한 경우에는 해당 증권의 발행인이 그 사실을 전자등록기관에 통지하도록 의무를 부여하였다. 예를 들어, 주식으로의 전환사유가 발생한 경우에는 조건부자본증권 소유자의 성명·주소 및 해당 소유자별 조건부자본증권의 금액을 통지하도록 규정하였다(영 제32조제2항·제3항).

---

6) 전자등록기관은 전자등록주식등에 대한 법적 권리가 없으며, 권리자가 전자등록주식등에 대한 권리를 직접 보유하고 행사하는 것이 원칙이다. 다만 모든 권리 행사를 권리자가 직접 하는 것은 권리자에게는 물론 개별 권리자의 권리 행사에 응해야 하는 발행인 입장에서도 매우 불편하고 비효율적인 일인데, 특히 배당금·원리금 지급과 같이 권리자의 개별적인 의사결정이 중요하지 않은 권리 행사의 경우가 그렇다.
즉 기존 증권예탁제도 하에서도 주식의 배당금 수령이나 채권의 원리금 상환 등은 예탁결제원을 통해서 간접적·일괄적으로 처리되고 있는데, 이 과정에서 예탁결제원이 발행인에게서 배당금·원리금을 일괄 수령한 후 개별 권리자의 계좌로 분배해주기 때문에 발행인과 권리자 모두에게 매우 편리하게 권리 행사 업무가 이루어진다. 반면 배당금 수령이나 원리금 상환을 위해 개별 주주나 채권자가 발행인에게 각각 지급 청구를 하고 수령을 해야만 한다면, 업무처리 건수가 크게 증가하는 것은 물론이고 권리자가 권리 행사 자체를 실기하여 피해를 입는 경우도 자주 발생할 수 있다.
7) 사채 발행 당시 객관적이고 합리적인 기준에 따라 미리 정하는 사유가 발생하는 경우 주식으로 전환되거나 그 사채의 상환과 이자지급 의무가 감면된다는 조건이 붙은 사채(자본시장법 제165조의11).

3 소유자증명서(법 제39조)

(1) 의 의

전자증권법은 전자등록주식등의 권리 행사와 관련하여 전자등록기관이 해당 전자등록주식등에 대한 소유자의 지위를 증명하기 위하여 발행하는 문서인 소유자증명서 제도를 도입하였다.[8]

배당 등의 경우 전자등록기관을 통한 집단적 권리 행사에 적합하지만, 소수주주권의 행사나 소송 제기의 경우 집단적 권리 행사에 부적합하다. 이처럼 소유자가 권리를 개별적으로 행사 시, 이를 원활하게 지원하기 위한 방법으로 소유자증명서 제도를 마련하였다. 이는 증권예탁제도의 실질주주(수익자)증명서 제도와 동일한 목적의 제도인데, 전자증권법에서는 발행 대상이 주식(수익증권)에 한정되지 않고 개별적인 권리 행사가 필요한 모든 증권으로 확대되었다는 차이가 있다.

(2) 소유자증명서 발행 방법 등

전자등록기관은 전자등록주식등의 소유자가 해당 주식등에 대한 권리 행사를 위해 소유자증명서의 발행을 신청하는 경우, 전자등록 내역에 따라 소유자증명서를 발행하여야 한다. 이때 계좌관리기관등은 전자등록기관에 직접 신청이 가능하나, 일반 고객은 고객계좌를 개설한 해당 계좌관리기관을 거쳐 전자등록기관에 신청하여야 한다. 계좌관리기관에 전자등록된 주식등의 소유자가 해당 계좌관리기관을 통해 소유자증명서 발행을 신청하는 경우 해당 계좌관리기관은 신청 내역을 전자등록기관에 지체 없이 통지하여야 한다.

또한, 전자등록기관은 소유자증명서를 발행한 경우 지체 없이 당해 주식등의 발행인등에게 해당 사실을 통지하여야 하고, 전자등록기관 또는 계좌관리기관은 소유자증명서 발행의 기

---

8) 소유자증명서 제도와 별개로 전자등록증명서 제도가 있는데, 전자등록증명서는 전자등록주식등의 전자등록을 증명하는 문서로서 일반적인 권리 행사 목적이 아닌 전자등록주식등을 공탁법에 따라 공탁하거나 자본시장법 제171조에 따라 보증금 또는 공탁금 대신 납부하기 위한 목적으로만 발행된다. 전자등록증명서 역시 소유자의 신청에 의해 전자등록기관이 발행하며, 전자등록증명서를 발행한 때에는 그 전자등록증명서 발행의 기초가 된 전자등록주식등의 처분이 제한된다. 그리고 누구든지 처분이 제한되는 전자등록주식등을 자신의 채권과 상계(相計)하지 못하며, 이를 압류(가압류를 포함한다)하려는 경우에는 대통령령으로 정하는 방법 및 절차에 따라야 한다(법 제63조).

초가 된 주식등에 대해 처분을 제한하는 전자등록을 하며, 소유자증명서 반환 시 그 처분제한을 말소한다.

　전자등록주식등의 소유자가 발행인 및 시행령으로 위임한 자에게 소유자증명서를 제출한 경우에는 소유자로서 권리 행사를 할 수 있다.

　시행령에서는 소유자증명서의 구체적인 발행 방법 및 소유자증명서에 따라 권리자가 권리 행사를 할 수 있는 대상에 관하여 규정하고 있다(영 제33조).

　전자등록기관에 전자등록된 주식등은 계좌관리기관등 자기계좌부, 계좌관리기관에 전자등록된 주식등은 고객계좌부에 처분제한을 하며, 이 경우 그 처분제한의 사유가 소유자증명서의 발행임을 표시하여야 한다. 소유자증명서에는 ⅰ) 소유자의 성명 또는 명칭과 주소, ⅱ) 전자등록주식등의 종류·종목 및 수량 또는 금액, ⅲ) 행사하려는 권리 내용, ⅳ) 제출처, ⅴ) 그 밖에 전자등록업무규정에 위임한 사항을 기재해야 하며, 소유자증명서 발행 시 통지하여야 하는 대상에 법원을 추가하였다.

　소유자증명서의 발급을 통해 대개 주주로서의 공익권을 행사하고자 한다는 점과 더불어, 사채권자의 사채 원리금 수령 등의 경우가 있는 점을 종합적으로 고려하여 발행인 외에 권리 행사의 대상을 확대하였다. 즉 주주대표소송 등의 소송절차에서 소유자로서 지위를 증명하기 위해 소유자증명서를 제출하는 경우 해당 법원을, 권리자가 사채관리회사를 통하여 사채 원리금을 수령하는 경우 해당 사채관리회사를 추가하였다.

▼ 소유자증명서 발행 절차

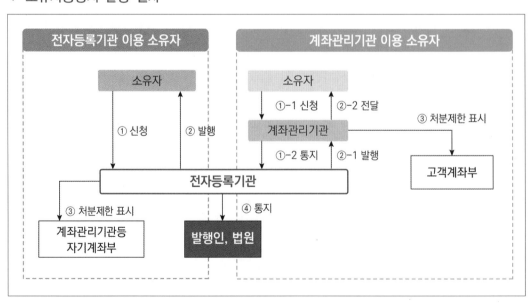

4 소유 내용의 통지(법 제40조)

(1) 의 의

소유자증명서 제도 도입과 더불어, 권리자가 실물로 발행된 문서에 의하지 않고도 개별적으로 권리를 행사할 수 있도록 소유 내용의 통지 제도를 도입하였다.

소유 내용의 통지는 전자등록기관이 전자등록주식등 소유자의 소유 내용을 발행인등에게 통지하는 제도로 소유자증명서 제도와 동일한 취지와 기능을 가지고 있으나, 증명서, 즉 문서의 발행 없이 전자적 통지를 이용하여 소유자의 개별적 권리 행사를 지원할 수 있다는 점에서 차이가 있다.

(2) 소유 내용의 통지 방법 등

전자등록기관은 소유자가 전자등록주식등에 대한 권리 행사를 위해 소유 내용의 통지를 신청하는 경우, 발행인등에 전자등록주식등의 소유 관련 내용을 통지한다. 계좌관리기관에 전자등록된 주식등의 소유자가 해당 계좌관리기관을 통해 소유 내용 통지를 신청하는 경우 해당 계좌관리기관이 신청 내역을 전자등록기관에 통지하여야 함은 소유자증명서의 경우와 동일하다.

발행인등에 소유 내용의 통지 시, 그 기초가 된 전자등록주식등이 전자등록된 전자등록기관 또는 계좌관리기관은 처분제한의 전자등록을 하고, 통지에서 정한 유효기간이 만료되면 처분제한을 말소하는 전자등록을 한다.

시행령에서는 소유 내용의 통지 방법, 통지사항, 통지사항에의 포함을 위해 계좌관리기관이 전자등록기관에 통지하는 사항 및 통지에 따른 처분제한에 관한 사항을 규정하고 있다(영 제34조).

전자등록기관에 전자등록된 주식등은 계좌관리기관등 자기계좌부에, 계좌관리기관에 전자등록된 주식등은 고객계좌부에 처분제한을 하며, 이 경우 그 처분제한의 사유가 소유 내용의 통지임을 표시하여야 한다. 전자등록기관은 ⅰ) 소유자의 성명 또는 명칭과 주소, ⅱ) 전자등록주식등의 종류·종목 및 수량 또는 금액, ⅲ) 행사하려는 권리 내용, ⅳ) 통지 내용의 유효기간, ⅴ) 그 밖에 전자등록업무규정에 위임한 사항을 포함하여 소유 내용을 통지해야 하며, 이는 소유자증명서의 경우와 동일하다. 반면 소유 내용의 통지수단으로 ⅰ) 서면 또는 팩스 ⅱ) 전자우편, 그 밖에 이와 비슷한 전자통신, ⅲ) 그 밖에 금융위원회가 정하여 고시하는 방법을 규정하고 있다는 점에서는 상이하다.

전자등록주식등의 소유자가 통지된 소유 내용에 따라 발행인등에게 소유자로서 권리 행사가 가능한 점은 소유자증명서 발행 시와 동일하다. 다만, 사채관리회사에 대해서는 소유자증명서를 이용하여야만 개별적 권리 행사를 할 수 있다.

전자증권법령은 소유자가 개별적 권리 행사의 수단으로 소유자증명서 또는 소유 내용의 통지 중 하나를 필요에 따라 선택할 수 있도록 하여 원활한 권리 행사 지원을 도모하였다.

▼ 소유 내용의 통지 절차

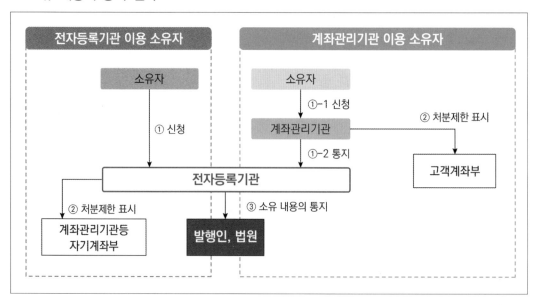

5 권리 내용의 열람 등(법 제41조)

전자등록주식등과 관련된 전자등록 정보에 대한 권리자 및 발행인의 접근 권한을 제도적으로 보장하기 위하여, 권리 내용을 열람할 수 있는 법적인 근거 규정을 마련하였다.

전자등록기관 및 계좌관리기관은 전자등록주식등의 권리자가 자신의 권리 내용을 정보통신망을 통해 열람 및 출력할 수 있도록 조치하여야 하며, 추가적으로 전자등록기관에 대해서는 전자등록주식등의 발행인이 자신의 발행 내역을 정보통신망을 통해 열람 및 출력할 수 있게 조치하도록 의무를 부과한 것이다.

　이와 같이 전자증권제도 운영기관이 전자등록주식등의 권리 내용 및 발행 내역을 전자적인 방법으로 관리하고 이용자가 이를 열람할 수 있게 함으로써, 제도 이용자의 정보 접근 편의성과 법적 안정성을 제고할 수 있게 되었다.

제 6 장

전자등록의 안전성 확보(법 제42조~제50조)

전자증권제도에서는 증권의 발행부터 유통에 이르는 과정이 모두 전자화될 뿐 아니라 그 내역이 계좌부를 통해 기재되므로, 실물 발행 및 유통에 따른 위·변조, 분실 또는 멸실 등의 위험이 존재하는 증권예탁제도에 비해서 제도적 안전성이 크게 향상되었다고 할 수 있다.

그럼에도 불구하고, 증권이 유통되는 과정에서 발행인이 실제 발행한 수량 또는 금액보다 더 많은 수량 또는 금액의 주식등이 전자등록되는 경우, 즉 초과분이 발생할 가능성을 완벽하게 배제할 수는 없으므로, 그 초과분에 대한 해소방법 및 절차를 사전적으로 마련하여 법적 안정성을 확보할 수 있도록 하였다.

한편, 전자등록된 수량·금액이 실제 발행된 것보다 적은 경우에는 권리제한 조치나 제3자 선의취득 등의 문제가 발생하지 않는다. 전자증권제도는 증권예탁제도와 달리 실물증권의 존재를 전제로 하지 않으므로, 부족한 수량·금액을 확인하여 전자등록계좌부의 전자등록 사항을 정정(증가의 전자등록)하는 방법으로 오류를 해결 가능하기 때문이다.[1] 이러한 점을 고려하여 법에서도 부족분에 대해서는 별도의 규정을 두고 있지 않다.

---

1) 노혁준. (2017). 전자증권법의 상법상 쟁점에 관한 연구. 한국비교사법학회(편저), 비교사법, 제24권 제4호, 1692.

1 초과분에 대한 해소의무 등(법 제42조)

(1) 초과분 발생 확인방법

전자등록기관 및 계좌관리기관은 전자등록주식등의 초과 전자등록 여부를 확인하여야 한다. 구체적으로는 전자등록계좌부와 고객관리계좌부 및 발행인관리계좌부의 총수량·금액을 주식등의 종목별로 상호 비교하여 초과 전자등록 여부를 확인하도록 하였는데, 이를 그림으로 나타내면 아래와 같다.

📊 초과분 발생 확인 방법(예시)

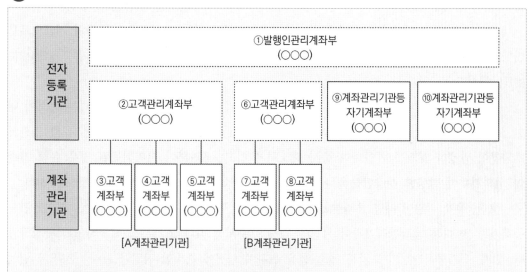

- **전자등록기관은 "①=②+⑥+⑨+⑩"의 여부를 확인**
- 확인 결과 "①<②+⑥+⑨+⑩"이면 초과분이 발생한 것(반대로 "①>②+⑥+⑨+⑩"이면 부족분이 발생한 것)

- **각 계좌관리기관은 "②=③+④+⑤", "⑥=⑦+⑧"의 여부를 확인**
- (A계좌관리기관) 확인 결과 "②<③+④+⑤"이면 초과분이 발생한 것(반대로 "②>③+④+⑤"이면 부족분이 발생한 것)
- (B계좌관리기관) 확인 결과 "⑥<⑦+⑧"이면 초과분이 발생한 것(반대로 "⑥>⑦+⑧"이면 부족분이 발생한 것)

(2) 초과분 해소 방법

초과분이 발생할 경우 초과분이 발생한 해당 기관은 지체 없이 이를 해소할 의무를 1차적으로 부담한다(법 제42조제1항·제2항). 초과분이 발생한 계좌관리기관 또는 전자등록기관이 이를 해소하지 못한 경우, 즉 1차로 책임 있는 기관이 해소의무를 불이행한 경우에는 2차적으로 모든 계좌관리기관 및 전자등록기관이 연대하여 해소의무를 부담한다(법 제42조제3항 및 영 제35조제4항). 계좌관리기관으로서 부담하는 초과분 연대 해소의무는 계좌관리기관이 전자등록업무를 폐지한 후에도 5년간 부담한다.

초과분에 대한 해소가 이뤄지지 않는 동안 해당 전자등록주식등에 대한 원리금·배당금 등의 지급 시기가 도래하는 경우, 초과분이 발생한 계좌관리기관 또는 전자등록기관이 발행인을 대신하여 해당 초과분에 대한 원리금·배당금 등의 지급의무를 부담한다(대지급 책임).

초과분 발생에 책임이 없음에도 초과분의 해소 의무 및 원리금·배당금 등의 지급의무를 이행한 계좌관리기관 또는 전자등록기관은 그 초과분의 발생에 책임 있는 자에게 구상권(求償權)을 행사할 수 있다.

시행령에서는 먼저 초과분 발생에 책임이 있는 기관(유책 기관)의 해당 초과분 해소에 대한 의무 이행을 규정하고 있다. 선의취득이 발생하지 않은 단순 초과분인 경우 유책 기관이 초과분이 발생한 계좌를 확인하여 즉시 해소하게 하고, 초과분이 선의취득된 경우 유책 기관이 선의취득이 발생한 수량만큼을 유상 취득하여 해소하도록 규정하였다(영 제35조제3항).

또한, 유책 기관이 해당 초과분을 해소하지 않은 경우에는 해당 유책 기관을 제외한 전자등록기관 및 다른 계좌관리기관이 사전에 정해진 순서에 따라 초과분을 해소하도록 규정하였다. 먼저, 전자등록기관이 초과분 해소 등을 위하여 사전에 준비한 적립금을 사용한다. 그럼에도 여전히 미해소분이 잔존하는 경우 그 초과분 발생일의 최종 시장가격 및 전자등록주식등의 규모를 감안하여 사전에 정해진 일정 비율에 따라 모든 계좌관리기관이 분담하여 해소하도록 규정하였다.

이 경우 초과분을 해소한 전자등록기관 또는 계좌관리기관은 유책 기관에 대하여 구상권을 행사할 수 있으며, 특히 전자등록기관의 경우 구상권 행사에도 불구하고 보전하지 못한 금액은 초과분 해소 시 사용되었던 비율과 동일한 비율로 다른 계좌관리기관에 분담시켜 해소할 수 있도록 하였다.[2]

---

2) 전자증권법에서는 투자자 보호 기금 설치에 대해서는 별도로 규정하지 않고 있다. 이는 증권예탁제도의 사례 외에도 기금 설치 시에 계좌관리기관이 추가로 부담하게 되는 금전적인 부담을 고려한 것으로 보인다. 전자증

또한, 발행인을 대신하여 대지급 책임을 이행하여야 하는 범위를 권리 행사가 제한되는 초과분을 기준으로 한 원리금, 배당금 및 분배금 등 일체의 금전으로 구체화하여 명시하였다.

▼ 참고 : 초과분(부족분) 발생 시 투자자 보호 제도 비교

구 분	내 용
증권예탁제도	예탁결제원 및 고객을 가진 예탁자가 연대하여 부족분*에 대한 보전의무 부담 * 증권예탁제도는 실물증권의 존재를 기본으로 하므로 전자증권제도와 달리 부족분의 처리가 문제됨
舊 전자단기사채제도	초과분 발생기관이 말소의무 부담
일본 대체제도	ⅰ) 초과분 발생기관*이 말소의무 부담 * 상위기관의 초과기재로 하위기관의 투자자가 손해를 입은 경우 하위기관은 상위기관의 말소의무 불이행에 따른 손해를 상위기관과 연대하여 배상할 의무 부담 ⅱ) 해당 기관 파산시 가입자보호신탁(기금)에서 투자자별 1천만엔 한도로 손실보상

2 초과분에 대한 권리 행사 제한(법 제43조)

전자증권법은 초과분 발생의 직접적인 책임이 없음에도 불구하고 예상하지 못한 책임이 부당하게 발생할 가능성을 고려하여, 초과분 발생 시 해소의무가 이행될 때까지 발행인에 대한 권리자의 권리 행사를 제한하도록 규정하였다. 또한, 이로 인해 발생하는 권리자의 손해를 배상하도록 규정하여 초과분 발생에 따른 불측의 피해로부터 발행인과 권리자를 보호하도록 하였다(법 제43조).

초과분 발생 시, 그 해소의무가 이행될 때까지 그 초과분 발생과 관련이 있는 권리자로서 시행령으로 정하는 자는 시행령에 따라 산정된 수량 또는 금액, 즉 자신이 보유한 동일 종목의 수량 또는 금액에 따라 초과분을 안분한 수량 또는 금액에 대한 권리 행사가 제한된다. 이 경우 권리 행사의 제한으로 인해 해당 권리자에게 손해가 발생하면 해소의무를 부담하는 자에게 배상책임이 있다.

권제도의 도입에 따르는 초기비용을 절감한다는 측면에서 이해할 수 있는 선택이기는 하나, 장기적으로 보면 투자자 보호와 전자증권제도의 안정적 운영 담보 측면에서 투자자 보호 기금의 설치도 적극적으로 고려해 볼 필요가 있다.

시행령에서는 초과분 발생 시 발행인에 대해 권리 행사가 제한되는 권리자의 범위와 권리 행사 제한 대상자가 발행인에 대해 행사할 수 없는 구체적인 제한 범위를 규정한다(영 제36조). 권리 행사가 제한되는 권리자는 초과분의 선의취득자 유무에 따라 구분되는데, 선의취득자가 없는 경우에는 초과분의 권리자로 전자등록된 자, 즉 초과분이 발생한 해당 계좌의 권리자이며, 선의취득자가 있는 경우에는 초과 전자등록 종목의 권리자로 전자등록된 자, 즉 초과분이 발생한 해당 계좌의 권리자 및 해당 종목을 보유하고 있는 권리자가 그 대상이 된다.

발행인에 대하여 행사할 수 없는 권리 행사의 구체적인 제한 범위는 초과분의 선의취득자 유무에 따라 다음과 같이 구분하여 산정한다.

고객계좌부 수량·금액이 고객관리계좌부 수량·금액보다 큰 경우(영 제36조제2항) 권리 행사 제한 범위

1. **초과분 선의취득자가 없음** : 초과분 중 각 권리자의 고객계좌부에 전자등록된 수량·금액
2. **초과분 선의취득자가 있음** : 아래 계산식에 따라 산정된 수량·금액

$$\text{선의 취득된 초과분} \times \frac{\text{각 권리자가 보유한 초과 전자등록 종목 수량·금액}}{\text{해당 계좌관리기관에 전자등록된 초과 전자등록 종목의 총수량·금액}}$$

계좌관리기관등 자기계좌부 수량·금액 + 고객관리계좌부 수량·금액이 발행인관리계좌부 수량·금액보다 큰 경우(영 제36조제4항) 권리 행사 제한 범위

1. **초과분 선의취득자가 없음** : 초과분 중 각 권리자의 계좌관리기관등 자기계좌부에 전자등록된 수량·금액
2. **초과분 선의취득자가 있음** : 아래 계산식에 따라 산정된 수량·금액

$$\text{선의 취득된 초과분} \times \frac{\text{각 권리자가 보유한 초과 전자등록 종목 수량·금액}}{\text{계좌관리기관등 자기계좌부 및 고객계좌부 전체에 전자등록된 초과 전자등록 종목의 총수량·금액}}$$

초과 전자등록으로 권리자가 발행인에 대하여 권리를 행사할 수 없는 경우를 구체적인 예시로 설명하면 아래와 같다.

아래의 그림과 같이 발행회사의 총 발행주식 수 1,000주 가운데 최대주주 甲이 600주, 2대 주주 乙이 400주를 보유한 상황에서 丙고객계좌에 300주의 초과 전자등록이 발생한 경우를 상정한다.

이 경우 선의취득이 발생하지 않고 丙고객계좌에 300주의 초과 전자등록이 되어 있다면, 丙은 의결권을 행사할 수 없다.

이와 달리, 장내거래를 통해 丁이 해당 초과 전자등록 주식을 선의취득한 경우라면 초과 전자등록이 발생한 A계좌관리기관의 고객(투자자)인 甲은 자기가 보유한 해당 종목 수량에 비례하여 의결권이 제한된다. 즉 甲은 300주(300×600÷600)에 대해 의결권을 행사할 수 없고, 나머지 수량 300주(600-300)에 대해서만 의결권을 행사할 수 있다. 따라서, 丁이 선의취득한 후 해당 초과 전자등록이 말소되기 전에 기준일이 설정되고 이에 따라 주주총회에서 회사 경영에 대한 중요 사항이 의결되는 경우 甲은 실질상 최대주주이지만 해당 주주총회에서는 2대 주주인 乙이 사실상 최대주주로서 甲의 이익에 반하여 의결할 수 있으며, 이는 甲의 손해를 유발하게 된다.

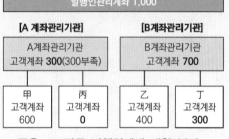

▼ 초과 전자등록 後 선의취득 前

발행인관리계좌 1,000	
[A 계좌관리기관]	[B계좌관리기관]
A계좌관리기관 고객계좌 600(300부족)	B계좌관리기관 고객계좌 400
甲 고객계좌 600 / 丙고객계좌 300 (300초과)	乙 고객계좌 400 / 丁 고객계좌 0

⇨ 丙은 300만큼 발행인에게 대항 불가

▼ 초과 전자등록 · 선의취득 後

발행인관리계좌 1,000	
[A 계좌관리기관]	[B계좌관리기관]
A계좌관리기관 고객계좌 300(300부족)	B계좌관리기관 고객계좌 700
甲 고객계좌 600 / 丙 고객계좌 0	乙 고객계좌 400 / 丁 고객계좌 300

⇨ 甲은 300만큼 발행인에게 대항 불가

3 전자등록 정보 등의 보안 및 직무 관련 정보 이용 금지 (법 제44조 · 제45조)

전자등록기관 또는 계좌관리기관에 전자등록된 정보에 문제가 발생하는 경우, 전자증권 제도의 운영뿐만 아니라 자본시장 전반에 파급효과를 가져올 수 있다. 이에 따라 전자등록 정보의 보호를 위하여 전자등록기관·계좌관리기관이 운영하는 정보통신망의 보안과 관련한 구체적 의무 및 금지 사항을 법률로 명시함으로써 제도운영의 안정성을 확보할 필요가 있다.

(1) 전자등록 정보 등의 보안

전자증권법은 전자등록 정보의 보안 의무를 규정하고 있다(법 제44조). 먼저, 전자등록기관 또는 계좌관리기관의 정보통신망에 거짓 정보 또는 부정한 명령의 입력 또는 권한 없는 자의 정보 입력·변경 행위는 금지된다. 또한, 전자등록기관 또는 계좌관리기관에 보관된 전자등록·기록정보에 대한 멸실 및 훼손을 금지한다. 마지막으로 정당한 접근 권한이 없거나 권한을 초과한 자가 전자등록기관 또는 계좌관리기관의 정보통신망에 침입하는 것을 금지하고 있다.

(2) 직무 관련 정보의 이용 금지

전자증권법은 전자등록 정보에 관한 보안 조치와 더불어, 전자등록기관, 계좌관리기관 및 소속 임직원 등의 직무 관련 정보에 대한 부정 이용을 금지하는 장치를 마련하였다(법 제45조).

전자등록기관 및 계좌관리기관은 직무상 취득한 정보로서 외부 비공개정보를 정당한 사유 없이 자기 또는 제3자를 위해 이용할 수 없다. 이는 전자등록기관 및 계좌관리기관의 임직원뿐만 아니라 과거 임직원이었던 자에게도 동일하게 적용된다.

상기한 바와 같이 전자등록기관 및 계좌관리기관, 그 소속 임직원 등의 직무 관련 정보의 부정 이용을 금지함으로써 제도 운영의 투명성을 제고하였다.

4 계좌관리기관의 자료 제출 등(법 제46조)

전자증권제도의 안정적인 운영을 위해서는 전자등록기관을 중심으로 하는 자율규제 체계를 마련하는 것이 바람직하다.

이에 따라, 전자등록기관은 계좌관리기관에 대해 전자등록업무에 관한 보고, 자료의 제출 또는 관련 장부의 열람을 요구할 수 있도록 하였으며, 계좌관리기관은 초과분이 발생하거나 영업정지, 인·허가 취소 등 정상적인 전자등록업무의 수행이 곤란한 사유가 발생하는 경우 전자등록기관에 즉시 통지하도록 의무를 부과하였다(법 제46조).

또한, 전자등록기관은 초과분 발생 확인, 계좌관리기관으로부터 상기 사실에 관한 통지 수령, 그 밖에 전자증권제도의 정상적 운영이 곤란한 상황 발생 시 금융위원회에 즉시 보고하도록 의무화하였다. 시행령에서는 법에서 정한 사항 외에 전자등록기관이 금융위원회에 보고하는 사항으로 자연재해, 전산시스템 장애 등으로 인해 정상 업무 수행이 어려운 경우를 규정하고 있다(영 제37조).

5 계좌간 대체의 전자등록 제한(법 제47조)

계좌관리기관은 금융회사인 경우가 대부분이므로, 내부적으로 투자자 보호체계를 갖추고 있는 경우가 일반적이다. 그러나 경제 위기 또는 경영 악화에 따라 계좌관리기관의 파산, 해산 등의 상황이 발생할 가능성은 상시 존재하므로, 해당 계좌관리기관을 이용하고 있던 권리자에 대한 법적인 보호 장치를 사전적으로 마련할 필요가 있다.

이에, 전자등록기관은 계좌관리기관에 파산, 해산 등의 사유가 발생하는 경우 권리자의 보호를 위해 해당 계좌관리기관의 계좌간 대체 전자등록을 제한할 수 있도록 하였으며, 추가적인 제한 사유 및 구체적인 방법은 시행령으로 위임하였다(법 제47조).

시행령에서는 계좌관리기관에 대한 인가·허가·등록 등의 취소 또는 업무 정지가 발생한 경우 및 금융위원회가 고시하는 경우를 계좌간 대체의 전자등록을 제한할 수 있는 사유로 추가하였다. 또한, 계좌간 대체의 전자등록 제한 방법으로는 고객계좌부에 전자등록된 전자등록 주식등의 종류 또는 종목별로 제한하도록 규정하였다. 다만, 계좌간 대체를 제한하는 경우에는 그 내용을 공고하도록 하여 재산권 행사의 제한에 따른 예상치 못한 손해가 축소되도록 하였다(영 제38조).

6 전자등록 정보 등의 보존(법 제48조)

전자증권법에서는 제도 운영의 안정성 확보 및 권리자 보호를 위해 전자등록기관 및 계좌관리기관의 전자등록 또는 기록정보의 보존 의무 및 방법 등에 관한 근거를 마련하였다(법 제48조 및 영 제39조).

먼저, 전자등록기관은 계좌관리기관등 자기계좌부에 전자등록된 정보 및 발행인관리계좌부와 고객관리계좌부에 기록된 정보를 영구적으로 보존하여야 한다. 다만, 전자등록업허가가 취소 또는 폐지 등의 사유 발생 시에는 해당 정보를 다른 전자등록기관에 이전하도록 하였다.

한편, 계좌관리기관은 고객계좌부의 전자등록 정보를 해당 계좌부가 폐쇄된 날부터 10년간 보존하여야 한다.

또한, 전자등록기관 및 계좌관리기관은 해당 정보를 위·변조가 불가능한 장치에 저장하여 두 곳 이상의 장소에 보존할 의무를 부담한다.

7 긴급사태 시의 처분 등(법 제49조·제50조)

(1) 긴급사태 시의 처분

천재지변 등 불가피한 사태 발생으로 인해 전자증권제도의 정상적인 운영이 불가능한 상황에 대비하여 법은 권리자를 보호하기 위한 정책당국의 긴급 조치 근거를 마련하였다. 천재지변, 경제사정의 급격한 변동 등으로 전자등록업무가 정상적으로 이루어질 수 없다고 인정되는 경우, 금융위원회는 전자등록기관 및 계좌관리기관에 대해 전자등록업무 중단 등의 긴급조치가 가능하며, 긴급조치를 한 경우에는 법무부에 지체 없이 통지하여야 한다(법 제49조).

(2) 금융실명법의 준용

전자등록주식등에 관한 전자등록정보는 투자자의 보호를 위하여 금융거래정보에 준해 보호할 필요성이 있다. 이에, 전자등록기관 및 계좌관리기관이 수행하는 전자등록업무 및 관련 업무에 대하여는 「금융실명거래 및 비밀보장에 관한 법률」 제4조를 준용함으로써, 법령상 근거 없이 관련 정보를 요구하거나 제공 및 누설하는 것을 금지하였다(법 제50조).

제 7 장

검사 및 감독(법 제51조~제58조)

　　법은 제1조에서 전자증권제도의 도입·운영을 통해 권리의 원활한 유통 및 해당 발행인·권리자·이해관계인의 권익 보호에 기여하고, 이를 통해 자본시장의 건전성·효율성 제고 및 국민경제 발전에의 기여를 목적으로 하고 있다는 점을 밝힌 바 있다. 그 목적 달성에 필요하다고 정부가 판단하는 경우에는 전자증권제도 운영기관 및 소속 임직원에 대해 검사와 감독이 이루어지게 된다.

　　본 장은 이에 따른 정부의 검사와 감독에 관한 근거 및 그 검사범위를 규정함으로써 전자증권제도 운영기관인 전자등록기관과 계좌관리기관 그리고 그 소속 임직원에 의한 안정적이고 적법한 업무수행을 도모하고 있다.

1　보고 및 검사(법 제51조·제52조)

　　전자등록기관에 대해 금융위원회는 보고·자료제출 요구권과 검사권이, 법무부는 보고·자료제출 요구권 및 금융위원회로의 검사 요청권이 있다. 그래서 법의 목적 달성을 위해 필요한 경우 금융위원회와 법무부는 전자등록기관에 보고 또는 자료의 제출을 요구할 수 있고, 나아가 금융위원회는 그 전자등록기관의 업무 상황이나 장부서류 또는 그 밖에 필요한 물건을 검사할 수 있으며, 법무부는 그 검사가 필요하다고 판단되는 경우 금융위원회로 검사를 요청할 수 있다. 해당 검사를 요청한 경우 법무부는 법무부 소속 공무원을 검사에 참여하도록 할 수 있다.

　　한편, 금융위원회는 전자등록기관의 업무 상황이나 장부서류 또는 그 밖에 필요한 물건을 검사하는 업무에 대해서는 금융감독원장에게 그 업무를 위탁할 수 있으며, 이는 법무부의 검사 요청을 받은 경우에도 같다.

전자등록기관에 대한 보고·검사 관련 조항은 기존의 자본시장법상 보고·검사 관련 조항과는 차이가 있다. 우선 자본시장법 적용대상인 금융투자업자, 금융투자업관계기관 및 거래소에 대해 금융위원회가 보고·검사권을 단독으로 갖는 것과는 달리, 전자등록기관에 대해서는 전자증권제도를 규율하는 복수의 정부기관인 금융위원회 및 법무부가 공동으로 보고·자료제출 요구권을 보유하고 있다는 점이 특징이다.

또한, 자본시장법상 예탁결제원을 비롯한 금융투자업관계기관의 경우 금융감독원에 직접적인 검사권[1]이 있는 반면, 전자증권법상 전자등록기관의 경우 금융위원회에 의한 직접 검사권을 규정하고 있고 금융위원회의 지시에 의해 금융감독원의 실제적인 검사 업무가 수행될 수 있도록 하고 있다. 이러한 차이는 금융위원회와 법무부가 전자증권제도를 공동으로 규율하는 점을 감안하여 금융위원회 단독으로 검사권을 행사하는 경우와 함께 법무부의 검사 요청으로 금융위원회가 검사권을 행사하는 경우까지 포섭하기 위한 의도일 뿐 아니라, 일반 금융회사의 성격을 가지는 금융투자업자와는 달리 전자증권제도의 운영에 핵심적인 역할을 수행하는 전자등록기관에 대한 검사는 공익적 차원에서 효율적이고 공정한 제도의 유지·관리를 목적으로 함이 필요하다는 취지도 반영된 것으로 보인다.

다만, 법무부의 요청 및 이에 따른 금융위원회의 위탁을 받아 금융감독원이 검사를 수행하는 경우 검사보고서의 내용은 전자등록기관의 고유 업무(법 제14조제1항 각 호의 업무[2]), 부수 업무(법 제14조제2항 각 호의 업무[3]) 그리고 그 업무와 관련된 재산의 검사와 관련한 사항에 한정된다.

---

1) 예탁결제원을 비롯한 금융투자업관계기관에 대한 검사는 금융투자업자에 대한 금융감독원의 직접 검사권을 규정한 자본시장법 제419조(일부 조문 제외)를 준용하고 있다.
2) 전자증권법 제14조(전자등록기관의 업무) ① 전자등록기관은 정관으로 정하는 바에 따라 다음 각 호의 업무를 한다.
    1. 주식등의 전자등록에 관한 업무
    2. 발행인관리계좌, 고객관리계좌 및 계좌관리기관등 자기계좌의 개설, 폐지 및 관리에 관한 업무
    3. 발행인관리계좌부, 고객관리계좌부 및 계좌관리기관등 자기계좌부의 작성 및 관리에 관한 업무
    4. 외국 전자등록기관(외국 법령에 따라 외국에서 전자등록기관의 업무에 상당하는 업무를 하는 자를 말한다. 이하 같다)과의 약정에 따라 설정한 계좌를 통하여 하는 주식등의 전자등록에 관한 업무
    5. 제37조에 따른 소유자명세의 작성에 관한 업무
    6. 전자등록주식등에 대한 권리 행사의 대행에 관한 업무
    7. 주식등의 전자등록 및 관리를 위한 정보통신망의 운영에 관한 업무
    8. 전자등록주식등의 발행 내용의 공개에 관한 업무
    9. 그 밖에 금융위원회로부터 승인을 받은 업무
3) 전자증권법 제14조(전자등록기관의 업무) ② 전자등록기관은 정관으로 정하는 바에 따라 제1항 각 호의 업무에 부수하는 업무로서 다음 각 호의 어느 하나에 해당하는 업무를 한다.
    1. 전자등록주식등의 담보관리에 관한 업무
    2. 「자본시장과 금융투자업에 관한 법률」 제80조에 따라 집합투자업자·투자일임업자와 집합투자재산을 보관·관리

2 전자등록기관에 대한 조치(법 제53조~제57조)

법에서는 전자등록기관에 대한 조치를 규정함으로써 금융위원회의 조치 요구 사항과 그 조치 요구의 원인행위를 명확히 정하여 전자등록기관 및 그 임직원의 적법하고 신중한 업무 수행을 도모하고 있다(법 제53조). 전자등록기관 및 그 임직원이 전자증권법 및 관계법령을 위반하여 직무를 수행하는 경우에 제반 제재조치를 받을 수 있다.

이러한 전자등록기관 및 그 임직원에 대한 조치는 기본적으로는 자본시장법상 예탁결제원을 비롯한 금융투자업관계기관에 대한 조치와 동일하나, 전자등록업이 허가주의에 기반하고 있으므로 전자등록업허가의 취소에 대한 사항이 규정되었다는 점이 특징이다. 전자등록기관이 거짓, 그 밖의 부정한 방법으로 법 제5조에 따른 전자등록업허가[4]를 받았거나, 허가조건을 위반하였거나, 법 제8조에 규정된 전자등록업허가 유지 의무를 위반한 경우 등에는 금융위원회가 법무부장관과의 사전 협의를 거쳐 그 허가를 취소할 수 있다.

허가 취소의 사유에는 이르지 아니하였지만 위반 행위에 대해 적절한 제재가 필요하다고 판단하는 경우, 금융위원회는 법무부장관과의 사전 협의를 거쳐 전자등록기관에 대해서는 업무 정지, 시정명령, 중지명령 등의 조치를, 관련 임원에 대해서는 해임요구, 직무정지 등의 조치를 각각 취할 수 있으며, 관련 직원에 대해서는 면직, 정직, 감봉 등의 조치를 해당 전자등

하는 신탁업자 등 사이에서 이루어지는 집합투자재산의 취득·처분 등에 관한 지시 등을 처리하는 업무
3. 그 밖에 금융위원회로부터 승인을 받은 업무
4) 전자증권법 제5조(전자등록업의 허가) ① 전자등록업을 하려는 자는 전자등록의 대상이 되는 주식등의 범위를 구성요소로 하여 대통령령으로 정하는 업무 단위(이하 "전자등록업 허가업무 단위"라 한다)의 전부 또는 일부를 선택하여 금융위원회 및 법무부장관으로부터 하나의 전자등록업허가를 받아야 한다.
② 제1항에 따라 전자등록업허가를 받으려는 자는 다음 각 호의 요건을 모두 갖추어야 한다.
 1. 「상법」에 따른 주식회사일 것
 2. 100억원 이상으로서 전자등록업 허가업무 단위별로 대통령령으로 정하는 금액 이상의 자기자본을 갖출 것
 3. 사업계획이 타당하고 건전할 것
 4. 권리자의 보호가 가능하고 전자등록업을 수행하기에 충분한 인력과 전산설비, 그 밖의 물적 설비를 갖출 것
 5. 정관 및 전자등록업무규정이 법령에 적합하고 전자등록업을 수행하기에 충분할 것
 6. 임원(이사 및 감사를 말한다. 이하 같다)이 「금융회사의 지배구조에 관한 법률」 제5조에 적합할 것
 7. 대주주(「자본시장과 금융투자업에 관한 법률」 제12조제2항제6호가목의 대주주를 말한다)가 충분한 출자능력, 건전한 재무상태 및 사회적 신용을 갖출 것
 8. 대통령령으로 정하는 사회적 신용을 갖출 것
 9. 이해상충방지체계를 구축하고 있을 것
③ 제2항의 허가요건에 관한 구체적인 사항은 대통령령으로 정한다.

록기관에 요구할 수 있다. 나아가 임원에 대한 조치를 하거나 직원에 대한 조치를 요구하는 경우에 그 임직원에 대한 관리·감독의 책임이 있는 임직원에게 귀책사유가 있는 경우 그 경중을 가려 함께 조치(임원) 또는 전자등록기관에 대한 조치 요구(직원)를 할 수 있다. 이에 따라 앞서 언급된 바와 같이 행정제재의 대상이 되는 법 위반 행위 및 제재 내용을 명시함으로써, 전자등록기관 및 그 임직원의 적법한 업무수행을 기대할 수 있게 되었다.

이러한 전자등록기관에 대한 조치 사유는 자본시장법상 금융투자업자, 금융투자상품거래 청산회사 및 거래소에 대한 조치 사유와 사실상 동일하다. 또한, 정당한 사유 없이 업무를 중단하는 경우가 제재 사유로 규정되어 있는데, 이는 전자등록기관이 자본시장에서 갖는 중요성을 감안하여 마련해둔 안전장치의 일종으로 볼 수 있다.

▼ 전자등록기관에 대한 조치(법 제53조)

구 분	내 용
■ 기관에 대한 조치	ⅰ) 허가 취소, ⅱ) 업무 정지, ⅲ) 계약 인계명령, ⅳ) 시정명령·중지명령, ⅴ) 조치사실의 공표명령·게시명령, ⅵ) 기관경고, ⅶ) 기관주의, ⅷ) 그 밖에 시행령으로 정하는 조치
■ 임원에 대한 조치	ⅰ) 해임요구, ⅱ) 직무정지, ⅲ) 문책경고, ⅳ) 주의적 경고, ⅴ) 주의, ⅵ) 그 밖에 시행령으로 정하는 조치
■ 직원에 대한 조치 요구	ⅰ) 면직, ⅱ) 정직, ⅲ) 감봉, ⅳ) 견책, ⅴ) 경고, ⅵ) 주의, ⅶ) 그 밖에 시행령으로 정하는 조치

금융투자업자 (자본시장법 제420조·제422조)	청산회사 (자본시장법 제323조의20)	거래소 (자본시장법 제411조)	전자등록기관 (법 제53조)
■ 부정한 방법에 의한 인가	■ 부정한 방법에 의한 인가	■ 부정한 방법에 의한 허가	■ 부정한 방법에 의한 허가
■ 인가조건 위반	■ 인가조건 위반	■ 허가조건 위반	■ 허가조건 위반
■ 인가요건 유지 의무 위반	■ 인가요건 유지 의무 위반	■ 허가요건 유지 의무 위반	■ 허가요건 유지 의무 위반
■ 업무정지기간 중 업무 수행	■ 업무정지기간 중 업무 수행	■ 업무정지기간 중 업무 수행	■ 업무정지기간 중 업무 수행
■ 시정명령·중지명령 위반	■ 시정명령·중지명령 위반	■ 시정명령·중지명령 위반	■ 시정명령·중지명령 위반
■ 자본시장법 별표 1의 사유 (시행령 위임사유 한정)	■ 자본시장법 별표 8의2의 사유 (시행령 위임사유 한정)	■ 자본시장법 별표 14의 사유 (시행령 위임사유 한정)	■ 법 별표 1의 사유 (시행령 위임사유 한정)
■ 금융관련 법령 등 위반	■ 금융관련 법령 등 위반	■ 금융관련 법령 등 위반	■ 금융관련 법령 등 위반
			■ 정당한 사유 없는 업무 중단 ■ 정당한 사유 없는 조치 또는 업무 이전명령 불응 ■ 전자등록업무수행 곤란 (파산·영업 폐지 등)
■ 그 밖에 업무 영위 곤란한 경우 (시행령 위임)	■ 그 밖에 업무 영위 곤란한 경우 (시행령 위임)	■ 그 밖에 업무 영위 곤란한 경우 (시행령 위임)	■ 그 밖에 업무 영위 곤란한 경우 (시행령 위임)

* ☐ : 인·허가 취소에만 적용

    한편, 전자등록업허가를 취소하거나 전자등록기관 임직원에 대한 중대한 행정조치를 부과하는 경우에는 그 사안의 중대성에 따른 신중한 처리가 필요하다. 또한, 이해당사자의 권익보호 장치를 마련함으로써 부당한 행정조치가 발생하지 않도록 예방할 필요가 있다. 이에, 금융위원회가 전자등록기관에 대한 허가를 취소하거나, 전자등록기관의 임원에 대한 해임요구 또는 직원에 대한 면직요구를 하는 경우에는 청문을 실시하도록 하였다(법 제54조). 여기서 청문이란 행정절차법상의 개념으로서 행정청이 어떠한 처분을 하기에 앞서 당사자 등의 의견을 직접 듣고 증거를 조사하는 절차를 말하며(행정절차법 제2조제5호), 법은 청문의 대상만을 규정하고 있을 뿐 그 절차에 대한 별도의 규정은 두고 있지 않으므로 행정절차법상 청문절차가 적용된다.

한편, 법은 행정조치 부과 내용에 대한 기록, 관리 및 공시의 방법과 절차를 마련하였다. 금융위원회는 전자등록기관에 대하여 조치한 경우 이를 관보 및 홈페이지 등에 공고하여야 한다. 만약, 전자등록기관의 퇴직 임직원이 재직 중이었다면 해임요구 또는 면직요구의 조치를 받았을 것으로 인정되는 경우, 금융위원회는 전자등록기관을 통하여 당사자에게 이를 통보하여야 한다(법 제55조).

전자등록기관은 금융위원회의 조치 요구에 따라 소속 임직원을 조치한 경우 그 내용을 기록하고 유지·관리해야 한다. 조치를 받은 전자등록기관 및 그 임직원은 자기에 대한 조치 내용 조회를 금융위원회에 요청할 수 있으며, 조회 요청을 받은 금융위원회는 정당한 사유가 없는 한 조치 내용을 통보하도록 하였다. 이처럼 조치 내용에 대한 기록의 유지·관리, 공시 및 통보 의무 등을 법적으로 규정함으로써 처분이나 조치의 투명성을 확보하고 당사자의 알 권리의 보장을 통하여 권리구제를 지원하는 한편, 위법·부당한 행위를 방지하기 위한 자체적인 노력을 도모하도록 하였다.

만약, 금융위원회의 행정조치 부과에 대하여 이해당사자의 이의가 있는 경우 이의신청을 할 수 있는 절차를 마련하여 당사자의 신속한 권리구제가 가능하도록 하였다(법 제56조). 금융위원회가 전자등록기관 및 그 임원에게 직접 부과하는 행정조치에 대해 불복하는 경우 30일 이내 이의신청을 할 수 있으며, 금융위원회는 해당 이의신청에 대하여 60일 이내 결정하여야 한다. 다만, 부득이한 사정이 있는 경우에는 30일 이내에서 기간 연장이 가능하도록 하였다.

마지막으로, 금융위원회는 전자등록기관이 전자등록업의 전부 또는 일부를 폐지하거나 해산한 경우, 또는 전자등록업허가가 취소된 경우에는 전자등록업의 전부 또는 일부를 다른 전자등록기관에 이전할 것을 명할 수 있으며, 이 경우 미리 법무부장관과 협의하도록 하였다. 더불어, 계좌관리기관이 업무 폐지·중단, 파산 등의 사유로 정상적인 전자등록업무 수행이 불가능한 경우에도, 금융위원회가 해당 계좌관리기관이 수행했던 전자등록업무의 전부 또는 일부를 다른 계좌관리기관에 이전하는 명령(업무이전명령)을 할 수 있도록 함으로써 투자자의 권리를 보호하고 불편을 방지하였다(법 제57조).

▼ 전자등록기관에 대한 검사 및 감독 권한 구분

구 분	금융위원회	법무부장관	비 고	법상 관련조문
보고 · 자료 제출 요구권	○	○	법무부장관 단독 행사	제51조 · 제52조
업무 · 재산상황 검사권	○	△	법무부장관 검사요청	제52조
조치권 (허가 취소 등)	○	−	법무부장관 협의	제53조
업무이전명령	○	−	법무부장관 협의	제57조

시행령에서는 법에서 정한 사유 외에 금융위원회가 전자등록기관 및 그 임직원에 대해 조치할 수 있는 위법행위 조치 사유 및 추가적인 징계조치 수단의 범위, 위법행위 판단의 기준이 되는 금융 관련 법령의 범위를 규정하고 있다. 징계 등 조치가 필요한 위법행위 사유에 대해서는 허가 취소 사유 및 중징계 사유로 구별하여 구체적으로 명시하였다.

허가 취소 사유로는 ⅰ) 금융위원회 승인 없는 정관 변경 또는 전자등록업무규정 제 · 개정, ⅱ) 긴급사태 시 대응조치 미이행, ⅲ) 전자등록기관 임직원에 의한 금융관련 법령의 중대한 위반 및 ⅳ) 기타 중대한 업무해태 규정 등이 있다(영 제40조제1항 · 제3항 · 제4항).

중징계 사유로는 ⅰ) 법령을 위반하여 소유자증명서 · 전자등록증명서를 발행한 경우, ⅱ) 법령을 위반하여 소유 내용을 통지한 경우, ⅲ) 전자등록업무규정을 위반한 경우 등의 사유가 있다(영 제40조제8항).

또한, 전자등록기관에 대한 추가적인 징계조치 수단으로 (업무)개선요구, 변상요구 및 수사기관에의 통보 등을 할 수 있도록 하였다(영 제40조제5항).

위반대상 금융 관련 법령으로는 「금융실명거래 및 비밀보장에 관한 법률」, 「형법」 및 「특정경제범죄 가중처벌 등에 관한 법률」을 규정하였다(영 제40조제2항).

3 계좌관리기관에 대한 조치(법 제58조)

전자증권법은 전자증권제도를 운영하는 계좌관리기관에 대한 감독 당국의 검사 및 조치를 위한 법상 근거도 규정하였으며, 전자등록기관에 대한 검사 및 조치를 준용하고 있다(법 제58조).

한국은행 및 시행령으로 정하는 기관을 제외한 계좌관리기관은 전자등록업무 및 그와 관련된 재산상황에 관하여 금융감독원장의 검사를 받아야 한다. 또한, 계좌관리기관 및 그 임직원이 이 법에 따른 금지·의무를 위반한 경우 금융위원회는 영업정지 등의 행정조치를 부과할 수 있으며, 업무이전명령을 할 수 있다.

계좌관리기관에 대해서는 업무정지, 시정명령 등, 그 임원에 대해서는 해임요구, 직무정지 등, 그 직원에 대해서는 면직요구, 정직요구 등의 조치를 할 수 있다. 만약 임직원에 대해 조치를 부과하는 경우 그 임직원에 대해 관리·감독의 책임이 있는 자에 대해서도 조치를 부과할 수 있다.

또한, 전자등록기관에 관한 규정을 준용하여 행정조치를 받은 계좌관리기관 및 그 임직원에게는 청문, 이의신청이 보장되며, 금융위원회는 조치 내용을 기록 및 유지·관리하고 이를 공시하도록 하였다.

시행령에서는 업무 성격, 국내 감독기관의 현실적인 검사권 행사 가능 여부 등을 고려하여 금융감독원장의 검사대상에서 제외하는 계좌관리기관으로 외국 전자등록기관, 예금자보호법상 정리금융회사 및 조세특례제한법상 사업시행자를 계좌관리기관으로 하여 보상채권을 보유하는 경우의 해당 사업시행자로 규정하고, 그 밖에 추가되는 기관이 있을 경우를 대비하여 금융위 고시로 위임할 수 있도록 하였다(영 제42조).

외국 전자등록기관의 경우 우리나라 감독기관의 검사권 행사가 현실적으로 곤란한 점, 정리금융회사의 경우 예금보험공사의 자회사로서 직접적인 감독권이 예금보험공사에 있는 점, 조세특례제한법상 사업시행자의 경우 수용된 토지의 소유자에게 지급될 보상채권을 만기까지 단순히 보유하는 목적으로 개설되는 계좌를 관리하는 기관이라는 점을 감안하여 검사대상에서 제외하였다.

제8장

단기사채등에 대한 특례(법 제59조~제61조)

전자단기사채제도는 기업의 단기자금 조달수단으로 활발하게 이용되었던 기업어음증권 (CP)의 한계, 즉 실물증권 발행에 따른 위험, 유통의 불편 및 투자자 보호 미흡 등 문제를 극복하기 위해 도입되었다. 전자단기사채제도의 근거 법률인 「전자단기사채등의 발행 및 유통에 관한 법률」은 2011년 7월 제정되어 2013년 1월 시행되었으나, 2019년 9월 전자증권법 시행에 따라 폐지되었다.

그러나 전자증권제도의 시행과 별개로 舊 전자단기사채법에 따른 전자단기사채는 자본시장의 유용한 자금조달 및 투자수단으로 활용되고 있었으므로, 전자단기사채법에서 규정하던 전자단기사채등의 발행 요건, 절차 등과 관련된 실체법적 규정의 이관이 필요하게 되었다.

이에 따라 전자증권법상 전자등록주식등에 공통적으로 적용되는 사항 외에, 전자단기사채 등에 관하여 따로 규정이 필요한 사항에 대해서는 전자증권법으로 이관하여 특례로 규정함으로써, 전자단기사채등의 발행 및 유통에 관한 업무의 연속성을 그대로 유지할 수 있도록 하였다. 舊 전자단기사채법 제2조제1호·제2호 및 제30조부터 제32조의 규정 등이 이에 해당한다.

1 발행 절차 및 발행 한도 관련 특례(법 제59조)

먼저, 명칭의 경우 舊 전자단기사채법에 따라 규정되었던 '전자단기사채등'을 전자증권법의 체계 및 규정방식에 맞추어 '단기사채등'으로 변경하였다(법 제59조). 이는 자본시장법상 증권에 표시될 수 있거나 표시되어야 할 권리를 '주식등'으로 정의하고, 해당 주식등이 전자등록계좌부에 전자등록된 것을 '전자등록주식등'으로 정의하는 방식에 맞추기 위한 것이었다.

이에 따라 사채(「신탁법」에 따른 신탁사채 및 자본시장법에 따른 조건부자본증권을 포함한다)

및 법률에 따라 직접 설립된 법인이 발행하는 채무증권에 표시되어야 할 권리(실무적으로는 특수채에 해당한다)에 해당하는 것으로서, 舊 전자단기사채법상 전자단기사채의 요건인 ⅰ) 각 사채의 금액이 1억원 이상일 것, ⅱ) 만기가 1년 이내일 것, ⅲ) 사채 금액을 한꺼번에 납입할 것, ⅳ) 만기에 원리금 전액을 한꺼번에 지급한다는 취지가 정하여져 있을 것, ⅴ) 사채에 전환권(轉換權), 신주인수권, 그 밖에 다른 증권으로 전환하거나 다른 증권을 취득할 수 있는 권리가 부여되지 아니할 것, ⅵ) 사채에 「담보부사채신탁법」 제4조에 따른 물상담보(物上擔保)를 붙이지 아니할 것을 충족하는 것을 '단기사채등'이라고 정의한 것이다.[1]

다만, 舊 전자단기사채법에 따라 규정되었던 전자단기사채등의 범위에서 지방채는 제외되었는데, 이는 지방자치단체의 경우 행정안전부의 지방채 발행계획 수립기준 등에 따라 채무한도 설정액의 적용을 받지 않는 일시차입금 형태로 단기자금조달이 가능한 점 등을 고려한 것이다.

특례의 구체적인 내용을 살펴보면, 발행인은 단기사채등을 발행하는 경우 이사회가 정하는 발행 한도 이내에서 대표이사(이에 준하는 기구 포함)에게 발행 권한을 위임할 수 있도록 하였다. 이는 시시각각 변하는 단기금융시장에서 이자율 등의 제반 조건을 종합적으로 고려하여 기동적으로 실시해야 하는 기업 단기자금조달의 특성을 반영하여, 사채 발행 시마다 이사회 결의를 거쳐야 하는 상법상 원칙을 완화한 것이다. 다만, 이사회가 정하는 발행 한도(미상환잔액) 내에서 대표이사가 단기사채등을 발행하도록 하였는데, 이는 과거 기업어음증권의 문제점으로 지적된 발행 남발(濫發)의 위험을 이사회를 통해 관리 및 규제하도록 한 舊 전자단기사채법의 규정을 그대로 이관한 것이다.

---

1) 상기의 6가지 요건은 舊 전자단기사채법에 규정되었던 요건을 전자증권법에도 동일하게 규정한 것인데 해당 요건의 취지를 개략적으로 살펴보면 다음과 같다. ⅰ) 우선 '각 사채등의 금액을 1억원 이상'으로 한 것은 단기사채등을 취득할 수 있는 투자자를 발행회사에 대한 충분한 교섭력이 있고, 사채권자집회 등이 필요하지 않다고 스스로 평가할 수 있는 자로 제한하여, 단기자금조달에 장애가 되는 사채권자집회 등을 적용하지 않더라도 문제가 없다고 생각되는 자로 제한하기 위한 것이다. ⅱ) '만기를 1년 이내'로 한 것은 단기사채등이 단기자금조달에 이용할 수 있도록 용도를 제한하기 위한 것이다. ⅲ) '사채등의 금액을 한꺼번에 납입'하도록 한 것은 전액을 납입하기 전에 발행·유통시킬 가능성 등 분할납입을 허용하는 경우에 발생할 수 있는 복잡한 법률관계를 원천적으로 제거하기 위함이다. ⅳ) '만기에 원리금 전액을 한꺼번에 지급'하도록 한 것은 분할납입과 마찬가지로 상환기한이 도래하기 전에 이자를 지급하게 되면 유통과 관련한 법률관계가 복잡해지는 것을 방지하기 위함이다. ⅴ) '사채등에 전환권, 신주인수권, 그 밖에 다른 권리로 전환하거나 다른 권리를 취득할 수 있는 권리가 부여되지 않도록 한 것'은 단기간 발행·상환이 반복되는 단기사채등에 신주 등을 취득할 권리를 부여할 실익이 없기 때문이다. ⅵ) 마지막으로 '사채등에 「담보부사채신탁법」 제4조에 따른 물상담보를 붙이지 않도록 한 것'은 물상담보를 붙이게 되면 신탁회사에 대한 관리·감독이 필요하게 되어 사채권자집회의 소집 및 운영이 불가피해지므로 그러한 점을 방지하기 위함이다.

2 사채원부 작성 관련 특례(법 제60조)

상법 제488조에서는 소정의 사항을 기재한 사채원부의 작성을 의무화하고 있는데, 해당 의무가 그대로 단기사채등 발행인에게 부여되는 경우 단기간 내 발행과 상환을 반복하는 단기사채등 발행인에게 현저한 발행사무 부담으로 작용할 수 있다. 이에 따라 舊 전자단기사채법에서는 단기사채등 발행인의 사채원부 작성 부담을 해소하기 위하여 사채원부의 작성을 면제하였고 전자증권법에서도 해당 조항을 그대로 유지하였다.

3 사채권자집회 관련 특례(법 제61조)

단기사채등은 원래 기존 기업어음증권의 경제적 기능을 대체하기 위해 도입되었는데, 기업어음증권에는 사채권자집회에 상응하는 제도가 없는 상황에서 단기사채등에만 해당 의무를 부과하게 된다면 형평에 맞지 않으며 도입 취지에도 부합하지 않게 된다. 또한, 기관투자자 중심의 단기사채등 보유자에게는 사채권자집회를 허용할 실익이 크지 않으며 이러한 입법태도는 일본의 경우[2]에도 마찬가지이다. 따라서 舊 전자단기사채법에서는 이러한 단기자금 조달수단으로서의 상품 특성상 요구되는 기동성이나 발행인·투자자 양측의 실익을 종합적으로 고려하여 상법상 요구되는 사채권자집회 관련 조항을 적용하지 않기로 하였고, 전자증권법 역시 해당 조항을 그대로 유지하였다.

---

2) 일본 「사채·주식 등의 대체에 관한 법률」 제83조

제9장

보칙(법 제62조~제72조)

보칙에서는 지금까지 살펴보았던 전자등록 업무에 대한 총칙 및 실체적 규정과 관련된 절차적·기술적 사항, 그 밖에 부수적인 규정 등을 비롯한 보충적인 사항을 규정하고 있다.

1 발행 내용의 공개(법 제62조)

법에서는 시장 투명성의 제고 및 투자자 보호를 강화하기 위해 전자등록기관에 집중되는 전자등록주식등에 대한 발행정보의 일괄취합과 체계적인 공개체계에 관해 규정하고 있다. 원활한 증권의 유통에 초점을 두어 설계된 증권예탁제도와는 달리, 증권의 발행단계부터 유통, 권리 행사 및 증권의 소멸 단계에 이르는 전 과정의 증권정보를 전자등록기관이 관리하게 되는 전자증권제도에서 신규 발행된 전자등록주식등 정보의 효율적 수집·관리 및 공표는 유통의 원활화 및 투자자 보호를 위해 매우 중요하다고 할 수 있다.

먼저, 전자등록기관은 발행인이 주식등을 신규 전자등록한 경우 전자등록주식등의 종류·종목, 발행조건, 그 밖에 시행령으로 정하는 사항 등 그 발행 내용을 해당 전자등록기관의 인터넷 홈페이지를 통해 공개하여야 한다. 이와 관련하여 법은 전자등록업이 기본적으로 허가제에 기반하고 있다는 점에 따라 복수의 전자등록기관이 존재하게 될 가능성을 고려하였다. 즉 둘 이상의 전자등록기관이 존재하는 경우에는 각 전자등록기관이 신규 발행정보를 관리·공개하게 되는데, 종합적이고 총괄적인 증권정보의 관리를 위하여 금융위원회가 따로 지정하는 전자등록기관(이하 "지정 전자등록기관"이라 한다)에도 해당 발행정보를 지체 없이 통지하도록 하였으며 해당 정보를 통지받은 지정 전자등록기관은 이를 인터넷 홈페이지에 공개하도록 의무를 부여하였다.

이처럼, 복수의 전자등록기관이 존재할 경우에도 투자자 및 정책당국이 지정 전자등록기관이 운영하는 하나의 홈페이지를 통하여 편리하게 증권정보를 취득할 수 있도록 하였다.

시행령에서는 법에서 정한 사항 외에 추가로 공개하여야 하는 사항으로 ⅰ) 전자등록주식등의 발행 회차 및 발행가액총액, ⅱ) (단기사채등의 경우) 발행 한도 및 미상환 발행잔액, ⅲ) 기타 전자등록업무규정으로 정하는 사항을 규정하였다. 또한, 지정 전자등록기관이 발행정보 공개를 위한 별도의 인터넷 홈페이지를 구축하고 해당 기관 및 다른 전자등록기관으로부터 통지받은 발행내용을 취합하여 이를 함께 공개할 것을 의무화하였다(영 제43조).

2 전자등록증명서 제도(법 제63조)

법은 실물증권의 제출 또는 교부를 통한 공탁 및 보증금의 납부 등이 불가능한 전자등록주식등의 공탁 및 보증금 납부 등을 위한 방법으로 전자등록증명서 제도를 도입하였다.

자본시장법은 상장증권을 현금 대용으로 국가 등에 납부할 보증금이나 공탁금의 용도로 이용하고자 하는 경우로서, 해당 상장증권이 예탁되어 있는 경우에는 상장증권을 실물로 납부하지 않고도 간이하게 예탁되어 있음을 증명하는 서류를 제출할 수 있도록 하는 예탁증명서 제도를 마련해두었다. 그런데 전자증권제도의 시행으로 의무 전자등록 대상인 상장증권이 모두 전자등록 발행·관리됨에 따라, 공탁법에 따른 일반적인 공탁의 경우까지 그 활용범위를 확대하는 정책적 필요성이 인정되어 해당 제도를 전자증권제도에 적합한 형태로 수정·보완하게 되었다.

공탁 또는 보증금 납부를 위하여 전자등록주식등을 계좌대체할 경우 공탁소 또는 보증금 수취인의 계좌에 전자등록되어 권리 행사에 불편을 초래할 수 있다. 이에, 전자등록증명서를 활용하여 전자등록주식등을 공탁하거나 보증금으로 대신 납부하는 경우에도 소유자의 원활한 권리 행사를 도모할 수 있도록 하였다. 전자등록증명서란 전자등록주식등의 권리자가 전자등록주식등을 공탁법에 따라 공탁하거나 자본시장법 제171조(보증금 등의 대신 납부)에 따라 상장증권으로 공탁금 또는 보증금을 대신 납부하는 경우 전자등록주식등에 갈음하여 제출하는 증명서를 말한다.

전자등록증명서 제도를 이용하고자 하는 소유자는 전자등록기관에 전자등록증명서 발급을 신청하여야 하며, 이때 계좌관리기관에 고객계좌를 개설한 고객은 계좌관리기관을 거쳐 전자등록기관에 신청하여야 한다.

전자등록기관이 전자등록증명서를 발행한 경우 전자등록증명서 발행의 기초가 된 전자등록주식등에 대해 처분을 제한하는 전자등록을 하고, 전자등록증명서가 반환된 경우 그 처분제한을 말소하는 전자등록을 하여야 한다.

전자등록증명서가 발행된 경우 전자등록증명서의 실효성을 확보하기 위해 해당 전자등록주식등에 대한 상계가 금지되는데, 상계를 허용하는 경우 이를 주장하는 채권자가 이미 전자등록증명서를 수령한 피공탁자에 우선하여 전자등록주식등을 취득할 수 있게 되므로, 불필요한 법적 분쟁을 사전에 방지하기 위함이다.

시행령에서는 전자등록증명서의 구체적인 발행 절차 및 기재사항을 규정하고 있다. 해당 주식등이 전자등록된 전자등록계좌부, 즉 전자등록기관의 계좌관리기관등 자기계좌부 및 계좌관리기관의 고객계좌부를 대상으로 하여 전자등록증명서를 발행하며, 고객계좌부인 경우 계좌관리기관이 전자등록기관에 통지하여야 한다.

그 기재사항으로는 전자등록계좌부상 소유자의 성명·명칭 및 주소, 전자등록주식등의 종류, 수량·금액, 전자등록증명서 사용 목적, 용도 제한, 피공탁자·피납부자의 권리, 전자등록주식등에 대한 처분제한의 뜻 및 계좌관리기관의 반환의무 등을 규정하였다.

또한, 전자등록증명서 발행의 기초가 된 전자등록주식등을 압류하려는 자는 공탁 목적으로 전자등록증명서가 발행된 경우 공탁기관을 통해 피공탁자의 공탁물 출급 또는 회수 청구권을 압류하거나, 보증금 대납 목적인 경우에는 전자등록증명서 반환 청구권에 대하여 압류하도록 하였다(영 제44조).

---

3 상법 등에 대한 특례 및 민사집행·공탁 등(법 제64조~제68조)

주식 발행회사가 종류주식을 발행하는 경우에는 정관에 일정한 사유가 발생할 때 회사가 주주의 인수 주식을 다른 종류주식으로 전환할 수 있음을 정할 수 있다(상법 제346조제2항 전단). 이 경우 해당 주주는 관련 절차를 이행하기 위해 舊주권을 회사에 제출하여야 하는데(상법 제346조제3항제2호), 전자등록주식등에 대해서는 실물주권(株券)이 존재하지 않고 이에 따라 舊주권 제출이 불가능하므로, 舊주권 제출을 갈음하는 특례 규정을 마련할 필요가 있다. 이에, 전자등록된 종류주식이 상법에 따라 다른 종류주식으로 전환되는 경우에는 해당 발행회사의 공고와 통지에 의해 실물주권 제출을 갈음하도록 하였다.

이에, '舊주권 제출기간(상법 제346조제3항제2호)' 및 '舊주권 무효 처리(상법 제346조제3항제3호)'에 관한 통지 또는 공고는 '전환기준일'에 관한 통지 또는 공고로 대체하도록 하였다. 따라서, 회사가 전자등록된 종류주식을 전환하는 경우에는 '舊주권 제출기간 만료일(상법 제350조제1항)'이 아닌 '전환기준일'에 효력이 발생하고, 전환에 따른 변경등기 또한 '舊주권 제출기간 만료일이 속하는 달(상법 제351조)'이 아니라 '전환기준일이 속하는 달'의 마지막 날부터 2주 이내에 본점 소재지에서 경료되는 것으로 규정하였다(법 제64조).

전자등록된 주식에 대하여 주식병합이 있는 경우에도 앞서 살펴본 종류주식 전환의 경우와 같이 舊주권 제출이 불가능하므로, 상법상 舊주권 제출에 대응하는 특례 규정을 마련하였다. 전자등록된 종류주식이 상법에 따라 병합되는 경우에는 해당 발행회사의 공고와 통지에 의해 실물주권 제출을 갈음하도록 하였다.

이에 따라, 전자등록된 주식을 병합하는 경우 '1개월 이상의 舊주권 제출기간(상법 제440조)'에 관한 절차를 이행하는 것은 불가하므로 '회사가 정한 병합기준일 2주 전'까지 주주 등에게 주식병합을 통지 및 공고하도록 하였다. 또한, 전자등록된 주식의 병합은 '舊주권 제출기간 만료일(상법 제441조)'이 아닌 '회사가 정한 병합기준일'에 효력이 발생하도록 규정하였다.

그 밖에 전자등록된 주식의 전환(상법 제329조제5항), 분할(상법 제329조의2제3항), 소각(상법 제343조제2항), 합병(상법 제530조제3항), 분할·분할합병(상법 제530조의11제1항)의 경우에도 모두 주식병합에 관한 상법 제440조 및 제441조를 준용하는 경우에 해당하므로, 전자등록된 주식의 병합에 관한 규정을 준용하도록 하였다(법 제65조).

한편, 상법 제354조제1항에 따라 기준일이 설정됨에도 불구하고 소유자명세의 작성이 면제되는 경우에 대한 권리 행사자의 확정 방법을 마련하였다. 예를 들어, 투자신탁의 수익증권 및 투자회사 주식의 발행인이 배당금 등 금전의 지급을 위해 기준일을 정한 경우 상법상 기준일이 설정됨에도 불구하고 발행인은 설정한 기준일 당시 전자등록계좌부상 권리자를 권리 행사자로 간주할 수 있도록 하였다(법 제66조).

외국 전자등록기관·외국법인에 대한 특례도 마련하였다. 외국 전자등록기관 또는 계좌관리기관 및 외국법인(발행인)의 원활한 국내 진출을 지원하기 위해 국가별로 상이한 법률 환경을 고려하여 전자증권법의 일부 규정에 대해 적용을 면제하였다. 구체적으로, 외국 전자등록기관이 국내에서 계좌관리기관 업무를 수행하는 경우에는 고객계좌부 작성, 소유자명세, 소유자증명서, 초과분 연대해소 의무, 전자등록증명서 등의 적용을 배제하되, 예외적으로 외국 전자등록기관이 요청하는 경우에는 적용이 가능하도록 하였다.

또한, 법인이 설립된 현지법에 따라 실물증권 발행이 강제되는 외국법인이 국내에서 주식 등을 전자등록하려는 경우, 실물증권을 발행 후 현지 보관기관 등(외국 전자등록기관 또는 이에 준하는 금융위원회 지정 보관기관)에 보관하여 전자등록할 수 있도록 허용하였다(법 제67조).

한편, 법은 전자등록주식등에 관하여 이해관계인 간 법적 분쟁 발생 시 예상되는 강제집행, 보전처분 등 민사집행 관련 처리 방법을 규정하고 있다. 이에, 전자등록주식등에 대한 강제집행, 가압류, 가처분의 집행, 경매 또는 공탁에 관해 필요한 사항은 대법원규칙으로 정하도록 위임하였다. 이에 따라 기존 예탁유가증권에 대한 강제집행 등과 마찬가지로, 대법원의 민사집행규칙에서 전자등록주식등의 강제집행 등 민사집행 방법 및 절차에 대하여 규정하고 있다(법 제68조).

4 권한의 위탁(법 제69조)

법은 효율적인 전자증권제도 운영 및 감독체계의 마련을 위해, 금융위원회의 권한 중 일부를 시행령으로 정하는 바에 따라 금융감독원장에 위탁할 수 있도록 하였다.

시행령에서는 금융위원회가 전자등록기관 관련 감독업무 중 금융감독원장에 위탁 가능한 업무 범위를 전자등록기관·계좌관리기관 및 그 소속 임직원에 대한 경미한 조치의 부과, 조치·처분 등의 기록·유지·관리 및 공시 등에 관한 권한으로 규정하였다(영 제45조).

5 고유식별정보의 처리(법 제70조)

법에서는 전자등록기관이 전자등록업무 수행을 위해 필요한 경우에는 권리자의 개인정보를 취급할 수 있는 근거를 마련하고 있다.

전자등록기관은 전자등록업무의 수행을 위해, 예를 들어 계좌 개설 또는 소유자명세 작성을 포함한 각종 권리 행사 업무 수행을 위해 필요한 경우에는 개인정보 보호법상 고유식별정보가 포함된 자료를 처리할 필요가 있다.

시행령에서는 전자등록기관의 고유식별정보 필요 사무 및 고유식별정보의 범위를 명시하고 있다. 고유식별정보 처리가 필요한 주요 업무로는 전자등록증명서 발행, 소유자증명서 발행, 소유 내용의 통지, 권리 행사 대행, 소유자명세 작성 관련 업무 등이 있으며 구체적인 내용은 아래 표와 같다.

📊 고유식별정보 포함 자료 처리 사무(영 제46조제1항)

1. 임직원의 금융투자상품 매매명세 확인 사무
2. 명의개서대행 관련 사무
3. 발행인관리계좌 개설 관련 사무
4. 계좌관리기관등 자기계좌 개설 관련 사무
5. 소유자명세 작성 관련 사무
6. 전자등록주식등에 관한 권리 행사 관련 사무
7. 소유자증명서 발행 및 소유 내용의 통지에 관한 사무
8. 전자등록증명서 발행 관련 사무

고유식별정보의 범위는 개인정보 보호법 시행령 제19조를 참조하여 ⅰ) 주민등록번호, ⅱ) 여권번호, ⅲ) 운전면허번호 및 ⅳ) 외국인등록번호로 규정하였다(영 제46조제2항).

6 전자등록기관의 변경(법 제71조)

전자등록업은 허가제를 채택하고 있으므로, 복수의 전자등록기관이 있는 경우 전자등록기관을 변경하는 것도 허용된다. 다만, 앞서 법 제62조에서 살펴본 바와 같이 전자등록주식등 발행정보의 일괄 취합, 공개 및 관리는 매우 중요하며, 해당 전자등록주식등에 관한 권리 내역 등의 정보 역시 중요 내용이다.

이에 따라, 발행인이 주식등을 旣 전자등록한 전자등록기관에서 새로운 전자등록기관으로 이전하여 전자등록하는 경우, 즉 전자등록기관을 변경하는 경우에는 기존의 전자등록기관이 전자등록한 주식등의 권리 내역 및 그 밖에 시행령으로 정하는 사항에 대해 발행인에게 통지하면, 해당 발행인은 통지받은 내용을 새로운 전자등록기관에 통지하도록 하였다.

시행령에서는 변경 시 통지하여야 할 사항으로 전자등록한 주식등의 권리 내역 등 발행인관리계좌부·고객관리계좌부에 기록된 사항 및 계좌관리기관등 자기계좌부에 전자등록된 사항을 규정하였다. 또한, 변경 시 기존 전자등록기관 및 신규 전자등록기관이 이행하여야 하는 절차를 규정하였다. 기존 전자등록기관은 발행인이 전자등록한 주식등의 권리 내역을 발행인관리계좌부 및 고객관리계좌부에서 말소 기록하고, 계좌관리기관등 자기계좌부에서 말소의 전자등록을 하여야 하며, 신규 전자등록기관은 해당 내용을 전자등록·기록하고 계좌관리기관에 전자등록될 사항을 통지하도록 하였다(영 제47조).

7 한국은행에 관한 특례(법 제72조)

　　증권예탁제도에서 국채는 국채법에 따라 국채발행사무를 수행하는 한국은행이 예탁결제원에 일괄예탁하는 방식으로 발행되었다(舊 자본시장법 제309조제5항, 舊 국채법 제8조제3항).[1] 그런데 전자증권법의 제정과 함께 국채 역시 다른 주식등과 마찬가지로 신규 발행에 따른 전자등록기관의 전자등록 대상에 포함됨에 따라, 한국은행과 전자등록기관 간 국채 발행사무에 대한 특례가 필요하게 되었다.[2]

　　이에 따라 국채와 함께 한국은행이 발행사무를 수행하는 재정증권 및 통화안정증권[3]까지 포함하여 '국채등'으로 규정하고 그 국채등에 대해서는 발행 총량을 전자등록기관의 명의로 한국은행 국채등록부에 일괄등록하여 발행하고, 그 등록 즉시 실제 채권자 각각의 권리 내역을 전자등록기관 및 계좌관리기관의 전자등록계좌부에 각각 다시 전자등록하는 방식을 취하게 되었다. 본 특례 규정을 둠으로써 국채등록제도와 전자증권제도를 연계할 수 있게 되었다.

📊 국채등록제도와 전자증권제도 연계 업무처리 개관

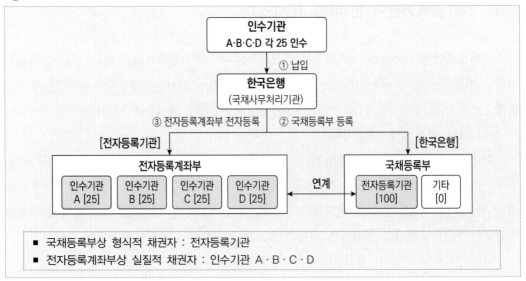

- 국채등록부상 형식적 채권자 : 전자등록기관
- 전자등록계좌부상 실질적 채권자 : 인수기관 A · B · C · D

---

1) '개인투자용국채'의 도입에 따라 개정되기 전 국채법 제8조제3항은 국채 발행 시 등록 및 말소업무의 수행기관으로 한국은행을 규정하였다. 현재 해당 조항은 개인투자용국채의 도입에 따라 개정되어 개인투자용국채가 아닌 국채는 기존대로 한국은행이 해당 업무를 수행하고 개인투자용국채는 전자등록기관이 해당 업무를 수행하고 있다.
2) 전자증권제도를 도입한 나라에서 국채 발행사무를 어느 기관이 할 것인지에 대한 결정은 국가마다 상이한데 일본의 경우 국채는 중앙은행인 일본은행이, 회사채 등은 전자등록기관인 JASDEC이 그 발행사무를 수행한다.
3) 한국은행은 「국고금 관리법」 제33조제9항에 따라 재정증권의, 「한국은행 통화안정증권법」 제3조제4항에 따라 통화안정증권의 발행등록사무를 각각 수행한다.

제 10 장

벌칙(법 제73조~제75조)

전자증권법에서는 규정하는 금지사항 및 의무사항을 위반한 자에 대한 벌칙 및 과태료 규정을 마련하고 있는데, 이는 다양한 작위·부작위 의무위반행위에 대하여 행정청인 금융위원회의 형벌 및 과태료 부과를 통하여 그 의무이행을 담보하고 행정법규의 실효성을 확보하기 위한 것이다. 즉 벌칙 규정을 통해 전자증권제도 참가자 및 이용자 등에 대해 경각심을 유발하고 주의 의무를 환기하였고, 궁극적으로는 제도의 안정적이고 효율적인 운영을 꾀하였다.

1 벌칙(법 제73조)

벌칙 규정 중 대표적인 사항을 살펴보면 다음과 같다.

첫째, 전자등록정보 관리를 위한 전자등록기관 또는 계좌관리기관의 정보통신망에 거짓 정보를 입력하거나, 전자등록정보 관리를 위한 정보통신망에 무단 침입한 경우에는 7년 이하의 징역 또는 2억원 이하의 벌금에 처한다.

둘째, 무허가 전자등록업을 수행하였거나 전자등록정보의 멸실·훼손 또는 무단 활용 또는 불법 제공·누설하는 등의 경우에는 5년 이하의 징역 또는 1억원 이하 벌금을 부과한다.

셋째, 전자등록주식등에 대한 실물증권 또는 실물증서 발행, 무자격자의 계좌관리기관 업무 수행 등의 경우에는 3년 이하 징역 또는 5천만원 이하 벌금에 처한다.

넷째, 발행인관리계좌부, 고객계좌부, 계좌관리기관등 자기계좌부를 미작성 또는 거짓 작성, 전자등록기관에의 고객관리계좌 미개설 등의 경우에는 1년 이하 징역 또는 3천만원 이하 벌금을 부과한다.

또한, 전자등록주식등은 형법에서 정하고 있는 유가증권에 관한 죄의 객체로 간주되어, 유가증권 위·변조(형법 제214조), 자격모용 유가증권 작성(형법 제215조), 허위유가증권 작성(형법 제216조), 위조유가증권 행사(형법 제217조) 등을 한 경우 각 조문의 규정에 따라 처벌된다.

2 양벌규정(법 제74조)

벌칙 규정에 더불어, 법률 위반에 따른 처벌 대상 행위자 외에 그 사람에 대해 업무상 관리·감독 책임이 있는 법인 또는 개인에 대한 책임 부담 근거, 즉 양벌규정을 마련하였다.

이에 따라, 법인의 대표자나 법인 또는 개인의 대리인, 사용인 등이 그 법인 또는 개인의 업무에 관하여 처벌 대상이 되는 위반행위를 한 경우, 행위자에 대한 벌 외에 그 법인 또는 개인에게도 해당 위반행위의 벌금형을 부과하도록 하였다. 다만, 법인 또는 개인이 해당 위반행위 방지를 위해 상당한 주의와 감독을 게을리하지 아니한 경우에는 책임이 면제되도록 하였다. 이는 법 위반행위자에 대하여 업무상 관리·감독 책임이 있는 자에게도 법 위반행위에 대한 책임을 부담시켜 전자증권제도 운영의 안정성 및 신뢰도를 제고하고자 하는 의도로 풀이된다.

3 과태료(법 제75조)

형벌의 부과 대상에는 해당되지 않으나 이 법에서 규정하는 금지사항 및 의무사항을 위반한 자에 대해 행정벌(行政罰)인 과태료를 부과할 수 있는 근거도 마련하였다.

전자등록 미신청, 특별계좌에 전자등록된 주식의 무단이전, 소유자증명서 미발행 또는 거짓 발행, 소유 내용의 미통지 또는 거짓통지, 전자등록정보 보존의무 위반 등에 대해서는 5천만원 이하의 과태료를, 신규등록·기발행주식등록·소유자명세 작성·권리 행사 등의 업무처리를 위한 각종 통지의무 위반, 전자등록업무와 관련한 보고·자료제출의무 위반 등에 대해서는 1천만원 이하의 과태료를 각각 부과하도록 하였다.

법에서 규정한 과태료 부과 사유별 과태료 금액은 시행령(별표3)으로 정하는 바에 따라 과태료 부과 사유의 경중을 감안하여 금융위원회가 부과 및 징수한다.

제 11 장

부칙(법 부칙 제1조~제11조)

　　부칙[1]에서는 시행일, 경과조치, 적용례, 다른 법률의 개정 및 폐지 등을 비롯한 전자증권법 본칙에 부수되는 사항들을 규정한다.

---

1 시행일 및 다른 법령의 폐지(법 부칙 제1조 · 제2조)

　　먼저, 전자증권법의 시행일은 공포 후 4년을 넘지 않는 기간 내에 시행령으로 정하는 날부터 시행하도록 하였다(법 부칙 제1조). 이는 제도 시행에 필요한 전산 시스템 구축, 대국민 홍보 등에 상당한 시간이 필요함을 감안해 충분한 시행 유예기간을 설정한 것이다.

　　2011년 舊 전자단기사채법이 제정된 시기에 그 업무시스템인 전자단기사채 시스템이 상대적으로 간단하고 기존에 발행된 증권이 없어 해당 제도의 시행이 비교적 용이하였음에도, 공포 후 1년 6개월이 경과한 날부터 시행하도록 한 것을 고려하여 전자증권제도 시행을 위해 4년 이내라는 충분한 준비 기간이 확보될 수 있도록 한 것이라고 할 수 있다.

---

1) 법 부칙 <제14096호, 2016. 3. 22.>

▼ 참고 : 시행령[2]상 제반 시행일

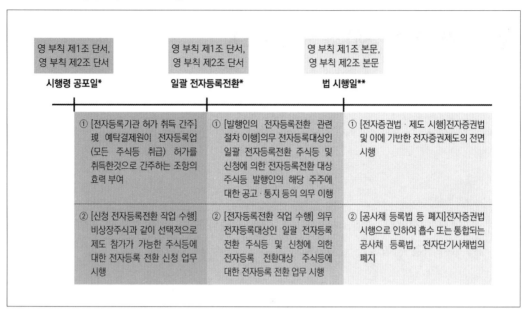

영 부칙 제1조 단서, 영 부칙 제2조 단서 **시행령 공포일***	영 부칙 제1조 단서, 영 부칙 제2조 단서 **일괄 전자등록전환***	영 부칙 제1조 본문, 영 부칙 제2조 본문 **법 시행일****
① [전자등록기관 허가 취득 간주] 現 예탁결제원이 전자등록업 (모든 주식등 취급) 허가를 취득한것으로 간주하는 조항의 효력 부여	① [발행인의 전자등록전환 관련 절차 이행]의무 전자등록대상인 일괄 전자등록전환 주식등 및 신청에 의한 전자등록전환 대상 주식등 발행인의 해당 주주에 대한 공고·통지 등의 의무 이행	① [전자증권법·제도 시행]전자증권법 및 이에 기반한 전자증권제도의 전면 시행
② [신청 전자등록전환 작업 수행] 비상장주식과 같이 선택적으로 제도 참가가 가능한 주식등에 대한 전자등록 전환 신청 업무 시행	② [전자등록전환 작업 수행] 의무 전자등록대상인 일괄 전자등록전환 주식등 및 신청에 의한 전자등록 전환대상 주식등에 대한 전자등록 전환 업무 시행	② [공사채 등록법 등 폐지]전자증권법 시행으로 인하여 흡수 또는 통합되는 공사채 등록법, 전자단기사채법의 폐지

* 2019. 6. 25. : 시행령 공포일 / ** 2019. 9. 16. : 전자증권제도 시행일

　　시행령에서는 예탁결제원 및 다른 참가기관의 전산시스템 개발 기간 및 시행 당일 안정적인 시스템 전환을 위한 비영업일(휴무기간) 확보 필요성 등을 고려해 시행일을 2019년 9월 16일로 최종 확정하여 규정하였다.

　　다만, 예탁증권등의 일괄 전환과 관련한 공고 또는 통지 등을 위하여 필요한 일부 부칙 규정에 관하여는 시행령에서 각 조문별로 시행일자를 별도로 규정하여 먼저 시행할 수 있도록 함으로써, 제도 시행일의 원활한 전자증권 전환을 도모하였다.

　　다음으로, 전자증권법 시행에 따라 중복되거나 유사한 내용을 담고 있던 다른 법률을 폐지하였다(법 부칙 제2조).

　　먼저, 단기사채 관련 내용이 전자증권법으로 이관됨에 따라 「전자단기사채등의 발행 및 유통에 관한 법률」을 폐지하고, '전자단기사채등'에 관한 규정은 전자증권법으로 이관하여 특례를 두었으며, 이미 발행된 전자단기사채등은 전자증권법에 따른 단기사채등으로 간주하도록 하였다.

　　그와 동시에 공사채[3]의 등록에 관한 운영 근거법이었던 「공사채 등록법」도 폐지하였다.

---

2) 시행령 부칙 <제29892호, 2019. 6. 25.>

3) 舊 공사채 등록법 제2조(정의) 이 법에서 "공사채"란 다음 각 호의 유가증권을 말한다.

舊 공사채 등록법은 회사채, 지방채, 특수채 등의 채권에 대한 실물증권을 발행하는 대신 공사채등록부에 등록함으로써 해당 채권의 발행을 간편하게 하는 것을 그 목적으로 하였으므로, 전자증권법과 입법 목적이 서로 유사할 뿐 아니라 그 기능을 대체할 수 있기 때문이다.

다만, 은행의 경우 舊 공사채 등록법에 따른 등록기관으로서 은행채, 양도성 예금증서(CD)를 자체 발행하여 등록하는 업무를 수행하고 있었으므로, 전자증권제도 시행 이후에도 독자적으로 해당 등록업무를 지속할 수 있도록 은행법 개정을 통해 은행채·CD의 등록 근거를 마련하였다.[4]

2 전자증권제도 시행일의 일괄 전환(법 부칙 제3조)

전자증권제도는 증권 발행인의 신청에 따라 해당 권리를 전자등록하는 제도이다. 전자증권제도 시행 이전에 이미 발행되었으나 법상 의무 전자등록 대상인 증권에 대해서는 발행인의 개별 신청이 없더라도 전자증권으로 일괄 전환되는 조치가 필요하였는데, 전자증권법은 부칙에 관련 조문을 마련하여 전자증권제도 시행 당시 별도 신청이 없더라도 전자증권으로 일괄 전환, 즉 일괄 전자등록 처리할 수 있는 근거를 마련하였다.

---

1. 지방자치단체가 발행한 채권
2. 특별법에 따라 법인이 발행한 채권
3. 사채권(社債券)
4. 외국정부, 외국의 공공단체 또는 외국법인이 발행한 채권으로서 금융위원회가 지정한 것
5. 양도성예금증서

4) 은행법 제33조의5(사채등의 등록) ① 사채, 그 밖에 등록에 적합한 것으로서 대통령령으로 정하는 권리(이하 이 조에서 "사채등"이라 한다)의 소유자·질권자, 그 밖의 이해관계자는 해당 사채등을 발행하는 은행(이하 이 조에서 "발행은행"이라 한다)에 각각 그 권리를 등록할 수 있다.
② 등록한 사채등에 대해서는 증권(證券)이나 증서(證書)를 발행하지 아니하며, 발행은행은 이미 증권이나 증서가 발행된 사채등을 등록하는 경우에는 그 증권이나 증서를 회수하여야 한다.
③ 사채등의 소유자는 언제든지 발행은행에 사채등의 등록을 말소하고 사채등이 표시된 증권이나 증서의 발행을 청구할 수 있다. 다만, 사채등의 발행 조건에서 증권이나 증서를 발행하지 아니하기로 정한 경우에는 그러하지 아니하다.
④ 등록한 사채등을 이전하거나 담보권의 목적으로 하거나 신탁재산으로 위탁한 경우에는 그 사실을 등록하지 아니하면 발행은행이나 그 밖의 제3자에게 대항하지 못한다.
⑤ 등록한 사채등을 법령에 따라 담보로서 공탁(供託)하거나 임치(任置)하는 경우에는 그 사실을 등록함으로써 담보를 갈음할 수 있다.
⑥ 제1항부터 제5항까지에서 규정한 사항 외에 사채등의 등록 및 말소의 방법과 절차, 등록부의 작성·비치 및 관리 등에 필요한 사항은 대통령령으로 정한다.

기본적으로 증권시장에 상장된 증권의 경우 모두 일괄 전자등록 대상이며, 그 외에도 투자신탁 수익증권, 투자회사 주식, 조건부자본증권, 파생결합증권 등도 역시 일괄 전자등록대상에 포함하였다. 이에 따라 전자증권법상 의무 전자등록 대상은 발행인의 신규 전자등록 신청이 없더라도, 전자증권제도 시행일부터 전자등록주식등으로 간주하였다.

의무 전자등록 대상이든 신청에 따른 전자등록 대상이든 기명식 주식등의 일괄 전환의 경우 예탁된 수량은 법 시행일에 법률의 효력에 따라 전환되나, 未예탁수량의 권리자의 경우 보유중이던 실물주권이 실효되므로 권리 행사 및 유통을 위해서는 주식등을 전자등록계좌를 통하여 관리할 필요가 있었다. 따라서, 발행인이 법 시행 전 1개월 이상의 기간을 정하여 전환에 관한 내용을 공고하고, 주주명부등을 기준으로 미예탁 수량의 권리자에게 통지하는 절차를 이행하도록 하였다.

📊 발행인의 공고 내용(법 부칙 제3조제3항 각 호)

- 전자증권법 시행 후 전환대상인 주식등의 실물증권은 효력을 상실한다는 뜻
- 권리자가 발행인에게 자신의 전자등록계좌를 통지하고 주권등(실물증권)을 제출하여야 한다는 뜻
- 법 시행일 직전 영업일까지 권리자의 계좌통지 및 실물증권의 제출이 없을 경우 발행인은 주주명부등에 기재된 권리자를 기준으로 전자등록을 요청한다는 뜻

이에 따라, 未예탁수량의 권리자는 발행인의 통지내용에 따라 발행인에게 자신의 전자등록계좌를 통지하고 주권등을 제출하도록 하였다. 이때 등록질권자로 전환을 원하는 약식질권자가 발행인에게 자신을 주주명부에 등록질권자로 기재해줄 것을 요청할 수 있도록 하는 특례 등록질을 인정하였다.

그 결과, 법 시행일(2019.9.16.)에 예탁수량은 일반 전자등록계좌로, 미예탁 수량은 발행인이 주주명부등을 기준으로 하여 명의개서대행회사등에 개설한 특별계좌로 전자등록되었다.

▼ 전자증권제도 시행일의 전환 개관

구 분			전환시기	전환절차	전환효력	전환계좌
의무대상 (법 부칙 제3조)	기 명	예탁수량	시행일	불요	법률	일반계좌
		未예탁수량	시행일	필요	법률	일반 · 특별계좌
	무기명	예탁수량	시행일	불요	법률	일반계좌
		未예탁수량	제도 시행 후 개별신청 시	필요 (제도시행 후)	소유자의 신청	일반계좌
신청대상 (법 부칙 제4조)	기 명	예탁수량	시행일	불요	법률	일반계좌
		未예탁수량	시행일	필요	법률	일반 · 특별계좌
	무기명	전환불가	전환불가	전환불가	전환불가	전환불가

　　다만, 의무 전환 대상이지만 제도 시행 당시 전환되지 못한 사채권을 비롯한 무기명증권의 경우 제도 시행 당시 예탁되지 아니한 증권은 전환에서 제외하였다. 이는 주주명부 등 개별 소유자에 관한 법적 장부가 존재하는 주식 등 기명증권과 달리 증권예탁제도를 이용하지 않는 사채권 등은 강제로 권리자 명의 전자등록이 불가능하기 때문으로, 일괄 전환에서 제외된 미예탁 사채 가운데 舊 공사채 등록법에 따라 등록된 공사채는 제도 시행 이후 개별적인 소유자의 신청에 따라 전자등록 전환할 수 있도록 규정하였다.

　　시행령에서는 제도 시행 당시 법률의 효력에 따라 전환이 이루어질 경우 이에 따라 함께 변경이 (간주)되어야 할 사항 및 기타 필요한 조치 사항을 규정하였다(영 부칙 제4조). 이에 따라 자본시장법상 증권예탁제도에서의 제반 계좌 및 계좌부가 전자증권법상 전자증권제도에서의 제반 계좌 및 계좌부로 간주되게 되었고, 대폭적인 제도 전환에도 불구하고 법적 지위의 안정성 유지 및 업무 연속성 제고에 크게 기여하였다.

▼ 일괄 전환에 따른 변경 간주 내용

변경 간주 대상	간주 내용
■ 예탁자가 개설한 계좌 중 예탁자 자기 소유분에 대한 계좌	■ 계좌관리기관등 자기계좌로 간주
■ 예탁자계좌부 중 예탁자 자기 소유분	■ 계좌관리기관등 자기계좌부로 간주
■ 예탁자가 개설한 계좌 중 투자자 예탁분에 대한 계좌	■ 고객관리계좌로 간주
■ 예탁자계좌부 중 투자자 예탁분	■ 고객관리계좌부로 간주
■ 예탁자가 투자자로부터 예탁받은 증권등을 관리하기 위해 개설한 계좌	■ 고객계좌로 간주
■ 투자자계좌부	■ 고객계좌부로 간주

또한, 의무 전자등록 대상이든 신청에 따라 함께 전환대상이 된 것이든 일괄 전자등록이 되는 증권의 경우, 원칙적으로 발행인 또는 권리자의 신청이 필요한 사항에 대해서도 일정한 조치 사항을 마련하여 해당 발행인 또는 권리자의 개별 신청이 없더라도 전자증권제도 시행에 차질이 없도록 하는 제반 조치 사항 및 관련 효과를 규정하였다(영 부칙 제4조·제5조).

▼ 일괄 전환 시 조치 사항

조치 대상	조치 사항
■ 일괄 전자등록전환 주식등 발행인의 정관 및 발행 관련 계약·약관 등	■ 주식등을 전자등록한다는 취지로 변경 필요. 다만, 제도참가자의 원활한 제도 적응을 위하여 변경 전까지는 ⅰ) 기존 정관 등에 ⅱ) 개정안을 함께 제출하는 것을 허용
■ 일괄 전자등록전환 주식등 발행인에 대한 발행인관리계좌 개설 및 발행인관리계좌부 작성	■ 발행인의 신청이 없더라도 전자등록기관이 일괄적으로 처리
■ 일괄 전자등록전환 주식등 관련 전자등록전환 절차를 미준수한 권리자에 대한 특별계좌 개설 및 특별계좌부 작성	■ 발행인의 신청이 없더라도 명의개서대행회사 및 전자등록기관이 일괄적으로 처리
■ 공사채등록부에 등록되어 있는 일괄 전자등록전환 주식등의 처리	■ 전자등록기관이 일괄적으로 처리(등록 말소)
■ 일괄 전자등록전환 주식등의 실물증권 소지자에 대한 공고·통지 방법	■ 제도 시행 이후의 실물 비상장주식의 전자등록전환 절차에 사용되는 공고·통지 방법 준용
■ 공고·통지 대상이 되는 일괄 전자등록전환 주식등의 실물증권 소지자 확정 기준일	■ 2019년 6월 30일

한편, 舊 공사채 등록법에 따라 발행되어 예탁결제원에 등록되었던 공사채로서 전자증권 제도 시행 당시(2019.9.16.) 예탁결제원에 예탁되어 있지 않았던 공사채(이하 "미예탁 등록공사 채"라 한다)에 대해서는 별도의 전환 방법 및 절차에 관한 사항을 규정하였다(영 부칙 제6조).

이에 따라 미예탁 등록공사채의 소유자는 법 시행일 이후 예탁결제원(공사채등록기관)을 통하여 개별적으로 전자증권으로의 전환을 신청하고, 신청을 받은 예탁결제원(공사채등록기관) 은 소유자의 전환 신청 내역을 전자등록기관에 통지하며, 전자등록기관은 전환 신청 내역에 따라 전자등록 후 그 결과를 다시 예탁결제원(공사채등록기관)에 통지하고, 해당 통지를 받은 예탁결제원(공사채등록기관)은 공사채등록부에서 해당 수량만큼을 말소 처리하도록 하였다.

3 신청에 따른 전자증권제도 시행일의 전환(법 부칙 제4조)

일괄 전자등록 전환대상 주식등에 해당하지 않는 비상장주식 등 기명식 증권의 발행인은 법 시행일 당시 전자증권으로의 전환 여부를 임의로 선택할 수 있도록 하였다(법 부칙 제4조). 예를 들어, 법 시행 이후에도 증권예탁제도를 계속 이용 가능한 비상장주식의 발행인이 전자 증권제도 이용 또는 증권예탁제도 계속 이용 중 선택할 수 있도록 한 것이다.

이를 위해, 시행령으로 정하는 날5) 당시의 예탁 비상장주식등의 발행인에게 법 시행일 6 개월 전까지 전환 신청에 대하여 통지하도록 예탁결제원에 의무를 부과하였다(영 부칙 제5조). 대표적인 예탁 비상장주식등인 비상장주식의 전자등록을 위한 정관 변경은 주주총회 결의사 항이므로, 제도 시행 전 마지막 정기주총이 통상 2019년 3월임을 고려하여 정기주총 약 3개 월 전부터 전환 신청 안내 통지를 시작하도록 규정한 것이다.

해당 통지를 수령한 후 전환을 신청하고자 하는 예탁 비상장주식등의 발행인은 예탁 비 상장주식등을 전자등록한다는 취지로 정관을 변경한 후 예탁결제원에 전환을 신청하고 전자 등록 전환 절차를 이행하여야 하며, 이 경우 기명식 일괄 전자등록전환 주식등의 전환에 관한 절차를 준용하도록 하였다. 이에 따라 전환 신청 종목은 법 시행일에 예탁 수량은 일반 전자 등록계좌로, 未예탁수량은 특별계좌로 각각 전환되었다.

반면, 비상장채권 등 무기명식 증권은 만기가 도과하면 상환 등에 의해 소멸되는 기한부 증권이므로, 별도의 전환 기회 부여의 실익이 적다는 점에서 제도 시행일 이전까지 신청에 의

---

5) 법 공포일(2016.3.22.)로부터 2년 9개월이 지난 날이 속하는 달(2018.12.)의 말일.

한 전자등록전환 선택의 기회를 마련하지는 않았다. 다만, 제도 시행일 이후에는 旣 발행 비상장채권의 전자등록전환 절차에 따라 제도 시행일 이전 발행분에 한하여 전자등록 전환이 가능하도록 하였다.

그 밖에 기타 전환 신청 및 전환에 필요한 사항에 대해서는 대부분 일괄 전환절차를 대부분 준용하되, 일괄 전환의 경우와 달리 비상장주식등을 전자등록한다는 취지로 정관 등을 개별적으로 변경한 후 신청이 가능하도록 하였다.

4 경과조치 및 다른 법령과의 관계(법 부칙 제5조~제9조·제11조)

전자증권법이 제정되었다고 하더라도 기존의 모든 법률관계를 이 법에 따라 새로운 법률관계로 일시에 전환하도록 강제하는 것은 법적 안정성 측면에서 불가하므로, 전환에 필요한 과도적 조치로서 경과조치를 둘 필요가 있었다.

먼저, 일반적 경과조치로는 舊 공사채 등록법 또는 舊 전자단기사채법에 따른 신청, 통지, 등록, 승인 등을 법에 따라 한 행위로 간주하였다(법 부칙 제5조). 또한, 전환되지 아니한 미예탁 등록공사채는 공사채 등록법에 따라 계속 유통 가능하도록 규정하였으며(법 부칙 제6조), 舊 전자단기사채법에 따른 전자단기사채등, 계좌부, 증명서 등을 전자증권법에 따른 것으로 간주하였다(법 부칙 제7조).

예탁결제원에 대해서는 자본시장법 또는 타 법률에 따라 수행하는 업무를 전자증권제도 시행 후에도 계속할 수 있도록 경과규정을 마련하였으며, 제도 시행을 위한 사전 준비의 안정적 수행을 위해 예탁결제원이 법 공포 후 6개월이 경과한 날에 전자등록기관 허가를 받은 것으로 간주하였다(법 부칙 제8조). 또한, 공사채 등록법 또는 舊 전자단기사채법 위반행위로 이루어진 행정처분에 대하여는 이 법에 따른 것으로 간주하였다(법 부칙 제9조).

시행령에서는 폐지되는 공사채 등록법 시행령 및 전자단기사채법 시행령에 따른 신청, 통지, 등록 등을 시행령에 따라 한 행위로 간주하도록 하였으며, 제도 시행 당시 전환되지 아니한 등록공사채, 예컨대 비상장 등록공사채, 제도 도입 당시 예탁되지 아니한 상장 등록공사채에 대해서는 종전의 공사채 등록법 시행령을 적용하도록 경과규정을 두었다(영 부칙 제7조). 또한, 전자등록기관인 예탁결제원은 모든 주식등을 대상(허가업무 단위 1)으로 전자등록업을 수행할 수 있는 것으로 간주하고, 해당 전자등록업 수행과 관련한 초과분 해소 재원을 「전자등록업허가 등에 관한 규정」(금융위원회·법무부장관 공동고시)에 따라 마련하도록 규정하였다

(영 부칙 제8조).

한편, 다른 법령에서 공사채 등록법 및 같은 법 시행령, 전자단기사채법 및 같은 법 시행령을 인용한 경우, 전자증권법 시행(2019.9.16.) 후에는 이 법 또는 시행령의 해당 규정을 인용한 것으로 간주하도록 규정함으로써 다른 법령과의 관계를 명확화하였다(법 부칙 제11조 및 영 부칙 제10조).

5 다른 법률의 개정(법 부칙 제10조)

전자증권제도가 도입되면서 전체적인 법제도의 정합성을 도모하기 위해 상법, 은행법, 자본시장법, 조세특례제한법 및 증권거래세법을 부칙을 통해 개정하였다. 다음에서는 주요한 개정 법률인 은행법과 자본시장법에 대해 기술하고자 한다.

(1) 은행법

전자증권법 제정 및 공사채 등록법의 폐지에 따라 은행법에 사채등의 등록제도를 신설하였다. 사채등의 등록제도는 사채등의 권리자가 자신이 취득한 사채등을 발행한 은행에 자신의 권리를 등록하는 제도로서, 새로운 제도가 아니라 전자증권제도 시행 이전에 舊 공사채 등록법에 따라 은행이 발행한 은행채 및 양도성 예금증서에 대하여 발행은행 스스로가 舊 공사채 등록법상 공사채 등록기관이 되어 수행하던 업무의 근거법을 이관하는 성격의 제도이다. 다만, 사채등의 등록제도는 은행 자신이 발행하는 사채등을 등록하는 것이므로, 舊 공사채 등록법상 등록기관이 다른 법인이 발행한 증권을 등록하는 행위를 영업으로 수행하던 것과는 그 성격에 차이가 있다.

간략히 그 내용을 살펴보면, 이관 대상 업무의 수행에 필요한 내용을 규정하되 제도의 변화된 성격에 따라 변경 사항을 일부 반영하였다. 먼저 사채 및 시행령으로 정하는 권리를 '사채등'으로 정의하는 한편, 은행 자신이 발행한 사채등만을 등록대상 권리로 한정하였다. 또한, 등록한 사채등에 대하여는 실물증권을 발행할 수 없으며, 등록 말소 시에 발행 청구가 가능하도록 하였다. 등록한 사채등의 양도, 담보 및 신탁설정은 등록부에 기재하도록 하고 등록부에 기재하지 아니하면 은행 또는 제3자에게 대항 불가하도록 하였으며, 담보로서 공탁 또는 임치 시 그 사실을 등록함으로써 담보를 갈음할 수 있도록 하였다. 그 밖에 기존 공사채 등록법 및 하위법규에 규정된 내용 중 이관이 필요한 내용을 시행령에서 규정할 수 있도록 포괄적 위임 규정을 마련하였다(은행법 제33조의5).

시행령에서는 등록부 작성 방법, 업무절차, 사용 서식의 양식, 절차 등 매우 실무적인 내용까지 엄격하게 규정하던 기존 공사채 등록법 시행령 및 시행규칙의 내용 가운데 업무의 성격 변화를 반영해 권리자 보호 및 제도의 안정적인 운영을 위하여 필요한 내용만을 규정하였으며, 그 외의 사항은 금융위원회 고시로 위임하였다.

사채 외에 등록가능한 권리로는 양도성 예금증서, (중소기업은행법상) 중소기업금융채권 및 (한국산업은행법상) 산업금융채권을 규정하였다. 이는 舊 공사채 등록법상 등록가능한 권리 중 은행 자신이 발행하는 것은 결국 은행채와 양도성 예금증서이며, 특수은행이 발행하는 특수채에 대한 추가 규정이 필요하다는 점을 반영한 것이다.

등록 청구 방법은 소유자, 질권자 등이 사채등의 금액 및 채권번호, 권리의 내용 등을 기재한 청구서를 작성하여 청구하되, 발행은행의 청구 내용 확인을 위한 서류(금융위원회 고시 위임)를 제출하도록 하였다. 또한, 양도 및 질권설정 등 상대방이 있는 행위에 따른 등록을 하는 경우에는 공동 신청이 원칙이나, 상대방의 승낙서 첨부 시 등록권리자 단독청구가 가능하도록 규정하였다. 그리고 발행은행은 사채등의 등록을 마친 경우 사채등을 등록하였음을 확인할 수 있는 서류인 등록증명서를 발급할 수 있도록 하였다.

말소 청구를 위해서는 말소 청구서 작성, 발행은행의 청구 내용 확인을 위한 서류 외에 등록증명서의 제출이 필요하다. 만약 등록의무자가 행방불명인 경우 민사소송법에 따른 공시최고 신청 및 제권판결에 의한 등록·말소절차에 따르도록 하였다.

발행은행은 권리자의 등록청구서 제출 시 접수번호, 등록 내용 등을 기재하여 등록부를 작성·비치하여야 하며, 등록부 기재 내용, 등록부의 작성방법 및 절차, 비치·관리 등에 필요한 사항을 금융위원회가 구체적으로 정할 수 있도록 고시로 위임하였다. 또한, 등록한 사채등의 권리의 순위는 등록을 한 순서에 따르며, 부기등록의 경우 주등록의 순위에 따르도록 하였다.

▼ 등록순서의 결정 방법

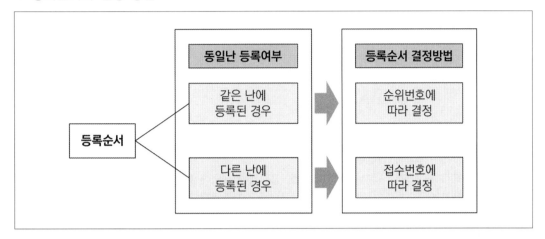

등록된 무기명식 사채등의 권리 행사를 위하여 공탁이 필요한 경우, 실물사채 대신 등록
증명서에 의한 공탁 근거를 마련하였다. 사채원부 기재 없이 양도가 가능한 무기명식 사채의
특성상 발행인의 사채권자확인을 위하여는 실물사채를 공탁할 필요가 있으나, 등록사채의 채
권자가 권리 행사를 위하여 등록말소(실물사채 반환) ⇒ 공탁 ⇒ 권리 행사 ⇒ 공탁물 회수 후
재등록하는 번거로움 방지 및 권리 행사 편의를 위하여 등록증명서에 의한 공탁을 허용하고
있다.

(2) 자본시장법

1) 자본시장법 개정사항

전자증권제도 도입에 따라 의무 전자등록 대상인 증권 관련 사항 및 예탁 관련 제도의
변경 사항을 자본시장법 개정을 통해 반영하였다.

먼저, 투자신탁 수익증권의 경우 수익증권 발행 시 집합투자업자 및 신탁업자의 상호, 수
익자의 성명 또는 명칭, 신탁원본의 가액 및 수익증권의 총좌수 등 증권 권면 기재사항을 기
재하는 대신 전자등록 또는 기록하도록 하고, 해당 내용의 확인 방법을 실물증권 권면상 대표
이사의 기명날인 또는 서명 확인 대신 시행령으로 정하는 방법으로 변경하였다. 또한, 수익자
총회에 따른 수익자명부관리 등 관련 업무를 예탁결제원을 대신하여 전자등록기관이 수행하
도록 하였다. 그리고 투자회사 주식의 발행 방법을 자본시장법 제309조제5항에 따라 예탁결
제원 명의로 발행 후 예탁하는 일괄예탁 발행에서 전자등록 발행으로 변경하였다.

예탁결제원 및 예탁 관련 제도와 관련해서는 상장증권 및 투자신탁 수익증권의 전자등록과 공사채 등록법 폐지 관련 사항을 반영하였다. 증권시장 결제기관을 예탁결제원에서 전자등록기관으로 변경하고 상장증권 관련 업무를 예탁결제원의 업무에서 삭제하였으며, 국채·공사채의 일괄예탁제도, 공개매수 시 실질주주명세 요청제도 및 실질수익자제도도 폐지하였다.

📊 폐지 대상 예탁 관련 제도 및 폐지 사유

> **1. 국채·공사채의 일괄예탁제도**
> - (前) 국채·공사채는 각각 국채법 및 舊 공사채 등록법에 따라 등록 후 일괄예탁하여 발행 → (後) 전자증권제도 시행 후 국채·공사채는 전자증권제도에 의하여 발행 및 유통
>
> **2. 공개매수 시 실질주주명세 요청제도**
> - (前) 자본시장법은 공개매수 대상 기업의 방어권 행사를 위해 공개매수 대상 기업에게 실질주주명세 작성 요청권 부여 → (後) 공개매수에서 매집가능한 상장주식 및 상장주식을 취득할 수 있는 증권은 모두 전자등록되므로, 공개매수 대상기업의 방어권 행사를 위한 명세 작성은 전자증권법상 소유자명세 작성으로 대체
>
> **3. 실질수익자제도**
> - 전자증권제도 시행 후 예탁대상 수익증권은 모두 전자등록되므로, 전자증권법상 소유자명세 제도로 대체

그 밖에 예탁증권의 전자증권 전환에 따른 변경사항으로는 상장증권의 전자등록 의무화에 따라 상장증권을 기초로 발행되던 예탁증명서[6] 제도를 폐지하고 전자등록증명서 제도로 대체하였으며, 명의개서대행회사 등록 자격을 예탁결제원에서 전자등록기관으로 변경하였다.

2) 자본시장법 시행령 개정사항

먼저, 조건부자본증권의 발행 방법을 자본시장법 제309조제5항에 따라 예탁결제원 명의로 발행한 후 예탁하는 일괄예탁 방식에서 전자등록 발행 방식으로 변경하고, 권리 행사 방법 또한 예탁결제원 대신 전자등록기관을 통한 권리 행사로 변경하였다. 또한, 투자신탁 수익증권 및 투자회사 주식의 경우 의무 전자등록 대상임을 고려하여 집합투자업자의 자산운용보고서 교부 기관을 예탁결제원에서 전자등록기관으로 변경하였다.

또한, 투자신탁 수익증권 발행을 위한 신규 전자등록 신청 절차에 개정된 자본시장법에

---

6) 공탁법에 따라 증권을 공탁하거나 보증금 또는 공탁금을 상장증권으로 대신 납부하는 경우 증권에 갈음하여 제출할 수 있는 증명서.

따른 대표이사의 확인절차를 반영함으로써 제도변화로 인한 업계의 규제 부담 최소화 및 투자자 보호를 도모하였다.

▼ 참고 : 투자신탁의 수익증권 발행 확인방법 업무 흐름도

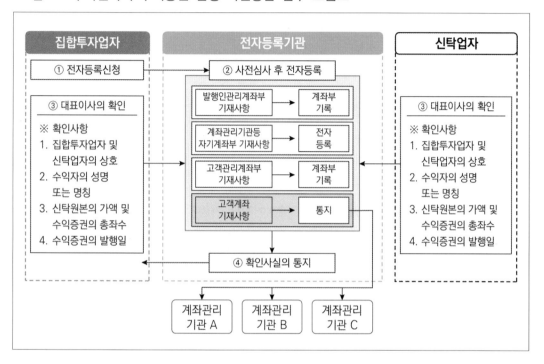

또한, 집합투자업자는 수익자총회의 소집을 예탁결제원 대신 전자등록기관에 위탁하도록 하였다.

한편, 전자증권법 시행 이후 양도성 예금증서는 ⅰ) 전자등록발행, ⅱ) 은행법상 등록발행, ⅲ) 실물 발행만 가능함에 따라 자본시장법에 따른 예탁대상에서 CD를 제외하였다. 이에 따라, 금융투자업자 및 집합투자기구가 양도성 예금증서를 취득한 경우 예탁하여야 하는 의무를 폐지하였다.

▼ 양도성 예금증서의 발행 및 유통 실무 변화

전자증권법 시행 전				전자증권법 시행 후		
발행형태	등록기관	예탁여부	→	발행형태	등록기관	예탁여부
실물 발행	–	×		실물 발행	–	×
등록발행	은행	×		등록발행	은행	×
	예탁결제원	○		전자등록	전자등록기관	×

　또한, 예탁결제원의 업무 중 전자등록기관으로 이관된 업무에 대해서는 기본적으로 예탁결제원의 개인정보 처리 근거를 삭제하되, 자본시장법에 업무 근거 등이 규정되어 있는 수익자명부 작성 및 증권예탁증권의 발행 업무와 관련하여서는 그 개인정보 처리 근거를 자본시장법 시행령에 규정하였다.

　마지막으로, 시장효율화위원회의 심의 대상기관에 기존의 한국거래소, 코스콤 외에 전자등록기관을 추가하였다. 전자증권제도 하에서는 기존에 예탁결제원이 수행하던 증권시장의 결제기관 업무를 전자등록기관이 수행하는 점을 고려한 것이다.

제 4 편

전자증권제도 발전을 위한 제언

제 1 장

전자증권제도 이용 확대

1 전자증권 전환 시 공고 및 통지 관련 의무 완화

(1) 현황 및 문제점

전자증권법에서는 주권등이 이미 발행된 주식등을 신규 전자등록하고자 하는 발행인이 기준일부터 1개월 이상의 기간을 정하여 공고하고, 권리자에게 서면으로 1회 이상 통지하도록 규정하고 있다(법 제27조제1항 및 영 제22조제3항). 이는 기존에 실물주권등을 보유하고 있는 권리자의 보호를 위하여 도입된 조치이다.

그러나 권리자 보호 필요성이 크지 않거나 사실상 불필요하다고 볼 수 있는 경우에 대해서도 이러한 공고 및 통지 의무의 예외가 원천적으로 허용되지 않고 있어 발행인에 과도한 부담으로 작용할 가능성이 있다.

특히, 부동산투자회사, 선박투자회사, 기업인수목적회사를 상장하는 경우에는, 일반적인 주식회사와 달리 증권시장 상장을 목적으로 소수의 발기인(發起人)에 의해 설립되므로 일종의 특수목적회사와 유사한 성격을 갖는 특성이 있다. 이에 따라 상장 일정상 예비심사단계 전까지 공고 및 통지 의무의 이행 및 신규 전자등록 신청을 완료하는 것이 곤란한 경우가 발생하여 업무 비효율을 초래하거나 상장이 지연될 가능성이 존재한다.

또한, 총주주 수가 10인 미만이거나, 자본금이 10억원 미만인 소규모 회사[1]의 경우, 별도

---

1) 상법 제363조(소집의 통지) ① 주주총회를 소집할 때에는 주주총회일의 2주 전에 각 주주에게 서면으로 통지를 발송하거나 각 주주의 동의를 받아 전자문서로 통지를 발송하여야 한다. 다만, 그 통지가 주주명부상 주주의 주소에 계속 3년간 도달하지 아니한 경우에는 회사는 해당 주주에게 총회의 소집을 통지하지 아니할 수 있다.
③ 제1항에도 불구하고 자본금 총액이 10억원 미만인 회사가 주주총회를 소집하는 경우에는 주주총회일의 10일 전에 각 주주에게 서면으로 통지를 발송하거나 각 주주의 동의를 받아 전자문서로 통지를 발송할 수 있다.

의 공고 및 통지 절차를 거칠 필요 없이 발행인이 직접 모든 권리자에 대하여 동의 등을 받는 것이 용이함에도 불구하고, 일률적으로 공고 및 통지 의무가 적용됨에 따라 발행인에게 시간적·비용적으로 불필요한 절차를 요구하는 결과가 발생할 수 있다.

이뿐만 아니라, 전자증권 전환 시 통지대상이 되는 권리자에 주주명부상 주주와 더불어 자본시장법에 따른 실질주주가 포함되는 것으로 해석될 소지가 있어, 발행인의 부담 증가 및 절차상 비효율이 발생할 우려가 있다. 실질주주란 주권이 예탁되어 주주명부상 주주가 예탁 결제제원으로 기재된 주주[2])를 말하며, 자본시장법에서는 실질주주를 위해 실질주주명부를 작성[3])하도록 하고 그 기재에 주주명부에의 기재와 동일한 효력을 부여[4])하였다.

전환 시 공고 및 통지 의무를 부과한 취지는 전술한 바와 같이 주권등을 실물로 직접 소지하고 있는 주주를 보호하기 위한 것이나, 실질주주의 경우 이미 주권등을 예탁하고 증권회사 등에 계좌를 개설하여 해당 증권을 보유하고 있다. 따라서, 전자등록 전환 시 개별 실질주주가 주권등의 제출이나 전자등록계좌의 신고 등 별도로 조치할 사항이 없으므로, 굳이 실질주주를 통지대상에 포함하여 보호하여야 할 필요성이 있다고 보기는 어렵다.

(2) 개선 관련 입법과제

먼저, 발행회사의 특성 및 주주 수·자본 규모 등 일정 요건을 고려하여 공고 및 통지 절차의 필요성이 크지 않다고 볼 수 있는 경우, 모든 권리자의 동의를 얻어 해당 절차를 생략할 수 있는 예외 규정을 두는 것을 생각해볼 수 있다. 이 경우 그 예외 적용의 기준이 되는 주주 수 및 자본금의 규모 등에 관하여는 자본시장법 시행령 제140조(공개매수 상대방의 수의 산정 기준)제2항 및 제161조(의결권 대리행사의 권유로 보지 아니하는 경우)제1호, 상법 제363조(소집의 통지)제3항·제4항 등 유사 입법례를 참고하여 정하는 것을 고려할 수 있다.

한편, 전자증권 전환 시 통지하여야 하는 권리자의 범위에 실질주주가 포함된 것으로 해

---

④ 자본금 총액이 10억원 미만인 회사는 주주 전원의 동의가 있을 경우에는 소집절차 없이 주주총회를 개최할 수 있고, 서면에 의한 결의로써 주주총회의 결의를 갈음할 수 있다. 결의의 목적사항에 대하여 주주 전원이 서면으로 동의를 한 때에는 서면에 의한 결의가 있는 것으로 본다.

2) 자본시장법 제315조(실질주주의 권리 행사 등) ① 예탁증권등 중 주식의 공유자(이하 "실질주주"라 한다)는 주주 로서의 권리 행사에 있어서는 각각 제312조제1항에 따른 공유지분에 상당하는 주식을 가지는 것으로 본다.

3) 자본시장법 제316조(실질주주명부의 작성 등) ① 제315조제3항에 따라 통지받은 발행인 또는 명의개서를 대행하는 회사는 통지받은 사항과 통지 연월일을 기재하여 실질주주명부를 작성·비치하여야 한다.

4) 자본시장법 제316조(실질주주명부의 작성 등) ② 예탁결제원에 예탁된 주권의 주식에 관한 실질주주명부에의 기재는 주주명부에의 기재와 같은 효력을 가진다.

석될 수 있다는 문제와 관련하여서는, 정관 변경을 위한 주주총회 시 실질주주 대상으로 통지한 것으로 갈음하는 방안을 생각해볼 수 있다. 발행인은 이미 주권등이 발행된 주식등을 전자증권으로 전환하기 위해 정관을 변경해야 하는데, 정관 변경 결의를 위한 주주총회 소집을 위해 실질주주에게 관련 통지가 이루어지므로, 별도의 통지가 재차 필요하다고 보는 것은 그 취지에 부합하지 않는 것으로 보인다. 전자증권 전환과 관련한 발행인의 증권사무를 합리화하고 불필요한 부담을 완화하여 비상장회사의 제도 이용을 보다 활성화할 수 있는 방향으로 해석하는 것이 바람직해 보인다. 필요시 이러한 내용을 미리 정관에 미리 반영해 두는 것도 적절한 방안일 수 있다.

관련법령

■ 전자증권법

제27조(이미 주권등이 발행된 주식등의 신규 전자등록에 따른 조치 등) ① 발행인이 제25조제1항에 따라 이미 주권등이 발행된 주식등의 신규 전자등록을 신청하는 경우에는 신규 전자등록을 하려는 날(이하 "기준일"이라 한다)의 직전 영업일을 말일로 1개월 이상의 기간을 정하여 다음 각 호의 사항을 공고하고, 주주명부, 그 밖에 대통령령으로 정하는 장부(이하 "주주명부등"이라 한다)에 권리자로 기재되어 있는 자에게 그 사항을 통지하여야 한다.

1. 기준일부터 주권등이 그 효력을 잃는다는 뜻
2. 권리자는 기준일의 직전 영업일까지 발행인에게 주식등이 전자등록되는 고객계좌 또는 계좌관리기관등 자기계좌를 통지하고 주권을 제출하여야 한다는 뜻
3. 발행인은 기준일의 직전 영업일에 주주명부등에 기재된 권리자를 기준으로 제25조제1항에 따라 전자등록기관에 신규 전자등록의 신청을 한다는 뜻

■ 자본시장법 시행령

제140조(공개매수 상대방의 수의 산정기준) ② 법 제133조제3항 본문에서 "대통령령으로 정하는 수 이상의 자"란 해당 주식등의 매수등을 하는 상대방의 수와 제1항에 따른 기간 동안 그 주식등의 매수등을 한 상대방의 수의 합계가 10인 이상인 자를 말한다.

제161조(의결권 대리행사의 권유로 보지 아니하는 경우) 법 제152조제2항 각 호 외의 부분 단서에서 "대통령령으로 정하는 경우"란 다음 각 호의 어느 하나에 해당하는 경우를 말한다.

1. 해당 상장주권의 발행인(그 특별관계자를 포함한다)과 그 임원(그 특별관계자를 포함한다) 외의 자가 10인 미만의 의결권피권유자에게 그 주식의 의결권 대리행사의 권유를 하는 경우

■ **상법**

제363조(소집의 통지) ③ 제1항에도 불구하고 자본금 총액이 10억원 미만인 회사가 주주총회를 소집하는 경우에는 주주총회일의 10일 전에 각 주주에게 서면으로 통지를 발송하거나 각 주주의 동의를 받아 전자문서로 통지를 발송할 수 있다.

④ 자본금 총액이 10억원 미만인 회사는 주주 전원의 동의가 있을 경우에는 소집절차 없이 주주총회를 개최할 수 있고, 서면에 의한 결의로써 주주총회의 결의를 갈음할 수 있다. 결의의 목적사항에 대하여 주주 전원이 서면으로 동의를 한 때에는 서면에 의한 결의가 있는 것으로 본다.

참고 | 비상장회사의 전자증권제도 이용 현황

전자증권법은 발행인의 제도 전환 부담 등을 고려하여 비상장회사가 전자증권제도와 기존 증권예탁제도 중 하나를 선택하여 이용할 수 있게 하였다.[5]

제도 시행일인 2019년 9월 16일 당시 전자증권제도로 전환한 비상장회사 수는 97개사였고, 증권예탁제도를 계속 이용하던 비상장회사 수는 2,286개사였다(주식을 기준으로 한다. 이하 같다). 이 시기 전자증권제도 또는 증권예탁제도를 이용하는 비상장회사 수 대비 전자증권제도를 이용하는 비상장회사 수를 나타내는 '(비상장회사의) 전자증권제도 이용률'은 4.1%에 그쳤다.

제도 시행이 약 5년여 경과한 2024년 6월말 기준 '(비상장회사의) 전자증권제도 이용률'은 시행일 대비 19.1%p 상승한 23.2%를 기록했다. 동 시기 전자증권제도 이용 비상장회사 수는 777개사, 증권예탁제도 이용 비상장회사 수는 2,578개사로, 두 제도 모두 이용회사 수가 시행일 대비 증가했지만 전자증권제도의 이용회사 수가 증권예탁제도에 비해 더 가파르게 증가한 것이다.

구 분	'19.9.16.	'20년	'21년	'22년	'23년	'24.6월(시행일 比)
비상장회사(전자증권)(介社)	97	247	451	621	736	777(+680)
비상장회사(전자증권+예탁)(介社)	2,383	2,692	3,012	3,181	3,305	3,355(+972)
전자증권제도 이용률(%)	4.1	9.2	15.0	19.5	22.3	23.2(+19.1%p)

이러한 전자증권제도 이용률 증가는 발행 및 권리 행사 소요기간 단축, 발행 관련 비용 절감, 분기별 소유자명세 파악 등 증권예탁제도 대비 전자증권제도의 장점 및 제도 관련 교육·홍보 노력 등에 힘입은 바 크다.

실제 비상장회사를 대상으로 한 설문조사 결과도 이와 유사하다. 2022년 8월 기준 전자

---

5) 물론 비상장회사가 전자증권제도 및 증권예탁제도 모두를 이용하지 않을 수도 있다. 즉 주식등을 계좌간 대체의 방법에 의해 유통하고자 하는 니즈가 있는 게 아니라면 전자증권제도 및 증권예탁제도 중 어느 것도 이용하지 않을 수 있는 것이다. 참고로, 국세청에 따르면 2023년 법인세를 신고한 비상장 법인은 1,028,496개사에 달한다(국세통계포털 8-1-2. 법인세 신고 현황Ⅱ 기준). 이는 2023년말 주식을 전자등록 또는 예탁한 비상장회사 수인 3,305개사에 비해 훨씬 큰 규모임을 알 수 있다.

증권제도 또는 증권예탁제도를 이용 중인 비상장주식 발행회사를 대상으로 한 설문조사[6] 결과, 대표적인 전자증권제도 전환 사유는 비용 절감, 증권사무 편의성 향상(42.9%)이었으며, 주식 상장 요건 충족(30.8%)이 그 뒤를 이었다.

Q. 귀사의 주식을 전자증권으로 전환한(한다면) 사유는 무엇입니까? (복수 응답 가능)

① 주식 상장 요건을 충족 (95건, 30.8%)
② **비용 절감, 증권사무 편의성 향상 등 제도 참여에 따른 인센티브 (132건, 42.9%)**
③ 비상장주식 발행회사에 대한 전자증권제도 의무화 확대 대비 (72건, 23.4%)
④ 기타 (9건, 2.9%, 주식교환절차 등 업무수행의 편의성, 신탁회사의 제안, 주주(투자자) 권유 등)

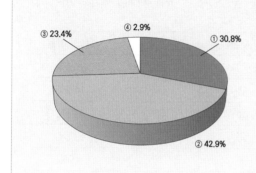

구 분	응답 건수	응답 비율
①	95건	30.8%
②	132건	42.9%
③	72건	23.4%
④	9건	2.9%
합 계	308건	100%

한편, 비상장회사의 전자증권제도 이용률이 크게 증가하였음에도, 여전히 상당수의 비상장회사는 전자증권제도 대신 증권예탁제도를 이용하고 있다. 이러한 증권예탁제도 선호 현상에는 여러 요인이 있을 수 있으나, 가장 큰 요인은 전자증권 전환 시 수반되는 공고 및 통지 의무의 부담으로 보인다.

전술하였듯, 공고 및 통지 의무는 발행인의 성격에 관계 없이 적용될 뿐만 아니라, 공고 및 통지에 소요되는 1개월 동안 액면분할·증자 등 각종 주식권리 관련 업무처리가 불가하기 때문에, 공고 및 통지 기간은 주식을 즉시 계좌간 대체에 의해 유통시키고자 하는 발행인에게 적지 않은 부담으로 작용한다. 반면, 분기별 소유자명세 파악이 가능하다는 전자증권제도의 장점은 소유구조가 비교적 단순한 비상장회사 입장에서 큰 인센티브로 작용하지 않는 측면이 존재한다.

앞서 살펴본 비상장회사 대상 설문조사 결과도 이 같은 발행인의 인식을 그대로 반영하고 있다. 비상장회사가 밝힌 대표적인 전자증권제도 未전환 사유는 공고 및 통지, 정관 변경

---

6) 실시 기관 : 예탁결제원 / 실시 기간 : 2022.9.13.~2022.9.23. / 참여 : 총 225개사.

등 전환 절차상의 번거로움(41.6%)이었다. 전자증권제도에 대한 정보 부족(28.0%), 증권예탁제도와의 유사성(14.9%)이 각각 그 뒤를 이었다. 즉 1개월간의 공고 및 권리자 대상 통지 등 발행인의 필요 조치사항이 발행인에게는 상당한 부담으로 작용하고 있는 것이다.

Q. 비상장주식 발행회사가 전자증권으로 전환하지 않는 사유는 무엇입니까? (복수 응답 가능)

① 전자증권제도에 대한 정보 부족 (105건, 28.0%)
② 증권예탁제도(실물증권 발행·유통 기반)와의 차이를 못 느껴서 (56건, 14.9%)
③ **전자증권 전환 절차상의 번거로움(공고 및 통지, 정관 변경 등) (156건, 41.6%)**
④ 주주의 주식보유정보 등 정보공개에 따른 부담 (51건, 13.6%)
⑤ 기타 (7건, 1.9%, 대행회사 수수료 부담, 소수 주주, 주식거래 등 유통 원활화 필요성 미미 등)

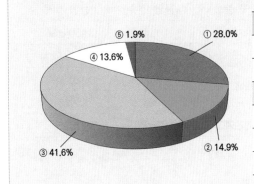

구 분	응답 건수	응답 비율
①	105건	28.0%
②	56건	14.9%
③	156건	41.6%
④	51건	13.6%
⑤	7건	1.9%
합 계	375건	100%

2 주식의 포괄적 교환 및 이전 시 적용

(1) 현황 및 문제점

상법에서 규정하고 있는 주식의 포괄적 교환(이하 "주식교환"이라 한다)(상법 제360조의2 등) 및 포괄적 이전(이하 "주식이전"이라 한다)(상법 제360조의15 등)은 완전모회사와 완전자회사의 관계를 형성하여 지주회사체계 등을 구성하는 데 활용되는 제도이다. 이때 완전 자회사의 주식을 취득하는 주체가 기존회사라면 주식교환, 신설회사라면 주식이전에 해당하게 된다.

이러한 주식교환과 주식이전을 실시하는 과정에서 기존에 발행된 주권을 회수하여 실효시키는 절차가 존재하며, 상법 제360조의8(주권의 실효절차) 및 제360조의19(주권의 실효절차)

에서 이를 각각 규정하고 있다.

그런데 현행 전자증권법은 전자등록된 주식에 관하여 종류주식의 전환 또는 주식의 병합, 분할, 회사의 합병, 분할 등 상법상 조직개편 관련 사유 발생 시 주권 회수, 효력발생일 등과 관련하여서는 특례를 규정하고 있으나, 주식교환과 주식이전에 대해서는 규정이 없어 실물주권의 존재를 전제로 규정된 상법의 해당 조문을 적용하는 것이 불가피한 상황이다.

예를 들어, 전자증권법 제64조(종류주식 전환에 관한 특례)에서는 종류주식 전환에 관한 특례로서 주권 제출 관련 업무를 수행하는 대신 종류주식의 전환이 발생하는 날, 즉 전환기준일에 일제히 전환된다는 사실을 공고·통지하도록 규정하고, 해당 전환기준일에 전환의 효력이 발생한다는 점을 함께 규정하고 있는 반면에, 주식교환과 주식이전에 대해서는 이러한 특례 규정이 존재하지 않는 것이다.

전자증권제도 시행(2019.9.16.)으로 전자등록된 주식의 포괄적 교환·이전에 따른 실물주권 관련 업무가 사라지게 된 것은 종류주식 전환의 경우와 아무런 차이가 없다. 그런데 종류주식 전환 등과 달리 전자증권법에 관련 특례 절차가 마련되어 있지 않으므로, 완전자회사가 되는 회사의 주주는 실물주권을 전제로 한 주식 취득 절차와 기간의 적용을 받게 되고 주주권의 행사에도 상대적으로 제약을 받게 되는 불합리한 결과가 발생하게 된다.

(2) 개선 관련 입법과제

종류주식의 전환, 주식 병합·분할, 회사의 합병·분할 등의 주식 권리업무와 마찬가지로 주식의 포괄적 교환·이전에 대해서도 전자증권법상 특례 조항을 마련할 필요가 있다. 이 경우 그 입법 내용으로 다른 주식 권리업무에 대해 법에 규정된 수준과 같이 일정한 기준일에 해당 주식의 포괄적 교환·이전 효력이 발생함을 규정하고, 그 주식 권리업무의 수행 기간은 현재 상법에 규정되어 있는 1개월(상법 제360조의8제1항 등)보다 단축된 2주로 규정하는 방안을 고려할 수 있다.

다만, 주식의 포괄적 교환·이전이 주로 지주회사체계를 구성하는 데 이용된다는 점을 감안할 때, 지주회사 중 금융지주회사에 관하여는 금융지주회사법을 추가로 적용받게 되는 점을 고려할 필요가 있다. 즉 금융지주회사법 제62조의2(주식교환 및 주식이전에 관한 특례)제2항은 주식의 포괄적 교환·이전에 따라 금융지주회사체계를 구성하는 경우에는 신속한 주식 권리업무의 수행을 위해 그 공고·통지의 기간을 단축해 규정하고 있으므로, 전자증권법 개정 시 해당 내용의 반영 여부 또한 검토가 필요하다.

▪ 상법

제360조의8(주권의 실효절차) ① 주식교환에 의하여 완전자회사가 되는 회사는 주주총회에서 제360조의3제1항의 규정에 의한 승인을 한 때에는 다음 각호의 사항을 주식교환의 날 1월전에 공고하고, 주주명부에 기재된 주주와 질권자에 대하여 따로 따로 그 통지를 하여야 한다.

　1. 제360조의3제1항의 규정에 의한 승인을 한 뜻

　2. 주식교환의 날의 전날까지 주권을 회사에 제출하여야 한다는 뜻

　3. 주식교환의 날에 주권이 무효가 된다는 뜻

② 제442조의 규정은 제360조의3제1항의 규정에 의한 승인을 한 경우에 이를 준용한다

제360조의19(주권의 실효절차) ① 주식이전에 의하여 완전자회사가 되는 회사는 제360조의16제1항의 규정에 의한 결의를 한 때에는 다음 각호의 사항을 공고하고, 주주명부에 기재된 주주와 질권자에 대하여 따로 따로 그 통지를 하여야 한다.

　1. 제360조의16제1항의 규정에 의한 결의를 한 뜻

　2. 1월을 초과하여 정한 기간내에 주권을 회사에 제출하여야 한다는 뜻

　3. 주식이전의 날에 주권이 무효가 된다는 뜻

② 제442조의 규정은 제360조의16제1항의 규정에 의한 결의를 한 경우에 이를 준용한다.

▪ 전자증권법

제64조(종류주식 전환에 관한 특례) ① 회사가 「상법」 제346조제2항에 따라 전자등록된 종류주식(種類株式)을 다른 종류주식으로 전환하는 경우 이사회는 같은 조 제3항제2호 및 제3호에 따른 사항 대신에 회사가 정한 일정한 날(이하 이 조에서 "전환기준일"이라 한다)에 전자등록된 종류주식이 다른 종류주식으로 전환된다는 뜻을 공고하고, 주주명부에 주주, 질권자, 그 밖의 이해관계자로 기재되어 있는 자에게 그 사항을 통지하여야 한다.

② 「상법」 제350조제1항에도 불구하고 회사가 전자등록된 종류주식을 다른 종류주식으로 전환한 경우에는 전환기준일에 전환의 효력이 발생한다.

③ 「상법」 제351조에도 불구하고 회사가 전자등록된 종류주식을 다른 종류주식으로 전환한 경우의 변경등기는 전환기준일이 속하는 달의 마지막 날부터 2주 내에 본점 소재지에서 하여야 한다.

▪ 금융지주회사법

제62조의2(주식교환 및 주식이전에 관한 특례) ② 금융지주회사를 설립(금융지주회사등이 자회사 또는 손자회사를 새로 편입하는 경우를 포함한다. 이하 이 조에서 같다)하거나 기존 자

회사 또는 손자회사의 주식을 모두 소유하기 위한 주식교환 또는 주식이전에 관하여 「상법」의 규정을 적용함에 있어서 (중략) 같은 법 제360조의8제1항 각 호 외의 부분 중 "1월전에"는 "5일전에"로, (중략), 동법 제360조의19제1항제2호중 "1월을 초과하여 정한 기간내에"는 "5일 이상의 기간을 정하여 그 기간내에"로, 동법 제374조의2제2항중 "2월 이내에"는 "1월 이내에"로 본다.

3 무기명식 증권의 소유자명세 작성 사유 확대

(1) 현황 및 문제점

전자증권법에서 무기명식 증권의 소유자 내역 파악을 위해 소유자명세를 작성할 수 있는 사유는 기명식 증권과 달리 조건부자본증권이 주식으로 전환하는 경우와 상환사채의 상환을 주식으로 하는 경우 등 증권의 권리가 다른 권리로 전환되는 특정한 사유로만 규정(법 제37조제3항)하고 있다. 이는 무기명식 증권의 경우 해당 증권을 발행회사에 제출하거나 공탁하는 방식으로 권리 행사를 하였으므로, 일반적으로 소유자명세 작성 절차가 불필요했기 때문이었다.

그러나 무기명식 증권인 경우에도 그 소유자명세를 파악해야 하는 경우가 실무상 빈번하게 발생할 수 있으며, 전자증권제도 도입 이후 무기명식 증권의 소유내역을 파악하는 방법과 절차는 기명식 증권과 사실상 동일하게 되었다. 즉 무기명식 사채라 하더라도 해당 사채권자 본인 명의의 전자등록계좌에 전자등록되고 관리되므로 실질적으로는 기명화(記名化)가 이뤄진 것으로 볼 수 있고, 이에 따라 전자등록계좌부의 확인으로 무기명식 사채의 소유 내역 파악이 가능하게 되었으므로 전자증권제도에서의 기명식과 무기명식의 구분은 사실상 크게 의미가 없게 되었다고 볼 수 있다.[7]

무기명식 증권에 대해 소유자명세 작성이 필요한 대표적인 사례로는 신주인수권증권의 경우를 들 수 있다. 예를 들어, 발행회사 분할합병 시 무기명식 증권인 신주인수권증권이 이미 발행된 경우에는 일반적인 전자등록주식등의 분할과 같이 소유자명세 작성을 통해 소유자를 파악하고 합병비율에 따른 신주배정을 하는 절차에 의한 분할이 불가능하다. 이는 발행인

---

7) 정순섭. (2018). 전자증권법 시행에 따른 상법 정비방안. 서울대학교 금융법센터. 36-37.

이 합병 등의 사유로 신규 전자등록을 변경·말소하기 위해 전자등록기관에 그 권리자의 성명 또는 명칭을 구체적으로 밝혀 신청하여야 하나, 분할합병으로 인한 무기명식 신주인수권증권의 분할은 소유자명세 작성 사유에 해당하지 않아 소유자 파악의 법적 근거가 없기 때문이다. 또한, 소유자에 관한 사항은 금융거래정보 및 개인신용정보에 해당하므로, 전자등록기관이나 계좌관리기관이 관련 정보를 보유하고 있더라도 법령상 근거 없이는 발행인에게 제공할 수 없다.

또한, 전자등록된 무기명식 사채에 관하여 사채권자집회 소집청구 및 의결권 행사를 위해 현재 개별 사채권자의 공탁 또는 소유자증명서나 소유 내용의 통지 제도를 활용할 수 있으나, 해당 사유 발생 시 사채 발행회사가 해당 사채의 소유자명세를 통하여 사채권자의 공탁 등이 없이도 간단하고 신속하게 권리를 행사하고자 하는 경우 소유자명세 작성을 허용함으로써, 사채권자 내역을 손쉽게 파악하고 권리 행사를 할 수 있도록 하는 방안도 고려될 필요가 있다.

(2) 개선 관련 입법과제

무기명식 증권에 대한 소유자명세 작성 사유를 확대하기 위해서는 전자증권법 또는 하위 규정의 개정이 필요하다. 현행 법 제37조(소유자명세)제3항 및 위임규정인 시행령 제31조(소유자명세 작성의 주기 및 사유)제5항은 일정한 요건에 해당하는 무기명식 증권에 대해 소유자명세를 작성할 수 있도록 규정하고 있는데, 이는 자본시장법, 은행법, 금융지주회사법, 보험업법에 따른 조건부자본증권이 주식으로 전환되는 경우와 기타 무기명식 증권 중 다른 증권으로 전환되는 경우로서 상환사채가 다른 주식등으로 상환되는 경우에 한하고 있다. 그 밖에 무기명식 주식등이 다른 주식등으로 전환되는 경우로서 금융위원회에 고시하는 경우를 정하고 있으나, 아직까지 고시로 정해진 사항은 없다. 따라서, 신주인수권증권 등에 대하여도 소유자명세를 작성하는 것으로 확대하기 위해서는, 시행령 개정을 통해 해당 사유를 추가하거나 금융위원회 고시로서 이에 대해 정하는 것이 필요해 보인다.

다만, 본질적으로는, 기명식 증권등과 무기명식 증권등으로 구분하여 소유자명세 작성의 사유를 달리 정하고 있는 현행 법체계에 대해서 재고하는 것이 필요해 보인다. 지난 상법 개정을 통해 주식의 경우 무기명식 형태로의 발행은 더 이상 불가능하게 되었을 뿐만 아니라,[8]

---

8) 상법 일부개정법률(법률 제12591호, 2014. 5. 20. 시행). 개정상법은 종전의 규정이 기업의 자본조달에 기여하지 못하고, 소유자 파악이 곤란하여 양도소득세 회피 등 과세사각지대가 발생할 우려가 있었으므로 이를 개선하고자 하는 취지[국회 법제사법위원회, "상법 일부개정법률안(대안)", 의안번호 1910349, 2014.4, 1~2면].

전술한 바와 같이 무기명식 증권등이 전자등록되어 관리되고 있어 전자등록계좌부의 확인을 통해서 무기명식 증권등의 소유 내역을 파악하는 것이 충분히 가능하므로 실질적으로는 기명화(記名化)가 이뤄진 것으로 볼 수 있으며, 따라서 사실상 기명식과 무기명식의 구분은 큰 의미가 없게 되었기 때문이다. 중·장기적으로는 기명식과 무기명식을 구분하여 소유자명세 작성 사유를 정하고 있는 법 조항에 대한 개정을 검토해 볼 필요가 있다.

관련법령

■ **전자증권법**

제37조(소유자명세) ③ 전자등록주식등으로서 무기명식(無記名式) 주식등의 발행인은 「자본시장과 금융투자업에 관한 법률」 제165조의11에 따른 조건부자본증권이 주식으로 전환되는 경우, 그 밖에 해당 주식등이 다른 주식등으로 전환되는 경우로서 대통령령으로 정하는 경우에 소유자명세의 작성이 필요하면 전자등록기관에 소유자명세의 작성을 요청할 수 있다.

■ **전자증권법 시행령**

제31조(소유자명세 작성의 주기 및 사유) ⑤ 법 제37조제3항에서 "대통령령으로 정하는 경우"란 다음 각 호의 어느 하나에 해당하는 경우를 말한다.
1. 「상법」 제469조제2항제2호에 따른 상환사채가 다른 주식등으로 상환되는 경우
2. 「은행법」, 「금융지주회사법」 및 「보험업법」에 따른 조건부자본증권에 표시되어야 할 권리가 주식으로 전환되는 경우
3. 그 밖에 전자등록주식등인 무기명식 주식등이 다른 주식등으로 전환되는 경우로서 금융위원회가 정하여 고시하는 경우

---

4 소유자증명서 이용 범위 확대

(1) 현황 및 문제점

상법은 사채권자의 이해관계에 중대한 영향을 미치는 사안이 발생한 경우, 사채의 종류별로 해당 종류의 사채 총액의 10% 이상에 해당하는 사채를 가진 사채권자가 회의 목적인 사항과 소집 이유를 적은 서면 또는 전자문서를 사채를 발행한 회사 또는 사채관리회사에 제출

하여 사채권자집회의 소집을 청구할 수 있도록 규정하고 있다. 이 경우 무기명식 사채권을 보유한 사채권자는 해당 사채권을 공탁하여야 한다(상법 제491조제2항·제4항). 또한, 사채권자집회가 개최된 경우에도 해당 사채권자집회에서 의결권을 행사하고자 하는 사채권자는 해당 회일로부터 1주간 전에 해당 사채권을 공탁하여야 한다(상법 제492조제2항).

그런데 전자등록된 사채인 경우에는 실물 사채권이 없으므로 전자증권제도에서 마련된 공탁 방법을 이용하여야 하는데, 이 경우 전자증권법 제63조(전자등록증명서)에 따라 발급받은 전자등록증명서를 실물 사채권에 갈음하여 공탁하게 된다.[9] 따라서 전자등록된 사채의 소유자로서 사채권자집회의 개최를 요구하거나 소집된 사채권자집회에서 의결권을 행사하고자 하는 경우, 계좌관리기관을 통하거나 직접 전자등록기관에 전자등록증명서의 발급을 신청하고, 해당 발급이 완료된 경우 이를 다시 공탁하는 절차를 거쳐야만 한다.

이 같은 전자등록증명서 역시 서면(書面)의 일종이므로, 그 발급 및 공탁에 물리적인 시간과 비용이 상당히 소요된다는 점에서 일정한 한계를 갖고 있다. 우리나라의 복잡한 공탁절차로 인해 사채권자들이 많은 불편을 감수해야 하고, 결과적으로 사채권자의 권리 행사 의지가 저하될 가능성이 높다는 의견도 존재하는 상황이다.[10]

(2) 개선 관련 입법과제

상법에서 무기명식 사채와 관련한 사채권자집회의 소집청구 또는 의결권 행사를 위해 공탁이라는 제도를 둔 취지는 기명식 사채와 달리 소유자 내역 관련 명부가 존재하지 않는 특성을 고려하여 적법한 사채권자 지위의 증명 및 사채권자 내역을 파악하기 위한 목적이다.

그런데 전자증권제도에서는 실물증권이 존재하지 않고, 무기명식 사채인 경우에도 비록 기명식과 같이 소유자명부의 작성은 적용되지 않지만 소유자증명서(법 제39조) 또는 소유 내용의 통지(법 제40조) 제도를 통해 해당 사채권자가 소유자 지위를 증명하기 위한 수단이 이미 마련되어 있다. 따라서, 사채권자집회 소집청구 자격의 사전 확인, 의결권 행사를 위해 필

---

9) 전자증권법 제63조(전자등록증명서) ① 전자등록기관은 전자등록주식등의 소유자가 「공탁법」에 따라 공탁하거나 「자본시장과 금융투자업에 관한 법률」 제171조에 따라 보증금 또는 공탁금을 대신 납부하기 위하여 해당 전자등록주식등의 전자등록을 증명하는 문서(이하 이 조에서 "전자등록증명서"라 한다)의 발행을 신청하는 경우에는 대통령령으로 정하는 방법에 따라 발행하여야 한다. 이 경우 계좌관리기관에 전자등록된 주식등의 소유자는 해당 계좌관리기관을 통하여 신청하여야 한다.

10) 김종현. (2013). 국내 사채관리회사의 실무현황과 제도개선에 관한 의견. 법무부(편저), 선진상사법률연구, 통권 제64호, 13.

요한 정보인 사채권자의 지위 확인 및 사채권자 내역 파악 등을 위하여 공탁 제도의 이용을 계속 강제하기보다는, 전자증권제도에서 소유자 지위 증명 등을 위한 제도인 소유자증명서 또는 소유 내용의 통지를 이용하도록 하는 것이 더 간편하고 효율적일 것으로 볼 수 있다.

다만, 사채권자의 공탁에 대해서는 관련 법률의 체계상 전자증권법보다는 상법에서 그 개선된 근거를 마련하는 것이 바람직할 것으로 보인다. 즉 사채권자의 사채권자집회 소집청구 및 해당 집회에서의 의결권 행사에 관해 규정한 상법 제491조(소집권자) 및 제492조(의결권)를 각각 개정하여, 전자등록된 사채의 경우에는 사채권의 공탁 대신 전자증권법에서 따로 정한 바에 따르도록 하는 방안 등을 우선 고려할 수 있다. 이 경우 발행회사에 대하여 소유자증명서를 제출하거나, 소유 내용의 통지 제도를 활용할 수 있을 것이다.

관련법령

■ 상법

제491조(소집권자) ② 사채의 종류별로 해당 종류의 사채 총액(상환받은 액은 제외한다)의 10분의 1 이상에 해당하는 사채를 가진 사채권자는 회의 목적인 사항과 소집 이유를 적은 서면 또는 전자문서를 사채를 발행한 회사 또는 사채관리회사에 제출하여 사채권자집회의 소집을 청구할 수 있다.
④ 무기명식의 채권을 가진 자는 그 채권을 공탁하지 아니하면 전2항의 권리를 행사하지 못한다.

제492조(의결권) ② 무기명식의 채권을 가진 자는 회일로부터 1주간전에 채권을 공탁하지 아니하면 그 의결권을 행사하지 못한다.

---

5 소유 내용의 통지 이용 범위 확대

(1) 현황 및 문제점

앞서 살펴본 바와 같이 소유자증명서 및 소유 내용의 통지는 주주 또는 사채권자 등 권리자가 발행회사를 대상으로 개별적 권리 행사를 하고자 하는 경우, 자신의 권리자(소유자) 지위를 증명하기 위해 이용하는 서면 및 전자적 통지를 말한다. 양자는 소유자의 지위를 증명한다는 기능에서는 동일하며, 다만 소유자증명서는 문서 방식이고 소유 내용의 통지는 전자적 방식을 각각 취하고 있다는 점에 차이가 있을 뿐이다.

그런데 현행 법령에서는 소유자증명서 제출처의 경우 발행인, 법원, 사채관리회사 및 기타 금융위가 정하여 고시하는 자로 명시(법 제39조제5항 및 시행령 제33조제6항)하는 반면, 소유 내용의 통지대상은 사채관리회사를 제외한 발행인과 법원으로만 규정(법 제39조제3항·제40조제4항 및 동법 시행령 제33조제4항)하고 있다. 이에 따라 사채관리회사에 대하여 권리 행사를 하고자 하는 사채권자가 소유자증명서라는 문서 방식의 증명수단만을 이용하여야 하는 법적 제약이 발생할 수 있다.

(2) 개선 관련 입법과제

비록 사채권자가 사채관리회사 등과 관련하여 소유자증명서 제도를 이용할 수 있다 하더라도, 시공간적 제약 등으로 인해 소유 내용의 통지를 활용하고자 하는 필요가 존재할 수 있다. 따라서, 소유자증명서와 같이 소유 내용의 통지 대상에도 사채관리회사를 추가함으로써 동일한 기능을 수행하는 소유자증명서와 소유 내용의 통지 간 불필요한 차이를 해소하는 것이 바람직하다.

이 경우 소유 내용의 통지에 관해 규정하고 있는 전자증권법 제40조(소유 내용의 통지)제4항을 개정하여 시행령으로 사채관리회사를 추가할 수 있는 위임 근거를 마련하고, 시행령의 해당 조항에 사채관리회사를 명시함으로써 양자간의 차이를 해소하는 방안을 고려할 수 있다.

관련법령

■ **전자증권법**

제39조(소유자증명서) ③ 전자등록기관은 제1항에 따라 소유자증명서를 발행하였을 때에는 발행인, 그 밖에 대통령령으로 정하는 자(이하 "발행인등"이라 한다)에게 그 사실을 지체 없이 통지하여야 한다.

⑤ 전자등록주식등의 소유자가 제1항에 따라 발행된 소유자증명서를 발행인이나 그 밖에 대통령령으로 정하는 자에게 제출한 경우에는 그 자에 대하여 소유자로서의 권리를 행사할 수 있다.

제40조(소유 내용의 통지) ④ 전자등록주식등의 소유자는 제1항에 따라 통지된 내용에 대하여 해당 전자등록주식등의 발행인등에게 소유자로서의 권리를 행사할 수 있다.

6 계좌간 대체의 전자등록 사유 확대

전자등록주식등에 대하여 계좌간 대체의 전자등록을 할 수 있는 사유는 전자증권법 제30조(계좌간 대체의 전자등록)에서 양도, 포괄승계, 공탁, 법원의 판결 등을 받은 경우로 규정하고 있다.

그런데, 이렇게 법에서 계좌간 대체의 전자등록 사유를 구체적으로 열거하고 있음에 따라 법정 사유에 명시적으로 해당한다고 보기 곤란한 원인으로 소유권의 이전이 발생한 경우, 예컨대 지배주주의 매도청구권 행사 등의 경우에는 계좌간 대체의 전자등록 업무를 처리할 수 있는 근거가 명확하지 않은 문제점이 발생한다.

상법에서는 지배주주가 매매가액을 공탁한 경우 해당 주권의 효력은 무효가 되고, 그 주식은 지배주주가 매매가액을 소수주주에게 지급한 때 또는 공탁한 날 지배주주에게 이전(상법 제360조의26)하도록 하고 있다. 그런데, 위와 같은 주식의 이전이 전자증권법 제30조(계좌간 대체의 전자등록)에서 규정하고 있는 양도, 포괄승계 등 계좌간 대체 사유에 해당하는지 여부가 명확하지 않다. 만약, 그 이전이 양도에 포함된다고 해석하더라도 계좌간 대체의 신청인은 지배주주(양수인)가 아닌 소수주주(양도인)여야 하므로, 원활한 업무처리가 곤란하게 되는 것은 결과적으로 동일하다(영 제25조제2항·제3항).

이에, 지배주주 매도청구권(상법 제360조의24), 소수주주 매수청구권(상법 제360조의25) 행사 시 전자등록기관이 지배주주의 신청에 따라 계좌간 대체의 전자등록을 처리할 수 있는 명확한 법적 근거를 마련할 필요가 있다. 즉 계좌간 대체 사유에 법률상 소유권이 이전되는 경우를 추가하고, 지배주주가 전자등록을 신청할 수 있음을 명확하게 명시하는 것 등을 검토할 수 있을 것이다.

관련법령

■ **전자증권법**

제30조(계좌간 대체의 전자등록) ① 전자등록주식등의 양도(다음 각 호의 어느 하나에 해당하는 경우를 포함한다)를 위하여 계좌간 대체를 하려는 자는 해당 전자등록주식등이 전자등록된 전자등록기관 또는 계좌관리기관에 계좌간 대체의 전자등록을 신청하여야 한다.

 1. 제29조제2항제1호부터 제3호까지의 어느 하나에 해당하는 경우
 2. 상속·합병 등을 원인으로 전자등록주식등의 포괄승계를 받은 자가 자기의 전자등록계좌로 그 전자등록주식등을 이전하는 경우
 3. 그 밖에 계좌간 대체가 필요하다고 인정되는 경우로서 대통령령으로 정하는 경우
 ② 제1항에 따라 전자등록 신청을 받은 전자등록기관 또는 계좌관리기관은 지체 없이 전자등록계좌부에 해당 전자등록주식등의 계좌간 대체의 전자등록을 하여야 한다.
 ③ 제1항과 제2항에 따른 계좌간 대체의 전자등록의 신청 및 전자등록의 방법과 절차에 관하여 필요한 사항은 대통령령으로 정한다.

■ **전자증권법 시행령**

제25조(계좌간 대체의 전자등록 신청 방법 등) ② 법 제30조제1항에 따라 전자등록주식등을 양도하려는 자(이하 이 조에서 "양도인"이라 한다)는 다음 각 호의 사항을 구체적으로 밝혀 해당 전자등록주식등이 전자등록된 전자등록기관 또는 계좌관리기관에 계좌간 대체의 전자등록을 신청해야 한다. 다만, 양도인이 동의한 경우에는 전자등록주식등을 양도받으려는 자(이하 이 조에서 "양수인"이라 한다)가 양도인의 동의서를 첨부하여 계좌간 대체의 전자등록을 신청할 수 있다.

 1. 계좌간 대체의 대상이 되는 전자등록주식등의 종류, 종목 및 종목별 수량 또는 금액
 2. 양도인 및 양수인의 성명 또는 명칭
 3. 그 밖에 전자등록주식등의 계좌간 대체의 전자등록에 필요한 사항으로서 전자등록업무규정으로 정하는 사항
 ③ 제2항에도 불구하고 법원의 판결·결정·명령에 따라 권리를 취득하려 하거나 상속·합병 등을 원인으로 한 포괄승계에 의하여 전자등록주식등에 대한 권리를 취득하는 자는 그 권리 취득을 증명하는 서류를 첨부하여 계좌간 대체의 전자등록을 신청할 수 있다.

▪ 상법

제360조의24(지배주주의 매도청구권) ① 회사의 발행주식총수의 100분의 95 이상을 자기의 계산으로 보유하고 있는 주주(이하 이 관에서 "지배주주"라 한다)는 회사의 경영상 목적을 달성하기 위하여 필요한 경우에는 회사의 다른 주주(이하 이 관에서 "소수주주"라 한다)에게 그 보유하는 주식의 매도를 청구할 수 있다.

② 제1항의 보유주식의 수를 산정할 때에는 모회사와 자회사가 보유한 주식을 합산한다. 이 경우 회사가 아닌 주주가 발행주식총수의 100분의 50을 초과하는 주식을 가진 회사가 보유하는 주식도 그 주주가 보유하는 주식과 합산한다.

③ 제1항의 매도청구를 할 때에는 미리 주주총회의 승인을 받아야 한다.

④ 제3항의 주주총회의 소집을 통지할 때에는 다음 각 호에 관한 사항을 적어야 하고, 매도를 청구하는 지배주주는 주주총회에서 그 내용을 설명하여야 한다.

1. 지배주주의 회사 주식의 보유 현황
2. 매도청구의 목적
3. 매매가액의 산정 근거와 적정성에 관한 공인된 감정인의 평가
4. 매매가액의 지급보증

⑤ 지배주주는 매도청구의 날 1개월 전까지 다음 각 호의 사실을 공고하고, 주주명부에 적힌 주주와 질권자에게 따로 그 통지를 하여야 한다.

1. 소수주주는 매매가액의 수령과 동시에 주권을 지배주주에게 교부하여야 한다는 뜻
2. 교부하지 아니할 경우 매매가액을 수령하거나 지배주주가 매매가액을 공탁(供託)한 날에 주권은 무효가 된다는 뜻

⑥ 제1항의 매도청구를 받은 소수주주는 매도청구를 받은 날부터 2개월 내에 지배주주에게 그 주식을 매도하여야 한다.

⑦ 제6항의 경우 그 매매가액은 매도청구를 받은 소수주주와 매도를 청구한 지배주주 간의 협의로 결정한다.

⑧ 제1항의 매도청구를 받은 날부터 30일 내에 제7항의 매매가액에 대한 협의가 이루어지지 아니한 경우에는 매도청구를 받은 소수주주 또는 매도청구를 한 지배주주는 법원에 매매가액의 결정을 청구할 수 있다.

⑨ 법원이 제8항에 따라 주식의 매매가액을 결정하는 경우에는 회사의 재산상태와 그 밖의 사정을 고려하여 공정한 가액으로 산정하여야 한다.

제360조의25(소수주주의 매수청구권) ① 지배주주가 있는 회사의 소수주주는 언제든지 지배주주에게 그 보유주식의 매수를 청구할 수 있다.

② 제1항의 매수청구를 받은 지배주주는 매수를 청구한 날을 기준으로 2개월 내에 매수를 청구한 주주로부터 그 주식을 매수하여야 한다.

③ 제2항의 경우 그 매매가액은 매수를 청구한 주주와 매수청구를 받은 지배주주 간의 협의

로 결정한다.

④ 제2항의 매수청구를 받은 날부터 30일 내에 제3항의 매매가액에 대한 협의가 이루어지지 아니한 경우에는 매수청구를 받은 지배주주 또는 매수청구를 한 소수주주는 법원에 대하여 매매가액의 결정을 청구할 수 있다.

⑤ 법원이 제4항에 따라 주식의 매매가액을 결정하는 경우에는 회사의 재산상태와 그 밖의 사정을 고려하여 공정한 가액으로 산정하여야 한다.

제360조의26(주식의 이전 등) ① 제360조의24와 제360조의25에 따라 주식을 취득하는 지배주주가 매매가액을 소수주주에게 지급한 때에 주식이 이전된 것으로 본다.

② 제1항의 매매가액을 지급할 소수주주를 알 수 없거나 소수주주가 수령을 거부할 경우에는 지배주주는 그 가액을 공탁할 수 있다. 이 경우 주식은 공탁한 날에 지배주주에게 이전된 것으로 본다.

---

7 전자등록증명서 발행 신청인의 범위 확대 등

전자증권법에서는 전자등록증명서의 발행을 신청할 수 있는 자를 주식등의 소유자로 한정하고 있다(법 제63조). 가령 계좌관리기관등이 전자등록증명서 발행을 신청하면, 전자등록기관은 계좌관리기관등 자기계좌부에 해당 전자등록주식등에 대한 처분제한의 전자등록을 하고 전자등록증명서를 발행한다. 고객계좌부에 전자등록된 주식등에 대한 전자등록증명서의 발행은 계좌관리기관이 소유자의 신청을 받아 고객계좌부에 해당 수량만큼 처분제한 후 전자등록기관에 신청하고, 전자등록기관은 수량 및 용도 확인 후에 전자등록증명서를 발행하게 된다. 또한, 전자등록주식등의 공탁 시에는 전자등록증명서를 공탁하도록 하고 있다(공탁규칙 제6조 제3항).

그런데, 전술한 바와 같이 전자증권법에서는 소유자(채무자)의 신청 없이는 전자등록증명서의 발행을 할 수 없도록 규정하고 있어, 전자등록주식등에 관하여 전자등록기관 또는 계좌관리기관을 제3채무자로 하는 가압류·압류 결정이 있더라도 해당 기관은 민사집행법에 따른 집행공탁[11]을 할 수 없다.

---

11) 민사집행법 제248조(제3채무자의 채무액의 공탁) ① 제3채무자는 압류에 관련된 금전채권의 전액을 공탁할 수 있다.

② 금전채권에 관하여 배당요구서를 송달받은 제3채무자는 배당에 참가한 채권자의 청구가 있으면 압류된 부

즉 계좌관리기관등 자기계좌부에 대한 압류로 인해 전자등록기관이 제3채무자가 되는 경우에도, 전자등록기관의 전자등록증명서의 직권 발행 근거가 부재함에 따라 집행공탁을 통해 민사집행절차에서 벗어날 가능성이 없게 된다. 또한, 고객계좌부에 관하여 압류가 발생하는 경우 제3채무자가 되는 계좌관리기관 역시 압류채권자 중 1인이 민사집행법 제241조(특별한 현금화방법)에 따른 법원의 명령을 받기 전까지는 해당 법률관계에서 이탈이 곤란하다. 이에 따라 민사집행법상 집행공탁 근거가 마련된다고 하더라도, 제3채무자는 전자등록증명서를 발행받을 수 없어 공탁이 불가능하다는 문제가 있다.

따라서, 전자등록증명서의 발행 신청인 범위를 계좌관리기관까지 확대하고, 전자등록기관이 직권으로 전자등록증명서를 발행할 수 있는 근거를 마련할 필요가 있다. 다만, 전자등록기관 또는 계좌관리기관이 전자등록증명서를 발급한 경우에는 그 사실을 소유자(채무자)에게 통지하는 의무를 부과하도록 함으로써 이해관계자를 보호하는 조치가 필요하다.

다만, 현행 민사집행법상 집행공탁의 경우 제3채무자가 집행공탁을 할 수 있는 경우를 금전채권 압류 시로 한정하고 있다. 즉 일부 예외를 제외하면 공탁물이 원칙적으로 금전에 한정되어 있는 상황이므로 유가증권 압류 시에도 제3채무자의 집행공탁이 가능하도록 민사집행법 및 민사집행규칙을 개정하는 것이 필요하다. 또한, 중·장기적으로는 전자등록증명서의 공탁 외에 계좌간 대체의 전자등록을 통한 공탁 방식을 추가로 도입하여, 전자등록주식등에 대한 공탁을 전자적인 방식으로 처리할 수 있도록 하는 것이 바람직하다.

분에 해당하는 금액을 공탁하여야 한다.
③ 금전채권중 압류되지 아니한 부분을 초과하여 거듭 압류명령 또는 가압류명령이 내려진 경우에 그 명령을 송달받은 제3채무자는 압류 또는 가압류채권자의 청구가 있으면 그 채권의 전액에 해당하는 금액을 공탁하여야 한다.
④ 제3채무자가 채무액을 공탁한 때에는 그 사유를 법원에 신고하여야 한다. 다만, 상당한 기간 이내에 신고가 없는 때에는 압류채권자, 가압류채권자, 배당에 참가한 채권자, 채무자, 그 밖의 이해관계인이 그 사유를 법원에 신고할 수 있다.

- **전자증권법**

제63조(전자등록증명서) ① 전자등록기관은 전자등록주식등의 소유자가 「공탁법」에 따라 공탁하거나 「자본시장과 금융투자업에 관한 법률」 제171조에 따라 보증금 또는 공탁금을 대신 납부하기 위하여 해당 전자등록주식등의 전자등록을 증명하는 문서(이하 이 조에서 "전자등록증명서"라 한다)의 발행을 신청하는 경우에는 대통령령으로 정하는 방법에 따라 발행하여야 한다. 이 경우 계좌관리기관에 전자등록된 주식등의 소유자는 해당 계좌관리기관을 통하여 신청하여야 한다.

② 전자등록기관이 제1항에 따라 전자등록증명서를 발행한 때에는 해당 전자등록주식등이 전자등록된 전자등록기관 또는 계좌관리기관은 전자등록계좌부에 그 전자등록증명서 발행의 기초가 된 전자등록주식등의 처분을 제한하는 전자등록을 하여야 하며, 그 전자등록증명서가 반환된 때에는 그 처분을 제한하는 전자등록을 말소하여야 한다.

③ 누구든지 제2항에 따라 처분이 제한되는 전자등록주식등을 자신의 채권과 상계(相計)하지 못하며, 이를 압류(가압류를 포함한다)하려는 경우에는 대통령령으로 정하는 방법 및 절차에 따라야 한다.

- **공탁규칙**

제6조(사건부) ③ 사건부에 등록할 공탁번호는 연도, 부호문자와 진행번호에 따라 부여한다. 부호문자는 금전공탁은 "금"으로, 유가증권(「주식ㆍ사채 등의 전자등록에 관한 법률」제63조제1항에 따라 발행된 전자등록증명서를 포함한다. 이하 같다)공탁은 "증"으로, 물품공탁은 "물"로 하고, 진행번호는 접수순서에 따르며 매년 그 번호를 새로 부여한다.

- **민사집행법**

제241조(특별한 현금화방법) ① 압류된 채권이 조건 또는 기한이 있거나, 반대의무의 이행과 관련되어 있거나 그 밖의 이유로 추심하기 곤란할 때에는 법원은 채권자의 신청에 따라 다음 각 호의 명령을 할 수 있다.

1. 채권을 법원이 정한 값으로 지급함에 갈음하여 압류채권자에게 양도하는 양도명령
2. 추심에 갈음하여 법원이 정한 방법으로 그 채권을 매각하도록 집행관에게 명하는 매각명령
3. 관리인을 선임하여 그 채권의 관리를 명하는 관리명령
4. 그 밖에 적당한 방법으로 현금화하도록 하는 명령

제 2 장

전자등록기관의 지위 및 역할 재정립

1 전자등록기관의 계좌관리기관 관리 기능 강화

전자증권법 제46조(계좌관리기관의 자료제출 등)는 전자등록기관이 계좌관리기관에 전자등록업무에 관한 보고, 자료의 제출 또는 관련 장부의 열람 등을 요구할 수 있으며, 이 경우 계좌관리기관은 정당한 사유가 없으면 전자등록기관의 요구에 따르도록 규정하고 있다.

또한, 같은 조에서는 계좌관리기관이 초과분 발생을 확인하거나 영업의 정지, 인가·허가의 취소, 파산·해산 등 전자등록업무를 정상적으로 수행할 수 없는 사유가 발생한 경우 전자등록기관에 그 사실을 지체 없이 통지하도록 규정하면서, 전자등록기관이 계좌관리기관으로부터 이러한 통지를 받거나 그 밖에 전자등록업무를 정상적으로 수행할 수 없다고 인정되는 경우로서 대통령령으로 정하는 사유가 발생한 경우에는 금융위원회에 지체 없이 보고하도록 의무를 부과하고 있다.

그러나 이러한 전자등록기관의 보고·자료제출 등의 요구는 어디까지나 계좌관리기관의 협조를 전제로 하는 간접적인 성격의 조치라는 한계를 갖고 있다. 즉 계좌관리기관이 전자등록기관의 요구를 불성실하게 이행하거나 전혀 이행하지 않더라도 전자등록기관이 추가로 취할 수 있는 조치는 없으며, 사후적으로 금융위원회에 의한 1천만원 이하의 과태료 부과 조치만 가능한 상황이다.

전자증권제도에서 가장 핵심적인 역할을 하는 운영기관이 전자등록기관이라는 점을 고려할 때, 제도의 안정성 제고를 위해 전자등록기관에 의한 계좌관리기관 관리 기능을 보다 실질적으로 강화하는 것이 바람직하다.

따라서, 필요한 경우에는 전자등록기관이 직접 계좌관리기관의 전자등록 관련 업무 현황을 조사할 수 있도록 조사권 등을 부여하고, 그 결과를 금융위원회에 보고함으로써 업무 정비·개선 등 필요한 조치를 할 수 있도록 하는 내용의 규정 신설 등을 고려할 필요가 있다.

또한, 중·장기적으로 전자증권제도 성숙기에 접어드는 시점부터는 감독당국이 계좌관리기관의 전자등록 관련 업무에 대한 검사·감독 수행 시, 필요한 경우 전자등록기관이 공동으로 참여하여 수행하는 등의 방안도 모색해 볼 수 있을 것이다.

관련법령

■ 전자증권법

제46조(계좌관리기관의 자료제출 등) ① 전자등록기관은 계좌관리기관에 전자등록업무에 관한 보고, 자료의 제출 또는 관련 장부의 열람 등을 요구할 수 있다. 이 경우 계좌관리기관은 정당한 사유가 없으면 전자등록기관의 요구에 따라야 한다.

② 계좌관리기관은 다음 각 호의 어느 하나에 해당하는 경우에는 전자등록기관에 그 사실을 지체 없이 통지하여야 한다.

1. 제42조제1항에 따른 초과분 발생을 확인한 경우
2. 영업의 정지, 인가·허가의 취소, 파산·해산, 그 밖에 전자등록업무를 정상적으로 수행할 수 없는 사유가 발생한 경우

③ 전자등록기관은 다음 각 호의 어느 하나에 해당하는 경우에는 금융위원회에 그 사실을 지체 없이 보고하여야 한다.

1. 제42조제2항에 따른 초과분 발생을 확인한 경우
2. 제2항에 따른 통지를 받은 경우
3. 그 밖에 주식등에 대한 전자등록을 위한 업무를 정상적으로 수행할 수 없다고 인정되는 경우로서 대통령령으로 정하는 사유가 발생한 경우

제75조(과태료) ② 다음 각 호의 어느 하나에 해당하는 자에게는 1천만원 이하의 과태료를 부과한다.

13. 제46조제1항 후단을 위반하여 전자등록기관의 요구에 정당한 사유 없이 따르지 아니한 자
14. 제46조제2항을 위반하여 전자등록기관에 통지를 하지 아니하거나 거짓으로 통지한 자

■ 전자증권법 시행령

제37조(전자등록기관의 보고사항) 법 제46조제3항제3호에서 "대통령령으로 정하는 사유"란 자연재해, 전산시스템 장애, 그 밖에 이에 준하는 사태가 발생하여 전자등록주식등에 대한 전자등록·기록 및 관리를 위한 업무를 정상적으로 수행할 수 없다고 금융위원회가 정하여 고시하는 사유를 말한다.

---

2 전자등록기관의 허가요건 현실화

전자증권법 제5조에서는 전자등록업의 허가에 관하여 규정하고 있다. 전자등록업을 영위하려는 자는 전자등록의 대상이 되는 주식등의 범위를 구성요소로 하여 전부 또는 일부를 선택하고 금융위원회 및 법무부장관으로부터 전자등록업허가를 받아야 하는데, 이때 법령에서 정하는 일정한 요건을 반드시 갖춰야 한다.

이 중에서 최저자기자본 요건을 살펴보면, 법에서는 100억원 이상으로서 허가업무 단위별로 시행령으로 정하는 금액 이상의 최저자기자본을 갖출 것을(법 제5조제2항제2호), 시행령에서는 전자등록업무를 할 수 있는 주식등의 범위에 따라 최소 200억원에서 최대 2,000억원의 최저자기자본을 갖출 것을 요구하고 있다(영 제3조제1항·제2항 및 별표1)

제3편에서 서술하였듯, 이러한 최저자기자본 금액은 기존 증권예탁제도에서 예탁결제원에 예탁 중이던 예탁자산의 가치 및 거래량을 감안하여 증권등의 종류별 위험액을 기초로 설정한 것이다.

그러나 제도 시행일로부터 5년이 경과한 현재 시점에서는 그간의 금융시장 환경 변화 등을 반영하여 이러한 최저자기자본 요건에 대한 재검토가 필요하다고 생각된다.

첫째, 관리자산의 규모가 대폭 증가하였다. 최저자기자본 요건 산정 당시 기준으로 삼은 예탁결제원의 예탁자산 규모는 3,964조원이었으나(2012년 기준), 현재 전자등록 및 예탁된 예탁결제원의 관리자산 규모는 6,975조원에 달한다(2024년 6월 기준). 전자등록기관이 관리하는 자산 규모의 양적 증가를 고려하여 전자등록기관의 최저자기자본 요건도 조정을 검토함이 바람직하다.

둘째, 투자계약증권 및 비금전재산신탁에 대한 수익증권 등 비정형적인 권리를 표창하는 증권과 더불어, 분산원장 기술 기반의 토큰증권 등 새로운 증권의 발행 및 유통 형태가 자본시장에 동시다발적으로 출현하고 있다. 자본시장의 전방위적인 고도화 추세는 전자등록기관의 수행업무 범위가 크게 확장될 수 있음을 의미한다. 자본시장에서 금융투자상품과 시장 참가자가 크게 복잡화되고 있는 만큼, 이를 안정적으로 지원하기 위해 설립된 인프라인 전자등록기관이 갖춰야 할 최저자기자본 요건 또한 현실화 검토될 필요성이 있다.

- **전자증권법**

제5조(전자등록업의 허가) ① 전자등록업을 하려는 자는 전자등록의 대상이 되는 주식등의 범위를 구성요소로 하여 대통령령으로 정하는 업무 단위(이하 "전자등록업 허가업무 단위"라 한다)의 전부 또는 일부를 선택하여 금융위원회 및 법무부장관으로부터 하나의 전자등록업허가를 받아야 한다.

② 제1항에 따라 전자등록업허가를 받으려는 자는 다음 각 호의 요건을 모두 갖추어야 한다.

2. 100억원 이상으로서 전자등록업 허가업무 단위별로 대통령령으로 정하는 금액 이상의 자기자본을 갖출 것

③ 제2항의 허가요건에 관한 구체적인 사항은 대통령령으로 정한다.

- **전자증권법 시행령**

제3조(전자등록업허가의 요건 등) ① 법 제5조제1항에서 "대통령령으로 정하는 업무 단위"란 별표 1에 따른 전자등록업 허가업무 단위를 말한다.

② 법 제5조제2항제2호에서 "대통령령으로 정하는 금액"이란 별표 1에 따른 전자등록업 허가업무 단위별 최저자기자본 금액을 말한다.

▼ [별표1] 전자등록업 허가업무 단위 및 최저자기자본(제3조제1항 및 제2항 관련)

허가업무 단위	전자등록업무를 할 수 있는 주식등의 범위	최저자기자본
1	모든 주식등	2천억원
1-1	법 제2조제1호에 따른 주식등 중 다음의 주식등 1) 법 제2조제1호가목, 바목 및 파목에 해당하는 주식등 2) 법 제2조제1호마목(같은 호 가목 및 바목에 해당하는 것에 한정한다)에 해당하는 주식등 3) 법 제2조제1호거목[1) 및 2)에 해당하는 권리와비슷한 것에 한정한다]에 해당하는 주식등	800억원
1-1-1	허가업무 단위 1-1에 따른 주식등 중 다음의 주식등 1) 상장주식등 2) 권리 행사에 따라 상장주식등을 취득할 수 있는권리	600억원
1-1-2	허가업무 단위 1-1에 따른 주식등 중 다음의 주식등 1) 상장주식등이 아닌 주식등 2) 권리 행사에 따라 상장주식등이 아닌 주식등을 취득할 수 있는 권리	200억원
1-2	법 제2조제1호에 따른 주식등 중 다음의 주식등 1) 법 제2조제1호나목부터 마목까지, 자목, 카목(사채에 한정한다) 및 타목에 해당하는 주식등 2) 법 제2조제1호하목[1)에 해당하는 것에 한정한다]에 해당하는 주식등 3) 법 제2조제1호거목[1) 및 2)에 해당하는 권리와비슷한 것에 한정한다]에 해당하는 주식등	1천억원
1-3	법 제2조제1호에 따른 주식등 중 다음의 주식등 1) 법 제2조제1호사목, 아목, 차목 및 카목(사채는제외한다)에 해당하는 주식등 2) 법 제2조제1호하목[1)에 해당하는 것에 한정한다]에 해당하는 주식등 3) 법 제2조제1호거목[1) 및 2)에 해당하는 권리와비슷한 것에 한정한다]에 해당하는 주식등	200억원

비고) "상장주식등"이란 증권시장에 상장된 주식등을 말한다.

제 3 장

기타 제도상 미비점 보완

1 의무 전자등록의 시기 명시

　　전자증권법은 상장주식, 집합투자증권 등 의무적으로 전자등록을 해야 하는 주식등을 규정하고 있으나, 발행인이 의무 전자등록 대상인 주식등을 그 효력발생일로부터 "언제까지" 전자등록하여야 한다는 구체적·명시적 기준은 제시하지 않고 있다(법 제25조제1항 단서). 다만, 의무적으로 전자등록을 해야 함에도 신규 전자등록을 신청하지 아니한 자에 대해 5천만원 이하의 과태료 부과 근거는 마련되어 있는 상황이다(법 제75조제1항제3호).

　　이에 따라, 신규 전자등록 신청 지연에 따라 권리 행사가 일부 제한되거나, 전자등록 의무 위반 시점 판단이 어려워 과태료 부과가 곤란해질 가능성이 존재한다. 즉 신규 전자등록이 완료되기 전까지 해당 주식등의 소유자는 상당한 기간 동안 해당 주식등의 양도가 불가능하고 권리 행사를 할 수 없는 상황에 놓일 수 있다. 또한, 발행인이 신규 전자등록을 신청하지 않은 경우 과태료 부과 대상에 해당함에도 불구하고, 어느 시점부터 해당 의무를 위반한 것으로 볼 수 있는지 그 기준이 모호해지는 문제점이 있다. 과태료는 행정벌로서 질서위반행위규제법상 ⅰ) 질서위반행위 법정주의, ⅱ) 절차 준수, ⅲ) 명확성의 원칙, ⅳ) 유추해석 금지의 원칙 등을 준수하여야 한다.

　　이에, 상법에서 주권발행 시 회사의 성립 또는 신주의 납입 기일 후 지체 없이 발행하도록 하는 의무를 부과하고 있는 용례(상법 제355조제1항) 등을 참고하여, 주식등의 효력발생일로부터 지체 없이 신규 전자등록을 신청하도록 시기를 명시하는 것을 검토할 필요가 있다.

■ **전자증권법**

제25조(주식등의 신규 전자등록) ① 발행인은 전자등록의 방법으로 주식등을 새로 발행하려는 경우 또는 이미 주권등이 발행된 주식등을 권리자에게 보유하게 하거나 취득하게 하려는 경우 전자등록기관에 주식등의 신규 전자등록을 신청할 수 있다. 다만, 다음 각 호의 어느 하나에 해당하는 주식등에 대해서는 전자등록기관에 신규 전자등록을 신청하여야 한다.

　　1.「자본시장과 금융투자업에 관한 법률」제8조의2제4항제1호에 따른 증권시장에 상장하는 주식등

　　2.「자본시장과 금융투자업에 관한 법률」에 따른 투자신탁의 수익권 또는 투자회사의 주식

　　3. 그 밖에 권리자 보호 및 건전한 거래질서의 유지를 위하여 신규 전자등록의 신청을 하도록 할 필요가 있는 주식등으로서 대통령령으로 정하는 주식등

제75조(과태료) ① 다음 각 호의 어느 하나에 해당하는 자에게는 5천만원 이하의 과태료를 부과한다.

　　3. 제25조제1항 단서를 위반하여 전자등록기관에 신규 전자등록을 신청하지 아니한 자

■ **상법**

제355조(주권발행의 시기) ① 회사는 성립후 또는 신주의 납입기일후 지체없이 주권을 발행하여야 한다.

2　전자등록 대상 외국 주식의 범위 조정

　　전자증권법은 전자등록된 주식등에 대하여 원칙적으로 실물증권 발행을 금지하고 있다.[1] 그런데 우리나라의 전자증권제도를 이용하는 제도 참가자 중에는 외국의 설립 근거법에 따라 설립된 발행인도 포함되며, 그 설립 근거법 중에는 실물 발행을 강제하는 내용을 정한 경우가 있으므로 전자증권법은 이러한 상황을 감안하여 업무 절차와 방법을 마련하였다.[2] 즉 해당

---

1) 전자증권법 제36조(전자등록주식등에 대한 증권·증서의 효력 등) ① 발행인은 전자등록주식등에 대해서는 증권 또는 증서를 발행해서는 아니 된다.

2) 전자증권법 제67조(외국 전자등록기관 등에 관한 특례) ② 제36조제1항에도 불구하고 외국법인등은 전자등록주식등에 대하여 증권 또는 증서를 발행할 수 있다. 이 경우 그 증권 또는 증서를 그 외국법인등의 소재지의 외국 전자등록기관 또는 금융위원회가 정하여 고시하는 보관기관에 보관하는 경우에만 해당 증권 또는 증서에

외국 주식의 경우에는 실물 발행을 허용하되 그 실물을 외국에 소재하는 전자등록기관이나 보관기관(custodian)에 보관하도록 하고 있다.[3]

그러나 당초 취지와는 달리 실물 발행을 강제하는 설립 근거법의 적용을 받는 외국 발행인의 경우 국내 전자등록기관 이용에 추가로 외국 전자등록기관 등도 선임하게 되는 비용을 지출하게 되어 전자등록에 소요되는 비용이 배가될 뿐 아니라, 외국 현지에서 이미 발행된 주식에 대한 별도의 증권이 국내에서 다시 발행되는 업무 구조로 인하여 국내 전자등록주식등 소유자의 권리 보장이 미흡하게 되는 문제 또한 발생하게 되었다. 나아가, 전자등록을 하기 위해 요구되는 정관 등의 변경 역시 불가능한 경우가 발생하므로[4] 향후 전자증권법 개정 시에 실물 발행이 강제되는 외국 주식의 경우에는 전자등록의 대상에서 제외하는 것을 고려할 필요가 있다.

3 특별 이해관계 등과 관련된 계좌관리기관 범위 정비

전자증권법은 전자등록기관의 조직 및 운영의 독립성과 건전성을 제고하기 위하여 전자등록기관 상근 임원의 지위 및 상근 임직원의 특별한 이해관계가 계좌관리기관과 연계되지 않도록 규정하고 있다. 즉 전자등록기관의 상근 임원은 계좌관리기관의 임직원이 아닌 자여야 하고, 상근 임직원은 계좌관리기관과 특별한 이해관계를 가져서는 아니 된다(법 제13조제1항 · 제5항).

그런데 전자등록기관이 특별계좌를 관리하기 위한 목적 등으로 인하여 계좌관리기관의 지위를 함께 갖게 되는 경우가 있으므로, 특별 이해관계 금지와 관련해 전자증권법 제13조(임

표시될 수 있거나 표시되어야 할 권리의 전자등록을 할 수 있다.

3) 전자등록업규정 제6-1조(외국법인등이 발행한 증권 · 증서의 보관기관 등) 법 제67조제2항에서 "금융위원회가 정하여 고시하는 보관기관"이란 다음 각 호의 어느 하나에 해당하는 기관을 말한다.
  1. 외국법인등 소재지의 외국 전자등록기관이 출자한 기관으로서 국제증권 보관 및 결제업무를 수행할 목적으로 특별히 설립된 기관
  2. 다음 각 목의 요건을 모두 갖춘 외국의 금융기관
    가. 보관규모가 미화 100억 달러 이상의 국제증권 전문보관업무의 수행
    나. 국제보관업무의 경험이 풍부하고 현지증권시장 사정에 정통
    다. 국제적 또는 특정권역(대륙별)에 걸쳐 보관업무 제공이 가능
  3. 그 밖에 외국법인등이 주식등을 전자등록하고자 하는 전자등록기관이 인정하는 기관
4) 천창민. (2019). 전자증권의 국제사법적 쟁점. 서울대학교 금융법센터(편저), BFL, 제96호. 100.

원 등)에서 규정하고 있는 계좌관리기관의 범위에서 업무상 계좌관리기관의 지위를 보유하는 경우의 전자등록기관을 제외하도록 명확하게 규정함으로써 불필요하게 발생할 수 있는 혼동의 여지를 제거할 필요가 있다.[5]

> **관련법령**
>
> ■ **전자증권법**
>
> 제13조(임원 등) ① 전자등록기관의 상근임원은 계좌관리기관의 임직원이 아닌 사람이어야 한다.
> ⑤ 전자등록기관의 상근 임직원은 계좌관리기관 및 「자본시장과 금융투자업에 관한 법률」 제9조제17항에 따른 금융투자업관계기관(그 상근 임직원이 소속된 같은 항 제2호에 따른 예탁결제원은 제외한다)과 자금의 공여, 손익의 분배, 그 밖에 영업에 관하여 대통령령으로 정하는 특별한 이해관계를 가져서는 아니 된다.

---

4 은행법 개정사항의 반영

전자증권법 제19조(계좌관리기관)는 전자증권제도 주요 참가자인 계좌관리기관이 될 수 있는 자의 범위에 대해 규정하고 있다. 그런데 전자증권법 제19조(계좌관리기관)제2호나목에 규정되어 있는 「은행법」 제5조(수산업협동조합중앙회에 대한 특례)에서 은행으로 보는 신용사업부문의 경우, 전자증권법 제정 이후 은행법이 개정(2016.5.29.)됨에 따라 해당 조항[6]이 삭제되었다. 즉 은행과 같은 역할을 수행했던 '수산업협동조합중앙회의 신용사업 부문'이 수협은행으로 정식 출범한 사항을 반영하여 은행법 개정이 이뤄졌다.

다만, 수산업협동조합법 부칙(2016.5.29.) 제22조(다른 법령과의 관계)에서 "종전의 「은행법」 제5조에 따른 수산업협동조합중앙회의 신용사업 부문을 인용한 경우에는 이 법에 따라 설립된 수협은행을 인용한 것으로 본다"는 의제 조항이 있으므로 해석상 문제가 될 소지는 없다. 그러나 수협은행 관련 사항은 전자증권법 시행령의 제정 당시 관련 법령의 인용 또는 해

---

5) 최지웅. (2019). 전자증권법제의 도입 및 향후 법적 정비 과제. 한국증권법학회(편저), 증권법연구, 제20권 제3호. 282.

6) 舊 은행법(법률 제10522호) 제5조(수산업협동조합중앙회에 대한 특례) 수산업협동조합중앙회의 신용사업 부문은 이를 하나의 은행으로 본다.

석을 최소화하고 전자증권법령 자체에 명시적으로 규정하고자 하는 취지에서 계좌관리기관이 될 수 있는 자의 범위에 포함되어 이미 규정[7]된 것이므로, 향후 전자증권법 개정 시 제19조(계좌관리기관)제2호나목을 삭제하는 것이 바람직[8]하다.

관련법령

■ **전자증권법**

제19조(계좌관리기관) 다음 각 호의 어느 하나에 해당하는 자는 계좌관리기관이 될 수 있다.

　2. 다음 각 목의 어느 하나에 해당하는 자

　　가. 「은행법」에 따라 인가를 받아 설립된 은행(같은 법 제59조에 따라 은행으로 보는 자를 포함한다)

　　나. 「은행법」 제5조에서 은행으로 보는 신용사업 부문

　　다. 「농업협동조합법」에 따른 농협은행

　　라. 「한국산업은행법」에 따른 한국산업은행

　　마. 「중소기업은행법」에 따른 중소기업은행

---

7) 전자증권법 시행령 제11조(계좌관리기관) ② 법 제19조제8호에서 "대통령령으로 정하는 자"란 다음 각 호의 어느 하나에 해당하는 자를 말한다.
　5. 「수산업협동조합법」에 따른 수산업협동조합, 수산업협동조합중앙회 및 <u>수협은행</u>
8) 최지웅. (2019). 전자증권법제의 도입 및 향후 법적 정비 과제. 한국증권법학회(편저), 증권법연구, 제20권 제3호. 280.

제4장

전자증권제도의 미래에 대한 소고

    '금융'은 시간과 공간을 초월한 가치 교환이다. 시간을 초월한 가치 저장과 공간을 초월한 가치 이동, 그 중심에는 현재의 부(富)를 미래로 옮기려 한 이들과 미래의 부(富)를 현재로 옮기려 한 이들 간 약속의 증권화가 있었다. 즉 금융은 '미래 자본'을 '현재 자본'으로 전환시키는 데 가장 효율적인 수단이다. 이러한 수단을 제도화하고 법제화해야만 "약정함으로써 취득하는 권리"인 금융투자상품, 즉 '약속'을 믿고 더 많은 미래 자본이 현재 자본으로 안심하고 전환될 수 있다.

    그렇기에 현대 금융은 법치(法治)로 이뤄진다. 법·제도의 수준이 그 나라·사회의 자본 규모를 결정하며, 법·제도의 우열이 자본시장 간 경쟁력의 서열을 나타낸다. 현재의 결과는 '증권화'를 향한 그간의 법·제도적 개선 노력의 산물이며, 그간 증권화를 통해 더 낮은 비용으로 더 많은 '미래 자본'을 '현재 자본'으로 전환시키는 데 성공한 이들이 더 많은 미래 성장의 기회를 잡아왔다. 더 많은 미래 성장의 기회를 잡았기에 그들은 그간 경쟁에서 승리할 수 있었다. 그리고, 그 승리의 길목에는 증권유통제도가 늘 함께했다. 자본시장법상 예탁결제원의 설립 목적(동법 제294조제1항)에 "증권등의 매매거래에 따른 유통의 원활"이 포함되고, 전자증권법의 입법 취지(동법 제1조)에 "주식 및 사채(社債) 등의 전자등록 제도를 마련하여 그 권리의 유통을 원활"이 규정되어 있다는 것이 그 실례(實例)일 것이다.

    재차 강조하자면 새로운 자산의 증권화와 증권화된 자산의 유통 원활화 수준은 디지털 전환 시대와 맞물려 이제는 한 국가에 있어 자본시장의 내일을 가늠할 수 있는 척도가 되고 있다. 법상 제한된 증권의 범위 안에서 법상 정해진 유통 플랫폼(자본시장법상 증권예탁제도와 전자증권법상 전자증권제도)에만 의존하던 기존 증권유통제도는 '새로운 시대의 부(富)'를 담기 위한 변혁을 통해 '기회의 시대'를 만들어야만 하는 상황에 직면해 있다. 준비된 미래를 열기 위한 실험과 도전 정신의 실천 차원에서 최근 신탁수익증권이라는 새로운 자본시장법상 증권과 기존 전자증권법상 전자증권제도의 만남[1]이 갖는 의미가 적지 않은 것도 바로 그런 이유 때문이다.

　　자본시장법은 '증권'의 실질, 즉 발행 주체와 권리 내용에 따라 증권을 유형별로 분류(동법 제4조)하고 있을 뿐 그 외관에 대해서는 아무런 규정이 없다. 그 외관 현출(現出)에 적용되는 기술의 종류는 증권의 실질에 영향을 미치지 않는 것이다. 그 연장선으로 전자증권법 또한 '전자등록'의 실질적 내용만을 규정(주식등의 종류, 종목, 금액, 권리자 및 권리 내용 등 주식등에 관한 권리의 발생·변경·소멸에 관한 정보를 전자등록계좌부에 전자적 방식으로 기재하는 것, 동법 제2조제2호)하고 있을 뿐 자본시장법상 증권에 대한 규정과 동일하게 전자등록에 적용되는 기술의 종류에 대해서는 침묵하고 있다.

　　사실상 부동화·무권화 기반 증권예탁제도의 발전적 모델인 '전자증권제도'는 이미 주어진 2-tier 구조(권리자-계좌관리기관-전자등록기관)의 전자적 구현에 집중하였고, 그 밖에 새로운 유통방식을 실현할 구조·기술에 대해 고민한 흔적은 발견하기 어렵다. 이런 상황에서 '1-tier 구조(권리자-계좌관리기관/전자등록기관) 및 분산원장 도입'을 통한 '새로운 외관의 전자등록' 출현(예정)은 전자등록업을 넘어 증권 유통업에 대한 본격적인 경쟁시대의 도래를 예고하고 있다. 외관상 전자증권법상 전자등록업허가를 받은 법인은 1개[2]뿐으로 보일 수 있으나, 규제샌드박스 특례, 증권과 유사한 속성을 보이고 있는 일부 가상자산 거래, 조만간 다가올 토큰증권 플랫폼의 구축으로 전자등록시장은 사실상 이미 경쟁 상태라고 볼 수 있다. 전자증권법상 전자등록기관 또한 전자등록업허가제로 인해 언제든지 복수[3]가 될 수 있으며 토큰증권으로 인해 새로운 외관을 갖춘 전자등록도 준비 중에 있다. 토큰증권의 제도적 수용을 위한 자본시장법 개정안(윤창현 의원 등, 2023.7.28. 국회 제출) 및 전자증권법 개정안(윤창현 의원 등, 2023.7.28. 국회 제출)(이하 "토큰증권법안"이라 한다)은 제21대 국회에서 임기만료폐기(2024.5.29.)되었지만, 그 공은 곧 제22대 국회(2024.5.30. 개원)로 넘어가게 되었다(김재섭 의원 등, 2024.10.25. 국회 제출).

　　전자증권법상 전자증권은 그 적용대상이 '주식등'으로 제한되어 있으며, 전자화 방식도

---

1) 2023년 2월 금융위원회의 「토큰증권(Security Token) 발행·유통 규율체계 정비방안」 발표 후, 2024년 4월 30일 블록체인상의 토큰과 미러링된 신탁수익증권의 발행 및 유통에 관한 최초의 혁신금융서비스 지정이 이루어졌습니다. 금융당국은 전자증권법 개정 전에는 그 자체로 전자증권으로서의 효력을 가지는 토큰증권의 발행은 불가하다는 입장이므로, 본 서비스의 신탁수익증권은 전자등록 방식으로 발행되고, 이와 미러링한 토큰이 발행 및 거래되는 구조를 취하고 있습니다(2024.6.12. 법률신문).
2) 전자증권법 부칙 <법률 제14096호, 2016.3.22.> 제8조(한국예탁결제원 등에 대한 경과조치) ① 이 법 공포 후 6개월이 경과한 날 당시 예탁결제원은 제5조제1항에 따라 전자등록기관의 허가를 받은 것으로 본다.
3) 국회예산정책처. (2002). 공공기관 지정 제도의 현황과 개선과제, 128.

특정한 법적 장부(전자등록계좌부)와 특정한 전자등록 방식(전자등록계좌부에의 전자적 기재)과 그러한 전자등록계좌부를 관리할 특정한 참가자(전자등록기관 및 계좌관리기관)를 요구한다. 그러한 설계 구조는 자본시장법상 증권등 중 예탁대상증권등(예탁결제원에 예탁할 수 있는 증권등, 자본시장법 제308조제2항)을 대상으로 특정한 법적 장부(투자자계좌부 및 예탁자계좌부)와 특정한 예탁방식과 그러한 계좌부를 관리할 특정한 참가자(예탁결제원 및 예탁자)를 요구하는 증권예탁제도와 유사하다. 즉 전자증권·증권예탁제도는 발행 및 유통 플랫폼 운영자를 신뢰할 수 있는 자로 제한하는 방식으로 안정성을 확보한다. '신뢰할 수 있는 자'에게 '신뢰할 수 있는 상품'만 취급하게 하고 '책임'을 부여하는 방식으로 '거래안전'과 '투자자 보호'를 보장하려 한다. 반면 블록체인기술은 '신뢰할 수 있는 자'의 지위를 '신뢰할 수 있는 기술'로 대체하려 한다. 크게는 '신뢰할 수 있는 자'에 대한 '불신'을 대체하고, 작게는 '신뢰할 수 있는 자'로부터 제공받는 서비스에 대한 '비용 부담'을 완화·해소하기 위한 명분으로 블록체인기술은 다가왔다.

그런 과도기 속에서 토큰증권법안에는 새로운 환경 변화에 대한 제도적 수용의 필요성과 그 수용에 따른 법적 불안 해소 및 투자자 보호에 대한 고민의 흔적이 도처에 보인다. 총량관리 업무를 전자등록기관에 부여하는 방식 등으로 기존 전자등록기관을 새로운 전자등록 방식과 연결[4]하려는 것이 그것이다. 블록체인기술에 대한 기본 철학(탈중앙과 평등한 참여)에서 벗어난 조치라 여겨질 수도 있으나 법적 안정성 확보를 위한 불가피성 또한 부인할 수 없는 것도 사실이다. 하지만, 그러한 연결에도 불구하고 향후 전자등록의 외연 확장은 필연적일 수밖에 없다. 전자등록업의 영위를 위해서는 금융위원회 및 법무부장관으로부터 전자등록업허가(법 제5조제1항)를 받아야 하지만, 전자등록의 효력이 담긴 전자등록계좌부는 계좌관리기관(고객계좌부, 법 제22조제2항)과 전자등록기관(계좌관리기관등 자기계좌부, 법 제23조제2항)이 작성하여 관리 중이다. 토큰증권법안에 따르면 전자등록의 효력이 담긴 법적 장부는 분산원장[5]으로까지 확대된다. 이 경우, 형식적으로는 전자등록업허가를 받은 자만이 전자등록기관임에도 실질적으로는 계좌관리기관뿐 아니라 분산원장인 전자등록계좌부를 작성하여 관리

---

[4] 전자등록기관이 총량관리 업무를 수행할 수 있도록 계좌관리기관이 분산원장인 고객계좌부에 전자등록하려는 경우 4주 전에 전자등록기관에 통지하도록 하고, 전자등록기관이 정하는 방식에 따라 고객계좌부를 열람·출력·복사할 수 있도록 함(안 제23조의2제4항 및 제5항 신설)(전자증권법 개정안, 김재섭 의원 대표발의, 2024. 10.25.).

[5] '분산원장'이란 주식등에 관한 정보가 다수 참여자에 의해 시간순서대로 공동 기재되고, 공동 관리 및 기술적 조치를 통하여 무단삭제 및 사후적 변경으로부터 보호되는 장부(대통령령으로 정하는 것을 포함한다) 및 그 관리 체계를 말한다(안 제2조제3호의2 신설)(전자증권법 개정안, 김재섭 의원 대표발의, 2024.10.25.).

중인 모든 참가자가 전자등록기관과 유사한 위치를 갖게 될 수 있다. 전자등록업허가제에 대한 현행 제도와 같은 경직성을 유지하는 것이 과연 바람직한 것인지에 대해 고민이 필요한 이유도 바로 이 때문이다.

'자본'은 '돈을 벌기 위한 돈'이다. (자본시장법은 자본시장법상 증권으로서의 기업어음증권에 대해 기업이 사업에 필요한 자금을 조달하기 위하여 발행한 것[6])에 한한다고 규정하면서 그 개념을 간접적으로 밝히고 있다.) 금융투자상품은 그 돈을 구하기 위한 수단이다. 그 수단으로서의 실질적 · 경제적 기능만 할 수 있다면 굳이 발행인(증권을 발행하였거나 발행하고자 하는 자, 자본시장법 제9조제10항)의 존부(存否)가 그 수단의 범위를 제한할 필요는 없을 듯하다. '발행한 수단'을 통해서도, (그 원인과 메커니즘이 무엇이든) '발생된 수단'을 통해서도 그 수단이 돈을 벌기 위한 돈으로의 역할만 할 수 있다면 반드시 '약정으로써 취득하는 권리'로 제한할 필요도 없고, 그러기에 반드시 발행인이 있어야 할 필요도 없으며, 그런 유통 방식 외에 권리 외관을 표시할 수 있는 새로운 기술적 방법은 계속 출현 중이고 앞으로도 출현이 예상된다. 그러한 권리 외관을 법으로 인정할 것인지의 문제만 남은 것이다. 무릇 '다품종 소량' 생산시대에서 '소품종 대량' 생산시대를 넘어 '다품종 맞춤' 생산시대를 맞이한 것은 제조업 현장에만 국한된 것이 아니다. 자금 조달 수단으로서의 외관과 그 외관에 맞는 맞춤형 유통 플랫폼은 법에서 정한 특정한 방법과 특정한 기구(기관)를 강제하기에는 이제 그 한계가 다가오고 있다.

다만, 그럼에도 불구하고 증권예탁제도의 영속에 대해서는 또 다른 고민이 필요하다. 자금 조달 수단을 위한 증권 유통 플랫폼의 선택권 보장 차원에서 현재 증권예탁제도는 그 역할을 충실히 수행 중이다. 하지만, 실물 증권 기반으로 설계된 증권예탁제도는 증권의 디지털화라는 시대 흐름과 동거를 계속하기에는 불편한 부분이 있는 것도 사실이다. 전자증권제도 도입 논의 초기에는 증권예탁제도를 폐지하고 전자증권제도로 일원화하는 것을 목표로 하다가, 전자증권제도의 안정적 정착을 위한 시간 확보, 제도 전환에 따른 시장 혼란 방지와 투자자 보호 등을 감안하여 한시적 성격으로 증권예탁제도를 존속[7]시켰다. 그러나 전자증권제도로의

---

6) 자본시장법 제4조(증권) ③ 이 법에서 "채무증권"이란 국채증권, 지방채증권, 특수채증권(중략), 사채권(중략), 기업어음증권(기업이 사업에 필요한 자금을 조달하기 위하여 발행한 약속어음으로서 대통령령으로 정하는 요건을 갖춘 것을 말한다. 이하 같다), 그 밖에 이와 유사(類似)한 것으로서 지급청구권이 표시된 것을 말한다.

7) 증권예탁제도를 병행을 지지하는 논거는 ① 전자증권법 제정안에서는 의무 전자등록 대상 등에 포함되지 않는 증권 등은 발행인의 신청 여부에 따라 전자등록 여부가 결정되므로, 전자등록증권이 아닌 증권에 대해서는 기존과 같이 원활한 거래를 위해 증권예탁제도의 이용을 허용할 필요가 있고, ② 전자증권제도의 도입과정에서 전면적으로 증권예탁제도를 폐지하는 것보다는 증권예탁제도에서 전자증권제도로 점차적인 전환이 필요하며, ③ 전자증권제도와 증권예탁제도가 운영상 큰 차이가 존재하지 않아 병행에 큰 어려움이 없고, ④ 기업어음증권(CP), 금지금 등의 경우 증권예탁제도 이외에 적절한 대체 유통제도가 존재하지 않으므로 이에 대한 증권예

자발적 이동에 대한 기대가 무색하게 증권예탁제도는 전자증권제도와 병존하고 있는 상황이다. 증권예탁제도를 인위적으로 폐지하기도, 증권예탁제도의 활성화를 추진하기도 어려운 곤란한 상황에서 전자증권제도의 경쟁력 강화만이 증권예탁제도의 이용 수요를 흡수할 수 있는 유일한 방법이 될 것이고 그 방법을 찾는 것 또한 한걸음 더 나아간 전자증권제도의 미래상이 되지 않을까?

전자증권제도의 미래를 구체적으로 그리기는 어렵다. 하지만, 향후에도 새로운 유형의 자산, 새로운 기술 기반의 증권 유형과 유통 구조는 계속 출현하게 될 것이며, 전자증권제도 역시 이러한 미래 현상들을 법·제도적으로나 기술적으로 잘 담아낼 수 있는 방향으로 나아가야 한다. 때에 따라 증권의 개념은 점진적으로 더 유연해질 것이고 가상자산처럼 발행인의 존부조차 증권의 개념에 영향을 미치지 않는 세상이 올 수도 있으며, 그에 따라 증권의 유통 방법은 더욱 다양해질 것이다. 어쩌면 증권의 유통 사업에 필요한 자금 조달 수단으로 전자적 방식으로 표현된 모든 것을 허용하되 '사람(법인) 신뢰형 유통 플랫폼'과 '기술 신뢰형 유통 플랫폼'과 같이 구분하여 설계도를 다시 그리거나, 투자증권의 유통 플랫폼에 관한 법률을 별도로 마련해야 할지도 모른다. 그 대상이 무엇이든, 어떠한 외관을 보이든, 그 유통 방식이 무엇이든 전자'證券'은 전자'證權'으로 그 진화를 거듭하며 권리(權利)의 본질에 한 걸음씩 더 다가가고 있다. 자본시장에서 사업에 필요한 자금을 조달할 수 있는 수단이 될 수만 있다면 다품종 맞춤 생산 시대 속의 전자증권산업 발전과 시장 규모의 변화는 이제부터 시작이지 않을까?

탁제도를 존치하면서 함께 운영할 수 있다는 것임. 증권예탁제도 병행을 반대하는 논거는 ① 전자증권제도를 도입하는 경우 기존의 증권예탁제도는 전자증권제도의 확고한 정착과 투자자 혼란의 최소화 등을 위해 원칙적으로 폐지하는 것이 바람직하며, ② 전자등록제도와 함께 기존 증권예탁제도를 운영하는 것은 이원적인 운영으로 인하여 효율성이 악화되고, ③ 의무 전자등록 대상이 아닌 증권에 관하여 전자등록제도로의 편입을 저해한다는 것임[진정구(정무위원회 수석전문위원). (2015). 증권 등의 전자등록에 관한 법률안(의안번호 12722, 이종걸의원 대표발의) 검토 보고서. 42-43].

* 토큰증권법안(김재섭 의원 등 발의안, 2024.10.25. 국회 제출)

▼ 전자증권법 · 자본시장법 주요 개정사항(요약)

	법률 개정안	향후 시행령 · 규정 사항(잠정)
분산원장 〈전자증권법〉	① 분산원장의 정의 ② 증권의 전자등록을 위한 공적장부로써 분산원장 이용 허용 ③ 분산원장 기재 · 관리 책임을 전자등록기관 · 계좌관리기관에 부여(기존 전자증권과 동일) ④ 분산원장 기재정보에 대한 신용정보법상 개인신용정보 파기의무 특례 ⑤ 벌칙 · 과태료	① 분산원장을 이용해 전자등록할 수 있는 증권의 범위 ② 전자등록에 이용할 수 있는 분산원장의 구체적 요건 ③ 분산원장에 기재된 개인신용정보 관리 방법 ④ 기관 · 임직원 조치
발행인 계좌관리기관 〈전자증권법〉	① 발행인 계좌관리기관 신설(등록) ② 초과분 해소재원 적립의무 ③ 직권말소 및 벌칙 · 과태료	① 발행인 계좌관리기관 요건 ② 초과분 해소재원 적립기준 ③ 기관 · 임직원 조치
장외거래 중개업자 〈자본시장법〉	① 투자계약증권에 자본시장법상 유통규제 적용 ② 수익증권 · 투자계약증권 장외거래중개업자 신설(인가)	① 장외거래중개업자 인가 요건 ② 장외거래중개업자 업무방법 및 업무기준 ③ 장외거래중개업자 시장에서의 일반투자자 투자한도 ④ 장외거래중개업자의 발행 · 인수 · 주선 증권 중개 제한(발행-유통 분리) ⑤ 장외거래중개업자 시장에서 거래시 매출 공시 특례

1. 토큰증권법안 주요 내용

① 증권의 전자등록을 위한 공부(公簿)로 분산원장 허용

　(전자증권법 제2조제3호의2, 제2조제4호의2, 제23조의2제1항 · 3항 신설)

- 분산원장을 증권 정보가 시간 순으로 다수에 의해 기록되고 다수의 관리를 통해 위 · 변조가 방지되는 장부등 및 그 관리체계로 정의

- 분산원장을 증권 권리의 발생 · 변경 · 소멸에 대한 **전자등록 정보를 기재하는 전자증권법상 장부(계좌부)**로 인정

　※ 공부(公簿)인 전자등록계좌부에 전자등록된 자를 적법한 권리자로 추정

- **토큰증권**을 (기존 전자증권과 다른 발행 형태의) **전자증권법상 증권**(분산등록주식등)으로 정의하고, **전자증권과 동일한 투자자 보호장치** 적용

> ■ (법안 제2조제3호의2) "분산원장"이란 주식등에 관한 정보가 다수 참여자에 의해 시간순서대로 공동 기재되고, 공동 관리 및 기술적 조치를 통하여 무단삭제 및 사후적 변경으로부터 보호되는 장부(대통령령으로 정하는 것을 포함한다) 및 그 관리 체계를 말한다.
> ■ (법안 제2조제4호의2) "분산등록주식등"이란 분산원장인 전자등록계좌부에 전자등록된 주식등을 말한다.
> ■ (법안 제23조의2) ① 전자등록기관 및 계좌관리기관은 주식등의 전자등록 및 관리에 분산원장을 이용할 수 있다. 다만, 발행인 계좌관리기관은 분산원장만을 이용하여야 한다.
> ③ 분산원장인 고객계좌부는 제22조제2항에 따라 고객계좌가 개설된 계좌관리기관이 작성한 것으로 보며, 분산원장인 계좌관리기관등 자기계좌부는 전자등록기관이 제23조제2항에 따라 작성한 것으로 본다.

② 직접 토큰증권을 등록·관리하는 발행인계좌관리기관 신설

(전자증권법 제2조제8호 신설)

- 일정 요건*을 갖춘 **발행인**이 증권사 등 계좌관리기관을 통하지 않고, **전자등록 정보를 분산원장에 직접 기재**하도록 허용

  * 자기자본, 인력·물적설비, 분산원장, 사회적 신용·대주주·임원, 이해상충 방지체계에 대한 등록 요건은 대통령령에 위임

- **초과분 발생 시 배상 자력 확보**를 위하여 **재원 적립을 의무화**

> ■ (법안 제2조제8호) "발행인 계좌관리기관"이란 분산원장을 이용하여 자신이 발행하는 주식등을 전자등록하려는 자로서 제19조의2(발행인 계좌관리기관의 등록)에 따라 등록한 자를 말한다.

③ 비정형적 증권(투자계약증권, 비금전 신탁수익증권)에 대한 장외 유통플랫폼 제도화

(자본시장법 제166조 신설)

- 비정형적 증권의 유통시장 형성을 위해 다자간 상대매매를 중개할 수 있는 장외거래중개업 신설

> ■ (법안 제166조) ① 거래소시장 및 다자간매매체결회사 외에서 증권이나 장외파생상품을 매매하는 경우에는 다음 각 호의 매매거래를 제외하고는 단일의 매도자와 매수자 간에 매매하는 방법으로 하여야 한다.
> 1. 협회 또는 종합금융투자사업자를 통한 장외거래
> 2. 대통령령으로 정하는 투자중개업자를 통한 장외거래

2. 전자증록기관의 역할

① (발행심사) 토큰증권의 발행적격 요건 심사

- 토큰증권 **발행적정성 · 유통성*** 심사　　※ 기존 전자증권과 동일

  * 양도가능성, 대체가능성(권리자 간 동일한 권리), 적법성, 권리 표준성 등

- 추가적으로, '**분산원장 요건 심사**' 역할 수행(전자증권법 제23조의2제2항 신설)

  - **탈중앙화 · 기술 기반의 운영 방식**을 고려, 증권발행 및 유통 안정성 확보를 위한 **분산원장 요건* 충족 여부 심사 필요**

  * 전자등록업무 수행을 위한 적합성 등

  ※ 금융위는 발행인 계좌관리기관 등록 심사 시 분산원장 요건 심사를 전자등록기관이 수행할 수 있도록 업무 위탁 근거(법안 제69조) 마련

> ■ (법안 제23조의2) ② 제1항에 따른 분산원장의 이용은 대통령령으로 정하는 주식등의 전자등록 및 관리에 한하며, 전자등록기관 및 계좌관리기관은 대통령령으로 정하는 요건을 갖춘 분산원장을 대통령령으로 정하는 방법으로 이용하여야 한다.
> ■ (법안 제69조) 이 법에 따른 금융위원회의 권한은 그 일부를 대통령령으로 정하는 바에 따라 금융감독원장 또는 금융위원회가 따로 지정하는 전자등록기관에게 위탁할 수 있다

② (총량관리) 발행 및 유통 총량 관리(전자증권법 제23조의2제4항 · 제5항 신설)

- 발행 총량은 발행심사 시 입수하여 발행인관리계좌부*에 관리

  * 전자증권법 제21조제2항

- 유통 총량은 계좌대체 등 유통 변동 정보를 (분산원장 참여 또는 계좌관리기관 통지를 통해) 입수하여 고객관리계좌부*에 관리

  * 전자증권법 제22조제3항

> ■ (법안 제23조의2) ④ 제1항에 따라 분산원장을 이용하려는 계좌관리기관은 분산원장을 이용하기 4주 전에 이를 전자등록기관에 통지하여야 한다.
> ⑤ 분산등록주식등이 전자등록된 계좌관리기관은 전자등록기관이 요청하는 경우 지체 없이 고객계좌부 사본을 분산원장이 아닌 장부의 형태로 전자등록기관이 열람할 수 있도록 하여야 한다.

③ (권리관리) 소유자명세 · 명부 작성, 배당금 등 권리 배정 · 지급, 투자자 권리행사 지원, 발행정보 공개 등　　※ 기존 전자증권과 동일

발행회사를 위한 제도 전환 절차

1 전자증권제도 개요

(1) 전자증권제도의 개념 및 기대효과

2019년 9월 16일 전자증권법이 시행됨에 따라 전자증권제도가 도입되었다. 전자증권제도는 실물(實物)의 발행 없이 증권의 발행 및 유통, 권리 행사 등 증권에 관한 모든 사무를 전자적인 방법으로 처리하는 제도이다.

기존 증권예탁제도가 실물증권의 부동화(不動化)에 기반한 불완전한 무권화(無券化) 제도(투자자가 요청시 실물 발행 가능)라면, 전자증권제도는 실물증권의 발행이 배제된 완전한 무권화제도라 할 수 있다.

전자증권제도의 도입으로 증권사무의 편의성 제고, 실물 발행·유통에 따른 비용 및 위험 감소, 증권거래의 투명성 제고 등 자본시장 전반의 효율성과 공정성이 한층 강화될 것으로 기대된다.

▼ 전자증권제도 도입에 따른 기대효과

주 체	기대효과
발행회사	■ 증권 발행절차 단축으로 인한 자금 활용기회 확대 ■ 실물증권의 폐지로 인한 비용 절감 ■ 주주명부 작성 및 주주관리 효율성 제고
금융회사	■ 실물증권 관리업무 축소 및 비대면 업무 증가에 따른 비용 절감
투자자	■ 실물증권의 입·출고 절차 생략으로 인한 편의성 증대 ■ 증권 위·변조 및 분실위험 제거 ■ 증권 발행절차 단축에 따른 신속한 권리 행사 가능
정책당국	■ 조세 회피적 양도, 상속, 증여 등의 음성거래 축소 ■ 증권의 발행·유통 정보의 적시 확인 및 활용도 제고

(2) 전자증권제도의 주요 내용

1) 전자등록대상(법 제25조제1항, 영 제18조제1항)

전자증권법은 전자등록의 방법으로 발행 가능한 증권*을 열거하고 있다. 이에 따라 회사가 발행하는 주식, 사채, 신주인수권 관련 증권 등은 전자등록의 방법으로 발행할 수 있다. 다만, 실물 발행이 요구되는 기업어음증권(CP), 금지금(골드바)과 같이 그 성질상 전자등록에 적합하지 않은 상품은 대상에서 제외된다.

> * 주식, 사채, 국채, 신주인수권증서·증권에 관한 권리, 투자신탁의 수익권 등

한편, 전자증권법에 따라 발행회사는 증권시장*에 상장하는 증권(이하 '상장증권')을 반드시 전자등록해야 한다. 비상장증권의 경우 발행회사는 해당 증권의 전자등록 여부를 선택할 수 있다. 그러나 주식을 전자등록한 회사는 상장 여부와 관계없이 그 주식과 관련된 종류주식** 및 신주인수권증서 또는 신주인수권증권에 표시되어야 할 권리를 반드시 전자등록해야 한다.

> * 자본시장법에 따라 증권의 매매를 위하여 거래소가 개설하는 시장으로 유가증권시장, 코스닥시장, 코넥스시장을 의미함
> ** 이익 배당, 잔여재산 분배, 의결권 행사, 상환·전환 등에 관하여 보통주식과 내용이 다른 종류의 주식으로 우선주식, 무의결권주식, 상환주식, 전환주식 등이 있음

2) 전자증권제도 운영기관(법 제2조제6호·제7호, 제5조, 제14조, 제19조, 제20조)

전자증권제도는 전자등록기관과 계좌관리기관이 각각의 고객*에 대해 전자등록 서비스를 제공하는 이원화(2-Tier)된 체계로 운영된다.

> * 전자등록기관은 주로 금융회사와 연기금 등 기관투자자를 대상으로, 계좌관리기관은 개인, 일반법인 등 일반투자자를 대상으로 서비스를 제공

전자등록기관은 전자증권제도의 중심 운영기관으로서 법적 장부를 작성·관리하고, 권리 행사를 대행하는 등 전자증권 관련 제반 업무를 수행하는 기관이다. 예탁결제원은 제도 시행에 맞추어 금융위원회와 법무부장관으로부터 허가를 받아 전자등록업을 수행하고 있다.

계좌관리기관은 투자자의 전자증권에 대한 법적 장부를 작성·관리하고, 전자등록기관을 통한 투자자의 권리 행사를 지원하는 등의 업무를 수행하는 기관이다. 전자증권법에서 정하는 증권회사, 은행, 보험회사 등 금융회사가 투자자를 대상으로 전자증권 관련 서비스를 제공하고 있다.

3) 전자등록 관련 계좌(법 제21조, 제22조, 제23조)

가. 전자등록계좌(계좌부 기재에 따라 법적 효력이 부여되는 계좌)

전자등록계좌란 권리자(소유자, 질권자 등)가 전자등록기관 또는 계좌관리기관에 개설하는 계좌*이다. 전자등록기관과 계좌관리기관은 해당 계좌에 대하여 전자등록계좌부를 작성·관리한다. 전자등록계좌부에는 전자증권의 발생·변경·소멸에 관한 정보가 기재되며, 계좌부 기재에 따라 권리추정력 등 법적 효력이 인정된다.

> * 전자등록계좌는 계좌관리기관등이 전자등록기관에 개설하는 '계좌관리기관등 자기계좌'와 투자자가 계좌관리기관에 개설하는 '고객계좌'로 구분된다.

나. 관리계좌(전자증권 관련 내역을 기록·관리하는 계좌)

발행인관리계좌란 발행회사가 자신이 발행하는 전자증권의 내용을 기록·관리하기 위해 전자등록기관에 개설하는 계좌이다. 발행인관리계좌부에 기록된 종목별 총수량 또는 총금액은 주주명부 등의 기준장부에 기재된 총수량 또는 총금액과 동일하여야 한다.

고객관리계좌란 계좌관리기관이 고객계좌부에 기재된 전자증권의 총수량 또는 총금액을 기록·관리하기 위해 전자등록기관에 개설하는 계좌이다. 한편, 계좌관리기관은 '고객관리계좌부'와 '고객계좌부'에 기재된 종목별 총수량 또는 총금액이 일치하도록 관리한다.

▼ 전자증권제도의 계좌 운영체계

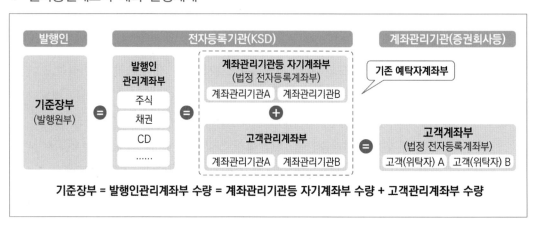

4) 전자등록의 효력(법 제35조)

전자증권법에 따라 전자등록계좌부에 전자등록되는 경우 권리 추정, 양도 및 질권 설정의 효력, 제3자 대항력, 선의취득이 인정된다.

- (권리추정) 전자등록계좌부에 전자등록된 자는 해당 전자등록된 권리를 적법하게 보유하는 것으로 추정
- (효력발생) 전자증권을 양도하거나 질권 설정하는 경우 전자등록하여야 효력 발생
- (대항요건) 전자증권의 신탁은 신탁재산임을 전자등록함으로써 제3자에게 대항 가능
- (선의취득) 선의(善意)로 중대한 과실 없이 전자등록계좌부의 권리 내용을 신뢰하고 권리자로 전자등록된 자는 해당 권리를 적법하게 취득

5) 전자증권에 대한 실물 발행의 금지(법 제36조)

발행회사는 전자증권에 대해 실물을 발행할 수 없다. 이를 위반하여 발행된 실물증권은 효력이 없다. 또한, 이미 실물로 발행된 증권이 신규 전자등록된 경우 해당 실물증권은 전자등록일부터 효력을 상실한다.

(3) 전자증권제도 이용 시 장점

발행회사는 전자증권제도 이용에 따라 증권의 발행비용 절감, 증권사무의 효율성 제고, 기업 이미지 개선의 효과를 누릴 수 있다.

1) 실물증권의 발행비용 절감

발행회사는 증권용지, 가쇄 등 실물증권 발행에 수반되는 비용을 절감할 수 있으며, 전자등록되는 증권에 대해 전자등록기관과 명의개서대행회사가 제공하는 다양한 수수료 감면 혜택을 받을 수 있다.

- 실물 발행 비용 절감(전자증권으로 발행 시 비용 발생 없음)
  - (용지비용) 1만 주권 100장 기준 약 13만원(인지세 포함 1장당 약 1,300원 발생)
  - (가쇄비용) 약 80만원~100만원
- 수수료 면제 및 감면(~2024.12.31.)
  - (주식 발행등록수수료) 100만주 기준 30만원 전액 면제
  - (증권대행 기본수수료) 자본규모 50억원 기준 약 109만원 감면(수수료의 20%)

▼ 유상증자 시 증권 발행 관련 비용 비교

※ 자본금 50억원 규모 발행회사의 100만주 유상증자 가정

구 분		증권예탁제도	전자증권제도
증권대행 기본수수료		546만원	약 437만원 (20% 감면)
증권대행 개별 수수료	실 물 미발행	0원* 또는 8만원** * 일반공모(일괄예탁) ** 제3자배정(대행예탁, 명의개서처리 등)	해당 없음
	실 물 발 행	약 93만원~113만원* * 제3자배정(실물 발행, 용지·가쇄비용 등)	
주식 발행등록 수수료		—	0원 (면제)
합 계		최소 546만원 최대 659만원	437만원

☞ **전자증권 전환 시 최소 109만원, 최대 222만원 비용 절감 효과 발생**

2) 증권사무의 효율성 향상

증권의 발행·유통 절차가 단축되어 보다 신속한 자금조달이 가능해지며, 주주관리의 안정성과 증권사무의 편의성이 향상된다.

- **(자금조달의 신속성)** 실물증권에 수반되는 절차가 없으므로 일정이 단축된다.
  실물 발행·교부 생략, 소유자명세 통지기간 축소 등으로 신규상장은 5영업일, 정기주총 및 주식권리 행사는 1~4영업일 가량 일정이 단축된다.
- **(주주관리의 안정성)** 주주 파악이 수월해져 적대적 M&A 등 경영위험에 신속한 대처가 가능하다.
  기존에는 주주현황을 통상 연 1회 파악하였으나, 전자증권제도에서는 사실상 필요할 때 주주현황 파악이 가능하다. (법령상 필요시, 분기별 등 일정주기별, 정관 등에서 정한 경우 등)
- **(증권사무의 편의성)** 실물증권의 관리 부담이 경감된다.
  실물증권의 발행을 위한 증권용지 구매, 가쇄, 증권 교부 등의 절차가 불필요하다.

3) 기업 이미지 제고

발행회사는 효율성·투명성·공정성이 향상된 전자증권제도에 자발적으로 참여함으로써 기업 신뢰도 향상과 투자자 친화 이미지 조성이 가능하다.

- **(기업 신뢰도 향상)** 상장회사 전환을 위한 필요조건 충족으로 기업의 미래가치에 대한 투자자의 기대 및 신뢰도 제고에 도움이 된다.
- **(투자자 친화 이미지 조성)** 투자자 권리 보호에 장점이 많은 전자증권제도에 참여함으로써 '투자자를 위하는 기업'이라는 이미지를 어필할 수 있다.

2 전자증권 발행절차 업무 안내

전자증권 발행절차는 사전준비(전자증권을 최초 발행하는 경우), 공고 및 통지, 사전심사 및 전자등록의 신청 순서로 진행된다. 이하에서는 가장 대표적인 증권인 주식을 기준으로 발행절차를 설명한다.

▼ 주식등의 전자증권 발행 절차

1. 사전준비 (발행회사별 최초 1회)	2. 공고 및 통지 (旣 발행증권의 전환)	3. 전자등록 신청 등
명의개서대행회사 선임 (주식의 경우에만 해당)	홈페이지, 일간신문 등에 1개월 이상 공고	발행인관리계좌 개설 (증권 종류별 최초 1회)
정관 변경	주주명부등에 기재된 권리자에게 통지	사전심사(종목별 최초 1회) 및 전자등록 신청

(1) 사전준비사항

전자증권을 최초로 발행하는 회사는 전자등록기관에 전자등록을 신청하기 전에 명의개서 대행회사 선임(주식에 해당)과 정관 변경 절차를 진행해야 한다.

1) 명의개서대행회사 선임(영 제21조제2항제1호)

명의개서대행회사란 발행회사의 업무 위탁에 따라 주식등 관련 사무를 수행하는 발행대리인이다. 주식등을 전자증권으로 발행하고자 하는 회사는 반드시 명의개서대행회사를 선임하여야 한다. 현재, 예탁결제원, KB국민은행, 하나은행이 해당 서비스를 제공하고 있다.

2) 정관 변경(상법 제356조의2제1항, 제478조제3항, 제420조의4, 제516조의7)

주식등은 회사 정관으로 정하는 바에 따라 전자증권으로 발행이 가능하다. 따라서 발행회사는 사전에 '주식등을 전자등록한다는 취지'로 정관을 변경해야 한다. 정관 변경 시 유의사항은 다음과 같다.

- **(전자등록 근거 신설)** 주식등을 실물로 발행하지 않고, 해당 증권에 표시되어야 할 권리를 전자등록계좌부에 전자등록한다는 취지의 조항을 신설해야 한다.
- **(주권의 종류에 관한 내용 삭제)** 전자증권은 실물이 발행되지 않으므로 정관에 주권등의 권종 등에 대한 내용은 삭제해야 한다.

■ 회사는 주식, 사채, 신주인수권 관련 증권 등을 전자증권으로 발행 시 정관 변경 필요

▼ 예시① 상장회사협의회 개정 표준정관(2023.2월 개정판 기준)

개 정 전	개 정 후
제9조(주권의 종류) 이 회사가 발행할 주권의 종류는 일주권, 오주권, 일십주권, 오십주권, 일백주권, 오백주권, 일천주권, 일만주권의 8종으로 한다. (⇒ 실물 발행이 없으므로 삭제하고, '전자등록의 근거' 신설)	**제9조(주식 및 신주인수권증서에 표시되어야 할 권리의 전자등록)** 이 회사는 주권 및 신주인수권증서를 발행하는 대신 전자등록기관의 전자등록계좌부에 주식 및 신주인수권증서에 표시되어야 할 권리를 전자등록한다.
제11조(명의개서대리인) ③ 이 회사의 주주명부 또는 그 복본을 명의개서대리인의 사무취급장소에 비치하고 주식의 명의개서, 질권의 등록 또는 말소, 신탁재산의 표시 또는 말소, 주권의 발행, 신고의 접수, 기타 주식에 관한 사무는 명의개서대리인으로 하여금 취급케 한다.	**제11조(명의개서대리인)** ③ 이 회사의 주주명부 또는 그 복본을 명의개서대리인의 사무취급장소에 비치하고 주식의 전자등록, 주주명부의 관리, 기타 주식에 관한 사무는 명의개서대리인으로 하여금 취급케 한다.
제12조(주주 등의 주소, 성명 및 인감 또는 서명 등 신고②) ① 주주와 등록질권자는 그 성명, 주소 및 인감 또는 서명을 이 회사에 신고하여야 한다. ② 외국에 거주하는 주주와 등록질권자는 대한민국내에 통지를 받을 장소와 대리인을 정하여 신고하여야 한다. ③ 제1항 및 제2항의 변동이 생긴 경우에도 같다.	〈삭 제〉 (⇒ 제11조 변경에 따라 명의개서대리인의 업무범위에 맞추어 관련 내용 삭제)
〈신 설〉 (⇒ '전자등록의 근거' 신설)	**제15조의2(사채 및 신주인수권증권에 표시되어야 할 권리의 전자등록)** 이 회사는 사채권 및 신주인수권증권을 발행하는 대신 전자등록기관의 전자등록계좌부에 사채권 및 신주인수권증권에 표시되어야 할 권리를 전자등록한다.*

▼ 예시② 코스닥협회 개정 표준정관(2023.2월 개정판 기준)

개 정 전	개 정 후
제8조(주권의 발행) ① 회사가 발행하는 주권은 기명식으로 한다. ② 회사는 1주권, 5주권, 10주권, 50주권, 100주권, 500백주권, 1,000주권, 10,000주권의 8종류로 한다.	〈삭 제〉 (⇒ 실물 발행이 없으므로 내용 삭제)
〈신 설〉 (⇒ '전자등록의 근거' 신설)	**제8조의2(주식등의 전자등록)** 회사는 「주식·사채 등의 전자등록에 관한 법률」 제2조제1호에 따른 주식등을 발행하는 경우에는 전자등록기관의 전자등록계좌부에 주식등을 전자등록하여야 한다.*

* 사채의 경우 상황에 맞게 문구 변경 가능(예: 사채의 실물 발행과 전자등록 발행을 병행할 경우 '전자등록한다' 등의 문구를 '전자등록할 수 있다' 등으로 변경 가능)

참고 ② │ 정관 변경 관련 상법의 주요 조항

제356조의2(주식의 전자등록) ① 회사는 주권을 발행하는 대신 정관으로 정하는 바에 따라 전자등록기관(유가증권 등의 전자등록 업무를 취급하는 기관을 말한다. 이하 같다)의 전자등록부에 주식을 등록할 수 있다.

제478조(채권의 발행) ③ 회사는 제1항의 채권(債券)을 발행하는 대신 정관으로 정하는 바에 따라 전자등록기관의 전자등록부에 채권(債權)을 등록할 수 있다. 이 경우 제356조의2 제2항부터 제4항까지의 규정을 준용한다.

제420조의4(신주인수권의 전자등록) 회사는 신주인수권증서를 발행하는 대신 정관으로 정하는 바에 따라 전자등록기관의 전자등록부에 신주인수권을 등록할 수 있다. 이 경우 제356조의2 제2항부터 제4항까지의 규정을 준용한다.

제516조의7(신주인수권의 전자등록) 회사는 신주인수권증권을 발행하는 대신 정관으로 정하는 바에 따라 전자등록기관의 전자등록부에 신주인수권을 등록할 수 있다. 이 경우 제356조의2 제2항부터 제4항까지의 규정을 준용한다.

(2) 전자증권 전환 관련 공고 및 통지(법 제27조제1항, 영 제22조)

旣 발행된 실물증권*을 전자증권으로 전환하는 경우, 전자등록일부터 실물증권은 효력을 상실한다. 이에 따라 전자증권으로 전환하고자 하는 발행회사는 권리자 보호를 위한 공고 및 통지를 하여야 한다.

> * 주권의 불소지 발행 등으로 실제로 실물이 발행되지 않았더라도 전자등록 이외의 방식으로 발행된 주식등을 모두 포함

1) 전자등록일 지정

발행회사는 권리자를 대상으로 공고 또는 통지를 하기 전에, 명의개서대행회사와 조율을 거쳐 전자등록일을 지정해야 한다. 전자등록일은 전자등록기관에 신규 전자등록을 신청하는 날로부터 최소 1개월 이후의 영업일로 정할 수 있다.

2) 1개월 이상 공고

발행회사는 다음의 사항을 인터넷 홈페이지 및 일간신문 등 정관 등에서 정한 방법으로 1개월 이상 공고해야 한다. 또한, 발행회사는 전자등록기관의 홈페이지에도 그 내용을 함께 공고해야 한다.

> 1. 전자등록일로부터 기존 실물주권 등은 효력을 잃는다는 뜻
> 2. 권리자는 전자등록일의 직전 영업일까지 발행회사(또는 명의개서대행회사)에 주식등이 전자등록되는 전자등록계좌(증권사의 고객계좌 등)를 통지하고 주권 등을 제출하여야 한다는 뜻
> 3. 발행회사는 전자등록일 직전 영업일의 주주명부에 기재된 권리자를 기준으로 전자등록기관에 신규 전자등록을 신청한다는 뜻
> ※ 상기 내용 외에 공고·통지 사항이 있는 경우 명의개서대행회사와 협의 가능

한편, 전자등록기관 홈페이지를 통한 공고는 발행회사의 전자등록 신청과 연동되어 있으므로 전자등록을 신청할 때 일괄적으로 처리할 수 있다. 다만, 발행회사는 공고 기간 준수를 위해 반드시 전자등록일 1개월 이전에 전자등록기관에 전자등록을 신청해야 한다.

3) 1회 이상 통지

발행회사는 전자등록일 이전에 위의 공고와 동일한 내용을 주주명부등에 기재된 권리자

에게 1회 이상 통지하여야 한다. 통지 대상 권리자에 대한 정보는 명의개서대행회사 등을 통해 확인할 수 있다.

(3) 계좌 개설 및 전자등록 신청(법 제21조제1항, 제25조제1항 · 제2항)

사전준비를 마친 발행회사는 전자등록기관에 발행인관리계좌를 개설하고, 전자등록할 증권에 대한 사전심사와 전자등록 신청을 진행해야 한다.

1) 발행인관리계좌 개설

주식등을 전자등록하고자 하는 발행회사는 예탁결제원(전자등록기관)에 '발행인관리계좌'를 개설해야 한다. 계좌개설은 직접 방문 또는 우편으로 신청이 가능하며, 신청 시 필요한 제출서류는 아래와 같다.

> ■ (신청서류) 발행인관리계좌개설 및 업무참가신청서(전자증권제도)
> - 서식 다운로드 : www.ksd.or.kr > 고객센터 > 양식/서식 > 업무참가 > 계좌개설 및 업무참가
> ■ (첨부서류)
> - 사업자등록증 사본 1부(원본대조필 날인할 것)
> - 법인등기사항증명서 1부(원본, 발급일로부터 3개월 이내일 것)
> - 법인인감증명서 1부(원본, 발급일로부터 3개월 이내일 것)
> ※ 접수처 및 문의 : 예탁결제원 서울사옥 5층 전자등록기획팀, 02-3774-3000

2) 사전심사 및 전자등록 신청

발행회사는 발행인관리계좌 개설 완료 후 전자증권 발행을 위한 사전심사 및 전자등록 신청을 할 수 있다. 이때, 주식의 경우 명의개서대행회사를 통해 신청 가능하며, 사채의 경우 증권회사 및 은행 등(발행대리인)을 통해서도 신청이 가능하다.

'사전심사'란 전자등록 대상 증권에 대한 종목 심사이다. 전자등록기관은 종목코드, 종목명, KRX발행기관코드 등 해당 종목의 전자등록 적합 여부를 심사한다. 사전심사 결과 '등록적격'인 경우, 전자등록기관은 전자등록일, 종목별 수량 또는 금액 등 발행회사의 신청내역을 확정하고 전자등록을 진행한다.

'사전심사 및 전자등록 신청'에 필요한 제출서류는 아래와 같다.

- (제출서류)
  - 회사 정관(원본대조필 날인)
  - 법인등기사항증명서(원본, 발급일로부터 3개월 이내일 것)
  - 법인인감증명서(원본, 발급일로부터 3개월 이내일 것)
  - 공고 증빙서류*
    * 전자증권 전환인 경우 인터넷 홈페이지 또는 신문 등 공고 캡쳐본
  - (추가 제출) 사채의 경우, 이사회의사록 및 인수계약서 등(날인본)
- (제출방법) 예탁결제원 e-SAFE 시스템에 업로드

참고 ③ | 실물주권등의 보유자 관리방안

- 주식등의 실물주권등은 해당 주식등의 전자등록일부터 효력을 상실한다. 따라서 실물주권등의 보유자는 반드시 전자등록일 직전 영업일까지 실물주권등을 명의개서대행회사 또는 증권회사에 제출해야 한다. 명의개서대행회사에 제출하는 경우 주식등의 전자등록을 위해 증권회사에 개설된 본인의 계좌정보를 통지해야 한다.
- 실물주권등을 제출하지 않고 전자등록일 이후에도 계속 보유하고 있는 경우, 해당 보유자는 명의개서대행회사를 방문하여 특별계좌(실물주권등의 보유자의 권리 보호를 위해 발행회사가 명의개서대행회사 등에 개설한 계좌)에 전자등록된 주식등을 본인의 증권회사 계좌로 대체를 신청할 수 있다.
- 한편, 타인 명의의 실물주권등을 보유하고 있는 경우 권리자는 본인의 권리를 증명할 수 있는 서류* 또는 확약서** 제출이 필요하다.

 * 매매계약서, 증여계약서, 상속증명서, 법원판결문 등
** 1천만원 이하의 주식(상장주식은 신청일 전일종가, 비상장주식은 액면가 기준) 보유자로 적법한 권리자임을 확약하는 확인서 혹은 주식 매매대금 이체내역

부록

주식·사채 등의 전자등록에 관한 법률 및 하위법령

주식·사채 등의 전자등록에 관한 법률	주식·사채 등의 전자등록에 관한 법률 시행령		전자등록업규정 (전자등록업허가 등에 관한 규정)
[시행 2023.9.14.] [법률 제19700호, 2023.9.14., 타법개정]	[시행 2023.7.1.] [대통령령 제33604호, 2023.6.27., 타법개정]	[시행 2024.1.18. 금융위원회고시 제2024-7호, 2024.1.18., 일부개정]	[시행 2024.1.18. 금융위원회고시 제2024-7호, 2024.1.18., 일부개정]
제1장 총칙	제1장 총칙		[개] [시행 2019.9.16. 금융위원회고시 제2019-36호]
			제1장 총칙
			[개] 제1장 총칙
제1조(목적) 이 법은 주식 및 사채(社債) 등의 전자등록 제도를 마련하여 그 권리의 유통을 원활하게 하고 발행인·권리자, 그 밖의 이해관계인의 권익을 보호함으로써 자본시장의 건전성과 효율성을 높이고 국민경제를 발전시키는 데에 이바지함을 목적으로 한다.	제1조(목적) 이 영은 「주식·사채 등의 전자등록에 관한 법률」에서 위임된 사항과 그 시행에 필요한 사항을 규정함을 목적으로 한다.		[개] 제1조(목적) 이 규정은 「주식·사채 등의 전자등록에 관한 법률」(이하 "법"이라 한다) 및 「주식·사채 등의 전자등록에 관한 법률 시행령」(이하 "영"이라 한다)에서 전자등록에 관한 금융위원회에 위임한 사항과 그 시행과 그 시행에 필요한 사항을 정함을 목적으로 한다.
			[개] 제1조(목적) 이 규정은 「주식·사채 등의 전자등록에 관한 법률」(이하 "법"이라 한다)과 같은 법 시행령(이하 "영"이라 한다)에서 금융위원회 및 금융위원회가 금융감독원장(이하 "감독원장"이라 한다)에게 위임된 사항 중 전자등록업 허가 및 예비허가 등에 관한 사항과 그 시행에 필요한 사항을 정함을 목적으로 한다.
제2조(정의) 이 법에서 사용하는 용어의 뜻은 다음과 같다.	제2조(주식등의 범위) ① 「주식·사채 등의 전자등록에 관한 법률」(이하 "법"이라 한다) 제2조제1호다목에서 "대통령령으로 정하는 권리"란 다음 각 호의 어느 하나에 해당하는 권리를 말한다.		[개] 제1-2조(용어의 정의) 이 규정에서 사용하는 용어의 정의는 특별히 정한 경우 외에는 법, 영, 「자본시장과 금융투자업에 관한 법률」 및 관련법령에서 정하는 바에 따른다.
1. "주식등"이란 다음 각 목의 어느 하나에 해당하는 것을 말한다. 가. 주식 나. 사채(「신탁법」에 따른 신탁사채 및 「자본시장과 금융투자업에 관한 법률」에 따른 조건부자본증권을 포함한다) 다. 국채 라. 지방채 마. 법률에 따라 직접 설립된 법인이 발행하는 채무	1. 「자본시장과 금융투자업에 관한 법률 시행령」 제4조의3제1호에 따른 증권 또는 증서에 표시된 권리 2. 그 밖에 제1호에 따른 권리와 유사한 것으로서 금융위원회가 정하여 고시하는 권리 ② 법 제2조제1호다목에서 "대통령령으로 정하는 권리"란 "자본시장과 금융투자업에 관한 법률」 제4조제8항에 따른 파생결합증권 중 국내에서 발행되는 것에		[개] 제2조(용어의 정의) 이 규정에서 사용하는 용어의 정의는 특별히 정한 경우 외에는 법, 영, 「자본시장과 금융투자업에 관한 법률」 및 「자본시장과 금융투자업에 관한 법률 시행령」 등 관련법령에서 정하는 바에 따른다.

주식·사채 등의 전자등록에 관한 법률	주식·사채 등의 전자등록에 관한 법률 시행령	전자등록업규정 (전자등록업허가 등에 관한 규정)
증권에 표시되어야 할 권리 바. 신주인수권증서 또는 신주인수권증권에 표시되어야 할 권리 사. 「신탁법」에 따른 수익자가 취득하는 수익권(受益權) 아. 「자본시장과 금융투자업에 관한 법률」에 따른 투자신탁의 수익권 자. 「이중상환청구권부 채권 발행에 관한 법률」에 따른 이중상환청구권부 채권 차. 「한국주택금융공사법」에 따른 주택저당증권 또는 학자금대출증권에 표시되어야 할 권리 카. 「자산유동화에 관한 법률」에 따른 유동화증권에 표시될 수 있거나 표시되어야 할 권리 타. 「자본시장과 금융투자업에 관한 법률」에 따른 파생결합증권에 표시될 수 있거나 표시되어야 할 권리로서 대통령령으로 정하는 권리 파. 「자본시장과 금융투자업에 관한 법률」에 따른 증권예탁증권에 표시될 수 있거나 표시되어야 할 권리로서 대통령령으로 정하는 권리 하. 외국법인등(「자본시장과 금융투자업에 관한 법률」 제9조제16항에 따른 외국법인등을 말한다. 이하 같다)이 국내에서 발행하는 증권(證券) 또는 증서(證書)에 표시될 수 있거나 표시되어야 할 권리로서 가목부터 타목까지의 어느 하나에 해당하는 권리 거. 가목부터 하목까지의 규정에 따른 권리와 비슷한 권리로서 그 권리로서 그 권리의 발생·변경·소멸이 전자등록계좌부에 전자등록되는 데에 적합한 것으로서 대통령령으로 정하는 권리 2. "전자등록"이란 주식등의 종류, 종목, 금액, 권리자	표시될 수 있거나 표시되어야 할 권리를 말한다. ③ 법 제2조제1호가목에서 "대통령령으로 정하는 권리"란 다음 각 호의 어느 하나에 해당하는 권리를 말한다. <개정 2023. 6. 27.> 1. 양도성 예금증서에 표시되거나 표시될 수 있는 권리 2. 「은행법」, 「금융지주회사법」 및 「보험업법」에 따른 조건부자본증권에 표시되어야 할 권리 3. 그 밖에 해당 권리의 유통가능성 및 대체가능성 등을 고려하여 금융위원회가 정하여 고시하는 권리	제1-3조(주식 등의 범위) 영 제2조제3항제3호에서 "그 밖에 해당 금융위원회가 유통가능성 및 대체가능성 등을 고려하여 정하여 고시하는 권리"란 「자본시장과 금융투자업에 관한 법률」에 따른 투자계약증권(같은 법 제119조제1항 또는 제130조제1항에 따라 모집 또는 매출되는 투자계약증권에 한한다)에 표시될 수 있거나 표시되어야 할 권리를 말한다. <신설 2024. 1. 18.>

주식·사채 등의 전자등록에 관한 법률	주식·사채 등의 전자등록에 관한 법률 시행령	전자등록업규정 (전자등록업허가 등에 관한 규정)
및 권리 내용 등 주식등에 관한 권리의 발생·변경· 소멸에 관한 정보를 전자등록계좌부에 전자적 방식으 로 기재하는 것을 말한다. 3. "전자등록계좌부"란 주식등에 관한 권리의 발생· 변경·소멸에 대한 정보를 전자적 방식으로 편성한 장부로서 다음 각 호의 장부를 말한다. 가. 제22조제2항에 따라 작성되는 고객계좌부(이하 "고객계좌부"라 한다) 나. 제23조제2항에 따라 작성되는 계좌관리기관등 자기계좌부(自己計座簿)(이하 "계좌관리기관등 자 기계좌부"라 한다) 4. "전자등록주식등"이란 전자등록계좌부에 전자등록 된 주식등을 말한다. 5. "권리자"란 전자등록주식등의 소유자 또는 질권자, 그 밖에 전자등록주식등에 이해관계가 있는 자로서 대통령령으로 정하는 자를 말한다. 6. "전자등록기관"이란 주식등의 전자등록에 관한 제 도의 운영을 위하여 제5조제1항에 따라 허가를 받은 자를 말한다. 7. "계좌관리기관"이란 제19조 각 호의 어느 하나에 해당하는 자로서 제22조제1항에 따른 고객계좌를 관 리하는 자를 말한다. 제3조(다른 법률과의 관계) 전자등록주식등에 관하여는 다른 법률에 특별한 규정이 있는 경우를 제외하고는 이 법에서 정하는 바에 따른다.		

주식·사채 등의 전자등록에 관한 법률	주식·사채 등의 전자등록에 관한 법률 시행령	전자등록업규정 (전자등록허가 등에 관한 규정)
제2장 제도운영기관 제1절 전자등록기관	제2장 제도운영기관	제2장 제도운영기관

제1열(법)

제4조(무허가 전자등록업영업행위 금지) 누구든지 이 법에 따른 전자등록허가(변경허가를 포함한다)를 받지 아니하고는 전자등록업(제14조제1항에 따른 업무를 영업으로 하는 것을 말한다. 이하 같다)을 하여서는 아니 된다.

제5조(전자등록업의 허가) ① 전자등록업을 하려는 자는 전자등록의 대상이 되는 주식등의 범위(이하 "전자등록업 허가 대통령령으로 정하는 업무 단위"라 한다)의 전부 또는 일부를 금융위원회 및 법무부장관으로부터 하나의 전자등록업허가를 받아야 한다.
② 제1항에 따라 전자등록업허가를 받으려는 자는 각 호의 요건을 모두 갖추어야 한다.
1. 「상법」에 따른 주식회사일 것
2. 100억원 이상으로서 전자등록업 허가업무 단위별로 대통령령으로 정하는 금액 이상의 자기자본을 갖출 것
3. 사업계획이 타당하고 건전할 것
4. 권리자의 보호가 가능하고 전자등록업을 수행하기에 충분한 인력과 전산설비, 그 밖의 물적 설비를 갖출 것
5. 정관 및 전자등록업무규정이 법령에 적합하고 전자등록업을 수행하기에 충분할 것
6. 임원(이사 및 감사를 말한다. 이하 같다)이 「금융회

제2열(시행령)

제3조(전자등록업허가의 요건 등) ① 법 제5조제1항에서 "대통령령으로 정하는 업무 단위"란 별표 1에 따른 전자등록업 허가업무 단위를 말한다.
② 법 제5조제2항·제3조에서 "대통령령으로 정하는 금액"이란 별표 1에 따른 전자등록업 허가업무 단위별 최저자기자본 금액을 말한다.
③ 법 제5조제2항·제3조에 따른 사업계획에는 다음 각 호의 사항이 모두 포함되어야 한다.
1. 전자등록업(법 제14조제1항 각 호에 따른 업무를 영업으로 하는 것을 말한다. 이하 같다)을 안정적으로 영위하는 데 필요한 사항을 정하고 있을 것
2. 위험관리와 금융사고 예방 등을 위한 적절한 내부통제장치를 정하고 있을 것
3. 권리자 보호를 위한 업무방법을 정하고 있을 것
4. 법 제42조에 따른 조건의 해소 등 전자등록의 안전성을 확보하는 데 필요한 적절한 제한이 적립 및 관리에 관한 사항을 정하고 있을 것
5. 그 밖에 사업계획의 내용이 법령을 위반하지 않고 건전한 거래질서를 해칠 우려가 없을 것

제3열(전자등록업규정)

(별) 제2장 허가심사 기준 및 절차 등

(별) 제3조(허가 심사기준) ① 영 제3조제3항에 따른 사업계획, 같은 조 제4항에 따른 인력과 전산설비, 그 밖의 물적 설비 및 같은 조 제7항에 따른 이해상충방지체계의 세부요건에 관한 구체적인 기준은 별표 1과 같다.
② 영 제3조제5항에 따른 대주주의 세부요건에 관한 구체적인 기준은 별표 2와 같다.

주식·사채 등의 전자등록에 관한 법률	주식·사채 등의 전자등록에 관한 법률 시행령	전자등록업규정 (전자등록업허가 등에 관한 규정)
사이 지배구조에 관한 법률」 제5조에 적합할 것 7. 대주주(「자본시장과 금융투자업에 관한 법률」 제12조제2항제6호가목의 대주주를 말한다)가 충분한 출자능력, 건전한 재무상태 및 사회적 신용을 갖출 것 8. 대통령령으로 정하는 사회적 신용을 갖출 것 9. 이해상충방지체계를 구축하고 있을 것 ③ 제2항의 허가요건에 관한 구체적인 사항은 대통령령으로 정한다.	④ 법 제5조제2항제4호에 따른 인력과 전산설비, 그 밖의 물적 설비에 관한 구체적인 사항은 다음 각 호와 같다. 1. 영위하려는 전자등록업을 수행할 수 있는 전산요원 등 필요한 인력을 적절하게 갖출 것 2. 다음 각 목의 전산설비 등의 물적 설비를 모두 갖출 것 가. 전자등록업을 수행하는 데 필요한 전산설비와 통신수단 나. 사무실 등 충분한 업무공간과 사무장비 다. 전산설비 등의 물적 설비를 안전하게 보호할 수 있는 보안설비 라. 정전·화재 등의 사고가 발생할 경우에 업무의 연속성을 유지하기 위해 필요한 보완설비 ⑤ 법 제5조제2항제7호에 따른 대주주(「자본시장과 금융투자업에 관한 법률」 제12조제2항제6호가목의 대주주를 말한다. 이하 같다)의 출자능력, 재무상태 및 사회적 신용은 별표 2의 요건에 적합해야 한다. ⑥ 법 제5조제2항제8호에서 "대통령령으로 정하는 사회적 신용"이란 다음 각 호의 요건을 모두 충족한 것을 말한다. 다만, 그 위반 등의 정도가 경미하다고 인정되는 경우는 제외한다. 1. 최근 3년간 「금융회사의 지배구조에 관한 법률 시행령」 제5조에 따른 「금융관련법령」(이하 "금융관련법령"이라 한다), 「독점규제 및 공정거래에 관한 법률」 및 「조세범 처벌법」을 위반하여 양벌 규정에 따른 형사처벌을 받은 사실이 없을 것 2. 최근 3년간 채무불이행 등으로 건전한 거래질서를 해친 사실이 없을 것 3. 최근 5년간 「금융산업의 구조개선에 관한 법률」에	

주식·사채 등의 전자등록에 관한 법률	주식·사채 등의 전자등록에 관한 법률 시행령	전자등록업규정 (전자등록업허가 등에 관한 규정)
제6조(허가의 신청 및 심사) ① 제5조제1항에 따른 허가를 받으려는 자는 허가신청서를 금융위원회 및 법무부장관에게 제출하여야 한다. ② 금융위원회 및 법무부장관은 제1항의 허가신청서를 접수한 때에는 그 내용을 심사하여 3개월 이내에 허가	따라 부실금융기관으로 지정되었거나 금융관련법령에 따라 영업의 허가·인가 또는 등록이 취소된 자가 아닐 것 4. 금융관련법령이나 외국 금융관련법령(금융관련법령에 상당하는 외국 금융관련법령을 말한다)에 따라 금융위원회, 외국 금융감독기관 등으로부터 지적, 그 밖에 영업소의 폐쇄 또는 그 업무의 전부나 일부의 정지 이상에 상당하는 조치(이에 상당하는 행정처분을 포함한다. 이하 이 호에서 같다)를 받은 후 다음 각 목의 구분에 따른 기간이 지났을 것 가. 업무의 전부정지: 업무정지가 끝난 날부터 3년 나. 업무의 일부정지: 업무정지가 끝난 날부터 2년 다. 지적, 그 밖의 영업소의 폐쇄 또는 그 업무의 전부나 일부의 정지: 해당 조치를 받은 날부터 1년 ⑦ 법 제5조제2항제9호에 따른 이해상충방지체계(이하 "이해상충방지체계"라 한다)는 전자등록업의 영위와 관련하여 전자등록기관과 법 제23조제1항에 따른 계좌관리기관등 사이 또는 전자등록기관이 영위하는 업무 상호 간의 이해상충이 발생할 가능성을 파악·평가하고, 전자등록기관이 내부통제기준으로 정하는 방법 및 절차에 따라 이를 적절히 관리하는 체계여야 한다. ⑧ 제3항부터 제7항까지의 규정에 따른 허가요건에 관하여 필요한 구체적인 기준은 금융위원회 및 법무부장관이 공동으로 정하여 고시할 수 있다.	
제6조(허가의 신청 및 심사) ① 제5조제1항에 따른 허가를 받으려는 자는 허가신청서를 금융위원회 및 법무부장관에게 제출하여야 한다. ② 금융위원회 및 법무부장관은 제1항의 허가신청서를 접수한 때에는 그 내용을 심사하여 3개월 이내에 허가	제4조(전자등록업허가의 방법 및 절차) ① 법 제5조제1항에 따라 전자등록업허가를 받으려는 자는 다음 각 호의 사항을 기재한 허가신청서를 금융위원회 및 법무부장관에게 제출해야 한다. 1. 명칭	제4조(허가신청서 기재사항 및 첨부서류) ① 영 제4조제1항제5호에서 "금융위원회 및 법무부장관이 공동으로 정하여 고시하는 사항"이란 다음 각 호의 사항을 말한다. 1. 자기자본 등 재무에 관한 사항

주식·사채 등의 전자등록에 관한 법률	주식·사채 등의 전자등록에 관한 법률 시행령	전자등록업규정 (전자등록업허가 등에 관한 규정)

여부를 결정하고, 그 결과와 이유를 지체 없이 신청인에게 문서로 통지하여야 한다. 이 경우 허가신청서에 흠결이 있는 경우에는 보완을 요구할 수 있다.
③ 제2항의 심사기간을 산정함에 있어서 허가신청서의 흠결의 보완기간 등 대통령령으로 정하는 기간은 산입하지 아니한다.
④ 금융위원회 및 법무부장관은 제2항에 따라 허가를 하는 경우에는 전자등록기관의 경영의 건전성 확보 및 관리자 보호에 필요한 조건을 붙일 수 있다.
⑤ 제4항에 따라 조건이 붙은 허가를 받은 자는 사정의 변경이나 그 밖에 정당한 사유가 있는 경우에는 금융위원회 및 법무부장관에게 조건을 취소 또는 변경을 요청할 수 있다. 이 경우 금융위원회 및 법무부장관은 2개월 이내에 조건의 취소 또는 변경 여부를 결정하고, 그 결과를 지체 없이 신청인에게 문서로 통지하여야 한다.
⑥ 금융위원회 및 법무부장관은 제2항에 따라 허가를 한 경우에는 다음 각 호의 사항을 관보 및 인터넷 홈페이지 등에 공고하여야 한다.
1. 허가의 내용
2. 허가의 조건(조건을 붙인 경우로 한정한다)
3. 허가의 조건을 취소하거나 변경한 경우 그 내용(조건을 취소하거나 변경한 경우로 한정한다)
⑦ 제1항부터 제6항까지의 규정에 따른 허가신청서의 기재사항·첨부서류 등 허가의 신청에 관한 사항과 허가심사의 방법·절차, 그 밖에 필요한 사항은 대통령령으로 정한다.
	2. 본점과 지점, 그 밖의 영업소의 소재지
	3. 임원에 관한 사항
	4. 영위하려는 전자등록 허가업무 단위(법 제5조제1항에 따른 전자등록 허가업무 단위를 말한다. 이하 같다)에 관한 사항
	5. 그 밖에 전자등록업허가 요건의 심사에 필요한 사항으로서 금융위원회 및 법무부장관이 공동으로 정하여 고시하는 사항
	② 제1항에 따른 허가신청서에는 다음 각 호의 서류를 첨부해야 한다.
	1. 정관
	2. 발기인총회, 창립주주총회 또는 이사회의 의사록 등 설립이나 허가신청의 의사결정을 증명하는 서류
	3. 본점과 지점, 그 밖의 영업소의 위치와 명칭을 기재한 서류
	4. 임원의 이력서와 경력증명서
	5. 전자등록 허가업무 단위의 종류와 업무방법을 기재한 서류
	6. 최근 3개 사업연도의 재무제표와 그 부속명세서(설립 중인 법인은 제외하며, 설립일부터 3개 사업연도가 지나지 않은 법인의 경우에는 설립일부터 최근 사업연도까지의 재무제표와 그 부속명세서를 말한다)
	7. 업무개시 후 3개 사업연도의 사업계획서(추정재무제표를 포함한다) 및 예상 수입·지출 계산서
	8. 인력과 전산설비, 그 밖의 물적 설비의 현황을 확인할 수 있는 서류
	9. 허가신청일(전자등록 허가업무 단위를 추가하기 위한 허가신청의 경우에는 최근 사업연도의 말일로 한다) 현재 발행주식총수의 100분의 1 이상을 소유한 주주의 성명 또는 명칭과 그 소유주식수를 기재한 서...
		2. 사업계획에 관한 사항
		3. 인력과 전산설비 등의 물적 설비에 관한 사항
		4. 대주주에 관한 사항
		5. 이해상충방지체계에 관한 사항
		② 영 제4조제2항제12호에서 "금융위원회 및 법무부장관이 공동으로 정하여 고시하는 서류"란 다음 각 호의 서류를 말한다.
		1. 전자등록 허가를 받으려는 자가 허가를 신청하는 업무에 관한 전자등록 및 전자등록 주식등의 관리 사항을 구분한 업무규정으로서 제정안
		가. 제1호의 자가 예비허가를 받은 경우로서 다음
		  가. 그 예비허가 승인 시 부가된 조건
		  나. 그 이행사항 확인 서류
		  가. 발생한 경우 그 서류
		3. 제1호의 자의 대리인이 신청하는 경우 위임장 등 대리권 수여에 관한 증빙서류
		제5조(허가절차) ① 전자등록업허가(예비허가가 및 변경허가를 포함한다. 이하 같다)의 절차는 별표 3과 같다.
		② 전자등록업허가를 받고자 하는 자 또는 그 대리인은 별지 제1호 또는 별지 제2호의 신청서(첨부서류를 포함한다)를 금융위원회 및 법무부장관에게 제출하여야 한다.
		제6조(허가업무의 수행) ① 금융위원회 및 법무부장관은 전자등록업 허가가 심사와 관련하여 사업계획 등이 타당성을 평가하기 위하여 필요하다고 판단하는 서...

주식·사채 등의 전자등록에 관한 법률	주식·사채 등의 전자등록에 관한 법률 시행령	전자등록업규정 (전자등록업허가 등에 관한 규정)
	류 10. 대주주가 법 제5조제2항·제7호의 요건을 갖추었음을 확인할 수 있는 서류 11. 이해상충방지체계를 갖추었는지를 확인할 수 있는 서류 12. 그 밖에 허가요건의 심사에 필요한 서류로서 금융위원회 및 법무부장관이 공동으로 정하여 고시하는 서류 ③ 제1항 및 제2항에도 불구하고 전자등록허가를 받으려는 자가 법 제7조제1항에 따른 예비허가를 신청한 경우로서 예비허가를 신청할 때 제출한 예비허가신청서 및 첨부서류의 내용이 법 제6조제1항에 따른 허가신청을 할 때까지 변경되지 않은 경우에는 그 부분을 구체적으로 제시하여 이를 참조하라는 뜻을 기재함으로써 제1항에 따른 허가신청서의 기재사항 중 일부를 기재하지 않거나 제2항에 따른 첨부서류 중 해당 첨부서류의 제출을 생략할 수 있다. ④ 제1항에 따른 허가신청서를 제출받은 금융위원회 및 법무부장관은 「전자정부법」 제36조제1항에 따른 행정정보의 공동이용을 통하여 법인 등기사항증명서를 확인해야 한다. ⑤ 제1항에 따른 허가신청서를 제출받은 금융위원회 및 법무부장관은 전자등록허가를 신청한 자(이하 이 조에서 "허가신청자"라 한다)가 법 제5조제2항에 따른 허가요건을 갖추었는지를 심사해야 한다. ⑥ 금융위원회 및 법무부장관은 제5항에 따른 전자등록허가의 신청 내용을 확인하기 위해 필요한 경우에는 이해관계자, 발기인 또는 임원과의 면담 등의 방법으로 실지조사를 할 수 있다.	또는 경우에는 평가위원회를 구성·운영할 수 있다.

주식·사채 등의 전자등록에 관한 법률	주식·사채 등의 전자등록에 관한 법률 시행령	전자등록업규정 (전자등록업허가 등에 관한 규정)
	⑦ 금융위원회 및 법무부장관은 전자등록업허가의 신청내용에 관한 이해관계자 등의 의견을 수렴하기 위해 다음 각 호의 사항을 금융위원회 및 법무부 인터넷 홈페이지 등에 공고해야 한다. 1. 전자등록업허가 신청인의 명칭 2. 전자등록업허가 신청 일자 3. 전자등록업허가 신청 내용 4. 전자등록업허가 여부에 대한 의견제시의 방법 및 기간 등 의견제시 절차에 관한 사항 ⑧ 금융위원회 및 법무부장관은 제7항에 따라 이해관계인 등의 의견을 수렴한 결과 허가신청절차에 불리하다고 인정되는 의견이 있으면 그 의견을 허가신청자에게 통보하고, 기한을 정하여 소명하도록 할 수 있다. ⑨ 금융위원회 및 법무부장관은 전자등록업허가의 심사에 필요하다고 인정되는 경우에는 공청회를 개최할 수 있다. ⑩ 법 제6조제2항에 따라 전자등록업허가를 받은 자는 그 허가를 받은 날부터 6개월 이내에 그 허가받은 전자등록업을 시작해야 한다. 다만, 금융위원회 및 법무부장관이 그 기한을 따로 정하거나 전자등록업허가를 받은 자의 신청을 받아 그 기한을 연장한 경우에는 그 기한 이내에 그 허가받은 전자등록업을 시작할 수 있다. ⑪ 금융위원회 및 법무부장관은 전자등록업허가에 조건을 붙인 경우에는 그 이행 여부를 확인해야 한다. ⑫ 제1항부터 제11항까지에서 규정한 사항 외에 전자등록업허가의 신청과 심사, 허가신청절차의 서식과 작성방법 등에 관하여 필요한 사항은 금융위원회 및 법무부장관이 공동으로 정하여 고시한다.	

주식·사채 등의 전자등록에 관한 법률	주식·사채 등의 전자등록에 관한 법률 시행령	전자등록업규정 (전자등록업허가 등에 관한 규정)
제7조(예비허가) ① 제5조에 따른 전자등록업허가(이하 이 조에서 "본허가"라 한다)를 받으려는 자는 미리 금융위원회 및 법무부장관에게 예비허가를 신청할 수 있다. ② 금융위원회 및 법무부장관은 예비허가를 신청받은 경우에는 2개월 이내에 제5조제2항 각 호의 요건을 갖출 수 있는지 여부를 심사하여 예비허가 여부를 결정하고, 그 결과와 이유를 지체 없이 신청인에게 문서로 통지하여야 한다. 이 경우 예비허가신청에 관하여 흠	제5조(허가심사기간에 넣지 않는 기간) 법 제6조제3항에서 "허가신청서 흠결의 보완기간 등 대통령령으로 정하는 기간"이란 다음 각 호의 어느 하나에 해당하는 기간을 말한다. 1. 전자등록업허가를 받으려는 자가 법 제5조제2항 각 호의 요건을 갖추었는지를 확인하기 위해 금융위원회 및 법무부장관이 다른 기관 등으로부터 필요한 자료를 제출받는 데 걸리는 기간 2. 법 제6조제2항 후단에 따라 금융위원회 및 법무부장관이 법 제6조제1항에 따른 허가신청서 보완을 요구한 경우에는 그 보완기간 3. 전자등록업허가를 받으려는 자 또는 전자등록업허가를 받으려는 자의 대주주를 상대로 형사소송 절차가 진행되고 있거나 법무부, 공정거래위원회, 금융위원회, 국세청, 검찰청 또는 「금융위원회의 설치 등에 관한 법률」에 따른 금융감독원(이하 "금융감독원"이라 한다) 등에 의한 조사·검사 등의 절차가 진행되고 있고, 그 소송이나 조사·검사 등의 내용이 전자등록업허가에 중대한 영향을 미칠 수 있다고 인정되는 경우에는 그 소송이나 조사·검사 절차가 끝날 때까지의 기간 제6조(예비허가의 방법 및 절차 등) ① 법 제7조제1항에 따라 예비허가를 신청하려는 자는 제4조에 따라 금융위원회 및 법무부장관이 정하여 고시하는 예비허가신청서를 금융위원회 및 법무부장관에게 제출해야 한다. ② 제1항에 따른 예비허가신청서에는 다음 각 호의 서류를 첨부해야 한다. 1. 정관 또는 정관안 2. 발기인총회, 창립주주총회 또는 이사회의 이사결정을 증명하는 서류	제7조(예비허가신청서 첨부서류) 영 제6조제2항제3호에서 "금융위원회 및 법무부장관이 공동으로 정하여 고시하는 서류"란 다음 각 호의 서류를 말한다. 1. 법 제15조에 따른 전자등록업무규정 제정안 2. 주선일정을 기재한 서류 3. 대리인이 신청하는 경우 위임장 등 대리권 수여에 관한 증빙서류

주식·사채 등의 전자등록에 관한 법률	주식·사채 등의 전자등록에 관한 법률 시행령	전자등록업규정 (전자등록업허가 등에 관한 규정)
결이 있는 때에는 보완을 요구할 수 있다. ③ 제2항의 심사기간을 산정함에 있어서 예비허가신청과 관련된 흠결의 보완기간 등 대통령령으로 정하는 기간은 심사기간에 산입하지 아니한다. ④ 금융위원회 및 법무부장관은 제2항에 따라 예비허가를 하는 경우에는 전자등록기관의 경영의 건전성 확보 및 권리자 보호에 필요한 조건을 붙일 수 있다. ⑤ 금융위원회 및 법무부장관은 예비허가를 신청하는 경우에는 제4항에 따른 예비허가의 조건을 이행하였는지 여부와 제5조제2항 각 호의 요건을 갖추었는지 여부를 확인한 후 본허가 여부를 결정하여야 한다. ⑥ 제1항부터 제5항까지의 규정에 따른 예비허가의 신청 및 그 기재사항·첨부서류 등 예비허가의 신청에 관한 사항과 예비허가심사의 방법·절차, 그 밖에 예비허가에 필요한 사항은 대통령령으로 정한다.	3. 임원(임원으로 선임이 예정된 사람을 포함한다)의 이력서와 경력증명서 4. 영위하려는 전자등록 허가업무 단위의 종류와 영위방법을 기재한 서류 5. 최근 3개 사업연도의 재무제표와 그 부속명세서(설립 중인 법인은 제외하며, 설립일부터 3개 사업연도가 지나지 않은 법인의 경우에는 설립일부터 최근 사업연도까지의 재무제표와 그 부속명세서를 말한다) 6. 업무개시 후 3개 사업연도의 사업계획서(추정재무제표를 포함한다) 7. 인력과 전산설비, 그 밖의 물적 설비 등(채용, 구매 등이 예정된 인력, 물적 설비 등을 포함한다)의 현황을 확인할 수 있는 서류 8. 예비허가 신청일(전자등록 허가업무 단위를 추가하기 위한 예비허가신청인 경우에는 최근 사업연도의 말일로 한다) 현재 발행주식총수의 100분의 1 이상을 소유한 주주의 성명이나 명칭과 그 소유주식수를 기재한 서류 9. 대주주가 법 제5조제2항제7호의 요건을 갖추었음을 확인할 수 있는 서류 10. 이해상충방지체계를 갖추었거나 갖출 수 있는지를 확인할 수 있는 서류 11. 그 밖에 법 제7조에 따른 예비허가의 심사에 필요한 서류로서 금융위원회 및 법무부장관이 공동으로 정하여 고시하는 서류 ③ 법 제7조제1항에 따라 신청된 예비허가의 심사 방법 및 절차에 관하여는 제4조제4항부터 제9항까지의 규정을 준용한다. 이 경우 "허가신청서"는 각각 "예비허가신청서"로, "전자등록업허가"는 각각 "예비허가"로 본다.	

주식·사채 등의 전자등록에 관한 법률	주식·사채 등의 전자등록에 관한 법률 시행령	전자등록업규정 (전자등록업허가 등에 관한 규정)
	④ 법 제7조제2항에 따라 예비허가를 받은 자는 그 예비허가를 받은 날부터 6개월 이내에 예비허가의 내용 및 조건을 이행한 후 법 제5조에 따른 전자등록허가(이하 이 항에서 "본허가"라 한다)를 신청해야 한다. 다만, 금융위원회 및 법무부장관이 예비허가 당시 본허가 신청기한을 정했거나, 예비허가 후 예비허가를 받은 자의 신청을 받아 본허가 신청기한을 연장한 경우에는 그 기한 이내에 본허가를 신청할 수 있다. ⑤ 제1항부터 제4항까지에서 규정한 사항 외에 예비허가의 신청과 심사, 예비허가신청서의 서식과 작성방법 등에 관하여 필요한 사항은 금융위원회 및 법무부장관이 공동으로 정하여 고시한다. 제7조(예비허가가 심사기간에 넣지 않는 기간) 법 제5조제3항에서 "예비허가신청서의 흠결의 보완기간 등 대통령령으로 정하는 기간"이란 다음의 어느 하나에 해당하는 기간을 말한다. 1. 법 제7조제1항에 따라 예비허가를 신청한 자가 법 제5조제2항 각 호의 요건을 갖출 수 있는지를 확인하기 위해 금융위원회 및 법무부장관이 다른 기관 등으로부터 필요한 자료를 제공받는 데 걸리는 기간 2. 법 제7조제2항 후단에 따라 금융위원회 및 법무부장관이 예비허가신청에 관한 흠결의 보완을 요구한 경우에는 그 보완기간 3. 법 제7조제1항에 따라 예비허가를 신청한 자 또는 예비허가를 신청한 자의 대주주를 상대로 형사소송 절차가 진행되고 있거나 법무부, 공정거래위원회, 금융위원회, 국세청, 검찰청 또는 금융감독원 등에 의한 조사·검사 등의 절차가 진행되고 있고, 그 소송	

주식·사채 등의 전자등록에 관한 법률	주식·사채 등의 전자등록에 관한 법률 시행령	전자등록업규정 (전자등록업허가 등에 관한 규정)
제8조(허가요건의 유지) 전자등록기관은 제5조에 따른 전자등록업허가를 받아 그 업무를 함에 있어서 같은 조 제2항 각 호의 허가요건(제8호는 제외한다)을 유지하여야 한다. 제9조(업무의 추가 및 허가의 변경) 전자등록기관은 제5조에 따라 허가를 받은 전자등록업 허가업무 단위 외에 다른 전자등록업 허가업무 단위를 추가하여 전자등록업을 하려는 경우에는 제6조 및 제5조에 따라 금융위원회 및 법무부장관의 변경허가를 받아야 한다. 이 경우 제7조를 적용한다. 제10조(유사명칭 사용 금지) 전자등록기관이 아닌 자는 "증권등록", "등록결제" 또는 이와 유사한 명칭을 사용하여서는 아니 된다. 제11조(영업의 양도 등의 승인) ① 전자등록기관은 합병, 분할, 분할합병 또는 주식의 포괄적 교환·이전(이하 "합병등"이라 한다)을 하려는 경우에는 금융위원회의 승인을 받아야 한다. 이 경우 금융위원회는 합병등을 승인할 때에는 미리 법무부장관과 협의하여야 한다. ② 전자등록기관은 영업양도를 하려는 경우에는 금융위원회의 승인을 받아야 한다. 다만, 전자등록기관이 위원회의 승인을 받아 양도하려는 영업에 제5조에 따라 허가를 받거나 제9조	이나 조사·검사 등의 내용이 법 제5조에 따른 전자등록업허가가 심사에 중대한 영향을 미칠 수 있다고 인정되는 경우에는 그 소송이나 조사·검사 등의 절차가 끝날 때까지의 기간	

주식·사채 등의 전자등록에 관한 법률	주식·사채 등의 전자등록에 관한 법률 시행령	전자등록업규정 (전자등록업허가 등에 관한 규정)
에 따라 업무의 추가 및 변경하고자 하는 전자등록업 허가업무 단위가 포함된 경우에는 금융위원회는 승인 전에 미리 법무부장관과 협의하여야 한다. 제12조(전자등록업 폐지 등) ① 전자등록기관은 전자등록업의 전부 또는 일부를 폐지하거나 해산하고자 하는 경우에는 금융위원회의 승인을 받아야 한다. 이 경우 금융위원회는 그 승인을 할 때에는 미리 법무부장관과 협의하여야 한다. ② 금융위원회는 제1항에 따른 승인을 한 경우 그 내용을 관보 및 인터넷 홈페이지 등에 공고하여야 한다. ③ 제1항에 따른 승인방법·절차, 그 밖에 승인 업무 처리를 위하여 필요한 사항은 대통령령으로 정한다.	제8조(전자등록업 폐지 등 승인) ① 전자등록기관은 법 제12조제1항 전단에 따라 전자등록업의 전부 또는 일부의 폐지나 전자등록기관의 해산(이하 이 조에서 "폐지등"이라 한다)의 승인을 받으려는 경우에는 다음 각 호의 사항을 기재한 승인신청서를 금융위원회에 제출해야 한다. 1. 명칭 2. 본점의 소재지 3. 임원에 관한 사항 4. 승인을 신청하는 사유, 내용 및 시기 등 5. 그 밖에 승인 심사에 필요한 사항으로서 금융위원회가 정하여 고시하는 사항 ② 제1항에 따른 승인신청서에는 다음 각 호의 서류를 첨부해야 한다. 1. 정관 2. 폐지등의 승인을 신청하는 사유에 관하여 이사회나 주주총회의 이결이 있는 경우에는 그 이사록 3. 폐지등의 승인을 신청하는 사유와 관련된 계약서가 있는 경우에는 그 사본 4. 그 밖에 폐지등의 승인 심사에 필요하다고 판단되는 서류로서 금융위원회가 정하여 고시하는 서류 ③ 금융위원회는 법 제12조제1항에 따라 폐지등을 승인하려는 경우에는 다음 각 호의 기준을 모두 갖추었느지를 심사하여야 한다. 1. 해당 전자등록기관의 경영 및 재무상태 등에 비추어 부득이할 것	제2-1조(전자등록업 등의 승인 신청) 법 제12조에 따른 전자등록업 폐지 또는 해산에 대한 승인을 받고자 하는 전자등록기관은 승인의 종류별로 별지 제1호 또는 별지 제2호의 승인신청서(첨부서류를 포함한다)를 금융위원회에 제출하여야 한다. 제2-2조(승인심사 절차 및 방법 등) ① 금융감독원장은 영 제8조제3항에 따라 승인 신청내용을 심사함에 있어 필요하다고 판단되는 경우에는 다음 각 호의 업무를 수행할 수 있다. 1. 승인 신청내용의 확인을 위한 이해관계인 또는 경영진과의 면담 등 실지조사 2. 승인시 부과할 조건이 있는 경우 그 이행상황의 확인 ② 금융감독원장은 제1항 각 호의 업무를 수행한 후에 그 결과를 금융위원회에 통보하여야 한다. ③ 금융위원회는 전자등록기관의 전자등록업 전부 또는 일부의 폐지 또는 해산 신청에 대한 승인을 위하여 필요하다고 판단되는 경우에는 방법으로 이해관계인의 의견을 수렴하거나, 공청회를 개최할 수 있다. 제2-3조(승인심사기간에 넣지 아니하는 기간) 영 제8조제5항에서 "금융위원회가 정하여 고시하는 기간"이란 다음 각 호의 어느 하나에 해당하는 기간

주식·사채 등의 전자등록에 관한 법률	주식·사채 등의 전자등록에 관한 법률 시행령	전자등록업규정 (전자등록업허가 등에 관한 규정)
		을 말한다.
	2. 권리자 보호와 거래질서 유지에 지장을 주지 않을 것 3. 「상법」 및 「자본시장과 금융투자업에 관한 법률」, 그 밖의 관계 법령에 따른 절차를 이행하는 데 장애 사유가 없을 것 ④ 금융위원회는 제1항 및 제2항에 따른 승인신청서와 첨부서류(이하 "승인신청서등"이라 한다)를 접수한 경우에는 그 내용을 심사하여 승인신청서등을 접수한 날부터 2개월 이내에 승인 여부를 결정하고, 그 결과와 이유를 지체 없이 신청인에게 문서로 통지하여야 한다. 이 경우 승인신청서등에 흠결이 있을 때에는 기한을 정하여 보완을 요구할 수 있다. ⑤ 제4항 전단에 따른 심사기간을 계산할 때에는 같은 항 후단에 따른 승인신청서등의 흠결을 보완하기 위한 기간 등 금융위원회가 정하여 고시하는 기간은 심사기간에 넣지 않는다. ⑥ 제1항부터 제5항까지에서 규정한 사항 외에 폐지의 등록신청과 심사, 승인신청서의 서식과 작성방법 등에 관하여 필요한 사항은 금융위원회가 정하여 고시한다.	1. 영 제8조제3항 각 호의 요건을 충족하는지를 확인하기 위하여 다른 기관 등으로부터 필요한 자료를 제공받는 데에 걸리는 기간 2. 영 제8조제4항 후단에 따라 승인신청서 흠결의 보완을 요구한 경우에는 그 보완기간 3. 전자등록업 폐지 등의 승인을 받으려는 자 또는 대주주를 상대로 형사소송 절차가 진행되고 있거나 금융위원회, 법무부, 공정거래위원회, 국세청, 검찰청 또는 금융감독원 등에 의한 조사·검사 등의 절차가 진행되고 있고, 그 소송이나 내용이 승인심사에 중대한 영향을 미칠 수 있다고 인정되는 경우에는 그 소송이나 조사·검사 등의 절차가 끝날 때까지의 기간
제13조(임원 등) ① 전자등록기관의 상근임원은 제4조제1항 각 호의 어느 하나에 해당하지 아니하는 상근임원이 아닌 사람이어야 한다. ② 전자등록기관의 임원의 자격에 관하여는 「금융회사의 지배구조에 관한 법률」 제5조를 준용한다. ③ 전자등록기관의 대표이사는 주주총회에서 선임한다. ④ 금융위원회는 제3항에 따라 선임된 대표이사가 각	제9조(대표이사 해임 요구 사유) 법 제13조제4항 전단에서 "대통령령으로 정하는 경우"란 금융기관 대표이사의 직무수행능력·전문성·경력 등을 종합적으로 고려하여 적정성을 검토한 결과 그 직무를 수행하는 데에 부적합하다고 인정되는 경우를 말한다. 제10조(특별한 이해관계) 법 제13조제3항에서 "대통령령으로 정하는 특별한 이해관계"란 다음 각 호의 어느	

주식·사채 등의 전자등록에 관한 법률	주식·사채 등의 전자등록에 관한 법률 시행령	전자등록업규정 (전자등록업허가 등에 관한 규정)
날부터 1개월 이내에 그 사유를 구체적으로 밝혀 해임을 요구할 수 있다. 이 경우 해임 요구를 받은 대표이사의 직무는 정지되며, 전자등록기관은 2개월 이내에 대표이사를 새로 선임하여야 한다. ⑤ 전자등록기관의 상근 임직원은 「자본시장과 금융투자업에 관한 법률」 제2조제17항에 따른 금융투자업관계기관(그 상근 임직원이 소속되어 있은 제2조에 따른 예탁결제원은 제외한다)과 자본시장과 금융투자업에 관한 법률 제63조의 기금의 공여, 손익의 분배, 그 밖에 영업에 관하여 대통령령으로 정하는 특별한 이해관계를 가져서는 아니 된다. ⑥ 「자본시장과 금융투자업에 관한 법률」 제63조의 규정은 전자등록기관에 준용한다. 이 경우 "금융투자업자"는 각각 "전자등록기관"으로 본다. 제14조(전자등록기관의 업무) ① 전자등록기관은 정관으로 정하는 바에 따라 다음 각 호의 업무를 한다. 1. 주식등의 전자등록에 관한 업무 2. 발행인관리계좌, 고객관리계좌 및 계좌관리기관등 자기계좌의 개설, 폐지 및 관리에 관한 업무 3. 발행인관리계좌부, 고객관리계좌부 및 계좌관리기관등 자기계좌관리부의 작성 및 관리에 관한 업무 4. 외국 전자등록기관(외국 법령에 따라 외국에서 전자등록기관에 상당하는 업무를 하는 자를 말한다. 이하 같다)과의 약정에 따른 계좌를 통하여 하는 주식등의 전자등록에 관한 업무 5. 제37조에 따른 소유자명세의 작성에 관한 업무 6. 전자등록주식등에 대한 권리 행사의 대행에 관한 업무 7. 주식등의 전자등록 및 관리를 위한 정보통신망의	하나에 해당하는 것을 말한다. 1. 채무보증 2. 담보제공 3. 정상적인 거래활동(거래 상대방의 사업 내용과 관련되거나 사업목적 달성에 수반되는 행위로서 거래조건 등에 비추어 사회통념상 일반적인 거래활동으로 인정될 수 있는 경우를 말한다)을 수행하는 과정에서 필요한 행위에 해당하는 것으로 볼 수 없는 이해관계	

주식·사채 등의 전자등록에 관한 법률	주식·사채 등의 전자등록에 관한 법률 시행령	전자등록업규정 (전자등록업허가 등에 관한 규정)
운영에 관한 업무 8. 전자등록주식등의 발행 내용의 공개에 관한 업무 9. 그 밖에 금융위원회로부터 승인을 받은 업무 ② 전자등록기관은 정관으로 정하는 바에 따라 제1항 각 호의 업무에 부수하는 업무로서 다음 각 호의 어느 하나에 해당하는 업무를 한다. 1. 전자등록주식등의 담보관리에 관한 업무 2. 「자본시장과 금융투자업에 관한 법률」 제80조에 따라 집합투자업자·투자일임업자와 집합투자재산을 보관·관리하는 신탁업자 등 사이에서 이루어지는 집합투자재산의 취득·처분 등에 관한 지시 등을 처리하는 업무 3. 그 밖에 금융위원회로부터 승인을 받은 업무 ③ 전자등록기관은 정관으로 정하는 바에 따라 제1항 및 제2항의 업무 외에 다음 각 호의 업무를 할 수 있다. 1. 다음 각 목의 어느 하나에 해당하는 업무. 이 경우 다른 법률에서 인가·허가·등록·신고 등이 필요한 경우에는 인가·허가 등을 받거나 등록·신고 등을 하여야 한다. 가. 주식등의 명의개서대행업무 나. 주식등의 대차의 중개 또는 주선 업무 다. 그 밖에 금융위원회의 승인을 받은 업무 2. 다른 법령에서 전자등록기관의 업무로 규정한 업무 3. 그 밖에 금융위원회로부터 승인을 받은 업무		제15조(전자등록업무규정) ① 전자등록기관은 주식등의 전자등록과 전자등록주식등의 관리를 위하여 전자등록업무규정을 제정하여 금융위원회의 승인을 받아야 한다. 이 경우 금융위원회는 그 승인을 할 때에 미리

주식·사채 등의 전자등록에 관한 법률	주식·사채 등의 전자등록에 관한 법률 시행령	전자등록업규정 (전자등록업허가 등에 관한 규정)
법무부장관과 협의하여야 한다. ② 제1항의 전자등록업무규정에는 다음 각 호의 사항이 포함되어야 한다. 1. 주식등의 신규 전자등록 및 그 변경·말소의 전자등록에 관한 사항 2. 발행인관리계좌, 고객계좌, 고객관리계좌 및 계좌관리기관등 자기계좌의 개설 및 폐지에 관한 사항 3. 발행인관리계좌부, 고객계좌부, 고객관리계좌부 및 계좌관리기관등 자기계좌부의 작성 및 관리에 관한 사항 4. 전자등록주식등의 계좌간 대체, 질권의 설정·말소, 신탁재산이라는 사실의 표시·말소의 전자등록에 관한 사항 5. 제37조에 따른 소유자명세의 작성 및 전자등록주식등의 권리 행사에 관한 사항 6. 전자등록주식등의 금액 또는 수량 확인에 관한 사항 7. 주식등의 전자등록 및 관리를 위한 정보통신망의 운영에 관한 사항 8. 그 밖에 전자등록주식등의 관리를 위하여 필요한 사항 제16조(정관 변경의 승인) 전자등록기관은 정관을 변경하려는 경우에는 금융위원회의 승인을 받아야 한다. 이 경우 금융위원회는 그 승인을 할 때에는 미리 법무부장관과 협의하여야 한다. 제17조(전자등록업무규정 개정·폐지의 승인) 전자등록기관은 제15조제1항에 따른 전자등록업무규정(이하 "전자등록업무규정"이라 한다)을 개정하거나 폐지하려		

주식·사채 등의 전자등록에 관한 법률	주식·사채 등의 전자등록에 관한 법률 시행령	전자등록업규정 (전자등록업허가 등에 관한 규정)
는 경우에는 금융위원회의 승인을 받아야 한다. 이 경우 금융위원회는 그 승인을 할 때에는 미리 법무부장관과 협의하여야 한다. 제18조(전자등록업무규정 외의 업무규정의 보고) 전자등록기관은 전자등록업무규정 외의 업무에 관한 규정을 제정·변경하거나 폐지한 경우에는 지체 없이 금융위원회에 보고하여야 한다. 다만, 다른 법률에서 금융위원회의 승인을 받도록 한 경우에는 그 법률에 따른다. 제2절 계좌관리기관 제19조(계좌관리기관) 다음 각 호의 어느 하나에 해당하는 자는 계좌관리기관이 될 수 있다. 1. 「자본시장과 금융투자업에 관한 법률」에 따른 금융투자업자로서 다음 각 목의 어느 하나에 해당하는 자 　가. 증권에 관한 투자매매업자 또는 투자중개업자 　나. 신탁업자(집합투자재산을 보관·관리하는 신탁업자로 한정한다) 2. 다음 각 목의 어느 하나에 해당하는 자 　가. 「은행법」에 따라 인가를 받아 설립된 은행(같은 법 제59조에 따라 은행으로 보는 자를 포함한다) 　나. 「은행법」 제5조에서 은행으로 보는 신용사업 부문을 관리할 필요가 있는 자로서 금융위원회가 고시하는 자 　다. 「농업협동조합법」에 따른 농협은행 　라. 「한국산업은행법」에 따른 한국산업은행	제11조(계좌관리기관) ① 법 제19조제7호에서 "대통령령으로 정하는 자"란 다음 각 호의 어느 하나에 해당하는 자를 말한다. <개정 2022. 2. 17.> 1. 「한국자산관리공사 설립 등에 관한 법률」에 따른 한국자산관리공사 2. 「예금자보호법」 제36조의3제1항에 따른 정리금융회사 3. 「조세특례제한법 시행령」 제72조제1항에 따른 보상채권을 같은 조 제3항에 따라 사업시행자를 위하여 계좌관리기관으로 하여 보유하는 경우 해당 사업시행자를 계좌관리기관으로 하여 해당 업무를 하기 위해 법 제22조제1항에 따른 고객계좌(이하 "고객계좌"라 한다)를 관리할 필요가 있는 자로서 금융위원회가 고시하는 자 ② 법 제19조제8호에서 "대통령령으로 정하는 자"란 다음 각 호의 어느 하나에 해당하는	제2-4조(계좌관리기관의 범위) ① 영 제11조제1항제4조에서 "금융위원회가 계좌관리기관으로 지정하여 고시하는 자"란 「공익사업을 위한 토지 등의 취득 및 보상에 관한 법률」에 따라 토지소유자 및 관계인에게 보상채권을 발행하고 관리하는 사업시행자를 말한다. ② 영 제11조제2항제11호에서 "금융위원회가 계좌관리기관으로 지정하여 고시하는 자"란 다음 각 호의 어느 하나에 해당하는 외국인 1. 법 제19조에 따른 계좌관리기관에 준하는 외국인 2. 「자본시장과 금융투자업에 관한 법률」에 따라 전문투자형 사모집합투자기구의 집합투자증권을 운용하는 전문사모집합투자업자(자신이 운용하는 전문투자형 사모집합투자기구의 집합투자증권을 판매하는 경우에 한정한다)

주식·사채 등의 전자등록에 관한 법률	주식·사채 등의 전자등록에 관한 법률 시행령	전자등록업허가 등에 관한 규정 (전자등록업규정)
마. 「중소기업은행법」에 따른 중소기업은행 3. 「한국은행법」에 따른 한국은행(이하 "한국은행"이라 한다) 4. 「보험업법」에 따른 보험회사 5. 외국 전자등록기관 6. 명의개서대행회사(「자본시장과 금융투자업에 관한 법률」에 따른 명의개서대행회사를 말하며, 제29조에 따라 개설된 특별계좌를 관리하는 경우만 해당한다) 7. 법령에 따른 업무를 하기 위하여 고객계좌를 관리할 필요가 있는 자로서 대통령령으로 정하는 자 8. 그 밖에 업무의 성격 등을 고려하여 대통령령으로 정하는 자 제20조(계좌관리기관의 업무) ① 계좌관리기관은 다음 각 호의 업무를 한다. 1. 고객계좌부에 따른 주식등의 전자등록에 관한 업무 2. 고객계좌의 개설, 폐지 및 관리에 관한 업무 3. 고객계좌부의 작성 및 관리에 관한 업무 4. 제1호부터 제3호까지의 규정에 따른 업무에 부수하는 업무 ② 계좌관리기관이 아닌 자는 전자등록기관에 고객관리계좌, 그 밖에 이와 비슷한 계좌를 개설하여 주식등	1. 「자본시장과 금융투자업에 관한 법률」에 따른 증권금융회사 및 종합금융회사 2. 「여신전문금융업법」에 따른 여신전문금융회사 3. 「한국수출입은행법」에 따른 한국수출입은행 4. 「상호저축은행법」에 따른 상호저축은행과 상호저축은행중앙회 5. 「수산업협동조합법」에 따른 수산업협동조합, 수산업협동조합중앙회 및 수협은행 6. 「농업협동조합법」에 따른 농업협동조합과 농업협동조합중앙회 7. 「신용협동조합법」에 따른 신용협동조합과 신용협동조합중앙회 8. 「새마을금고법」에 따른 새마을금고와 새마을금고중앙회 9. 「우체국예금·보험에 관한 법률」에 따른 체신관서 10. 전자등록기관 11. 그 밖에 업무의 성격 등을 고려하여 금융위원회가 계좌관리기관으로 지정하여 고시하는 자	

주식·사채 등의 전자등록에 관한 법률	주식·사채 등의 전자등록에 관한 법률 시행령	전자등록업규정 (전자등록업허가 등에 관한 규정)
의 전자등록에 관한 업무를 하여서는 아니 된다. **제3장 계좌의 개설 등** 제21조(발행인관리계좌의 개설 등) ① 다음 각 호의 어느 하나에 해당하는 자는 전자등록기관에 발행인관리계좌를 개설하여야 한다. 1. 주식등을 전자등록의 방법으로 새로 발행하려는 자 2. 이미 주권(株券), 그 밖에 대통령령으로 정하는 증권 또는 증서(이하 "주권등"이라 한다)가 발행된 주식등의 권리자에게 전자등록의 방법으로 주식등을 보유하게 하거나 취득하게 하려는 자 3. 그 밖에 제1호 및 제2호에 준하는 자로서 대통령령으로 정하는 자 ② 제1항에 따라 발행인관리계좌가 개설된 경우 전자등록기관은 다음 각 호의 사항을 기록하여 발행인(제1항 각 호의 어느 하나에 해당하는 자로서 같은 항에 따라 발행인관리계좌를 개설한 자를 말한다. 이하 같다)별로 발행인관리계좌부를 작성하여야 한다. 1. 발행인의 명칭 및 사업자등록번호, 그 밖에 발행인을 식별할 수 있는 정보로서 대통령령으로 정하는 정보 2. 전자등록주식등의 종류, 종목 및 종목별 수량 또는 금액 3. 그 밖에 발행인관리계좌부에 기록할 필요가 있는 사항으로서 대통령령으로 정하는 사항 ③ 제2항에 따라 작성된 발행인관리계좌부에 기록된 전자등록주식등의 종목별 수량 또는 금액은 다음 각	**제3장 계좌의 개설 등** 제12조(발행인관리계좌의 개설 등) ① 법 제21조제1항제2호에서 "대통령령으로 정하는 증권 또는 증서"란 다음 각 호의 어느 하나에 해당하는 것을 말한다. 1. 법 제2조제1호가목부터 마목까지에 해당하는 권리가 표시된 증권 또는 증서[「자본시장과 금융투자업에 관한 법률」 제8조의2제4항제1호에 따른 증권시장(이하 "증권시장"이라 한다)에 상장하지 않은 것을 한정하며, 증권이 「공사채 등록법」(법률 제14096호로 폐지되기 전의 것을 말한다) 제3조에 따른 등록기관에 등록하여 사채권을 발행하지 않은 것을 포함한다] 2. 법 제2조제1호가목부터의 권리가 표시된 기명식(記名式) 증권 또는 증서 ② 법 제21조제1항제3호에서 "대통령령으로 정하는 자"란 다음 각 호의 어느 하나에 해당하는 외국법인등(법 제2조제1호에 따른 외국법인등을 말한다. 이하 이 항에서 같다)을 말한다. 1. 국내에서 주권(株券)을 새로 발행하려는 외국법인등 2. 이미 국내에서 주권을 발행한 자로서 해당 주권의 권리자에게 전자등록의 방법으로 주식을 보유하게 하거나 취득하게 하려는 외국법인등 ③ 법 제21조제2항제3호에서 "대통령령으로 정하는 정보"란 발행인(같은 조 제1항 각 호의 어느 하나에 해당하는 자로서 같은 항에 따라 발행인관리계좌를 개설한 자를 말한다. 이하 같다)에 관한 다음 각 호의 정	

주식·사채 등의 전자등록에 관한 법률	주식·사채 등의 전자등록에 관한 법률 시행령	전자등록업규정 (전자등록업허가 등에 관한 규정)
종의 어느 하나에 해당하는 장부에 기재된 주식등의 종목별 수량 또는 금액과 다른 경우에는 그 장부에 기재된 수량 또는 금액을 기준으로 한다. 1. 주주명부 2. 수익자명부(「신탁법」 제79조에 따른 수익자명부 또는 「자본시장과 금융투자업에 관한 법률」 제189조에 따른 수익자명부를 말한다) 3. 「국채법」, 「국고금 관리법」 또는 「한국은행 통화안정증권법」에 따른 등록부 4. 그 밖에 주식등의 권리자에 관한 장부로서 대통령령으로 정하는 장부 ④ 발행인은 제2항의 각 호의 사항이 변경된 경우에는 지체 없이 그 내용을 전자등록기관에 통지하여야 하고, 전자등록기관은 그 통지 내용에 따라 지체 없이 발행인관리계좌부의 기록을 변경하여야 한다. ⑤ 전자등록기관은 제4항에 따라 발행인관리계좌부의 기록이 변경된 경우에는 지체 없이 각 호의 조치를 하여야 한다. 1. 변경 내용의 계좌관리기관에 대한 통지 2. 고객관리계좌부의 기록 및 계좌관리기관등 자기계좌부의 전자등록의 변경 ⑥ 계좌관리기관은 제5항제1호의 통지를 받으면 지체 없이 그 통지 내용에 따라 고객계좌부의 전자등록을 변경하여야 한다. 제22조(고객계좌 및 고객관리계좌의 개설 등) ① 전자등록주식등의 권리자가 되려는 자는 계좌관리기관에 고객계좌를 개설하여야 한다. ② 제1항에 따라 고객계좌가 개설된 경우 계좌관리기관은 다음 각 호의 사항을 전자등록하여 고객계좌별로	보를 말한다. 1. 발행인의 법인등록번호 또는 고유번호 2. 발행인의 본점과 지점, 그 밖의 영업소의 소재지 3. 발행인의 설립연월일, 업종 및 대표자의 성명, 그 밖에 이에 준하는 정보 ④ 법 제21조제2항제3호에서 "대통령령으로 정하는 사항"이란 다음 각 호의 사항을 말한다. 1. 전자등록의 사유 2. 전자등록주식등의 발행 일자 및 발행 방법 3. 법 제2조제1호다목 또는 마목에 따른 권리로서 법 제59조 각 호의 요건을 모두 갖추고 전자등록된 것(이하 "단기사채등"이라 한다)인 경우 그 발행 한도 및 미상환 발행 잔액 4. 그 밖에 전자등록기관이 법 제15조에 따른 전자등록업무규정(이하 "전자등록업무규정"이라 한다)으로 정하는 사항 제13조(발행인관리계좌부에 우선하는 장부) 법 제21조제3항제4호에서 "대통령령으로 정하는 장부"란 다음 각 호의 장부를 말한다. 1. 「상법」 제488조에 따른 사채원부 2. 「신탁법」 제87조제4항에 따른 신탁사채원부 3. 「지방재정법」 제12조에 따른 지방채증권원부 제14조(고객계좌부의 전자등록사항) 법 제22조제2항제3호에서 "대통령령으로 정하는 사항"이란 같은 항에 따라 고객계좌부(이하 "고객계좌부"라 한다)에 전자등록되는 전자등록주식등의 수량 또는 금액이 증감하는 경우 그 증감 원인을 말한다.	

주식·사채 등의 전자등록에 관한 법률	주식·사채 등의 전자등록에 관한 법률 시행령	전자등록업규정 (전자등록업허가가 등에 관한 규정)
고객계좌부를 작성하여야 한다. 1. 권리자의 성명 또는 명칭 및 주소 2. 발행인의 명칭 3. 전자등록주식등의 종류, 종목 및 종목별 수량 또는 금액 4. 전자등록주식등에 질권이 설정된 경우에는 그 사실 5. 전자등록주식등이 신탁재산인 경우에는 그 사실 6. 전자등록주식등의 처분에 제한되는 경우에는 그에 관한 사항 7. 그 밖에 고객계좌부에 등록할 필요가 있는 사항으로서 대통령령으로 정하는 사항 ③ 계좌관리기관은 제2항의 고객계좌부에 전자등록주식등의 종류 또는 종목에 총금액을 관리하기 위하여 전자등록기관에 고객관리계좌를 개설하여야 한다. ④ 제3항에 따라 고객관리계좌가 개설된 경우 전자등록기관은 다음 각 호의 사항을 기록하여 계좌관리기관별로 고객관리계좌부를 작성하여야 한다. 1. 계좌관리기관의 명칭 및 주소 2. 전자등록주식등의 종류, 종목 및 종목별 수량 또는 금액 3. 그 밖에 고객관리계좌부에 등록할 필요가 있는 사항으로서 대통령령으로 정하는 사항 제23조(계좌관리기관등 자기계좌의 개설 등) ① 제22조제1항에도 불구하고 계좌관리기관, 법률에 따라 설립된 기금, 그 밖에 전자등록주식등에 주식등을 전자등록할 필요가 있는 자로서 대통령령으로 정하는 자(이하 "계좌관리기관등"이라 한다)가 전자등록주식등의 권리자가 되려는 경우에는 전자등록기관에 계좌관리기관	제15조(고객관리계좌부의 기록사항) 법 제22조제4항제3호에서 "대통령령으로 정하는 사항"이란 같은 항에 따른 고객관리계좌부(이하 "고객관리계좌부"라 한다)에 기록된 전자등록주식등의 수량 또는 금액이 증감하는 경우 그 증감 원인을 말한다. 제16조(계좌관리기관등 자기계좌개설자의 범위) 법 제23조제1항에서 "대통령령으로 정하는 자"란 다음 각 호의 어느 하나에 해당하는 자를 말한다. 1. 법률에 따라 설립된 기금을 관리·운용하는 법인 2. 개인, 법인 또는 단체로서 주식등의 보유 규모, 보유 목적 및 해당 주식등의 종류 등을 고려하여 금융	제2-5조(계좌관리기관등 자기계좌 개설자의 범위) 영 제16조제2호에서 "금융위원회가 정하여 고시하는 자"란 다음 각 호의 어느 하나에 해당하는 자를 말한다. 1. 국가, 지방자치단체, 또는 「공공기관의 운영에 관한 법률」에 따른 공공기관

주식·사채 등의 전자등록에 관한 법률	주식·사재 등의 전자등록에 관한 법률 시행령	전자등록업규정 (전자등록업허가 등에 관한 규정)
등 자기계좌를 개설할 수 있다. ② 제1항에 따라 계좌관리기관 등 자기계좌가 개설된 경우 전자등록기관은 다음 각 호의 사항을 전자등록하여 계좌관리기관 등 자기계좌부를 작성하여야 한다. 1. 계좌관리기관 등의 성명 또는 명칭 및 주소 2. 제22조제2항제2호부터 제6호까지에 따른 사항 3. 그 밖에 계좌관리기관 등 자기계좌부에 등록할 필요가 있는 사항으로서 대통령령으로 정하는 사항 제4장 전자등록 제24조(전자등록의 신청 등) ① 주식등이 전자등록은 발행인이나 권리자의 신청 또는 관공서의 촉탁에 따른다. 다만, 이 법에 다른 규정이 있는 경우에는 전자등록기관 또는 계좌관리기관이 직권으로 할 수 있다. ② 주식등이 전자등록은 이 법에 다른 규정이 없으면	위원회가 정하여 고시하는 자 제17조(계좌관리기관 등 자기계좌부의 전자등록사항) 법 제23조제2항제3호에서 "대통령령으로 정하는 사항"이란 같은 항에 따라 계좌관리기관 등 자기계좌부(이하 "계좌관리기관 등 자기계좌부"라 한다)에 전자등록된 전자등록주식등의 수량 또는 금액이 증감하는 경우 그 증감 원인을 말한다. 제4장 전자등록	2. 「자본시장과 금융투자업에 관한 법률」에 따른 거래소 3. 법률에 따라 공제사업을 영위하는 법인 4. 「자본시장과 금융투자업에 관한 법률」 제9조제16항에 따른 외국법인등 5. 다음 각 목의 어느 하나에 해당하는 개인 또는 법인 가. 「자본시장과 금융투자업에 관한 법률」 제1항의 대주주에 해당하는 개인 또는 법인 나. 전자등록기관을 통한 담보권의 설정 및 담보관리를 하기 위하여 전자등록주식등을 담보로 제공하고자 하는 자 다. 「증권의 발행 및 공시 등에 관한 규정」 제2-2조제2항제1호에 따른 예탁결제원과의 계약을 이행하고자 하는 경우에 예탁결제원이 일정기간 전자등록주식등을 계속 보유하기 위하여 전자등록주식등을 계속 보유하고자 하는 자 라. 그 밖에 법 제23조제1항에 따른 계좌관리기관(계좌관리기관을 제외한다)에 준하는 자로서 전자등록주식등의 보유가 필요하다고 전자등록기관이 따로 정하는 자 제3장 전자등록

주식·사채 등의 전자등록에 관한 법률	주식·사채 등의 전자등록에 관한 법률 시행령	전자등록업규정 (전자등록업허가 등에 관한 규정)
발행인이나 권리자 단독으로 신청한다. ③ 관공서의 촉탁에 따라 전자등록을 하는 경우에 대해서는 신청에 따른 전자등록에 관한 규정을 준용한다. 제25조(주식등의 신규 전자등록) ① 발행인은 전자등록의 방법으로 주식등을 새로 발행하려는 경우 또는 이미 주권등이 발행된 주식등을 권리자에게 보유하게 하거나 취득하게 하려는 경우 그 주식등의 신규 전자등록을 신청할 수 있다. 다만, 다음 각 호의 어느 하나에 해당하는 주식등에 대해서는 전자등록기관에 신규 전자등록을 신청하여야 한다. 1. 「자본시장과 금융투자업에 관한 법률」 제8조의2제4항제1호에 따른 증권시장에 상장하는 주식등 2. 「자본시장과 금융투자업에 관한 법률」에 따른 투자신탁의 수익권 또는 투자회사의 주식 3. 그 밖에 권리자 보호 및 건전한 거래질서의 유지를 위하여 신규 전자등록으로서 신청을 하도록 할 필요가 있는 주식등으로서 대통령령으로 정하는 주식등 ② 제1항에도 불구하고 권리자 보호 및 건전한 거래질서의 유지를 위하여 대통령령으로 정하는 경우에 발행인은 신규 전자등록의 신청을 하기 전에 전자등록기관에 제6항제3호 각 호의 사항에 대한 사전 심사를 신청하여야 한다. ③ 제1항 또는 제2항에 따라 신규 전자등록이나 사전 심사를 신청하는 경우 발행인은 해당 주식등의 종목별로 전자등록신청서 또는 사전심사신청서(이하 이 조에서 "전자등록신청서등"이라 한다)를 작성하여야 한다. 이 경우 신청하는 주식등의 종목에 관한 구체적 내용 등에 관한	제18조(주식등의 신규 전자등록) ① 법 제25조제1항제3호에서 "대통령령으로 정하는 주식등"이란 다음 각 호의 어느 하나에 해당하는 것을 말한다. <개정 2023. 6. 27.> 1. 법 제2조제1호나목의 주식등 중 다음 각 목의 어느 하나에 해당하는 주식등 가. 「자본시장과 금융투자업에 관한 법률」에 따른 조건부자본증권에 표시되어야 할 권리 나. 「상법」 제469조제2항제3호의 사채(발행인이 「자본시장과 금융투자업에 관한 법률」에 따른 자본시장과 금융투자업에 관한 법률에 따라 자본시장자본인 경우로 한정한다) 2. 「상법」, 「은행법」, 「금융지주회사법」 및 「보험업법」에 따른 은행·타무 또는 타무의 권리 3. 「은행법」, 「금융지주회사법」 및 「보험업법」에 따른 조건부자본증권에 표시되어야 할 권리 4. 그 밖에 주식등의 발행 및 유통 구조, 주식등에 대한 권리의 권리행사 내용과 방법 등을 고려하여 신규 전자등록을 해야 할 필요가 있는 주식등으로서 금융위원회가 정하여 고시하는 권리 ② 법 제25조제2항에서 "대통령령으로 정하는 경우"란 발행인이 전자등록기관에 해당 주식등의 종목별로 최초로 신규 전자등록을 신청하는 경우를 말한다. 제19조(전자등록 신청의 방법 및 절차 등) ① 발행인은 법 제25조제1항 또는 제2항에 따라 전자등록기관에	제3-1조(신규 전자등록을 신청하여야 하는 주식등의 범위) 영 제18조제1항제4호에서 "금융위원회가 정하여 고시하는 권리"란 전자등록되었거나 전자등록하려는 주식과 관련된 권리로서 다음 각 호의 어느 하나에 해당하는 권리를 말한다. 1. 해당 주식과 이익의 배당, 잔여재산의 분배, 주주총회에서의 의결권의 행사, 상환 및 전환 등에 관하여 내용이 다른 종류의 주식 2. 해당 주식에 대한 법 제2조제1호나목의 권리

주식·사채 등의 전자등록에 관한 법률	주식·사채 등의 전자등록에 관한 법률 시행령	전자등록업규정 (전자등록업허가 등에 관한 규정)
업무규정으로 정한다. ④ 전자등록기관은 제3항에 따른 전자등록신청서등을 접수한 경우에는 그 내용을 검토하여 1개월 이내에 신규 전자등록 여부 또는 사전심사 내용을 결정하고, 그 결과와 이유를 지체 없이 신청인에게 통지하여야 한다. 이 경우 전자등록신청서등에 흠이 있을 때에는 보완을 요구할 수 있다. ⑤ 제4항의 검토기간을 산정할 때 전자등록신청서등의 흠결에 대한 보완기간 등 대통령령으로 정하는 기간은 검토기간에 산입하지 아니한다. ⑥ 전자등록기관은 제4항의 전자등록 여부를 결정할 때 다음 각 호의 어느 하나에 해당하는 사유가 없으면 신규전자등록을 거부할 수 없다. 1. 다음 각 목의 어느 하나에 해당하는 경우 　가. 해당 주식등이 성질상 또는 법령에 따라 양도될 수 없거나 그 양도가 제한되는 경우 　나. 같은 종류의 주식등의 권리자 간에 그 주식등이 권리 내용이 다르거나 그 밖에 해당 주식등의 대체 가능성이 없는 경우 　다. 그 밖에 주식등의 신규 전자등록이 적절하지 아니한 경우로서 대통령령으로 정하는 경우 2. 해당 주식등을 새로 발행하거나 이미 주권등이 발행된 주식등을 권리자에게 보유하게 하거나 취득하게 하는 것이 법령에 위반되는 경우 3. 이미 주권등이 발행된 주식등의 신규 전자등록이 신청된 경우로서 그 주권등에 대하여 「민사소송법」에 따른 공시최고절차가 계속 중인 경우. 이 경우 신규 전자등록의 거부는 공시최고절차가 계속 중인 주권등에 대한 주식등의 신규전자등록에 대하여만 한정한다. 4. 전자등록신청서등을 거짓으로 작성한 경우	신규 전자등록이나 사전심사를 신청하는 경우 같은 조 제3항 전단에 따라 다음 각 호의 사항을 기재한 전자등록신청서나 사전심사신청서(이하 "전자등록신청서등"이라 한다)를 제출해야 한다. 1. 발행인의 명칭 2. 법 제25조제1항 또는 제2항에 따라 신규 전자등록이나 사전심사를 신청하는 주식등의 종류 및 종목별 수량 또는 금액 3. 그 밖에 주식등의 전자등록신청서등에 기재하도록 전자등록업무규정으로 정하는 사항 ② 전자등록신청서등에는 다음 각 호의 서류를 첨부해야 한다. 1. 다음 각 목의 구분에 따른 서류 　가. 「상법」 제356조의2, 제420조의4, 제478조제3항 또는 제516조의7에 따라 전자등록하는 주식등: 해당 주식등 발행인의 정관 　나. 그 밖의 주식등의 경우: 해당 주식등의 발행과 관련된 계약·약관 또는 이에 준하는 것으로서 주식등의 발행 근거가 되는 것 2. 법인인감증명서 및 법인 등기사항증명서 3. 그 밖에 주식등의 신규 전자등록 또는 사전심사에 필요한 서류로서 전자등록업무규정으로 정하는 서류 ③ 전자등록신청서등을 제출받은 전자등록기관은 그 신청 내용에 관한 사실 여부를 확인하고, 법 제25조제6항에 따른 주식등의 신규 전자등록 거부 사유에 해당하는지를 검토해야 한다. ④ 제1항부터 제3항까지에서 규정한 사항 외에 신규 전자등록신청서등의 사전심사의 신청과 검토, 전자등록신청서등의 서식과 작성방법 등에 관하여 필요한 사항은 전자등록업무규정으로 정한다.	

주식·사채 등의 전자등록에 관한 법률	주식·사채 등의 전자등록에 관한 법률 시행령	전자등록업규정 (전자등록업허가 등에 관한 규정)
5. 제4항 후단의 보완요구를 이행하지 아니한 경우 6. 그 밖에 권리자 보호 및 건전한 거래질서 유지를 위하여 대통령령으로 정하는 경우 ⑦ 제1항부터 제6항까지의 규정에 따른 전자등록신청서등의 기재사항, 그 밖에 전자등록 또는 사전심사의 신청에 관한 사항과 전자등록 또는 사전심사의 신청에 필요한 서류, 그 밖에 필요한 사항은 대통령령으로 정한다.	제20조(검토기간에 넣지 않는 기간) 법 제25조제5항에서 "대통령령으로 정하는 기간"이란 다음 각 호의 어느 하나에 해당하는 기간을 말한다. 1. 전자등록기관이 전자등록신청서등의 기재사항을 확인하기 위해 다른 기관 등으로부터 필요한 자료를 제공받는 데에 걸리는 기간 2. 전자등록기관이 법 제25조제4항 후단에 따른 전자등록신청서등의 흠결에 대한 보완을 요구한 경우에는 그 보완기간 제21조(신규 전자등록의 거부사유) ① 법 제25조제6항제1호다목에서 "대통령령으로 정하는 경우"란 다음 각 호의 어느 하나에 해당하는 경우를 말한다. 1. 법 제38조제1항에 따른 전자등록기관을 통한 권리행사가 곤란한 경우 2. 다음 각 목의 어느 구분에 따른 주식등에 대하여 해당 각 목의 정권·제약·야권 또는 양도가 금지되거나 제한되는 것으로 정하고 있는 경우 가. 「상법」 제356조의2, 제420조의4, 제478조의3항 또는 제516조의7에 따라 전자등록하는 주식등: 해당 주식등 발행인의 정권 나. 그 밖의 주식등: 해당 주식등의 발행과 관련된 계약·야권 이외에 준하는 것으로서 주식등의 발행 근거가 되는 것 3. 그 밖에 주식등의 대체가능성이나 유통가능성, 권리행사 방법 등을 고려할 때 주식등의 신규 전자등록이 적절하지 않은 경우로서 금융위원회가 정하여 고시하는 경우 ② 법 제25조제6항제6호에서 "대통령령으로 정하는 경	우"란 주식등을 새로 전자등록 발행하거나 이미 주식권등이 발행된 주식등을 권리자에게 전자등록의 방법으로 보유 또는 취득하게 하는 것이 이 규정 또는 전자등록기관의 업무규정에 위반되는 경우를 말한다. 제3-2조(사전심사 신청 승인 거부사유) 영 제21조제1항제3호에서 "금융위원회가 정하여 고시하는 경우"

주식·사채 등의 전자등록에 관한 법률	주식·사채 등의 전자등록에 관한 법률 시행령	전자등록업규정 (전자등록업허가 등에 관한 규정)
제26조(새로 발행되는 주식등의 신규 전자등록에 따른 조치) ① 전자등록기관은 제25조에 따라 새로 발행되는 주식등의 신규 전자등록을 할 때 같은 조 제1항에 따른 신청 내용을 발행인관리계좌부에 기록하고 다음 각 호의 구분에 따른 조치를 하여야 한다. 1. 신청 내용 중 전자등록기관에 전자등록될 사항: 계좌관리기관등 자기계좌부에 전자등록 2. 신청 내용 중 계좌관리기관에 전자등록될 사항: 고객계좌부에 기록하고 지체 없이 그 신청 내용과 관련된 계좌관리기관 자기의 고객관리계좌부에 개설된 계좌관리기관 기관에 통지 ② 계좌관리기관이 제1항제2호에 따른 통지를 받은 경우 지체 없이 그 통지 내용에 따라 전자등록될 사항을 고객계좌부에 전자등록하여야 한다. 제27조(이미 주권등이 발행된 주식등의 신규 전자등록에 따른 조치 등) ① 발행인이 제25조제1항에 따라 이미 주권등이 발행된 주식등의 신규 전자등록을 신청하는 경우에는 신규 전자등록을 하려는 날(이하 "기준일"이	우란 다음 각 호의 어느 하나에 해당하는 경우를 말한다. 1. 주식의 신규 전자등록을 신청하는 발행인이 명의개서대행회사(「자본시장과 금융투자업에 관한 법률」 제365조제1항에 따라 등록한 자를 말한다. 이하 같다)를 선임하지 않은 경우 2. 그 밖에 주식등의 발행 및 전자등록 시에 발행인이 권리자 보호에 필요한 사항이나 전자를 이행하지 않는 경우 등 권리자 보호 및 거래질서 유지를 위해 필요한 경우로서 금융위원회가 정하여 고시하는 경우 제22조(전자등록에 따른 공고와 통지) ① 법 제27조제1항 각 호 외의 부분에서 "대통령령으로 정하는 정부"란 다음 각 호의 어느 하나에 해당하는 것을 말한다. 1. 법 제21조제3항제3호의 주권등 발행되지 아니한 주권등의 경우에는 신규 전자등록을 한 날부터 등록부	

주식·사채 등의 전자등록에 관한 법률	주식·사채 등의 전자등록에 관한 법률 시행령	전자등록업규정 (전자등록업허가 등에 관한 규정)
다 한다)의 직전 영업일을 말일로 1개월 이상의 기간을 정하여 다음 각 호의 사항을 공고하고, 주주명부, 그 밖에 대통령령으로 정하는 장부(이하 "주주명부등"이라 한다)에 권리자로 기재되어 있는 자에게 그 사항을 통지하여야 한다. 1. 기준일부터 주권등이 그 효력을 잃는다는 뜻 2. 권리자는 기준일의 직전 영업일까지 발행인에게 주식등의 전자등록계좌 또는 고객계좌(이하 "전자등록계좌"라 한다)를 통지하고 자기계좌(이하 "전자등록계좌"라 한다) 주권등을 제출하여야 한다는 뜻 3. 발행인은 기준일의 직전 영업일에 주주명부등에 기재된 권리자를 기준으로 제25조제1항에 따라 전자등록기관에 신규 전자등록의 신청을 한다는 뜻 ② 발행인은 제25조제6항제3호에 따라 신규 전자등록이 거부된 주식등과 관련하여 주권등에 대한 제권판결(除權判決)의 확정, 그 밖에 이와 비슷한 사유에 따라 해당 주식등에 관한 권리를 주장할 수 있는 자가 있는 경우에는 그 권리를 주장할 수 있는 자를 위하여 전자등록기관에 신규 전자등록의 신청을 하여야 한다. ③ 전자등록기관이 제25조제1항에 따라 이미 주권등이 발행된 주식등의 신규 전자등록의 신청을 받은 경우 또는 제2항에 따라 신규 전자등록의 신청을 받은 경우에는 제26조를 준용한다. ④ 제1항에 따른 공고와 통지의 방법 및 구체적 절차, 제2항에 따른 신규 전자등록의 신청에 관한 서류의 기재사항 및 첨부서류, 그 밖에 신규 전자등록의 신청에 관한 사항 등에 대해서는 대통령령으로 정한다.	2. 제13조 각 호에 따른 정부 3. 「신탁법」 제79조제1항에 따른 수익자명부 ② 발행인은 법 제27조제1항에 따른 공고를 할 때에는 다음 각 호의 구분에 따른 주식등의 발행 근거에서 정한 방법으로 해야 한다. 이 경우 발행인은 전자등록기관의 인터넷 홈페이지에 그 내용을 함께 공고해야 한다. 1. 「상법」 제356조의2, 제420조의4, 제478조제3항 또는 제516조의7에 따라 전자등록하는 주식등의 경우: 해당 주식등의 발행인의 정관 2. 그 밖의 주식등의 경우: 해당 주식등의 발행과 관련 계약·약관 또는 이에 준하는 것으로서 주식등의 발행 근거가 되는 것 ③ 발행인은 법 제27조제1항에 따른 통지를 하는 경우에는 서면으로 1회 이상 통지해야 한다. 제23조(신규 전자등록 추가 신청의 방법 및 절차 등) ① 발행인은 법 제27조제2항에 따라 신규 전자등록이 주가 신청을 하려는 경우에는 전자등록기관에 다음 각 호의 사항이 기재된 추가 전자등록신청서를 제출해야 한다. 1. 발행인의 명칭 2. 추가 전자등록하는 주식등의 종류, 종목 및 종목별 수량 또는 금액 3. 주식등을 추가 전자등록하는 고객계좌 또는 법 제2조제3항에 따른 계좌관리기관등 자기계좌(이하 "계좌관리기관등 자기계좌"라 한다)의 개설자의 성명 또는 명칭 4. 주식등을 추가 전자등록하는 고객계좌 또는 계좌관리기관등 자기계좌(이하 "전자등록계좌"라 한다) 및	

주식·사채 등의 전자등록에 관한 법률	주식·사채 등의 전자등록에 관한 법률 시행령	전자등록업규정 (전자등록업허가 등에 관한 규정)
	전자등록주체좌별 주식등의 수량 또는 금액 5. 신규 전자등록의 추가 신청 사유 6. 그 밖에 전자등록업무규정에서 추가 전자등록신청서에 기재하도록 정하는 사항 ② 제1항에 따른 추가 전자등록신청서에는 다음 각 호의 서류를 첨부해야 한다. 1. 다음 각 목의 구분에 따른 서류 가. 「상법」 제356조의2, 제420조의4, 제478조제3항 또는 제516조의7에 따라 전자등록하는 주식등의 경우: 해당 주식등을 정하는 정관 나. 그 밖의 주식등의 경우: 해당 주식등의 발행과 관련된 계약·약관 또는 이에 준하는 것으로서 주식등의 발행 근거가 되는 것 2. 법인인감증명서 및 법인 등기사항증명서 3. 그 밖에 전자등록업무규정에서 주식등의 신규 전자등록 신청이 첨부서류로 정하는 서류 ③ 제1항에 따라 추가 전자등록신청서를 제출받은 전자등록기관은 그 신청 내용의 사실 여부를 확인하고, 법 제25조제6항 각 호에 따른 주식등 신규 전자등록 거부 사유에 해당하는지를 검토해야 한다. ④ 제1항부터 제3항까지에서 규정한 사항 외에 주식등 신규 전자등록의 추가 신청, 거부 사유의 검토 방법 및 추가 전자등록신청서의 서식과 작성 방법 등에 관하여 필요한 사항은 전자등록업무규정으로 정한다.	
제28조[이미 주권이 발행된 주식의 입질(入質) 등에 관한 특례] ① 발행인이 제25조부터 제27조까지의 규정에 따라 이미 주권이 발행된 주식을 전자등록하는 경우 해당 주식의 질권자로서 발행인의 주주명부에 기재되지 아니한 자는 질권설정자인 발행인에게 기재되지 아니한 자는 질권설정자가 청구하지 아니하더라		

주식·사채 등의 전자등록에 관한 법률	주식·사채 등의 전자등록에 관한 법률 시행령	전자등록업규정 (전자등록업허가 등에 관한 규정)
...라도 단독으로 기준일의 1개월 전부터 기준일의 직전 영업일까지 발행인에게 주주명부에 권리 내용을 기재하여 줄 것을 요청할 수 있다. ② 제1항에 따른 권리 내용을 기재를 위하여 필요한 경우 제2항의 권리자는 발행인에게 권리설정자의 성명과 주소를 주주명부에 기재할 것을 요청할 수 있다. ③ 발행인은 특별한 사정이 없으면 제1항 또는 제2항의 요청에 따라야 한다. ④ 명의개서대행회사가 발행인을 대행하여 제1항에 따른 권리 내용을 기재 또는 제2항에 따른 권리설정자의 성명과 주소의 기재에 관한 업무를 하는 경우에는 「금융실명거래 및 비밀보장에 관한 법률」 제3조에도 불구하고 접근권한 및 비밀보장에 관한 설치명의를 확인하지 아니할 수 있다. ⑤ 제1항의 권리자가 제1항 또는 제2항에 따른 요청을 하는 경우에는 지체 없이 그 사실을 권리설정자에게 통지하여야 한다.	제29조(특별계좌의 개설 및 관리) ① 발행인이 제25조부터 제27조까지의 규정에 따라 이미 주권등이 발행된 주식등을 전자등록하는 경우 제25조제1항에 따른 신청을 하거나 제26조제1항 또는 제27조제1항제2호에 따른 통지를 하지 아니하거나 주권등을 제출하지 아니한 주식등의 소유자 또는 질권자를 위하여 명의개서대행회사, 그 밖에 대통령령으로 정하는 기관(이하 이 조에서 "명의개서대행회사등"이라 한다)에 기준일의 직전 영업일을 기준으로 주주명부등에 기재된 주식등의 소유자 또는 질권자를 명의자로 하는 전자등록계좌(이하 "특별계좌"라 한다)를 개설하여야 한다. ② 제1항에 따라 특별계좌가 개설되는 때에 제22조제2...	제3-3조(특별계좌 전자등록 주식등의 이전이 필요한 경우 등) ① 영 제24조제2항제3호 단서에서 "금융위원회가 정하여 고시하는 경우"란 다음 각 호의 어느 하나에 해당하는 경우를 말한다. ② 법 제29조제2항제4호에서 "대통령령으로 정하는 기관"이란 전자등록기관을 말한다. ② 법 제29조제2항제4호에서 "대통령령으로 정하는 경우"란 다음 각 호의 어느 하나에 해당하는 경우를 말한다. 1. 법 제29조제1항에 따른 전자등록계좌(이하 "특별계좌"라 한다)에 전자등록된 주식등을 「상법」 제360조의2에 따른 주식의 포괄적 교환 또는 같은 법 제360조의15에 따른 주식의 포괄적 이전에 따라 이전하는 경우 2. 특별계좌에 전자등록된 주식등을 「상법」 제360조의...

주식·사채 등의 전자등록에 관한 법률	주식·사채 등의 전자등록에 관한 법률 시행령	전자등록업규정 (전자등록업허가 등에 관한 규정)
항 또는 제23조제2항에 따라 작성되는 전자등록계좌부(이하 이 조에서 "특별계좌부"라 한다)에 전자등록된 주식등에 대해서는 제30조부터 제32조까지의 규정에 따른 전자등록을 할 수 없다. 다만, 다음 각 호의 어느 느 하나에 해당하는 경우에는 그러하지 아니하다. 1. 해당 특별계좌의 명의자가 아닌 자가 주식등이 특별계좌부에 전자등록되기 전에 이미 주식등의 소유자 또는 질권자가 된 경우에 그 자가 발행인에게 그 주식등에 관한 권리가 표시되 주권등을 제출(주권등을 제출할 수 없는 경우에는 해당 주권등에 대한 제권판결의 정본·등본을 제출하는 것을 말한다. 이하 제2호 및 제3호에서 같다)하고 그 주식등을 제30조에 따라 자기 명의의 전자등록계좌로 계좌간 대체의 전자등록을 하려는 경우(해당 주식등에 질권이 설정된 경우에는 다음 각 목의 어느 하나에 해당하는 경우로 한정한다) 가. 해당 주식등에 설정된 질권이 없소멸된 경우 나. 해당 주식등의 질권자가 그 주식등을 특별계좌 외의 소유자 명의의 다른 전자등록계좌로 이전하는 것에 동의한 경우 2. 해당 특별계좌의 명의자인 소유자가 발행인에게 전자등록된 주식등에 관한 권리가 표시된 주권등을 제출하고 그 주식등을 제30조에 따라 특별계좌 외의 자기 명의의 다른 전자등록계좌로 이전하려는 경우(해당 주식등에 질권이 설정된 경우에는 제1호 각 목의 어느 하나에 해당하는 경우로 한정한다) 3. 해당 특별계좌의 명의자인 질권자가 발행인에게 주권등을 제출하고 그 주식등을 제30조에 따라 특별계좌 외의 자기 명의의 전자등록계좌로 이전하려는 경우	24에 따른 지배주주의 매도청구에 따라 이전하는 경우 3. 특별계좌에 전자등록된 주식 중 소유자의 명의가 「자본시장과 금융투자업에 관한 법률」 제294조에 따른 한국예탁결제원(이하 "예탁결제원"이라 한다)인 주식의 권리행사로 인하여 예탁결제원이 발행인으로부터 수령한 주식이 있는 경우 그 수령일부터 1년이 지난 주식을 증권시장 등을 통해 매각하여 현금으로 관리하기 위한 경우. 다만, 해당 주식의 발행인이 상장폐지되는 경우 등 금융위원회가 정하여 고시하는 경우에는 그 주식의 수령일부터 1년이 지나지 않은 경우에도 증권시장 등을 통하여 해당 주식을 매각할 수 있다. 4. 그 밖에 「민사집행법」에 따른 강제집행의 경우 등 특별계좌에 전자등록된 주식등의 이전이 필요하고, 해당 주식등의 권리자의 이익을 해칠 우려가 없는 경우로서 금융위원회가 정하여 고시하는 경우 ③ 법 제29조제3항 단서에서 "대통령령으로 정하는 사우"란 다음 각 호의 어느 하나에 해당하는 경우를 말한다. 1. 발행인의 합병·분할 또는 분할합병에 따라 전자등록된 자기주식 및 그 밖의 주식등을 특별계좌로 이전하는 경우 2. 「상법」 제345조제4항에 따라 회사가 상환주식을 취득한 대가로 전자등록된 주식등을 특별계좌로 이전하는 경우 3. 「상법」 제360조의2에 따른 주식의 포괄적 교환에 따라 완전모회사 또는 회사의 전자등록된 자기주식 및 그 밖의 주식등을 특별계좌로 이전하는 경우 4. 「상법」 제462조의4제1항에 따른 현물배당을 하기	말한다. 1. 「민사집행법」에 따른 강제집행이 있는 경우 2. 「국세징수법」, 「지방세법」, 그 밖에 이와 유사한 법률에 따른 체납처분 등이 있는 경우 ③ 영 제24조제3항제5호에서 "금융위원회가 정하여 고시하는 경우"란 상법 제341조의2제3호에 따라 단주의 처리를 위하여 필요한 경우를 말한다.

주식·사채 등의 전자등록에 관한 법률	주식·사채 등의 전자등록에 관한 법률 시행령	전자등록업규정 (전자등록업허가 등에 관한 규정)
4. 그 밖에 특별계좌에 전자등록된 주식등의 권리자의 이익을 해칠 우려가 없는 경우로서 대통령령으로 정하는 경우 ③ 누구든지 주식등을 특별계좌로 이전하기 위하여 제30조에 따른 계좌간 대체의 전자등록을 신청할 수 없다. 다만, 제3항에 따라 특별계좌를 개설한 발행인이 대통령령으로 정하는 사유에 따라 신청을 한 경우에는 그러하지 아니하다. ④ 명의개서대행회사등이 발행인을 대행하여 제1항에 따라 특별계좌를 개설하는 경우에는 「금융실명거래 및 비밀보장에 관한 법률」 제3조에도 불구하고 특별계좌 부에 소유자 또는 질권자로 전자등록될 자의 성명을 확인하지 아니할 수 있다. 제30조(계좌간 대체의 전자등록) ① 전자등록주식등의 양도(다음 각 호의 어느 하나에 해당하는 경우를 포함한다)를 위하여 계좌간 대체를 하려는 자는 해당 전자등록주식등이 전자등록된 전자등록기관 또는 계좌관리기관에 계좌간 대체의 전자등록을 신청하여야 한다. 1. 제29조제2항제1호부터 제3호까지의 어느 하나에 해당하는 경우 2. 상속·합병 등을 원인으로 전자등록주식등이 포괄 승계를 받은 자가 자기의 전자등록계좌로 그 전자등록 주식등을 이전하는 경우 3. 그 밖에 계좌간 대체가 필요하다고 인정되는 경우로서 대통령령으로 정하는 경우 ② 제1항에 따라 전자등록 신청을 받은 전자등록기관 또는 계좌관리기관은 지체 없이 전자등록계좌부에 해당 전자등록주식등의 계좌간 대체의 전자등록을 하여야 한다.	위해 자기주식 및 그 밖의 주식등을 특별계좌로 이전하는 경우 5. 그 밖에 전자등록된 주식등의 특별계좌로의 이전이 필요하다고 금융위원회가 정하여 고시하는 경우 제25조(계좌간 대체의 전자등록 신청 방법 등) ① 법 제30조제1항제3호에서 "대통령령으로 정하는 경우"란 다음 각 호의 어느 하나에 해당하는 경우를 말한다. 1. 전자등록주식등의 소유자가 법 제63조제1항에 따라 전자등록주식등을 증명하는 문서(이하 "전자등록주식증명서"라 한다)를 발행받은 경우 전자등록주식등의 소유자로부터 그 전자등록증명서의 발행이 기초가 된 전자등록주식등을 자신의 전자등록계좌로 이전하는 경우 가. 전자등록주식등의 소유자가 전자등록주식등을 「공탁법」에 따라 공탁한 경우 그 공탁물을 수령할 자 나. 전자등록주식등의 소유자가 「자본시장과 금융투자업에 관한 법률」 제171조에 따라 납부할 보증금 또는 공탁금을 전자등록주식등으로 대신 납부한	제3-4조(전자등록주식등의 이전이 필요한 경우) 영 제25조제1항제3호에서 "금융위원회가 정하여 고시하는 경우"란 「상법」 제59조에 따른 유질계약을 실행하기 위하여 전자등록주식등의 이전을 신청하는 경우를 말한다.

주식·사채 등의 전자등록에 관한 법률	주식·사채 등의 전자등록에 관한 법률 시행령	전자등록업규정 (전자등록업허가 등에 관한 규정)
③ 제1항과 제2항에 따른 계좌간 대체의 전자등록의 신청 및 전자등록의 방법과 절차에 관하여 필요한 사항은 대통령령으로 정한다.	경우 그 전자등록주식등을 넘겨받은 자 2. 법원의 판결(확정판결과 동일한 효력을 갖는 것을 포함한다. 이하 같다)·결정·명령에 따라 전자등록주식등에 대한 권리를 취득하려는 자가 자기의 전자등록계좌로 그 전자등록주식등을 이전하는 경우 3. 그 밖에 전자등록주식등의 이전이 필요하다고 인정 되는 경우로서 금융위원회가 정하여 고시하는 경우 ② 법 제30조제1항에 따라 전자등록주식등을 양도하려 는 자(이하 이 조에서 "양도인"이라 한다)는 다음 각 호의 사항을 구체적으로 밝혀 해당 전자등록주식등이 전자등록된 전자등록기관 또는 계좌관리기관에 계좌간 대체의 전자등록을 신청해야 한다. 다만, 양도인이 아닌 동 일한 경우에는 전자등록주식등을 양도받으려는 자(이 하 이 조에서 "양수인"이라 한다)가 양도인의 동의서 를 첨부하여 계좌간 대체의 전자등록을 신청할 수 있 다. 1. 계좌간 대체의 대상이 되는 전자등록주식등의 종류, 종목 및 종목별 수량 또는 금액 2. 양도인 및 양수인의 성명 또는 명칭 3. 그 밖에 전자등록주식등의 계좌간 대체의 전자등록 에 필요한 사항으로서 전자등록업무규정으로 정하는 사항 ③ 제2항에도 불구하고 법원의 판결·결정·명령에 따 라 권리를 취득하거나 상속·합병 등을 원인으로 한 포괄승계에 의하여 전자등록주식등에 대한 권리를 취 득하는 자는 그 권리취득을 증명하는 서류를 첨부하 여 계좌간 대체의 전자등록을 신청할 수 있다. ④ 제2항 및 제3항에 따른 계좌간 대체의 전자등록 신 청을 받은 전자등록기관 또는 계좌관리기관은 지체 없 이 다음 각 호의 방법에 따라 계좌관리기관등	

주식·사채 등의 전자등록에 관한 법률	주식·사채 등의 전자등록에 관한 법률 시행령	전자등록업규정 (전자등록업허가 등에 관한 규정)
	자기계좌 또는 고객계좌부에 해당 전자등록주식등의 계좌간 대체의 전자등록을 해야 한다. 1. 계좌관리기관 자기계좌 사이의 계좌간 대체의 전자등록을 신청인 경우 　가. 전자등록기관은 양도인의 계좌관리기관 자기 계좌부에 감소의 전자등록을 할 것 　나. 전자등록기관은 양수인의 계좌관리기관 자기 계좌부에 증가의 전자등록을 할 것 2. 같은 계좌관리기관에 개설된 고객계좌 사이의 계좌간 대체의 전자등록을 신청인 경우 　가. 계좌관리기관은 양도인의 고객계좌부에 감소의 전자등록을 할 것 　나. 계좌관리기관은 양수인의 고객계좌부에 증가의 전자등록을 할 것 3. 계좌관리기관 자기계좌에서 고객계좌로의 계좌간 대체의 전자등록을 신청인 경우 　가. 전자등록기관은 양도인의 계좌관리기관 자기 계좌부에 감소의 전자등록을 할 것 　나. 전자등록기관은 양수인의 고객계좌를 개설한 계좌관리기관(이하 이 조에서 "양수계좌관리기관"이라 한다)의 고객관리계좌부에 증가의 기록을 한 후 그 사실을 양수계좌관리기관에 지체 없이 통지할 것 　다. 양수계좌관리기관은 지체 없이 통지 내용에 따라 양수인의 고객계좌부에 증가의 전자등록을 할 것 4. 고객계좌에서 계좌관리기관 자기계좌로의 계좌간 대체의 전자등록을 신청인 경우 　가. 양도인의 고객계좌를 개설한 계좌관리기관(이하 이 조에서 "양도계좌관리기관"이라 한다)은 양도	

주식·사채 등의 전자등록에 관한 법률	주식·사채 등의 전자등록에 관한 법률 시행령	전자등록업규정 (전자등록업허가 등에 관한 규정)
제31조(질권 설정 및 말소의 전자등록) ① 전자등록주식 등에 질권을 설정하거나 말소하려는 자는 해당 전자등록주식 등이 전자등록된 전자등록기관 또는 계좌관리기관에 질권 설정 또는 말소의 전자등록을 신청하여야 한다. ② 제1항에 따라 전자등록 신청을 받은 전자등록기관 또는 계좌관리기관은 지체 없이 해당 전자등록주식 등 또는 전자등록주식 등의 질물(質物)이라는 사실과 질권자를 질권설정자의	인의 고객계좌부에 감소의 전자등록을 한 후 그 사실을 전자등록기관에 지체 없이 통지할 것 나. 전자등록기관은 지체 없이 통지 내용에 따라 양도계좌관리기관의 고객계좌부에 감소의 기록을 할 것 다. 전자등록기관은 양수인의 계좌관리기관등 자기계좌부에 증가의 전자등록을 할 것 5. 서로 다른 계좌관리기관에 개설된 고객계좌 간의 계좌간 대체의 전자등록인 경우 가. 양도계좌관리기관은 양도인의 고객계좌부에 감소의 전자등록을 한 후 그 사실을 전자등록기관에 지체 없이 통지할 것 나. 전자등록기관은 지체 없이 통지 내용에 따라 양도계좌관리기관의 고객계좌부에 감소의 기록을 할 것 다. 전자등록기관은 양수계좌관리기관의 고객계좌부에 증가의 기록을 한 후 그 사실을 양수계좌관리기관에 지체 없이 통지할 것 라. 양수계좌관리기관은 지체 없이 통지 내용에 따라 양수인의 고객계좌부에 증가의 전자등록을 할 것 제26조(질권 설정 및 말소의 전자등록 신청 방법 등) ① 법 제31조제1항에 따른 질권 설정의 전자등록 신청은 질권설정자가 해야 한다. 다만, 질권설정자가 동의하면 질권자가 질권 설정의 전자등록을 신청할 수 있다. ② 법 제31조제1항에 따른 질권 말소의 전자등록 신청은 질권자가 해야 한다. 다만, 질권자가 동의하면 질권설정자가 질권자의 동의서를 첨부하여 질권	

주식·사채 등의 전자등록에 관한 법률	주식·사채 등의 전자등록에 관한 법률 시행령	전자등록업규정 (전자등록업허가 등에 관한 규정)
전자등록계좌부에 전자등록하는 방법으로 해당 전자등록주식등에 질권 설정 또는 말소를 하여야 한다. ③ 제1항과 제2항에 따른 설정 또는 말소 등록의 신청 및 전자등록의 방법과 절차에 관하여 필요한 사항은 대통령령으로 정한다. 제32조(신탁재산이라는 사실의 표시 및 말소의 전자등록) ① 전자등록주식등에 대하여 신탁재산이라는 사실을 표시하거나 그 표시를 말소하려는 자는 해당 전자등록주식등이 전자등록된 전자등록기관 또는 계좌관리기관에 신탁재산이라는 사실의 표시 또는 말소의 전자등록을 신청하여야 한다. ② 제1항에 따라 전자등록 신청을 받은 전자등록기관 또는 계좌관리기관은 지체 없이 해당 전자등록주식등이 신탁재산이라는 사실을 전자등록계좌부에 표시하거나 말소하는 전자등록을 하여야 한다. ③ 제1항과 제2항에 따른 신탁재산이라는 사실의 표시 또는 말소 전자등록의 신청 및 전자등록의 방법과 절차에 관하여 필요한 사항은 대통령령으로 정한다.	말소의 전자등록을 신청할 수 있다. ③ 제1항 또는 제2항에 따라 전자등록주식등에 질권을 설정하거나 말소하려는 자는 다음 각 호의 사항을 구체적으로 밝혀 해당 전자등록주식등이 전자등록된 전자등록기관 또는 계좌관리기관에 질권 설정 또는 말소의 전자등록을 신청하여야 한다. 1. 해당 전자등록주식등의 종류, 종목 및 종목별 수량 또는 금액 2. 질권설정자 및 질권자의 성명 또는 명칭 3. 그 밖에 전자등록주식등의 질권 설정 및 말소의 전자등록에 필요한 사항으로서 전자등록업규정으로 정하는 사항 제27조(신탁재산이라는 사실의 표시 및 말소의 전자등록 신청 방법 등) ① 법 제32조제1항에 따라 신탁재산이라는 사실을 표시하는 전자등록의 신청은 다음 각 호의 구분에 따른 자가 신청하여야 한다. 1. 위탁자의 전자등록계좌에서 수탁자의 전자등록계좌로의 계좌간 대체의 전자등록이 수반하게 되는 경우: 위탁자 2. 제1호 외의 방법으로 전자등록주식등이 신탁재산에 속하게 되는 경우: 수탁자 ② 법 제32조제1항에 따른 신탁재산이라는 사실의 표시를 말소하는 전자등록의 신청은 수탁자가 신청하여야 한다. ③ 제1항 또는 제2항에 따라 신탁재산이라는 사실의 표시 또는 표시 말소의 전자등록을 신청하는 자는 다음 각 호의 사항을 구체적으로 밝혀 해당 전자등록주식등이 전자등록된 전자등록기관 또는 계좌관리기관에 전자등록을 신청하여야 한다. 1. 해당 전자등록주식등의 종류, 종목 및 종목별 수량	

주식·사채 등의 전자등록에 관한 법률	주식·사채 등의 전자등록에 관한 법률 시행령	전자등록업규정 (전자등록업허가 등에 관한 규정)
	또는 금액 2. 수탁자의 성명 또는 명칭 3. 그 밖에 전자등록주식등이 신탁재산이라는 사실의 표시 및 말소 전자등록에 필요한 사항으로서 전자등록 업무규정으로 정하는 사항 ④ 신탁재산이라는 사실의 표시 또는 말소의 전자등록은 수탁자의 계좌관리기관등 자기계좌부 또는 고객계좌부에 해야 한다.	
제33조(권리의 소멸 등에 따른 변경·말소의 전자등록) ① 다음 각 호의 어느 하나에 해당하는 사유로 전자등록을 변경하거나 제27조까지의 규정에 따른 신규 전자등록을 말소하려는 자는 해당 전자등록주식등이 신규 전자등록되거나 변경된 전자등록기관 또는 계좌관리기관에 신규 전자등록주식등의 변경·말소의 전자등록을 신청하여야 한다. 1. 원리금·상환금 지급 등으로 인한 전자등록주식등에 관한 권리의 전부 또는 일부의 소멸 2. 발행인인 회사의 정관 변경 등으로 인한 전자등록주식등의 주권등의 전환 3. 발행인인 회사의 합병 및 분할(분할합병을 포함한다) 4. 발행인인 회사의 전자등록주식 무액면주식 주식의 병합·분할·소각 또는 그 밖에 주식의 관리에 대한 권리가 변경되거나 소멸되는 사유 5. 그 밖에 전자등록주식등에 대한 권리가 변경되거나 소멸되었음이 분명한 경우로서 대통령령으로 정하는 사유 ② 제1항에 따른 전자등록 신청을 받은 전자등록기관 또는 계좌관리기관은 지체 없이 전자등록주식등에 관한 권리 내용을 변경하거나 말소하는 전자등록을 하여야 한다. ③ 제1항 및 제2항에도 불구하고 전자등록기관 또는	제28조(신청에 의한 변경·말소의 전자등록) ① 법 제33조제1항제5호에서 "대통령령으로 정하는 사유"란 다음 각 호의 어느 하나에 해당하는 경우를 말한다. 1. 발행인이 「상법」 또는 그 밖의 법률에 따라 해산·청산된 경우 2. 법원의 판결·결정·명령이 있는 경우 3. 채권자가 전자등록주식등에 관한 재무관계에 관한 이사 표시를 한 경우 4. 「자본시장과 금융투자업에 관한 법률」 제193조에 따른 투자신탁의 합병 또는 같은 법 제204조에 따른 투자회사의 합병이 있는 경우 5. 그 밖에 전자등록주식등에 대한 권리가 변경되거나 소멸되었음이 분명한 경우로서 금융위원회가 정하여 고시하는 경우 ② 법 제33조제1항에 따라 전자등록을 변경하거나 말소하려는 자는 다음 각 호의 사항을 구체적으로 밝혀 해당 전자등록주식등이 전자등록된 전자등록기관 또는 계좌관리기관에 전자등록의 변경 또는 말소를 신청하여야 한다. 1. 해당 전자등록주식등의 종류, 종목 및 종목별 수량 또는 금액 2. 권리자의 성명 또는 명칭	제3-5조(신청에 의한 변경·말소의 전자등록) 영 제28조제1항제5호에서 "금융위원회가 정하여 고시하는 경우"란 전환권 또는 상환권 등의 행사로 인하여 전자등록주식등에 관한 권리의 전부 또는 일부가 소멸되는 경우를 말한다.

주식·사채 등의 전자등록에 관한 법률	주식·사채 등의 전자등록에 관한 법률 시행령	전자등록업규정 (전자등록허가 등에 관한 규정)

계좌관리기관은 다음 각 호의 어느 하나에 해당하는 경우에는 직권으로 전자등록주식등의 권리 내용을 변경하거나 말소할 수 있다.
1. 제38조에 따른 전자등록기관을 통한 권리 행사로 제1항제2호의 사유가 발생한 경우
2. 발행인이 「상법」, 그 밖의 법률에 따라 해산·청산된 경우
3. 그 밖에 주식등에 대한 권리가 변경되거나 소멸되는 경우로서 대통령령으로 정하는 경우
④ 제1항부터 제3항까지의 규정에 따른 변경·말소의 전자등록의 신청 및 전자등록의 방법과 절차, 그 밖에 변경·말소의 전자등록에 필요한 사항은 대통령령으로 정한다.
	3. 그 밖에 전자등록주식등에 관한 권리 내용의 변동에 관한 사항 등 신규 전자등록·말소의 전자등록업무규정으로 하는 사항
	③ 제2항에 따른 신청을 받은 전자등록기관 또는 계좌관리기관은 다음 각 호의 구분에 따른 순서와 방법에 따라 신규 전자등록의 변경·말소의 전자등록을 하여야 한다.
	1. 고객계좌부에 전자등록된 전자등록주식등에 대한 변경·말소의 신청인 경우
	  가. 계좌관리기관은 고객계좌부에 해당 전자등록주식등의 전자등록을 변경 또는 말소의 기록을 할 것
	  나. 전자등록기관은 지체 없이 통지 내용에 따라 해당 계좌관리기관의 고객관리계좌부에 변경 또는 말소의 기록을 할 것
	2. 계좌관리기관등 자기계좌부에 전자등록된 전자등록주식등에 대한 변경·말소의 신청인 경우
	  가. 전자등록기관은 계좌관리기관등 자기계좌부에서 해당 전자등록주식등의 전자등록을 변경하거나 말소할 것
	  나. 전자등록기관은 발행인관리계좌부에 변경 또는 말소의 기록을 할 것
		제3-6조 (직권에 의한 변경·말소의 전자등록) 영 제29조제3항·제3호에서 "금융위원회가 정하여 고시하는 경우"란 다음 각 호의 어느 하나에 해당하는 경우
		제29조(직권에 의한 변경·말소의 전자등록) ① 법 제33조제3항에서 "대통령령으로 정하는 경우"란 다음 각 호의 어느 하나에 해당하는 경우를 말한다.

주식·사채 등의 전자등록에 관한 법률	주식·사채 등의 전자등록에 관한 법률 시행령	전자등록업규정 (전자등록업허가 등에 관한 규정)
	1. 법원의 판결·결정·명령이 있는 경우 2. 전자등록기관 또는 계좌관리기관이 법 제42조에 따라 초과분을 해소하기 위해 전자등록을 말소하는 경우 3. 그 밖에 전자등록주식등에 대한 권리가 변경되거나 소멸되었음이 분명한 경우로서 금융위원회가 정하여 고시하는 경우 ② 법 제33조제3항에 따라 전자등록주식등 또는 계좌관리기관이 직권으로 전자등록주식등에 관한 권리 내용을 변경하거나 말소하는 경우에는 다음 각 호의 구분에 따른 순서와 방법에 따라야 한다. 1. 고객계좌부에 전자등록된 전자등록주식등의 경우 가. 전자등록기관은 해당 고객계좌가 개설된 계좌관리기관의 고객관리계좌부에 변경 또는 말소의 기록을 할 것 나. 전자등록기관은 발행인관리계좌부에 변경 또는 말소의 기록을 한 후 그 사실을 해당 계좌관리기관에 지체 없이 통지할 것 다. 계좌관리기관은 지체 없이 해당 고객계좌부에서 전자등록주식등을 변경하거나 말소한 후 그 결과를 전자등록기관에 통지할 것 2. 계좌관리기관등 자기계좌부에 전자등록된 전자등록주식등의 경우 가. 전자등록기관은 계좌관리기관등 자기계좌부에서 해당 전자등록주식등을 변경하거나 말소할 것 나. 전자등록기관은 발행인관리계좌부에 변경 또는 말소의 기록을 할 것	를 말한다. 1. 법 제38조에 따른 전자등록기관을 통한 권리 행사로 인하여 제3~5조의 사유가 발생한 경우 2. 법 제2조제1호바목의 권리에 대한 행사기간이 도과한 경우

주식·사채 등의 전자등록에 관한 법률	주식·사채 등의 전자등록에 관한 법률 시행령	전자등록업규정 (전자등록업허가 등에 관한 규정)
제34조(합병 등에 관한 특례) 전자등록주식등이 아닌 주식등의 소유자가 다음 각 호의 어느 하나에 해당하는 사유로 다른 회사의 전자등록주식등을 취득하는 경우에 대해서는 제25조제6항·제3조, 제26조, 제27조제1항·제28조, 제28조부터 제30조까지 및 제36조제3항을 준용한다. 이 경우 "기준일"은 각각 "합병등의 효력이 발생하는 날"로 본다. 1. 회사의 합병 및 분할(분할합병을 포함한다) 2. 주식의 포괄적 교환 3. 주식의 포괄적 이전 제35조(전자등록의 효력) ① 전자등록계좌부에 전자등록된 자는 해당 전자등록주식등에 대하여 전자등록된 권리를 적법하게 가지는 것으로 추정한다. ② 전자등록주식등을 양도하는 경우에는 제30조에 따른 계좌간 대체의 전자등록을 하여야 그 효력이 발생한다. ③ 전자등록주식등을 질권의 목적으로 하는 경우에는 제31조에 따른 질권 설정의 전자등록을 하여야 입질의 효력이 발생한다. 이 경우 「상법」 제340조제1항에 따른 주식의 등록질(登錄質)의 경우 질권자의 성명을 주권에 기재하는 것에 대해서는 그 성명을 전자등록계좌부에 전자등록하는 것으로 갈음한다. ④ 전자등록주식등의 신탁은 제32조에 따라 해당 전자등록주식등이 신탁재산이라는 사실을 전자등록함으로써 제3자에게 대항할 수 있다. ⑤ 선의(善意)로 중대한 과실 없이 전자등록계좌부의 권리 내용을 신뢰하고 소유자 또는 질권자로 전자등록된 자는 해당 전자등록주식등에 대한 권리를 적법하게		

주식·사채 등의 전자등록에 관한 법률	주식·사채 등의 전자등록에 관한 법률 시행령	전자등록업규정 (전자등록업허가 등에 관한 규정)
취득한다. 제36조(전자등록주식등에 대한 증권·증서의 효력 등) ① 발행인은 전자등록주식등에 대해서는 증권 또는 증서를 발행해서는 아니 된다. ② 제1항을 위반하여 발행된 증권 또는 증서는 효력이 없다. ③ 이미 주권등이 발행된 주식등이 제25조부터 제27조까지의 규정에 따라 신규 전자등록된 경우 그 전자등록주식등에 대한 주권등은 기준일부터 그 효력을 잃는다. 다만, 기준일 당시 「민사소송법」에 따른 공시최고 절차가 계속 중이었던 주권등은 그 주권등에 대한 제권판결의 확정, 그 밖에 이와 비슷한 사유가 발생한 날부터 효력을 잃는다. 제5장 전자등록주식등에 대한 권리 행사 제37조(소유자명세) ① 전자등록주식등으로서 기명식(記名式) 주식등의 발행인은 「상법」 제354조제1항(다른 법률에서 준용하는 경우를 포함한다)에 따라 일정한 날을 정한 경우 등 이 대통령령으로 정하는 경우에는 전자등록기관에 그 일정한 날을 기준으로 해당 주식등의 소유자의 성명 및 주소, 소유한 자가 가진 주식등의 종류·종목·수량 등을 기록한 명세(이하 "소유자명세"라 한다)의 작성을 요청하여야 한다. 다만, 「자본시장과 금융투자업에 관한 법률」에 따라 투자신탁재산을 운용하는 집합투자업자가 집합투자기구의 결산에 따라 발생하는 분배금을 배분하기 위한 경우, 그 밖에 권리자의 이익을 해칠 우려가 적	제5장 전자등록주식등에 대한 권리 행사 제30조(소유자명세 작성의 예외) 법 제37조제1항 단서에서 "대통령령으로 정하는 경우"란 「자본시장과 금융투자업에 관한 법률」에 따른 투자회사가 그 투자회사의 자산에 관한 법률에 따라 발생하는 분배금을 배분하기 위한 경우를 말한다. 제31조(소유자명세 작성의 주기 및 사유) ① 법 제37조제2항제3호에서 "대통령령으로 정하는 주기"란 분기(分期)를 말한다. ② 법 제37조제2항제3호에서 "대통령령으로 정하는 주식등"이란 다음 각 호의 어느 하나에 해당하는 주식등	제4장 전자등록주식등에 대한 권리 행사 제4-1조(신청에 의한 소유자명세 작성사유) 영 제31조제4항제4호에서 "금융위원회가 정하여 고시하는 경우"란 발행인이 명의개서대행회사와 명의개서대행업무을 해지하는 경우를 말한다.

주식·사채 등의 전자등록에 관한 법률	주식·사채 등의 전자등록에 관한 법률 시행령	전자등록업규정 (전자등록업허가 등에 관한 규정)

은 경우로서 대통령령으로 정하는 경우에는 그러하지 아니하다.

② 전자등록주식등으로서 기명식 주식등의 발행인은 다음 각 호의 어느 하나에 해당하는 경우에는 전자등록기관에 소유자명세의 작성을 요청할 수 있다.

1. 발행인이 법령 또는 법원의 결정 등에 따라 해당 전자등록주식등의 소유자를 파악하여야 하는 경우

2. 발행인이 대통령령으로 정하는 주기별로 해당 전자등록주식등의 소유자를 파악하려는 경우

3. 「자본시장과 금융투자업에 관한 법률」제134조에 따라 공개매수신고서가 제출된 전자등록주식등의 발행인(그 전자등록주식등과 관련된 증권예탁증권에 표시된 권리, 그 밖에 대통령령으로 정하는 주식등의 경우에는 대통령령으로 정하는 자를 말한다. 이하 이 항에서 같다)이 그 주식등의 소유상황을 파악하여 일정한 날을 정하여 전자등록기관에 관한 사항의 통보를 요청하는 경우

4. 그 밖에 발행인이 해당 전자등록주식등의 소유자를 파악할 필요가 있는 경우로서 대통령령으로 정하는 경우

③ 전자등록주식등으로서 무기명식(無記名式) 주식등의 발행인은 「자본시장과 금융투자업에 관한 법률」제165조의11에 따른 조건부자본증권이 주식으로 전환되는 경우, 그 밖에 해당 주식등이 다른 주식등으로 전환되는 경우에 대통령령으로 정하는 경우에 소유자의 소유자명세의 작성이 필요하면 전자등록기관에 소유자명세의 작성을 요청할 수 있다.

④ 전자등록기관은 제1항부터 제3항까지의 규정에 따라 요청을 받은 경우에는 소유자명세를 작성하여 그 주식등의 발행인에게 지체 없이 통지하여야 한다. 이

을 말한다.

1. 교환사채

2. 법 제3조제1호다목의 권리 및 「상법」제469조제2항제3호의 사채. 이 경우 권리 행사로 취득할 수 있는 기초자산이 「자본시장과 금융투자업에 관한 법률 시행령」제139조 각 호의 어느 하나에 해당하는 증권에 해당하는 권리인 것에 한정한다.

③ 법 제3조제2항제3호에서 "대통령령으로 정하는 주식등"이란 다음 각 호의 어느 구분에 따른 자를 말한다.

1. 증권예탁증권에 표시된 권리인 경우: 그 기초가 되는 주식등(그 기초자산에 따른 권리의 행사로 취득할 수 있는 기초자산이 「자본시장과 금융투자업에 관한 법률 시행령」제139조 각 호의 어느 하나에 해당하는 증권에 표시될 수 있거나 표시되어야 할 권리인 것에 한정한다. 이하 이 항에서 같다)의 소유자 또는 주식등의 발행인

2. 교환사채의 경우: 교환의 대상이 되는 주식등의 발행인

3. 제2항제2호의 권리 및 사채의 경우: 그 기초자산이 되는 주식등의 발행인

④ 법 제37조제2항·제4호에서 "대통령령으로 정하는 경우"란 다음 각 호의 어느 하나에 해당하는 경우를 말한다.

1. 「채무자 회생 및 파산에 관한 법률」제147조제1항에 따라 관리인이 주주·지분권자의 목록을 작성하기 위한 경우

2. 주식의 발행인이 상장법인(「자본시장과 금융투자업에 관한 법률」제8조의2제2항에 따른 거래소가 같은 법 제390조에 따른 증권상장규정에 따라 증권시장에 상장할 증권을 심사하는 것을 말함)에게 증권을 받는 경우로

주식·사채 등의 전자등록에 관한 법률	주식·사채 등의 전자등록에 관한 법률 시행령	전자등록업규정 (전자등록업허가가 등에 관한 규정)
경우 전자등록기관은 계좌관리기관에 소유자명세의 작성에 필요한 사항의 통보를 요청할 수 있으며, 그 요청을 받은 계좌관리기관은 그 사항을 지체 없이 전자등록기관에 통보하여야 한다. ⑤ 전자등록기관은 전자등록주식등으로서 기명식 주식 등이 권리자의 신청에 따라 발행인에게 해당 통보하는 경우에는 제4항에 따른 소유자명세에 해당 내용을 포함하여야 한다. 이 경우 계좌관리기관에 전자등록된 기명식 주식등의 권리자는 해당 계좌관리기관을 통하여 신청하여야 한다. ⑥ 발행인은 제4항 전단에 따른 통보 등을 기반으로 사항과 통지 연월일을 기재하여 주주명부등을 작성·비치하여야 한다. 다만, 해당 주식등이 무기명식인 경우에는 그러하지 아니하다. ⑦ 전자등록기관은 다음 각 호의 어느 하나에 해당하는 사유로 제33조제2항 또는 그 밖의 사유로 주식등의 전자등록이 된 날을 기준으로 전자등록계좌부에 전자등록되었던 권리자의 성명, 주소 및 권리 내용 등을 기록한 명세를 작성하여 해당 발행인에게 지체 없이 지체하여야 한다. 1. 제33조제1항제2호에 따른 사유 2. 제33조제3항제2호에 따른 사유 3. 그 밖에 전자등록주식등의 주식등에 관한 권리를 관리하기 곤란하다고 인정되는 경우로서 대통령령으로 정하는 사유 ⑧ 제7항에 따른 명세의 작성·성립 등에 관하여는 제4항 후단 및 제6항을 준용한다.	서 주식 소유상황 파악 등을 위해 일정한 날을 정하여 여 전자등록기관에 주주에 관한 사항의 통보를 요청하는 경우 3. 발행인이 다음 각 목의 구분에 따른 주식등의 발행 근거에서 정하는 바에 따라 해당 전자등록주식등의 소유자를 파악해야 하는 경우 가. 「상법」 제356조의2, 제420조의4, 제478조제3항 또는 제516조의7에 따라 전자등록하는 주식등의 경우: 해당 주식등 발행인인 경우 나. 그 밖의 전자등록주식등의 경우: 해당 주식등의 발행과 관련된 계약·약관 또는 이에 준하는 것 도서 주식등의 발행 근거가 되는 것 4. 그 밖에 권리자의 이익보호를 위해 필요한 경우 등 특별한 사정이 발생하여 해당 전자등록주식등의 소유자를 파악할 필요가 있는 경우로서 금융위원회가 정하여 고시하는 경우 ⑤ 법 제37조제3항에서 "대통령령으로 정하는 경우"란 다음 각 호의 어느 하나에 해당하는 경우를 말한다. <개정 2023. 6. 27.> 1. 「상법」 제469조제2항제2호에 따른 상환사채가 다른 주식등으로 상환되는 경우 2. 「은행법」, 「금융지주회사법」 및 「보험업법」에 따른 조건부자본증권이 표시되어야 할 권리가 주식으로 전환되는 경우 3. 그 밖에 전자등록주식등이 무기명식 주식등이 다른 주식등으로 전환되는 경우로서 금융위원회가 정하여 고시하는 경우 ⑥ 법 제37조제7항제3호에서 "대통령령으로 정하는 사유"란 다음 각 호의 어느 하나에 해당하는 경우를 말한다.	

주식·사채 등의 전자등록에 관한 법률	주식·사채 등의 전자등록에 관한 법률 시행령	전자등록업규정 (전자등록업허가 등에 관한 규정)
	1. 법원의 판결·결정·명령이 있는 경우 2. 전자등록기관 또는 계좌관리기관이 법 제42조에 따라 초과분을 해소하기 위해 전자등록을 말소하는 경우 3. 그 밖에 전자등록기관이 주식등에 관한 권리를 관리하기 위하여 관련된다고 인정되는 경우로서 전자등록업무규정으로 정하는 경우	
제38조(전자등록기관을 통한 권리 행사) ① 전자등록주식등의 권리자는 전자등록기관을 통하여 배당금·원리금·상환금 등의 수령, 그 밖에 주식등에 관한 권리를 행사할 수 있다. ② 제1항에 따라 권리를 행사하려는 전자등록주식등의 권리자는 전자등록기관을 통하여 권리를 행사한다는 뜻과 권리 행사의 내용을 구체적으로 밝혀 전자등록기관에 신청하여야 한다. 이 경우 고객계좌부에 전자등록된 권리자는 계좌관리기관을 통하여 신청하여야 한다. ③ 전자등록주식등의 발행인은 제1항에 따른 전자등록기관을 통한 권리 행사를 위하여 대통령령으로 정하는 사항을 지체 없이 전자등록기관에 통지하여야 한다. ④ 「자본시장과 금융투자업에 관한 법률」 제165조의11 제1항에 따른 조건부자본증권의 권리자가 전자등록기관을 통하여 권리 행사를 하는 데에 필요한 사항은 대통령령으로 정한다.	제32조(전자등록기관을 통한 권리 행사) ① 법 제38조제3항에서 "대통령령으로 정하는 사항"이란 다음 각 호의 사항을 말한다. 1. 전자등록주식등의 종류 및 발행 회차(回次) 2. 전자등록주식등의 권리의 종류·발생사유·내용 및 권리 행사 일정 3. 전자등록주식등의 발행조건이 변경된 경우에는 그 변경 내역 4. 그 밖에 전자등록주식등의 권리 행사와 관련하여 전자등록업무규정으로 정하는 사항 ② 「자본시장과 금융투자업에 관한 법률」 제165조의11 제1항에 따른 조건부자본증권의 발행인은 조건부자본증권의 대량에 따라 주식 전환사유 또는 채무재조정 사유가 발생했을 때에는 해당 조건부자본증권의 권리자가 법 제38조제1항에 따라 전자등록기관을 통해 권리를 행사할 수 있도록 같은 조 제3항에 따라 전자등록기관에 그 사실을 지체 없이 통지해야 한다. ③ 전자등록기관은 제2항에 따라 통지 받은 사유가 주식 전환사유의 발생인 경우 그 주식 전환사유가 발생한 날부터 제2영업일이 되는 날을 기준으로 소유자에 관한 다음 각 호의 사항을 지체 없이 그 발행인 또는 명의개서대행회사에 통지해야 한다. 1. 조건부자본증권 소유자의 성명 및 주소	

주식·사채 등의 전자등록에 관한 법률	주식·사채 등의 전자등록에 관한 법률 시행령	전자등록업규정 (전자등록업허가 등에 관한 규정)
제39조(소유자증명서) ① 전자등록기관은 전자등록주식등의 소유자가 자신의 권리를 행사하기 위하여 해당 전자등록주식등의 전자등록을 증명하는 문서(이하 "소유자증명서"라 한다)의 발행을 신청하는 경우에는 대통령령으로 정하는 방법에 따라 발행하여야 한다. 이 경우 계좌관리기관에 고객계좌를 개설한 전자등록주식등의 소유자는 해당 계좌관리기관을 통하여 신청하여야 한다. ② 계좌관리기관은 제1항 후단에 따른 신청을 받으면 전자등록주식등의 소유 내용 및 행사하려는 권리의 내용, 그 밖에 대통령령으로 정하는 사항을 지체 없이 전자등록기관에 통지하여야 한다. ③ 전자등록기관은 제1항에 따라 소유자증명서를 발행하였을 때에는 발행인, 그 밖에 대통령령으로 정하는 자(이하 "발행인등"이라 한다)에게 그 사실을 지체 없이 통지하여야 한다. ④ 전자등록기관이 제3항에 따라 소유자증명서를 발행한 경우 해당 전자등록주식등이 대통령령으로 정하는 전자등록기관 또는 계좌관리기관에 따라 전자등록계좌부에 발행의 기초가 된 전자등록주식등의 처분을 제한하는 전자등록을 하여야 하며, 그 소유자증명서가 반환될 때에는 그 처분을 제한하는 전자등록을 말소하여야 한다. ⑤ 전자등록주식등을 발행인이나 그 밖에 대통령령에 따라 소유자증명서가 그 밖에 대통령령으로 정하는 바에 따라 소유자증명서를 발행할 수 있다.	2. 소유자별 조건부전자자본증권의 금액 제33조(소유자증명서의 발행 방법 등) ① 전자등록기관은 법 제39조제1항에 따라 전자등록주식등의 소유자가 소유자증명서 발행을 신청하는 경우 그 신청을 받는 날부터 전자등록주식등의 증명을 받으려는 문서(이하 "소유자증명서"라 한다)의 발행을 받거나 통지를 받은 경우에는 주식등의 전자등록된 기관으로부터 통지를 받은 경우에는 주식등이 전자등록된 기재별로 다음 각 호에서 정하는 바에 따라 작성된 소유자증명서를 발행하여야 한다. 1. 전자등록기관에 전자등록된 주식등의 소유자증명서: 계좌관리기관등 자기계좌부에 따라 증명 내용을 작성할 것 2. 계좌관리기관에 전자등록된 주식등의 소유자증명서: 해당 계좌관리기관이 전자등록기관에 고객계좌부에 따라 증명 내용을 작성할 것 ② 전자등록기관은 소유자증명서에 다음 각 호의 사항을 기재하여야 한다. 1. 전자등록주식등 소유자의 성명 또는 명칭 및 주소 2. 전자등록주식등의 종류·종목 및 수량 또는 금액 3. 전자등록주식등 소유자가 행사하려는 권리의 내용 4. 소유자증명서 제출처 5. 그 밖에 전자등록주식등 소유자의 지위 증명과 관련하여 전자등록업규정으로 정하는 사항 ③ 법 제39조제2항에서 "대통령령으로 정하는 사항"이란 제2항제1호·제4호 및 제5호의 사항을 말한다. ④ 법 제39조제3항에서 "대통령령으로 정하는 자"란 소유자가 전자등록주식등에 대한 권리를 행사하기 위해 법원에 신청 또는 청구를 하거나 소송을 제기하려는 경우 해당 법원을 말한다.	

주식·사채 등의 전자등록에 관한 법률	주식·사채 등의 전자등록에 관한 법률 시행령	전자등록업규정 (전자등록업허가 등에 관한 규정)
제40조(소유 내용의 통지) ① 전자등록기관은 전자등록주식등의 소유자등이 자신의 전자등록주식등에 대한 소유 내용을 발행인등에게 통지하여 줄 것을 신청하는 경우에는 대통령령으로 정하는 방법에 따라 그 내용을 통지하여야 한다. 이 경우 계좌관리기관에 계좌를 개설한 전자등록주식등의 소유자는 해당 계좌관리기관을 통하여 신청하여야 한다. ② 계좌관리기관은 제1항에 따른 신청을 받으면 전자등록주식등의 소유 내용 및 통지 내용, 그 밖에 대통령령으로 정하는 사항을 지체 없이 전자등록기관에 통지하여야 한다. ③ 전자등록기관이 제1항에 따라 소유 내용을 통지하였을 때에는 해당 전자등록주식등이 전자등록된 전자등록기관 또는 계좌관리기관에 그 통지가 된 것으로 정하는 기초가 된 전자등록주식등의 처분을 제한하는 전자등록을 하여야 한다. 이 경우 그 소유자는 그 통지에서 정한 유효기간이 만료된	⑤ 전자등록기관 또는 계좌관리기관은 법 제39조제4항에 따라 전자등록계좌부에 그 소유자증명서 발행의 기초가 된 전자등록주식등의 처분을 제한하는 전자등록을 하는 경우에는 해당 전자등록주식등의 발행인이 소유자증명서의 발행임을 표시해야 한다. ⑥ 법 제39조제5항에서 "대통령령으로 정하는 자"란 다음 각 호의 어느 하나에 해당하는 자를 말한다. 1. 제4항에 따른 법원 2. 「상법」에 따른 사채관리회사 3. 그 밖에 소유자증명서에 따라 전자등록주식등의 소유자로서의 권리를 행사할 필요가 있는 자로서 금융위원회가 정하여 고시하는 자 제34조(소유 내용의 통지 방법 등) ① 전자등록기관은 법 제40조제1항에 따라 전자등록주식등의 소유자로부터 전자등록주식등에 대한 소유 내용을 발행인에게 통지하여 주도록 신청을 받거나 법 제40조제2항에 따라 계좌관리기관으로부터 주식등의 전자등록주식등의 소유 내용을 통지를 받은 경우에는 주식등이 전자등록된 기관별로 다음 각 호에서 정하는 바에 따라 작성된 소유 내용을 통지해야 한다. 1. 전자등록기관에 전자등록된 주식등의 소유 내용: 전자등록기관 등 자기계좌부에 따라 그 내용을 작성할 것 2. 계좌관리기관에 전자등록된 전자등록주식등의 소유 내용: 해당 계좌관리기관이 전자등록기관에 통지한 고객계좌부에 따라 그 내용을 작성할 것 ② 전자등록기관은 제1항에 따라 전자등록주식등의 대한 소유 내용을 통지하는 경우에는 다음 각 호의 사항을 포함해야 한다. 1. 전자등록주식등 소유자의 성명 또는 명칭 및 주소	

주식·사채 등의 전자등록에 관한 법률	주식·사채 등의 전자등록에 관한 법률 시행령	전자등록업규정 (전자등록업허가 등에 관한 규정)
때에는 그 처분을 제한하는 전자등록을 말소하여야 한다. ④ 전자등록주식등의 소유자는 제1항에 따라 통지된 내용에 대하여 해당 전자등록주식등의 발행인등에게 소유자로서의 권리를 행사할 수 있다. 제41조(권리 내용의 열람 등) ① 전자등록기관 또는 계좌관리기관은 해당 기관에 전자등록계좌를 개설한 전자등록주식등의 권리자가 자신의 권리 내용을 주식등의 전자등록 및 관리를 위한 정보통신망 등을 통하여 열람 또는 출력·복사할 수 있도록 하여야 한다.	2. 전자등록주식등의 종류·종목 및 수량 또는 금액 3. 전자등록주식등의 소유자가 행사하려는 권리의 내용 4. 통지 내용이 유효기간 5. 그 밖에 전자등록주식등 소유 내용의 통지와 관련하여 전자등록업무규정으로 정하는 사항 ③ 전자등록기관은 법 제40조제1항에 따라 전자등록주식등의 소유 내용을 발행인등에게 통지하는 경우에는 다음 각 호의 어느 하나에 해당하는 방법으로 해야 한다. 1. 서면 또는 팩스 2. 전자우편 또는 그 밖에 이와 비슷한 전자통신 3. 그 밖에 금융위원회 고시로 정하는 방법 ④ 법 제40조제2항에서 "대통령령으로 정하는 사항"이란 제2항제1호·제4호 및 제5호의 사항을 말한다. ⑤ 전자등록기관 또는 계좌관리기관은 법 제40조제3항에 따라 전자등록주식등의 처분을 제한하는 전자등록을 한 경우에는 지체 없이 계좌관리기관등자기계좌부 또는 고객계좌부에 그 전자등록주식등의 처분이 제한된 기간 및 처분제한의 원인이 된 내용을 통지임을 표시해야 한다.	

전자등록업규정 (전자등록업허가 등에 관한 규정)	주식·사채 등의 전자등록에 관한 법률 시행령	주식·사채 등의 전자등록에 관한 법률
제3장 전자등록 안정성 확보를 위한 체원의 적립 등 제8조(전자등록 적립금) ① 전자등록기관은 영 제35조제4항·제1호에 따라 초과분을 해소하기 위하여 전자등록업허가를 받은 전자등록별 허가 업무 단위에서 요구하는 최저자기자본 이상과 제 원(이하 "전자등록적립금"이라 한다)을 영업 시작 전까지 적립하여야 한다. 다만, 부득이한 경우에는 금융위원회 및 법무부장관의 승인을 거쳐 그 적립 기한을 연장할 수 있다. ② 전자등록기관은 제1항에 따라 전자등록적립금을 적립한 매에는 지체 없이 금융위원회 및 법무부장관에게 보고하여야 한다. 제9조(계좌관리기관의 분담금 산정 및 납부) ① 영제5조제4항·제2호에서 "금융위원회 및 법무부장관이 공동으로 고시하는 방법"이란 다음의 계산식에 의하여 각 계좌관리기관의 분담금을 산정하는 것을 말한다.	제6장 전자등록의 안전성 확보 제35조(초과분에 대한 해소 방법 등) ① 계좌관리기관은 법 제42조제1항에 따른 초과분이 발생한 경우에는 고객계좌를 확인하여 지체 없이 그 초과분을 해소하여야 한다. ② 전자등록기관은 법 제42조제2항에 따른 초과분이 발생한 경우에는 계좌관리기관등 자기계좌 또는 법 제22조제3항에 따른 고객관리계좌(이하 "고객관리계좌"라 한다)를 확인하여 지체 없이 그 초과분을 해소하여야 한다. ③ 계좌관리기관 또는 전자등록기관은 법 제42조제3항 또는 법 제3항에 따른 전자등록분 또는 초과분에 대한 권리를 법 제42조제5항에 따라 적법하게 취득한 자(이하 "초과분 선의취득자"라 한다)가 있는 경우에는 지체 없이 또는 그 초과분 수량에 상당하는 전자등록주식등(이하 "초과 전자등록주식등"이라 한다)을 말소하는 전자등록을 해야 한다. 이 경우 초과 전자등록주식등을 보유하고 있지 않은 계좌관리기관 또는 전자등록기관은 초과 전자등록주식등을 매수하여 말소하는 전자등록을 해야 한다. ④ 계좌관리기관 또는 전자등록기관이 제3항에 따른 초과분 해소 의무의 전부 또는 일부를 이행하지 않은 경우에는 다음 각 호의 순서로 초과분을 해소하여야 한다. 1. 전자등록기관이 전자등록의 안전성 확보를 위하여 적립한 체원(금융위원회 및 법무부장관이 공동으로 정	② 전자등록기관은 발행인관리계좌를 개설한 발행인이 자신의 발행 내용을 정보통신망 등을 통하여 열람 또는 출력·복사할 수 있도록 하여야 한다. 제6장 전자등록의 안전성 확보 제42조(초과분에 대한 해소 의무 등) ① 계좌관리기관은 초과분 또는 총금액이 제2호에 따른 초과분이 발생하는 경우에는 대통령령으로 정하는 바에 따라 지체 없이 그 초과분을 해소하여야 한다. 1. 고객계좌부에 전자등록된 주식등의 종목별 총수량 또는 총금액 2. 고객관리계좌부에 기록된 전자등록주식등의 종목별 총수량 또는 총금액 ② 전자등록기관은 제1호의 총수량 또는 총금액이 제2호의 총수량 또는 총금액을 초과하는 경우에는 대통령령으로 정하는 바에 따라 지체 없이 그 초과분을 해소하여야 한다. 1. 계좌관리기관등 자기계좌부에 기록된 전자등록주식등의 종목별 총수량 또는 총금액 2. 발행인관리계좌부에 기록된 전자등록주식등의 종목별 총수량 또는 총금액 ③ 제1항 또는 제2항에 따른 해소 의무의 전부 또는 일부를 이행하지 아니한 경우에는 대통령령으로 정하는 방법 및 절차에 따라 그 초과분을 해소하여야 한다. ④ 제1항부터 제3항까지의 규정에 따른 초과분에 대한 해소 의무의 전부 또는 일부를 이행하지 아니한 경우에는 제1항 또는 제2항에 따른 초과분이 있는 계좌

주식·사채 등의 전자등록에 관한 법률	주식·사채 등의 전자등록에 관한 법률 시행령	전자등록업규정 (전자등록업허가 등에 관한 규정)

관리기관 또는 전자등록기관이 대통령령으로 정하는 바에 따라 해소되지 아니한 초과분에 해당하는 전자등록주식등에 대하여 지급되는 원리금, 배당금, 그 밖에 대통령령으로 정하는 급여를 지급할 의무를 진다.

⑤ 제1항부터 제4항까지의 규정에 따른 의무를 이행한 계좌관리기관 또는 전자등록기관은 각각 해당 초과분 발생에 책임이 있는 자에게 구상권(求償權)을 행사할 수 있다.

⑥ 계좌관리기관은 전자등록기관에 개설한 계좌를 폐쇄한 이후에도 제3항에 따른 해소의무를 부담한다. 다만, 계좌를 폐쇄한 때부터 5년이 지난 경우에는 해당 의무가 소멸한다.

하여 고시하는 방법에 따라 제3조제3항제4호의 시장 계좌 내용에 반영하여 적힘에 해당분의 제반을 사용하여 해소할 것

2. 제1호에 따른 초과분 해소 방법으로 초과분이 모두 해소되지 않은 경우에는 그 초과분 발생일의 최종 시장가격 및 전자등록주식등의 규모를 고려하여 금융위원회 및 법무부장관이 공동으로 정하여 고시하는 방법으로 정한 모든 계좌관리기관의 분담금을 사용하여 해소할 것. 이 경우 부담능력이 없는 계좌관리기관이 부담하는 분담금은 전자등록기관이 부담한다.

⑤ 제4항에 따라 초과분을 해소한 계좌관리기관 또는 전자등록기관은 법 제42조제5항에 따라 그 초과분 발생에 책임이 있는 자에게 구상권을 행사할 수 있다.

⑥ 제3항에 따른 초과분 구상권의 행사에도 불구하고 전자등록기관의 초과분 해소에 사용한 재원 중 보전(補塡)하지 못한 금액이 있는 경우에는 제4항제2호의 신청방법으로 정한 분담금액의 비율에 따라 모든 계좌관리기관이 해당 급여를 부담한다.

⑦ 법 제42조제4항에서 "대통령령으로 정하는 급여"이란 발행인이 발행한 전자등록주식등의 권리자로 전자등록된 자에게 지급해야 하는 분배금 등 일체의 급여를 말한다.

⑧ 초과분 해소 의무를 이행하지 않은 계좌관리기관 또는 전자등록기관은 다음 각 호의 구분에 따라 법 제42조제4항에 따른 급여를 지급할 의무를 진다.

1. 계좌관리기관: 법 제42조제1항에 따라 초과분 해소 의무가 발생한 계좌관리기관의 고객계좌부에 해당 전자등록주식등의 초과분으로 전자등록된 권리자로서 제36조제1항제2호에 해당하는 자에 대하여는 같은 호 제2항에 따라 산정된 수량 또는 금액에 해당하는 원리금등을

전자등록적립금으로도 해소되지 아니한 초과분의 시장가치 × (각 계좌관리기관의 계좌관리기관등 자기계좌부 및 해당 계좌등록주식등의 총가치 / 모든 계좌관리기관의 계좌관리기관등 자기계좌부 및 고객계좌부에 전자등록된 전자등록주식등의 총 시장가치)

② 제1항에 따라 각 계좌관리기관의 분담금이 산정된 경우 금융위원회 및 법무부장관은 해당 계좌관리기관이 부담하는 분담금의 명세 및 분담 일정을 각 계좌관리기관에 통보하여야 한다. 이 경우 각 계좌관리기관은 통보받은 명세 및 분담 일정에 따라 전자등록기관에 자신의 분담금을 납부하여야 한다.

③ 전자등록기관은 제2항 후단에 따라 계좌관리기관으로부터 급여를 납부받은 경우 해당 사실을 지체 없이 금융위원회 및 법무부장관에 보고하여야 한다.

④ 제2항 후단에도 불구하고 계좌관리기관의 경영 또는 재무적 무자력 등으로 인하여 제1항에 따른 분담금의 부담능력이 없는 계좌관리기관(이하 "미부담 계좌관리기관"이라 한다)은 전자등록기관에 해당 사실을 통지하여야 한다. 이 경우 전자등록기관은 지체 없이 해당 계좌관리기관의 목록을 금융위원회 및 법무부장관에 보고하여야 한다.

⑤ 금융위원회 및 법무부장관은 다음 각 호의 조치를 할 수 있다.
1. 부담능력 부족에 대한 증명 및 분담의 제출
2. 법 제58조제1항에 따른 검사

주식·사채 등의 전자등록에 관한 법률	주식·사채 등의 전자등록에 관한 법률 시행령	전자등록업규정 (전자등록업허가 등에 관한 규정)
제43조(초과분에 대한 권리 행사의 제한) ① 제42조제1항에 따른 초과분이 발생한 경우에는 같은 항에 따른 의무가 이행될 때까지 그 의무가 고객계좌부에 전자등록된 자로서 해당 전자등록주식등의 권리자로 정하는 바에 따라 산정(算定)된 수량 또는 금액에 대한 권리를 발행인에게 주장할 수 없다. ② 제42조제3항에 따른 초과분이 발생한 경우에는 같은 항에 따른 의무가 이행될 때까지 해당 전자등록주식등이 전자등록된 자로서 정하는 바에 따라 산정된 수량 또는 금액에 대한 권리를 발행인에게 주장할 수 없다. ③ 제1항 또는 제2항에 따른 권리 행사의 제한으로 해	지급할 의무 2. 전자등록기관: 법 제42조제2항에 따라 초과분 해소의무가 발생한 경우 해당 전자등록주식등의 권리자로 전자등록된 자로서 제36조제3항제2호에 해당하는 자에 대하여 같은 조 제8항에 따라 산정된 수량 또는 금액에 해당하는 원리금등을 지급할 의무 ⑨ 제3항부터 제8항까지에서 정한 사항 외에 초과분의 해소 등에 필요한 사항은 금융위원회가 정하여 고시한다. 제36조(초과분에 대한 권리 행사 제한) ① 법 제43조제1항에서 "대통령령으로 정하는 자"란 다음 각 호의 어느 하나에 해당하는 자를 말한다. 1. 초과분 선의취득자가 없는 경우: 초과분의 권리자로 전자등록된 자 2. 초과분 선의취득자가 있는 경우: 초과분 전자등록 종목의 권리자로 전자등록된 자 ② 제1항에 따른 법 제43조제1항에 따라 발행인에게 권리를 주장할 수 없는 수량 또는 금액은 다음 각 호의 구분에 따른 수량 또는 금액으로 한다. 1. 초과분 선의취득자가 없는 경우: 법 제42조제1항에 따른 초과분에 해당하는 수량 또는 금액 2. 초과분 선의취득자가 있는 경우: 법 제42조제1항에 따른 초과분 중 각 권리자의 전자등록주식등의 고객계좌부 또는 계좌관리기관등 자기계좌부에 전자등록된 수량 또는 금액	제10조(전자등록기관의 구상 방법) ① 영 제35조제5항에 따른 전자등록기관의 구상권의 행사에도 불구하고 전자등록기관이 보전하지 못한 금액이 있는 경우 전자등록기관은 다음의 금액에 의하여 산출된 금액을 모든 계좌관리기관에 분담시킬 수 있다. 전자등록기관이 권리이 보전하지 못한 금액 × (각 계좌관리기관의 계좌관리기관등 자기계좌부 및 해당 계좌관리기관이 관리하는 고객계좌부에 전자등록된 전자등록주식등의 총 시장가치 / 모든 계좌관리기관의 계좌관리기관등 자기계좌부 및 고객계좌부에 전자등록된 전자등록주식등의 총 시장가치) ② 제1항에 따라 각 계좌관리기관별 분담금이 산정된 경우 제9조제2항 및 제3항을 준용한다.

주식·사채 등의 전자등록에 관한 법률	주식·사채 등의 전자등록에 관한 법률 시행령	전자등록업규정 (전자등록업허가 등에 관한 규정)
당 전자등록주식등의 권리자에게 손해가 발생한 경우 제42조제1항 또는 제2항에 따른 해소 의무를 부담하는 자는 해당 손해를 배상하여야 한다. ④ 제3항에 따른 손해배상 의무의 전부 또는 일부가 이행되지 아니한 경우에는 계좌관리기관 및 전자등록 기관은 연대하여 배상할 책임이 있다. 이 경우 제42조 제5항 및 제6항을 준용한다.	2. 초과분 선의취득자가 있는 경우: 다음 계산식에 따라 산정된 수량 또는 금액 ┌──────────────────┐ 법 제42조제1항에 따른 초과분 중 법 제35조 제5항에 따라 선의취득된 수량 또는 금액 × 각 권리자의 고객계좌부에 전자 등록된 초과 전자등록 종목의 수량 또는 금액 해당 계좌관리기관의 고객계좌부 전체에 전자등록된 초과 전자등록 종목의 수량 또는 금액 └──────────────────┘ ③ 법 제43조제2항에서 "대통령령으로 정하는 자"란 다음 각 호의 어느 하나에 해당하는 자를 말한다. 1. 초과분 선의취득자가 없는 경우: 초과분의 권리자 로 전자등록된 자 2. 초과분 선의취득자가 있는 경우: 초과 전자등록 종 목의 권리자로 전자등록된 자 ④ 제3항에 따른 자가 법 제43조제2항에 따라 발행인 에게 권리를 주장할 수 없는 수량 또는 금액은 다음 각 호의 구분에 따라 산정된 수량 또는 금액으로 한 다. 1. 초과분 선의취득자가 없는 경우: 법 제43조제2항에 따른 초과분 중 각 권리자로 전자등록된 자의 계좌관 리기관등 자기계좌부에 전자등록된 수량 또는 금액 2. 초과분 선의취득자가 있는 경우: 다음 계산식에 따 라 산정된 수량 또는 금액 ┌──────────────────┐ 법 제42조제2항에 따른 초과분 중 법 제35조 제5항에 따라 선의취득된 수량 또는 금액 × 각 권리자의 계좌관리기관등 자기계좌부 또는 고객계좌부에 전자등록된 초과 전자등록 종목의 수량 또는 금액 계좌관리기관등 자기계좌부 및 고객계좌부 전체에 전자등록된 초과 전자등록 종목의 수량 또는 금액 └──────────────────┘	

주식·사채 등의 전자등록에 관한 법률	주식·사채 등의 전자등록에 관한 법률 시행령	전자등록업규정 (전자등록업허가 등에 관한 규정)
제44조(전자등록 정보 등의 보안) ① 누구든지 전자등록기관 또는 계좌관리기관의 주식등의 전자등록 및 관리를 위한 정보통신망(정보처리장치를 포함한다. 이하 이 조에서 같다)에 거짓 정보 또는 부정한 명령을 입력하거나 권한 없이 정보를 입력·변경해서는 아니 된다. ② 누구든지 전자등록기관 또는 계좌관리기관에 보관된 전자등록 정보 또는 기록 정보를 멸실하거나 훼손해서는 아니 된다. ③ 누구든지 정당한 접근권한 없이 또는 허용된 접근권한을 초과하여 전자등록기관 또는 계좌관리기관의 주식등의 전자등록 및 관리를 위한 정보통신망에 침입해서는 아니 된다. 제45조(직무 관련 정보의 이용 금지) ① 전자등록기관과 계좌관리기관은 이 법에 따른 직무상 알게 된 정보로서 외부에 공개되지 아니한 정보를 정당한 사유 없이 자기 또는 제3자의 이익을 위하여 이용해서는 아니 된다. ② 전자등록기관 또는 계좌관리기관의 임직원 및 임직원이었던 사람에 대해서는 제1항을 준용한다. 제46조(계좌관리기관의 자료제출 등) ① 전자등록기관은 계좌관리기관에 전자등록업무에 관한 보고, 자료의 제출 또는 관련 장부의 열람 등을 요구할 수 있다. 이 경우 계좌관리기관은 정당한 사유가 없으면 전자등록기관의 요구에 따라야 한다. ② 계좌관리기관은 다음 각 호의 어느 하나에 해당하	제37조(전자등록기관의 보고사항) 법 제46조제3항제3호에서 "대통령령으로 정하는 사유"란 자연재해, 전산시스템 장애, 그 밖에 이에 준하는 사태가 발생하여 전자등록주식등에 대한 전자등록·기록 및 관리를 위한 업무를 정상적으로 수행할 수 없다고 금융위원회가 정하여 고시하는 사유를 말한다.	

주식·사채 등의 전자등록에 관한 법률	주식·사채 등의 전자등록에 관한 법률 시행령	전자등록업규정 (전자등록업허가 등에 관한 규정)
는 경우에는 전자등록기관에 그 사실을 지체 없이 통지하여야 한다. 1. 제42조제1항에 따른 조치를 발생을 확인한 경우 2. 영업의 정지, 인가·허가의 취소, 파산·해산, 그 밖에 전자등록업무를 정상적으로 수행할 수 없는 사유가 발생한 경우 ③ 전자등록기관은 다음 각 호의 어느 하나에 해당하는 경우에는 금융위원회에 그 사실을 지체 없이 보고하여야 한다. 1. 제42조제2항에 따른 조치를 발생을 확인한 경우 2. 제2항에 따른 통지를 받은 경우 3. 그 밖에 주식등에 대한 전자등록을 위한 업무를 정상적으로 수행할 수 없다고 인정되는 경우로서 대통령령으로 정하는 사유가 발생한 경우 제47조(계좌간 대체의 전자등록 제한) 전자등록기관은 계좌관리기관의 파산·해산, 그 밖에 대통령령으로 정하는 사유가 발생한 경우 대통령령으로 정하는 기준 및 방법에 따라 고객계좌부에 전자등록된 전자등록주식등의 계좌간 대체의 전자등록을 제한할 수 있다.	제38조(계좌간 대체의 전자등록 제한) ① 법 제47조에서 "대통령령으로 정하는 사유"란 다음 각 호의 어느 하나에 해당하는 사유를 말한다. 1. 계좌관리기관에 대한 인가·허가·등록 등의 취소 또는 업무의 정지 2. 계좌관리기관의 파산·해산 또는 제1호에 준하는 사유로서 계좌간 대체의 전자등록 업무를 정상적으로 수행할 수 없다고 금융위원회가 정하여 고시하는 사유 ② 전자등록기관은 법 제47조에 따라 고객계좌부에 전자등록된 전자등록주식등의 계좌간 대체의 전자등록을 제한하는 경우에는 해당 전자등록주식등의 종류별 또는 종목별로 제한할 수 있다. ③ 전자등록기관은 제2항에 따라 전자등록주식등의 계좌간 대체의 전자등록을 제한하는 경우에는 그 내용을 인터넷 홈페이지에 공고해야 한다.	

주식·사채 등의 전자등록에 관한 법률	주식·사채 등의 전자등록에 관한 법률 시행령	전자등록업규정 (전자등록업허가 등에 관한 규정)
제48조(전자등록 정보 등의 보존) ① 전자등록기관과 계좌관리기관은 전자등록 정보 또는 기록 정보를 보존하여야 한다. ② 제1항에 따라 전자등록기관과 계좌관리기관이 보존하여야 하는 전자등록 정보 또는 기록 정보의 종류, 보존 방법 및 보존 기간은 대통령령으로 정한다.	제39조(전자등록 정보 등의 보존) ① 법 제48조제1항에 따라 전자등록기관과 계좌관리기관이 보존해야 하는 전자등록 정보 또는 기록 정보는 다음 각 호의 정보로 한다. 1. 전자등록기관이 보존해야 하는 정보: 다음 각 목의 정보 　가. 계좌관리기관등 자기계좌부에 전자등록된 정보 　나. 발행인관리계좌부와 고객관리계좌부에 기록된 정보 2. 계좌관리기관이 보존해야 하는 정보: 고객계좌부에 전자등록된 정보 ② 전자등록기관 또는 계좌관리기관은 제1항에 따른 전자등록 정보 또는 기록 정보를 다음 각 호의 요건을 모두 갖춘 방법에 따라 보존해야 한다. 1. 위조 또는 변조가 불가능한 장치로 보존할 것 2. 동일한 정보를 둘 이상의 장소에 보존할 것. 이 경우 하나의 장소는 정보보호에 필요한 충분한 인력과 전산 설비, 보안 설비, 그 밖의 물적 설비를 갖춘 자가 관리하는 장소에 보존을 위탁할 수 있다. ③ 제1항에 따른 정보의 보존기간은 다음 각 호의 구분에 따른다. 1. 제1항제1호 각 목의 정보: 영구 2. 제1항제2호의 정보: 해당 고객계좌부가 폐쇄된 날부터 10년	

주식·사채 등의 전자등록에 관한 법률	주식·사채 등의 전자등록에 관한 법률 시행령	전자등록업규정 (전자등록업허가 등에 관한 규정)
제49조(긴급사태 시의 처분) ① 금융위원회는 천재지변, 전시, 사변, 경제사정의 급격한 변동, 주식등의 전자등록 및 관리를 위한 정보통신망의 중대한 장애, 그 밖에 이에 준하는 사태가 발생하여 주식등의 전자등록 업무가 정상적으로 이루어질 수 없다고 인정되는 경우에는 전자등록기관 및 계좌관리기관에 전자등록업무의 중단 등을 명하거나, 그 밖에 필요한 조치를 할 수 있다. ② 금융위원회는 제1항에 따른 긴급조치를 한 경우에는 법무부장관에게 지체 없이 통지하여야 한다. 제50조(준용규정) 전자등록기관 및 계좌관리기관의 전자등록업무에 관하여는 「금융실명거래 및 비밀보장에 관한 법률」 세4조를 준용한다. 제3장 검사 및 감독 제51조(보고 및 검사) ① 금융위원회는 이 법이 목적을 달성하기 위하여 필요한 경우 전자등록기관에 보고 또는 자료의 제출을 요구하거나 소속 공무원으로 하여금 그 전자등록기관의 업무 상황이나 장부·서류 또는 그 밖에 필요한 물건을 검사하게 할 수 있다. ② 금융위원회는 제1항에 따른 검사를 「금융위원회의 설치 등에 관한 법률」에 따라 설립된 금융감독원의 원장(이하 "금융감독원장"이라 한다)에게 위탁할 수 있다. ③ 금융위원회는 제1항에 따른 검사를 할 때에 필요하다고 인정되는 경우에는 전자등록기관에 이 법에 따른	제3장 검사 및 감독	제5장 검사 및 감독

전자등록업규정 (전자등록업허가 등에 관한 규정)	주식·사채 등의 전자등록에 관한 법률 시행령	주식·사채 등의 전자등록에 관한 법률
		업무 또는 재산에 관한 보고, 자료의 제출, 증인의 출석, 증언 및 의견의 진술을 요구할 수 있다. ④ 제1항에 따라 검사를 하는 사람은 그 권한을 표시하는 증표를 지니고 관계인에게 보여주어야 한다. ⑤ 금융감독원장이 제1항에 따른 검사를 한 경우에는 그 보고서를 반아 제1항에 따라 금융위원회에 그 결과를 보고하여야 한다. 이 경우 이 법 또는 이 법에 따른 명령이나 처분을 위반한 사실이 있으면 그 처리에 관한 자료를 첨부하여야 한다. 제52조(법무부장관의 검사 요청 등) ① 법무부장관은 이 법의 목적을 달성하기 위하여 필요한 경우 전자등록기관에 보고 또는 자료의 제출을 요구하거나 금융위원회에 전자등록기관에 대한 검사를 요청할 수 있으며 그 검사에 법무부 소속 공무원이 참여하도록 할 수 있다. ② 금융위원회는 제1항에 따른 법무부장관의 검사 요청을 받은 경우 그 검사를 금융감독원장에게 위탁하여 하게 할 수 있다. ③ 금융감독원장은 제2항에 따른 금융위원회의 위탁을 받아 검사를 한 경우에는 그 보고서를 법무부장관에게 제출하여야 한다. 이 경우 검사보고서의 내용은 제14조제1항 각 호의 업무, 같은 조 제2항 각 호의 업무 및 그 업무와 관련된 재산의 검사에 관한 사항으로 한정하며, 전자등록기관이 이 법 또는 이 법에 따른 명령이나 처분을 위반한 사실이 있으면 그 처리에 관한 이전서를 첨부하여야 한다. ④ 법무부장관은 이 법의 목적을 달성하기 위하여 필요한 경우 금융위원회에 제51조제5항 전단에 따른 검사보고서(같은 항 후단에 따른 이전서를 포함한다)를

주식·사채 등의 전자등록에 관한 법률	주식·사채 등의 전자등록에 관한 법률 시행령	전자등록업규정 (전자등록업허가 등에 관한 규정)

숭부하여 줄 것을 요청할 수 있다.

제53조(전자등록기관에 대한 조치) ① 금융위원회는 전자등록기관이 다음 각 호의 어느 하나에 해당하는 경우에는 제5조에 따른 허가를 취소할 수 있다. 이 경우 금융위원회는 허가를 취소할 때에는 미리 법무부장관과 협의하여야 한다.
1. 거짓, 그 밖의 부정한 방법으로 제5조에 따른 허가를 받은 경우
2. 허가조건을 위반한 경우
3. 제8조에 따른 유지의무를 위반한 경우
4. 업무의 정지기간 중에 업무를 한 경우
5. 금융위원회의 시정명령 또는 중지명령을 이행하지 아니한 경우
6. 별표 1 각 호의 어느 하나에 해당하는 경우로서 대통령령으로 정하는 경우
7. 대통령령으로 정하는 금융 관련 법령 등을 위반한 경우로서 대통령령으로 정하는 경우
8. 정당한 사유 없이 업무를 중단한 경우
9. 정당한 사유 없이 제3항부터 제6항까지의 규정에 따른 조치 또는 제57조제1항에 따른 업무이전명령에 응하지 않은 경우
10. 합병·파산·영업의 폐지 등으로 사실상 전자등록업무를 수행할 수 없게 된 경우
11. 그 밖에 권리자의 이익을 현저히 해할 우려가 있거나 전자등록업무를 하기 곤란하다고 인정되는 경우로서 대통령령으로 정하는 경우
② 전자등록기관은 허가가 취소된 경우에도 제57조제1항에 따른 업무이전명령에 따라 업무 이전이 완료되기 전까지는 허가 취소 전에 전자등록한 주식등에 관한

제40조(전자등록기관에 대한 조치) ① 법 제53조제1항제6호에서 "대통령령으로 정하는 경우"란 다음 각 호의 어느 하나에 해당하는 경우를 말한다.
1. 법 제15조제1항 전단, 제16조 전단 또는 제17조 전단을 위반하여 승인을 받지 않은 경우
2. 법 제49조제1항에 따른 조치를 이행하지 않은 경우
② 법 제53조제1항제7호에서 "대통령령으로 정하는 금융 관련 법령 등"이란 다음 각 호의 법령을 말한다.
1. 「금융실명거래 및 비밀보장에 관한 법률」
2. 「형법」
3. 「특정경제범죄 가중처벌 등에 관한 법률」
③ 법 제53조제1항제7호에서 "대통령령으로 정하는 경우"란 다음 각 호의 어느 하나에 해당하는 경우를 말한다.
1. 「금융실명거래 및 비밀보장에 관한 법률」을 위반한 경우로서 다음 각 목의 어느 하나에 해당하는 경우
가. 「금융실명거래 및 비밀보장에 관한 법률」 제3조제1항 본문을 위반하여 금융거래의 내용에 대한 정보 또는 자료(이하 이 호에서 "거래정보등"이라 한다)를 타인에게 제공·누설하거나 제공을 요구한 경우
나. 「금융실명거래 및 비밀보장에 관한 법률」 제4조제3항을 위반하여 거래정보등의 제공 요구를 거부하지 않은 경우
다. 「금융실명거래 및 비밀보장에 관한 법률」 제4조제4항 본문을 위반하여 거래정보등을 타인에게 제공·누설하거나 그 거래정보등을 타인에게 제공·누설할 목적 외의 용도로 이

주식·사채 등의 전자등록에 관한 법률	주식·사채 등의 전자등록에 관한 법률 시행령	전자등록업규정 (전자등록업허가 등에 관한 규정)
전자등록업을 계속하여 행할 수 있다. ③ 금융위원회는 전자등록기관이 제1항 각 호(제6호는 제외한다)의 어느 하나에 해당하거나 별표 1 각 호의 어느 하나에 해당하는 경우에는 다음 각 호의 어느 하나에 해당하는 조치를 할 수 있다. 이 경우 금융위원회는 조치를 할 때에는 미리 법무부장관과 협의하여야 한다. 1. 6개월의 범위에서 이 법에 따른 업무의 전부 또는 일부 정지 2. 이 법에 따른 업무와 관련된 계약의 인계명령 3. 위법행위의 시정명령 또는 중지명령 4. 위법행위로 인한 조치를 받았다는 사실의 공표명령 또는 게시명령 5. 기관경고 6. 기관주의 7. 그 밖에 위법행위를 시정하거나 방지하기 위하여 필요한 조치로서 대통령령으로 정하는 조치 ④ 금융위원회는 전자등록기관의 임원이 제2항 각 호(제6호는 제외한다)의 어느 하나에 해당하거나 별표 1 각 호의 어느 하나에 해당하는 조치를 할 수 있다. 이 경우 금융위원회는 조치를 할 때에는 미리 법무부장관과 협의하여야 한다. 1. 해임요구 2. 6개월 범위에서의 직무정지 3. 문책경고 4. 주의적 경고 5. 주의 6. 그 밖에 위법행위를 시정하거나 방지하기 위하여 필요한 조치로서 대통령령으로 정하는 조치	용한 경우 또는 그 거래정보등의 제공을 요구한 경우 라. 「금융실명거래 및 비밀보장에 관한 법률」 제4조 제3항을 위반하여 취득한 거래정보등을 타인에게 제공·누설한 경우 2. 「형법」 제214조부터 제217조까지, 제223조(제214조부터 제217조까지의 미수범만 해당한다), 제347조의2, 제355조, 제356조, 제357조제1항, 제359조(제355조, 제356조 및 제357조제1항의 미수범만 해당한다)의 죄를 지은 경우 3. 「특정경제범죄 가중처벌 등에 관한 법률」 제3조(「형법」 제355조 또는 제356조의 죄를 범한 경우에 한정한다), 제5조, 제7조, 제8조 및 제9조제3항의 죄를 지은 경우 ④ 법 제53조제1항제11호에서 "대통령령으로 정하는 경우"란 다음 각 호의 어느 하나에 해당하는 경우를 말한다. 1. 전자등록업 허가를 받은 날부터 6개월(제5조제10항에 따라 따로 기한을 정한 경우에는 그 기한을 말한다) 이내에 해당 업무를 시작하지 않거나 업무를 시작한 후 정당한 사유 없이 허가 받은 업무를 중단하는 경우 2. 법 제53조제3항제1호에 따른 업무의 전부 또는 일부 정지의 조치를 받은 날부터 1개월(업무 정지의 조치를 하면서 1개월을 초과하는 보정기간을 정한 경우에는 그 기간) 이내에 해당 업무의 전부 또는 일부 정지 조치의 원인이 된 사항을 보정하지 않은 경우 3. 업무와 관련하여 부정한 방법으로 금전 등을 타인으로부터 금전 등을 받거나 타인에게 줄 등을 하도록 한 경우 4. 같거나 비슷한 위법행위를 계속하거나 반복하는 경우	

주식·사채 등의 전자등록에 관한 법률	주식·사채 등의 전자등록에 관한 법률 시행령	전자등록업규정 (전자등록업허가 등에 관한 규정)
⑤ 금융위원회는 전자등록기관의 직원이 제1항 각 호(제6호는 제외한다)의 어느 하나에 해당하거나 별표 1 각 호의 어느 하나에 해당하는 경우에는 다음 각 호의 어느 하나에 해당하는 조치를 전자등록기관에 요구할 수 있다. 이 경우 금융위원회는 조치를 요구할 때에는 미리 법무부장관과 협의하여야 한다. 1. 면직 2. 6개월 범위에서의 정직(停職) 3. 감봉 4. 견책 5. 경고 6. 주의 7. 그 밖에 위법행위를 시정하거나 방지하기 위하여 필요한 조치로서 대통령령으로 정하는 조치 ⑥ 금융위원회는 제4항 또는 제5항에 따라 조치를 요구하는 경우 그 임직원에 대하여 관리·감독의 책임이 있는 임직원에 대한 조치를 함께 하거나 이를 요구할 수 있다. 다만, 관리·감독의 책임이 있는 자가 그 임직원의 관리·감독에 상당한 주의를 다한 경우에는 조치를 감면할 수 있다. 제54조(청문) 금융위원회는 다음 각 호의 어느 하나에 해당하는 처분 또는 조치를 하려는 경우에는 청문을 하여야 한다. 1. 제53조제1항에 따른 전자등록기관에 대한 허가의 취소	⑤ 법 제53조제3항·제7항에서 "대통령령으로 정하는 조치"란 다음 각 호의 어느 하나에 해당하는 조치를 말한다. 1. 경영 또는 업무 방법의 개선 요구나 개선 권고 2. 변상 요구 3. 법을 위반한 경우에는 고발 또는 수사기관에의 통보 4. 다른 법률을 위반한 경우에는 관련 기관이나 수사기관에의 통보 5. 그 밖에 금융위원회가 법 및 이 영, 그 밖의 관련 법령에 따라 취할 수 있는 조치 ⑥ 법 제53조제4항제6호에서 "대통령령으로 정하는 조치"란 법 제53조제5항제3호 및 제4호의 조치를 말한다. ⑦ 법 제53조제5항제7호에서 "대통령령으로 정하는 조치"란 법 제53조제5항제3호 및 제4호의 조치를 말한다. ⑧ 법 별표 1 제5호에서 "대통령령으로 정하는 경우"란 다음 각 호의 어느 하나에 해당하는 경우를 말한다. 1. 제33조를 위반하여 소유자증명서를 발행한 경우 2. 제34조를 위반하여 소유 내용을 통지한 경우 3. 제44조를 위반하여 전자등록증명서를 발행한 경우 4. 전자등록업무규정을 위반한 경우 5. 법 제18조 본문에 따른 전자등록업무규정 외의 업무에 관한 규정을 위반한 경우	

주식·사채 등의 전자등록에 관한 법률	주식·사채 등의 전자등록에 관한 법률 시행령	전자등록업규정 (전자등록업허가 등에 관한 규정)
2. 제53조제4항제1호에 따른 전자등록기관 임원에 대한 해임요구 3. 제53조제5항제1호에 따른 전자등록기관 직원에 대한 면직요구	**제55조(조치 등의 기록 및 공시 등)** ① 금융위원회는 제53조에 따라 조치를 하거나 조치를 요구한 경우에는 그 내용을 기록하고 유지·관리하여야 한다. ② 금융위원회는 제53조제1항 또는 제3항에 따라 조치를 받은 경우 그 사실을 관보 및 인터넷 홈페이지 등에 공고하여야 한다. ③ 금융위원회는 전자등록기관의 퇴임한 임원 또는 퇴직한 직원이 재임 또는 재직 중이었다면 제53조제4항제1호 또는 제53조제5항제1호에 해당하는 조치 또는 조치요구를 받았을 것으로 인정되는 경우에는 그 받았을 것 으로 인정되는 조치 또는 조치요구의 내용을 전자등록 기관에 통보하여야 한다. 이 경우 통보를 받은 전자등 록기관은 그 조치 또는 조치요구의 내용을 퇴임·퇴직 한 그 임직원에게 통보하여야 한다. ④ 전자등록기관이 금융위원회의 조치요구에 따라 해당 임직원을 조치한 경우 및 제3항에 따라 통보를 받은 경우에는 그 내용을 기록하고 유지·관리하여야 한다. ⑤ 전자등록기관 또는 그 임직원(임직원이었던 사람을 포함한다)은 금융위원회에 자기에 대한 제53조에 따른 조치 또는 조치요구 여부 및 그 내용을 조회할 수 있다. ⑥ 금융위원회는 제5항의 조회요청을 받은 경우에는 정당한 사유가 없으면 조치 또는 조치요구 여부 및 그 내용을 그 조회 요청자에게 통보하여야 한다.	

주식·사채 등의 전자등록에 관한 법률	주식·사채 등의 전자등록에 관한 법률 시행령	전자등록업규정 (전자등록업허가 등에 관한 규정)
제56조(이의신청 특례) ① 제53조제1항·제3항, 같은 조 제4항제2호부터 제6호까지 및 같은 조 제6항(같은 조 제4항제2호부터 제6호까지의 어느 하나에 해당하는 처분 또는 조치에 한정한다)에 따른 처분 또는 조치에 불복하는 자는 그 처분 또는 조치를 고지받은 날부터 30일 이내에 그 사유를 갖추어 금융위원회에 이의를 신청할 수 있다.<개정 2023. 9. 14.> ② 금융위원회는 제1항에 따른 이의신청을 받으면 그 신청을 받은 날부터 60일 이내에 그 이의신청에 대한 결과를 신청인에게 통지하여야 한다. 다만, 부득이한 사유로 60일 이내에 통지할 수 없는 경우에는 그 기간을 만료일 다음 날부터 기산하여 30일의 범위에서 한 차례 연장할 수 있다.<개정 2023. 9. 14.> ③ 제1항 및 제2항에서 규정한 사항 외에 처분에 대한 이의신청에 관한 사항은 「행정기본법」 제36조에 따른다.<신설 2023. 9. 14.> [제목개정 2023. 9. 14.] 제57조(업무이전명령) ① 금융위원회는 전자등록기관이 다음 각 호의 어느 하나에 해당하는 경우에는 전자등록업무의 전부 또는 일부를 다른 전자등록기관에 이전할 것을 명할 수 있다. 이 경우 금융위원회는 이전을 명할 때에는 미리 법무부장관과 협의하여야 한다. 1. 전자등록기관이 제12조제1항에 따라 전자등록업의 전부 또는 일부를 폐지하거나 해산한 경우 2. 제53조제1항에 따라 전자등록업허가가 취소된 경우 ② 금융위원회는 계좌관리기관이 다음 각 호의 어느 하나에 해당하는 경우에는 제20조제3항 각 호의 업무의 전부 또는 일부를 다른 계좌관리기관에 이전할 것을 명할 수 있다.	제41조(전자등록정보 등의 이전) 전자등록기관은 법 제57조제1항에 따라 업무이전명령을 받은 경우에는 제39조제1항·제3호의 각 목의 정보를 업무이전명령에 따라 다른 전자등록기관에 이전하여야 한다.	

주식·사채 등의 전자등록에 관한 법률	주식·사채 등의 전자등록에 관한 법률 시행령	전자등록업규정 (전자등록업허가 등에 관한 규정)
1. 계좌관리기관이 정당한 사유 없이 제20조제1항 각 호의 업무를 폐지 또는 중단한 경우 2. 계좌관리기관이 합병·파산·영업의 폐지 등으로 사실상 전자등록업무를 수행할 수 없게 된 경우 제58조(계좌관리기관에 대한 검사 및 조치) ① 계좌관리기관은 그 밖에 업무와 관련하여 대통령령으로 정하는 기관(이하 이 조에서 "기관"이라 한다)의 검사를 받아야 한다. 이 경우 제20조제1항부터 제5항까지의 규정을 준용한다. ② 금융위원회는 계좌관리기관이 별표 2 각 호의 어느 하나에 해당하는 경우에는 제53조제3항 각 호의 어느 하나에 해당하는 조치를 할 수 있다. ③ 금융위원회는 계좌관리기관의 임원이 별표 2 각 호의 어느 하나에 해당하는 경우에는 제53조제4항 각 호의 어느 하나에 해당하는 조치를 할 수 있다. ④ 금융위원회는 계좌관리기관의 직원이 별표 2 각 호의 어느 하나에 해당하는 경우에는 제53조제5항 각 호의 어느 하나에 해당하는 조치를 계좌관리기관에 요구할 수 있다. ⑤ 제2항부터 제4항까지의 규정에 따른 계좌관리기관 및 그 임직원에 대한 조치 등에 관하여는 제53조제6항 및 제54조부터 제56조까지(허가의 취소에 관한 부분을 제외한다)의 규정을 준용한다. 제8장 단기사채등에 대한 특례	제42조(검사 대상에서 제외되는 계좌관리기관) 법 제58조제1항 전단에서 "대통령령으로 정하는 기관"이란 다음 각 호의 기관을 말한다. 1. 법 제19조제5호에 따른 외국 전자등록기관 2. 「예금자보호법」 제36조의3제1항에 따른 정리금융회사 3. 「조세특례제한법 시행령」 제72조제1항에 따른 보상채권을 같은 조 제3항에 따라 사업시행장에게 계좌관리기관으로 하여 보유하는 경우 해당 계좌관리기관 4. 그 밖에 업무의 성격과 검사의 필요성 등을 고려하여 금융위원회가 정하여 고시하는 기관	제5-1조(검사 대상에서 제외되는 계좌관리기관) 영 제42조제4호에서 "금융위원회가 정하여 고시하는 기관"이란 제2-4조제1항 및 제2항제1호의 계좌관리기관을 말한다.

주식·사채 등의 전자등록에 관한 법률	주식·사채 등의 전자등록에 관한 법률 시행령	전자등록업규정 (전자등록업허가 등에 관한 규정)
제59조(발행 절차 및 발행 한도에 관한 특례) 제2조제1호나목 또는 마목에 따른 권리(이하 이 조에서 "사채등"이라 한다)로서 다음 각 호의 요건을 모두 갖추고 전자등록된 것(이하 "단기사채등"이라 한다)을 발행하려는 자는 「상법」 제469조제4항(다른 법률에서 준용하는 경우를 포함한다)에도 불구하고 이사회가 정하는 발행 한도(미상환된 단기사채등의 발행 잔액을 기준으로 한다) 이내에서 대표이사에게 발행 권한을 위임할 수 있다. 이 경우 해당 발행인인 이사회 또는 대표이사의 기능을 수행하는 다른 기구 등을 둔 경우에는 명칭과 관계없이 그 다른 기구 등을 각각 이 항에 따른 이사회 또는 대표이사로 본다. 1. 각 사채등의 금액이 1억원 이상일 것 2. 만기가 1년 이내일 것 3. 사채등의 금액을 한꺼번에 납입할 것 4. 만기에 원리금 전액을 한꺼번에 지급한다는 취지가 정해져 있을 것 5. 사채등에 전환권(轉換權), 신주인수권, 그 밖에 다른 권리로 전환하거나 다른 권리를 취득할 수 있는 권리가 부여되지 아니할 것 6. 사채등에 「담보부사채신탁법」 제4조에 따른 물상담보(物上擔保)를 붙이지 아니할 것 제60조(사채원부 작성에 관한 특례) 단기사채등에 대해서는 「상법」 제488조(다른 법률에서 준용하는 경우를 포함한다)에도 불구하고 사채원부를 작성하지 아니한다. 제61조(사채권자집회에 관한 특례) 단기사채등에 대해서는 「상법」 제439조제3항(「상법」 제530		

주식·사채 등의 전자등록에 관한 법률	주식·사채 등의 전자등록에 관한 법률 시행령	전자등록업규정 (전자등록업허가 등에 관한 규정)
조의19제4항 및 제530조의11제2항에서 준용하는 경우를 포함한다), 제481조부터 제484조까지 및 제484조의2(사채권자집회에 관한 부분으로 한정한다), 제490조, 제491조, 제491조의2, 제492조부터 제504조까지, 제508조부터 제510조까지 및 제512조를 적용 또는 준용하지 아니한다. 제9장 보칙 제62조(발행 내용의 공개) ① 전자등록기관은 발행인이 이 법 제25조부터 제27조까지의 규정에 따라 주식등을 전자등록한 경우에는 해당 전자등록주식등의 종류·종목, 발행조건, 그 밖에 대통령령으로 정하는 발행 내용을 해당 전자등록기관이 인터넷 홈페이지를 통하여 공개하여야 하며, 이를 지체 없이 금융위원회가 따로 지정하는 전자등록기관에 통보하여야 한다. ② 금융위원회가 따로 지정하는 전자등록기관은 제1항에 따른 통보를 받은 경우 지체 없이 대통령령으로 정하는 바에 따라 이를 인터넷 홈페이지를 통하여 공개하여야 한다. 제63조(전자등록증명서) ① 전자등록기관은 전자등록주식등의 소유자가 「공탁법」에 따라 공탁하거나 「자본시장과 금융투자업에 관한 법률」 제171조에 따라 보증금 또는 공탁금을 대신 납부하기 위하여 해당 전자등록주식등의 전자등록을 증명하는 문서(이하 이 조에서 "전자등록증명서"라 한다)의 발행을 신청하는 경우	제8장 보칙 제43조(발행 내용의 공개) ① 법 제62조제1항에서 "대통령령으로 정하는 발행 내용"이란 다음 각 호의 사항을 말한다. 1. 전자등록주식등의 발행 허가 및 발행가액 종류 2. 단기사채등의 경우 발행 한도 및 미상환 발행 잔액 3. 그 밖에 전자등록주식등의 발행 내용과 관련하여 전자등록업무규정으로 정하는 사항 ② 법 제62조제2항에 따라 금융위원회가 따로 지정하는 전자등록기관은 발행 내용의 공개를 위한 별도의 인터넷 홈페이지를 개설하고 이를 통하여 해당 전자등록기관으로부터 통지받은 발행 내용을 함께 공개해야 한다. 제44조(전자등록증명서) ① 전자등록기관은 법 제63조제1항에 따른 전자등록증명서(이하 이 조에서 "전자등록증명서"라 한다)를 발행하는 경우 다음 각 호의 구분에 따라 발행해야 한다. 1. 고객계좌부에 전자등록된 주식등: 해당 계좌관리기관이 전자등록기관에 통지한 고객계좌부에 따라 발행	제6장 보칙

주식·사채 등의 전자등록에 관한 법률	주식·사채 등의 전자등록에 관한 법률 시행령	전자등록업규정 (전자등록업허가 등에 관한 규정)
에는 대통령령으로 정하는 방법에 따라 발행하여야 한다. 이 경우 계좌관리기관에 전자등록된 주식등의 소유자는 해당 계좌관리기관을 통하여 신청하여야 한다. ② 전자등록기관이 제1항에 따라 전자등록증명서를 발행한 때에는 해당 전자등록주식등이 전자등록된 전자등록기관 또는 계좌관리기관은 전자등록주식등에 그 전자등록증명서가 발행된 때에는 전자등록주식등의 처분을 제한하는 전자등록을 하여야 하며, 그 전자등록증명서가 반환된 때에는 그 처분을 제한한 전자등록을 말소하여야 한다. ③ 누구든지 제2항에 따라 처분이 제한되는 전자등록주식등을 자신의 채권과 상계(相計)하지 못하며, 이를 압류(가압류를 포함한다)하려는 경우에는 대통령령으로 정하는 방법 및 절차에 따라야 한다.	2. 계좌관리기관등 자기계좌부에 전자등록된 주식등: 계좌관리기관등 자기계좌부에 따라 발행 ② 전자등록증명서에는 다음 각 호의 사항을 기재하여야 한다. 1. 고객계좌부 또는 계좌관리기관등 자기계좌부 상의 소유자의 성명 또는 명칭 및 주소 2. 전자등록주식등의 종류 및 수량 또는 금액 3. 전자등록증명서의 사용목적 4. 「공탁법」에 따라 공탁하거나 「자본시장과 금융투자업에 관한 법률」 제171조에 따라 보증금 또는 공탁금을 대신 납부하는 경우 외에는 전자등록증명서를 사용할 수 없다는 뜻 5. 「공탁법」에 따라 공탁된 전자등록주식등을 수령할 자, 「자본시장과 금융투자업에 관한 법률」 제171조에 따라 보증금 또는 공탁금을 전자등록주식등으로 대신 납부받은 국가, 지방자치단체 또는 「공공기관의 운영에 관한 법률」에 따른 공공기관(이하 이 항에서 "공공기관"이라 한다)은 해당 전자등록주식등을 자기의 전자등록계좌로 계좌간 대체의 전자등록을 신청할 수 있다는 뜻 6. 「공탁법」에 따라 공탁된 전자등록주식등을 수령할 자, 국가, 지방자치단체 또는 공공기관이 제5조에 따라 해당 전자등록주식등을 신청하는 경우에는 해당 전자등록증명서를 전자등록기관이나 계좌관리기관에 반환하여야 하며, 이 경우 전자등록기관이나 계좌관리기관은 법 제63조제2항에 따라 그 처분을 제한하는 전자등록을 말소한다는 뜻 7. 전자등록증명서를 반환받은 계좌관리기관은 이를 지체 없이 전자등록기관에 반환하여야 한다는 뜻 ③ 법 제63조제3항에 따라 처분이 제한되는 전자등록	

주식·사채 등의 전자등록에 관한 법률	주식·사채 등의 전자등록에 관한 법률 시행령	전자등록업규정 (전자등록업허가 등에 관한 규정)
	주식등을 압류(가압류를 포함한다. 이하 이 항에서 같다)하려는 자는 다음 각 호의 권리에 대하여 법원에 압류를 신청해야 한다. 1. 「공탁법」에 따른 공탁을 위해 전자등록증명서가 발행된 경우: 공탁물의 출급 또는 회수를 청구할 수 있는 권리 2. 「자본시장과 금융투자업에 관한 법률」 제171조에 따라 보증금 또는 공탁금을 전자등록주식등으로 대신 납부하기 위해 전자등록증명서가 발행된 경우: 전자등록증명서 반환을 청구할 수 있는 권리	
제64조(종류주식 전환에 관한 특례) ① 회사가 「상법」 제346조제2항에 따라 전자등록으로 다른 종류주식(種類株式)을 다른 종류주식으로 전환하는 경우 이사회는 같은 조 제3항제2호 및 제3호에 따른 사항 대신에 회사가 정한 일정한 날(이하 이 조에서 "전환기준일"이라 한다)에 전자등록된 종류주식이 다른 종류주식으로 전환된다는 뜻을 공고하고, 주주명부에 주주, 질권자, 그 밖의 이해관계자로 기재되어 있는 자에게 그 사항을 통지하여야 한다. ② 「상법」 제350조제1항에도 불구하고 회사가 전자등록 주식을 다른 종류주식으로 전환한 경우에는 전환기준일에 전환의 효력이 발생한다. ③ 「상법」 제351조에도 불구하고 회사가 전자등록 주식을 다른 종류주식으로 전환한 경우의 변경등기는 전환기준일이 속하는 달의 마지막 날부터 2주 내에 본점 소재지에서 하여야 한다. 제65조(주식의 병합에 관한 특례) ① 회사가 전자등록 주식을 병합하는 경우에는 회사는 「상법」 제440조에		

주식·사채 등의 전자등록에 관한 법률	주식·사채 등의 전자등록에 관한 법률 시행령	전자등록업규정 (전자등록업허가 등에 관한 규정)
도 불구하고 회사가 정한 일정한 날(이하 이 조에서 "병합기준일"이라 한다)에 주식이 병합된다는 뜻을 그 날부터 2주 전까지 공고하고 주주명부에 기재된 주주와 질권자에게도 개별적으로 그 통지를 하여야 한다. ② 「상법」 제441조 본문에도 불구하고 전자등록된 주식의 병합은 병합기준일에 효력이 생긴다. 다만, 「상법」 제232조의 절차가 종료하지 아니한 경우에는 그 종료한 때에 효력이 생긴다. ③ 제1항과 제2항은 「상법」 제329조제5항, 제530조의2제3항, 제343조제2항, 제530조제3항 및 제530조의11제1항에도 불구하고 다음 각 호의 사유로 전자등록된 주식의 신규 전자등록 및 신규 전자등록의 변경·말소의 전자등록을 하는 경우에 준용한다. 1. 회사의 합병 및 분할(분할합병을 포함한다) 2. 주식의 분할 3. 주식의 소각 4. 액면주식과 무액면주식 간의 전환 제66조(주주명부 등에 관한 특례) 제37조제1항 단서에 따라 소유자명세의 작성을 요청할 수 없는 경우에는 전자등록주식등의 발행인은 「상법」 제354조제1항(다른 법률에서 준용하는 경우를 포함한다)에도 불구하고 제37조제1항 본문에 따른 일정한 날에 전자등록계좌부에 전자등록된 전자등록주식등의 권리를 행사할 자로 본다.		

주식·사채 등의 전자등록에 관한 법률

제67조(외국 전자등록기관 등에 관한 특례) ① 제20조제1항제3호, 제27조, 제37조, 제39조, 제40조, 제41조제1항, 제42조, 제43조제3항·제4항, 제48조 및 제63조는 외국 전자등록기관이 이 법에 따른 계좌관리기관의 업무를 하는 경우에 대해서는 적용하지 아니한다. 다만, 외국 전자등록기관이 그 적용을 요청하는 경우에는 적용한다.

② 제36조제1항에도 불구하고 외국법인등은 전자등록 주식등에 대하여 증권 또는 증서를 발행할 수 있다. 이 경우 그 증권 또는 증서를 그 외국법인등이 소재지에 외국 전자등록기관 또는 금융위원회가 정하여 고시하는 보관기관에 보관하는 경우에만 해당 증권 또는 증서에 표시될 수 있거나 표시되어야 할 권리의 전자등록을 할 수 있다.

제68조(민사집행 등) 전자등록주식등에 대한 강제집행, 가압류, 가처분의 집행, 경매 또는 공탁에 관하여 필요한 사항은 대법원규칙으로 정한다.

제69조(권한의 위탁) 이 법에 따른 금융위원회의 권한은 그 일부를 대통령령으로 정하는 바에 따라 금융감독원장에게 위탁할 수 있다.

주식·사채 등의 전자등록에 관한 법률 시행령

제45조(권한의 위탁) 금융위원회는 법 제69조에 따라 다음 각 호에 따른 권한을 금융감독원장에게 위탁한다. 다만, 권리자 보호와 건전한 거래질서의 유지를 위해 신속한 처리 등이 필요한 경우로서 금융위원회가 정하여 고시하는 업무는 제외한다.
1. 법 제53조제3항제5호 및 제6호에 따른 조치
2. 법 제53조제4항제4호 및 제5호에 따른 조치
3. 법 제53조제5항제2호부터 제6호까지의 조치요구

전자등록업규정 (전자등록업허가 등에 관한 규정)

제6-1조(외국법인등이 발행한 증권·증서의 보관기관 등) 법 제67조제2항에서 "금융위원회가 정하여 고시하는 보관기관"이란 다음 각 호의 어느 하나에 해당하는 기관을 말한다.
1. 외국법인등 소재지의 외국 전자등록기관이 출자한 기관으로서 국제증권 보관 및 결제업무를 수행할 목적으로 특별히 설립된 기관
2. 다음 각 목의 요건을 모두 갖춘 외국의 금융기관
가. 보관규모가 미화 100억 달러 이상의 국제증권 관련 전문보관업무 수행
나. 국제보관업무의 경험이 풍부하고 전자증권시장 사정에 정통
다. 국제적 또는 특정권역(대륙별)에 설치 보관업무 제공이 가능
3. 그 밖에 외국법인등이 주식등을 전자등록하고자 하는 전자등록기관이 인정하는 기관

주식·사채 등의 전자등록에 관한 법률	주식·사채 등의 전자등록에 관한 법률 시행령	전자등록업규정 (전자등록업허가 등에 관한 규정)
	4. 법 제33조제6항 본문에 따른 조치 및 조치요구(같은 조 제4항제4호·제5호에 따른 조치 및 같은 조 제5항제2호부터 제6호까지의 조치요구에 해당하는 것만을 말한다) 5. 법 제55조제1항에 따른 처분·조치 내용의 기록·유지·관리, 같은 조 제3항 전단에 따른 퇴임·퇴직 임직원에 대한 통보, 같은 조 제5항에 따른 조회 요청의 접수 및 같은 조 제6항에 따른 통보	
제70조(고유식별정보의 처리) 전자등록기관은 이 법에 따라 수행하는 사무로서 대통령령으로 정하는 사무를 수행하기 위하여 불가피한 경우에는 「개인정보 보호법」 제24조제1항에 따른 고유식별정보로서 대통령령으로 정하는 정보가 포함된 자료를 처리할 수 있다.	제46조(고유식별정보의 처리) ① 법 제70조에서 "대통령령으로 정하는 사무"란 다음 각 호의 어느 하나에 해당하는 사무를 말한다. 1. 법 제13조제6항에서 「자본시장과 금융투자업에 관한 법률」 제63조제3항에 따른 전자등록기관 임직원의 금융투자상품 매매명세 확인에 관한 사무 2. 법 제14조제3항제1호가목에 따른 주식등의 명의개서대리인에 관한 사무 3. 법 제21조에 따른 발행인관리계좌의 개설에 관한 사무 4. 법 제23조에 따른 계좌관리기관등 자기계좌의 개설에 관한 사무 5. 법 제37조에 따른 소유자명세의 작성에 관한 사무 6. 법 제38조에 따른 전자등록주식등에 관한 권리 행사에 관한 사무 7. 법 제39조에 따른 소유자증명서 발행에 관한 사무 8. 법 제40조에 따른 소유 내용의 통지에 관한 사무 9. 법 제63조제1항에 따른 전자등록증명서 발행에 관한 사무 ② 법 제70조에서 "대통령령으로 정하는 정보"란 「개인정보 보호법 시행령」 제19조에 따른 주민등록번호,	

주식·사채 등의 전자등록에 관한 법률	주식·사채 등의 전자등록에 관한 법률 시행령	전자등록업규정 (전자등록업허가 등에 관한 규정)
제71조(전자등록기관의 변경) ① 전자등록기관은 발행인이 해당 전자등록기관에 전자등록한 주식등을 다른 전자등록기관으로 이전하여 전자등록할 것을 신청하는 경우에는 해당 발행인이 전자등록한 주식등의 권리 내역 등 대통령령으로 정하는 사항을 발행인에게 지체 없이 통지하여야 한다. ② 발행인은 제1항에 따른 통지를 받은 경우 이를 지체 없이 새로 발행인관리계좌를 개설한 전자등록기관에 통지하여야 한다. ③ 제1항 및 제2항에 따른 통지 방법·절차, 그 밖에 전자등록기관의 변경과 관련하여 필요한 사항은 대통령령으로 정한다.	여권번호, 운전면허의 면허번호 및 외국인등록번호를 말한다. 제47조(전자등록기관의 변경) ① 법 제71조제1항에서 "해당 발행인이 전자등록한 주식등의 권리 내역 등 대통령령으로 정하는 사항"이란 다음 각 호의 사항을 말한다. 1. 해당 발행인이 전자등록한 주식등의 권리 내역 등 발행인관리계좌부에 기록된 사항 2. 해당 발행인이 전자등록한 주식등의 권리 내역 등 고객관리계좌부에 기록된 사항 3. 해당 발행인이 전자등록한 주식등의 권리 내역 등 계좌관리기관등 자기계좌부에 기록된 사항 ② 법 제71조제1항에 따라 발행인에게 통지를 한 전자등록기관은 해당 발행인이 전자등록한 주식등의 권리 내역 등을 지체 없이 발행인관리계좌부에 말소 기록하고, 계좌관리기관등 자기계좌부에 말소된 전자등록주식등을 해야 한다. ③ 법 제71조제2항에 따라 발행인으로부터 통지를 받은 전자등록기관은 다음 각 호의 구분에 따른 조치를 해야 한다. 1. 통지 내용 중 전자등록기관에 기록될 사항이 있는 경우: 발행인관리계좌부에 기록 2. 통지 내용 중 전자등록기관에 자기계좌부에 전자등록 3. 통지 내용 중 고객관리계좌부에 기록하고 지체 없이 그 통지 내용과 관련된 각각의 권리자가 고객계좌를 개설한 계좌관리기관에 등지 ④ 제2항 및 제3항에서 규정한 사항 외에 전자등록기	제6-2조(전자등록기관의 변경 절차 등) ① 법 제71조제1항에 따라 발행인의 이전 신청을 받은 전자등록기관은 그 신청 사실을 지체 없이 해당 전자등록기관의 계좌관리기관등 자기계좌부에 해당 전자등록주식등이 전자등록된 모든 권리자에게 통지하고, 이를 인터넷 홈페이지를 통하여 공고하여야 한다. ② 제1항의 규정은 법 제71조제2항에 따라 발행인의 이전 통지를 받은 전자등록기관에 대하여 준용한다. ③ 제1항의 전자등록기관에 고객관리계좌를 개설하지 아니한 계좌관리기관은 제2항에서 준용하는 제1항에 따라 제2항의 전자등록기관이 통지를 받은 후 지체 없이 이를 개설하여야 한다. ④ 영 제47조제3항제3호에 따른 통지를 받은 계좌관리기관은 제1항의 전자등록기관의 고객관리계좌와 신규 전자등록기관의 고객관리계좌부 기록사항을 각각 확인하여야 한다. 제6-3조(규제의 재검토) 금융위원회는 「훈령·예규 등의 발령 및 관리에 관한 규정」에 따라 이 고시에 대하여 2024년 2월 1일을 기준으로 매 3년이 되는 시점(매 3년째의 1월 31일까지를 말한다)마다 그 타당성을 검토하여 개선 등의 조치를 하여야 한다.<신설 2024. 1. 18.>

주식·사채 등의 전자등록에 관한 법률	주식·사채 등의 전자등록에 관한 법률 시행령	전자등록업감독규정 (전자등록업허가 등에 관한 규정)
	관의 변경에 따른 통지 방법, 절차 및 그 밖에 필요한 사항은 금융위원회가 정하여 고시한다.	
제72조(한국은행에 관한 특례) ① 한국은행은 다음 각 호의 어느 하나에 해당하는 것(이하 이 조에서 "국채 등"이라 한다)의 소유자가 되거나 되려는 자가 국채등의 발행을 청구하는 경우에는 그 소유자가 되려는 자의 신청으로 이들을 갈음하여 전자등록기관을 명의인으로 하는 국채등의 등록(「국채법」, 「국고금 관리법」, 또는 「한국은행 통화안정증권법」에 따른 등록을 말한다)을 할 수 있다. 1. 「국채법」에 따른 국고채권 2. 「국고금 관리법」에 따른 재정증권 3. 「한국은행 통화안정증권법」에 따른 통화안정증권 ② 한국은행은 제1항에 따라 전자등록기관의 명의로 등록된 국채등이 이 법에 따라 소유자의 명의로 전자등록될 수 있도록 제1항의 등록 내용을 전자등록기관에 통지하여야 한다. 이 경우 제25조 및 제26조를 준용한다.	제48조(법무부장관과의 사전 협의) 이 영에 따라 금융위원회가 고시를 제정하거나 개정하려는 경우에는 미리 법무부장관과 협의해야 한다.	

주식·사채 등의 전자등록에 관한 법률	주식·사채 등의 전자등록에 관한 법률 시행령	전자등록업규정 (전자등록업허가 등에 관한 규정)
제10장 벌칙 제73조(벌칙) ① 다음 각 호의 어느 하나에 해당하는 자는 7년 이하의 징역 또는 2억원 이하의 벌금에 처한다. 1. 제4조제1항을 위반하여 전자등록기관 또는 계좌관리기관의 주식등의 전자등록 및 관리를 위한 정보통신망(정보처리장치를 포함한다. 이하 이 항에서 같다)에 거짓 정보 또는 부정한 명령을 입력하거나 권한 없이 정보를 입력·변경한 자 2. 제4조제3항을 위반하여 전자등록기관 또는 계좌관리기관의 주식등의 전자등록 및 관리를 위한 정보통신망에 침입한 자 ② 다음 각 호의 어느 하나에 해당하는 자는 이하의 징역 또는 1억원 이하의 벌금에 처한다. 1. 제4조를 위반하여 전자등록업허가(변경허가를 포함한다)를 받지 아니하고 전자등록업을 한 자 2. 거짓, 그 밖의 부정한 방법으로 제5조에 따른 전자등록업허가(변경허가를 포함한다)를 받은 자 3. 제4조제2항을 위반하여 전자등록 정보 또는 기록 정보를 멸실하거나 훼손한 자 4. 제45조제1항(같은 조 제2항에서 준용하는 경우를 포함한다)을 위반하여 직무상 알게 된 정보로서 외부에 공개되지 아니한 정보를 정당한 사유 없이 자기 또는 제3자의 이익을 위하여 이용한 자 5. 제50조에서 준용하는 「금융실명거래 및 비밀보장에 관한 법률」 제4조제1항 또는 제3항부터 제5항까지의 규정을 위반하여 거래정보등을 제3자에게 제공하거나 누설한 자와 이를 요구한 자 ③ 다음 각 호의 어느 하나에 해당하는 자는 3년 이하	제9장 벌칙	

주식·사채 등의 전자등록에 관한 법률	주식·사채 등의 전자등록에 관한 법률 시행령	전자등록업규정 (전자등록업허가 등에 관한 규정)
이 징역 또는 5천만원 이하의 벌금에 처한다. 1. 제13조제5항을 위반하여 자금의 공여, 손익의 분배, 그 밖에 영업에 관하여 특별한 이해관계를 가진 자 2. 제13조제6항에서 준용하는 「자본시장과 금융투자업에 관한 법률」 제63조제1항제1호를 위반하여 같은 호에 규정된 방법에 따르지 아니하고 금융투자상품을 매매한 자 3. 제20조제2항을 위반하여 주식등의 전자등록에 관한 업무를 한 자 4. 제36조제1항을 위반하여 증권 또는 증서를 발행한 자 ④ 다음 각 호의 어느 하나에 해당하는 자는 1년 이하의 징역 또는 3천만원 이하의 벌금에 처한다. 1. 제21조제2항을 위반하여 거짓으로 작성하거나 아니하거나 거짓으로 작성한 자 2. 제22조제2항을 위반하여 고객계좌부를 작성하지 아니하거나 거짓으로 작성한 자 3. 제22조제3항을 위반하여 전자등록기관에 고객관리계좌를 개설하지 아니한 자 4. 제22조제4항을 위반하여 고객관리계좌부를 작성하지 아니하거나 거짓으로 작성한 자 5. 제23조제2항을 위반하여 제좌관리기관등 자기계좌부를 작성하지 아니하거나 거짓으로 작성한 자 ⑤ 「형법」 제214조부터 제217조까지에 규정된 죄를 적용하는 경우 전자등록주식등은 유가증권으로 보아 그 유가증권에 관한 죄에 대한 각 조문의 형으로 처벌한다. 제74조(양벌규정) 법인(단체를 포함한다. 이하 이 조에서 같다)의 대표자나 법인 또는 개인의 대리인, 사용인,		

주식·사채 등의 전자등록에 관한 법률	주식·사채 등의 전자등록에 관한 법률 시행령	전자등록업규정 (전자등록업허가 등에 관한 규정)
그 밖의 종업원이 그 법인 또는 개인의 업무에 관하여 제73조제1항부터 제4항까지의 어느 하나에 해당하는 위반행위를 하면 그 행위자를 벌하는 외에 그 법인 또는 개인에게도 해당 조문의 벌금형을 과(科)한다. 다만, 법인 또는 개인이 그 위반행위를 방지하기 위하여 해당 업무에 관하여 상당한 주의와 감독을 게을리하지 아니한 경우에는 그러하지 아니하다. 제75조(과태료) ① 다음 각 호의 어느 하나에 해당하는 자에게는 5천만원 이하의 과태료를 부과한다. 1. 제10조를 위반하여 명칭을 사용한 자 2. 제13조제6항에서 준용하는 「자본시장과 금융투자업에 관한 법률」 제63조제1항을 위반하여 같은 항 제2호부터 제4호까지의 방법에 따르지 아니하고 자기의 계산으로 금융투자상품을 매매한 자 3. 제25조제1항 단서를 위반하여 전자등록기관에 신규 전자등록을 신청하지 아니한 자 4. 제29조제2항 각 호 외의 부분 본문을 위반하여 특별계좌부에 전자등록된 주식등에 대하여 제30조부터 제32조까지의 규정에 따른 전자등록을 한 자 5. 제39조제1항 전단을 위반하여 소유자증명서를 발행하지 아니하거나 거짓으로 발행한 자 6. 제39조제2항을 위반하여 전자등록기관에 통지하지 아니하거나 거짓으로 통지한 자 7. 제40조제1항을 위반하여 발행인등에게 통지하지 아니하거나 거짓으로 통지한 자 8. 제40조제2항을 위반하여 전자등록기관에 통지하지 아니하거나 거짓으로 통지한 자 9. 제41조에 따른 열람 또는 출력·복사에 필요한 조치를 하지 아니한 자	제49조(과태료의 부과기준) 법 제75조제1항 및 제2항에 따른 과태료의 부과기준은 별표 3과 같다.	

주식·사채 등의 전자등록에 관한 법률	주식·사채 등의 전자등록에 관한 법률 시행령	전자등록업규정 (전자등록업허가 등에 관한 규정)
10. 제48조제1항을 위반하여 전자등록 정보 또는 기록 정보를 보존하지 아니한 자 11. 제51조제1항 또는 제58조제1항에 따른 검사를 거 부·방해 또는 기피한 자 ② 다음 각 호의 어느 하나에 해당하는 자에게는 1천 만원 이하의 과태료를 부과한다. 1. 제21조제4항을 위반하여 전자등록기관에 통지하지 아니하거나 거짓으로 통지한 자 2. 제27조제1항을 위반하여 공고 또는 통지를 하지 아 니하거나 거짓으로 공고 또는 통지한 자 3. 제27조제2항을 위반하여 전자등록기관에 신규 전자 등록의 주가 신청을 하지 아니하거나 거짓으로 신청 한 자 4. 제28조제3항을 위반하여 질권자의 요청에 따르지 아니한 자 5. 제28조제5항을 위반하여 질권설정자에게 통지를 하 지 아니하거나 거짓으로 통지한 자 6. 제29조제1항을 위반하여 특별계좌를 개설하지 아니 한 자 7. 제37조제1항 본문을 위반하여 전자등록기관에 소유 자명세의 작성을 요청하지 아니한 자 8. 제37조제4항 전단을 위반하여 소유자명세를 발행인 에게 통지하지 아니한 자 9. 제37조제4항 후단(같은 조 제8항에서 준용하는 경 우를 포함한다)을 위반하여 요청받은 사항을 통보하 지 아니하거나 거짓으로 통보한 자 10. 제37조제6항 본문(같은 조 제8항에서 준용하는 경 우를 포함한다)을 위반하여 주주명부등을 작성·비 치하지 아니한 자 11. 제37조제7항을 위반하여 명세를 발행인에게 통지		

주식·사채 등의 전자등록에 관한 법률	주식·사채 등의 전자등록에 관한 법률 시행령	전자등록업규정 (전자등록업허가 등에 관한 규정)
하지 아니한 자 12. 제38조제3항을 위반하여 전자등록기관에 통지를 하지 아니하거나 거짓으로 통지한 자 13. 제46조제1항·후단을 위반하여 전자등록기관의 요구에 정당한 사유 없이 따르지 아니한 자 14. 제46조제2항을 위반하여 전자등록기관에 통지를 하지 아니하거나 거짓으로 통지한 자 15. 제51조제3항(제58조제1항에서 준용하는 경우를 포함한다)에 따른 보고, 자료의 제출, 증인의 출석, 증언 및 의견의 진술 요구에 불응한 자 ③ 제1항과 제2항에 따른 과태료는 대통령령으로 정하는 바에 따라 금융위원회가 부과·징수한다. 부　　칙 제1조(시행일) 이 법은 공포 후 4년을 넘지 아니하는 범위에서 대통령령으로 정하는 날부터 시행한다.	부　　칙 제1조(시행일) 이 영은 2019년 9월 16일부터 시행한다. 다만, 부칙 제2조, 부칙 제4조, 부칙 제5조 및 부칙 제8조는 공포한 날부터 시행한다. 제2조(주식·사채 등의 전자등록에 관한 법률의 시행에 관한 규정) 법률 제14096호 주식·사채 등의 전자등록에 관한 법률은 2019년 9월 16일부터 시행한다. 다만, 법 부칙 제3조제3항부터 제9항까지, 법 부칙 제4조제1항·제3항·제4항 및 법 부칙 제8조제1항·제2항은 이 영을 공포한 날부터 시행한다.	부　　칙 제1조(시행일) 이 규정은 고시한 날부터 시행한다. <제2024-7호, 2024. 1. 18.>

주식·사채 등의 전자등록에 관한 법률	주식·사채 등의 전자등록에 관한 법률 시행령	전자등록업규정 (전자등록업허가 등에 관한 규정)
제2조(다른 법률의 폐지) ① 「공사채 등록법」을 폐지한다. ② 「전자단기사채등의 발행 및 유통에 관한 법률」을 폐지한다. 제3조(전자등록주식등으로의 전환에 관한 특례) ① 이 조 제1항 각 호의 어느 하나에 해당하는 주식등은 각 호 외의 부분에 따른 발행인의 신규 전자등록 신청이 없더라도 이 법 시행일부터 전자등록주식등으로 전환된다. ② 제1항에도 불구하고 사채권, 그 밖의 무기명식 증권(이하 "사채권등"이라 한다)에 표시되어서는 이 법 시행 당시 그 사채권등이 「자본시장과 금융투자업에 관한 법률」에 따라 설립된 한국예탁결제원(이하 "예탁결제원"이라 한다)에 예탁되어 있지 아니한 경우 또는 수량에 대해서는 제1항에 따라 전자등록주식등으로 전환되지 아니한다. 이 경우 그 사채권등의 종전의 「공사채 등록법」에 따라 예탁결제원에 예탁되지 아니한 공사채로서 이 법 시행 당시 예탁결제원에 예탁되지 아니한 금액 또는 공사채에 대해서는 이 법 시행 이후 절차에 따라 대통령령으로 정하는 방법 및 절차에 따라 그 소유자의 신청을 받아 전자등록주식등으로 전환된다. ③ 제1항에 따라 전자등록주식등으로 전환되는 주식등에 관한 권리가 표시된 주권등(이하 이 조에서 "전환 대상주권등"이라 한다)의 발행인은 이 법 시행 당시 예탁결제원에 예탁되지 아니한 전환대상주권등의 관리자를 보호하기 위하여 이 법 시행일의 직전 영업일을 말일로 1개월	제3조(다른 법령의 폐지) 다음 각 호의 법령은 각각 폐지한다. 1. 「공사채 등록법 시행령」 2. 「전자단기사채등의 발행 및 유통에 관한 법률 시행령」 제4조(전자등록주식등으로의 전환에 관한 특례) ① 이 영 시행 당시 법 부칙 제3조제1항에 따라 전자등록주식등으로 전환되는 주식등에 관하여는 「자본시장과 금융투자업에 관한 법률」 제309조제1항에 따라 예탁자의 자기소유분에 대한 계좌 개설된 투자자예탁분에 대한 계좌 및 투자자 계좌부에 관한 기재에 따라 각각 계좌관리기관등 자기계좌 및 고객계좌로 전환되는 것으로 보고, 「자본시장과 금융투자업에 관한 법률」 제310조에 따라 예탁된 금융투자업 증권 제309조에 따른 예탁자로부터 예탁받은 권리를 관리하기 위해 개설된 계좌는 고객계좌로 전환되는 것으로 본다. ② 이 영 시행 당시 법 부칙 제3조제1항에 따라 전자등록주식등으로 전환되는 주식등에 관하여는 「자본시장과 금융투자업에 관한 법률」 제309조제3항에 따른 장과 금융투자업에 관한 법률」 제309조제3항에 따른 예탁자계좌부 중 예탁자의 자기소유분 및 투자자 예탁분은 계좌관리기관등 자기계좌부로 고객관리계좌부로 전환되는 것으로 보고, 「자본시장과 금융투자업에 관한 법률」 제310조제1항에 따른 투자자계좌부는 고객계좌부로 전환되는 것으로 본다. ③ 전자등록기관은 법 부칙 제3조제1항에 따라 주식등이 전자등록주식등으로 전환되는 경우 법 제21조제1항에 따라 발행인관리계좌를 개설하고, 같은 조 제2항에 따라 발행인별로 발행인관리계좌부를 작성한다.	제2조(전자등록주식등으로의 전환에 관한 특례) ① 이 규정 시행 당시 법 부칙 제3조제1항에 따라 전자등록주식등으로 전환되는 주식등(이하 "일괄전자등록 주식등"이라 한다)의 발행인은 해당 주식등의 발행과 관련된 정보나 계약에 관한 서류 또는 이에 준하는 것을 변경한 경우에는 지체 없이 이를 전자등록기관에 제출하여야 한다. ② 전자등록기관은 영 부칙 제4조제3항에 따른 발행인관리계좌 개설 및 발행인관리계좌부 작성의 업무에 필요한 자료 또는 정보를 일괄전자등록 주식등의 발행인에게 요청할 수 있다. 이 경우 발행인은 정당한 사유가 없으면 전자등록기관의 요구에 따라야 한다.

주식·사채 등의 전자등록에 관한 법률	주식·사채 등의 전자등록에 관한 법률 시행령	전자등록업규정 (전자등록업허가 등에 관한 규정)
이상의 기간을 정하여 다음 각 호의 사항을 공고하고, 주주명부등에 권리자로 기재되어 있는 자에게 그 사항을 통지하여야 한다. 1. 이 법 시행일부터 전환대상주권등이 효력을 잃는다는 뜻 2. 권리자는 이 법 시행일의 직전 영업일까지 발행인에게 주식등이 전자등록되는 전자등록계좌를 통지하고 전환대상주권등을 제출하여야 한다는 뜻 3. 발행인은 이 법 시행일의 직전 영업일에 주주명부 등에 기재된 권리자를 기준으로 전자등록이 되도록 전자등록기관에 요청한다는 뜻 ④ 권리자가 제3항제2호에 따라 전자등록계좌를 통지하지 아니하거나 전환대상주권등을 제출하지 아니한 경우에 대해서는 제29조를 준용한다. ⑤ 전자등록기관이 제3항·제3호에 따라 요청을 받은 경우에 하여야 하는 조치에 대해서는 제28조를 준용한다. 이 경우 "신청 내용"은 "요청 내용"으로 본다. ⑥ 계좌관리기관이 제5항에 따라 전자등록기관으로부터 통지를 받은 경우 그 통지 내용에 따라 전자등록을 하여야 한다. ⑦ 전환대상주권등의 발행인이 예탁되지 아니한 주권 등의 권리자로서 주주명부에 기재되지 아니한 자를 위하여 하는 조치 등에 대해서는 제28조를 준용한다. 이 경우 "기준일"은 "이 법 시행일"로 본다. ⑧ 전환대상주권등의 효력에 대해서는 제36조제3항을 준용한다. 이 경우 "기준일"은 "이 법 시행일"로 본다. ⑨ 제1항부터 제8항까지에서 규정한 사항 외에 제25조제3항 각 호의 어느 하나에 해당하는 주식등의 전자등록 전환에 관하여 필요한 사항은 대통령령으로	④ 법 부칙 제3조제2항 후단에 따른 종전의 「공사채 등록법」(법률 제14096호로 폐지되기 전의 것을 말한다. 이하 같다)에 따라 예탁결제원에 등록된 공사채로서 2019년 9월 16일 당시 예탁결제원에 예탁되지 않은 공사채(이하 이 조에서 "미예탁 등록공사채"라 한다)를 전자등록주식등으로 전환하려는 소유자는 예탁결제원에 전자등록주식등으로의 전환 신청을 해야 한다. ⑤ 제4항의 신청을 받은 예탁결제원에게는 해당 미예탁 등록공사채의 발행인에게는 해당 미예탁 등록공사채가 전자등록주식등으로 전환 신청을 한 사실을 통지하고, 전자등록기관에 미예탁 전환공사채의 소유자의 신청 내역을 통지해야 한다. ⑥ 제5항에 따른 통지를 받은 전자등록기관은 전환 신청 내역에 따라 전자등록을 한 후 이를 지체 없이 예탁결제원에 통지해야 한다. ⑦ 제6항에 따른 통지를 받은 예탁결제원은 해당 미예탁 등록공사채에 대하여 종전의 「공사채 등록법」 제9조에 따른 공사채등록부에서 등록을 말소해야 한다. ⑧ 제4항부터 제7항까지 규정한 사항 외에 미예탁 등록공사채를 전자등록주식등으로의 전환 방법·절차, 그 밖에 전환과 관련하여 필요한 사항은 전자등록업무규정으로 정한다. ⑨ 법 부칙 제3조제3항에 따라 발행인이 공고 및 통지를 하는 경우 그 공고 및 통지의 방법에 관하여는 제2조제2항 및 제3항을 준용한다. ⑩ 법 부칙 제3조제3항에 따라 발행인이 주주명부등에 전환대상주권등(법 부칙 제3조제1항에 따라 전자등록주식등으로 전환되는 주식등에 관한 권리가 표시된 주권 등을 말한다. 이하 같다)의 권리자로 기재되어 있는	

주식·사채 등의 전자등록에 관한 법률	주식·사채 등의 전자등록에 관한 법률 시행령	전자등록업규정 (전자등록업허가 등에 관한 규정)
정한다.	자에게 통지하는 경우와 그 통지의 대상은 2019년 6월 3 0일에 주주명부등에 기재된 권리자를 기준으로 한다. ⑪ 이 영 시행 당시 전환대상주권등 중 예탁되지 않은 전환대상주권등이 권리자가 법 부칙 제3조제3항와제2조에 따른 전자등록주권등의 통지나 전환대상주권등의 제출을 하지 않는 경우 법 제29조제1항에 따른 명의개서 대행회사등은 같은 조 제4항에 따라 발행인을 대행하여 해당 권리자를 위해 특별계좌를 개설하고 발행인이 별도로 같은 조 제2항에 따른 특별계좌부를 작성한다. ⑫ 법 부칙 제3조제1항에 따라 전자등록주식등으로 전환되는 주식등으로서 「공사채 등록법」에 따라 예탁결제원에 등록되어 공사채의 경우 예탁결제원이 같은 법 제62조에 따른 공사채등록부에서 등록을 말소한다. ⑬ 제1항부터 제3항까지 및 제9항부터 제11항까지에서 규정한 사항 외에 법 부칙 제3조제1항에 따라 주식등(미예탁 등록공사채는 제외한다)을 전자등록주식등으로 전환하는 데 필요한 세부 사항은 금융위원회가 정하여 고시한다.	제3조(신청에 의한 비상장주식등의 전자등록으로의 전환에 관한 특례) 법 부칙 제4조제1항에 따라 발행인이 이 규정 시행일 이후로 법 제27조에 따라 신규 전자등록을 신청하려는 경우로서 그 신규 전자등록을 하려는 날(이하 "기준일")의 제도 시행일로부터 1개월 경과하지 않는 날인 경우에는 같은 조 제1항 각 호의 어느 부분에 따른 공고는 해당 신청일부터 기준일 전일까지에 해당 신청일부터 기준일 전일까지로 한다. (끝 부 칙)
제4조(신청에 의한 전자등록주식등으로의 전환에 관한 특례) ① 예탁결제원은 이 법 공포일부터 대통령령으로 정하는 기간의 말일 당시에 예탁결제원에 예탁된 증권등의 표시된 권리로서 제25조제1항 각 호의 어느 해당하지 아니하는 주식등(사채권등은 제외하며, 이하 이 조에서 "예탁 비상장주식등"이라 한다)의 발행인에게 이 법 시행일부터 6개월 전까지 다음 각 호의 사항을 통지하여야 한다. 1. 예탁 비상장주식등이 이 법 시행일에 맞추어 전자등록하려는 해당 예탁 비상장주식등을 전자등록한다는 뜻과 전자등록한다는 취지로 정권을 변경하여야 한다는 뜻	제4조(신청에 의한 전자등록주식등으로의 전환에 관한 특례) ① 법 부칙 제4조제1항 각 호 외의 부분에서 "대통령령으로 정하는 기간"이란 이 영 공포일부터 2년 9개월이 지난 날이 속하는 달의 말일을 말한다. ② 법 부칙 제4조제1항과제3조에서 "대통령령으로 정하는 사항"이란 발행인이 법 부칙 제4조제1항제2호에 따라 신청을 하지 않는 경우에는 2019년 9월 16일 본문에 따라 전자등록에 관한 신청을 할 수 있다는 뜻을 말한다. ③ 법 부칙 제4조제1항 및 제3항에 따라 전환되는 예	

주식·사채 등의 전자등록에 관한 법률	주식·사채 등의 전자등록에 관한 법률 시행령	전자등록업규정 (전자등록업허가 등에 관한 규정)
2. 발행인은 이 법 시행일부터 3개월 전까지 예탁결제원에 해당 예탁 비상장주식등의 전자등록에 관한 신청을 하여야 한다는 뜻 3. 그 밖에 대통령령으로 정하는 사항 ② 발행인이 제1항·제2조에 따라 신청을 한 경우 해당 예탁 비상장주식등은 이 법 시행일부터 전자등록주식등으로 전환된다. ③ 제1항 및 제2항에 따라 전환되는 예타 비상장주식등에 관한 권리가 표시된 주권등에 대해서는 부칙 제3조제3항부터 제8항까지의 규정을 준용한다. ④ 제1항부터 제3항까지에서 규정한 전환 외의 사항은 대통령령으로 정한다.	...탁 비상장주식등에 관한 권리가 표시된 주권등(법 제21조제1항제1호에 따른 주권등을 말한다)에 관하여는 이 영 부칙 제4조제1항·제2항·제9항·제10항 및 제11항을 준용한다. ④ 제1항부터 제3항까지에서 규정한 사항 외에 신청에 의한 전자등록주식등으로의 전환에 필요한 금융위원회가 정하여 고시한다.	이 규정은 2019년 9월 16일부터 시행한다.
제5조(일반적 경과조치) ① 이 법 시행 당시 종전의 「공사채 등록법」 및 「전자단기사채등의 발행 및 유통에 관한 법률」 또는 그에 해당하는 법령, 처분, 그 밖의 행위는 그 법령 및 처분에 따라 예탁결제원에 한 신청, 등기, 그 밖의 행위는 그에 해당하는 이 법의 규정에 따라 한 것으로 본다. ② 이 법 시행 당시 종전의 「공사채 등록법」 및 「전자...	제6조(신규 발행 주식등의 전자등록 신청에 관한 특례) 법 제25조제1항 각 호의 어느 하나에 해당하는 주식등의 발행인이 이 영 시행 이후 같은 조 제3항 전단에 따라 전자등록기관에 제출하는 전자등록신청서에 그 신청서 제출 당시 해당 주식등의 발행과 관련된 정관이나 계약·약관 또는 이에 준하는 것(이하 이 조에서 "정관등"이라 한다)과 해당 주식등의 전자등록과 관련된 정관등의 개정안을 함께 제출한 경우에는 제19조제2항제1호의 서류를 제출한 것으로 본다. 제7조(일반적 경과조치) ① 이 영 시행 당시 종전의 「공사채 등록법 시행령」 및 종전의 「전자단기사채등의 발행 및 유통에 관한 법률 시행령」에 따른 행정기관의 행위 또는 예탁결제원에 한 신청, 통지, 그 밖의 행위는 그에 해당하는 이 영의 규정에 따라 한 것으로 본다. ② 이 영 시행 당시 종전의 「공사채 등록법」 및 「전자...	

주식·사채 등의 전자등록에 관한 법률	주식·사채 등의 전자등록에 관한 법률 시행령	전자등록업규정 (전자등록업허가 등에 관한 규정)
단기사채등의 발행 및 유통에 관한 법률에 따라 행위 기관 또는 예탁결제원이 한 등록, 승인, 그 밖의 행위는 그에 해당하는 이 법의 규정에 따라 한 것으로 본다. 제6조(등록업 공사채에 관한 경과조치) 이 법 시행 당시 종전의 「공사채 등록법」에 따라 예탁결제원이 등록기관으로서 공사채를 등록받은 것에 대해서는 종전의 「공사채 등록법」에 따른다. 제7조(전자단기사채등에 관한 경과조치) ① 이 법 시행 당시 종전의 「전자단기사채등의 발행 및 유통에 관한 법률」 제2조제4호에 따른 등록부는 제2조제2호에 따른 전자등록부로 본다. ② 이 법 시행 당시 종전의 「전자단기사채등의 발행 및 유통에 관한 법률」 제3조제1항에 따른 전자등록업무규정으로 본다. ③ 이 법 시행 당시 종전의 「전자단기사채등의 발행 및 유통에 관한 법률」에 따른 발행인 관리계좌부, 고객계좌, 고객관리계좌, 고객계좌부, 계좌관리기관등 자기계좌, 계좌관리기관등 자기계좌부는 각각 이 법에 따른 발행인관리계좌부, 고객계좌, 고객관리계좌부, 계좌관리기관등 자기계좌, 계좌관리기관등 자기계좌부로 본다. ④ 이 법 시행 당시 종전의 「전자단기사채등의 발행 및 유통에 관한 법률」 제16조제1항에 따른 전자등록증명서는 제39조에 따른 소유자증명서로 본다. ⑤ 이 법 시행 당시 종전의 「전자단기사채등의 발행	② 이 영 시행 당시 종전의 「공사채 등록법」 및 「전자단기사채등의 발행 및 유통에 관한 법률 시행령」에 따라 행정기관 또는 예탁결제원이 한 등록, 그 밖의 행위는 그에 해당하는 이 영의 규정에 따라 한 것으로 본다.	

주식·사채 등의 전자등록에 관한 법률	주식·사채 등의 전자등록에 관한 법률 시행령	전자등록업규정 (전자등록업허가 등에 관한 규정)
및 유통에 관한 법률」 제7조제1항에 따라 이루어진 소유자 명의로서 그 소유의 통지로서 유효기간이 만료되지 아니한 통지가 있는 경우 그 소유의 통지는 제40조에 따른 소유 내용의 통지로 본다. ⑥ 이 법 시행 당시 종전의 「전자단기사채등의 발행 및 유통에 관한 법률」 제2조제2호에 따른 전자단기사채등은 제59조에 따른 단기사채등으로 본다. 제8조(한국예탁결제원 등에 대한 경과조치) ① 이 법 공포 후 6개월이 경과한 날 당시 예탁결제원은 제3조제1항에 따라 전자등록기관의 허가를 받은 것으로 본다. ② 이 법 공포 후 6개월이 경과한 날 당시 제1항에 따라 전자등록기관의 허가를 받은 것으로 보는 예탁결제원이 다른 법률에 따라 행하고 있던 업무에 대하여는 금융위원회의 승인 및 이 법 또는 다른 법률에 따른 인가·허가·등록 등을 받거나 이 법 또는 다른 법률에 따른 등록·신고 등을 한 것으로 본다. ③ 이 법 시행 당시 부칙 제3조제1항 및 부칙 제4조제2항에 따라 전자등록주식등으로 전환되는 주식등에 대하여 예탁결제원의 명의로 발행, 명의개서 또는 등록한 증권등은 제1항에 따라 허가를 받은 것으로 보는 전자등록기관의 명의로 발행, 명의개서 또는 등록한 증권등으로 본다. ④ 이 법 시행 당시 부칙 제3조제1항 및 부칙 제4조제2항에 따라 전자등록주식등으로 전환되는 주식등에 대하여 예탁결제원의 종전의 「자본시장과 금융투자업에 관한 법률」 제171조에 따라 발행한 예탁증명서 및 같은 법 제318조에 따라 발행한 실질주주증명서(같은 법 제319조에 따라 발행한 실질수익자증명서를 포함한다)	제8조(한국예탁결제원에 관한 경과조치) ① 예탁결제원은 법 부칙 제8조제1항에 따라 이 영 제3조제1항 및 별표 1에 따른 허가업무 단위에 대하여 전자등록업의 허가를 받은 것으로 본다. ② 법 부칙 제8조제1항에 따라 전자등록업허가를 받은 것으로 간주되는 예탁결제원은 금융위원회 및 법무부장관이 공동으로 정하여 고시하는 바에 따라 제35조제4항제1호에 따른 전자등록의 안정성을 확보하기 위해 필요한 제원을 마련하여야 한다.	

주식·사채 등의 전자등록에 관한 법률	주식·사채 등의 전자등록에 관한 법률 시행령	전자등록업규정 (전자등록업허가 등에 관한 규정)
는 각각 제1항에 따라 허가를 받은 것으로 보는 전자등록기관이 발행한 전자등록증명서 및 소유자증명서로 본다. ⑤ 이 법 시행 당시 예탁결제원이 종전의 「자본시장과 금융투자업에 관한 법률」 제189조에 따라 위탁받은 수 익증명부의 작성에 관한 업무는 제1항에 따라 허가를 받은 것으로 보는 전자등록기관이 「자본시장과 금융투자 사업에 관한 법률」 제189조의 개정규정에 따라 위탁받은 것으로 본다. 제9조(행정처분에 관한 경과조치) 이 법 시행 전의 위반 행위에 대한 행정처분에 관하여는 각각 종전의 「공사 채 등록법」 또는 「전자단기사채등에 관한 법률」이 발행 및 유통에 관한 법률이 규정이에 따른다. 제10조(다른 법률의 개정) ① 상법 일부를 다음과 같이 개정한다. 제65조제2항 전단 중 "제1항의 유가증권"을 "제1항의 유가증권으로서 그 권리의 발생·변경·소멸을 전자등 록하는 데에 적합한 유가증권"으로 한다. 제356조의2제1항 중 "귀금하는 것으로 지정된 기관"을 "취급하는 기관"으로 하고, 같은 조 제4항을 제5항으로 한다. ④ 전자등록의 절차·방법 및 효과, 전자등록기관에 대한 감독, 그 밖에 주식의 전자등록 등에 필요한 사항은 따로 법률로 정한다. ② 은행법 일부를 다음과 같이 개정한다. 제5장에 제33조의5(사채등의 등록) ① 사채, 그 밖에 등록에 적합한 것으로서 대통령령으로 정하는 권리(이하	제9조(다른 법령의 개정) ① 공직자금관리 특별법 시행 령 일부를 다음과 같이 개정한다. 제5조제10호를 다음과 같이 한다. 10. 「주식·사채 등의 전자등록에 관한 법률」 ② 금융실명거래 및 비밀보장에 관한 법률 시행령 일 부를 다음과 같이 개정한다. 제2조제1호를 삭제한다. ③ 금융회사의 지배구조에 관한 법률 시행령 일부를 다음과 같이 개정한다. 제5조제1호를 삭제하고, 같은 조 제37조의2를 다음과 같이 신설한다. 37의2. 「주식·사채 등의 전자등록에 관한 법률」 ④ 기업구조조정투자회사법 시행령 일부를 다음과 같이 개정한다. 제22조 중 "「자본시장과 금융투자업에 관한 법률」 제3	

주식·사채 등의 전자등록에 관한 법률	주식·사채 등의 전자등록에 관한 법률 시행령	전자등록업규정 (전자등록업허가 등에 관한 규정)
이 조에서 "사채등"이라 한다)의 소유자·질권자, 그 밖의 이해관계자는 해당 사채등을 발행하는 은행(이하 이 조에서 "발행은행"이라 한다)에 각각 그 권리를 등록할 수 있다. ② 등록한 사채등에 대해서는 증권(證券)이나 증서(證書)를 발행하지 아니하며, 발행은행은 이미 증권이나 증서가 발행된 사채등을 등록하는 경우에는 그 증권이나 증서를 회수하여야 한다. ③ 사채등의 소유자는 언제든지 발행은행에 사채등의 등록을 말소하고 사채등이 표시된 증권이나 증서의 발행을 청구할 수 있다. 다만, 사채등이 발행된 조건에서 증권이나 증서를 발행하지 아니하기로 정한 경우에는 그러하지 아니하다. ④ 등록한 사채등을 이전하거나 담보권의 목적으로 하거나 신탁재산으로 위탁한 경우에는 그 사실을 등록하지 아니하면 발행은행이나 그 밖의 제3자에게 대항하지 못한다. ⑤ 등록한 사채등을 법령에 따라 담보로서 공탁(供託)하거나 임치(任置)하는 경우에는 그 사실을 등록함으로써 담보를 갈음할 수 있다. ⑥ 제1항부터 제5항까지의 규정에서 사항 외에 사채등의 등록 및 말소의 방법과 절차, 등록부의 서식·비치 및 관리 등에 필요한 사항은 대통령령으로 정한다. ③ 자본시장과 금융투자업에 관한 법률 일부를 다음과 같이 개정한다. 제152조의2제1항제1호 중 "주주명부(제316조에 따른 실질주주명부를 포함한다)"를 "주주명부"로 한다. 제171조제4항부터 제6항까지를 각각 삭제한다. 제188조제1항제2호 중 "수익증권"을 "제189조제1항 및	08조를 "자본시장과 금융투자업에 관한 법률」 제308조 제2항"으로 한다. ⑤ 대부업 등의 등록 및 금융이용자 보호에 관한 법률 시행령 일부를 다음과 같이 개정한다. 제2조의12제1호를 삭제하고, 같은 조에 제36조의2를 다음과 같이 신설한다. 36의2. 「주식·사채 등의 전자등록에 관한 법률」 ⑥ 도시개발법 시행령 일부를 다음과 같이 개정한다. 제83조제1항 중 "공사채등록법」 제3조에 따른 등록기관에 등록하고 사채등이 표시된 ... 법률」에 따라 전자등록하여"로 한다. ⑦ 도시철도법 시행령 일부를 다음과 같이 개정한다. 제13조제1항 중 "공사채 등록법」 제3조에 따른 등록기관에 등록하여"를 "주식·사채 등의 전자등록에 관한 법률」에 따라 전자등록하여"로 한다. ⑧ 법인세법 시행령 일부를 다음과 같이 개정한다. 제111조제2항제5호 각 호 외의 부분 중 "국채법」 또는 「공사채등록법」에 따라 등록한"을 "국채법」에 따라 등록하거나 「주식·사채 등의 전자등록에 관한 법률」에 따라 전자등록한"으로 한다. 제113조제4항·제3호 중 "전자단기사채등의 발행 및 유통에 관한 법률」에 따라 발행되는 단기 1개월 이내의 전자단기사채"를 "주식·사채 등의 전자등록에 관한 법률」 제59조에 따른 단기사채등 중 같은 법 제2조제1호나목에 해당하는 것으로서 단기 1개월 이내의 것"으로 한다. ⑨ 상법 시행령 일부를 다음과 같이 개정한다. 제22조제3항 전단 중 "예탁하여야"를 "예탁하거나 「주식·사채 등의 전자등록에 관한 법률」 제2조제6호에 따른 전자등록기관(이하 "전자등록기관"이라 한다)에	

주식·사채 등의 전자등록에 관한 법률	주식·사채 등의 전자등록에 관한 법률 시행령	전자등록업규정 (전자등록업허가 등에 관한 규정)
제3항에 따라 발행하는 투자신탁의 수익권(이하 "수익증권"이라 한다)으로 한다. 제189조의 제도 "(수익증권 등)"을 "(투자신탁의 수익권 등)"으로 하고, 같은 조 제1항 중 "수익증권으로 표시하여야 한다"를 "수익증권을 발행한다"로 하며, 같은 조 제3항 및 같은 조 제5항 각 호 외의 부분을 각각 다음과 같이 하고, 같은 조 제5항제5호를 삭제하며, 같은 조 제6항 중 "예탁결제원"을 "「주식·사채 등의 전자등록에 관한 법률」 제2조제6호에 따른 전자등록기관(이하 "전자등록기관"이라 한다)"으로 하고, 같은 조 제7항 각 호 외의 부분 중 "예탁결제원"을 "전자등록기관"으로 하며, 같은 조 제8항 본문 중 "예탁결제원"을 "전자등록기관"으로 "제공하여서는"을 "제공해서는"으로 하며, 같은 조 제9항 중 "상법」 제336조부터 제340조까지 및 제358조의2부터 제360조까지의 규정"을 "상법」 제337조, 제339조, 제340조 및 제358조의2 및 「주식·사채 등의 전자등록에 관한 법률」 제35조제3항"으로 한다. ③ 투자신탁을 설정한 집합투자업자는 신탁계약에서 정한 신탁원본 전액이 납입된 경우 신탁업자의 확인을 받아 「주식·사채 등의 전자등록에 관한 법률」에 따른 전자등록의 방법으로 투자신탁의 수익권을 발행하여야 한다. 투자신탁을 설정한 집합투자업자는 제3항에 따른 수익증권을 발행하는 경우에는 다음 각 호의 사항이 「주식·사채 등의 전자등록에 관한 법률」에 따른 전자등록으로 주식·사채 등의 전자등록부에 전자등록되도록 하여야 한다. 이 경우 그 집합투자업자 및 그 투자신탁재산을 보관·관리하는 신탁업자의 대표이사(집행임원 설치회사의 경우 대표집행임원을 말한다)로부터 대통령령으로 정하는	전자등록부에 전자등록하고, 같은 항 중 "한국예탁결제원"을 "한국예탁결제원 또는 전자등록기관"으로 한다. 제23조제3항 전단 중 "예탁하여야 할"을 "예탁하거나 전자등록기관에 전자등록해야 하고, 같은 항 후단 중 "한국예탁결제원"을 "한국예탁결제원 또는 전자등록기관"으로 한다. ⑩ 소득세법 시행령 일부를 다음과 같이 개정한다. 제190조제1호 본문 중 "전자단기사채등의 발행 및 유통에 관한 법률」 제2조에 따른 전자단기사채등(이하 이 호에서 "전자단기사채등"이라 한다)"을 "주식·사채 등의 전자등록에 관한 법률」 제59조에 따른 단기사채 등(이하 이 호에서 "단기사채등"이라 한다)"으로 하고, 같은 호 단서 중 "어음 및 전자단기사채등"을 "어음으로, "예탁되는 경우에는 해당 어음 및 전자단기사채 등을 "예탁되거나 단기사채 등이 「주식·사채 등의 전자등록에 관한 법률」 제2조제6호에 따른 전자등록기관에 전자등록되는 경우에는 해당 어음 및 단기사채등을"으로 한다. ⑪ 신용정보의 이용 및 보호에 관한 법률 시행령 일부를 다음과 같이 개정한다. 제2조제3항제4호를 다음과 같이 한다. 4. 「부동산등기법」에 따른 부동산등기부 제21조제2항제2호를 다음과 같이 한다. 2. 「부동산등기법」에 따른 부동산등기부 ⑫ 액세서의 개발 및 이용에 관한 법률 시행령 일부를 다음과 같이 개정한다. 제38조제1항 중 "「공사채등록법」제3조에 따른 등록부"을 "「주식·사채 등의 전자등록에 관한 법률」 제2조제6호에 따른 전자등록기관의 전자등록부"으로	

주식·사채 등의 전자등록에 관한 법률	주식·사채 등의 전자등록에 관한 법률 시행령	전자등록업규정 (전자등록업허가 등에 관한 규정)
방법과 절차에 따라 확인을 받아야 한다. 제196조제2항 중 "제309조제5항에 따른 방법으로"를 "주식·사채 등의 전자등록에 관한 법률에 따른 전자등록의 방법으로"로 한다. 제254조제2항·제4항제1호나목을 다음과 같이 한다. 나. 명의개서대행회사 제296조제1항·제3호를 삭제하고, 같은 조 제3항·제1호를 다음과 같이 하며, 같은 항 제3호를 삭제한다. 1. 금융위원회의 승인을 받은 업무. 이 경우 이 법 또는 다른 법률에서 인가·허가 등을 받거나 등록·신고 등을 하여야 하는 경우에는 인가·허가 등을 받거나 등록·신고 등을 하여야 한다. 제297조 중 "매매거래"를 "매매거래(다자간매매체결회사에서의 매매거래를 포함한다. 이하 제303조 제2항·제3호에서 같다)"로, "예탁결제원"을 "전자등록기관"으로 하고, 같은 조에 후단을 다음과 같이 신설한다. 이 경우 전자등록기관은 대금지급 업무를 금융위원회가 따로 지정하는 전자등록기관에 위탁할 수 있다. 제298조제2항 중 "예탁결제원"을 "전자등록기관"으로 한다. 제303조제1항 전단 및 같은 조 제2항제1호 중 "예탁결제원"을 각각 "예탁결제원 및 전자등록기관"으로 하고, 같은 조 제2항제5호 중 "사항"을 "사항(전자등록기관에 관한 결제업무규정에 한정한다)"으로 한다. 제304조 중 "제296조제1항제1호부터 제4호까지"를 "제296조제1항제1호·제2호·제4호"로 한다. 제305조제3호 중 "제296조제5호"를 "제296조제1항제5호"로 한다.	한다. ⑬ 은행법 시행령 일부를 다음과 같이 개정한다. 제19조의3부터 제19조의10까지를 각각 다음과 같이 신설한다. 제19조의3(사채등의 범위) 법 제33조의5제1항에서 "대통령령으로 정하는 권리"란 다음 각 호의 권리를 말한다. 1. 「중소기업은행법」 제36조의2에 따른 중소기업은행 금융채권에 표시되거나 표시되어야 할 권리 2. 「한국산업은행법」 제23조에 따른 산업금융채권에 표시되거나 표시되어야 할 권리 3. 양도성 예금증서에 표시되거나 표시되어야 할 권리 제19조의4(사채등의 등록이 등록의 신청) ① 법 제33조의5제1항에 따른 사채등(이하 "사채등"이라 한다)의 소유자, 그 밖의 이해관계자가 그 권리를 등록·설정한, 그 밖의 경우에는 해당 사채등을 발행하는 은행(이하 "발행은행"이라 한다)에 등록을 필요한 각 사항을 적은 권리 변동 및 그 밖에 등록에 필요한 사항을 적은 등록신청서를 제출하여야 한다. ② 법 제33조의5제1항에 따른 등록이 원인이 양도나 설정 설정 등 상대방이 있는 행위인 경우에는 등록으로 권리를 취득하는 자(대리인을 포함하며, 이하 "등록권리자"라 한다) 및 그 상대방(대리인을 포함하며, 이하 "등록의무자"라 한다)이 공동으로 등록을 신청하여야 한다. 다만, 등록의무자의 승낙서를 등록신청서에 첨부한 경우에는 등록권리자가 단독으로 등록을 신청할 수 있다. ③ 제1항 및 제2항에 따른 등록신청서, 등록이 방	

주식·사채 등의 전자등록에 관한 법률	주식·사채 등의 전자등록에 관한 법률 시행령	전자등록업규정 (전자등록업허가 등에 관한 규정)
제308조를 다음과 같이 한다. 제308조(예탁대상증권등) ① 이 절은 증권등에 표시될 수 있거나 표시되어야 할 권리가 「주식·사채 등의 전자등록에 관한 법률」에 따라 전자등록된 경우 그 증권등에 대해서는 적용하지 아니한다. ② 예탁결제원에 예탁할 수 있는 증권등(이하 "예탁대상증권등"이라 한다)은 예탁결제원이 지정한다. 제309조제5항 중 "발행 또는 등록(「국채법」 또는 「공사채등록법」에 따른 등록을 말한다. 이하 이 절에서 같다)"을 "발행"으로 한다. 제311조제4항을 삭제한다. 제314조제2항 중 "명의개서 또는 등록을"을 "제165조의11제1항에 따라 주권상장법인이 발행하는 사채에 관한 예탁결제원의 권리 행사 및 예탁자"를 "예탁자"로 한다. 제315조제5항 및 제6항을 각각 삭제한다. 제319조를 삭제한다. 제365조제2항제1호 중 "예탁결제원"을 "전자등록기관"으로 한다. 제449조제2항제14호 또는 제6항부터 제8항까지 또는 중 제314조제6항 또는 중 제315조제3항·제4항으로 하고, 같은 항 제15호 또는 중 제316조제1항 또는 제319조제3항"을 "제316조제1항"으로, "실질주주명부 또는 실질수익자명부"를 "실질주주명부"로 한다. 별표 1 제287호 중 "제315조제3항·제4항·제6항 또는 제319조제3항·제4항"을 "제315조제3항·제4항"으로 한다. 별표 8 제2호를 삭제하고, 같은 표 제8호 중 제296	법·절차 및 제출서류 등 등록의 신청에 필요한 사항은 금융위원회가 정하여 고시한다. 제19조의5(등록증명서의 발급) 발행인등은 사채등의 등록을 마친 경우에는 금융위원회가 정하여 고시하는 바에 따라 등록증명서를 발급해야 한다. 제19조의6(사채등 등록 말소의 신청) ① 등록된 사채등의 등록을 말소를 신청하려는 자는 등록 말소신청서에 그 등록 말소를 말소해야 할 각 사채등의 금액 및 제권판례번호와 그 밖에 필요한 사항을 적고 제19조의5에 따른 등록증명서를 첨부하여 제출해야 한다. ② 제1항에 따른 등록 말소신청서, 등록의 신청의 방법·절차 및 제출서류 등 등록 말소의 신청에 필요한 사항은 금융위원회가 정하여 고시한다. 제19조의7(등록의무자가 행방불명인 경우의 등록 말소) ① 등록권리자는 등록의무자의 행방을 알 수 없어 등록의 말소를 신청할 수 없는 경우에는 「민사소송법」에 따라 공시최고(公示催告)를 신청할 수 있다. ② 등록권리자는 등록의무자의 행방을 알 수 없어 등록의 말소를 신청할 수 없는 경우 제권판결(除權判決)이 있을 때에는 등록말소신청서에 제권판결 정본 또는 등본을 첨부하여 단독으로 등록 말소를 신청할 수 있다. 제19조의8(등록부의 작성·비치 및 관리) ① 발행인은 제19조의4제1항에 따라 등록신청서가 제출되면 등록신청자의 성명 및 주소, 등록의 원인 등 등록에 필요한 사항을 기재하여 등록부를 작성해야 한다. ② 제1항에 따른 등록부의 작성방법 및 절차, 비치·관리 등에 필요한 사항은 금융위원회가 정하여	

주식·사채 등의 전자등록에 관한 법률	주식·사채 등의 전자등록에 관한 법률 시행령	전자등록업규정 (전자등록업허가 등에 관한 규정)
조제1호부터 제4호까지를 "제296조제1항제1호·제2호·제4호"로 하며, 같은 별표 제19호 중 "제315조제3항, 제5항, 제318조제2항 또는 제9항"을 "제315조제3항 또는 제318조제2항"으로 하고, 같은 별표 제20호를 삭제한다. ④ 조세특례제한법 일부를 다음과 같이 개정한다. 제87조의15제3항 중 "주식"을 "주식", "예탁된"을 "전자등록되거나 예탁된", "자본시장과 금융투자업에 관한 법률 제294조에 따른 한국예탁결제원(이하 "한국예탁결제원"이라 한다)"을 "주식·사채 등의 전자등록에 관한 법률 제2조제6호에 따른 전자등록기관(이하 "전자등록기관"이라 한다) 또는 자본시장과 금융투자업에 관한 법률 제294조에 따른 한국예탁결제원(이하 "한국예탁결제원"이라 한다)"이로 한다. 제87조의6제2항 중 "예탁되거나 예탁된"을 "전자등록되거나 예탁된" 또는 한국예탁결제원"으로 한다. 제91조의6제2항 중 "주권"을 "주권", "예탁된"을 "전자등록되거나 예탁된"으로, "한국예탁결제원"을 "전자등록기관 또는 한국예탁결제원"으로 한다. ⑤ 증권거래세법 일부를 다음과 같이 개정한다. 제1조의2제4항 중 "주권 발행 전의 주식"을 "주권·사채 등의 전자등록에 관한 법률에 따라 전자등록된 주식"으로 한다. 제3조제1호 각 목 외의 부분 중 "자본시장과 금융투자업에 관한 법률 제294조에 따라 설립된 한국예탁결제원(이하 "예탁결제원"이라 한다)"을 "주식·사채 등의 전자등록에 관한 법률 제2조제6호에 따른 전자등록기관(이하 "전자등록기관"이라 한다) 또는 자본시장과 금융투자업에 관한 법률 제294조에 따라 설립된 한국예탁결제원(이하 "예탁결제원"이라 한다) 또는 전자등록기관에 따른 전자등록주식등을	고시한다. 제19조의9(등록부 및 사채등에 관한 권리의 순위) ① 등록부을 한 사채등에 관한 권리의 순위는 등록을 한 순서에 따른다. ② 등록의 순서는 등록부 중 같은 단에서 한 등록의 경우는 순위번호에 따르고, 별단(別欄)에서 한 등록의 경우는 접수번호에 따른다. ③ 부기등록(附記登錄)의 순위는 주등록(主登錄)의 순위에 따른다. 다만, 같은 주등록에 관한 부기등록 상호간의 순위는 부기등록을 한 순서에 따른다. 제19조의10(등록부의 무기명 사채등의 공탁) 등록한 무기명 사채등의 소유자에 관하여 「상법」 제491조제4항 및 제492조제2항과 「담보부사채신탁법」 제45조제2항 및 제84조제2항을 적용할 때에는 등록증명서의 공탁(供託)을 그 증권이나 증서의 공탁으로 본다. 제29조제2항에 제3호의2를 다음과 같이 신설한다. 3의2. 법 제33조의5 및 이 영 제19조의13부터 제19조의18까지의 규정에 따른 사채등의 등록 및 말소, 등록증명서의 발급 및 회수, 등록부의 작성·비치 및 관리에 관한 사무 ⑭ 자본시장과 금융투자업에 관한 법률 시행령 일부를 다음과 같이 개정한다. 제10조제3항에 제6호의2를 다음과 같이 신설한다. 6의2. (주식·사채 등의 전자등록에 관한 법률 제2조제6호에 따른 전자등록기관(이하 "전자등록기관"이라 한다) 제45조제2호비목1) 중 "법 제308조에 따른 예탁대상증권등"을 "전자등록주식등(주식·사채 등의 전자등록에 관한 법률 제2조제4호에 따른 전자등록주식등을	

주식·사채 등의 전자등록에 관한 법률	주식·사채 등의 전자등록에 관한 법률 시행령	전자등록업규정 (전자등록업허가 등에 관한 규정)
장과 금융투자업에 관한 법률」 제294조에 따라 설립된 한국예탁결제원」으로 한다. 제9조제2항 중 "예탁결제원"을 각각 "전자등록기관"으로 한다.	말한다. 이하 같다), 법 제308조제3항에 따른 예탁대상 증권등」으로 한다. 제48조제4호 중 "법 제308조에 따른 예탁대상증권등"을 "전자등록주식등, 법 제308조제2항에 따른 예탁대상 상증권등"으로 한다. 제50조제2항제2호 단서를 다음과 같이 한다. 다만, 투자자가 보유한 전자등록주식등의 총에와 전자등록주식등의 종류별 총에에 관한 정보, 투자자가 예탁한 증권의 총에과 증권의 종류별 총에에 관한 정보, 그 밖에 금융위원회가 정하여 고시하는 정보는 제외한다. 제51조제2항제1호다목을 다음과 같이 한다. 다. 금융투자업자가 투자매매업 또는 투자중개업을 영위하는 경우로서 투자자가 보유한 전자등록주식등의 총에과 전자등록주식등의 종류별 총에과 증권의 총에에 관한 정보, 투자자가 예탁한 증권의 총에과 증권의 종류별 총에에 관한 정보, 그 밖에 금융위원회가 정하여 고시하는 정보를 그 계열회사에 제공하는 경우 제63조제1항제1호를 삭제한다. 제69조제1항제2호를 다음과 같이 한다. 2. 해당 투자매매업자 또는 투자중개업자에게 계좌를 개설하여 전자등록주식등을 보유하고 있거나 등 권을 예탁하고 있는 자에 대하여 그 전자등록주식 등 또는 증권을 담보로 금전을 융자하는 방법 제76조제1항제1호를 삭제한다. 제78조제1항제6호 중 "예탁결제원"을 "전자등록기관"으로 한다. 제79조제2항제1호의2가목 중 "전자단기사채(「전자단기) 사채등의 발행 및 유통에 관한 법률」제2조제1호에 따	

주식·사채 등의 전자등록에 관한 법률	주식·사채 등의 전자등록에 관한 법률 시행령	전자등록업규정 (전자등록업허가 등에 관한 규정)
	른 전자단기사채를 말한다)를 "단기사채(「주식·사채 등의 전자등록에 관한 법률」 제59조에 따른 단기사채 등 중 같은 법 제2조제1호나목에 해당하는 것에 한정한다)"로 한다. 제92조제4항 본문 중 "예탁결제원"을 "전자등록기관"으로 한다. 제119조제2항제6호 중 "전자단기사채등의 발행 및 유통에 관한 법률」 제2조에 따른 전자단기사채 등(이하 "전자단기사채등"이라 한다)"을 "「주식·사채 등의 전자등록에 관한 법률」 제59조에 따른 단기사채 등(이하 "단기사채등"이라 한다)"으로 한다. 제176조의9제4항 각 단서를 다음과 같이 한다. 다만, 「근로복지기본법」 제43조제1항에 따른 수탁기관(이하 이 항에서 "수탁기관"이라 한다)을 통해서 전자등록(「주식·사채 등의 전자등록에 관한 법률」 제2조에 따른 전자등록을 말한다. 이하 같다)된 주식의 경우에는 같은 법 제22조제2항에 따른 고객계좌부에 따라 산정하고, 수탁기관이 예탁결제원에 예탁한 주식의 경우에는 같은 법 제310조제1항에 따른 투자자계좌부에 따라 산정한다. 제176조의12제3항 전단 중 "공사채 등록법」 제3조에 따른 등록기관에 등록하여"를 "전자등록의 방법으로"로 하고, 같은 항 후단을 삭제한다. 제176조의15제4항 중 "예탁하여야"를 "보유해야"로 한다. 제183조제3항 중 "전자단기사채 등"을 "단기사채 등"으로 한다. 제193조를 삭제한다. 제198조제10호 중 "수탁기관에 예탁하는"을 "수탁기관에 보유해서"로 한다.	

주식·사채 등의 전자등록에 관한 법률	주식·사채 등의 전자등록에 관한 법률 시행령	전자등록업규정 (전자등록업허가 등에 관한 규정)
	제218조를 다음과 같이 한다. 제218조(수익증권 발행 내역의 확인 방법과 절차) 법 제189조제5항 각 호 외의 부분 후단에 따라 투자신탁을 설정한 집합투자업자 및 그 투자신탁재산을 보관·관리하는 신탁업자의 대표이사(집행임원 설치 회사의 경우 대표집행임원을 말한다)는 전자등록기관에 전자등록 또는 기록된 집은 항 각 호의 사항이 실제 수익증권 발행 내역과 일치하는지 여부를 확인한 후 그 결과를 집합투자업자에게 통보해야 한다. 제220조제1항부터 제3항까지의 규정 중 "예탁결제원"을 각각 "전자등록기관"으로 한다. 제225조의2제3항 중 "예탁결제원"을 "전자등록기관"으로 한다. 제226조제5항 중 "예탁결제원"을 "전자등록기관"으로 한다. 제241조제1항제7호를 다음과 같이 한다. 7. 단기사채등 제268조제1항제1호를 삭제한다. 제270조제3항 본문 중 "예탁결제원"을 "전자등록기관"으로 한다. 제315조제2항 중 "예탁증권등"을 "법 제309조제3항제2호에 따른 예탁증권등(이하 "예탁증권등"이라 한다)"으로 한다. 제317조의2를 다음과 같이 한다. 제317조의2(예탁결제원 명의의 주권에 대한 관리) 예탁결제원은 예탁자를 통하여 투자자에게 반환된 후 투자자의 명의로 명의개서가 되지 않은 예탁결제 된 명의의 주권의 권리행사에 따라 발행인으로부터 주권을 수령한 경우 그 주권 중 수령일부터 1년이	

주식·사채 등의 전자등록에 관한 법률	주식·사채 등의 전자등록에 관한 법률 시행령	전자등록업규정 (전자등록업허가 등에 관한 규정)
	지난 주권은 법 제286조제1항제5호에 따른 협회를 통한 장외매거래의 방법으로 매각하여 현금으로 관리할 수 있다. 다만, 협회를 통한 주권의 장외매 매거래가 불가능한 경우 등 금융위원회가 정하여 고 시하는 경우에는 그 주식의 수령일부터 1년이 지나 지 않은 경우에도 증권시장 등을 통하여 이를 매각 할 수 있다. 제318조를 삭제한다. 제368조제1항에 제3호를 다음과 같이 신설한다. 3. 전자등록기관 제387조의2제5항제1호, 제1호의2, 제2호 및 제7호를 각각 삭제하고, 같은 조에 제17항을 다음과 같이 신설 한다. ⑰ 전자등록기관은 다음 각 호의 사무를 수행하기 위하여 불가피한 경우 「신용정보의 이용 및 보호에 관한 법률 시행령」 제29조에 따른 주민등록번호, 여권번호, 운전면허의 면허번호, 외국인등록번호 또 는 국내거소신고번호가 포함된 자료를 처리할 수 있다. 1. 법 제189조제7항에 따른 수익자명부의 작성에 관 한 사무 2. 법 제298조제2항에 따른 증권예탁증권의 발행 및 관리에 관한 사무 별표 5 제1호의24를 삭제한다. 별표 12 제3호, 제13호 및 제14호를 각각 삭제한다. 별표 22 제2호가목의 위반행위란 중 "법 제314조제6 항, 제315조제3항부터 제6항까지 또는 제319조제3항·제4 항"을 "법 제314조제6항 또는 제315조제3항·제4 항"으로 하고, 같은 호 나목의 위반행위란 중 "법 제3 16조제1항 또는 제319조제5항"을 위반하여 실질주주명	

주식·사채 등의 전자등록에 관한 법률	주식·사채 등의 전자등록에 관한 법률 시행령	전자등록업규정 (전자등록업허가 등에 관한 규정)
	부 또는 실질수익자명부를"을 법 제316조제1항을 위반하여 실질주주명부를"로 한다. ⑮ 전자금융거래법 시행령 일부를 다음과 같이 개정한다. 제2조에 제8호의2를 다음과 같이 신설한다. 8의2. 「주식·사채 등의 전자등록에 관한 법률」에 따른 전자등록기관 ⑯ 조세특례제한법 시행령 일부를 다음과 같이 개정한다. 제72조제3항 중 "예탁자로 하여 개설된 계좌를 통하여 한국예탁결제원에 단기까지 예탁하는"을 "주식·사채 등의 전자등록에 관한 법률 제19조에 따른 계좌관리기관으로 하여 개설한 계좌를 통하여 단기까지 보유하는"으로 하고, 같은 조 제7항 및 제8항 중 "예탁사실"을 각각 "보유사실"로 한다. 제73조제7항 중 "예탁사실"을 "보유사실"로 한다. 제83조제1항제1호 중 "금융실명거래 및 비밀보장에 관한 법률 제2조제1호 각목의 1에 해당하는 금융기관"을 "금융실명거래 및 비밀보장에 관한 법률 제2조제1호에 해당하여 예탁할 것"을 "금융실명거래 및 비밀보장에 관한 법률 제2조제1호 각 목의 어느 하나에 해당하는 금융기관에 계좌를 개설하여 1년 이상 계속하여 전자등록(주식·사채 등의 전자등록에 관한 법률 제2조제2호에 따른 전자등록을 말한다. 이하 같다)하여 보유하거나 예탁할 것"으로 한다. 제93조제1항 중 "「전자단기사채등의 발행 및 유통에 관한 법률」제2조제1호에 따른 전자단기사채등(이하 경우 A3+ 이하)"를 "주식·사채 등의 전자등록에 관한 법률」제59조에 따른 단기사채등(같은 법 제2조제1호에 따른 권리에 한정한다)의 경우 A3+ 이하)"로

주식·사채 등의 전자등록에 관한 법률	주식·사채 등의 전자등록에 관한 법률 시행령	전자등록업규정 (전자등록업허가 등에 관한 규정)
	한다. ⑰ 주택도시기금법 시행령 일부를 다음과 같이 개정한다. 제5조제3항 전단 중 "자본시장과 금융투자업에 관한 법률」 제294조에 따라 설립된 한국예탁결제원(이하 "주식·사채 등의 전자등록에 관한 법률」 제2조제6호에 따른 전자등록기관(이하 "전자등록기관"이라 한다)에 전자등록"으로 하고, 같은 항 후단 중 "등록"을 "전자등록"으로 한다. 제5조제4항 전단, 같은 조 제5항 전단 및 같은 조 제6항 중 "제권등록기관"을 각각 "전자등록기관"으로 한다.	
제11조(다른 법령과의 관계) 이 법 시행 당시 다른 법령에서 종전의 「공사채 등록법」 및 「전자단기사채등의 발행 및 유통에 관한 법률」 또는 그 규정을 인용한 경우에 이 법 가운데 그에 해당하는 규정이 있으면 종전의 규정을 갈음하여 이 법 또는 이 법의 해당 규정을 인용한 것으로 본다. 부칙 <제14827호, 2017. 4. 18.> (자본시장과 금융투자업에 관한 법률) 제1조(시행일) 이 법은 공포 후 6개월이 경과한 날부터 시행한다. 다만, ···<생략>···, 부칙 제2조는 제5조까지 생략 법률 제14096호 주식·사채 등의 전자등록에 관한 법률 시행일부터 시행한다. 제2조 부터 제4조까지 생략 제5조(다른 법률의 개정) 법률 제14096호 주식·사채 등	제10조(다른 법령과의 관계) 이 영 시행 당시 다른 법령에서 종전의 「공사채 등록법」 및 「전자단기사채등의 발행 및 유통에 관한 법률 시행령」 또는 그 규정을 인용한 경우에 이 영 가운데 그에 해당하는 규정이 있으면 종전의 규정을 갈음하여 이 영 또는 이 영의 해당 규정을 인용한 것으로 본다. 부칙 <제32091호, 2021. 10. 21.> (자본시장과 금융투자업에 관한 법률 시행령) 제1조(시행일) 이 영은 2021년 10월 21일부터 시행한다. 제2조부터 제6조까지 생략 제6조(다른 법령의 개정) ①부터 ㉒까지 생략 ㉓ 주식·사채 등의 전자등록에 관한 법률 시행령 일부를 다음과 같이 개정한다. 별표 2 제3호 각 목 외의 부분 및 제2조 각 목 외의	

주식·사채 등의 전자등록에 관한 법률	주식·사채 등의 전자등록에 관한 법률 시행령	전자등록업규정 (전자등록업허가 등에 관한 규정)
이 전자등록에 관한 법률 일부를 다음과 같이 개정한다. 부칙 제10조제3항을 다음과 같이 한다. ③ 자본시장과 금융투자업에 관한 법률 일부를 다음과 같이 개정한다. 제152조의2제1항제1호 중 "주주명부(제316조에 따른 실질주주명부를 포함한다)"를 "주주명부"로 한다. 제171조제4항부터 제6항까지를 각각 삭제한다. 제188조제1항부터 제3항까지 중 "수익증권"을 "제189조제1항 및 제3항에 따라 발행하는 투자신탁의 수익권(이하 "수익증권"이라 한다)"으로 한다. 제189조의 제목 "(수익증권 등)"을 "(투자신탁의 수익권 등)"으로 하고, 같은 조 제1항 중 "수익증권으로 표시하여야 한다"를 "수익권을 발행한다"로 하며, 같은 조 제3항 및 같은 조 제5항 각 호 외의 부분을 각각 다음과 같이 하고, 같은 조 제5항제5호를 삭제하며, 같은 조 제6항 중 "예탁결제원"을 "주식·사채 등의 전자등록에 관한 법률 제2조제6호에 따른 전자등록기관(이하 "전자등록기관"이라 한다)"으로 하고, 같은 조 제7항 각 호 외의 부분 중 "예탁결제원"을 "전자등록기관"으로 하며, 같은 항 제3호를 삭제하고, 같은 조 제8항 중 "예탁결제원"을 "전자등록기관"으로, "제공하여서는"을 "제공해서는"으로 하며, 같은 조 제9항 중 「상법」 제336조부터 제340조까지 및 제339조, 제340조 및 제358조의2의 규정"을 「상법」 제339조, 제340조 및 제35조제3항 및 후단"으로 한다. ③ 투자신탁을 설정한 집합투자업자는 신탁계약에서 정한 투자원본 전에이 납입된 경우 신탁업자의 확인을 받아 주식·사채 등의 전자등록에 관한 법률에	부분 중 "경영참여형 사모집합투자기구"를 각각 "기관전용 사모집합투자기구"로 한다. 별표 2 제5호의 구분란 중 "경영참여형 사모집합투자기구"를 "기관전용 사모집합투자기구"로 하고, 같은 호의 기준란 각 목 외의 부분 중 "경영참여형 사모집합투자기구"를 각각 "기관전용 사모집합투자기구"로 한다. 별표 2 비고 제1호 단서 중 "경영참여형 사모집합투자기구"를 "기관전용 사모집합투자기구"로 한다. ㉘ 및 ㉕ 생략 부칙 <제32274호, 2021. 12. 28.> (독점규제 및 공정거래에 관한 법률 시행령) 제1조(시행일) 이 영은 2021년 12월 30일부터 시행한다. 제2조부터 제12조까지 생략 제13조(다른 법령의 개정) ①부터 <63>까지 생략 <64> 주식·사채 등의 전자등록에 관한 법률 시행령 일부를 다음과 같이 개정한다. 별표 2 제1호마목3) 본문 중 "독점규제 및 공정거래에 관한 법률 시행령」 제3조의2제1항제2호가목"을 "「독점규제 및 공정거래에 관한 법률 시행령」 제5조제1항제3호가목"으로 한다. <65>부터 <68>까지 생략 제14조 생략 부칙 <제32449호, 2022. 2. 17.> (한국자산관리공사 설립 등에 관한 법률 시행령) 제1조(시행일) 이 영은 2022년 2월 18일부터 시행한다. 제2조(다른 법령의 개정) ①부터 ⑧까지 생략 ⑨ 주식·사채 등의 전자등록에 관한 법률 시행령 일	

주식·사채 등의 전자등록에 관한 법률	주식·사채 등의 전자등록에 관한 법률 시행령	전자등록업규정 (전자등록업허가 등에 관한 규정)
마른 전자등록의 방법으로 수익권을 발행하여야 한다. 투자신탁을 설정한 집합투자업자는 제3항에 따른 수익증권을 발행하는 경우에는 다음 각 호의 사항이 「주식·사채 등의 전자등록에 관한 법률」에 따라 전자등록 또는 기록되도록 하여야 한다. 이 경우 그 집합투자업자 및 그 투자신탁재산을 보관·관리하는 신탁업자의 대표이사(집행임원 설치회사의 경우 대표집행임원을 말한다)로부터 대통령령으로 정하는 방법과 절차에 따라 확인을 받아야 한다. 제196조제2항 중 "제3①9조제5항에 따른 방법으로"를 "주식·사채 등의 전자등록에 관한 법률에 따라 전자등록의 방법으로"로 한다. 제254조제2항제1호나목을 다음과 같이 한다. 나. 명의개서대행회사 제296조제1항제3호를 삭제하고, 같은 조 제3항제1호를 다음과 같이 하며, 같은 항 제3호를 삭제한다. 1. 금융위원회의 승인을 받은 업무. 이 경우 이 법 또는 다른 법률에서 인가·허가·등록·신고 등이 필요한 경우에는 인가·허가·등록을 받거나 등록·신고 등을 하여야 한다. 제297조 중 "매매거래"를 "매매거래(다자간매매체결회사에서의 증권의 매매거래를 포함한다. 이하 제303조제2항제5호에서 "에타결등록"을, "전자등록기관"으로 하고, 같은 조에 후단을 다음과 같이 신설한다. 이 경우 전자등록기관은 대금지급 업무를 금융위원회가 따로 지정하는 전자등록기관에 위탁할 수 있다. 제298조제2항 중 "에타결제원"을 "전자등록기관"이	부칙 다음과 같이 개정한다. 제11조제1항제1호 중 "금융회사부실자산 등의 효율적 처리 및 한국자산관리공사의 설립에 관한 법률"을 "「한국자산관리공사 설립 등에 관한 법률」"로 한다. ⑩부터 <55>까지 생략 제3조 생략 부칙 <제33604호, 2023. 6. 27.> (보험업법 시행령) 제1조(시행일) 이 영은 2023년 7월 1일부터 시행한다. 제2조 및 제3조 생략 제4조(다른 법령의 개정) ① 생략 ② 주식·사채 등의 전자등록에 관한 법률 시행령 일부를 다음과 같이 개정한다. 제2조제3항제2호 중 "은행법」 및 「금융지주회사법」"을 "은행법」, 「금융지주회사법」 및 「보험업법」"으로 한다. 제18조제1항제3호 중 "은행법」 및 「금융지주회사법」"을 "은행법」, 「금융지주회사법」 및 「보험업법」"으로 한다. 제31조제5항제2호 중 "은행법」 또는 「금융지주회사법」"을 "은행법」, 「금융지주회사법」 및 「보험업법」"으로 한다.	

주식·사채 등의 전자등록에 관한 법률	주식·사채 등의 전자등록에 관한 법률 시행령	전자등록업규정 (전자등록업허가 등에 관한 규정)
로 한다. 제303조제1항 전단 및 같은 조 제2항제1호 중 "예탁결제원"을 각각 "예탁결제원 및 전자등록기관"으로 하고, 같은 조 제2항제5호 중 "사항"을 "사항(전자등록기관의 결제업무규정에 한정한다)"으로 한다. 제304조 중 "제296조제1항제1호부터 제4호가지"를 "제296조제1항제1호·제2호·제4호"로 한다. 제305조제1항 중 "제296조제5호"를 "제296조제1항제5호"로 한다. 제308조를 다음과 같이 한다. 제308조(예탁대상증권등) ① 이 절은 증권등에 표시될 수 있거나 표시되어야 할 권리가 「주식·사채 등의 전자등록에 관한 법률」에 따라 전자등록된 경우 그 증권등에 대해서는 적용하지 아니한다. ② 예탁결제원에 예탁할 수 있는 증권등(이하 "예탁대상증권등"이라 한다)은 예탁결제원이 지정한다. 제309조제5항 중 "발행 또는 등록(국채법」, 또는 「공사채등록법」에 따른 등록을 말한다. 이하 이 절에서 같다)"을 "발행"으로 한다. 제311조제4항을 삭제한다. 제314조제2항 중 "명의개서 또는 등록을"을 "명의개서를" 하고, 같은 조 제8항 중 "제165조의11제1항에 따라 주권상장법인이 발행하는 사채에 관한 예탁결제원의 권리 행사 및 예탁자"를 "예탁자"로 한다. 제315조제5항 및 제6항을 각각 삭제한다. 제319조를 삭제한다. 제365조제2항제1호 중 "예탁결제원"을 "전자등록기관"으로 한다. 제449조제3항제14호 중 "제314조제6항, 제315조제3, 제319조제3항·제4항"을 "제31		

주식·사채 등의 전자등록에 관한 법률	주식·사채 등의 전자등록에 관한 법률 시행령	전자등록업규정 (전자등록업허가 등에 관한 규정)
4조제6항 또는 제315조제3항·제4항"으로 하고, 같은 항 제15호 중 "제316조제1항 또는 제319조제5항"을 "제316조제1항"으로, "실질주주명부 또는 실질수익자명부"를 "실질주주명부"로 한다. 별표 1 제287호 중 "제315조제3항·제4항·제6항 또는 제319조제3항·제4항"을 "제315조제3항·제4항"으로 한다. 별표 8 제2호를 삭제하고, 같은 별표 제8호 중 "제296조제1호부터 제4호까지"를 "제296조제1항제1호·제2호·제4호"로 하며, 같은 별표 제19호 중 "제315조제3항·제5항, 제318조제2항 또는 제319조제3항·제9항"을 "제315조제3항 또는 제318조제2항"으로 하고, 같은 별표 제20호를 삭제한다. 부칙 <제19700호, 2023. 9. 14.> (행정법제 혁신을 위한 공인회계사법 등 13개 법률의 일부개정에 관한 법률) **제1조(시행일)** 이 법은 공포한 날부터 시행한다. **제2조** 생략		

전자등록기관 및 그 임직원에 대한 조치 사유(제53조제3항부터 제5항까지 관련)

1. 거짓, 그 밖에 부정한 방법으로 제3조에 따른 허가를 받거나 제3조에 따른 예비허가를 받은 경우
2. 제13조제1항을 위반하여 상근임원으로 선임한 경우 또는 같은 조 제2항에서 준용하는 「금융회사의 지배구조에 관한 법률」 제5조를 위반한 경우
3. 제13조제3항을 위반하여 자금의 공여, 손익의 분배, 그 밖에 영업에 관하여 특별한 이해관계를 가진 경우
4. 제13조제6항에서 준용하는 「자본시장과 금융투자업에 관한 법률」 제63조를 위반한 경우
5. 제15조제1항 전단, 제16조 전단 또는 제17조 전단을 위반하여 승인을 받지 않은 경우
6. 제18조 본문을 위반하여 보고하지 않은 경우
7. 제21조제2항에 따른 명령을 위반하여 기록·전자등록을 하지 않거나 거짓으로 작성한 경우
8. 제21조제4항 또는 제5항을 위반하여 변경 내용을 통지하지 않은 경우
9. 제22조제4항을 위반하여 고객관리계좌를 작성하지 않거나 거짓으로 작성한 경우
10. 제22조제5항을 위반하여 고객관리계좌부를 작성하지 않거나 거짓으로 작성하거나 계좌관리기관에 변경 내용을 통지하지 않은 경우
11. 제26조제1항(제27조제3항 및 제34조에서 준용하는 경우를 포함한다)을 위반하여 전자등록·기록을 하지 않거나 거짓으로 작성한 경우
12. 제29조제3항 각 호 외의 부분 본문(제34조에서 준용하는 경우를 포함한다)에 따른 전자등록을 위반하여 전자등록
13. 제30조부터 제32조까지의 규정(제34조에서 준용하는 경우를 포함한다)을 위반하여 전자등록을 말소 또는 대체의 전자등록을 한 경우
14. 제31조제2항을 위반하여 질권 설정 또는 말소의 전자등록을 하지 않은 경우
15. 제32조제2항을 위반하여 신탁재산이라는 사실의 표시 또는 말소의 전자등록을 하지 않은 경우
16. 제33조제2항을 위반하여 권리 내용을 변경하거나 말소인에게 전자등록을 하지 않은 경우
17. 제37조제4항 전단을 위반하여 소유자명세를 발행인에게 통지하지 않은 경우
18. 제37조제5항 전단을 위반하여 소유자명세에 관한 내용을 통지하지 않은 경우
19. 제39조제1항을 위반하여 소유자증명서를 발행하지 않은 경우
20. 제39조제3항을 위반하여 통지하지 않은 경우
21. 제39조제3항을 위반하여 명세를 발행인에게 통지하지 않은 경우
22. 제39조제6항 또는 제40조제3항을 위반하여 고객계좌부에 전자등록된 자기계좌부에 처분을 제한하는 전자등록을 하지 않거나 처분을 제한하는 전자등록을 말소하지 않은 경우
23. 제40조제3항을 위반하여 처분을 제한하는 전자등록을 말소하지 않은 경우
24. 제41조를 위반하여 열람 또는 복사하지 않도록 하지 않은 경우
25. 제42조제1항을 위반하여 초과분을 해소하지 않은 경우
26. 제42조제3항을 위반하여 해소 의무를 이행하지 않은 경우
27. 제42조제4항을 위반하여 권리자의 등 지급할 의무를 이행하지 않은 경우
28. 제43조제3항 및 같은 조 제5항 전단을 위반하여 손해를 배상하지 않은 경우
29. 제44조제1항을 위반하여 전자등록기관 또는 계좌관리기관의 주식등의 권리 없이 정보를 열람하거나 훼손한 경우
30. 제44조제2항을 위반하여 전자등록 정보 또는 기록 정보를 열람하거나 훼손한 경우
31. 제44조제3항을 위반하여 거짓 정보 또는 부정한 명령을 입력하거나 권한 없이 정보를 입력·변경한 경우
32. 제45조제1항(같은 조 제3항에서 준용하는 경우를 포함한다)을 위반하여 전자등록 정보등을 이용한 경우
33. 제46조제3항을 위반하여 금융위원회에 보고하지 않거나
34. 제47조에 따른 기준 및 방법을 위반하여 전자등록을 제한한 경우
35. 제48조를 위반하여 전자등록 정보 또는 기록 정보를 보존하지 않은 경우
36. 제49조제1항에 따른 조치를 이행하지 않은 경우
37. 제50조에서 준용하는 「금융실명거래 및 비밀보장에 관한 법률」 제4조제1항 또는 제3항부터 제5항까지의 규정을 위반하여 거래정보등을 제3자에게 제공하거나 누설한 경우
38. 제51조제1항에 따른 자료의 제출 요구에 따르지 않거나 검사를 거부·방해 또는 기피한 경우
39. 제51조제3항에 따른 업무 또는 재산에 관한 보고, 자료의 제출, 제7조, 같은 조 제5항에 따라 조치를 위반한 경우
40. 제53조제2호부터 제4호까지, 같은 조 제5항제1호 또는 같은 조 제5항에 따른 조치를 위반한 경우
41. 제55조제4항을 위반하여 그 내용을 기록·유지 또는 관리하지 않은 경우
42. 제62조를 위반하여 발행 내용을 공개하지 않은 경우
43. 제63조제1항을 위반하여 전자등록증명서를 발행하지 않은 경우
44. 제63조제2항을 위반하여 계좌관리기관등 자기계좌부에 처분을 제한하는 전자등록을 말소하지 않은 경우
45. 그 밖에 전자등록업무의 보호 또는 투자자의 보호 또는 건전한 거래질서의 유지를 해할 우려가 있는 경우로서 대통령령으로 정하는 경우

[별표 2]

계좌관리기관 및 그 임직원에 대한 조치 사유(제58조제2항부터 제4항까지 관련)

1. 제6조를 위반하여 전자등록업무(변경허가를 포함한다) 관련 전자등록업을 한 경우
2. 제21조제6항을 위반하여 고객계좌부를 변경한 경우
3. 제22조제3항 또는 제6항을 위반하여 고객관리계좌부를 작성하지 않거나 거짓으로 작성한 경우
4. 제26조제2항(제27조제3항 및 제34조에서 준용하는 경우를 포함한다)을 위반하여 고객계좌부에 전자등록을 하지 않은 경우
5. 제29조제2항(제34조에서 준용하는 경우를 포함한다) 각 호 외의 부분 본문을 위반하여 전자등록을 한 경우
6. 제30조제2항(제34조에서 준용하는 경우를 포함한다)을 위반하여 계좌간 대체의 전자등록

을 하지 않은 경우
7. 제31조제2항을 위반하여 질권 설정 또는 말소의 전자등록을 하지 않은 경우
8. 제32조제2항을 위반하여 신탁재산이라는 사실의 표시 또는 말소의 전자등록을 하지 않은 경우
9. 제33조제4항을 위반하여 권리 내용을 변경하는 전자등록을 하지 않은 경우
10. 제37조제5항 후단(같은 조 제8항에서 준용하는 경우를 포함한다)을 위반하여 요청받은 전자등록을 하지 않은 경우
11. 제39조제2항을 통보받지 않거나 거짓으로 통보한 경우
12. 제39조제3항을 위반하여 전자등록기관에 통지하지 않거나 거짓으로 통지한 경우
13. 제40조제1항을 위반하여 전자등록을 열람 또는 거짓으로 통지한 경우
14. 제41조제1항을 위반하여 초과분에 대하여 해소하지 않도록 하지 않은 경우
15. 제42조제1항을 위반하여 초과분에 대한 해소 의무를 이행하지 않은 경우
16. 제42조제3항을 위반하여 해소 의무를 이행하지 않은 경우
17. 제42조제4항을 위반하여 권리금 등 지급할 의무를 이행하지 않은 경우
18. 제43조제3항 및 같은 조 제4항을 위반하여 초과분에 대한 손해를 배상하지 않은 경우
19. 제44조제1항을 위반하여 전자등록기관 또는 계좌관리기관의 전자등록 및 관리를 위한 정보통신망에 거짓 정보 또는 부정한 명령을 입력하거나 권한 없이 정보를 입력하거나 변경한 경우
20. 제44조제2항을 위반하여 전자등록 정보 또는 기록 정보를 멸실하거나 훼손한 경우
21. 제44조제3항을 위반하여 전자등록기관 또는 계좌관리기관이 전자등록 및 관리를 위한 정보통신망에 침입한 경우
22. 제45조제1항(같은 조 제2항에서 준용하는 경우를 포함한다)을 위반하여 정보를 이용한 경우
23. 제46조제1항 후단을 위반하여 전자등록기관의 요구에 정당한 사유 없이 따르지 않은 경우
24. 제46조제2항을 위반하여 전자등록기관에 통지하지 않은 경우
25. 제47조를 위반하여 계좌간 대체의 전자등록을 한 경우
26. 제48조제1항을 위반하여 전자등록 정보 또는 기록 정보를 보존하지 않은 경우
27. 제49조제1항에 따른 조치를 이행하지 않은 경우
28. 제50조에서 준용하는 「금융실명거래 및 비밀보장에 관한 법률」 제4조제1항 또는 제3항부터 제6항까지의 규정을 위반하여 거래정보등을 제3자에게 제공하거나 누설한 경우 또는 이를 요구하는 경우
29. 제57조에 따른 명령에 따르지 않은 경우
30. 제58조제1항 전단에 따른 검사를 거부·방해 또는 기피한 경우
31. 제58조제3항을 준용하는 제51조제3항에 따른 보고, 자료의 제출, 증인의 출석 등 및 의견의 진술 요구에 따르지 아니한 경우
32. 제58조제2항부터 제4항까지의 규정에 따라 부과되는 제53조제3항제2호부터 제4호까지, 같은 조 제5항제1호 또는 같은 조 제8항에 따른 조치를 위반한 경우
33. 제63조제2항을 위반하여 전자등록을 제한하는 전자등록 또는 고객계좌부에 자료나 처분을 제한하는 전자등록을 하지 않은 경우
34. 그 밖에 전자등록주식등의 권리자 보호 또는 전자등록업무의 안정성을 해칠 우려가 있는 경우로서 대통령령으로 정하는 경우

[시행령 별표 1]

전자등록업 허가업무 단위 및 최저자기자본(제3조제1항 및 제2항 관련)

허가업무단위	전자등록업무를 할 수 있는 주식등의 범위	최저자기자본
1	모든 주식등	2천억원
1-1	법 제2조제1호에 따른 주식등 중 다음의 주식등 1) 법 제2조제1호가목, 바목 및 파목에 해당하는 주식등 2) 법 제2조제1호하목(같은 호 가목 및 바목에 해당하는 것에 한정한다)에 해당하는 주식등 3) 법 제2조제1호하목(1) 및 2)에 해당하는 권리와 비슷한 것에 한정한다)에 해당하는 주식등	800억원
1-1-1	허가업무 단위 1-1에 따른 주식등 중 다음의 주식등 1) 상장주식등 2) 권리 행사에 따라 상장주식등을 취득할 수 있는 권리	600억원
1-1-2	허가업무 단위 1-1에 따른 주식등 중 다음의 주식등 1) 상장주식등이 아닌 주식등 2) 권리 행사에 따라 상장주식등이 아닌 주식등을 취득할 수 있는 권리	200억원
1-2	법 제2조제1호에 따른 주식등 중 다음의 주식등 1) 법 제2조제1호나목부터 마목까지, 자목, 카목(사채에 한정한다) 및 타목에 해당하는 주식등 2) 법 제2조제1호하목(1)에 해당하는 것에 한정한다)에 해당하는 주식등 3) 법 제2조제1호하목(1) 및 2)에 해당하는 권리와 비슷한 것에 한정한다)에 해당하는 주식등	1천억원
1-3	법 제2조제1호에 따른 주식등 중 다음의 주식등 1) 법 제2조제1호사목, 아목, 차목 및 카목(사채는 제외한다)에 해당하는 주식등 2) 법 제2조제1호하목(1)에 해당하는 것에 한정한다)에 해당하는 주식등 3) 법 제2조제1호하목(1) 및 2)에 해당하는 권리와 비슷한 것에 한정한다)에 해당하는 주식등	200억원

비고) "상장주식등"이란 증권시장에 상장된 주식등을 말한다.

대주주의 요건(제13조제3항 관련)

구 분	기 준
1. 대주주가 「금융위원회의 설치 등에 관한 법률」 제38조에 따른 금융감독원의 검사를 받는 기관(「자본시장과 금융투자업에 관한 법률」 제9조제19항제1호에 따른 기관전용 사모집합투자기구를 제외하며, 이하 "금융기관"이라 한다)인 경우	가. 최근 사업연도 말 현재 재무상태표상 자산총액에서 부채총액을 뺀 금액(이하 "자기자본"이라 한다)이 출자하려는 금액의 3배 이상으로서 금융위원회 및 법무부장관이 공동으로 정하여 고시하는 기준을 충족할 것 나. 해당 금융기관에 적용되는 재무건전성에 관한 기준으로서 금융위원회 및 법무부장관이 공동으로 정하여 고시하는 기준을 충족할 것 다. 해당 금융기관이 「독점규제 및 공정거래에 관한 법률」에 따른 상호출자제한기업집단 및 공시대상기업집단(이하 "상호출자제한기업집단등"이라 한다)에 속하거나 같은 법에 따른 기업집단(이하 "주채무계열"이라 한다)에 속하는 회사인 경우에는 그 상호출자제한기업집단등 또는 주채무계열의 부채비율을 자기자본으로 나눈 재무상태표상 부채비율(최근 사업연도 말 현재 재무상태표상 부채총액을 자기자본으로 나눈 비율을 말하며, 이 경우 금융기관 및 제249조의13에 따른 투자목적회사는 제외한다. 이하 같다)이 100분의 300 이하로서 금융위원회 및 법무부장관이 공동으로 정하여 고시하는 기준을 충족할 것 라. 출자금은 금융위원회 및 법무부장관이 공동으로 정하여 고시하는 차입하여 조성된 자금이 아닐 것. 다만, 그 위반 등이 경미하다고 인정되는 경우는 제외한다. 마. 다음의 요건을 모두 충족할 것 　1) 최근 5년간 금융관련법령, 「독점규제 및 공정거래에 관한 법률」 및 「조세범 처벌법」을 위반하여 벌금형 이상에 상당하는 형사처벌을 받은 사실이 없을 것. 다만, 「자본시장과 금융투자업에 관한 법률」 제448조, 그 밖에 해당 법률의 양벌규정에 따라 처벌을 받은 경우는 제외한다. 　2) 최근 5년간 채무불이행 등으로 건전한 신용질서를 해친 사실이 없을 것 　3) 「금융산업의 구조개선에 관한 법률」에 따라 부실금융기관으로 지정되었거나 「자본시장과 금융투자업에 관한 법률」, 「금융위원회의 설치 등에 관한 법률」 또는 금융관련법령에 따라 영업의 허가·인가·등록 등이 취소된 금융기관의 대주주 또는 그 특수관계인(「금융회사의 지배구조에 관한 법률 시행령」 제3조제1항 각 호의 어느 하나에 해당하는 자로서 부실금융기관으로 지정되거나 허가 등이 취소될 당시 「독점규제 및 공정거래에 관한 법률 시행령」 제3조제1항제1호 각 목의 어느 공정거래위원회로부터 동일인관련자의 범위에서 분리되었다고 인정을 받은 자는 제외한다) 및 독립경영친족에 해당하거나 법원의 판결에 따른 경제적 책임을 부담하는 등 금융위원회 및 법무부장관이 공동으로 정하여 고시하는 기준에 해당하는 자는 제외한다. 　4) 그 밖에 금융위원회 및 법무부장관이 공동으로 정하여 고시하는 건전한 금융거래질서를 해친 사실이 없을 것
2. 대주주가 제1호 외의 내국법인[「자본시장과 금융투자업에 관한 법률」 제249조의13에 따른 투자목적회사를 말한다. 이하 같다]인 경우	가. 최근 사업연도 말 현재 자기자본이 출자하려는 금액의 3배 이상으로서 금융위원회 및 법무부장관이 공동으로 정하여 고시하는 기준을 충족할 것 나. 최근 사업연도 말 현재 부채비율이 100분의 300 이하로서 금융위원회 및 법무부장관이 공동으로 정하여 고시하는 기준을 충족할 것 다. 그 법인이 상호출자제한기업집단등에 속하거나 주채무계열에 속하는 회사이는 경우에는 그 상호출자제한기업집단등 또는 주채무계열의 부채비율이 100분의 300 이하로서 금융위원회 및 법무부장관이 공동으로 정하여 고시하는 기준을 충족할 것 라. 제1호라목 및 마목의 요건을 충족할 것
3. 대주주가 내국인으로서 개인인 경우	가. 「금융회사의 지배구조에 관한 법률」 제5조제1항에 해당하지 않을 것 나. 제1호마목의 요건을 충족할 것
4. 대주주가 외국 법령에 따라 설립된 외국법인(이하 "외국법인"이라 한다)인 경우	가. 「금융회사의 허가신청일 현재 외국에서 허가받으려는 업무(전자등록업에 상당하는 업무)를 영업을 하고 있을 것 나. 최근 사업연도 말 현재 자기자본이 출자하려는 금액의 3배 이상으로서 금융위원회 및 법무부장관이 공동으로 정하여 고시하는 기준을 충족할 것 다. 국제적으로 인정받는 신용평가기관으로부터 투자적격 이상의 신용평가등급을 받거나, 본국의 감독기관이 정하는 재무건전성에 관한 기준을 충족하고 있는 사실이 확인될 것 라. 최근 3년간 금융업에 상당하는 영업과 관련하여 본국으로부터 벌금형 이상에 상당하는 형사처벌을 받은 사실이 없을 것 마. 제1호마목의 요건을 충족할 것
5. 대주주가 기관전용 사모집합투자기구 또는 투자목적회사인 경우	기관전용 사모집합투자기구의 업무집행사원과 그 출자지분이 100분의 30 이상인 유한책임사원(기관전용 사모집합투자기구에 대하여 사실상의 영향력을 행사하고 있지 않다는 사실이 명백한 경우, 투자자에 한한다)이 제1호부터 제4호까지의 어느 하나에 해당하는지에 따라 같은 호에 따른 기준을 충족할 것

[시행령 별표 3]

과태료의 부과기준(제49조 관련)

1. 일반기준

가. 위반행위의 횟수에 따른 과태료의 가중된 부과기준은 최근 1년간 같은 위반행위로 과태료를 부과받은 경우에 적용한다. 이 경우 기간의 계산은 위반행위에 대하여 과태료 부과처분을 받은 날과 그 처분 후 다시 같은 위반행위를 하여 적발된 날을 기준으로 한다.

나. 가목에 따라 가중된 부과처분을 하는 경우 가중처분의 적용 차수는 그 위반행위 전 부과처분 차수(가목에 따른 기간 내에 과태료 부과처분이 둘 이상 있었던 경우에는 높은 차수를 말한다)의 다음 차수로 한다.

다. 부과권자는 다음의 어느 하나에 해당하는 경우에는 제2조의 개별기준에 따른 과태료 금액의 2분의 1 범위에서 그 금액을 감경할 수 있다. 다만, 과태료를 체납하고 있는 위반행위자에 대해서는 그러하지 아니하다.
1) 위반행위가 사소한 부주의나 오류로 인한 것으로 인정되는 경우
2) 위반행위자가 법 위반상태를 시정하거나 해소하기 위해 노력한 사실이 인정되는 경우
3) 그 밖에 위반행위의 정도, 위반행위의 동기와 그 결과 등을 고려하여 감경할 필요요가 있다고 인정되는 경우

라. 부과권자는 다음의 어느 하나에 해당하는 경우에는 제2조의 개별기준에 따른 과태료 금액의 2분의 1 범위에서 그 금액을 가중할 수 있다. 다만, 법 제75조제1항 및 제2항에 따른 과태료 금액의 상한을 넘을 수 없다.
1) 위반의 내용·정도가 중대하여 권리자 등에게 미치는 피해가 크다고 인정되는 경우
2) 법 위반상태의 기간이 6개월 이상인 경우
3) 그 밖에 위반행위의 정도, 위반행위의 동기와 그 결과 등을 고려하여 가중할 필요요가 있다고 인정되는 경우

2. 개별기준

위반행위	근거 법조문	과태료 금액		
		1차 위반	2차 위반	3차 이상 위반
가. 법 제10조를 위반하여 명칭을 사용한 경우	법 제75조 제1항제1호	2천만원	3천만원	5천만원
나. 법 제13조제6항에서 준용하는 「자본시장과 금융투자업에 관한 법률」 제63조제1항을 위반하여 같은 항 제2호부터 제4호까지의 방법에 따르지 않고 자기의 계산	법 제75조 제1항제2호	2천만원	3천만원	5천만원

자목적회사인 경우

서, 찾아서 등에 의하여 확인된 경우는 제외한다) 및 기관전용 사모집합투자기구를 사실상 지배하고 있는 유한책임사원이 다음 각 목의 어느 하나에 해당하거나 투자목적회사의 주주나 사원인 기관전용 사모집합투자기구의 업무집행사원과 그 출자지분이 100분의 30 이상인 주주나 사원이 투자계약서, 찾아서 사실상 영향력을 행사하고 있는 사실이 정관, 투자계약서, 찾아서 등에 의하여 확인되고 있지 않다는 사실이 확인되지 않는 경우는 제외한다) 및 투자목적회사에 대하여 사실상 지배하고 있는 주주나 사원이 다음 각 목의 어느 하나에 해당하는 주주나 사원인 경우로서 다음 각 목의 구분에 해당하는 요건을 충족할 것
가. 제1호의 금융기관인 경우: 제1호마목·다목 및 마목의 요건을 충족할 것
나. 제2조의 내국법인인 경우: 제1호마목 및 제3호가목·다목의 요건을 충족할 것
다. 제3조의 내국인으로서 개인인 경우: 제1호마목 및 제3호가목의 요건을 충족할 것
라. 제4호의 외국법인인 경우: 제1호마목·다목의 요건(외국 금융기관은 제외한다) 및 제4호다목의 요건을 충족할 것

비고
1. 「자본시장과 금융투자업에 관한 법률 시행령」 제3조까지 또는 제5조(라목은 제외한다) 각 호의 어느 하나에 해당하는 자가 위 표 제1호부터 제3호까지에 해당하는 경우에는 위 표 제1호부터 제3호라목에 해당하는 요건 기준에 적용하고, 위 표 제4호 또는 제5조라목에 해당하는 경우에는 위 표 제4호다목의 대주주라목에 대주주라목의 요건 기준인 경우에는 위 표 제5호제도에 따른 기준을 적용한다.
2. 자기자본은 최근 사업연도 말 이후 허가신청일까지의 자본금의 증감분을 포함하여 계산한다.
3. 위 또는 일부를 적용할 때 대주주인 외국법인이 지주회사여서 위 표 제4호에서 위 표 제4호의 각 목의 전부 또는 일부를 그 지주회사에 적용하는 것이 곤란하거나 불합리한 경우에는 그 지주회사가 허가신청 시에 지정하는 회사(그 지주회사의 경영을 사실상 지배하고 있는 회사만 해당한다)가 위 표 제4호 각 목의 전부나 일부를 충족하면 그 지주회사가 그 기준을 충족한 것으로 본다.

위반행위	근거 법조문			
하. 법 제37조제6항 본문(같은 조 제8항에서 준용하는 경우를 포함한다)을 위반하여 주권명부등을 작성·비치하지 않은 경우	법 제75조 제2항제10호	200만원	500만원	1천만원
가. 법 제37조제7항을 위반하여 세를 발행인에게 통지하지 않은 경우	법 제75조 제2항제11호	200만원	500만원	1천만원
나. 법 제38조제3항을 위반하여 자동록기관에 통지를 하지 않거나 거짓으로 통지한 경우	법 제75조 제2항제12호	200만원	500만원	1천만원
다. 법 제39조제1항을 위반하여 소유자증명서를 발행하지 않거나 거짓으로 발행한 경우	법 제75조 제1항제5호	2천만원	3천만원	5천만원
라. 법 제39조제2항을 위반하여 자동록기관에 통지하지 않거나 거짓으로 통지한 경우	법 제75조 제1항제6호	2천만원	3천만원	5천만원
마. 법 제40조제1항을 위반하여 발행인등에게 통지하지 않거나 거짓으로 통지한 경우	법 제75조 제1항제7호	2천만원	3천만원	5천만원
바. 법 제40조제2항을 위반하여 자동록기관에 통지하지 않거나 거짓으로 통지한 경우	법 제75조 제1항제8호	2천만원	3천만원	5천만원
사. 법 제41조제1항에 따른 열람 또는 출력·복사에 응하지 않은 경우	법 제75조 제1항제9호	2천만원	3천만원	5천만원
아. 법 제46조제1항을 위반하여 전자등록기관의 요구에 정당한 사유 없이 따르지 않은 경우	법 제75조 제2항제13호	200만원	500만원	1천만원
자. 법 제46조제2항을 위반하여 전자등록기관에 통지를 하지 않거나 거짓으로 통지한 경우	법 제75조 제2항제14호	200만원	500만원	1천만원
차. 법 제48조제1항을 위반하여 자동록 정보 또는 기록 정보를 보존하지 않은 경우	법 제75조 제1항제10호	2천만원	3천만원	5천만원
카. 법 제51조제1항 또는 제58조제1항에 따른 검사를 거부·방해 또는 기피한 경우	법 제75조 제1항제11호	2천만원	3천만원	5천만원
타. 법 제51조제3항(법 제58조제1항에서 준용하는 경우를 포함함)	법 제75조 제2항제15호	200만원	500만원	1천만원

위반행위	근거 법조문			
으로 금융투자상품을 매매한 경우				
다. 법 제21조제4항을 위반하여 자동록기관에 전자등록 또는 통지하지 않거나 거짓으로 통지한 경우	법 제75조 제3항제1호	200만원	500만원	1천만원
라. 법 제25조제1항 각 호 외의 부분 단서를 위반하여 전자등록의 신규 전자등록을 신청하지 않은 경우	법 제75조 제1항제3호	2천만원	3천만원	5천만원
마. 법 제27조제1항을 위반하여 공고 또는 통지를 하지 않고 또는 통지를 하지 않은 경우	법 제75조 제3항제2호	200만원	500만원	1천만원
바. 법 제27조제2항을 위반하여 자동록기관에 신규 전자등록의 추가 신청을 하지 않거나 거짓으로 신청한 경우	법 제75조 제3항제3호	200만원	500만원	1천만원
사. 법 제28조제3항을 위반하여 권리자의 요청에 따르지 않은 경우	법 제75조 제3항제4호	200만원	500만원	1천만원
아. 법 제28조제4항을 위반하여 통지를 하지 않거나 거짓으로 통지한 경우	법 제75조 제3항제5호	200만원	500만원	1천만원
자. 법 제29조제1항을 위반하여 특별계좌를 개설하지 않은 경우	법 제75조 제3항제6호	200만원	500만원	1천만원
차. 법 제29조제2항 각 호 외의 부분을 위반하여 특별계좌부에 전자등록된 주식등에 대하여 법 제30조부터 제32조까지의 규정에 따른 전자등록을 한 경우	법 제75조 제1항제4호	2천만원	3천원	5천만원
카. 법 제37조제3항 본문을 위반하여 소유자명세의 작성을 요청하지 않은 경우	법 제75조 제2항제7호	200만원	500만원	1천만원
타. 법 제37조제4항을 위반하여 전달을 발행인에게 통지하지 않은 경우	법 제75조 제2항제8호	200만원	500만원	1천만원
파. 법 제37조제4항 후단을 위반하여 소유자명세를 통보하지 않거나 거짓으로 통보한 경우	법 제75조 제2항제9호	200만원	500만원	1천만원

한다)에 따른 보고, 자료의 제출 증인의 출석, 증언 및 의견의 진 술 요구에 따르지 않은 경우

전자등록업 폐지 승인신청서

상호	
본점소재지	
대표자	
자기자본	
폐지 신청 허가업무 단위	
폐지의 개요 (사유시기·내용·방법 등)	
폐지 공고내용, 공고 예정일 및 공고신문	

■ 첨부서류
1. 폐지를 위한 이사결정을 증명하는 이사회 의사록 및 주주총회 의사록 등 사본 1부
2. 허가 확인서류 원본 1부
3. 폐지를 위한 신문공고문 사본(폐지완료 후 제출) 1부
4. 신청일 현재 회사의 재산목록과 재무제표 및 부속명세서 각 1부
5. 정관 1부
6. 잔여 재산의 처리 방법 등을 기재한 업무처리계획서 1부
7. 채권자 및 주주 등 이해관계자의 보호절차 이행 계획 서류 1부
8. 향후 추진일정에 관한 서류 1부
9. 그 밖에 신청사실의 타당성을 심사하기 위하여 필요한 서류

「주식·사채 등의 전자등록에 관한 법률」 제12조제1항에 따라 위와 같이 폐지 승인을 신청합니다.

년 월 일

신청인(대리인)   서명 또는 인

금융위원회 위원장 귀하

전자등록기관 해산 승인신청서

상호	
본점소재지	
대표자	
자기자본	
해산의 개요 (사유시기·내용·방법 등)	

■ 첨부서류
1. 정관 및 등기부등본 각 1부
2. 해산을 결의한 주주총회 의사록(주주총회 전인 경우 이사회 이사록을 제출한 후 보완할 수 있음)사본 1부
3. 최근 사업연도 대차대조표 및 부속명세서 1부
4. 재산목록 및 자산·부채 처리계획서 1부
5. 채권자 및 주주 등 이해관계자의 보호절차 이행 계획 서류 1부
6. 향후 일정에 관한 서류 1부
7. 그 밖에 신청 신청사실의 타당성을 심사하기 위하여 필요한 서류

「주식·사채 등의 전자등록에 관한 법률」 제12조제1항에 따라 위와 같이 해산 승인을 신청합니다.

년 월 일

신청인(대리인)   서명 또는 인

금융위원회 위원장 귀하

[전자등록업허가규정 별표 1]

인력·물적 설비·사업계획·이해상충방지체계에 관한 요건
(제3조제1항 관련)

1. 인력에 관한 요건

가. 전자등록기관은 업무를 영위함에 있어 권리자 보호 및 적절한 업무집행을 위하여 다음이 어느 하나에 해당하는 인력을 적절하게 확보하고 배치할 것

(1) 공인회계사, 변호사 등의 자격 소지자

(2) 국내·해외 전자등록기관에서 별 제14조제1항 각 호에 해당하는 업무에 2년 이상 종사한 경력이 있는 자

(3) 해당 업무수행에 필요한 전문교육과정(대학원 등)이나 연수과정을 이수하고 해당 업무에 2년 이상 종사한 경력이 있는 자

(4) 그 밖에 해당 업무에 대한 전문성이 상기 인력에 준한다고 볼 수 있는 상당한 근거가 있는 자

2. 물적 설비

가. 전산설비 및 통신수단

(1) 주전산기, DB서버, 저장장치, 단말기, 전용회선 등 업무관련 전산설비가 안정성 및 성능이 충분히 검증되었으며, 향후 영업의 급속한 확장에도 업무처리에 지장을 초래하지 않을 정도로 구축되어 있을 것

(2) 침입탐지, 침입방지시스템, 방화벽 등 보안체계가 구축되어 있을 것

(3) 정보이용자 확인 및 전산실 출입통제 시스템이 구축되어 있으며, 백업자료가 별도 장소에 보관·관리되고 있을 것

(4) 모든 데이터에 대한 백업장치가 구축되어 있고, 백업자료가 별도 장소에 보관·관리되고 있을 것

나. 업무공간과 사무장비

(1) 이해상충부서간 별도 업무공간을 갖추는 등 정보차단벽(Chinese Wall)이 설치될 수 있도록 할 것

(2) 부서인원 대비 충분한 업무공간 및 사무장비를 갖출 것

(3) 내부기관 및 감독기관 등이 감독검사업무를 수행함에 있어 별도 장애가 없을 것

다. 보안설비

(1) 전산설비, 통신수단, 그 밖에 물적 설비를 안전하게 보호할 수 있는 검증된 보안설비를 갖출 것

(2) 파일 등 불시사태에 대비한 비상계획(Contingency Plan)이 마련되어 있을 것

라. 업무의 연속성을 유지할 수 있는 보완설비

(1) 정전·화재 등이 사고가 발생한 경우 업무의 연속성을 유지할 수 있는 설비가 확보되어 있을 것

(2) 비상사태 발생시 즉시 구현이 가능한 비상계획(Contingency Plan)이 마련되어 있을 것

3. 사업계획

가. 수지전망

(1) 경영목표나 경영상황 등을 종합적으로 고려하여 전자등록된 권리의 유통을 원활하게 하고 자본시장의 효율성을 도모하기에 적합한 경영전략이 마련되어 있을 것

(2) 사업계획이 객관적인 자료를 근거로 추정이 이루어졌으며, 시장상황에 비추어 타당성이 있을 것

(3) 사업계획을 고려하여 추정재무제표가 작성되었으며, 추정 영업순익·영업비용이 충분에 있어 일관성이 유지되고 합리적인 설명이 가능할 것

나. 내부통제장치 및 투자자 보호

(1) 이사회와 경영진의 관계, 이사회의 구성 및 운영방향, 감사의 권한과 책임 등이 투명하고, 투자자 또는 주주 보호와 재무 및 영업의 건전성 유지에 적합할 것

(2) 하기반은 영업내용·규모에 맞게 임직원의 법규 준수, 위험관리 및 임직원 위법행위 예방을 위한 적절한 감독 및 내부통제체계가 구축되어 있을 것

(3) 사외이사 또는 감사 등이 업무수행에 필요한 지식과 경험을 보유하고 있을 것

다. 법령 및 건전 금융거래질서 준수

(1) 영업내용 및 방법이 법령 및 건전한 금융거래질서에 부합할 것

(2) 사외이사, 감사 등이 지배구조가 법령에 위반되지 아니할 것

(3) 신청인 또는 신청인의 임원이 법령 위반 또는 건전 금융거래질서 위반 등이 사건에 직접적으로 연루되는 등 향후 법령 위반 및 건전 금융거래질서 위반의 소지가 크지

대주주의 요건

(제3조제2항 관련)

1. 대주주가 「금융위원회의 설치 등에 관한 법률」 제38조에 따른 검사대상기관(경영참여형 사모집합투자기구(「자본시장과 금융투자업에 관한 법률」 제9조제19항제1호에 따른 경영참여형 사모집합투자기구를 말한다. 이하 같다)는 제외하며, 이하 "금융기관"이라 한다)인 경우 (영 별표2 제1호 관련)

가. 최근 사업연도말 현재 그 법인의 수정재무제표에 따른 자기자본(최근 사업연도말 이후 허가신청일까지 유상증자에 따라 자기자본이 증가하거나 감자 또는 자기주식의 취득등으로 자기자본이 감소하는 경우에는 이를 감안하여 산정한다. 이하 같다)이 출자하려는 금액의 4배 이상일 것

나. 그 금융기관의 재무상태가 다음 기준을 충족할 것

(1) 그 금융기관에 적용되는 「금융산업의 구조개선에 관한 법률」에 따른 적기시정조치의 기준이 있는 경우에는 그 금융기관의 재무상태가 동 기준을 상회할 것

(2) 그 금융기관에 적용되는 「금융산업의 구조개선에 관한 법률」에 따른 적기시정조치 기준이 없는 경우에는 당해 금융기관이 해당 금융기관과 유사한 영업을 영위하는 금융기관의 적기시정조치 기준을 상회할 것. 다만, 당해 금융기관에 대하여 유사업종이 적기시정조치기준을 적용하는 것이 현저히 부적절한 경우에는 2.나 라목의 기준을 충족할 것

다. 그 금융기관이 「독점규제 및 공정거래에 관한 법률」에 따른 상호출자제한기업집단등(이하 "상호출자제한기업집단등"이라 한다)에 속하거나 금융위원회가 정하는 주채무계열(이하 "주채무계열"이라 한다)에 속하는 경우에는 그 소속기업 중 금융기관을 제외한 기업의 수정재무제표를 합산하여 산출한 부채비율(최근 사업연도말 이후 인가신청일까지 유상증자에 따라 자기자본이 증가하거나 감자 또는 자기주식의 취득 등으로 자기자본이 감소하는 경우에는 이를 감안하여 산정한다. 이하 같다)이 100분의 200 이하일 것

라. 대주주의 출자자금이 다음의 어느 하나의 방법에 따라 조성한 자금으로서 그 합계액이 출자하고자 하는 금액을 초과하여 차입에 따라 조성한 자금이 아닌 것으로 인정될 것

않을 것

라. 재원 마련 등에 의한 전자등록의 안전성 확보

(1) 법 제42조에 따른 초과분의 해소 및 그 밖의 전자등록업무 수행과 관련하여 발생하는 채권 손실의 보전 목적에 한정한 재원 확보 계획이 마련되어 있을 것

(2) 초과분의 해소를 위한 재원의 규모는 허가받은 전자등록업무 단위에서 요구되는 최저 자기자본 이상일 것

(3) 재원의 적립, 관리 및 사용 방법이 정관에 반영되어 있을 것

마. 사업계획 및 경제상황 등에 비추어 허가를 신청하는 업무를 영위함에 있어 필요한 전문인력에 대한 종합적·체계적인 양성체계가 마련되어 있으며, 그 계획이 실현가능할 것

4. 이해상충방지체계

가. 이해상충의 파악·평가·관리에 관한 내부통제기준

(1) 내부통제기준에 반영된 이해상충의 파악·평가·관리 체계가 합리적이고 검증가능할 것

(2) 이해상충 발생 가능성을 낮출 수 있는 방법 및 절차 등이 적정할 것

(3) 내부통제기준의 이해상충 관리 체제 등이 작성 여부에 대하여 주기적인 점검이 이루어질 것

(4) 그 밖에 허가를 신청하는 업무를 영위함에 있어 발생할 수 있는 이해상충을 합리적으로 관리할 수 있는 체계를 갖출 것

나. 정보교류 차단

(1) 정보교류 차단 업무간 정보차단벽(Chinese Wall)이 적정하게 설치되어 있을 것

(2) 법령 및 이 규정, 전자등록의 경쟁 등에서 예외적으로 허용한 정보차단벽간 정보제공(Wall Cross)이 이루어지는 경우 관련 기록이 유지·관리될 수 있는 체계를 갖출 것

(3) 그 밖에 허가를 신청하는 업무를 영위함에 있어 정보차단벽 간 정보교류를 합리적으로 차단할 수 있는 체계를 갖출 것

(1) 유상증자

(2) 1년 내의 고정자산 매각

(3) 내부유보

(4) 그 밖에 (1)부터 (3)까지에 준하는 것으로 인정되는 방법

마. 대주주가 다음의 사실에 해당하지 않을 것. 다만, 그 위반 등의 정도가 경미하다고 인정되는 경우를 제외한다.

(1) 최근 5년간 벌, 영, 금융관련법령, 「독점규제 및 공정거래에 관한 법률」 및 「조세범 처벌법」을 위반하여 벌금형 이상에 상당하는 형사처벌을 받은 사실. 다만, 그 사실이 영위하고자 하는 업무의 건전한 영위를 해친다고 볼 수 없거나 「자본시장과 금융투자업에 관한 법률」 제448조, 그 밖에 해당 법률의 양벌 규정에 따라 처벌을 받은 경우를 제외한다.

(2) 「금융산업의 구조개선에 관한 법률」에 따라 부실금융기관으로 지정되거나 「자본시장과 금융투자업에 관한 법률」 또는 금융관련법령에 따라 허가·인가 또는 등록이 취소된 금융기관(부실금융기관으로 지정된 대주주 또는 그 특수관계인(부실금융기관으로 지정되거나 허가·인가 또는 등록이 취소될 당시 대주주가 아니었음이 대주주 본인의 책임이 없다고 인정되는 경우에는 해당 대주주 또는 그 특수관계인을 제외한다)의 경제적 책임 또는 부실책임을 이행한 경우 또는 법령에 따른 연체되는 경우를 제외한다.

바. 건전한 신용질서 및 그 밖에 건전한 금융거래질서를 저해한 경우로서 다음의 사실에 해당하지 않을 것. 다만, 그 사실이 영위하고자 하는 업무의 건전한 영위를 해친다고 볼 수 없는 경우를 제외한다.

(1) 최대주주인 경우 최근 1년간 기관경고 조치 또는 최근 3년간 시정명령이나 중지 명령, 업무정지 이상의 조치를 받은 사실

(2) 최근 5년간 파산절차·채무자 회생절차, 그 밖에 이에 준하는 절차의 대상이 된 기업이나 그 기업의 최대주주 또는 주요주주로서 이에 직접 또는 간접으로 관련된 된 사실. 다만, 이에 관한 책임이 없다고 인정되는 경우에 한한다.

2. 대주주가 제2호 외의 내국법인(경영참여형 사모집합투자기구와 투자목적회사(「자본시장과 금융투자업에 관한 법률」 제249조의13에 따른 투자목적회사를 말한다)는 제외한다. 이하 같다)인 경우(영 별표2 제2호 관련)

가. 1번 가목의 요건을 충족할 것

나. 건전한 신용질서, 그 밖에 건전한 금융거래질서를 저해한 경우로서 다음이 사실에 해당하지 않을 것. 다만, 그 사실이 영위하고자 하는 업무의 건전한 영위를 해친다고 볼 수 없는 경우를 제외한다.

(1) 최근 5년간 부도발생, 그 밖에 이에 준하는 사유로 인하여 은행거래정지처분을 받은 사실

(2) 1번 바목(2)에서 정하는 사실

다. 당해 법인이 상호출자제한기업집단등에 속하거나 주채무계열에 속하는 회사인 경우에는 그 소속기업 중 금융기관을 제외한 기업의 수정평균부채를 합산하여 산출한 부채비율이 100분의 200 이하일 것

라. 최근 사업연도말 현재 부채비율이 100분의 200 이하일 것

3. 대주주가 개인인 경우(영 별표2 제3호 관련)

가. 「금융회사의 지배구조에 관한 법률」 제5조에 적합할 것

4. 대주주가 외국 법령에 따라 설립된 외국 법인(이하 "외국법인"이라 한다)인 경우. 다만, 그 외국법인이 지주회사인 경우에는 그 지주회사가 허가신청서에 지정하는 회사(그 지주회사의 경영을 사실상 지배하고 있는 회사 또는 지주회사가 경영을 사실상 지배하고 있는 회사에 한한다)가 그 요건을 충족하는 것으로 본다(영 별표2 제4호 관련)

가. 1번 가목의 요건을 충족할 것

나. 허가신청일 현재 인가받고자 하는 전자등록업을 외국에서 영위하고 있을 것

다. 국제적으로 인정받는 신용평가기관으로부터 투자적격 이상의 신용평가등급을 받거나 본국의 감독기관이 정하는 재무건전성에 관한 기준을 충족하고 있는 사실이 확인될 것

라. 전자등록업을 상당하는 영업과 영위와 관련하여 다음의 어느 하나에 해당하지 아니할 것. 이 경우 행정처분은 감독기관으로부터 제재방법으로 행하는 활동·기능을 받거나 대한 제한명령, 등록의 취소나 정지, 벌금 또는 인사제재 등 조치를 받은 경우를 포함하며, 해당국 감독기관의 전체적인 제재수준 및 위법행위의 내용 등을 감안하여 적격 여부를 심사한다.

(1) 본국의 감독기관으로부터 최근 1년간 기관경고에 상당하는 행정처분을 받은 경우

[전자등록 업무허가규정 별표 3]

전자등록 통업 (예비)허가절차 흐름도

(제5조제1항 관련)

예비허가 단계

- 절차 안내
- 예비허가 신청
- 신청사실의 공고 및 의견 수렴 → (보도자료, 인터넷 등)
- 예비허가 심사 → (필요시) 공청회 / (필요시) 실지조사 / (필요시) 평가위원회
- 예비허가(2개월) → (거부사실의 통보)

허가 단계

- 허가 신청
- 허가 심사·확인 → (필요시) 실지조사 / (필요시) 평가위원회
- 허가 (3개월, 단 예비허가를 받은 경우 1개월) → (거부사실의 통보)

---

(2) 본국의 감독기관으로부터 최근 3년간 시정명령, 중지명령 또는 업무정지 이상에 상당하는 행정처분을 받은 경우

5. 대주주가 경영참여형 사모집합투자기구 또는 투자목적회사인 경우에는 당해 경영참여형 사모집합투자기구의 업무집행사원과 그 출자지분이 100분의 30 이상인 유한책임사원(경영참여형 사모집합투자기구에 대하여 사실상의 영향력을 행사하고 있지 아니하다는 사실이 정관, 투자계약서, 확약서 등에 의하여 확인된 경우는 제외한다) 및 경영참여형 사모집합투자기구를 사실상 지배하고 있는 유한책임사원 또는 당해 투자목적회사의 주주나 사원인 경영참여형 사모집합투자기구의 업무집행사원으로서 그 투자목적회사의 자산운용업무를 수행하는 자에 대하여 다음의 구분에 따른 요건을 적용한다.(영 별표2 제5호 관련)

가. 1번의 금융기관인 경우 : 1번 나목, 다목, 마목 및 바목의 요건을 충족할 것

나. 2번의 내국법인인 경우 : 1번 마목 및 2번 나목·다목·라목의 요건을 충족할 것

다. 3번의 내국인으로서 개인인 경우 : 1번 바목 및 3번 가목의 요건을 충족할 것

라. 4번의 외국법인인 경우 : 1번 마목·바목, 2번 라목(금융업을 영위하는 법인을 제외한다) 및 4번 다목·라목의 요건을 충족할 것

5-2. 예비허가시 부가된 조건이 있는 경우 자본금납입증명서 등 이행관련 확인서 각 1부

5-3. 예비허가가 제출서류와 차이가 있는 경우 해당서류 각 1부

5-4. 대리인이 신청하는 경우 위임장 등 대리권 수여에 관한 증빙서류 1부

5-5. 그 밖에 신청사실의 타당성을 심사하기 위하여 필요한 서류

※ 예비허가 신청시의 첨부서류와 동일할 경우 예비허가 신청서와 상위함이 없음을 확인하는 확인서 제출로 첨부서류를 갈음할 수 있음

6. 그 밖의 첨부서류(목록)

6-1. 최근 3개 사업연도 재무제표와 그 부속명세서(설립 중인 법인은 제외, 최근 3개 사업연도의 재무제표가 없을 경우 설립일로부터 최근 사업연도까지의 재무제표 및 그 부속명세서) 1부(다만, 최근 3개 사업연도 재무제표를 제출하는 경우 5-1의 서류를 제출하지 아니할 수 있다)

6-2. 업무개시 후 3개 사업연도의 사업계획서(추정재무제표를 포함한다) 및 예상수지계산서 1부

6-3. 초과손해 해소 등 전자등록의 안전성 확보를 위하여 필요한 재원의 적립 및 관리방안 1부

6-4. 전문인력의 경력증명서 및 자격 확인서 각 1부

6-5. 사무공간, 전산설비 등의 임차계약서 사본 및 부동산 등기사항증명서 등의 서류

6-6. 대주주가 별 제5조제2항제7호의 요건을 갖추었음을 확인할 수 있는 서류 각 1부

6-7. 이해상충이 발생할 가능성을 파악·평가·관리할 수 있는 내부통제장치에 관한 서류 1부

6-8. 이해상충행위가 발행하지 않도록 적절한 이해상충방지체계를 갖추었는지에 대한 확인서 1부

6-9. 그 밖의 이해상충방지체계에 관한 서류

「주식·사채 등의 전자등록에 관한 법률」 별표, 제6조 및 제9조에 따라 위와 같이 신청합니다.

년 월 일

신청인(대리인)   서명 또는 인

금융위원회 위원장 및 법무부장관 귀하

[전자등록특허가규정 별지 제1호]

전자등록업 예비허가 신청서

1. 명 칭

■ 첨부서류
1-1. 정관 또는 정관안 1부
1-2. 발기인총회, 창립주주총회 또는 이사회의 이사회록 등 설립 또는 예비허가신청의 의사결정을 증명하는 서류 1부

2. 본점과 지점, 그 밖의 영업소의 (예정)소재지

■ 첨부서류
2-1. 본점과 지점, 그 밖의 영업소의 (예정)소재지를 기재한 서류 1부

3. 선임예정 임원

임원수 : 명(성격군: 명, 비상임: 명)

직위	성명	주민등록번호	소유주식수 (비율)	주요 경력	담당 업무	상근 여부	임원자격 적합여부

기재상의 주의
1. 임원자격은 별 제13조제2항에서 준용하는 「금융회사의 지배구조에 관한 법률」 제5조제1항 각 호 및 이 규정 별표 1 제1호나목의 자격을 말한다.

■ 첨부서류
3-1. 선임예정 임원의 이력서 및 경력증명서(신원조회 관련서류 포함) 각 1부
3-2. 임원자격에 적합함에 관한 확인서 및 증빙서류 각 1부

4. 허가업무 단위에 관한 사항

■ 첨부서류
4-1. 허가업무 단위의 종류와 업무방법을 기재한 서류 각 1부

5. 그 밖의 기재사항

■ 첨부서류
5-1. 전자등록업무규정(안) 1부

5. 그 밖의 기재사항

■ 첨부서류

5-1. 전자등록업무규정(안) 1부

5-2. 예비허가시 부가된 조건이 있는 경우 자본금납입증명서 등 이행관련 확인서 류 각 1부

5-3. 예비허가가 제출서류와 차이가 있는 경우 해당서류 1부

5-4. 대리인이 신청하는 경우 위임장 등 대리권 수여에 관한 증명서류 1부

5-5. 그 밖에 신청사항의 타당성을 심사하기 위하여 필요한 서류 1부

※ 예비허가 신청시의 첨부서류와 동일할 경우 예비허가 신청서와 상이함이 없음을 확인하는 확인서 제출로 제출을 갈음할 수 있음

6. 그 밖의 첨부서류(목록)

6-1. 최근 3개 사업연도 재무제표와 그 부속명세서(설립 중인 법인은 제외, 최근 3개 사업연도의 재무제표가 없을 경우 설립일로부터 최근 사업연도까지의 재무제표 및 그 부속명세서) 1부(다만, 최근 3개 사업연도의 재무제표에 관한 감사보고서를 제출하는 경우 5-1의 서류를 제출하지 아니할 수 있다) 및 예상수

6-2. 업무개시 후 3개 사업연도의 사업계획서(추정재무제표를 포함한다) 및 예상수 지계산서 1부

6-3. 초과분 해소 등 전자등록의 안전성 확보를 위하여 필요한 재원의 적립 및 관 리방안 1부

6-4. 전문인력의 경력증명서 및 자격 확인 서류 각 1부

6-5. 사무공간, 전산설비 등 물적설비 현황 및 임차계약서 사본 및 부동산 등기사항증명서 등이 서류 각 1부

6-6. 대주주가 법 제5조제2항제7호의 요건을 갖추었음을 확인할 수 있는 서류 각 1부

6-7. 이해상충이 발생할 가능성을 파악·평가·관리할 수 있는 내부통제장치에 관한 서류 1부

6-8. 이해상충행위가 발행되지 않도록 적절한 이해상충방지체계를 갖추었는지에 대 한 확인 서류 1부

6-9. 그 밖의 이해상충방지체계에 관한 서류

『주식·사채 등의 전자등록에 관한 법률』 제6조 및 제9조에 따라 위와 같이 신청합니다.

년 월 일

신청인(대리인) 서명 또는 인

금융위원회 위원장 및 법무부장관 귀하

[전자등록업허가규정 별지 제2호]

전자등록업 허가(변경허가) 신청서

1. 명 칭

■ 첨부서류

1-1. 정관(이에 준하는 것을 포함한다) 1부

1-2. 법인 등기사항증명서(공동이용을 통하여 확인할 수 없는 경우) 1부

1-3. 발기인총회, 창립주주총회 또는 이사회의 이사록 등 설립 등을 증명하는 서류 1부 사업정을 증명하는 서류 1부

2. 본점과 지점, 그 밖의 영업소의 소재지

■ 첨부서류

2-1. 본점과 지점, 그 밖의 영업소의 소재지를 기재한 서류 1부

3. 임원

임원수 : 명(상근 : 명, 비상근 : 명)

직위	성명	주민등록번호	소유주식수 (비율)	주요 경력	상근 여부	담당 업무	임원자격 적합여부

기재상의 주의

1. 임원자격은 법 제13조제2항에서 준용하는 『금융회사의 지배구조에 관한 법률』 제5조제1항 각 호 및 이 규정 별표 1 제1호나목의 자격을 말한다.

■ 첨부서류

3-1. 임원의 이력서 및 경력증명서(신원조회 관련서류 포함) 각 1부

3-2. 임원자격에 관한 확인서 및 증빙서류 각 1부

4. 허가업무 단위별 사항

■ 첨부서류

4-1. 허가받은 단위의 종류와 업무방법을 기재한 서류 각 1부

※ 법 제9조에 따른 변경허가의 경우 종전에 영위하던 허가업무 단위와 추가하려 는 허가업무를 구별하여 각각 기재하되, 업무방법은 추가업무를 추가하려는 허가업무에 대 해서만 기재한다.

참고문헌

강희만. (1992). 대체결제의 법적 구조와 법개정 방향. 한국증권대체결제주식회사(편저), 증권예탁, 제2호, 42.

국회예산정책처. (2002). 공공기관 지정 제도의 현황과 개선과제, 128.

김대권. (2013). 전자등록 주식의 법률관계에 관한 연구. [석사학위, 서울대학교 법학과]. S-Space.

김병연. (2018). 자본시장 발전을 위한 인프라 개선의 법적 과제. 전남대 법학연구소, 한국증권법학회.

김병연. (2018). 주식·사채 등의 전자등록제도의 도입에 관하여. 한국증권법학회(편저), 증권법연구, 제19권 제3호.

김종현. (2013). 국내 사채관리회사의 실무현황과 제도개선에 관한 의견. 법무부(편저), 선진상사법률연구, 통권 제64호, 13.

노혁준. (2017). 전자증권법의 상법상 쟁점에 관한 연구. 한국비교사법학회(편저), 비교사법, 제24권 제4호, 1651·1692.

박철영. (2010). 제네바증권협약의 제정과 국내 증권법의 과제. 한국증권법학회(편저), 증권법연구, 제11권 제1호. 305-354.

유발 하라리. (2015). 사피엔스. 김영사.

이상원. (2010). 주석 민법 총칙(제4판 제2권), 한국사법행정학회. 255.

임중호. (1996). 독일증권예탁결제제도. 법문사. 323-331.

임중호. (1998). 증권대체거래에 있어서의 유가증권의 무권화 현상과 그 법적 문제. 한국비교사법학회(편저), 비교사법, 제5권 제1호, 410-411.

정경영. (2019). 유가증권 전자화의 법리 연구. 동방문화사. 13-14.

정동윤. (2014). 주석상법, 한국사법행정학회. 431-432.

정순섭. (2018). 전자증권법 시행에 따른 상법 정비방안. 서울대학교 금융법센터. 36-37.

정순섭. (2019). 전자증권제도의 구조와 범위. 서울대학교 금융법센터(편저), BFL, 제96호.

정찬형. (2017). 전자증권제도 도입에 따른 관련 제도의 정비·개선. 한국예탁결제원(편저), 예탁결제, 제100호. 12·28.

주정돈. (2016). 증권예탁제도와 전자등록제도에 관한 비교법적 검토. 한국예탁결제원(편저), 예탁결제, 제99호. 32.

증권예탁원. (1998). 영국증권예탁결제제도. 61.

지원림. (2015). 민법강의(제13판). 홍문사. 530−531.

천창민. (2019). 전자증권의 국제사법적 쟁점. 서울대학교 금융법센터(편저), BFL, 제96호. 100.

최지웅. (2017). 전자증권제도 도입에 따른 주요 법적 과제. 고려대학교 법학연구원(편저), 고려법학, 제86호. 121.

최지웅. (2019). 전자증권법제의 도입 및 향후 법적 정비 과제. 한국증권법학회(편저), 증권법연구, 제20권 제3호. 280・282.

최지웅. (2022). 디지털 자산과 증권결제제도−독일과 미국의 입법례를 중심으로. 서울대학교 금융법센터(편저), BFL, 제115호. 81−89.

최지웅. (2024). 토큰 증권과 증권결제제도−분산원장 관련 전자증권법 개정안을 중심으로. 서울대학교 금융법센터(편저), BFL, 제125호. 48−49.

한국법제연구원. (2021). 가상자산 관련 입법 정비 및 제도적 수용방향 연구용역. 144−150.

한국예탁결제원. (2018). 증권예탁결제제도(개정증보 제4판). 박영사.

한국증권법학회. (2015). 자본시장법 주석서Ⅱ(제2판). 박영사. 605.

高橋康文・長崎幸太郎・馬渡直史. (2003). (逐條解説)社債等振替法, 金融財政事情研究會. 22.

犬飼重仁/勝藤史郎/鈴木裕彦/吉田 聰. (2004). 電子コマーシャルペーパーのすべて, 東洋経済新報社. 8.

大武泰南. (1990). DEMATERIALISATIONにおける株式の讓渡および株主權の行使: フランスの株式登錄管理制度. 攝南法學, 弟4號別册, 摂南大学法学部. 40−41.

大武泰南. (1991). DEMATERIALISATIONにおける 株式の讓渡および株主權の行使(二). 攝南法學, 第六號別册. 2.

三菱UFJ信託銀行証券代行部. (2008). 株券電子化と移行のポイント. 商事法務. 5.

森田宏樹. (2006). 有價證券のペーペーレス化の基礎理論. 日本銀行金融研究所(Discussion Paper Series No.2006−J−23). 15−34.

石川 裕 外. (2008). 株券電子化: その實務と移行のすべて. 金融財政事情研究會. 9.

橫山淳. (2006). 株券電子化のしくみと對應策, 日本實業出版社. 32.

BIS. (2018). Centralised ledger and permissioned/permissionless decentralised ledgers. BIS, BIS Annual Report. 96.

H Natarajan, S Krause and H Gradstein. (2017). Distributed ledger technology (DLT) and blockchain. BIS. World Bank Group, FinTech Note. no 1.

HM Treasury. (1994). CREST the Legal Issue, revised, 1994.4, ANNEX B. 1−5.

ISSA. (2019). Crypto Assets: Moving from theory to practice. 55−56.

Marcia Stigum. (1988). After the Trade: Dealer and Clearing Bank Operations in Money Market and Government Securities, Dow Jones−Irwin. 100.

색 인

기 획

  김홍진, 김경덕, 이정호, 김기범

집 필

  (가나다순) 송현혜, 조동우, 최정철, 최지웅

감 수

  (가나다순) 김용창, 김현석, 신성철, 주정돈, 허보연

자 문

  (가나다순) 남길남, 정순섭, 정우용, 이한진

전자증권제도 해설

초판발행	2025년 1월 5일
지은이	한국예탁결제원
펴낸이	안종만·안상준
편 집	김선민
기획/마케팅	조성호
표지디자인	이영경
제 작	고철민·김원표
펴낸곳	(주)**박영사**
	서울특별시 금천구 가산디지털2로 53, 210호(가산동, 한라시그마밸리)
	등록 1959. 3. 11. 제300-1959-1호(倫)
전 화	02)733-6771
f a x	02)736-4818
e-mail	pys@pybook.co.kr
homepage	www.pybook.co.kr
ISBN	979-11-303-4829-2　93360
심의조정필	리스크-2945, 2024년 11월 8일

copyright©한국예탁결제원, 2025, Printed in Korea

정 가　　35,000원